Wolfgang Späte
Der streng geheime Vogel

Eine nachträgliche Vorbemerkung

Während ich an den letzten Zeilen des Manuskriptes schrieb, wurde im Fernsehen die Landung der Raumfähre „Columbia" auf einem Flugplatz in einem ausgetrockneten Salzsee der USA gezeigt.

Als ich auf dem Bildschirm ein schwanzloses Flugzeug ohne Triebwerksschub in langgestrecktem Gleitflug von einem Erdumrundungsflug zurückkehren und sanft auf die Landepiste aufsetzen sah, da befiel mich ein Gefühl tiefer Genugtuung. Denn ich sah: Der kleine Raketenjäger von damals, die deutsche Me 163, dem wir mit vereinten Kräften die ersten zaghaften Schritte zu machen halfen, hat inzwischen Nachkommen gezeitigt, von deren Vollkommenheit und Flugvermögen wir vor knapp 40 Jahren nur zu träumen gewagt hatten.

So war doch nicht alles vergebens gewesen, das, woran vor 40 Jahren auch ich meinen bescheidenen Anteil gehabt habe! Nicht zuletzt deshalb lohnte es sich auch wohl, über unsere ersten Schritte von damals zu berichten, die den Eintritt des Menschen in das Zeitalter des Raumfluges bedeuteten.

2905 Edewecht, November 1982   *Wolfgang Späte*

Inhalt

© Verlag für Wehrwissenschaften München
Genehmigte Lizenzausgabe für Edition DÖRFLER im
NEBEL VERLAG GmbH, Eggolsheim

1 2 3 4 5   7 6 5 4 3

Wolfgang Späte

Der streng geheime Vogel

Erprobung an der Schallgrenze

DÖRFLER
ZEITGESCHICHTE

Aus dem Luftkampf in die „Geheime Kommandosache"

Der Sowjet-Jäger drückte steil nach unten weg. Joschi saß ihm mit seiner Me 109 im Genick. Diese einzeln fliegende J 18, die uns aus einer Wolke heraus jählings angegriffen hatte, mußte wahnsinnig sein vor Angriffslust. Besser gesagt: Der Pilot, der sie steuerte, mußte entweder verrückt sein – oder ein Ass.

Die J 18 hatte uns mit ihrer Attacke aus heiterem Himmel ganz schön durcheinandergebracht. In einem flugtagreifen Kunstflugprogramm hatte sie mit uns in 3000 Meter Höhe herumgetobt. Aber gerade jetzt, in diesem Augenblick, hatte Joschi sie „gewickelt". Er saß abschußgerecht hinter ihr. Gleich mußte die vernichtende Salve aus seinen Waffen kommen.

„Ladehemmung", krächzt Joschis Stimme im Bordfunk. Fast automatisch schiebe ich mich an seine Stelle und stürze hinter dem „Iwan" her. Tief unter uns liegt Puschkin, ein Ort südlich Leningrad. Die J 18 jagt steil abwärts darüber hinweg. Ich muß sie einholen, bevor sie die Verteidigungsstellungen vor der großen Stadt an der Newa erreicht! Denn dort kann sie sich in den Schutz der Bodenabwehr aller Waffen flüchten.

Ich kann den unruhigen Vogel vor mir einfach nicht sicher ins Fadenkreuz zentrieren. Immer wenn ich einen Sekundenbruchteil ein paar Schuß herausquärren lasse, flitzen die Leuchtspurfäden links, rechts, oben, unten am Gegner vorbei. Was für ein jämmerlicher Schlumpschütze bin ich doch! Näher ran! Ran bis auf Rammentfernung! Dann wird das Ziel groß genug! Der da vor mir ist ein Könner, und sei es in der Flucht. Er gibt einfach kein Ziel her. Und weil wir mit Vollgas in die Tiefe rasen, haben wir eine Mordsfahrt drauf, mehr als 700 km/h. Man kann ja kaum noch viel steuern vor lauter Ruderdruck! Aber runter mußt du Biest da vorn! Ich kann warten. Irgendwann einmal fliegst du auch wieder nicht so schnell und nicht so quirlig.

Unter uns huschen Feldstellungen durch, Schützengräben, Bunker, Geschütze. Können die auf mich schießen? Sie können es nicht und tuns auch nicht! Bin zu nah hinterm Gegner. Der ist für mich wie eine Geisel, die mitgetroffen würde, wenn jemand auf mich feuert. Fünfzig Meter vor mir rast die J 18. Ich rieche sie jetzt. So riecht Auspuffgas russischer Flugmotore. Man bekommt das nur in die Nase, wenn man dicht hinterm Gegner sitzt. Immer wenn dieser Geruch auftrat, so erinnere ich mich, war der andere da vorn bald darauf erledigt.

Vor uns tauchen Häuser auf. Ein Häusermeer. Leningrad! Hier am Stadtrand ist eine Fliegerabwehr aufgebaut, die ihresgleichen sucht. Graben schachtelt sich an Graben, Bunker an Bunker. Und alles mit Maschinengewehren gespickt, selbst die Hausdächer. Und jede Menge Flak. Jetzt nur dicht dran bleiben an meiner „Geisel"! Das Sowjetflugzeug vor mir ist vorderhand mein einziger Schutz. Wir hetzen über die Riesenstadt dahin. Große Dächer, kleine Dächer, Straßen, Plätze. Ein Turm kommt uns in den Weg, wird umflogen. Wieder Dächer, Straßen, Plätze – die J 18 tanzt immer noch vor mir her. Zwecklos, zu schießen. Dennoch: so kann es nicht weitergehen! Es muß etwas geschehen! Meine Finger ziehen an dem kleinen verchromten Hebel ganz oben am Steuerknüppel. Eine Garbe aus den MGs rasselt heraus. Liegt natürlich zu hoch. Aber die Einschläge prasseln 1000 Meter vor uns auf die Hausdächer. Es sieht fast aus wie Mündungsfeuer. Dafür hält es wohl auch der Pilot in der J 18, er zieht in leichter Kurve hoch, vielleicht um sich der vermeintlichen Abwehr da unten zu zeigen.

Nur zwei Sekunden dauert mein nächster Feuerstoß. Im Schießen sehe ich bereits eine flammende Explosion in der Motorgegend der J 18. Noch bevor sie unten auf einem freien Platz hinter Rangiergleisen der Eisenbahnlinie nach Moskau aufschlägt, habe ich steil hochgezogen und bin im ersten Schwung auf 1200 Meter gelangt. Nun jedoch ist unten die Schrecksekunde vorbei. Sie schießen. Sie schießen, daß sich die Erde wie ein blitzendes rauchendes Lichtermeer ausnimmt. Jede Flak-Kanone schießt und jedes Maschinengewehr, jeder Soldat in seinem Schützengraben hat sein Gewehr auf mich im Anschlag und schießt und schießt. Man könnte meinen, auch Pak und Feldartillerie tragen noch mit bei zu diesem Feuerzauber. Vor mir, rechts und links jagt Leuchtspur vorüber, weiß, gelb, rot. Graue und gelbliche Rauchfäden stehen wie ein Gitterwerk kreuz und quer um mich herum. Dazwischen kommen karminrote Bälle angesaust, schießen meteorengleich in den Himmel.

Sie halten alle miteinander zu weit vor, denn ich bin unheimlich langsam geworden. Es kann nur noch Sekunden dauern, dann haben sie sich eingeschossen, dann dürfte es bei mir krachen. Im Handumdrehen lasse ich mich über die linke Fläche abschmieren, tue so, als sei ich getroffen. Bis auf 500 Meter gebe ich meine Höhe wieder auf. Damit habe ich Fahrt gewonnen und mir da unten eine Feuerpause erlistet. Im nächsten Schwung nach oben komme ich auf mehr als 1500 Meter. Wieder umflimmern mich gleißende Zäune aus Leuchtspurmunition. Weiße, graue, schwarze Wolken hüllen mich fast ein. Erneut lasse ich mich nach unten fallen. Wieder jubeln sie offenbar an den Geschützen schon über den „Abschuß" und stellen das Feuer ein. Aber aus 1000 Meter Höhe beginne ich abermals nach oben zu klettern. Diesmal setzt man mir eine richtige Feuerwand vor den Bug. Da ich ja nicht Selbstmord begehen will, mache ich kurzerhand kehrt und fliege wieder auf Leningrad zurück. Bis die Kanoniere sich unten darauf eingestellt haben, zeigt mein Höhenmesser 2000 Meter.

Langsam wird die leichte Flak weniger gefährlich. Aber die schwere Flak liegt verteufelt gut. Ich schlage Haken wie ein Hase auf der Treibjagd. Dennoch merke ich bereits: Jetzt kriegen sie mich nicht mehr. Schon lese ich 3000 Meter Höhe ab. Auch die schwere Flak läßt nach. Aufatmend richte ich mich auf und lehne mich zurück.

Als ich die Augen aufschlage, sitze ich zu meiner Verblüffung gar nicht in meiner M 109, sondern auf dem Passagiersitz einer Ju 52, die mich aus dem Winter Rußlands nach Berlin bringt. Gerade setzt sie zur Landung auf dem Flughafen Spandau an. Den Luftkampf habe ich im Halbtraum noch einmal nacherlebt. Was mich hier im Heimatgebiet erwartet, sind keine Luftkämpfe mehr. Ich soll einen Raketenjäger erproben. Wahrscheinlich wird das nicht weniger gefährlich werden als dieser Luftkampf am Abend des 3. September 1941!

Ich konnte im Dämmern gerade noch den Namen des Restaurants an der Hauswand entziffern: „Savarin".

Es war der 19. April 1942. Berlin war verdunkelt. Wer als Ortsunkundiger sich in dieser Stadt zurechtfinden wollte, mußte es tunlichst bei Tage machen. Nun, ich hatte gefunden, was ich suchte.

Im „Savarin" traf sich das Volk der Flieger, Piloten, Flugzeugbauer, Luftwaffen-Offiziere, kurz alles, was mit der dritten Dimension zu tun hatte. Warum das so war, keiner wußte es so recht. Aber nachdem sich das nun einmal so eingebürgert hatte, war es in Fliegerkreisen für den Berliner und den Durchreisenden so gut wie selbstverständlich, ein Rendezvous im „Savarin" zu verabreden. Man war dann unter sich. Und wenn man keine Verabredung hatte, wie ich an diesem Abend, dann ging man erst recht dorthin. Man war sicher, irgendeinen Bekannten zu treffen, ein paar interessante Neuigkeiten zu erfahren, einen angeregten „Rees" zu machen.

„Kommen Sie her, Späte, hier ist noch Platz für Sie". Es war Meinardus, II A im Stab des Generals der Jagdflieger. „Wir erwarten Sie. Aber erst morgen. Wie haben Sie denn das so schnell geschafft, von Leningrad bis Berlin?" „Glück gehabt", antwortete ich ihm und setzte mich auf die Eckbank ihm schräg gegenüber. „Eine Ju flog heute von Sieverskaja bis nach Spandau. Die nahm mich mit."

„Sie werden jetzt eine Zeitlang im Reichsgebiet bleiben. Na, das wird Ihnen der General alles morgen noch erklären!"

„Wo soll ich denn hin?" versuchte ich Meinardus auszufragen. „Ich denke doch: Peenemünde", antwortete der achselzuckend. „Peenemünde – was ist das? Nie was von gehört . . .!"

„Na, wenn Sie das nicht wissen, dann ist das einerseits ein gutes Zeichen dafür, daß bei uns die Geheimhaltung noch funktioniert, und andererseits für mich ein Grund, Ihnen nicht zu viel zu erzählen. Warten Sie mal bis morgen!"

„Lassen Sie mich nicht gar so zappeln! Sagen Sie wenigstens einen Satz darüber!"

„Also dann: In Peenemünde wird alles erprobt, was Strahlantrieb besitzt. Mehr sage ich nicht." „Und wo liegt Peenemünde?" „Auf einer Insel in der Ostsee. Aber jetzt hören Sie auf zu fragen! Erzählen Sie mal lieber, wie es im Osten mit der Jagdfliegerei bestellt ist. Sie kommen vom Nordabschnitt. Da ist ja nur Trautloft mit seinem Geschwader. War wohl ganz schön kalt um die Nase im vergangenen Winter, was?"

Nun, ich berichtete ihm ein bißchen aus meinem militärischen Fliegerleben. Daß ich Aufklärungsflieger war, bis ich mir klarmachte, daß es besser sei, eine schnellere Maschine zu fliegen als die Henschel 126. Damit man nicht nur selbst immer den Laden voll bekäme, sondern auch mal Gleiches mit Gleichem vergelten könne. Wie ich meine erste Blenheim herunter geholt hatte, dann in Rußland den Vormarsch auf Leningrad mitmachte und einen langen harten Winter hindurch die Front am Wolchow verteidigen half.

„Wieviel anerkannte Abschüsse haben Sie denn jetzt?" fragte Meinardus.

„80", antwortete ich.

„Dann rangieren Sie momentan unter den ersten zehn Jagdfliegern. Aber wenn Sie nur ein paar Monate aussetzen mit dem Abschießen – und das werden Sie tun müssen –, dann sind Sie bald abgerutscht unter ‚ferner liefen'". „Na, sei es drum", gab ich zurück. „Ich fliege nicht etwa, weil ich ‚Halsschmerzen' habe. Karrieremachen überlasse ich gern anderen. Hauptsache, wir bringen den Krieg ordentlich zu Ende. Und zwar möglichst bald."

„Recht haben Sie", meinte Meinardus ernsthaft. „Wir müssen an den Frieden denken. Auch wenn er schon sehr weit hinter uns liegt und noch nebelhaft fern in der Zukunft. Was haben Sie eigentlich im Frieden gemacht? Sie waren doch eine bekannte Segelflieger-Kanone?"

„Das Segelfliegen war in der Tat beinahe ein halber Beruf für mich. Zwei Jahre lang flog ich halbtags als Versuchspilot bei der Deutschen Forschungsanstalt für Segelflug (DFS), nachdem ich in vielen Wettbewerben Erfolg gehabt hatte."

„Und was taten Sie in der anderen Hälfte des Tages?" forschte Meinardus mich weiter aus. „Ich studierte an der Technischen Hochschule in Darmstadt."

„Na, dann haben wir ja genau den richtigen Vogel für die neue Maschine geschnappt", meinte er. „Jagdflieger und Segelflieger müssen Sie sein bei dem Unternehmen, in das Sie da einsteigen müssen. Aber nun woll'n wir mal die Tassen heben. Prost! Auf gutes Gelingen!"

Wir stießen an.

Bei Galland

Am folgenden Morgen ging ich schon kurz vor 8 Uhr vom „Haus der Flieger" quer durch einen mit ein paar Bäumen bestandenen Hof zum benachbarten Hauptgebäude des Reichsluftfahrt-Ministeriums. Das war ein riesengroßer Steinkasten, der täglich Tausende von Offizieren, Unteroffizieren, Beamten, Stenotypistinnen durch seine vielen Eingänge in sich aufnahm und abends wieder ausspie. Hier also wurde der Papierkrieg der Luftwaffe geführt . . .

Als ich am Einlaß nach den Diensträumen des Generals der Jagdflieger fragte, wurde ich belehrt, daß noch viele Außenstellen dieses RLM weit verteilt irgendwo in anderen Gebäuden der Reichshauptstadt untergebracht waren. Der „G.d.J." (General der Jagdflieger) gehörte aber erstens nicht einmal zum RLM und zweitens hatte er seine Diensträume in der Lindenstraße.

Eine winklige Treppe führte mich in den 3. Stock. Ich passierte ein paar gekachelte Räume, die durch kriegsmäßig improvisierte Lattenverschläge zu kleinen Arbeitsräumen, anscheinend für eine Funkstelle, abgeteilt waren. Dann traf ich auf das erste weibliche Wesen. „Vorsicht", warnte ich mich selbst, „wahrscheinlich der übliche ‚Vorzimmer-Wachhund'."

Fräulein Stiller, so war ihr Name, war genau das Gegenteil von einem bösen Kettenhund. Sie stellte, nach kurzer Zeit hatte ich das herausgebracht, geradezu den guten Geist des Hauses dar. Als ich ihr meinen Namen nannte, konnte sie sich sofort erinnern, daß ich hier erwartet wurde.

„Der General wird Sie gleich reinrufen", meinte sie. „Warten Sie am besten bei Oberleutnant Horten." Sie öffnete mir eine Tür, und ich sah hinter einem Tisch die mir wohlbekannte unendlich lange Gestalt des Walter Horten sich hochräkeln. Seine Augen zogen sich zu schmalen Schlitzen zusammen, als er lachend auf mich zukam. Wir kannten uns von Segelflugwettbewerben auf der Wasserkuppe, wo er im Verein mit seinem Bruder schwanzlose Konstruktionen an den Start gebracht hatte.

„Wie kommen Sie hierher?" fragte ich ihn neugierig.

„Sie wissen doch", antwortete er, „daß ich Technischer Offizier im Geschwaderstab J.G. 26 bei Galland war. Ich flog auch als Katschmarek bei ihm. Das war manchmal keine Lebensversicherung. Galland hatte einen ziemlichen Verschleiß von Katschmareks . . . Da ich es fertigbrachte, dabei zu überleben, war es mein Schicksal, ihm nun auch in diese ‚Sesselpuper-Existenz' zu folgen. Voilà!" Seine Stimme war so trocken und tonlos, wie ich sie von früher an ihm kannte. Seinen Humor schien er nicht verloren zu haben.

In diesem Augenblick flog ruckartig die Türe auf. Der schlanke, schwarzhaarige Generalmajor, der in ihrem Rahmen erschien, war Galland. Ein Lächeln überzog kurze Zeit sein Gesicht, als er mich erblickte. „Gut, daß Sie da sind", begrüßte er mich. „Kommen Sie gleich mit rein." Und zu Horten gewandt: „Auf uns paar Männeken hier stürzt heute wieder ein Wasserfall von Aufgaben. Überall heißt es: Termin spätestens vorgestern. Einzige Lösung: Wir müssen Schwerpunkte bilden. Gehen Sie erst nur an die wichtigsten Aufgaben ran. Zum Beispiel MK 108, Holzleitwerk für Me 109, Bomben-aufhängevorrichtung für die FW 190. Später kommt das weniger Eilige. Zum Beispiel Aufstellungsbefehl des Erprobungskommandos 16, für den Späte hier . . ."

Während Galland seinem Mitarbeiter für technische Fragen in dieser Weise Anweisungen gab und ihm dabei eine Handvoll Akten auf den Tisch warf, konnte ich ihn ungestört betrachten. Sein Gesicht hatte etwas Martialisches. Das kam zum Teil wohl von einem Flugunfall, bei dem ihm das Nasenbein eingedrückt worden war. Die Unfallnarbe verlieh seinem Gesicht etwas von der Brutalität eines Profiboxers. Auch die Oberlippe hatte damals Schaden gelitten. Deshalb ließ er ein Bärtchen darüber wachsen. Das war selten bei jungen Offizieren der deutschen Wehrmacht. Er trug einen Uniformrock, der hochgeschlossen werden konnte. Das Ritterkreuz, das – ich wußte es – am Eichenlaub mit Schwertern und Brillanten hing, war kaum hinter dem hohen Rockkragen zu entdecken. Zwischen den Lippen hielt er eine dicke qualmende Brasilzigarre.

Irgendwo hatte ich gelesen, daß Galland ungefähr mein Alter hatte. Dabei war er mir um fünf Dienstgrade voraus. Wie mochte er den nötigen Erfahrungsschatz für die verantwortungsvolle Aufgabe erworben haben? Als „Waffen-General" der Jagdflieger mußte er mit dem Generalstab, dem Generalluftzeugmeister, den Erprobungsstellen und den vielen anderen Dienststellen verhandeln, hatte er den Geschwadern nach draußen Anweisungen zu geben und nach oben, den Führungsstellen gegenüber, die Forderungen der Truppe zu vertreten. Mir graute ein wenig, als ich aus seinen Äußerungen gegenüber Horten entnahm, über welch weites Spektrum – allein an technischen Problemen – die Aufgaben hier verteilt waren.

Ich war indessen dem General in sein Dienstzimmer gefolgt, einen einfach ausgestatteten Büroraum mit einem großen Schreibtisch. An der Wand stand ein Schränkchen, durch dessen halboffene Tür ich einen für die Kriegszeit und die Rationierung von Tabakwaren erstaunlichen Vorrat vorzüglicher Import-Zigarren erkannte.

Nachdenklich blickte der General auf irgendeinen imaginären Punkt zwischen den Aktenstößen vor sich. Dann begann er, langsam, jedes Wort abwägend:

„Sie kommen aus Rußland. Der Winter hat uns dort eine erhebliche Schlappe eingebracht. Die erste in diesem Kriege. Sie haben das selbst miterlebt. Ich brauche darüber kein Wort zu verlieren.

Wenn wir im vorigen Jahr bis zum Winterbeginn mit den Sowjets fertiggeworden wären, wären alle Rechnungen unseres Generalstabs gut aufgegangen. Aber wir haben den Ostfeldzug nicht zu Ende gebracht. Im Gegenteil. Der Iwan hat Reserven, wer weiß woher, ins Feld geführt. Es dauert mindestens noch ein Jahr, bis wir ihn unterkriegen.

Inzwischen werden der Engländer und der Ami immer gefährlicher. Auf einmal werden wir, nämlich die Jäger, die Luftverteidigung, wichtig. Spät genug.

Nun, unser Technisches Amt und unsere Industrie haben in der Zwischenzeit nicht geschlafen. Eine Menge neuer Dinge ist im Kommen. So haben sich unsere Ingenieure seit Jahren die Frage des Antriebes schnellfliegender Flugzeuge angelegen sein lassen. Zwei Flieger-Stabsingenieure werden in der nächsten Zeit für Sie besonders interessant sein: Antz und Schelp. Ich hörte, sie sollen demnächst mit dem ‚Lilienthalpreis' für Schnellflugforschung ausgezeichnet werden. Ich nenne Ihnen die Namen, damit Sie wissen, wer unter anderen für Sie ein wichtiger Gesprächspartner wird.

Also, die Brüder beim Technischen Amt haben sich schon lange viel einfallen lassen. Und bei der Industrie ist ein Haufen ausgezeichneter Neuentwicklungen in Vorbereitung. Teilweise bahnbrechende Erfindungen. Aber leider ist das meiste noch nicht fertig. Die Führung hatte so geplant, daß mit dem Frankreich-Feldzug der Krieg ausgestanden sein sollte. Dann kamen der Balkan, Afrika und Rußland dazu, vorher noch Norwegen, Dänemark und nun noch die USA – ich fürchte, die Japaner haben sich da reichlich übernommen. Zwei Fronten, drei Fronten, vier . . . Und der Ami wird langsam wirkungsvoll mit seiner Rüstungsproduktion . . . Kurz: Die Jäger werden nun endlich verstärkt, quantitativ und qualitativ. Und eine dieser qualitativen Verbesserungen sollen Sie helfen, so rasch wie möglich zur Frontreife zu bringen. Darüber sprach ich ja schon mit Ihnen draußen am Ilmensee, wie Sie sich erinnern werden."

Ich erinnerte mich sehr wohl daran. Es war ja erst 14 Tage her, seit mir eines Vormittags Hauptmann Hrabak, mein Kommandeur, am Feldfernsprecher mitteilte, der General der Jagdflieger sei da und wolle meine Staffel besichtigen. Ich fühlte ganz deutlich auch in diesem Augenblick noch einmal, wie mich damals bei dieser Mitteilung ein saures Gefühl beschlich: „Was müssen wir denn da für einen Zirkus vorbereiten?" hatte ich wohl noch gefragt. „Sie melden die Staffel, sonst nichts." Und nach ein paar Minuten kreuzte tatsächlich eine ungewöhnlich große Zahl Offiziere an unseren Feldbaracken auf, die wir knapp hinter den meterhohen Schneewällen der freigeschaufelten Landebahn unseres Feldflugplatzes Rjelbitzy als Aufenthalts- und Vorratsräume der Staffel benutzten.

In diese Einöde von Eis und Schnee kam der Kommandeur höchstens alle 14 Tage mal, der Kommodore kaum, höhere Stäbe nie. Was wollten heute mehr als ein Dutzend „hohe Tiere" in meiner Staffel? Es war doch nichts Außergewöhnliches vorgefallen! Gewiß, wir brachten es fertig, durch Schneematsch und ganze Tümpel, ja Teiche von Schmelzwasser täglich immer noch ein paar Rotten Me 109 in die Luft zu befördern. Und am Wolchow hatten wir unsere Luftkämpfe. Kaum ein Tag verging, ohne daß ich nicht einen Abschuß und die Staffel deren drei oder vier melden konnte. Man tat seine verdammte Pflicht, flog und schoß, man schlief irgendwo in einer Baracke, aß seinen Bohneneintopf oder das gelegentliche Schnitzel aus dem Pferdelazarett. Ganz gewöhnlicher Rußlandkrieg. Was wollte da der General?

12

„Melde gehorsamst die 5.J.G.54 beim Einsatz. Die Staffel hat heute fünf Einsätze geflogen. Dabei zwei Abschüsse erzielt. Kein eigener Verlust."

Ich glaubte, meine Sache damit gut gemacht zu haben. Aber Galland hatte nur scheinheilig gefragt: „Wieviele haben Sie davon?"

„Einen."

„Und insgesamt?"

„72."

„Na, dann haben Sie vorläufig wohl genug heruntergeholt und sollten eine Pause machen."

„Ich möchte hier nicht gern weg, Herr General!" hatte ich geantwortet.

„Sie müssen", war die Antwort, „es ist schon befohlen."

„Noch 14 Tage", bat ich.

„Gut." Galland nickte. Verstand mich, legte die Hand auf meine Schulter, zog mich aus dem Kreis der anderen.

„Schon was vom Interzeptor gehört?" fragte er.

„Wenn Sie die Maschine von Lippisch so nennen, diesen schwanzlosen Vogel mit Raketenantrieb – dann: ja!"

„Den sollen Sie miterproben. Eine ganz wichtige, dabei hochinteressante Aufgabe. Also in 14 Tagen melden Sie sich bei mir in Berlin. Dann erfahren Sie mehr. Kein Wort zu den anderen. Ist alles mehr als geheim!"

Und nun war es also so weit. Ich saß unserem Waffengeneral gegenüber, einem unserer erfahrensten und erfolgreichsten Jagdflieger. Gespannt folgte ich seinen Ausführungen. Seine dicke Brasil qualmte wie eine Lokomotive, die zur Abfahrt angeheizt wird. Oft behielt er sie im Mund, während er sprach. Dann tanzte sie auf und ab, qualmend und funkensprühend. Und wie die Brasil, so war auch Galland unter Dampf, wenn er sich auch äußerlich gelassen und leger gab.

„In der Militärluftfahrt wird der Krieg nicht nur in der Luft, sondern auch am Boden geführt", so führte er aus. „Es kommt nicht nur darauf an, mutig anzugreifen, geschickt auszuweichen, sauber zu schießen. Man muß auch möglichst schneller sein als der Gegner, besser steigen können, wendiger sein, stärkere Feuerkraft haben. Daher der Kampf am Boden. Nämlich in den Konstruktionsbüros, in den Fabriken, in den Planungsstäben der Luftwaffe.

Deshalb dieses dauernde Verlangen nach schnelleren Flugzeugzellen, stärkeren Triebwerken, leistungsfähigeren Propellern. Deshalb der Drang, die Geschwindigkeitsrekorde hochzutreiben, das Steigvermögen zu verbessern. Deshalb diese kriegsentscheidende Bedeutung von Forschung, Entwicklung, Erprobung. Daher auch die enorme Verantwortung bei denen, die die Entscheidung zu treffen haben über unsere Luftrüstung."

Nun sei man, so erläuterte Galland weiter, bis 1939 in der Steigerung der Fluggeschwindigkeiten ganz gut vorangekommen. Aber mit der Me 109 und dem damit aufgestellten Geschwindigkeits-Weltrekord sei man plötzlich an eine Grenze der Aerodynamik gestoßen, die eine Zeitlang unpassierbar erschien. Man stellte fest, daß bei Erreichen der Schallgeschwindigkeit fast alle bisher bekannten Gesetze der Aerodynamik und Flugmechanik auf den Kopf gestellt zu sein schienen.

Ein österreichischer Wissenschaftler namens Mach habe darüber sehr bedeutsame Forschungen durchgeführt. Es ist eine neue Maßzahl für die Geschwindigkeit eingeführt worden. Diese Maßzahl heißt „Mach-Zahl" und bezieht die Fluggeschwindigkeit auf die Schallgeschwindigkeit. Mach 1,5 also wäre das anderthalbfache der örtlichen Schallgeschwindigkeit. Die Me 209 hatte beim Rekordflug nur rund 755 km/h erreicht. Dennoch war sie damit wie an einer unüberwindlichen Mauer angelangt. Woher kam das?

Bekannt wäre, daß der Widerstand schon bei der Annäherung der Fluggeschwindigkeit an die Schallgeschwindigkeit zu bisher ungeahnten Größenordnungen anwüchse. Das aber sei der Grund, weshalb unsere Propeller als Antriebsmittel keine weitere Leistungssteigerung mehr herausholen könnten. Wenn das Flugzeug selbst schon mit 750 km/h dahinflöge, dann bewegten sich die Spitzen der Luftschraube mit Geschwindigkeiten, die nahe bei oder sogar über der Schallgeschwindigkeit liegen. Dann aber erzeugen die Propellerspitzen nurmehr Widerstand und keinen Vortrieb.

Eine neue Art von Antrieb mußte erfunden werden. Dies sei unter anderem durch die Schaffung von Raketen-Motoren, wie einer in der Me 163 eingebaut sei, gelungen. Schon im Jahre 1941 habe Dittmar mit diesem Flugzeug in Peenemünde eine offiziell gemessene Horizontal-Geschwindigkeit von 1003 Stundenkilometern erreicht, seine Steigfähigkeit sei geradezu enorm. Und nun solle das Flugzeug so schnell wie möglich zu einem frontverwendungsfähigen Jagdflugzeug entwickelt werden.

„Ihre Aufgabe hierbei wird sehr vielgestaltig sein", schloß Galland seine Ausführungen. „Sie sollen ein sogenanntes Truppen-Erprobungskommando aufstellen und führen, das aus einer Anzahl von Flugzeugführern und Bodenpersonal zusammengestellt werden muß. Wir werden hierzu für Sie erfahrene Leute aus verschiedenen Front-Einheiten herausziehen. Horten weiß, wie das gemacht wird. Damit sollen Sie sich schleunigst in die neue Materie einarbeiten, um einen Stamm für künftige Einsatz-Verbände zu schaffen. Der Anfang eines Lehrgeschwaders sozusagen. Zum anderen aber sollen Sie bei Erprobungsstellen und auch schon im Messerschmitt-Werk selbst während des Anlaufs der ersten V_0-Serie sowie vor und während der Werk-Erprobung Ihre Fronterfahrung als Jagdflieger einfließen lassen. Wir wollen vermeiden, daß das Werk etwas zusammenbaut, was die Truppe dann wieder geändert haben will. Wir sind dermaßen in Zeitdruck, daß kein Tag mehr wegen Fehlern in der Entwicklung verlorengehen darf. Die Aufgabe ist neu. Es ist das erste Mal, daß ein Versuch mit so einem Truppen-Erprobungs-Kommando gemacht wird. Wenn es klappt, werden Ihre Befugnisse womöglich noch erheblich ausgedehnt.

So, und nun ran an die Buletten! Wie stellen Sie sich vor, daß Sie anfangen werden?"

Ich schluckte zweimal. Das war etwas viel für den Anfang! Ich wußte, daß wir große Flugzeugfirmen in Deutschland hatten, die Zehntausende, wahrscheinlich Hunderttausende von Arbeitern beschäftigten. Auch daß wir in Rechlin eine sagenhaft umfangreiche Erprobungsstelle der Luftwaffe besaßen, wußte ich recht gut, wie auch, daß es Hunderte von Stäben mit Tausenden von Sachbearbeitern gab, die alle irgendein Rad im großen Getriebe der Luftrüstung steuerten oder antrieben – oder bremsten . . . Aber das war auch so ziemlich alles. Was eine V_0-Serie war, verbarg sich mir völlig. Ich wußte auch jetzt noch nicht einmal, wo dieses sagenhafte Peenemünde lag . . .

Peenemünde, da war die rettende Idee. „Ich glaube, das Beste wird sein, ich setze mich in eine von den 3 Me 108, die für Sie in Johannistal bereitgehalten werden, und fliege nach Peenemünde, um mich einweisen zu lassen. Anschließend nach Augsburg zu Lippisch bei den Messerschmitt-Werken", schlug ich vor.

„Na, nicht so schnell gleich mit dem Flugzeug große Dienstreisen gemacht, mein Bester! Mein Vorschlag ist, Sie bleiben erst mal drei Tage hier, setzen sich in ein leeres Zimmer, das einen Fernsprecher besitzt und telefonieren in Berlin und Deutschland herum. Hier gibt es Dutzende von Dienststellen, die Ihnen wichtige Auskünfte geben können. Sie brauchen da nicht überall persönlich aufzukreuzen. Es läßt sich unheimlich viel per Draht erledigen. Lernen Sie mal, wie wir hier den Krieg per Telefon führen! Das ist eine Kunst, die ich auch erst lernen mußte.

Und vor allem, lassen Sie sich von Horten einweisen. Er hat die Anordnung, sich mit aller Intensität für Sie einzusetzen."

Mit der Segelfliegerei fing es an

Der Argus vor mir brummte monoton. Wie ein Aal glitt mein kleines „Schiff" über Bäume, Felder, Straßen, Häuser. Da vorn war der Platz Augsburg! Kiste hochgezogen, um die Fahrt loszuwerden und zu sehen, ob das Feld frei war. Eilig pumpe ich am kleinen Handhebel das Fahrwerk heraus. Die Landeklappe dreht schnarrend herunter. Sanft rumpeln die Räder auf Grasboden.

Vor einer Halle steht jemand und winkt. Es ist Eli. Gott sei Dank, ich werde erwartet. Da ist auch Heini, den ich aus Berlin telefonisch von meinem Kommen benachrichtigte.

Ich kenne die beiden seit vielen Jahren. Heini Dittmar und Willi Elias, den wir kurzerhand „Eli" nennen. Die Segelfliegerei hat uns zusammengebracht. Dittmar flog wie ich als Forschungspilot bei der Deutschen Forschungs-Anstalt für Segelflug in Darmstadt. Eli war Werkmeister bei Lippisch und in Wettbewerben stets der Mannschaftsführer bei Dittmar.

Kaum habe ich die „Latte" zur Ruhe gebracht, da stehen sie auch schon auf der Tragfläche neben mir und es gibt ein herzliches Händeschütteln und Begrüßen. Dann schieben wir gemeinsam die Me 108 in die Halle.

„Am besten wohnst du im Hotel Drei Mohren", erklärten mir beide, als wir zur Stadt fuhren. „Aber nach dem Essen bist du bei mir zu Gast", schlug Heini vor. Wir können uns dann ungestört und ohne ungebetene Zuhörer unterhalten. Immerhin ist das ja zum großen Teil GEKADOS (Geheime Kommando-Sache), was wir reden werden . . ."

Wir saßen in Heinis Wohnung vor einem Mahagonischränkchen, das etliche Flaschen gediegener geistiger Getränke enthielt. Aufmerksam sah ich mich um und ließ meinen Blick über eine Anzahl silberner Pokale gleiten. An den Wänden Diplome und Ehrenurkunden. Ein sehr schönes Modell des „Fafnir". Und dort die neue Schwanzlose, die Me 163 en miniature, auf die ich draußen in der Halle schon einen Blick geworfen hatte.

Aufmerksam sah ich mich um. Elias kostete, was Heini gemixt hatte.

„Wie nennst du denn diese Geschmacksrichtung?" fragte ich Heini.

„Weiß ich nicht", antwortete er und feixte belustigt. „Ich trinke das ja nicht. Das ist nur für meine Gäste."

Heini machte sich nichts aus Alkohol, er verabscheute ihn beinahe. Uns war das nur recht. Und wir kannten ja Heini und seine Eigenarten. Wenn er die nicht gehabt hätte, wäre er nie auf die Idee gekommen, schon als kleiner Junge raffinierte Methoden zum Bau von Segelflug-Modellen auszutüfteln. Wer baute schon Flugmodelle?

Heini gewann damals bald alle Meisterschaften. Ohne seinen Eigensinn und die Gewohnheit, das zu tun, was er für richtig hielt, das aber zäh und unverdrossen, wäre er auch nicht der erfolgreiche, ja berühmte Segelflieger geworden, der er heute war.

Ich ließ ein Glas von Heinis „Mixtur" über die Zunge fließen. Vor zwei Wochen lebte ich noch in einer Baracke am Ilmensee. Heute trank ich Mixgetränke vor einer eleganten Hausbar. Das mußte man auskosten. Wohlig streckte ich mich in meinem Clubsessel nach hinten. Indem ich mit einer Fußspitze nach einem der Pokale auf der Vitrine

deutete, fragte ich: „Ist das der ‚Günther-Groenhoff-Gedächtnis-Pokal'?" Ich wußte,
daß er es nicht war, denn diesen gewaltigen Silber-Humpen hatte ich selbst einmal
gewonnen und ein Jahr lang bei mir stehen gehabt. Doch ich wollte Dittmar zum Reden
bringen über die Zeiten, in denen er und auch ich selber mit dem Fliegen von
Segelflugzeugen angefangen hatten.

„Den Becher solltest du kennen", antwortete er, „das ist doch mein Preis aus dem
Internationalen Wettbewerb 1937 auf der Wasserkuppe."

„Damals wurde bei der Preisverteilung so viel Silber verteilt", warf Elias dazwischen.
„Erinnerst du dich nicht: Du erhieltst eine große Silberschale, Ludwig Hofmann einen
Riesen-Humpen und Hanna Reitsch fuhr mit einer 172teiligen Besteck-Garnitur nach
Hause . . ."

Ich erinnerte mich, gewiß. Ich wußte, daß Heini gleich mir sein Herz der Fliegerei
verschrieben hatte, als in Deutschland die Wirtschaftskrisen gegen Ende der zwanziger
Jahre in keinem Beruf Geigen an den Himmel zauberten. Millionen Arbeitslose,
stilliegende Betriebe, Armut vielerorts – so bot sich uns damals das Bild unserer Heimat.
Da war es entschieden besser, sich einer Sache zuzuwenden, aus der man zwar keinen
vernünftigen Beruf machen konnte, die aber aufregend interessant war. Der Segelflug,
bei Kriegsende 1918 aus der Not geboren, zog uns beide mit magischer Kraft an. Er
verlangte Entsagung, Arbeit, Enthusiasmus. Und alles das hatten wir im Übermaß: Ich,
der ich damals in einem großen Zeitungsverlag in Chemnitz meinen Broterwerb
gefunden hatte, und Heini, der in Schweinfurt als Sohn eines Dentisten das Gymnasium
besucht und danach – wer weiß wozu das gut sein kann – sogar einmal eine Zeitlang
Schreinerei gelernt hatte. Wir beide hatten uns 1932 zum ersten Male gesehen. Heini war
damals schon ein berühmter Segelflieger, der mit einem selbstgebauten Hochleistungs-
segelflugzeug ein paar aufsehenerregende Streckenflüge gemacht hatte. Er war damals
Fluglehrer mit Peter Riedel in Darmstadt. Und ich schloß bald gute Freundschaft mit
dem zurückhaltenden und bescheidenen Piloten, der mich in die ersten Geheimnisse des
Segelflugschlepps und Thermikfluges einwies. Dann war er in Südamerika und flog
Weltrekord, während ich seinen „Condor" nachbaute. Seitdem waren wir dann jedes
Jahr Konkurrenten auf der Wasserkuppe in den Rhön-Segelflugwettbewerben ge-
wesen.

„Weißt du noch, wie wir uns in der Tschechoslowakei 1935 in diesem kleinen Kaff auf
der böhmisch-mährischen Höhe nachts am Brunnen trafen?" fragte ich ihn.

„Das war die politischste Landung meines Lebens", brummte Heini.

„Warum?" wollte Eli wissen, „damals war ich leider nicht als Mannschaftsführer mit
von der Partie."

„Weil die Tschechen mich verhaftet und eingelocht hatten. Dich ja auch", meinte er zu
mir gewendet. „Sie meinten, wir wären Spione. Den Deutschen trauten sie scheinbar
alles zu, auch daß sie mit Segelflugzeugen zum Spionieren über die Grenze fliegen . . ."

„Ja, erst nach zwei Tagen eisten uns deutsche Studenten aus Prag wieder heraus",
erinnerte ich mich. „Aber damals war ich zum ersten Male weiter geflogen als du, lieber
Heini, und darauf bin ich heute noch ganz stolz. Meine Strecke war 425 km, du warst 30
km vorher am Boden."

„Damals kam es mir auch gar nicht darauf an, den Wettbewerb zu gewinnen. Ich wollte nur meinen neuen ‚Condor II‘ einmal vorführen. In dem Jahre war es doch endlich soweit gewesen, daß mir Lippisch das Einfliegen seiner Schwanzlosen anvertraute. Das war mein großes Ziel gewesen. Sozusagen mein Lebenstraum, und der war nun Wirklichkeit. Was war da schon ein Rhönwettbewerb gegen eine solche Aufgabe!" Heini nickte bedächtig. Die Worte kamen nur langsam wie aus weiter Entfernung herangeholt aus seinem Munde.

„Endlich hat man dir damals also auch bei der DFS soviel Vertrauen geschenkt, daß man dir die Erprobung der Schwanzlosen übergab?" fragte ich.

Dittmar rieb sich nachdenklich mit dem Finger an der Nase.

„Stimmt genau", hub er an zu berichten. „Es war 1935 . . . Und offen gestanden war all mein Sinnen und Trachten schon seit Jahren dahin gegangen. Als Groenhoff auf der Wasserkuppe für Lippisch flog, wünschte ich mir bereits, Schwanzlose fliegen zu dürfen. Zwar hatte ich eine unglaubliche Hochachtung vor Groenhoffs fliegerischem Talent. Damals hätte ich mir nicht zugetraut, es ihm je gleichtun zu können. Er flog ja mit einer genialen Einfühlungsgabe. Er brauchte das Fliegen nicht zu lernen. Es war ihm angeboren. Aber ich hatte das Gefühl, daß mich die dafür zuständige Muse auch mit einer anständigen diesbezüglichen Morgengabe auf den Lebensweg gesandt hatte.

Als Groenhoff abgestürzt war, ging ich zu Lippisch und bat ihn, es einmal mit mir zu probieren. Aber ‚Hangwind‘ (so wurde Lippisch auf der Wasserkuppe genannt) meinte nur: ‚Heini, das kannst du noch nicht.‘ Er hatte recht und dennoch unrecht. Recht mußte man ihm insofern geben, weil ich nicht wie Groenhoff eine gründliche Motorflug-Ausbildung bei der Deutschen Verkehrsflieger-Schule (DVS) nachweisen konnte. Aber wenn er in die Zukunft hätte sehen können, hätte er gewußt, daß ich auch ohne DVS der richtige Pilot für ihn war."

„Na ja", beruhigte ich ihn, „selbst ein genialer Flugzeugbauer braucht kein Hellseher zu sein. Aber in den darauf folgenden zwei Jahren bist du ja mit deinem alten ‚Condor‘ und Lippischs neuer ‚Sao Paolo‘ den Beweis nicht schuldig geblieben, daß du nicht nur Segelflugzeuge entwerfen und bauen, sondern sie auch erfolgreich fliegen konntest.

Wie lang hast du eigentlich gebraucht, bis du deinen ‚Condor‘ fertig hattest? Du hast ihn doch fast allein gebaut."

„Ich habe wie ein Besessener geschuftet, damals", bekannte Heini freimütig. „Manchmal habe ich die Nacht zum Tage gemacht und erst aufgehört, wenn ich den vielen frischen Leimungen Zeit lassen mußte, abzubinden und festzuwerden. Nach etwa einem Jahr harter Werkstattarbeit war es geschafft. Und dann kamen gleich die Erfolge. Der billigste, dabei aber der einträglichste, war mein Zielflug nach Rüsselsheim. Der brachte mir einen funkelnagelneuen Opel ein, der mir viele treue Dienste geleistet hat. Dann nahm mich Professor Georgii mit auf die Süd-Amerika-Expedition. Mir glückte ein Wolkenflug in einem beginnenden Gewitter. Der Weltrekord, den ich dabei aufstellte, hat mir sehr geholfen, einen Namen in der Fliegerei zu bekommen. Und einen Namen brauchte ich eben, um an die Schwanzlose heranzukommen."

Heini fuhr sinnend fort: „Woher wollte ein Flugzeugkonstrukteur damals wissen, wie gut oder wie schlecht ein Pilot in seinen fliegerischen Leistungen war! Lippisch kann selbst nicht fliegen. Also war er darauf angewiesen zu warten, bis er einen Namen oft genug im ‚Flugsport‘ oder einer anderen Zeitung gelesen hatte. Wiegmeiers Namen hatte er vielleicht öfter gelesen als meinen. Also wurde Wiegmeier der Nachfolger von Groenhoff und erprobte Lippischs Schwanzlose."

„Das nenne ich verkehrte Welt – daß man bekannt werden muß, um in der Fliegerei an die Rosinen heranzukommen", polterte Elias. „Wir haben doch eh schon genug Piloten, die nur Fliegen lernen, weil sie eine Stange angeben wollen. Warum muß man auch vom Könner noch verlangen, daß er um eine gute Presse für seine Person besorgt sein muß!"

Heini hatte sich zurückgelehnt. „‚Hangwind' hat das teuer genug bezahlen müssen. Wiegmeier hat ihm die Delta III und die Delta IV hingedonnert. Die Brüche waren unnötig – Mangel an technischem Mitdenken – Angeberei und Leichtfertigkeit – er überschritt die Grenzen des Möglichen, ohne daß es etwa für einen Erprobungszweck gefordert wurde . . ."

„Aber", versuchte ich einzulenken, „sollte man ihm nicht zugute halten, daß er – wenigstens in einem der Fälle – das Flugzeug in einer gewagten Situation zeigen wollte, um seinem Konstrukteur, um Lippisch damit einen Dienst zu erweisen? Er wollte vermutlich gar nicht mit eigenen Leistungen hervortreten: Das Flugzeug war es, was er demonstrieren wollte. Da es ihm daneben gelang, hat er natürlich genau das Gegenteil erreicht: Die unbegründete, aber eben vorhandene Skepsis vor dem neuen Nurflügler schien nun gerechtfertigt."

„Auf jeden Fall hat er der Sache der Deltaflügler einen solchen Henkersdienst erwiesen, daß wir heute noch darunter leiden – trotz Weltrekord mit Me 163", grollte Eli und wandte sich ärgerlich wieder dem Mixbecher zu.

„Hört mal her!" unterbrach ich die beiden. „Wir haben jetzt lange genug wie Kraut und Rüben durcheinandergeredet! Dabei ist eine Menge interessanter Dinge zur Sprache gekommen. Aber mir fehlt noch der rote Faden. Und ich möchte jetzt auch alles über die Me 163 hören, vom ersten Hüpfer auf dem Boden an. Am besten vom ersten Zeichenstrich an.

Wenn ich verantwortlich sein soll für die Truppenerprobung und ihr für die Erprobung hier im Werk Nutzen aus meiner Mitarbeit ziehen wollt, dann gebt mir mal jetzt einen zusammenhängenden Bericht, bei dem aber auch nichts vergessen wird. – So! Jetzt habt ihr das Wort und ich widme mich außer dem Zuhören nur noch Heinis Cocktail."

„Ich möchte das auch lieber so wie Wolfgang machen", entzog sich Eli sofort schlagfertig der Aufgabe. „Zuhören und hin und wieder einen kleinen Schluck. Also Heini, fang du an. Du hast ja auch viel mehr zu berichten als ich."

Und so begann Heini zu erzählen:

„Lippisch war schon ein bekannter Mann im Segelflugzeugbau und seit sechs Jahren auf der Wasserkuppe, als ich ihn als vierzehnjähriger Bub zum erstenmal sah. Ich baute damals Modelle und war in Deutschland dadurch sogar schon ein bißchen bekannt gewesen. Denn ich holte mir immer die ersten Preise. Lippischs schwanzlose Konstruktionen – meist waren es nur Modelle – hatten es mir angetan. Wenn ich nur konnte, kam ich aus Schweinfurt, meiner Heimatstadt, in die Rhön und freundete mich mit den Wasserkuppe-Leuten an. Mein Bruder Edgar, der ja schon damals ein sehr bekannter und erfolgreicher Segelflieger war, nahm mich oft mit, wenn er zum Üben oder zu Wettbewerben in die Rhön fuhr.

Endlich im Jahre 1929 durfte ich als Volontär oben bleiben, mehr oder weniger fürs Essen und Schlafen. Lippisch ließ mich schwanzlose Modellflugzeuge bauen. Und wir beide waren sehr miteinander zufrieden; Lippisch, weil ich ihm mit meiner langjährigen Baupraxis in viel kürzerer Zeit Modelle baute, als er sie bis dahin selbst hergestellt oder von Werkstattleuten gebaut bekommen hatte. Ich, weil ich zu meinen autodidaktisch erworbenen Kenntnissen in Aerodynamik und Flugmechanik einen Haufen von Lippisch dazulernen konnte. Allerdings hat auch Lippisch mir mal zugestanden, daß er hin und wieder von mir gelernt hat. Wenn er irgendeinen bestimmten aerodynamischen Effekt erreichen wollte, konnte ich ihm aus meiner Erfahrung als Modellsportler auch schon mal einen Tip geben, auf den er dann auch gern einging. Und wenn ich recht gehabt hatte, war er gerecht genug, es auch anzuerkennen – und er sparte nicht mit Lob. Freifliegende Modelle von vier Metern Spannweite und mehr – teils mit sehr hoher Flächenbelastung – waren bei uns keine Seltenheit. Manche bereits in Zeichnungen fertige Neukonstruktion wurde zurückgestellt, wenn unsere gewissenhaften Modellversuche, die dem Kenner eindeutige Ergebnisse lieferten, nicht zufriedenstellend waren.

Im Rhönwettbewerb 1932 stürzte Groenhoff tödlich ab. Er hatte als einziger Lippischs schwanzlose Konstruktionen geflogen. Alle seine in Jahren erworbenen Erfahrungen nahm er mit ins Grab. Gewiß hatte ich an den langen Abenden auf der Wasserkuppe viele Gespräche mit ihm geführt. Manches theoretisch Wertvolle habe ich dabei über die damals noch unbekannten Flugeigenschaften der Schwanzlosen erfahren, die sich von denen der Normalflugzeuge zum Teil doch sehr wesentlich unterschieden. Man war am Anfang einer Forschungsreihe. Die ‚Vögel‘, die wir bauten, hatten noch eine Menge Unarten. Und über Flugeigenschaften gab es überhaupt noch nicht viele grundsätzliche Erkenntnisse und Unterlagen. Man war wie ein Columbus beim Entdecken Amerikas: Alles war sehr, sehr vage . . .

Groenhoff hatte einige Flugberichte geschrieben, gut. Aber sie waren ein Tropfen auf den heißen Stein unserer Aufgabe bei der Weiterentwicklung. Mit jedem neuen Muster steigerten sich Zahl und Umfang der Probleme. Erst als ich später selbst für Lippisch flog, ist mir klar geworden, was Groenhoff meinte, als er einmal sagte: ‚Lippisch soll nur mal einen anderen fliegen lassen, er wird manches Wunder erleben.‘

Er hat mit diesem Ausspruch tatsächlich nur zu recht gehabt. Zwei, drei Jahre versuchten es verschiedene Piloten, Lippischs Nurflügler zu schaukeln. Aber es wurde hauptsächlich ‚Kleinholz‘ gemacht. Was mich damals am meisten aufregte, war nicht so sehr, daß ich erlebte, daß die paar wichtigen vorhandenen Erprobungsträger zu Bruch gingen, sondern daß aus den Erprobungsflügen nicht die richtigen Erkenntnisse gewonnen und die notwendigen Schlußfolgerungen gezogen wurden. Lippisch war wie ein Blinder, der sich von Kurzsichtigen führen läßt . . .

Erst 1934, nach unserer Segelflug-Expedition nach Südamerika, wo ich beweisen konnte, daß ich auch fliegerisch etwas zu leisten im Stande war, erhielt ich ‚grünes Licht‘. Ich wurde Versuchspilot bei der Abteilung ‚Schwanzlose Flugzeuge‘ der DFS in Darmstadt und habe seither in wundervoller Zusammenarbeit mit Lippisch alle seine Flugzeuge eingeflogen und flugreif gemacht."

„Darunter gab es auch eines, das war fertig, als es aus der Werkstatt kam, brauchte keine Änderung und flog beim ersten Start Weltrekord." Eli hatte sich zu dieser

Feststellung veranlaßt gefühlt, vielleicht um zu zeigen, daß er Heinis Erzählung aufmerksam zugehört hatte. Und Heini fuhr fort:

„Richtig! Das war das Segelflugzeug ‚Sao Paolo‘. Damit flog ich auf Anhieb einen Strecken-Weltrekord. Das war aber auch ein Segelflugzeug in herkömmlicher Bauweise mit einem langen Rumpf und Höhenleitwerk. Diese Bauart beherrschte ‚Hangwind‘ ja nun schon bestens und ich habe kaum je ein Segelflugzeug mit besseren Eigenschaften gekannt."

„Außer deinem eigenen ‚Condor‘, wolltest du noch anfügen. Prost!" Eli konnte sichs nicht verkneifen, eine kleine bissige Randbemerkung beizusteuern.

„Nein", bekannte Heini, „selbst mein ‚Condor‘ war nicht so gut wie die ‚Sao Paolo‘. Aber dafür war die verbesserte Delta IV, die DFS 39, als ich sie das erste Mal flog, ein absoluter Sauschlitten."

„Na höre mal", unterbrach ich ihn entrüstet, „als ich den Vogel mit dir zusammen im Sommer 1939 durch die Luft bewegte, da flog er sich wie Butter – wie geschmiert ging das – ohne alle Beanstandungen . . ."

„Ja, 1939!" Heini machte eine geringschätzige Handbewegung. „Als ich 1934 von Lippisch zum erstenmal einen Flug genehmigt bekam, da hatte ich schon Herzklopfen, wenn ich nur an den Start dachte. Es gab in Darmstadt bei der DFS damals kein Flugzeug mit so schlechtem Ruf in Fliegerkreisen wie diese verbesserte, wiederaufgebaute Delta IV. Gewiß, die Leute von der DVL und Kupper und andere, die glaubten, das Fliegen erfunden zu haben, haben übertrieben und aus den Kinderkrankheiten gleich geglaubt schlußfolgern zu müssen: Dieses Kind ist zu schwach, um zu leben . . . So war es natürlich auch wieder nicht. Aber ich war – wie gesagt – reichlich unruhig, als ich zu meinem ersten Start mit der D-ENFL anrollte. Wenn man soviel Schlechtes sich hat erzählen lassen! Man mußte ja voreingenommen werden! Zur inneren Seelenruhe trug das nicht bei. Also, der Start muß grauenvoll ausgesehen haben. Das Fahrwerk war ja vorsichtshalber schon schön stark ausgelegt worden. Aber ich habe, bevor ich in der Luft war, auch Bocksprünge gemacht, für die es beinahe noch zu schwach gebaut war. Als ich endlich schwebefähig war, habe ich einen ganz vorsichtigen Flug von 20 Minuten angeschlossen. Aber die Landung war natürlich genau so scheußlich wie der Start.

Eines wußte ich: Die mir da so viel Schlechtes erzählt hatten, hatten nicht übertrieben. Na, trotzdem war dieser erste Eindruck schlechter, als der ‚Vogel‘ im Grunde war. Nachdem ich mich auf seine Eigenarten ein bißchen eingeflogen hatte, kam ich zur Überzeugung, daß die Schwanzlosen doch noch Zukunftsaussichten hatten. Aber es mußte geändert werden. Viel und oft.

Nicht jede Änderung war eine Verbesserung. Im Gegenteil – oft verschlechterte sich alles katastrophal. Aber nach einigen Umbauten war dann doch immer irgendwann auch eine bleibende Verbesserung mit herausgekommen. Und die war dann wieder eine Treppenstufe hinauf im Bestreben, dem Nurflügelflugzeug die gleichen Flugeigenschaften zu geben wie dem Normalflugzeug.

Unsere Versuche gingen systematisch vor sich. Eine Versuchsreihe nach der anderen wurde pedantisch durchexerziert. Und im Laufe der Jahre kamen wir so zu immer klareren Erkenntnissen über die Richtung, in der wir weiterarbeiten mußten.

Wie das mit den verdammten Ungewißheiten im Verhalten von schwanzlosen Flugzeugen beim Einfliegen war, will ich euch mal an einem Beispiel schildern.

Eine der Nachfolgertypen der DFS 39 war die DFS 194. Ich flog sie ohne Motor – im Schleppflug hinter einer Me 110. Als ich glücklich in der Luft war, probierte ich ein wenig die Querruder aus. Nur ein wenig, sage ich euch. Etwa 5° Ruderausschlag nach links. Dann ging ich mit dem Knüppel wieder auf Null zurück. Aber die Maschine fing an zu schaukeln, nein zu schwingen, sie machte drei bis vier richtige Taumelschwingungen, die immer größer wurden, und wollte dann über die rechte Fläche in Rückenlage gehen – alles bei in Normalstellung festgehaltenem Knüppel.

Wenn ich nicht die theoretische Vorschulung durch Groenhoff gehabt hätte und meine langjährige Erfahrung aus den Modellversuchen, wäre ich reif für den Totengräber gewesen. Denn zum Aussteigen reichte die Höhe noch nicht. So habe ich richtig reagiert und blieb oben."

... und so kam es zur „Me 163"

„Komm jetzt auf die Me 163 zu sprechen", bat ich.

„Ja, also Me 163", fuhr Dittmar fort. „Als Lippisch, Hubert und Kraemer in Darmstadt mit den ersten Konstruktionsarbeiten begannen, durfte ich anfangs komischerweise nichts davon wissen. Die Konstruktion ging hinter verschlossenen Eisentüren vor sich, und ich mußte in der ersten Zeit tatsächlich raten, was sich da tat. Das hohe Reichsluftfahrtministerium (RLM) wollte das so. Und die drei ließen nichts durchsikkern. Erst in Augsburg wußte ich richtig, woran ich war.

Die ganze Abteilung Lippischs war ja schon Ende 1938 von Messerschmitt übernommen worden. Wir siedelten Anfang 1939 von Darmstadt nach Augsburg um und nannten uns stolz Abt. ‚L' der Firma Messerschmitt.

Mir war das mehr als recht gewesen. Lippisch wurde mit seiner Delta- und Nurflügler-Arbeit in der DFS immer mehr hinter seinen ‚jungen Mann', Hans Jacobs, der die Abt. Segelflugzeugbau übernommen hatte, zurückgestellt. Vom Lastensegler DFS 230 versprach man sich mehr als von unserer ‚schwanzlosen Kunst'."

„Hat ja bisher nicht nur mehr versprochen sondern auch mehr gehalten als wir – wenn ich beispielsweise an die Einnahme von Eben Emael mit Hilfe von Jacobs Lastenseglern denke . . .", warf Eli von der Hausbar her in das Gespräch ein.

Heini ließ sich nicht vom Thema abbringen: „Wir mußten irgendwohin, wo der aerodynamische Vorteil, den wir den Flugzeugen mit Leitwerk voraus haben, richtig zur Geltung kam. Also dahin, wo ein Interzeptor gebraucht wurde, ein Abfangjäger, ein schnelles ‚Schiff' mit hoher Geschwindigkeit. Das konnte uns eine Forschungsanstalt für Segelflug nicht honorieren. Wohl aber ein Professor Messerschmitt, der gar nicht ungern sieht, wenn in seiner Fabrik stets das schnellste Flugzeug der Welt gebaut wird. Im übrigen war mir die Fabrik Messerschmitt als Brötchengeber lieber als die DFS, denn sie bezahlt mich auch besser. Na, und nicht zuletzt weißt du ja: Meine ‚diplomatischen Beziehungen' zu Hanna Reitsch, unserer Primapiloterina der DFS, waren mehr als mäßig. Hier in Augsburg brauchte ich mich nicht mehr darüber ärgern, daß es anscheinend mehr wert ist, wenn man dem Generalstab einen neuartigen Lastensegler schmackhaft machen und mit Petersilie garniert vorführen kann, als wirkliche Pionierarbeit in der Flugerprobung!"

„Nun werde nicht sauertöpfisch", riet ich Dittmar. „Schau, ich hatte auch meinen Krawall mit Hanna. Aber als wir uns vor einem Jahr einmal in Fürth auf der Jagdfliegerschule trafen, wo sie wegen QBI mit einer Do 17 mit diesem komischen Ballonabweiser landen mußte, da haben wir uns ausgesprochen, die Hand gegeben und uns vertragen. Überschrift: ‚Es ist Krieg'."

„Keine Angst", beruhigte Heini, „ich kann auch vergessen. Damals war schließlich noch Friedenszeit. Und in dieser Friedenszeit flog ich dann noch die DFS 40, eine Weiterentwicklung der DFS 39 und machte sogar die ersten Schleppstarts mit der DFS 194. Die DFS 40 hat ja Pitz dann eines Tages zu Bruch gehen lassen, als er damit ins

Trudeln kam. Wenn ihr ihn mal ärgern wollt, müßt ihr ihn danach fragen. Er erzählt nicht gern davon, denn sein Fallschirm öffnete sich nur ein paar Meter über dem Boden.

Gut und schön, das war unsere Erprobung von Schwanzlosen in Darmstadt. Die Arbeit damit war lehrreich und interessant. Aber hier in Augsburg erfuhren wir dann eben eines Tages, daß wir mit Raketenantrieb fliegen sollten. Das war etwas Einmaliges, etwas ganz Tolles. Und darum drehte sich dann auch alles von nun an. Hersteller des Raketenmotors war die Firma Walter in Kiel. Dort wirst du wahrscheinlich demnächst auch hinkommen. Sie bauen solche Antriebe für U-Boote und Torpedos, aber auch für die Fortbewegung in der Luft ist dieser Rückstoßantrieb gut. Eine FW 56 hat man damit angeblich senkrecht in die Luft steigen lassen. Es gibt Zusatztriebwerke von Walter, die an die Ju 52 und andere schwere Flugzeuge bei Überlaststarts angehängt werden können, um die Startstrecke erheblich zu verkürzen. Nach dem Abheben werden diese Zusatzantreiber an Lastfallschirmen abgeworfen und können x-mal wieder verwendet werden. Die He 176 war damit ausgerüstet und soll 1939 schon schneller als die Me 109 geflogen sein. Unsere Konstrukteure bei Abt. L behaupten allerdings, das wäre gelogen. Die He 176 wäre immer nur 40 Sekunden mit Triebwerk geflogen, und das reiche nicht für mehr als 350 km/h. Neuerdings plant man, auch ferngesteuerte Lenkwaffen damit auszurüsten und vieles andere noch.

Bei dem Antrieb handelt es sich um eine sogenannte Flüssigkeitsrakete. Brennstoff und Sauerstoffträger – beide flüssig – werden in die Brennkammer eingespritzt, wo sie unter ohrenbetäubendem Getöse miteinander reagieren und nach Austritt aus einer Düse den Rückstoß liefern. Im Prinzip eine einfache Sache. Der ganze Antrieb für die Me 163 wiegt kaum 100 Kilogramm. Aber – jetzt kommt das große Aber! – das Zeug ist erheblich gefährlicher als Flugbenzin! Wenn die beiden Treibstoff-Komponenten auch nur in kleineren Mengen unbeabsichtigt zusammengeraten – beispielsweise bei Leckwerden von Leitungen, Unvorsichtigkeit beim Betanken oder bei einer Bruchlandung – dann gibt es gleich eine anständige Explosion.

Im Sommer 1940 habe ich die DFS 194 in Peenemünde mit einem solchen Triebwerk geflogen. Es hatte nur 300 kg Schub und sah eigentlich nur wie ein einfaches Rohrgestell aus, wie es vielleicht in einer Spritzlackiererei verwendet wird. Aber ich kam dabei auf eine Steiggeschwindigkeit von 23 m/sec. und auf eine Horizontal-Geschwindigkeit von 350 km/h. Einmal glaubte ich im Bahnneigungsflug nach starkem Andrücken und mit viel Fracksausen sogar 550 am Fahrtmesser abgelesen zu haben. Die Ingenieure bezweifeln das allerdings stark. Denn der Vogel war eigentlich nur für weniger als halb so viel berechnet. Damals fingen die Leute im RLM und anderswo schon an, die Ohren zu spitzen, als sie davon hörten, und wir hatten deshalb bei den weiteren Vorarbeiten für die 163 gleich etwas mehr Hilfe und Unterstützung als vorher. Bis dahin wurden wir ,da oben' – mit einigen Ausnahmen natürlich – mehr oder weniger als ,Verrückte' angesehen. Wir standen in dem Rufe, daß man sich vor uns in acht nehmen müsse, weil wir uns angeblich absolut Unmögliches vorgenommen hatten.

In der Zwischenzeit hatten das ,Kobü' – das Konstruktionsbüro – und die Werkstatt eine einmalige Leistung vollbracht. Lippisch hatte mit Kraemer und Hubert ja schon kräftige Vorarbeit geleistet, als sie bereits in Darmstadt insgeheim rechneten und tüftelten. Aber was sie mit nach Augsburg brachten, das war ja nur die grundsätzliche

Aerodynamik und Statik. Hier bei Messerschmitt hieß es, Detail-Arbeit leisten, die Dinge im einzelnen durchrechnen und zeichnen."

„Und wir in der Werkstatt mußten uns dann die Köpfe zerbrechen, wie wir den Blödsinn, den die Kerle da erfunden hatten, überhaupt bauen konnten." Eli fühlte sich genötigt, auch mal etwas zur Berichterstattung beizutragen. „Sperrholznasen in mehreren Schichten mit millimetergetreuen Oberflächenausmaßen verleimen. Ein Rumpfmittelstück in Gemischtbauweise aus Stahl, Kunststoff und Holz. Fahrwerk ließen sie weg. Dafür erfanden sie eine total neue Kufen-Hydraulik. Kinder, Kinder, die Haare standen einem Tag und Nacht zu Berge." Aufseufzend nahm Eli einen kräftigen Schluck.

„Also", fuhr Heini fort, „trotz aller Schwierigkeiten und obwohl inzwischen der Krieg mit all seinen Einschränkungen und Erschwernissen begonnen hatte, war nach reichlich einem Jahr die Zelle der Me 163 A V4 fertig. Wer hinterherhinkte, waren die Hellmuth-Walter-Werke (HWK) in Kiel."

„Was bedeutet ,V4'? Woher kommt überhaupt die Zahl: Me 163?" fragte ich dazwischen.

„Jedes Flugzeug-Werk erhält vom Ministerium für seine Entwicklungen jeweils bestimmte Zahlen zugewiesen. Diese Zahlen behält das Flugzeug vom ersten Zeichenstrich an bis zur letzten Maschine dieser Art, die das Werk verläßt. Nicht alle Entwicklungsaufträge enden auch einmal mit einem richtigen Flugzeug. Manche werden schon nach den ersten Rechnungen und Modellversuchen ad acta gelegt. Bei anderen werden ernsthafte werkstattgerechte Zeichnungen angefertigt und vielleicht schon eine Attrappe gebaut. Dann sind auch sie mangels Interesse ,reif für den Papierkorb'. Wieder andere kommen so weit, daß sogar ein oder mehrere Versuchsmuster – V-Muster – in Auftrag gegeben werden. Ist der Versuch nicht überzeugend, dann bleibt es bei den V-Mustern. So existieren z. B. bei Messerschmitt zwei V-Muster eines viermotorigen Fernbombers, genannt Me 261, die 1000-Kilo-Bomben bis nach Amerika schleppen und wieder zurückkehren könnten.

Nachdem die zwei V-Muster gebaut waren, ging die Gnadensonne des Ministeriums unter. Sie stehen seither nur noch herum. Da die Vögel angeblich im Auftrag des Führers gebaut wurden, heißen sie im Volksmund ,Adolfine'. Damit sie nicht einrosten, fliegt sie hin und wieder jemand von einem Flugplatz zum andern.

Erst wenn die Werkerprobung und die nachfolgende amtliche Erprobung durch die E-Stelle, die Erprobungsstelle der Luftwaffe, den Auftraggeber, nämlich das Reichsluftfahrt-Ministerium, den Generalstab und wer weiß wen noch überzeugt hat, daß das ,Schiff' gebraucht wird, dann erst wird Auftrag für den Bau einer Serie gegeben. Dazwischen kann, wenn noch nicht alles an dem Baumuster reif und truppenverwendungsfähig ist, auch eine sogenannte Nullserie von vielleicht 20 oder 30 Stück in Auftrag gegeben werden. Diese kleine Serie soll dann Klarheit über alle Kinderkrankheiten erbringen und dem Werk Zeit lassen, notwendige Änderungen vorzubereiten, bevor das Flugzeug in größeren Stückzahlen zur Truppe gelangt.

Die Me 163 A V4 ist also das erste flugfähige Exemplar von vier Versuchsmustern, die das Ministerium genehmigt hat. Diese Zahl soll im übrigen noch auf zehn erhöht werden. V1 war die DFS 194, V2 und V3 wurden zu Bruchversuchen usw. benutzt und sind nie geflogen. Die Me 163 A ist im übrigen der Prototyp, also das Flugzeug in der ersten von Lippisch entworfenen Form, in der es lediglich beweisen sollte, daß es flugfähig ist und welche Leistungen und Eigenschaften es anzubieten hat. Zum Einsatz als Jagdflugzeug, als sogenannter Interzeptor – das heißt Abfangjäger – ist sie wegen ihrer kurzen Flugdauer ungeeignet. Deshalb ist zusätzlich die Me 163 B vom Werk vorgeschlagen und von Berlin genehmigt worden. Die Me 163 B hat einen größeren Rumpf mit mehr Tankinhalt, kann länger fliegen und ist auch bewaffnet. Sie ist das Einsatzmuster, an dem nun auch schon fast seit Jahresfrist mit Hochdruck gearbeitet wird. Die Zelle wird in Kürze flugreif sein. Natürlich ist Walter mit der Triebwerks-Entwicklung wieder im Rückstand. Wenn du in Kiel bist, dann erkundige dich gleich mal, wie weit die Burschen sind. Von der Me 163 B ist im übrigen gleich eine Serie von 70 Stück genehmigt worden. Man ist überzeugt, daß gar nicht mehr so viel schiefgehen kann dabei. Denn am Flügel wird im Grunde kaum viel geändert. Na, und den dicken Rumpf soll das neue Triebwerk wettmachen. Das soll mehr als doppelt so stark sein wie das derzeitige, das mit 650 kg Schub schon eine ganz ordentliche Puste hat. Das neue Triebwerk soll übrigens eine ‚heiße‘ Verbrennung haben. Was das bedeutet, weiß ich selbst noch nicht ganz genau.

1940 – so berichtete ich – waren wir mit der Zelle der Me 163 A fertig. Das Triebwerk fehlte. HWK (Hellmuth Walter Werke, Kiel) versprach es von Tag zu Tag. Doch es war eben nicht so einfach, ein Triebwerk von 400 kg Schub auf fast das Doppelte zu bringen.

Bei dem Einfliegen der DFS 194 hatten wir aber allerhand gelernt. Und das kam uns jetzt bei der Me 163 zustatten. Wir hatten nicht nur herausbekommen, daß man ein Flugzeug so bauen kann, daß es das Fahrwerk am Boden läßt und dann wie ein Segelflugzeug landet; es war auch schon eine Selbstverständlichkeit, daß man eine Zelle erproben kann, auch wenn der Motor noch nicht fertig ist. Man schleppt sie dazu einfach wie ein Segelflugzeug in die Luft und kann bereits eine Menge Flugeigenschaften im Gleitflug prüfen. Das taten wir also ab 1941 schon eifrig mit der Me 163 A V4.

Mit ihren rund 10 m Spannweite und 1000 Kilogramm Gewicht konnte sie bequem von einer Me 110 hochgeschleppt werden. Bevor wir das zum ersten Mal taten, war es uns gar nicht so klar, ob wir im Schlepp überhaupt aus dem Augsburger Platz herauskommen würden. Es wäre ja viel sicherer und zweckmäßiger gewesen, auf den großen 20 Kilometer entfernten Lechfelder Platz zu gehen. Aber das war angeblich wegen der Geheimhaltung nicht möglich! Die Me 163 durfte damals nie länger im Freien stehen, als für Start und Landung notwendig war. Irgendein Spion könnte vielleicht über den Zaun hinweg mit einer Telekamera eine Aufnahme machen . . .

Wir haben lange beraten und berechnet. Schließlich haben wir es doch nicht riskiert, beim ersten Start vielleicht Bruch zu machen. An einem ruhigen Herbsttag 1940 stand die V4, ohne daß es jemand von der militärischen Belegschaft des Platzes gemerkt hatte – außer einigen wenigen Eingeweihten natürlich –, in der südöstlichen Ecke des Lechfelder Rollfeldes klar zum ersten Flug. Vom Turm der Flugleitung konnte man uns nur noch durch ein Fernglas beobachten, so weit weg waren wir von den Gebäuden. Die Männer da oben waren alle schwer auf Geheimhaltung ‚vergattert‘ worden. Startrichtung war Norden. Die Rollfeldgrenze konnte man mit bloßem Auge gar nicht erkennen, so weit dehnt sich der Platz, mehr als 2000 Meter, und danach kommen Felder, in die man zur Not auch noch hineinrollen kann, wenn etwas schief geht.

26

Lippisch und etliche Leute aus den Büros waren von Augsburg herausgekommen und umstanden die Szene. Sie waren alle reichlich aufgeregt, zogen sich aber schließlich etwas zurück und sahen aus Abstand zu, wie Dr. Wurster mit einer M 110 vorrollte und ein starkes Stahlseil zwischen Schleppmaschine und Me 163 befestigt wurde. Wir hatten eine Me 110 mit neuen, stärkeren Motoren genommen. Das merkte ich schon beim Anrollen, denn die Startbeschleunigung war großartig. Meine Maschine rollte, sie rollte immer schneller, machte noch ein paar Hopser – schon war sie schwebefähig. Ich zog hoch – flog. Wirklich, es war einfacher, als ich gedacht hatte. Es geht eben nichts über einen Flugplatz, auf dem man zur Not nach dem Abheben wieder landen und vielleicht noch einmal starten kann. So ein Riesenrollfeld hatten wir eben hier in Lechfeld.

Dr. Wurster – wie gesagt – schleppte, Eli flog im Funkersitz mit, um das Schleppseil nach dem Fluge (oder auch in einem Notfall) auszuklinken. Eine Zeitlang bin ich ganz ruhig hinter der flott steigenden Me 110 hergeflogen, obwohl ich bei einigen Ruderausschlägen, die zu Beginn nötig waren, schon gemerkt hatte, daß das etwas ganz anderes war, als bei den Erstlingsflügen mit der DFS 194. Mit der nötigen Sicherheitshöhe fing ich dann schon im Schlepp die übliche vorsichtige Überprüfung der Ruderwirkungen an, und binnen kurzem wußte ich: Hier war ‚Hangwind' (Lippisch) wieder mal ein großer Wurf gelungen.

Nach dem Ausklinken nahm ich eigentlich nur erst einmal eine grobe Überprüfung der Ruderwirkungen bis zu einer Geschwindigkeit von 350 km/h vor. Man hat diese Fahrt ganz schnell, auch ohne Triebwerk. Braucht die Kiste dazu gar nicht sehr auf den Kopf zu stellen. Und ohne Triebwerk und sonstigen Ballast kann man sie auf 80 km/h zurücknehmen. Dann bin ich ein bißchen herumgekurvt und habe eigentlich nichts gemacht, als diese neue Art zu fliegen so richtig zu genießen. Denn es ist etwas Neues für den Piloten, das Fliegen mit der 163.

Die Riesenlandefläche unter mir stellte keine Probleme. So setzte ich also irgendwo schön zart auf der Kufe auf, die man für die Landung extra ausfahren muß.

Alle stürmten wie die Wilden herbei, fragten mich aus. Ich machte dann, soviel ich mich erinnere, noch einen oder zwei Starts auf dem Lechfeld. Die Aerodynamiker hatten inzwischen die Startlänge vermessen, und es wurde festgestellt: Auch aus dem viel kleineren Augsburger Platz war im Schleppstart herauszukommen. Also schnell wieder nach Haus auf den Werksflugplatz, wo weniger ungebetene Zuschauer herumstanden. Den Herren in Berlin war schon die Erlaubnis für diesen einen Probestart sehr schwer gefallen.

Lippisch und die Ingenieure stiegen wieder in ihre Fahrzeuge und ab brausten sie in Richtung Augsburg. Zurück blieb nur ein kleines Häuflein aus der Werkstatt. Eli hatte die Maschine hochbocken lassen, und irgendwer schraubte an der Kufenhydraulik herum. Schließlich war der Vogel wieder klar. Ich stieg zum nächsten Flug ein, der diesmal in Augsburg enden sollte.

Wir kamen wieder vorzüglich vom Boden weg. Dr. Wurster schleppte mich auf mehr als 3000 m Höhe. Als ich das Seil ausklinkte, konnte ich auf dem Werksgelände unter mir zwar noch keine Einzelheiten erkennen, aber ich wußte aus Erfahrung, daß da bestimmt schon alle Fenster vollhingen. Der Erstflug eines Prototyps ist in einem Flugzeugwerk eben wie ein Flugtag. Da hingen aller Augen in der Luft.

Aber auch wenn noch so viele sachverständige Zuschauer da auf mich warteten – ich hatte mir vorgenommen, nicht ein Minütchen der kostbaren Flugzeit für ein schneidiges Schaufliegen zu opfern, sondern Schritt für Schritt das vorbesprochene Erprobungs-Programm durchzufliegen. Und wenn Professor Messerschmitt selbst mit seinem gesamten Konstruktions-Büro am Fenster stehen sollte, das konnte mich zu keiner Extra-Darbietung verleiten.

So flog ich – immer die Ruder probierend – die Geschwindigkeits-Skala bis hinauf zu 350 km/h und wieder zurück, machte mir Notizen, drehte auch mal ein paar Kurven und freute mich, wie sanftmütig sich das Flugverhalten bis dahin offenbarte.

Bei meiner Beobachtung von Ruderkräften und Manövrierbarkeit in den verschiedenen Geschwindigkeitsbereichen habe ich wahrscheinlich nicht genügend Augenmerk auf den Gleitwinkel der Maschine gerichtet. Als ich zur Landeeinteilung kam, habe ich nicht voll schwanzlastig getrimmt, weil ich mir sagte, daß ich die paar Gramm Handkraft beim Abfangen lieber aufbringe, als zu früh bei der Mindestfahrt anzukommen. Egal, was der Grund war – als ich den Zaun des Flugplatzes im Süden überflog, hatte ich noch einen erheblichen ‚Zahn‘ drauf. Ich setzte wohl nicht übermäßig spät auf, aber bei der hohen Fahrt fand die glatte Kufe auf dem grünen Rasen überhaupt keinen Reibungswiderstand!“

Eli feixte schadenfroh in seinem Sessel: „So lange brauchte er, um herauszubekommen, daß der Werksflugplatz in Augsburg halb so groß wie das Lechfeld ist!“ Lächelnd schluckte Dittmar diesen Brocken seines alten Mannschaftsführers und fuhr fort in seinem Bericht: „Die Hallen vor mir wurden immer größer. Davor standen etliche Flugzeuge, und darum herum und dazwischen Menschen. Richtig, da stand die ganze Abteilung L und noch viel mehr! Schon konnte ich die Gesichter erkennen. Alles freute sich. Einige klatschten. Sie dachten wohl, ich hätte mit Absicht eine Landung gemacht, um zehn Meter vor ihnen wie beim Flugtag auszurollen. Aber so war es leider nicht. Ich hatte zu viel Fahrt drauf und wußte nicht, wohin damit! Ein Glück, daß die Maschine noch so lange im Querruder steuerbar bleibt! Ich habe dann in tollen Schnörkeln zwei, drei Maschinen ‚umsegelt‘, gelegentlich noch eine Tragfläche über eine im Wege stehende Person gehoben und kam mit einem ‚Riesen-Ringelpietz‘ zwischen zwei Hallen zum Stehen. Keine Schramme am Flugzeug.

Alle waren wir unsäglich froh. Keiner redete viel über die Landung, desto mehr über den Flug, die Wendigkeit, den Gleitwinkel und so weiter. Der sich am meisten freute, war Lippisch. Es war ein Erfolg, so wie damals mit dem Segelflugzeug ‚Sao Paolo‘. Bis auf Kleinigkeiten ein auf Anhieb geglücktes, großartiges Flugzeug!

Natürlich haben wir als erstes Landeklappen eingebaut. Denn deren Fehlen war die Hauptursache für meine ‚lange‘ Landung. Die nächsten Flüge waren dann selbst auf dem kleinen Augsburger Werksflugplatz ein Kinderspiel.

Diese Erprobung einer Flugzeugzelle mittels Schleppflug war meines Wissens auch etwas Neues. Mir ist nicht bekannt, daß anderswo schon einmal ein Motorflugzeug ohne Triebwerk in Flugprüfung ging. Aber wir hatten ja schon bei der DFS 194 herausbekommen, daß das sehr gut möglich war. Und wenn das Triebwerk – wie hier in diesem Falle wieder einmal – noch nicht fertig war, dann konnte man den größten Teil der Zellenerprobung auch im Gleitflug antriebslos erledigen. Ruderwirkung, Ruderkräfte,

Manövrierfähigkeit, selbst Stabilitäten kann man so prüfen, das ist dir ja als Segelflieger ziemlich klar.

Aber, höre und staune, ich habe das Flugzeug fast bis zur Endgeschwindigkeit erprobt, ohne daß HWK auch nur ein Röhrchen von seinem Triebwerk eingebaut gehabt hätte! Das war ein Risiko! Aber es mußte sein. Unsere Aerodynamiker und besonders die Ruder-Konstrukteure wollten wissen, wie sich das ‚Schiff‘ im höheren Geschwindigkeitsbereich verhält. Schließlich schielten doch alle schon mit beiden Augen nach dem Geschwindigkeits-Weltrekord hin.

Mir war das Stürzen auf Endgeschwindigkeit nichts Neues. Ich habe das bei Segelflugzeugen schon öfters machen müssen, zumindest bis zur zulässigen Höchstgeschwindigkeit. Aber bei der Me 163 war da doch ein Haken an der Sache. Die raffinierte Formgebung mit der neuartigen Profildurchrechnung Lippischs und Huberts hatte ein außerordentlich schnelles Flugzeug entstehen lassen. Schon beim ersten Flug hatte ich das bemerkt. Die nächsten Starts bestätigten es. Auf mehr als 350 km/h hatte ich wohlweislich anfangs die Fahrt nicht aufholen lassen.

Genau wie die Herren vom ‚Kobü‘ erwartete nämlich auch ich, der Pilot, daß bei irgendeiner Geschwindigkeit das berühmte Ruderflattern anfinge. Das wäre ja doch das erste Flugzeug gewesen, bei dem kein Ruderflattern aufgetreten wäre!

Wenn mir bei einem normalen Segelflugzeug die Querruder flattern, während ich es stürze, dann kann ich mit Hilfe des Höhenruders abfangen und damit aus dem gefährlichen Fahrtbereich herauskommen. Wenn an der Me 163 die Querruder im Sturz zu flattern beginnen, dann muß ich mit denselben flatternden Rudern – weil sie ja auch gleichzeitig Höhenruder sind – das Abfangen bewerkstelligen. Verstehst du, warum ich mit der ‚Flatterei‘ lieber gewartet hätte, bis ich die höheren Geschwindigkeiten im Horizontalflug mit Hilfe des Raketenantriebes hätte erreichen können?

Also, ich ging über 350 km/h im Bahnneigungsflug hinaus. Bei 360 schon trat Flattern am Seitenruder auf. Das war bald behoben, da es eigentlich nur durch ungenügenden Gewichtsausgleich und durch eine Bauungenauigkeit an der für das Strahlrohr vorgesehenen Öffnung angefacht wurde. Selbst um 500 km/h zu erreichen, brauchte ich noch nicht senkrecht zu stürzen. Der Vogel ist enorm schnell.

Bei 520 war es dann soweit. Auch Höhenruderflattern blieb mir nicht erspart. Es war ganz schön heftig, so daß richtige Flügelschwingungen auftraten. Einer der Gründe dafür war, daß der Gleichgewichts-Staudruck (bei losgelassenem Höhenruder) viel zu niedrig lag und ich für 500 km/h schon voll kopflastig trimmen mußte. Außerdem war eine kleine Ruderänderung nötig. Darüber erzähle ich bei anderer Gelegenheit einmal.

Bis zum Frühjahr 1941 habe ich 15 Schleppflüge gemacht. Dabei habe ich die V4 in allen Geschwindigkeitsbereichen auf Ruderwirksamkeit, Handkräfte und vieles andere untersucht und brachte sie im Sturz schließlich bis auf nahezu 900 km/h. Das gelang mit anderen Flugzeugen wie Me 109 oder FW 190 bisher nur mit Vollgas im Sturz! Große Sorgen – heute kann ich das gestehen – machte uns anfänglich auch das Abkippverhalten. Es war im Grunde wieder ein Segen, daß ich diese verhältnismäßig lange Versuchsreihe vor dem Triebwerk-Einbau im Schlepp fliegen konnte. 15 Flüge sind bei friedensmäßiger Arbeit nicht viel. Für uns waren sie nicht mit Gold aufzuwiegen.

Ohne Triebwerk im Heck war es Gott sei Dank kein Problem, den Schwerpunkt weit genug vorn zu halten. Im Gegenteil, wir mußten sogar Ballast im Heck einbauen, um zurecht zu kommen. Aber das war vielleicht der Grund, weshalb wir der Schwerpunktlage trotz aller Erfahrungen auf diesem Gebiet doch nicht genug Aufmerksamkeit schenkten. Als nämlich das Abkippen bei meinen Untersuchungen an die Reihe kam, gab es ein paar scheußliche Situationen. Und hinterher stellten wir fest, daß auch die Schwerpunktlage mit schuld daran war. Beim Überziehen kippte das Flugzeug nämlich ganz flott – viel zu flott – über die Fläche. Zweimal kam ich dabei ins Trudeln und wäre einmal aus diesem Flugzustand beinahe nicht herausgekommen. Nachdrücken half nämlich nichts. Im Gegenteil, je mehr ich drückte, um so schöner drehte sich der ‚Bock‘ im Trudeln nach unten. Zwar nicht sehr steil, aber doch mit ziemlich hoher Sinkgeschwindigkeit. Es war verdammt ungemütlich. Sollte ich unseren wertvollen Versuchsträger aufgeben? Ich war schon so tief! Längst hätte ich draußen sein müssen! Da ließ ich schließlich den Knüppel los. Das tue ich nicht gern. Erst in diesem Moment merkte ich, wie schwer einem das fällt. Es ist, als wenn ein Reiter im Galopp die Zügel wegwirft. Nur in ganz verzweifelter Lage tut man das. Aber, siehe da, die 163 fing sich auf einmal von allein.

Wir haben lange nachgedacht, nachdem ich meinen Flugbericht abgefaßt hatte. Und dann erinnerte sich einer an Pitz, seinen Unfall mit der DFS 40 und seine Behauptung, er habe bei voll kopflastiger Trimmung trotz stärkstem Drücken das Trudeln nicht beenden können. Das war es: Das Kopflastig-Trimmen bringt die Ruder nach unten, wölbt das Profil, und wenn nach dem Strömungsabreißen der Pilot nun noch stark nachdrückt, dann legt sich im Querruder-Bereich die Strömung nicht mehr richtig an. Dazu kam eine zu große Schwerpunkt-Rücklage. Erst das Normalstellen des Ruders behebt diesen Zustand teilweise.

Andere Konstrukteure vermeiden dergleichen durch stärkere Schränkung des Flügels. Wegen unserer Schnellflug-Absichten ging das natürlich nicht. Aber der ‚Alte‘ – Lippisch – hatte im Handumdrehen einen Ausweg: Wir bauten Vorflügel an. Vorflügel, wie sie die Me 109 und Me 110 auch hatten. Und seitdem kippt der Vogel überhaupt nicht mehr. Er ist trudelsicher. Ein Kind kann ihn fliegen.“

Dittmar versank ein paar Minuten in Nachdenken. Was er da von seiner Anfangsarbeit an der Me 163 A geschildert hatte, manchmal stockend und selbst jetzt noch verstrickt erscheinend im Kampf mit all den aufgetretenen Schwierigkeiten, den Stolz nicht verleugnend über die vollbrachte Leistung, war demnach nur ein Hinweghuschen über die vielen Probleme, mit denen er in der letzten Zeit gerungen hatte.

„Meine Anerkennung! Ihr wart nicht faul, während wir uns an der Front herumgeschlagen haben“, versuchte ich mein Lob anzubringen. Dittmar stand auf und trat an das Fenster. Draußen war schwarze Nacht. Auch Augsburg war kriegsmäßig verdunkelt. Während er in die Finsternis hinausstarrte, meinte er achselzuckend: „Wir hier in der Heimat sind froh, wenn wir gelegentlich durch Fleiß und Opfer anderer Art es den Männern an der Front gleichtun können. Aber auch wenn ich manchmal ein großes Risiko bei meiner Fliegerei eingehe, auch wenn heute zum Beispiel in der Werkstatt auch nachts noch gearbeitet wird – was ist das gegen euren Einsatz in Rußland, Afrika . . .“

„Laß uns keine Kaufmanns-Rechnung aufstellen", unterbrach ich ihn. „Erzähle lieber: Wie war es nun, als das Triebwerk endlich zum Einbau bereit war?"

„Es war Sommer 1941", fuhr Heini fort, „als die Walter-Leute meldeten, daß sie fertig seien. Wir überführten sofort die V4 im Schlepp nach Peenemünde. Von jetzt an war Pitz (Rudolf Opitz) auch mit von der Partie. Pitz hatten wir uns unter Udets Mithilfe für die Schlepperprobung von einem Lastensegler-Verband in Hanau, wo er Dienst tat, zur Erprobung der Me 163 kommandieren lassen. Nach den ersten gelungenen Flügen waren die dienstlichen Geleise im RLM in Berlin für uns jetzt oft ganz vorzüglich geschaltet. So ging das eines Tages schnell und ohne viel Federlesen. Pitz hat nicht nur als Schlepp-Pilot in der Me 110 bei meiner Zellenerprobung fungiert, sondern er hat mich sehr bald mit ein paar Flügen in die Me 110 eingewiesen. Und dann habe ich ihn geschleppt. Da flog der die Me 163 schon sehr frühzeitig neben mir, gleichsam als Reservemann.

Ich war bei der Überführung nach Peenemünde in Rechlin zwischengelandet, wo Bader die Me 163 ebenfalls flog und mein Urteil im großen und ganzen bestätigen konnte.

Im Sommer 1941, wie gesagt, wurde das Triebwerk dann in Peenemünde eingebaut. Im Grunde ist es eine recht einfache Geschichte, so ein Triebwerk in den Rumpf einzubauen. Es hängt an ein paar Bolzen. Fertig. Aber die Rohrleitungen, die von den Tanks zum Triebwerk führen, dicht zu kriegen, war anscheinend gar nicht so einfach – das ist heute auch noch immer ein großes Problem. Wenn auch nur ein paar Tropfen von dem T-Stoff auf den Boden fallen, fangen z. B. die Grashalme gleich zu rauchen und zu brennen an. Darüber erfährst du aber von den Triebwerkleuten noch genug.

Am 10. August 1941 war es dann so weit. Das Datum wird mir unvergeßlich bleiben. Denn der erste ‚scharfe' Start, der erste Flug mit Triebwerk in der Me 163 war das großartigste fliegerische Erlebnis, das ich bisher hatte. Du wirst das vielleicht nicht verstehen. Ich hätte selbst nicht geglaubt, daß mich ein Flug innerlich noch derart packen könnte wie dieser Start in Peenemünde. Immerhin habe ich nun jahrelang in meinem Fliegerleben immer wieder Neues, unerhört Interessantes durchgemacht.

Und ich war doch vorher schon ein paar Mal mit Raketen-Triebwerk geflogen, nämlich in der DFS 194! Aber als ich mit dem Schub von 650 kg hinter mir über die Ostsee hinausschoß und dann steiler, immer steiler nach oben zog, ohne daß die Fahrt auch nur einen Kilometer pro Stunde nachließ, da war mir bewußt: Hier beginnt eine neue Art des Fliegens.

Und, Wolfgang, ich will dir gar nicht viel vorerzählen. Sobald es geht, werden wir dich in Peenemünde in eine Maschine setzen. Dann kannst du das selber auskosten."

„Ja, war denn dann dein Rekordflug im darauffolgenden Herbst nicht viel eindrucksvoller für dich als dieser erste Raketenstart?" wagte ich zu zweifeln.

„Der Rekord war nüchterne Routinearbeit", meinte Dittmar. „War im übrigen mein vierter Flug mit Triebwerk. Pitz war damals schon feste mit dabei und flog sich ein. Wir hatten ein zweites V-Muster mit in Peenemünde, ich glaube, es war die Me 163 A V5. Am Flügel dieser V5 war der Vorflügel bereits als sogenannter C-Spalt in die Flügelnase eingebaut. Außer ein paar Erprobungsflügen machten wir auch reine Trainingsflüge, um uns einzufliegen. Dabei wechselten wir uns gegenseitig ab, indem einmal ich in der

Me 163 flog und Pitz mich schleppte, und wir beim nächsten Mal die Plätze tauschten. Flüge mit Triebwerk waren damals eine Kostbarkeit. Nach jedem Flug war etwas am Triebwerk kaputt und wochenlange Basteleien folgten. So nützten Pitz und ich die Wartezeiten zu Trainingsflügen auf der V5.

Bei meinen Triebwerksflügen hatten sich bereits Harth und seine Leute mit Kinotheodoliten am Peenemünder Strand aufgebaut, um mittels trigonometrischer Vermessung die geflogenen Geschwindigkeiten zu registrieren. Schon der zweite Flug mit Triebwerk war eigentlich Rekord gewesen. Ich kam im Horizontalflug bereits über die 750 km/h von Wendel mit der Me 109 hinaus. 900 hatte ich im Sturz ohne Triebwerk erreicht. Und die Aerodynamiker hatten ausgerechnet, daß ich glatt auf 1000 kommen müßte. Also probierte ich natürlich auch beim nächsten Fluge, endlich mal an die sagenhafte ‚1000-km-Grenze' heranzukommen.

Versteht sich, daß ich dabei nicht leichtsinnig war. Ich näherte mich jenem Grenzbereich, in dem Schalleffekte auftreten. Alle die Brüder im ‚Kobü' reden große Töne von dieser Schallgrenze. Aber wenn man wissen will, was denn nun wirklich damit los ist, dann babbeln sie dummes Zeug daher. Sie wissen nämlich selbst nicht, was gehauen und gestochen ist. Eines freilich war mir schon lange klar: Diese Grenze zu überschreiten, ist das Gefährlichste, was es im Moment in der Fliegerei gibt. Also kam es gar nicht in Frage, so einen Hochgeschwindigkeitsflug in Bodennähe zu machen. Wenn etwas schiefgeht, muß man Zeit haben, die Fahrt auf 500 km/h zurückzunehmen, bevor man mit dem Fallschirm aussteigt. Man muß zumindest Zeit haben, so lange mit ungeöffnetem Fallschirm durch die Luft zu fallen, bis man in Ruhe die Reißleine ziehen und ihn öffnen kann. Das ist bei unseren gebräuchlichen Fallschirmen mit Sicherheit erst unterhalb 500 km/h möglich. Bei höheren Geschwindigkeiten reißt einem das Ding einfach auseinander. Wir hatten deshalb beschlossen, den Angriff auf den Rekord mindestens in 3000 Meter Höhe zu fliegen. Übrigens benutze ich prinzipiell einen Brustfallschirm. Der ist ein bißchen kleiner als der Rückenfallschirm, doch hält er vielleicht ein paar km/h mehr aus.

Beim dritten Flug starte ich vollgetankt bis zum Überlaufen, steige mit 500 km/h auf 3000 Meter Höhe, lege gerade und beschleunige weiter. Unglaublich schnell erreiche ich 800, 850, 880, 900 km/h . . ., da setzt das Triebwerk aus. Der Treibstoff ist zu Ende. Am Boden wird großer Kriegsrat gehalten. Selbst mit Augsburg wird am Telefon beraten. Am nächsten Tag haben wir die Lösung: Wir müssen vermeiden, zuviel Treibstoff zu verbrauchen, um die Höhe von 3000 m zu erreichen. Also werden wir die 163 auf diese Höhe schleppen. Damit stellte sich die Frage, ob man eine vollbetankte 163 im Schlepp überhaupt bis zur notwendigen Geschwindigkeit von 200 km/h, bei der sie schwebefähig wurde, beschleunigen konnte. Es war trivialer als man gedacht hatte.

Wir haben dann – es war am 2. 10. 1941 – die V4 nur dreiviertel vollgetankt. Und mit etwas Gegenwind schafften wir es. Die 163 kam frei. Pitz mit der Me 110 war natürlich längst in der Luft und hatte schon das Fahrwerk eingezogen, als ich hinten endlich abhob und das Rollwerk los wurde. Mühsam sind wir dann in weiten Schleifen über der Ostsee auf 4000 m Höhe geklettert. Zuletzt brachte mich Pitz von Westen wieder an den Platz heran und ich klinkte aus. Das Triebwerk sprang sofort an. Zügig regelte ich es auf

Vollschub. In dieser Höhe wirkt der Strahlantrieb, laß dir das sagen, schon erheblich kräftiger als in Bodennähe.

Es schien mir so, als nähme diese Beschleunigung kaum ab, solange die Fahrtanzeige unter 900 km/h war. Danach schien der Zeiger etwas langsamer vorzurücken. Aber vielleicht war das nur meine Ungeduld, die mir das vortäuschte. Ein Blick nach unten überzeugte mich, daß ich genau über der vorher festgelegten Meßstrecke flog. Vom Boden aus mußte ich gut zu beobachten sein. Gegen den klaren Himmel würde sich der aus der Brennkammer ausströmende graue Rauch wie ein dicker Strich abzeichnen, an seiner Spitze die Me 163.

Der Fahrtmesser ging indessen ständig höher. Schon zeigte er 950, 970, 980 an. Unaufhörlich steigerte sich die Geschwindigkeit weiter. Das Triebwerk schien mit seinem Schub und seiner Kraft keineswegs am Ende zu sein, der auftretende Luftwiderstand also noch keineswegs unüberwindbar.

Wenn ich das jetzt so erzähle, hört sich das schön ruhig und sachlich an, als hätte ich eben wie im Windkanal die Anströmgeschwindigkeit erhöht. Aber in diesem Fall war es eben doch nicht so simpel, wie das vielleicht erscheint. Bis 900 km/h, das wußte ich von meinen Sturzversuchen, hält die Kiste den Beanspruchungen stand. Hubert, Rentel und wer sonst noch mit daran herumgerechnet hatte, bewiesen mir auch, daß sie mindestens auf 1000 km/h kommen konnte. Doch die Herren Rechenschieber-Akrobaten konnten sich ja auch verrechnet haben! Und wer wußte, was sonst noch bei diesen Geschwindigkeiten an unbekannten aerodynamischen Phänomenen auftrat?! Wolfgang, ich stehe heute noch auf dem Standpunkt: hinter der Mach-Grenze hört es auf! Dahinter gibt es kein Fliegen mehr. Wer zu weit darüber hinaus gerät, der zerlegt sich wahrscheinlich zusammen mit seinem ‚Dampfer' in tausend Fetzen. Hinter die Schallgrenze schauen, das kann dich das Genick kosten. Merk dir das für später! Ich warne dich!

Siehst du, wenn dir das durch den Kopf geht, dann wird dir noch in 4000 Meter Höhe auch ohne Kabinenheizung warm. Ich glaube, ich habe geschwitzt. Irgendwann mußte ja das Unbekannte, das Längsterwartete eintreten. Als ich wieder auf den Höhenmesser schielte, war der Zeiger ziemlich genau auf der 3000. Das Flugzeug flog genauso wie vorher bei 900 km/h. Ich konnte das Variometer einwandfrei auf 0, den Höhenmesser auf 3000 halten. Die Handkräfte hatte ich ausgetrimmt. Im übrigen war das Fahrtgeräusch jetzt bei 1000 nicht stärker als bei 600 oder 800 km/h.

Und dann geschah es auch schon. Nur einen kurzen Augenblick, nachdem ich den Fahrtzeiger bei 1000 gesehen hatte, flattert es irgendwo ein wenig. Das Flattern ist im Knüppel zu spüren, zieht ihn ein wenig nach links. Ich versuche zu halten. Unmöglich! Eine Kraft sondergleichen drückt die linke Fläche nach unten. Die Nase senkt sich . . . Die Gewalt, mit der das Flugzeug nach unten gedrückt wird, ist unmenschlich. Ich hatte Mühe, die Hand am Knüppel zu halten. Vielleicht habe ich auch losgelassen. Etwas Dreck vom Boden fiel mir über das Gesicht weg, klebte an der Kabinendecke.

Wahrscheinlich dauerte das nur Sekunden oder Bruchteile von Sekunden. Ich wartete ja auf dieses Unfaßbare und reagierte blitzschnell. Ich riß den Schubhebel zurück, den ich eisern festgehalten hatte. Triebwerk aus! Wenige Augenblicke später hatte ich das Flugzeug wieder in der Hand und stellte fest, daß alles noch heil war. Ich konnte nirgends an der Zelle einen Schaden entdecken. Als ich auf geringere Geschwindigkeit zurückgefallen war, probierte ich die Ruder. Sie waren in Ordnung. Auch das Triebwerk R II 203 hinter mir sprang wieder an. Ich ließ es jedoch nur noch mit mäßigem Druck laufen. Ich wollte die Betriebsstoffbehälter leer haben, mehr nicht. Von Geschwindigkeit wollte ich nichts mehr wissen.

Die Landung war glatt. Alles bestürmte mich mit Fragen. Einige Männer von Elis Wartungsgruppe vollführten fast einen Freudentanz, warfen mich in die Luft, und was der Scherze sonst noch sind. Am Abend ergab die genaue Auswertung 1003,67 km/h. Na, ich runde der Einfachheit halber auf 1004 auf. ‚Hangwind' ist bescheidener und spricht nur von 1003. Bei *der* Zahl vor dem Komma, sagt er, kann man 6 Zehntel km/h vernachlässigen . . .“

Die Uhr zeigte auf Mitternacht. Es war höchste Zeit, daß wir aufbrachen, damit Elias und ich noch die letzte Straßenbahn erreichten. Heini bot uns zwar unter Hinweis auf seine Nüchternheit an, er wolle uns mit seinem Wagen nach Haus bringen. Doch er ließ sich von mir belehren, daß dies unnötiger Verbrauch von rationiertem Kraftstoff wäre.

Als wir auf der Holzbank nebeneinander sitzend der Innenstadt zurollten, knurrte Elias etwas verdrossen: „Den Weltrekord von 1000 Kilometer pro Stunde mußten wir so geheim behandeln wie alles an dem Flugzeug bisher. Hoffentlich treibt man die Geheimhaltung nicht so weit, daß schließlich die Großkopfeten in Berlin sich gar nicht mehr an den Vogel erinnern. Heini hat den Lilienthal-Preis für Schnellflug-Forschung zugesprochen erhalten. Lieber wäre mir, das Ministerium würde uns höhere Dringlichkeits-Stufen für unsere Materialbeschaffung bewilligen.“

„Adolf-Hitler-Platz“, rief die Schaffnerin. Ich klopfte Elias auf die Schulter. „Mach's gut! Im Augenblick hat bei mir die höchste Dringlichkeits-Stufe mein Bett im Hotel ‚Drei Mohren'! Gute Nacht!“

Mit dem Erprobungs-Kommando 16 bei den Messerschmitt-Werken

Heini Dittmar hatte mich am Morgen mit seinem Wagen vom Hotel abgeholt. Ungeduldig mahnte er zur Eile: „Wenn wir auch kein soldatischer Haufen sind – aber angefangen wird bei der Firma Messerschmitt pünktlich! Fünf Minuten vor der Zeit . . . Herr Oberleutnant!" Die Messerschmitt-Werke waren nicht nur eines der renommiertesten, sondern auch eines der größten Flugzeugwerke, die Deutschlands militärische und zivile Luftfahrt mit Flugzeugen versorgten. Nachdem wir unter einigen Formalitäten die Wache passiert hatten, tauchten wir in einen Strudel betriebsamer Menschen, die sich nach allen Richtungen in die verschiedenen Werkhallen und Büros verteilten. Dittmar hielt mit seinem Mercedes neben dem Vorbau einer großen Flugzeughalle. „So", erklärte er mir, „hier sind wir bei Abteilung L. Wir gehen erst einmal zu Lippisch."

In diesem Vorbau befand sich Lippischs Arbeitsraum, dessen Fenster Ausblick auf das gesamte Flugfeld gewährten. Als wir eintraten, stand der „Vater" der Me 163 in Mantel und Hut an seinem Schreibtisch und suchte angestrengt in allen Schubfächern nach etwas. Als er uns erblickte, hellten sich seine finsteren Mienen auf: „Gott sei Dank, daß Sie da sind!" rief er und kam zur Begrüßung rasch auf mich zu. „Herzlich willkommen und auf gute Zusammenarbeit! Sie wissen, wir brauchen Fronterfahrung für unsere Arbeit. Manchmal kommen wir uns bei unserer Bastelei wie Blinde vor. Wir verstehen hier ja wohl etwas von Aerodynamik und Flugmechanik. Aber ob ihr das an der Front gebrauchen könnt, was wir hier so erfinden, darüber sind wir uns leider wiederholt arg im Zweifel. Diese Zweifel können Sie uns hoffentlich bald beseitigen. Deshalb freuen wir uns alle, daß Sie da sind!"

Lippisch war der mittelgroße, bewegliche und quicklebendige Mann geblieben, als den ich ihn nun schon seit mehr als 18 Jahren kannte. Sein schwarzes Haar wies noch wenig graue Fäden auf. Die ledernbraune Gesichtshaut hatte sich kaum verändert. Manche behaupteten, sie wäre so wettergegerbt durch Wind und Sonne auf der Wasserkuppe, wo er ein gutes Dutzend Lebensjahre verbracht hat. Andere meinten, der Zigarettenrauch habe auf die Dauer auch eine bräunende Wirkung gehabt . . . Seine Augen blickten aus etwas übernächtigen dunklen Höhlen mit altgewohntem klugem Glanz. Und sein Mund sprudelte wie immer von lustigen Formulierungen, mit denen er sich nach wie vor über diese komische Welt mokierte, in der die wenigsten verstehen wollten, was doch so einleuchtend für jemand war, „der ein bißchen logisch denken" konnte. Wer gute Auffassung für Mathematik und Naturwissenschaften besaß, war sofort in voller Harmonie mit ihm.

„Zu blöd, daß ich gerade jetzt für zwei Tage nach Berlin muß", wandte er sich noch einmal voll Bedauern zu mir. „Ich wollte Ihnen eine ganze Menge erzählen, um zu beschreiben, weshalb Ihre Arbeit für uns so besonders wichtig erscheint. Aber wenn ich zurück bin – oder bei Ihrer nächsten Anwesenheit hier in Augsburg – wird das nachgeholt. Übrigens: Erinnern Sie sich noch an den Rhönwettbewerb 1934? Damals haben Sie an einem Nachbau von Dittmars ‚Condor' eigenmächtig ein paar kleine Konstruktionsänderungen vorgenommen, die ich als Leiter der Technischen Kommission zu prüfen hatte. Ich fand, daß Sie gute Arbeit geleistet hatten. Tja, da staunen Sie! Der alte ‚Hangwind' hat ein gutes Gedächtnis für dergleichen."

Und zu Heini gewandt entschied er dann: „Du wirst unserem Fliegerfreund zeigen, was es hier bei uns zu sehen gibt. Ich werde außerdem Herrn Hubert bitten, ihm in meiner Vertretung wenigstens kurz einen Überblick über unsere Arbeit zu geben."

Hubert, ein junger Diplom-Ingenieur und Flugzeugbauer, war von kleiner Statur. Ich kannte ihn schon seit vielen Jahren. Sein freundliches, immer aufgeschlossenes Wesen und sein beachtliches fachliches Können hatten ihm viele Freunde gemacht. „Am besten sehen wir uns wohl erst einmal einen unserer neuen Vögel eingehend aus der Nähe an", schlug er vor. „Wir können dann alle Fragen, die Sie noch an uns haben, viel besser beantworten, sobald Sie unsere 163 erst einmal gut von allen Seiten vorgeführt erhalten haben."

Während wir uns zu der anschließenden Flugzeughalle begaben, fuhr Hubert fort: „Wir haben hier in Augsburg am 2. Januar 1939 mit unserer Arbeit offiziell begonnen. Vorher hatten wir in Darmstadt zu dritt – Lippisch, Kraemer und ich – die aerodynamische und statische Auslegung des Flugzeugs schon weitgehend durchgerechnet und entworfen. Auf der Grundlage der Deltaflugzeuge und besonders der DFS 39 war da ja nichts, was uns noch großes Kopfzerbrechen bereitet hätte." Während Hubert zu berichten begann, schritten wir an den Arbeitsräumen der einzelnen Mitarbeiter der Abteilung L vorbei, so daß ich die Namensschilder erkennen konnte. Im Sekretariat hatte ich eine Liste aller Mitarbeiter erhalten. Darauf las ich jetzt:

Leitung:

Lippisch	Dr. Ringleb	Dr. Völker	Handrick
Sanders			

Probü: (Projektbüro)

Rentel	Dr. Wurster	Korten	Lienharz
Pfäffle	Wenz	Arndt	Klee
Narbonek	Kienle	Dreher	Blank

Stabü: (Statikbüro)

Görner	Sielaff	Billmayer	Neumann
Späth	Winkelmann	Dees	Dr. Kopp
Kink	Zick	Langsch	

Kobü: (Konstruktionsbüro)

v.d. Forst	Stangl	Öhlenschläger	Lebl
Knoll	Spalding	Harbich	Lechner
Adelt	Hartmann	Forster	Körner
Meister	Bauer	Stengel	Vogt
Scheit	Roewer	Kollens	Armbrust
Tillmanns	Marold	Schmidt	Rothmeier
Peuker	Neswadba	Fleischmann	Werkmeister
Putz	Brecht	Ettingshausen	Käseberg
Betzold	Radinger		

Flugerprobung:

Beushausen	Prinz	Keller	Dittmar
Elias	Holzmann	Gutmeier	Guthier
Hubert			

Viele dieser Namen waren mir schon aus der Zeit bekannt, in der ihre Träger bei Lippisch in Darmstadt in der Abteilung „Schwanzlose Flugzeuge" bei der Forschungsanstalt für Segelflug tätig gewesen waren. Indessen waren wir vor dem Tor der Halle angelangt. Mit einem energischen Ruck flog die kleine in das Schiebetor eingebaute Eisentüre auf. In betriebsamer Eile kam ein Mann in einem Meisterkittel heraus und wollte an uns vorbei: Elias. Hubert hielt ihn an. „Du mußt jetzt mit uns kommen", erklärte er, „denn wir wollen dem Oberleutnant Späte mal einen kleinen Überblick geben." Sie duzten sich, wie sehr viele aus Lippischs Führungskräften, weil sie schon seit Jahren an ihrer gemeinsamen Aufgabe schafften. Wir traten in die Halle, in der neben verschiedenem Bodengerät zwei Me 110 und eine Kuriermaschine vom Typ „Taifun" (Me 108) untergestellt waren. Seitwärts aber, im diffusen Licht der Dachfenster, da stand sie: eine Me 163 A. Gerade hier im Halbdunkel der Halle und vor dem Hintergrund der eckigen, derben Me 110 Zerstörer wirkte die windschnittige Silhouette des Strahlflugzeugs wie eine aerodynamische Offenbarung.

„Nun erklärt mir mal den ganzen Apparat", bat ich. „Aber schön der Reihe nach und möglichst nicht zu umständlich."

„Gut", fand sich Elias bereit, „dann will ich jetzt die Gebrauchsanweisung verraten. Sollte ich etwas vergessen, dann wird mich hoffentlich Heini oder Hubert ergänzen." Und da er immer zu Späßen bereit war, konnte er es sich jetzt nicht verkneifen, ein bißchen Harlekinade unter seinen ernsten Vortrag zu mischen. So schob er den Daumen unter den Rocksaum, spreizte sich ein wenig und trug im Ton des die Rekruten belehrenden Unteroffiziers seine Baubeschreibung vor, so als wolle er eine Bedienungs-Vorschrift des Ministeriums herunterrasseln:

„Die Me 163 A ist ein freitragender, schwanzloser, einsitziger Mitteldecker mit Strahlantrieb, abwerfbarem Rollwerk, ausfahrbarer Landekufe und festem Sporn. Der Rumpf ist in Ganzmetall-Schalenbauweise erstellt, das Tragwerk zweiholmig in Holzbauweise gefertigt. In die Tragflächen-Vorderkanten sind feste Vorflügel eingebaut, an der Hinterkante sind außen Querruder, innen Trimmklappen. Auf das Rumpfende ist ein Seitenleitwerk durch Verschraubung aufgesetzt. Antrieb aller Ruder und Klappen durch Stoßstangen, Torsionswellen, Kegelradgetriebe und Spindelgetriebe. Die Kufe wird mittels Ölhydraulik ausgefahren. Das Flugzeug hat eine Spannweite von 8,85 m, größte Länge von 4,47 m und eine Flügelfläche von 17,5 m². Das Leergewicht beträgt 1000 kg. Leergewicht mit Triebwerk 1100 kg. Maximale Treibstoff-Zuladung 1100 kg. Dazu kommen noch 100 kg für Pilot, einschließlich Fallschirm und einer Hose voll Angst . . ."

Er mußte eine kleine Pause einlegen, denn vor Vergnügen über seine eigene Boshaftigkeit war sein Gesicht in ein breites Grinsen auseinandergelaufen.

„Wenn wir dich zum scharfen Start im Sitz anschnallen würden, dann hättest du allein 200 Kilo Angst in der Hose, lieber Eli", brummte Heini Dittmar.

Elias freute sich sichtlich, weil einer sich zu ärgern schien, und nahm seinen Vortrag wieder auf: „Die Tragflächen weisen eine Pfeilung von 23,3° auf. Das Profil am Rumpfanschluß hat eine größte Dicke von 14,0 % in 30 % Flügeltiefe, am Außenflügel eine größte Dicke von 8,0 % in 25 % Flügeltiefe. Der Flügel besitzt in Richtung zur Flügelspitze eine Schränkung von 5,7°.

Die Vorflügel – auch Slots genannt – und die Anordnung der Querruder/Höhenruder verhindern das Abreißen der Strömung selbst bei sehr großen Anstellwinkeln. Die Trimmklappen an den Flügelinnenteilen dienen der Längsstabilisierung. Das bekannte Momentengleichgewicht zwischen Auftrieb am Flügel und Abtrieb am Höhenleitwerk zur Realisierung eines stabilen Horizontalfluges ist selbstredend auch bei einem Nurflügler vorhanden. Nur spielt im Unterschied zum konventionellen Flugzeug beim ‚Schwanzlosen' die Trimmklappe die Rolle des Höhenleitwerks. Der Auftrieb – der auch beim Nurflügelflugzeug hinter dem Schwerpunkt angreift – erzeugt beständig ein kopflastiges Moment. Die Trimmklappe wirkt ihm entgegen. Und je nach Stärke ihres Ausschlages kann das Flugzeug also für jede gewünschte Fluglage bzw. Fluggeschwindigkeit sauber ausgetrimmt werden. Wie Dittmar und Opitz bestätigten, ist das Flugzeug zwischen 100 und 1000 Stundenkilometer für jede Fahrtstufe leicht trimmbar. Das ist nicht unwichtig, denn bei 1000 km/h treten Ruderdrücke auf, die ohne Trimmung nicht zu bewältigen wären.

Und nun, meine sehr verehrten Herrschaften, mache ich Sie auf etwas aufmerksam, was Sie von Ihrem jetzigen Standpunkt aus nicht wahrnehmen können." Er ging damit in tiefe Hockstellung am Boden. Wir begaben uns neben ihn und bückten oder hockten uns ebenfalls, um unter die Tragfläche blicken zu können. „Hier sehen Sie das", setzte Elias seinen Vortrag fort, „was wir Werkstattleute lieber draußen gelassen hätten, weil wir keinen Platz am Flugzeug dafür hatten: die Landeklappen. Doch die Herren Piloten können nicht ohne sie auskommen. So haben wir die Tragflächen-Unterseite damit ‚verschandelt'. Es handelt sich um Spreizklappen, ein Mittelding zwischen der Schrenkschen Konstruktion und der Tipsy-Spreizklappe. Werden auch mittels Ölhydraulik betätigt. Im übrigen ist es einfacher, sie auszufahren, als sie bei hoher Geschwindigkeit in Nullstellung im Flügel zu halten. Bei 1000 km/h wirkt nämlich ein starker Sog an ihnen, der sie herauszuziehen versucht.

Die Differentialsteuerung" – er bewegte dabei die Ruder – „ist ein solches Meisterstück unserer Konstrukteure, daß ich sie hier an dieser Stelle gar nicht erklären möchte. Fest steht auf jeden Fall, daß es uns gelungen ist, einem schwanzlosen Flugzeug eine Steuerung zu geben, die es in der fliegerischen Bedienung in nichts mehr vom Flugzeug mit Schwanz unterscheidet. Dahinter stehen mehr als ein Dutzend Jahre der Entwicklung und Erprobung."

Inzwischen war Dipl. Ing. Karl Hamburger, der Werkstattleiter, auch zu uns getreten und hatte den Ausführungen von Elias zugehört. „Du könntest auch etwas zur Aufklärung unseres Erprobungs-Kommando-Führers beitragen", schloß Elias jetzt seinen Vortrag, „und ein paar Worte über die Werkstattarbeit äußern, für die du ja verantwortlich bist."

„Gern!" meinte Hamburger, ein mittelgroßer blonder Mann mit ruhigen grauen Augen. „Wenn es interessiert, will ich auch ein paar Anmerkungen machen über die Umstände, unter denen wir hier anfangen mußten. Sie waren ein bißchen außergewöhnlich. Sie wissen wahrscheinlich schon, Herr Oberleutnant, daß unser ‚Kobü' seit Januar 1939 hier in Augsburg war. Im April war ich aus Darmstadt dann auch mit der Werkstatt nachgefolgt. Werkstatt – das waren die Führungskräfte, die Meister und ein paar Vorarbeiter. Nach und nach brachten die Herren Konstrukteure ja dann auch schon mal eine Zeichnung heraus, nach der wir in der Werkstatt bauen konnten. Der neue Vogel verlangte neuartige Arbeitsvorrichtungen. Die erst einmal herzustellen, kostet mitunter genausoviel Zeit wie das erste Flugzeug, das dann serienmäßig darauf entsteht. Unser erster Auftrag lautete immerhin gleich über vier V-Muster.

Wir hatten vor unserer Umsiedlung die Vorstellung gehabt, daß eine fertig ausgerüstete Werkhalle mit Einrichtungen, Maschinen, Werkzeugen und allen Schikanen auf uns wartete. Auch ausgebildetes Personal sollte reichlich zur Verfügung stehen. Als wir diese Halle betraten, war sie leer. Keine Maschinen, keine Werkzeuge, keine Einrichtung. Klar, daß wir erst einmal ein klein wenig enttäuscht waren! Wir hatten an Empfang mit Girlanden und Ansprachen gedacht. Nun erwies es sich, daß die Messerschmitt-Leute so viel eigene Sorgen hatten, daß sie uns fast vergessen hatten.

Nach einiger Zeit kamen Maschinen. Pikiert und empfindsam, wie wir durch den wenig hilfreichen Empfang nun schon geworden waren, stellten wir dann fest, daß hier eine gebrauchte und da nicht mehr die modernste Drehbank, Bohrmaschine, Abrichte usw. angeliefert wurde. Ist ja verständlich, daß andere Abteilungen, wenn sie was an uns abgeben mußten, sich nicht ausgerechnet das Beste vom Herzen rissen.

Mit Personal war es ähnlich. Als wir so nach und nach ein paar Handwerker zugewiesen erhielten, da waren es eben solche, die der Stammbetrieb aus irgendwelchen Gründen nicht ungern scheiden sah. Unser Anfang war also mit einigen Schwierigkeiten behaftet, mit denen wir gar nicht gerechnet hatten. So etwas kann natürlich bei der Wehrmacht überhaupt nicht vorkommen, nicht wahr, Herr Oberleutnant?"

„Haben Sie eine Ahnung!" mußte ich den Werkstattleiter belehren. „Wenn beim Barras die Vorgesetzten nicht aufpassen, dann werden in ähnlichen Fällen noch viel dickere Bolzen gedreht."

„Es wurde dann ja auch besser", beruhigte sich Hamburger, „besonders, als unser Personal durch sogenannte Dienstverpflichtete aufgestockt wurde. Das waren vordem selbstandige Handwerker, die vom Flugzeugbau freilich keine Ahnung hatten, aber willig und fleißig waren. Nachdem wir sie mit den unbekannten Arbeitsmethoden und der Verarbeitung des für sie neuartigen Materials vertraut gemacht hatten, waren sie bald ausgezeichnete Mitarbeiter. Heute sind wir eine gut eingearbeitete Mannschaft geworden.

Die Aufgabe war also, den Bau der ersten Versuchsmuster der Me 163 A vorzubereiten und durchzuführen. Elias hat vorhin schon angedeutet, daß das Flugzeug in vielem abweichend vom Althergebrachten ist. Bei der Herstellung waren wir gezwungen, eine

Reihe neuer Wege einzuschlagen, Wege, auf denen Flugzeugbauer bisher nicht zu marschieren pflegten.

Daß anfangs etliche Zeichnungen noch nicht stimmten und wir Werkstattleute immer wieder improvisieren mußten, versteht sich fast von selbst. Vieles kam auch unvollständig aus den Konstruktionsbüros. Aber so was sind wir von früher bereits gewohnt. Das machte die Sache ja nur interessant. Allerdings wurden Herstellungsverfahren und Kunstkniffe von uns verlangt, die so neu waren, daß wir sie manchmal erst selbst erfinden mußten. Dabei durften wir jedoch beim Austüfteln unserer Hilfsmittel und Vorrichtungen auch nicht viel Zeit verbrauchen. In Darmstadt bei der DFS spielte Zeit keine entscheidende Rolle. Wie lange wir brauchten, um etwas Neues zu erfinden, war weniger wichtig, als daß es überhaupt auf die Beine gestellt wurde. Hier in Augsburg lernten wir sofort das Rechnen mit Terminen. Einen Termin nicht einhalten, ist in der Forschung an der Tagesordnung, bei der Industrie eine Todsünde. Also ist Improvisieren eine Kunst, die hier bei uns hin und wieder nötig ist. Unser Freund Elias ist darin übrigens ein großer Meister.

Unser oberstes Gebot bleibt allerdings trotz aller Schnelligkeit und Improvisation: maßgerechtes und genaues Bauen. Das fiel uns besonders schwer bei Erstellung des tragenden Mittelstückes. Das ‚Kobü' verlangte von uns eine Gemischtbauweise aus Stahl und Leichtmetall und Kunststoff. Bei seiner Anfertigung mußten wir schweißen, nieten, löten, schrauben . . . Es sollte nicht nur Flügelkräfte aufnehmen und übertragen, nicht nur ein Stück Rumpf sein, sondern auch als Haupttank zur Aufnahme eines der Treibstoffe dienen. Es war eine Sisyphus-Arbeit, diesen Tank dicht zu bekommen. Als Tank-Isolation, Dichtstoff und Kitt wurde Mipolam verwandt. Das ist ein ganz neuartiger Kunststoff, mit dem noch kein Mensch bis dahin im Flugzeugbau zu tun hatte. Was haben wir gefummelt, bis wir es heraus hatten, dieses Zeug zu schneiden, zusammenzufügen und dann wieder zu verschweißen, damit es gänzlich dicht war!

Die Tragflügel sind aus Holz. Für Segelflugzeuge mit den dort üblichen Fluggeschwindigkeiten bis zu 300 km/h Holztragflächen herzustellen, ist kein Kunststück mehr. Aber die Me 163 sollte mit Holztragflächen 1000 km/h aushalten. Dazu mußten die Flügelnasen in mehreren Schichten verleimt werden und trotzdem auf den hundertstel Millimeter maßhaltig sein. Wir haben das fertiggebracht, und sie sind so formsteif, daß sie 1000 Stundenkilometer und zusätzliche enorme Beanspruchungen durch Macheffekte ausgehalten haben. Daß die Maschine so bombige Festigkeit aufweist, liegt auch daran, daß die Hauptholme aus diesem neuartigen Te-Vau-Bu hergestellt sind. Das ist tegofilm-verleimtes Buchensperrholz.

Die Verbindung zwischen Rumpf und Flügel ist natürlich auch etwas Brandneues: Die Beschläge sind an das Holz nicht nur verschraubt, sondern sogar verklebt. Eine Firma in Kirchheim/Teck hat das erfunden. Durch dieses Kleben wird ein idealer Kräftefluß über die Stahlbeschläge und die angeklebten Holzlaschen in die Hauptholme bewirkt."

Während Hamburger weiter über alle die vielen Raffinessen berichtete, die sie in der Werkstatt anwenden mußten, um ihre Aufgabe zu lösen, hatte ich die Haube geöffnet und im Führersitz Platz genommen. Alles darin war eine Einladung zum Fliegen. Warum das so war, konnte man nicht auf Anhieb erklären. Allein es ließ sich nicht leugnen: Dieser Führersitz verlangte, daß man den Wundervogel, der dazugehörte, einmal durch die Luft bewegte. Es war wie Liebe auf den ersten Blick. Es mußte die sinnreiche Anordnung aller Schalter und Hebel und Anzeigegeräte sein, die einen zum Fliegen geradezu einlud. Die Fluganzeigegeräte waren von der Borduhr bis zum Kompaß gut sichtbar, aber auch unauffällig und dabei nahe beieinander angebracht. Daneben waren noch andere zu sehen, die zum Triebwerk gehören mußten. Drücke und Tourenzahlen wurden damit angezeigt, mit denen ich bisher in keinem anderen Flugzeug etwas zu tun gehabt hatte.

Elias hatte sich auf die Kante des Führersitzes neben mich gehockt und gab mir ein paar Erklärungen. „Links ist alles das angeordnet, was mit Start und Landung und Flugüberwachung zusammenhängt. Also: die Hebel für das Ausfahren und Einfahren der Kufe, Fahrwerk-Abwurf, Landeklappe; dann Borduhr, Fahrtmesser und die üblichen Fluganzeigegeräte bis zum Wendezeiger."

„Was?! Soll man mit so einem Stratosphären-Flitzer auch noch Blindflug betreiben?" stellte ich mich ahnungslos. „Im Ministerium", erklärte Elias, „sitzt ein Mann, der bestimmt, welche Geräte in so ein staatlich in Auftrag gegebenes Instrumenten-Brett einzusetzen sind. Der hat einen Wendezeiger verlangt – und wir haben ihn eingebaut." Und nach einer kurzen Pause fuhr er fort: „Rauf zu, würde ich sagen, brauchst Du keine Blindflug-Hilfe. Da sucht man sich ein Wolkenloch und schwupp ist man oben bei den Sternen. Wenn man sich dann aber zu lange in höheren Regionen aufgehalten hat und inzwischen unten alles voller Wolken hängt, ist man vielleicht froh, wenn man ‚runter zu' mit so einem kleinen Instrument wieder zum eigenen Platz zurückfinden kann."

„Mag sein", gab ich zu. „Aber was ist das für ein Rad hier an der rechten Bordwand", wollte ich wissen.

„Dafür fanden wir links, wo es hingehört hätte, keinen Platz", schaltete sich Heini Dittmar ein. „Es ist die Höhenrudertrimmung, und der Pilot müßte sie eigentlich mit der linken Hand bedienen können. Wenn ich mich ein bißchen klein mache, tue ich es mit der Rechten und steuere derweilen mit der Linken. In der Me 163 B müssen wir das natürlich ändern."

„Hier rechts unten befinden sich zwei Knöpfe am Ende von je einem Bowdenzug", fragte ich weiter, „die haben wahrscheinlich auch nichts mit dem Triebwerk zu tun?"

„Einer schon, nämlich der obere", gab Heini Auskunft. „Dieser obere ist der Notablaß-Zug für den T-Stoff-Tank. Der andere Knopf betätigt die Schleppkupplung. Auch diese Anordnung muß noch geändert werden. Die Herren Konstrukteure fanden nur, daß links schon so viel Hebel waren, und rechts war noch prächtig Platz – da haben sie nicht lange gefackelt und die Schleppkupplung war nach rechts verlegt."

„Im Grunde ist das gar nicht so gefährlich", schaltete sich Elias mit Augenzwinkern hier ein. „Die Schleppkupplung betätigt man nur, wenn man ohne Betriebsstoff im Schlepp hinter einer Me 110 herfliegt. Zieht man aus Versehen am Notablaß statt an der Schleppkupplung, dann schadet es nichts. Das Schleppseil klinkt nur nicht aus, und das merkt man ja wohl." „Stimmt", pflichtete Heini bei, „nur merkt man es leider erst viel zu spät, wenn man den Notablaß ziehen wollte und an dessen Stelle den Griff der Schleppkupplung erwischt hatte . . ."

„Aber", so setzte er nun meine Einweisung in das Innere des Führerraums der Maschine fort, „alles andere, was Du sonst noch auf der rechten Seite siehst, ist für das

41

Triebwerk da: Oben der Drehzahlmesser für die Turbine, die den Treibstoff fördert, darunter der Brennkammer-Druck, dicht daneben die Anzeige des T-Stoff-Vorrates, und weiter rechts unten der Preßluftdruck im Anlaßsystem und in der Preßluftflasche selbst.

Der Gashebel ist natürlich links wie in jedem Einsitzer. Doch ein Gasgestänge zum Triebwerk suchst du vergebens. Hier wird alles hydraulisch geregelt. Und das macht uns noch oft eine Menge Kopfzerbrechen. Bei Förderdrucken von bis zu 40 atü ist schnell mal irgendwo eine kleine Leckstelle entstanden. Und dieser T-Stoff macht einen Dampf, der die Nasen- und Augenschleimhaut erfreut wie feingemahlener Pfefferstaub!"

Spielerisch bewegte ich den Knüppel und beobachtete die Ausschläge, die dadurch an den Rudern hervorgerufen wurden. Wenn ich ihn nach links und rechts hin und her bewegte, schlugen die Querruder in der Weise aus, wie sie das bei jedem Normalflugzeug auch tun. Zog ich den Knüppel zurück, um Höhenruder zu geben, dann schlugen beide Querruder nach oben aus, drückte ich ihn nach vorn, gingen sie nach unten. Gab ich aber Querruder und Höhenruder zugleich, dann ergab das kombinierte Ausschläge. Ich schlug den Steuerknüppel hin und her und vor und zurück und versuchte dabei, das Schema der sinnreich dosierten Kinematik zu erfassen.

„Diese Steuerung ist eine Wissenschaft für sich", schaltete sich Hubert in meine Untersuchungen ein. Er hockte sich auf eine der Tragflächen neben mich und sah interessiert zu, wie ich alle die vielen möglichen Knüppelstellungen kontrollierte. „Warum nimmt man ausgerechnet ein schwanzloses Flugzeug für solche Hochgeschwindigkeitsflüge mit Strahlantrieb?" fragte ich ihn.

„Im Grunde", erklärte er, „ist es mit wenigen Worten gesagt: Jedes Bauteil, das man an einem Flugzeug einsparen kann, hilft Widerstand sparen und hilft uns beispielsweise die Geschwindigkeit vergrößern."

„Vögel haben aber auch noch einen Schwanz", wandte ich ein. „Sollte die Natur so blödsinnig sein, etwas Unnötiges zu erfinden?"

„Vögel haben nur ein Höhenleitwerk – das möglicherweise auch ein bißchen als Seitenleitwerk fungieren kann. Wir haben an der Me 163 wiederum nur ein Seitenleitwerk. Warum, erkläre ich noch. Vögel fliegen langsam. Je schneller man fliegt, um so weniger Leitwerk ist nötig. Und der ‚Alte' behauptet ja neuerdings: Wenn man schneller als der Schall fliegt, braucht man nicht einmal Tragflügel. Wie dem auch sei, die Natur hat ein anderes Beispiel für das schwanzlose Flugzeug geschaffen. Es ist der Zanonia-Samen. Lippisch besitzt übrigens eine ganze Handvoll davon. Wer eine besonders gute Leistung auf dem Gebiete der Schwanzlosen-Entwicklung bietet, erhält als höchste Auszeichnung von ihm so einen Zanonia-Samen. Sollten Sie auch einmal diese Würdigung von ihm erfahren, dann sind Sie erst richtig aufgenommen in unseren Club der Nurflügler.

Lippisch hat schon als Junge vor dem Ersten Weltkrieg an diesem Problem herumgeknobelt. Die erste Frage, die sich dabei stellt, ist: Wie mache ich einen Flügel ohne Leitwerk ‚eigenstabil', so also, daß er einen ausgewogenen gleichmäßigen Horizontalflug vollführt. Seit mehr als 20 Jahren schon weiß man, daß das der Pfeilflügel mit gleichseitiger Verwindung kann. Auch negative Pfeilform mit außen vergrößertem Anstellwinkel liefert Längsstabilität.

Wer meint, die Stabilität um die Querachse wäre das große Fragezeichen, der irrt sich. Problematisch ist vornehmlich die Stabilität um die Hochachse. Sie ohne Verwendung eines Seitenleitwerks herzustellen, gelingt mit einer sehr komplizierten Sondersteuerung und einer neuartigen Steuertechnik. Wenn man diese Komplikation vermeiden will – und das ist unser Bestreben – muß man irgendeine Art von Seitensteuer vorsehen. Bis zur Entwicklung der DFS 39 waren unsere Seitensteuer Endscheiben an den Flächenspitzen gewesen. Bei der DFS 194 haben wir wieder ein zentrales Seitensteuer draufgesetzt. Und da es in vieler Hinsicht Vorteile bietet und uns weitere Erprobungsarbeit spart, haben wir es auch bei der Me 163 wieder übernommen.

Alle diese heutigen Erkenntnisse über Flugeigenschaften von Schwanzlosen hat sich Lippisch in mehr als 20jähriger Praxis mühsam erarbeiten müssen. Es dürften hunderte von Modellen gewesen sein, die er auf der Wasserkuppe erprobte. Die Zahl der von ihm konstruierten und dann auch im Flug außerordentlich erfolgreichen Segelflugzeuge und Versuchsflugzeuge ist zweistellig. Erinnern wir uns nur an sein schwanzloses Segelflugzeug ‚Experiment‘ aus dem Jahre 1924, an die diversen Abwandlungen des ‚Storch‘, an die Delta I, Delta II, III und IV mit vielen Zwischentypen – daneben an die vielen Gleit- und Segelflugzeuge aus seiner Hand, an ‚Zögling‘, ‚Prüfling‘, ‚Professor‘, ‚Falke‘, ‚Wien‘, ‚Fafnir‘, ‚Sao Paolo‘ . . . Mit all diesen Konstruktionen wurden neue Erfahrungen gewonnen, alte Erkenntnisse erweitert.

Wenn ich allein an die Konstruktion von Rudern denke, so muß ich bekennen, daß Lippisch selbst in der Durchrechnung von Rudern ein Genie ist. Das Ruder an der Me 163 beispielsweise ist so gebaut, daß es einen eigenstabilen Flügel für sich darstellt, der eine stabile Selbsteinstellung ohne Zutun des Flugzeugführers gewährleistet. Es ist im Patent Nr. 558 111 niedergelegt, in einem von den – ich glaube – rund 50 Patenten, die Lippisch anerkannt bekam.

Im übrigen haben wir, nachdem uns 1937 der erste Auftrag zur Entwicklung einer schwanzlosen Flugzeugzelle erteilt wurde, die ideale Bauform seinerzeit nach einer ähnlichen Methode errechnet, wie wir dies beim Segelflugzeug ‚Sao Paolo‘ schon getan hatten. Wir haben damit eine ganz neue Methode der Profil- und Auftriebsverteilung entwickelt, die in Zukunft nicht unbeachtet bleiben wird. Darüber hinaus ist Lippisch der beste Mathematiker, der mir in meiner ganzen Laufbahn als Ingenieur bisher begegnet ist. Das bestätigte mir kürzlich auch Dr. Ringleb, der selbst ein ausgezeichneter Mathematiker ist. Er sagte: Der ‚Alte‘ wandelt sicher wie ein Traumwandler auf den steilsten und höchsten mathematischen Graten. Und das Unglaubliche daran ist – er stürzt nie dabei ab!"

„Sind denn noch andere ernstzunehmende Konstrukteure auf dem Plan, die auf dem gleichen Gebiet arbeiten?" fragte ich, als Hubert eine kleine Pause in seinen Darlegungen machte.

„Außer den Gebrüdern Horten, die ganz ohne behördliche Unterstützung arbeiten, sind es eigentlich nur Ausländer, darunter ein Franzose namens Fauvel. Lippisch hat unsere Forschungsführung des öfteren gebeten, eine notwendige Grundsatz-Forschung durch Zuweisung ausreichender Mittel zu ermöglichen. Er war damit ein Prediger in der Wüste und beklagte sich immer wieder über die Verständnislosigkeit, mit der ihm beispielsweise die Schulwissenschaften heute noch gegenüberstehen. In Darmstadt lehrt der Inhaber des Lehrstuhls für Aerodynamik, daß ein schwanzloser Flügel nicht eigenstabil sein kann, obwohl wir seit Jahren eigenstabile Nurflügler fliegen lassen!"

„Wichtig für uns ist und bleibt", tröstete ich Hubert, „daß wir hier die Realität eines schwanzlosen Interzeptors vor uns haben, der 1000 Stundenkilometer fliegt und hoffentlich dazu beiträgt, den Krieg für uns zu entscheiden."

Zwei Tage blieb ich in Augsburg und sah, wie in Büros und Werkstätten ehrliche, harte Rüstungsarbeit geleistet wurde. Jeder hatte hier einen langen Arbeitstag. Keinem machte es etwas aus, im Bedarfsfall auch noch die Nacht zum Tage zu machen, einen Liefertermin durch Arbeitsleistung über 16, 18 oder mehr Stunden am Tage einhalten zu helfen.

Das ganze Flugzeugwerk schien nur für die Fronttruppe da zu sein. Und doch gab es noch eine Menge Leute, die ein ungutes Gefühl zu haben schienen, weil sie in der verhältnismäßig sicheren Heimat saßen, während andere draußen in Rußland oder sonstwo den Krieg aus erster Hand erlebten.

Gegenüber der Halle von Abt. L auf der anderen Flugplatz-Seite in anderthalb Kilometer Entfernung befand sich die Serien-Einfliegerei für Me-110-Flugzeuge. Hier fungierte Helmut Kaden als Chef-Einflieger mit einem halben Dutzend weiterer Flugzeugführer, um Zerstörer- und Aufklärerflugzeuge fertig zur Ablieferung für die Truppe zu machen. Man hatte beständig Motorengeräusch in den Ohren, weil laufend eine oder mehrere Me 110 am Boden oder in der Luft überprüft wurden.

Es war noch früh am Morgen, als ich am zweiten Tag meines Aufenthaltes an Kadens Büro vorbeifuhr. Ich hatte die Rollfeld-Beschaffenheit am Südwestende des Platzes sehen wollen und fuhr wieder zur Abt. L zurück. Da lehnte sich an einem der vorderen Fenster der Einfliegerei eine baumlange hagere Gestalt weit heraus und winkte so heftig, daß man es wirklich nicht übersehen konnte. Es war Kaden, der mich auf eine Zigarettenlänge zu sich hereinbat. Wir hatten noch keine zwei Züge getan und die ersten Begrüßungsworte ausgetauscht, als Kaden auch schon seinem Thema zusteuerte, das er wohl mit mir erörtern wollte:

„Sag mir jetzt mal ganz ehrlich", bat er mich eindringlich, „bin ich nicht ein übler Drückeberger, weil ich hier noch in der Heimat hocke, während ihr da draußen an der Front seid? Ich will auch raus. Aber keiner läßt das zu. Ich bin angeblich unentbehrlich. Aber das ist Quatsch. Wenn ich an einem Herzschlag oder an der Grippe sterbe, muß es auch ohne mich weitergehen. Und ich schäme mich immer so, wenn ich Kameraden von der Front sehe, die draußen ihre Pflicht und Schuldigkeit tun."

Der lange Kaden hatte Mitte der 30er Jahre beim getarnten Aufbau der Luftwaffe zu der sogenannten „Meuterer-Gruppe" gehört, einer Gruppe von Flugzeugführern, die sich nach Abschluß ihrer Ausbildung geweigert hatten, in den Dienst bei der Luftwaffe einzutreten. Heute schien aus dem Saulus ein Paulus geworden zu sein. Er wollte offensichtlich beruhigt sein, und ich tat es schließlich mit der scherzhaften Behauptung, er wäre in seiner Übergröße von nahezu zwei Metern an der Front ein viel zu großes Ziel für die Gegner . . . Als ich weiterfuhr, war ich im Grunde recht zufrieden, daß hier im Hinterland die Stimmung so in Ordnung zu sein schien. Wie lange, so sann ich, während der Wagen über den Rasen weiterholperte, wird das so bleiben?

Als ich Dittmars Zimmer betrat, saß bei Heini noch ein junger Diplom-Ingenieur, den ich als Mitarbeiter Lippischs schon in Darmstadt kennengelernt hatte. Es war Armbrust, der in Darmstadt eine der Pfeilflügel-Studien Lippischs, die DFS 42 (Kormoran), konstruiert hatte. „Erstaunlicherweise flog das Ding sogar", meinte er damals scherzhaft. Hier in Augsburg war er unter anderem verantwortlich für die Konstruktion des Fahrwerks der Me 163. Darüber debattierte er gerade mit Heini. Er wollte wissen, für welche maximalen Landestöße er die Kufe des Einsatzmusters auslegen solle.

Als er mich eintreten sah, meinte er, quasi entschuldigend: „Ich gehe gleich, dann könnt ihr euch ungestört unterhalten. Für meine Kufenhydraulik weiß ich jetzt genug."

„Bleiben Sie noch", bat ich ihn und drückte ihn auf seinen Stuhl zurück. „Vielleicht erfahren Sie aus unserem Gespräch noch mehr Interessantes. Wahrscheinlich können Sie mir auch eine Menge erzählen, was ich aus der Arbeit an der Me 163 noch nicht kenne." Ich hatte mich auf die Couch gesetzt, die als Prestige-Möbel im Zimmer eines Versuchspiloten nicht fehlen durfte. Daran erinnerte ich mich noch aus meiner Darmstädter Zeit: Wer als Erprobungsflieger etwas auf sich hielt, ruhte nicht, bis er eine anständige Liegestätte dieser Art auf sein Zimmer gestellt bekam. Nicht, daß ich je einen Flugzeugführer während der Dienstzeit darauf hätte schlafen sehen! Aber der Anspruch, es tun zu dürfen, sozusagen mit Duldung aller Vorgesetzten während der bezahlten Dienststunden Erlaubnis zum Schlafen zu haben: Das war ein Kitzel für das Geltungsbedürfnis, dessen man bedurfte, wenn man nicht schon Weltverachter von Geburt an war . . .

Heini saß an seinem Schreibtisch und übertrug von einem Notizblock Zahlen in einen Flugbericht. Er hatte sich eine Hornbrille dazu aufgesetzt. Seit kurzem war das notwendig geworden. Nur beim Lesen und Schreiben. Beim Fliegen und sonst auch steckte er sie fast etwas geniert beiseite. Welcher Flieger ist nicht stolz auf seine guten Augen, auch wenn sie langsam schlechter werden!

Auf einem Ecktischchen stand ein Modell der Me 163. Es war meisterhaft gearbeitet, wahrscheinlich ein Geschenk der Modellschreinerei. Armbrust ließ es nachdenklich sich um seine Hochachse drehen. Sicherlich errechnete er im Kopf schon wieder Beschleunigungsfaktoren für sein Fahrwerk.

„Wie lange gehören Sie eigentlich schon zu Lippischs engerem Mitarbeiterkreis? Erzählen Sie doch einmal, wie das war, als Sie bei der Abteilung ‚Nurflügler' der DFS begannen!" versuchte ich, ihn zum Erzählen zu bringen.

„Ich kam", antwortete er nach kurzem Nachdenken, „weil mir ‚Papa Lippisch' - so nennen wir ihn alle – als einer der wirklichen Könner im Flugzeugbau bekannt war. Alle, die wir hier bei ihm arbeiten, sind seinetwegen gekommen und bleiben seinetwegen, so lange er uns haben will." Er nickte dazu bekräftigend, und man sah ihm an, er trug hiermit seine Überzeugung vor.

„Flugzeuge bauen müssen die Konstrukteure und die Werkstatt. Vorher hat Lippisch sie erdacht, gerechnet und entwickelt. Ist es nicht so?" fragte ich.

„Gewiß", fuhr Armbrust fort, „Lippisch ist der große Meister in der Entwicklung von Flugzeugen. Serienbau ist, so glaube ich, langweilig für ihn. Er produziert lieber Neues, statt sich im Nachbau von Altem zu verplempern. Manchmal wäre es uns jetzt nicht unlieb, wenn es umgekehrt wäre. Denn wir haben so unsere Probleme, die erst auftreten, wenn man einen Prototyp 300 mal nachbauen will.

Im Flugzeugbau steht man ja immer vor technischen Neuerungen. Jedes neue Flugzeug muß, um besser zu sein als sein Vorgänger, eine oder mehrere Neuheiten aufweisen, einen neuen Werkstoff, neue Konstruktionsmethoden, raffiniertere Fertigungsvorrichtungen. Und das Neue muß dann nicht nur einmal in einem Entwicklungsmuster für ein paar wenige Flüge, sondern für eine Hunderter-Serie bei jahrelangem Dauerbetrieb brauchbar sein. Das ist ein Beruf zum Haareausraufen! Aber wenn schließlich alles klappt, freut einen doch der Sieg über diese manchmal inbrünstig verfluchte Materie."

Fast zärtlich streichelte er das kleine Modell vor sich. Dieser „Vogel" flog zwar bereits mit Rekordgeschwindigkeit, doch brachte er erst jetzt richtige Sorgen in das Konstruktionsbüro. Denen galt vermutlich auch der Seufzer, mit dem er sich mir wieder zuwandte.

„Sehen Sie, das Fahrwerk, eine meiner Aufgaben hier, ist ein Beispiel. Beim improvisierten Umbau der DFS 194 zum Raketenflugzeug konnte man sich nicht anders helfen, als daß man ein fest angebautes Fahrwerk wegließ. Man erinnerte sich an den Segelflug, ich baute ein paar ‚Kullerchen' unter, die man nach dem Start abwarf, und das Problem war gelöst. Bei den Entwurfsbesprechungen für die Me 163 wurde gar nicht erst von einem fest eingebauten Fahrwerk gesprochen. Man ging gleich von der Voraussetzung aus: Das Fahrwerk wird wieder abgeworfen. Armbrust kriegt das schon hin, hieß es. Ja! Prost Mahlzeit! Ich habe tagelang, nächtelang, wochenlang gerechnet und getüftelt. Es ging nicht! Abwurfgeschwindigkeiten um 100 Stundenkilometer konnte man noch irgendwie verkraften. Aber das Doppelte, ja das Dreifache wurde hier kalt lächelnd von mir verlangt.

Ich beschimpfte Hubert und Kraemer, der den Rumpf baute, und besonders Körner und sagte, das wäre allzu revolutionär. Da meinten die, ihr Rumpf wäre noch revolutionärer. Sie hätten zum erstenmal im Flugzeugbau gewagt, das Rumpfmittelstück ohne speziellen Tank gleich als integralen Kraftstoffbehälter vorzusehen. Und da wäre eben kein Platz mehr für ein Fahrwerk. Basta!

Na ja, ich schaffte es. Aber ich behaupte, mein Fahrwerk und meine Hydraulik für die Kufe sind mindestens genauso revolutionär wie das interessante Rumpfmittelstück oder die neuartige Kunststoffbauweise für Triebwerksanlagen, für Ruder und tragende Flächenteile! Eine Ölhydraulik in ein Flugzeug einbauen, das keinen ständig laufenden Kolbenmotor hat, an dem man irgendwo eine Öldruckpumpe oder einen elektrischen Generator anschließen konnte – das war schon ein bisher nicht dagewesenes Problem. Anders als mit Öl waren die Landekräfte aber nicht zu bewältigen. Etwas Eleganteres als meine Lösung mit dem Drucköl-Akkumulator soll mir erst mal jemand nachmachen!"

Armbrust war richtig in Fahrt gekommen. Stolz schlug er mit der Faust auf den Tisch, daß die kleine Me 163 auf ihrem Sockel ins Tanzen kam.

„Wie ist eigentlich die Arbeitsverteilung in ‚Kobü' und Werkstatt?" wollte ich wissen.

„Lippisch", antwortete Armbrust, „ist Leiter unserer Abteilung L der Messerschmitt-Werke. Hubert hat die Leitung der Aerodynamik. Erich Görner ist Leiter der Abteilung Statik, Rudolf Rentel leitet die Konstruktion. Walter Beushausen macht Aerodynamik,

Ernst Sielaff Statik, Ludgerus v.d. Forst ist verantwortlich für Konstruktion Flügel, Heinrich Körner für Konstruktion Rumpf, Willi Brecht für Konstruktion Leitwerk und Willi Hartmann für Konstruktion allgemein. Dazu kommt noch Peter Guthier als Aerodynamiker und meine Wenigkeit als Konstrukteur von Ausrüstung, Fahrwerk und Steuerung.

Die Leitung der Werkstatt hat Karl Hamburger. Sein Bruder ist Meister in der Schlosserei. Willi Elias ist Leiter der Schreinerei und Mädchen für alles bei der Flugerprobung. Seine Vertreter und Assistenten sind Schäffler und Seip.

Dieser Kern bildet mit dem Rest unserer Belegschaft eine unzertrennliche Mannschaft, die bei Erledigung der gestellten Aufgaben für ‚Papa Lippisch' durchs Feuer geht. Dieses einmalige Verhältnis, das wir alle mit unserem ‚Alten' haben, ist etwas, das nur Sie kennen. Denn Sie kennen Darmstadt und die Wasserkuppe. Ähnliches ist mir in anderen Betrieben noch nicht vor die Augen gekommen. Und es läßt sich nicht in wenigen Sätzen beschreiben."

„Ist Lippisch nicht mitunter schwierig?" fragte ich dazwischen.

„Mit Lippisch zu arbeiten, ist großartig, weil er es versteht, jedem Mitarbeiter viel, viel Hilfe zu geben, immer wieder seinen Geist zu beflügeln und mit Ideen und Tatkraft auszustatten, so daß man besser arbeitet als anderswo, schneller, freier, beschwingter. Gewiß ärgert er uns oft und kann gelegentlich reichlich bissig werden. Wenn es not tut, hält er mit ätzender Kritik nicht hinter der Binde. Aber immer hat er auch ein anerkennendes Wort, ein ‚Trost-Bonbon' bereit."

„Erzähle doch", schaltete sich Heini Dittmar jetzt in das Gespräch ein, „noch etwas von unserem Anfang hier in Augsburg, der manchmal ja auch recht komisch war."

Und Armbrust fuhr mit Erzählen fort: „Die meisten Kollegen hatten, als sie sich verpflichteten, mit Lippisch nach Augsburg zu gehen, keine Ahnung, daß es sich bei den bevorstehenden Entwicklungsarbeiten um ein Flugzeug mit Raketenantrieb handelte. Sie erfuhren das erst von Lippisch an diesem denkwürdigen Morgen. Blind vertrauend waren wir alle mit unserem ‚Alten' nach Augsburg gekommen. Die Me 163 A war zu jener Zeit, wie uns schien, das Geheimste vom Geheimen, das es in der deutschen Luftfahrt überhaupt gab.

Am 2. Januar 1939 trafen wir uns nach unserem Weggang aus Darmstadt im Verwaltungsgebäude des Werkes hier in Haunstetten. Wir erhielten zunächst einen ganzen Packen Formulare ausgehändigt, die wir ausfüllen sollten. Während wir etwas ratlos vor diesem Haufen Papier standen, traf Lippisch, unrasiert nach einer Nachtfahrt, von Darmstadt ein. Er sagte, wir seien alle verrückt, diese Formulare auszufüllen. Wir wären nach Augsburg gekommen, um Flugzeuge zu bauen, nicht um nutzlose Formblätter vollzuschmieren. Die Dinger wurden, soweit ich mich erinnere, auch nie richtig ausgefüllt und gammeln vielleicht heute noch irgendwo in einer Schublade.

Im 5. Stock des Verwaltungsgebäudes der Messerschmitt AG war der sogenannte Vortragssaal für uns als Arbeitsraum reserviert. Als wir ankamen, fehlte natürlich eine Menge. Wir fanden keinen Schreibtisch und keine Reißbretter vor. Nur ein Telefon stand auf der Fensterbank. Lippisch nahm den Hörer herunter und telefonierte mit Herrn Direktor Hentzen. Er schoß gleich mit schwerstem Kaliber. Er hätte den Eindruck, sagte er, daß die Messerschmitt AG einem Zigarettenautomaten vergleichbar wäre, bei dem zwar oben Groschen eingeworfen würden, unten aber nichts herauskäme. Wir hielten uns dann einige Tage einfach als Stammgäste im Café Schachermeier in Augsburg auf, wo bei viel Kaffee heftig diskutiert wurde.

Das war also der Anfang. Wir zogen erst zur Arbeit in den erwähnten Vortragssaal ein, als die Einrichtung komplett beisammen war. Dann meinte Lippisch, wir müßten unbedingt noch eine Hobelbank und eine Werkbank haben, um Modelle zu bauen. Die Bank und die Werkzeuge wurden uns schließlich geliefert. Und so kam es denn, daß Lippisch und alle anderen angestrengt konstruierten und rechneten, während gleichzeitig einer nagelte, hobelte oder leimte. Brecht tat sich dabei besonders lautstark hervor.

Glücklicherweise war Geheimhaltung oberstes Gebot. Unsere Türe war also immer verschlossen, und nur ganz wenige ausgewählte Herren der Firma hatten Zutritt zu uns. Sie kamen auch verhältnismäßig selten. Unserer Arbeit fehlte aus diesem Grunde zu dieser Zeit keineswegs ein kleiner Schlag Bohème. Wenn wir Lust danach hatten, bestellten wir uns Kaffee und Kuchen, die zu unserem geheimen Erstaunen anfänglich auch geliefert wurden. Als die nicht unbeträchtlichen Ausgaben, die das verursachte, bei der Verwaltung auffielen, wurde diese vertraglich nicht vereinbarte Deputatleistung allerdings abgestellt."

Schmunzelnd schloß Armbrust seinen Bericht. Ob der Alte nicht ab und zu Krach bekommen hätte mit „Emtete" (das war Professor Messerschmitts Spitzname – „Mtt"–) und seinen Herren, wollte ich noch wissen. Das wohl, feixte er, aber Lippisch habe immer zugegeben, daß er neben seinem Ärger mit „Mtt" auch eine ganze Menge Achtung für ihn habe. Denn er habe des öfteren auch noch von ihm lernen können. Unter anderem auch, daß man ein Flugzeug nicht nur zeichnen und bauen, sondern danach noch beharrlich verbessern und serienreif machen könne . . .

Im Führerhauptquartier

„Mensch, wo haben Sie denn Ihren ‚Blumenkohl'?" Mit dieser Frage empfing mich Hauptmann Meinardus, als ich, von Augsburg nach Berlin zurückgekehrt, in der Halleschen Straße eilig die Treppen zur Dienststelle des Generals der Jagdflieger hinaufgehastet kam. Alle Dienstzimmer standen leer. Nur Meinardus und Fräulein Stiller hielten die Stellung.

‚Blumenkohl' nannte Meinardus das Eichenlaub zum Ritterkreuz. Nach Rundfunk- und Pressemeldungen war es mir vor etwa 14 Tagen verliehen worden. „Was heißt hier Blumenkohl!" entgegnete ich. „Wenn Sie nur selber genug davon hätten! Ich bin im übrigen hier nicht wegen ‚Blumenkohl', sondern weil ich mich auf Befehl des Generals heute hier zu melden habe."

„Und Ihre Meldung hier war befohlen, weil Sie morgen beim Führer Ihre ‚Brosche' abholen sollen – also doch ‚Blumenkohl'. Eins zu null für mich", widersprach Meinardus.

Nach einigem Fragen wußte ich, daß ich also lediglich deshalb dringend zurückbeordert worden war, weil der Termin für die offizielle Aushändigung dieser Auszeichnung auf den nächsten Tag festgesetzt worden war. Vom Eichenlaub an wurden Tapferkeitsauszeichnungen nur vom obersten Kriegsherrn persönlich ausgehändigt.

Wir „wetzten" zur Station Hallesches Tor. Besorgt erkundigte sich Meinardus mit einem Blick auf meinen kleinen Reisekoffer, ob ich auch alles dabei hätte, was zu einem vorschriftsmäßigen Dienstanzug gehört: Ein Paar einwandfreie Handschuhe? Ein sauberes Hemd? Zahnbürste? Seife?

Wir waren inzwischen an der Sperre des S-Bahnhofes angelangt. Hier trennten wir uns, denn ich nahm die Ringbahn in ostwärtiger Richtung, während Meinardus nach dem Westen wollte.

Unteroffizier Schuster blickte nachdenklich nach rechts durch die Plexiglasscheibe und verfolgte mit den Augen einen Storch, den wir beim Mäusefangen auf der Wiese aufgeschreckt hatten. Mit schweren Schlägen seines braun-weißen Flügels ruderte er weg vom Kurs unserer Me 108. Wir flogen über Ostpreußens Seenplatte. Eine halbe Stunde noch, dann war der Pregel erreicht, und Insterburg mußte vor uns auftauchen.

Schuster war ein guter Mechaniker. Deshalb hatte ihn Galland zu seiner kleinen Flugbereitschaft nach Johannistal versetzen lassen. Heute flog er mit mir nach Insterburg, weil er einen Sonderauftrag seines Generals auszuführen hatte. Vor dem Start hatte er einen gewichtigen Sack im Kofferraum des Flugzeugs verstaut. „Hasen", hatte er geantwortet, als ich wissen wollte, was ich da als Fracht mitnehmen solle. Die waren schon im Dezember geschossen, wären tiefgekühlt und könnten deshalb auch nicht stinken, wenn sie auch schon so lange tot seien.

So flogen wir jetzt über die Masurischen Seen und brachten Hasen nach Ostpreußen. Hier unter uns gab es Wild in Fülle, nicht nur Hasen, sondern auch Rehe, Hirsche. Sogar Wisente hatte Göring in Rominten wieder aussetzen lassen. Und Rominten war nicht weit von Insterburg. Dahinter kam dann ja auch gleich die Grenze. Die alte Grenze! Wo die neue einmal liegen würde? Im Moment war die Front ja mehr als 1000 Kilometer weiter im Osten. Ob wir sie halten würden? Ob wir eines Tages bis zum Ural vordringen würden? Es sah nicht mehr danach aus. Bei dem Gedanken an die unermeßliche Weite des russischen Landes kam ein Gefühl der Sehnsucht nach meinem alten Geschwader in mir hoch, das jetzt am Ilmensee in Luftkämpfen liegen mochte. Sie brauchten mich gewiß. Ob ich dort nicht wichtiger war als hier bei dieser unkriegerischen Erprobungstätigkeit? Wozu eigentlich das Brimborium einer feierlichen Zeremonie wegen der Aushändigung einer Auszeichnung? Hitler hatte anderes zu tun, als mir in die treuen Untertanenaugen zu blicken. Und ich anderes, als Männchen zu bauen und ein freundliches Gesicht für ein paar wildgewordene Kriegsberichterstatter zu machen.

Freilich war es eine Gelegenheit, um die einen viele beneideten! Sozusagen in die Höhle des Löwen zu dürfen! Ich hatte Hitler nie näher als auf 20 Meter zu sehen bekommen. Jetzt würde er mir die Hand schütteln. Überhaupt, es war doch ein prächtiger Trumpf, im Gespräch mit einem Angeber so nebenbei fallen lassen zu können: „Bei meinem letzten Besuch in der ‚Wolfschanze‘.. . .“

Der Flugplatz Insterburg hatte alles andere als das Aussehen eines „Führerflugplatzes“. Ein kleines grasbewachsenes Rollfeld ohne befestigte Startbahn. Nichts für Me 163, stellte ich bei mir fest. Nicht weit vom Parkplatz meiner Me 108 stand auf freier Strecke ein Sonderzug. Dorthin hatte Schuster seinen Sack zu befördern. Und ich sollte dort meine nächsten Instruktionen erhalten. Es sah aus, als wenn dort ein D-Zug ohne Lokomotive vergessen worden zu sein schien. Ich erklomm einen Waggon 2. Klasse, der ein Schild mit der Aufschrift GdJ (General der Jagdflieger) trug, und fand dort einen Hauptmann vor, der lesend hinter einem hohen Aktenstoß saß und sich in den Rauch einer dicken Importzigarre hüllte.

Schuster hatte einige Mühe, seinen Sack los zu werden, aus dem es bereits heraustropfte und bei dessen Geruch ein herbeigerufener Schreibstuben-Soldat von Leichengift sprach. Ich selbst wurde von Brustellin, so hieß der Hauptmann, herzlich willkommen geheißen und sofort mit einer schwarzschillernden Brasilzigarre aus Gallands Beständen versorgt. „Davon kriegt der General von wohlwollenden Mitbürgern mehr geschenkt, als sein ganzer Stab verrauchen kann“, erklärte mir Brustellin, während ich behaglich blaue Wolken zur Decke blies und mich im Wagen dieses improvisierten Hauptquartiers auf Rädern umblickte. Die einzelnen Abteile waren durch Einbau zusätzlicher Tische, Schränke und Regale in etwas enge, jedoch brauchbare Arbeitsräume verwandelt. „Muß der Stab sich nachts auf die einzelnen Bänke verteilen, um zu schlafen?“ wollte ich wissen. Brustellin klärte mich auf, daß dafür spezielle Schlafwagen der Mitropa in den Zug eingekoppelt waren.

„Schläft der ‚Dicke‘ da auch?“ forschte ich weiter. „Wo denken Sie hin“, wehrte Brustellin diesen Gedanken ab. „Der Reichsmarschall ist überhaupt nicht hier in diesem Sonderzug. Dieser Zug ist eigentlich nur für die Waffengenerale und einen Teil des Führungsstabes der Luftwaffe da. Göring hat einen eigenen Sonderzug, den Sonderzug des OB.d.L. (Oberbefehlshaber der Luftwaffe) und außerdem ein richtiges Bunkerquartier. Beides finden Sie in Angerburg. Dort hält sich Göring dann meist in der Zeit auf, in der der Führer in der ‚Wolfschanze‘ ist."

„Und wo ist nun diese sagenhafte ‚Wolfschanze‘?" fragte ich.

„Die Wolfschanze befindet sich in der Nähe von Rastenburg. Es gibt kein markantes Geländemerkmal, das in seiner Nähe zu finden wäre. Das entspricht wohl auch der Absicht derer, die das Hauptquartier angelegt haben: Für Unbefugte ist es schlecht auszumachen. Im übrigen soll ich Ihnen als besondere Anweisung des Generals noch übermitteln: Sie können dem Führer gegenüber reden, wie es Ihnen ums Herz ist und brauchen nichts zu verschweigen. Aber machen Sie ihm keine zusätzlichen Sorgen, indem Sie ihm unwichtige Kamellen vortragen, die auch von anderen Stellen entschieden werden können."

Nach Rastenburg brachte mich anschließend ein Kraftwagen über Straßen, die immer besser wurden, je mehr wir uns diesem Städtchen näherten. In einem kleinen Gasthof war Quartier vorbereitet. In der Gaststube des kleinstädtisch gemütlichen Hotelbetriebes saßen zwei Offiziere, die ich aus Zeitungsabbildungen kannte: Hauptmann Ihlefeld und Oberleutnant Huy. Beide waren Jagdflieger. Sie hatten den gleichen Reisegrund wie ich. Ihlefeld, weil er die Schwerter erhalten, Huy, weil er gleich mir das Eichenlaub ausgehändigt bekommen sollte. Als wir spät nachts die Treppen zu unseren Zimmern emporstapften, hatten wir unter Inanspruchnahme etlicher Liter Bier die Lage der Luftverteidigung an allen Fronten restlos geklärt.

Am nächsten Morgen ließ Ihlefeld eine Serie seiner schönsten Flüche vom Stapel. Die Köchin hatte verschlafen. Wir mußten ohne Frühstück in das Hauptquartier. „Und ich sage Euch voraus, daß wir bis zum Mittag nichts mehr vorgesetzt bekommen. Ich spreche aus Erfahrung, denn ich war schon einmal hier. Schweinerei verdammte . . ." Ihlefeld fluchte vorsichtshalber auf Spanisch.

Rastenburg war Endstation der Reichsbahn. Auf einem Gleis von normaler Spurbreite fuhr uns dennoch eine Draisine vom Bahnhof aus noch etwa 8 Kilometer weiter ins Land hinein und hielt an einem mit hohem Stacheldraht umzäunten Waldstück. Wir passierten die mit Soldaten besetzte Wache. Man nahm uns die Soldbücher ab und händigte uns dafür Sonderausweise aus. Zu Fuß folgten wir in Begleitung mehrerer Wachposten einem Kiesweg unter hohen Bäumen. Wieder Stacheldraht. Neue Posten übernahmen unsere Begleitung bis zu einem dritten Drahtverhau.

Hier standen SS-Männer auf Wache. Die Begleitung wechselte erneut, und nun waren wir überhaupt erst im eigentlichen Bereich der Wolfschanze angelangt. Der Weg lief weiter durch einen jungen Nadelwald-Bestand. Und dieser Wald war nun schon bewohnt. In Bomben-Abstand waren hier und dort Bunkeranlagen zu erkennen, die ausgezeichnet getarnt waren, besonders weil ihre dicken Betondecken erdebedeckt und mit Bäumen bewachsen waren.

Bei einem dieser Bunker wurden wir abgeliefert. Nicolaus von Below hieß der liebenswürdige Luftwaffenmajor, der uns in Empfang nahm und uns gleich auf eine längere Wartezeit vorbereitete. Der Empfang, der für die frühen Morgenstunden vorgesehen war, sei auf die Mittagszeit verschoben worden. „Seht ihr's", tuschelte Ihlefeld, „jetzt können wir fasten!" Keiner von uns wagte, an diesem „geheiligten" Ort einen so profanen Wunsch auszusprechen, wie es die Forderung nach einem kräftigen Frühstück darstellte, nach dem unser Magen laut knurrend verlangte. Wir mußten Koppel und Pistole ablegen („Keiner trägt eine Waffe in der Nähe des Führers") und warteten ergeben Stunde um Stunde im Bunker v. Belows.

Endlich, gegen 13.30 Uhr war es so weit. Wir wurden in den sogenannten Führer-Bunker geführt. Rechter Hand hinter der Eingangstür befand sich ein verhältnismäßig kleiner Besprechungsraum. Wir hatten kaum Zeit, uns darin in einer Reihe aufzustellen, da hörte man draußen auf dem Flur durch die halbgeöffnete Türe Schritte, Stimmengewirr. Es ging also anscheinend schon los.

Durch die Türe erschien von rechts eine Personengruppe. Uniformen. Generals-Gold. SS-Schwarz. Vorn in Parteiuniform: Hitler. Er drehte sich zurück in die Richtung, aus der er gekommen war. Offenbar fragte er jemand, ob er Ritterkreuze verteilen solle oder gleich essen gehen könne. Nein, Ritterkreuze. Also betrat er unseren Raum, griff mechanisch nach links, wo hinter der Türe auf einem kleinen Tische drei schwarze Kästchen standen, nahm das erste und trat damit zu Ihlefeld. Der schnarrte, gut vorbereitet, Namen, Geburtstag, Geschwader und Zahl seiner Luftsiege herunter. Händeschütteln. „Ich danke Ihnen für Ihren nimmermüden vorbildlichen Einsatz für Volk und Vaterland", das Kästchen wurde überreicht. Schon war Huy an der Reihe, der schnarrte auch wie geschmiert seine Angaben zur Person. Händeschütteln. „Ich danke Ihnen. . ." Kästchen.

Jetzt war ich an der Reihe. Du meine Güte, ging das schnell! Ich leierte mein Sprüchlein herunter, hörte: „Ich danke Ihnen. . .", fühlte meine Rechte von beiden Händen Hitlers gefaßt und gedrückt, hatte plötzlich ein schwarzes Kästchen in der Hand, in dem auf violettem Samt ein breites schwarzweißrotes Band mit dem bekannten silbernen Eichenlaubblatt lag. Vor Verblüffung über diesen glatten Ablauf einer routinemäßig durchgespielten Prozedur merkte ich gar nicht, daß ich meine Mütze verkehrt in der Hand hielt.

In der ganzen Zeit hatte ich keinen Blick von der Gestalt Hitlers wenden können. Von seiner Person hing die Entscheidung in allen Bereichen unseres Landes, ja neuerdings fast aller Länder Europas ab. Mein Auge erblickte ein Gesicht, das etwas ungesund gedunsen erschien, einen Rücken, der gebeugt, fast krumm war – einen merklich alternden Hitler. Oder war er krank?

Nun machte Hitler eine einladende Geste auf eine Gruppe von Clubsesseln hin, die um einen runden Tisch in der Fensterecke angeordnet waren. Wir setzten uns. Hitlers Begleitung verließ den Raum. Wir drei waren allein mit dem derzeit mächtigsten Manne Europas.

In dem nun folgenden Frage- und Antwortspiel, das Hitler der Reihe nach mit uns begann, versuchte er, sich von uns ein paar frontnahe Aussagen zu verschaffen, stellte aber das Fragen bald zurück, um dafür selbst zu sprechen. Was er äußerte, bewies, daß er ganz ausgezeichnete Kenntnisse über Jagdfliegertechnik, Angriffstaktik und besonders über Leistungen von Flugzeugen und Bordwaffen besaß. „Sie brauchen 3-cm-Bord-Kanonen, ich weiß es", betonte er mir gegenüber, obwohl ich nichts Nachteiliges über unsere Bewaffnung gesagt hatte. Dann brachte ihn eine Bemerkung Ihlefelds auf die technischen Überraschungen des Gegners im Osten. „Wenn ich gewußt hätte, daß die Sowjets 80-Tonnen-Tanks in den Kampf bringen konnten und diese Nebelgranaten--", meinte er nachdenklich, „wäre mir der Entschluß, den Krieg gegen Sowjetrußland zu beginnen, wahrscheinlich noch schwerer gefallen. Aber", und er klopfte hart mit dem Knöchel eines Fingers auf die Tischplatte, „gefaßt hätte ich ihn dennoch!"

Dann sprach er vom Abwehrkampf während des Winters in Rußland. Überall, wo beherzte Männer mit der nötigen Tatkraft die Verbände geführt hätten, wären auch die Rückschläge des Winters rasch aufgefangen worden, die Ordnung aufrechterhalten geblieben. Nur wo Weichlinge und Nervenschwache in verantwortlichen Stellen gewesen seien, habe es einige wenige Versager gegeben. „Da aber" – wieder pochte sein Fingerknöchel auf den Tisch – „habe ich notfalls ein hartes Exempel statuiert."

Eine halbe Stunde war vergangen. Major v. Below meldete, daß das Essen gerichtet sei. Hitler erhob sich. „Ist vorgesehen, daß die Herren mitessen können?" Es war vorgesehen.

Essen! Ich fand aus Rußlandbetrachtungen augenblicklich zur Gegenwart zurück, denn mein Magen meldete sich mit kannibalischem Hunger. „Wenn ich nicht schnell zu essen kriege, geht der Krieg verloren", raunte ich dem neben mir stehenden Huy zu.

„Kommen Sie, ich bringe Sie zu Ihrem Platz", erbot sich lächelnd ein junger Mann, der meine Worte mitgehört hatte. Er trug eine Art von Dienstanzug, die im diplomatischen Dienst eingeführt worden zu sein schien, ohne militärische Rangabzeichen. Die Farbe der Uniform lag zwischen dem Braun der Partei und dem Grün des Heeres.

Wir betraten den Speisesaal, an dessen Eingangsseite sich schon etwa 30 Personen versammelt hatten. Beim Erscheinen Hitlers strebte auf dessen Aufforderung alles einer langen Tafel zu, die an der Fensterseite des Saales zum Mittagessen gedeckt war. Mein freundlicher Geleitsmann schob mich fix in die Mitte der Tafel, und ehe ich mich versah, hatte ich meinen Platz schräg gegenüber von Hitler, der sich mit dem Rücken zum Fenster an die Mitte der Längsseite setzte. Zu seiner Rechten war Ihlefelds Platz, links von ihm entdeckte ich Huy. Zu meiner Rechten genau gegenüber von Hitler saß, groß und respektgebietend, der Chef des Oberkommandos der Wehrmacht Generalfeldmarschall Keitel, daneben General Warlimont. Neben Huy hatte Jodl seinen Platz, der Chef des Wehrmachts-Führungsstabes und von mir aus gesehen links von Ihlefeld saß Schmundt, der Chef des Heeres-Personalamtes. Mit so viel Generalen nahezu in Tuchfühlung schwand bei mir nunmehr seltsamerweise jedes Minderwertigkeitsgefühl. Nichts konnte mich jetzt noch ins Erstaunen bringen. Selbst als ich meinen Nachbarn zur Linken ins Auge faßte und in ihm den Reichsführer SS Himmler entdeckte, konnte mich das nicht mehr erschüttern.

Wichtig war vor allen Dingen jetzt, daß ich ausreichend zu essen erhielt! In diesen Stäben aß man wahrscheinlich die berüchtigten Liliput-Portionen, von denen ein ausgewachsener Frontsoldat nie satt werden konnte. Ich mußte schnell essen, um mir evtl. noch einen zweiten Schlag zu verschaffen! In gerade noch zulässigem Eiltempo löffelte ich daher die Geflügelcreme-Suppe aus meinem Teller. Und ich sah mich in meiner Erwartung nicht betrogen: Kaum war mein Teller leer, da fragte mich eine aufmerksame Ordonnanz, ob er mir nachreichen dürfe.

Indessen begannen weiter unten an den Enden der Tafel einige ungezwungene lustige

Wortplänkeleien. Hitler stellte Ihlefeld mehrere Fragen, die dieser rasch beantwortete. Jodl sprach mit Huy. Da räusperte sich Keitel neben mir und begann ebenfalls ein Gespräch mit mir, wie es eben ein alter Generalfeldmarschall mit einem jungen unbekannten Oberleutnant führt: Von welcher Einheit kommen Sie? An welcher Front lagen Sie? Wieviel Abschüsse? Friedensstandort? Ich gab ihm Auskunft und war nicht ganz erfreut über die Wißbegierde des alten Herren, denn wenn ich durch Sprechen vom Essen abgehalten wurde, konnte ich nicht mehr zu einer zweiten Portion Hechtschnitte kommen, die uns als Hauptgang serviert wurde.

Da erlöste mich Himmler, der ebenfalls seine Leutseligkeit unter Beweis stellen wollte, indem er mich fragte: „Was hat Ihnen eigentlich an der Tatsache, daß Sie das Ritterkreuz erhalten haben, am meisten gefallen?" Und da er anscheinend befürchtete, ich werde ihn falsch verstehen, gab er, halb als Antwort, gleich eine kleine Anekdote zum besten.

„Da hatten wir doch einmal den Unteroffizier Meyer hier, der so unglaublich viel Panzer abgeschossen hatte, daß eine andere Auszeichnung als das Ritterkreuz für ihn gar nicht in Frage kam. Eine Beförderung zum Offizier kam wegen des Alters und der vielleicht doch noch etwas fehlenden menschlichen Reife vorläufig nicht in Betracht. So wurde er der erste Unteroffizier mit dem Ritterkreuz. Ich hatte ihn dasselbe gefragt, und da hat er mir geantwortet, seine größte Freude wäre, daß der Bürgermeister seines Dorfes eine Rede auf ihn halten müsse, wenn er jetzt auf Fronturlaub ein paar Tage nach Hause käme. Ob denn der Bürgermeister so gut reden könne, habe Himmler weiter geforscht, daß er sich derart freue. Nein, im Gegenteil, habe Meyer gemeint. Schlecht reden täte der. Aber er wäre nicht nur Bürgermeister, sondern früher auch Schullehrer gewesen. Und als er, Meyer, bei ihm in der Klasse gewesen war, hätte er ihm wiederholt gesagt: Aus Dir, Meyer, wird Dein Lebtag nichts! Und jetzt müsse er ihm öffentlich das Gegenteil bestätigen. . ."

Hitler lachte, denn er hatte der Erzählung zugehört. Nun wiederholte er die Frage Himmlers an mich: „Was hat Ihnen am Ritterkreuz am besten gefallen?"

Die Anerkennung im ganzen Lande, meinte ich, die man als Träger dieser Auszeichnung fände.

Gewiß, das war ein Grund. Hitler, Himmler, Keitel – alle sahen das ein und nickten zustimmend. „Wir leben ja wohl auch in einer anderen Zeit", meinte Hitler, und man sah, daß er einen Gedanken aufzufädeln begann. „Unsere Jugend wird anders erzogen als vor 25 Jahren." Während er dies und ein paar zusätzliche Ausführungen von sich gab über gutbürgerliche Erziehung im Deutschland der zwanziger Jahre und den Erziehungsgrundsätzen des Dritten Reiches, stellte ich mit Erstaunen fest, daß Hitler nicht nur bei offiziellen Reden – bei denen man ja sein Mienenspiel durch Wochenschau-Übertragungen quasi aus nächster Nähe betrachten konnte – sondern auch hier bei einem alltäglichen Tischgespräch sich in beträchtliche Erregung hineinzusteigern in der Lage war.

„Wir leben eben nicht mehr im Jahre 1917", fuhr er fort, und dabei schaute er schon ganz böse um sich, „in dem es möglich war, daß ein Rudolf Breitscheid im Reichstag laut und vernehmlich erklären konnte: Die Sozialdemokratie wünscht, daß Deutschland den Krieg verliert. Diese Zeiten" – und jetzt kam jedes Wort wie ein Peitschenschlag aus

54

seinem Mund – „sind ein für allemal vorbei!" Er merkte wohl, daß der Gegenstand gar nicht solcher Emotion wert gewesen wäre. Denn während er mißmutig in seinem Essen stocherte, nahm er sichtlich gern die Schützenhilfe Himmlers an, der dem Gespräch schnell eine angenehmere Wendung gab.

„Das Eiserne Kreuz ist und bleibt aber der schönste Orden weit und breit", stellte er fest. Und Hitler, dessen Mienen sich schnell wieder glätteten, machte sofort erstaunlich fachmännische Feststellungen über den Entwurf Friedrich Wilhelms III. und die endgültige Ausführung durch den berühmten Baumeister Schinkel. „Und dieser Orden", fuhr Hitler fort, und jetzt wurde sein Ton wieder schneidend scharf und in seine Augen trat ein harter Glanz, „wird nicht für Frühstücke verteilt. Er muß eindeutig durch tapferes Verhalten an der Front verdient werden." Er blickte in die Runde, um festzustellen, daß man ihm zuhöre, und fuhr mit erhöhter Stimme fort:

„Das ist mit dem Eisernen Kreuz in allen seinen Klassen anders als mit diesen Diplomatenorden, von denen ein guter Botschaftsbeamter jedes Jahr sein reichliches Dutzend nur durch Frühstücken erwirbt. Da nimmt so einer bei dieser und jener Botschaft an diesem und jenem Frühstück teil, und hinterher wird ihm irgendein Verdienstorden an bunten Bändern hängend auf Samtkissen überreicht. Und dann hängt er ein solches Blechdings neben das andere. Wenn die rechte Brust keinen Platz mehr bietet, dann wird die linke vollgehängt."

Er war schon wieder in Erregung geraten, bemerkte es jetzt und fing sich, indem er feststellte: „Aber meinetwegen sollen diese Herren ihr Blech umgehängt bekommen. Und man soll das Zeug produzieren, so viel man nur kann und es ihnen an jede freie Stelle ihrer Diplomatenröcke hängen. Und wenn vorn kein Platz mehr ist, dann meinetwegen hängt es ihnen noch an den Rücken!" Wieder war es Himmler, der einen versöhnlichen Einwurf machte. Er sagte: „Da hat doch neulich v. Papen diesen tollen türkischen Orden verliehen erhalten, auf dem in arabischer Schrift die Worte stehen: ‚Nieder alle Christenhunde!' Bei seiner kirchlichen Einstellung wird er in große Gewissensnot geraten, ob er den Orden tragen darf oder nicht." Darauf Hitler, versöhnlicher, aber sehr bestimmt: „Ich habe noch keinen Herrn im Auswärtigen Dienst erlebt, der einen Orden, den man ihm verlieh, nicht auch getragen hätte."

Hitler redete viel. Sobald ein Thema aufkam, das ihn interessierte, nahm er das Wort, und die ganze lange Tafelrunde pflegte dann großenteils zu schweigen und ihm zuzuhören. Dabei bewies er erstaunliche Fachkenntnisse und Allgemeinbildung und ein phantastisches Gedächtnis. Er aß sehr langsam und anscheinend ohne jeden Appetit. Für ihn wurde auch nicht Hechtschnitte serviert, sondern etwas Fleischloses, das ich nicht recht definieren konnte. Er trank etwas, das der Farbe nach Rotwein mit Ei hätte sein können. Die langsame Essweise Hitlers verhalf mir dann auch noch zu einer zweiten Portion Fisch. Ich konnte freilich die Gräten manchmal gar nicht schnell genug aus dem Munde befördern, um die vielen Fragen meiner Tischnachbarn zu beantworten. Gerade versuchte ich, mit Ruhe und Sachverstand an das Dessert heranzugehen, da kam mein Feldmarschall-Nachbar zur Rechten mit der Erkundigung, bei welchem Verband und mit welcher Aufgabe ich jetzt eingesetzt sei. So holte ich zu einem ausführlichen Bericht aus. Und ich hatte noch nicht lange gesprochen, da merkte ich, daß Hitler aufmerksam zuhörte, ja hier und da eine kleine Zwischenfrage stellte. Nach kurzem schwieg die ganze

Tafelrunde und hörte zu, wie ich von Strahlantrieb, Nurflügelflugzeugen und Interzeptor-Jagdflugzeugen dozierte.

Erstaunt stellte ich fest, daß nicht nur für Hitler, sondern auch für alle anwesenden Militärs und sonstigen Würdenträger meine Ausführungen über ein wichtiges Gebiet der Luftfahrt-Entwicklung völlig neu zu sein schienen. Ob Göring auch nichts davon wußte? Solche wirklich einschneidenden technischen Neuerungen mußten den führenden Leuten aber doch wenigstens in ein paar Grundzügen aufgezeigt werden, fuhr es mir durch den Kopf. Wer berät eigentlich Hitler? In diesem Falle hätte Göring das tun müssen. Sollte es stimmen, was viele munkelten, daß Göring von Technik so viel verstand wie die bekannte Kuh von der Muskatnuß?

Diese Gedanken gingen mir bei der anschließenden Diskussion durch den Kopf. Sie wurden noch bestärkt, als Hitler fragte, wie denn der Mann geheißen habe, der im Jahre 1933 oder '34 Geldmittel für seine Raketenautos erhalten habe. Himmler entsann sich, daß der Mann Valier geheißen hatte, daß er gewissermaßen ein Vorläufer von Oberth und Wernher v. Braun, den Erfindern der Peenemünder A 4, gewesen sei. Diese Entwicklungsarbeiten an den Raketen der Heeres-Versuchsstelle waren also bekannt! Die Heeresleute, so kalkulierte ich, haben ein besseres Ohr bei Hitler.

„Wissen Sie", wandte sich Himmler jetzt an mich, aber so laut, daß es offensichtlich auch für Hitler bestimmt war, „wissen Sie eigentlich, daß wir für die Luftfahrt in Dachau wertvolle Forschungsarbeit leisten, die vielleicht gerade Ihnen beim Fliegen der Raketenflugzeuge zugute kommen wird?" Ich wußte es leider nicht und beeilte mich ihm das zu versichern. Im übrigen war ich baff, daß er an diesem Ort und bei dieser Gelegenheit von selbst von einem Konzentrationslager erzählen zu wollen schien. Ich hatte die ganze Zeit schon darüber gebrütet, ob und wie ich das Gespräch auf dieses kitzlige Thema bringen konnte. Nun fing er ganz von selber damit an! Auch die übrige Tischgesellschaft schien das zu interessieren, denn Himmler konnte der aufmerksam lauschenden Tischrunde berichten:

„In Höhen über 12000 Meter kann der Mensch nach Feststellung der Luftfahrt-Mediziner selbst bei Einatmung von reinem Sauerstoff nicht mehr existieren. Wir haben aber Flugzeuge, die schon höher hinauf steigen können. So fliegen die Aufklärer von Rowehl mit Ju 86 bekanntlich in 14000 Meter und noch darüber ihre Aufklärung. Das geht nur, wenn die Kabine der Besatzung unter Überdruck gesetzt wird. Nun kann da mal ein Defekt eintreten, und die Insassen müssen unter Umständen das Flugzeug mit dem Fallschirm verlassen. Die Luftfahrt-Mediziner waren sich leider gar nicht einig, ob ein Mensch überhaupt lebendig in so einem Fall wieder zur Erde kommen würde. Denn selbst mit voller Sauerstoff-Atmung ist er oberhalb von 12000 Metern angeblich in wenigen Sekunden nicht nur bewußtlos, sondern erleidet den Höhentod. Wie sollte man so was ausprobieren, wenn es unter Umständen tödlich, zumindest aber lebensgefährlich sein konnte?! Versuche mit Mäusen und Kaninchen waren nicht voll überzeugend. Ja, da sind wir halt eingesprungen. In Dachau steht seit einiger Zeit eine sogenannte Höhenkammer. Darin kann durch Druckverminderung jede gewünschte Höhe simuliert werden. Und da probiert nun eine Gruppe von Männern seit längerer Zeit aus, aus welcher Höhe sie aus einem Flugzeug rausspringen und noch heil am Boden ankommen können.

Es wurde also angefangen mit der Situation, daß ein Flugzeug in 13000 Meter Höhe fliegt, und ein Defekt zwingt die Besatzung abzuspringen. Sie fallen quasi im freien Fall bei ungeöffnetem Fallschirm und haben nur die Aufgabe, in einer Höhe von 4000 Metern, zumindest aber bevor sie – simuliert natürlich – auf dem Boden aufprallen, den Fallschirm zu öffnen. Sie haben in der Höhenkammer keinen Fallschirm umgeschnallt, sondern müssen lediglich an einem roten Knopf, der ihnen vorn an der Brust hängt, ziehen.

Die Absprunghöhen sind dann gesteigert worden, auf 14000, 15000 und so weiter. Das war vermutlich schließlich recht hart. Denn mitunter sind die Männer ganz erschöpft aus ihrer Kammer herausgekommen. Zuletzt nämlich fanden die meisten aus ihrer Höhenkrankheit erst wieder zu sich, wenn sie theoretisch schon auf dem Erdboden angelangt waren. Durch unsere Versuchsergebnisse war es jetzt für die Luftfahrt-Mediziner möglich zu ermitteln, daß man sogar in 18000 Meter Höhe aus dem Flugzeug rausspringen, sich fallenlassen und noch rechtzeitig seinen Fallschirm öffnen kann. Und das", hiermit wendete er sich wieder direkt zu mir, „halte ich doch für eine wichtige Mitarbeit auf dem Gebiet der Luftfahrt-Forschung."

Ich konnte ihm das zwar nicht einmal abstreiten, hatte jedoch natürlich gewisse Bedenken, wußte nur nicht gleich, wie ich sie in Worte fassen sollte. Jodl war es, der mich der Antwort enthob, indem er Himmler maliziös lächelnd hinwarf: „Sie werden mir doch hoffentlich jetzt nicht einreden wollen, die Kerle hätten das freiwillig gemacht!"

Doch, erwiderte Himmler eifrig, alles wäre auf der Basis freiwilliger Meldung erfolgt. Selbstverständlich hätten diese Männer Sondervergünstigungen erhalten: Kaffee, Zigaretten, besseres Essen. . . Ja, und dann hätte natürlich auch das System, einen „Kapo" aus ihren eigenen Reihen einzusetzen, geholfen. Das wäre in diesem Falle ein Hüne von Gestalt gewesen, der sich selbst als unglaublich höhenfest erwiesen habe. Der kriegte natürlich die besten Sonderzulagen und holte die ganze Meute immer wieder zusammen. Und wenn einige nicht mehr mitmachen wollten, dann habe er sie beschimpft und geschrien: „Was, ihr Scheißkerle, ihr wollt nicht mehr mitmachen?! Ihr kriegt Kaffee und Zigaretten für das, was die Piloten an der Front jeden Tag freiwillig machen. Nun aber hinein mit euch!" Und so habe er sie jedes Mal wieder in die Kammer hineingekriegt!

So gefällig Himmler die ganze Sache auch vorgetragen hatte, so wertvoll sie vermutlich für die Luftfahrt-Medizin sein mochte – diese Methode, aus Menschen Versuchskaninchen zu machen, gefiel mir gar nicht. Während ich noch überlegte, wie man dem mit Worten Ausdruck geben könnte, räusperte sich Hitler und wendete sich an Himmler: „Reichsführer – dieser Kapo – hm – das ist doch – nun – man muß schon sagen: Das ist direkt ein Idealist. Da müßte man doch eigentlich. . ."

„Das war auch meine Idee, mein Führer", antwortete Himmler bereitwillig. „Ich ließ mir den Mann deshalb kommen und fragte ihn, weshalb man ihn eingesperrt hätte. Der rief gleich: „Ich bin das Opfer eines unglaublichen Justizirrtums, Reichsführer! Bitte helfen Sie mir, daß ich hier herauskomme! Ich bin eingesperrt, nur weil ich einmal einen Sack Kaffee aus dem Freihafen in Hamburg rausschmuggeln wollte. . ."

„Als ich mir dann", fuhr Himmler fort, „die Akten von dem Manne geben ließ, da zeigte sich allerdings, daß der Fall mit dem Sack Kaffee in seinem Strafregister gar nicht ins Gewicht fiel. Denn von Betrug und Raub bis zu Vergewaltigung und Totschlag hatte er so ziemlich alles auf dem Kerbholz, was man sich nur ausdenken konnte."

„Trotzdem ist er irgendwie ein Idealist", beharrte Hitler. Doch das Gespräch wendete sich rasch anderen Themen zu.

Etwa nach zwei Stunden Tischzeit erhoben sich Hitler und die Generale. Um diese Zeit war täglich Lagebesprechung, so hörte ich. Wir drei „Frischdekorierten" meldeten uns bei ihm ab, wobei er jedem ein paar herzliche Worte gab und mir sogar noch einige Fragen stellte. Er wollte wissen, wann das neue Flugzeug einsatzbereit sein werde, und wünschte mir schließlich, indem er meine Rechte mit seinen beiden Händen erfaßte und mich mit seinen harten Augen eindringlich anblickte, guten Erfolg bei der Lösung der gestellten Aufgabe.

Ich erinnerte mich, daß mir in meiner Heimatstadt Podersam der Lehrer erzählt hatte, er wäre eine halbe Stunde lang stocksteif gewesen, nachdem ihn Hitler angesprochen hätte. Ich wartete auf diese Wirkung bei mir. Sie trat nicht auf.

Bei Professor Hellmuth Walter und seinen Ingenieuren in Kiel

Ich hatte in Berlin im Reichsluftfahrt-Ministerium zufällig einen hochaufgeschossenen schlanken Flugbauführer kennen gelernt. Er verstand nicht nur eine Menge von Triebwerken, sondern war auch Flugzeugführer und das verband mich mit ihm. Er fungierte bei der Erprobungsstelle Peenemünde als Sachbearbeiter für die Walter-Raketentriebwerke. Sein Name war Hans Boye. Diplomingenieur seines Zeichens hatte er mir auf meine Fragen einen mit chemischen Formeln und thermodynamischen Fachausdrücken gespickten Bericht über die Wirkungsweise von Mehrstoff-Flüssigkeits-Triebwerken gegeben. Er wollte mir offensichtlich demonstrieren, wie wissenschaftlich es in der Flugerprobung zuging. Aber natürlich interessierte es ihn auch, wieviel ich „auf dem Kasten" hatte. . .

Nun, ich hatte durchblicken lassen, daß ich mein Vorexamen auf der TH in Darmstadt gewiß nicht schlecht bestanden hätte, wenn ich nicht vier Wochen zuvor in den Krieg eingerückt wäre und daß ich auch manches Grundsätzliche über Wärmekraftmaschinen wußte. Trotzdem hatte ich einiges von dem, was er mir vortrug, noch nicht ganz kapiert. Aber das brauchte ich ihm ja nicht auf die Nase zu binden. Bei den Hellmuth-Walter-Werken in Kiel würde man mich – damit tröstete ich mich – schon geduldig aufklären.

Boye war seit 1939 sehr oft bei der Firma Walter gewesen, um sich vom Stand der Entwicklungs-Arbeiten zu überzeugen und damit die Verbindung zu dessen größtem und fast alleinigem Auftraggeber, der Wehrmacht, sicherzustellen. In den Walter-Werken wurde an Dutzenden von Projekten gearbeitet, die alle etwas mit Raketen-Antrieb zu tun hatten. So viel ich aus Boyes Schilderungen entnahm, dienten sie durchwegs militärischen Zwecken. Für zivile Anwendung war das, was hier getrieben wurde, wahrscheinlich noch zu teuer. Die Treibstoffe, die bei Walter Verwendung fanden, waren noch 20 mal so teuer wie Benzin. Auch der Verbrauch war 20 mal höher als bei einem normalen Otto-Motor. . .

Im Grunde war das Prinzip der Raketentriebwerke furchtbar einfach. Bei den herkömmlichen Kolbenmotoren für Flugzeuge benutzte man die Volumenausdehnung bei der Verbrennung eines Kraftstoffes dazu, Kolben, Wellen und schließlich eine Luftschraube anzutreiben, die durch ihre Drehung eine entsprechende Luftmenge entgegen der Flugrichtung bewegte. Daraus entstand dann eine resultierende Kraft in Flugrichtung, die dem Motor und damit dem Flugzeug den gewünschten Vortrieb gab. Dieser Vortrieb war abhängig von der Masse der bewegten Luft und der Geschwindigkeit, mit der sie bewegt wurde. Eine große Luftmenge mit mäßiger Geschwindigkeit bewegt ergab unter Umständen den gleichen Vortrieb, den eine kleine mit hoher Geschwindigkeit bewegte Luftmenge erzeugte.

Ob man nun Luft bewegte oder ein Gasgemisch ausströmen ließ, war im Grunde gleichgültig. Deshalb waren schon seit Jahren Versuche im Gange, Verbrennungsmotore, die mit Benzin oder Dieselöl liefen, so zu konstruieren, daß sie nicht mehr über Kolben und Getriebe eine Luftschraube in Drehung versetzten, sondern daß die

Energie der sich entwickelnden Verbrennungsgase direkt als Vortrieb benutzt werden konnte. Diese Art Triebwerke nenne man TL-Triebwerke, da sie einen Turbinen-Lader (Kompressor) benötigten, um dem Verbrennungsraum die erforderliche Luft zuzuführen. Bei nicht weniger als drei unserer größten Flugmotoren-Firmen liefen Entwicklungsarbeiten an solchen Projekten in großem Stil und wären schon erfreulich weit gediehen.

Auf eine andere Idee, einen Rückstoß-Antrieb herzustellen, sei nun Hellmuth Walter gekommen. Er habe bereits 1933 so eine Gasturbine für die Verwendung in U-Booten bauen wollen. Dabei suchte er nach einem Ersatz für die in einem U-Boot ja stets sehr kostbare Luft. Er entschloß sich, Wasserstoffsuperoxyd (H_2O_2) als Sauerstoffträger zu verwenden. Und er hatte Erfolg mit seiner Idee.

Es gelang ihm unter anderem, ein Raketentriebwerk zu entwickeln, bei dem Wasserstoffsuperoxyd durch einen Zündstoff oder Katalysator (z. B. Natrium-permanganat $NaMnO_4$) zersetzt wird. In das entstehende Gasgemisch wird ein Kohlenwasserstoff (z. B. Dieselöl) eingespritzt, der dabei verbrennt. Bei dieser Verbrennung wird eine Temperatur von bis zu 2000 °C erreicht. „Damit es den Piloten nicht zu heiß unter dem Hintern wird", meinte Boye lächelnd, „wird dem Verbrennungs-vorgang noch Wasser zugeführt." Ernster werdend fuhr er fort: „Natürlich dient die Wassereinspritzung nicht allein der Kühlung, sondern es tritt bei dieser hohen Temperatur noch der sogenannte Hochofen-Effekt auf. Das Wasser (H_2O) spaltet sich in Wasserstoff und Sauerstoff; die sich daraus ergebenden zusätzlichen Verbrennungs-reaktionen unterstützen die Volumenvergrößerung in der Brennkammer." Zum Betrieb dieser ersten Version des Walter-Triebwerkes waren also 4 Stoffe erforderlich.

Eine einfachere Ausführung dieses Triebwerkes arbeitet ohne Anwendung des Wassers nur mit 3 Stoffen, nämlich T-Stoff (Wasserstoffsuperoxyd), Z-Stoff (Ca Mn O_4 = Katalysator) und C-Stoff (einem Kohlenwasserstoff wie Benzin, Alkohol o. dgl.). Die Verwendung von 3 und 4 Stoffen ist störanfällig und aufwendig. Deshalb wurde auch ein 2-Stoff-Triebwerk entwickelt, bei dem nur durch die Zersetzung von T-Stoff und Z-Stoff so viel Energie gewonnen wird, daß es zum Antrieb einer Starthilfe oder z. B. sogar zum Antrieb der Me 163 A ausreicht.

Für die ME 163 B ist ein Walter-Triebwerk geplant, das als 2-Stoff-Flüssigkeits-Rakete neben T-Stoff einen C-Stoff verwendet, dem der Katalysator, also der Zersetzer oder Zündstoff, schon beigemengt ist.

Dies alles wußte ich also schon, als ich an einem Montag Morgen im Mai des Jahres 1942 in den Kieler Hauptbahnhof einfuhr. Ja, ich hatte noch etliches mehr bei dieser Unterhaltung mit Hans Boye erfahren. So war mir klar, daß Walter und seinen Mitarbeitern die Konstruktion ihrer Rückstoß-Triebwerke – R-Triebwerke nannte man sie im RLM (Reichsluftfahrtsministerium) – nicht wie eine reife Frucht in den Schoß gefallen war. Sie hatten sie unter vielen Rückschlägen und Mißerfolgen in mühevoller Kleinarbeit am Reißbrett und im Versuchslaboratorium ertrotzen müssen. Es hatte unzählige Explosionen und Zerstörungen und – Gott sei Dank wenige – Verletzungen gegeben in den zwölf Entwicklungsjahren. Dutzende von Malen schien alle Anstrengung umsonst gewesen. Oft hatte Walter Stunden erlebt, in denen er glaubte, vor der

Tücke der Materie die Waffen strecken zu müssen. Und dann war ein paar Tage oder Wochen oder gar Monate darauf doch wieder ein Ausweg aus der scheinbar verzweifelten Situation erschienen.

Heute waren sie so weit, daß sie dem RLM Triebwerke lieferten, die als Starthilfe an Hunderten von Flugzeugen selbstverständliche Einrichtung waren. Die Kriegsmarine bezog Antriebe für alle möglichen Zwecke serienmäßig von den Walter-Werken. Antriebe für Gleitflug-Bomben und Flak-Raketen kamen von dort. Ein Werk mit über 4000 Menschen produzierte in Kiel. Teilwerke ähnlicher Art existierten außerdem noch anderswo. Das Triebwerk für die Me 163 B war angeblich in seinen Grundzügen fertig.

Dennoch – hatte Boye durchblicken lassen – auch heute noch ginge nicht alles glatt und ohne Aufenthalt in der Entwicklung neuer und in der Serienfertigung bereits vorhandener Antriebe voran. Die Walter-Leute konnten auch mit einer Belegschaft von 4000 Mann nicht hexen. Und wenn sie gleich immer wieder die sich auftürmenden technischen Probleme meisterten – sie brauchten doch ihre Zeit dazu. Leider gestanden sie das ungern ein. Sie waren nun schon ein respektabler Rüstungsbetrieb. Das Ministerium verlangte Einhaltung gestellter Termine. Danach richtete sich auch die Zahlung der vorgesehenen Beträge. Wenn also irgendwo ein Mißerfolg eingetreten war, dann band man das einem Abgesandten des Ministeriums nicht gleich auf die Nase. Jedenfalls gestand man ihm nicht grundlos und freiwillig irgendwelche Nachteile ein, wenn begründete Hoffnung bestand, daß der Fehler in kurzer Zeit behoben sein würde.

Wenn jedoch irgendwo ein Fehler sein sollte, dessen Behebung noch reichlich ungewiß war, dann wäre man als treuer Werksangehöriger ja geradezu töricht, dem Vertreter des Auftraggebers unnötig damit Sorgen zu machen. Besser war es dann schon, man lud ihn zu einem guten Mittagessen ein und tischte ihm einen guten Wein seiner Geschmacksrichtung auf. Vielleicht vergaß er dann zu fragen. Auf jeden Fall war die Gefahr einer Geschäftsschädigung vermindert.

Wenn ich auf dem Flugplatz Holtenau oder bei Eisenbahnfahrt auf dem Hauptbahnhof Kiel ankäme, hatte Boye lächelnd beschrieben, dann wüßte ich schon in groben Zügen, was bei HWK los sei, wenn ich sähe, wer mich abholt. Meist holen sie mich mit einem großen Tatra-Wagen zur Fabrik, berichtete Boye. Ist nur der Kraftfahrer da, dann ist alles in Ordnung, kein Grund zur Aufregung. Kommt Herr Kruska oder Herr Sass oder einer der anderen führenden Leute, dann haben sie noch Sorgen. Dann haben sie auch gleich einen Fachmann da, dessen Erklärungen so gehalten sind, daß dem Besucher das Malheur nicht zu schwerwiegend und die Situation nicht zu ernst erscheint. Kommt der Firmenchef selber, kann man sicher sein, daß irgendwo ein ärgerliches Hindernis aufgetaucht ist und Berichterstattung aus höchstem Munde erforderlich. . .

Als ich nach meiner Ankunft auf dem Bahnhof in Kiel aus dem Waggon kletterte, hielt ich deshalb voll geheimen Interesses Ausschau, wer mich wohl abholen würde. Es waren zwei Herren da. Nach Boyes Theorie mußte die Situation bei den Walter-Werken demnach nicht besonders bedenklich sein: Neben dem Kraftfahrer stand mein Jugendfreund Jochen Redenz, der Pfarrerssohn aus Dessau-Alten. Irgendwer hatte mir bereits erzählt, daß er jetzt als Diplom-Ingenieur bei den Walter-Werken tätig war.

„Da keiner bei uns im Werk den Späte kennt", erklärte er mir nach der Begrüßung, „bin ich gekommen, um dich ohne Verzug nach Kiel-Tannenberg hinauszubringen.

Dort steht die neuerbaute Fabrikanlage. Und dort erwartet dich auch schon unser Chef."

Wir fuhren ein Stück aus der Stadt Kiel heraus, passierten einen Wald und bogen dann in einen Komplex massiver Industriegebäude ein. Ein Teil davon war ebenerdig und offensichtlich für Versuchs- und Laboratoriumszwecke vorgesehen. Ein großes dreistöckiges und mehrere zweistöckige Gebäude boten Raum für Entwicklungs- und Konstruktionsbüros.

„Hier in Kiel wird nur entwickelt und an den verschiedensten Prototypen gearbeitet und erprobt. Alles, was du siehst, ist Versuchsbetrieb. Der Serienbau läuft in anderen Werken, verstreut in Schleswig-Holstein und ganz Deutschland", erklärte mir Jochen Redenz.

Was nun folgte, war wirklich keine „Frühstücks-Besichtigung". Außer mit einem kriegsmäßigen Eintopf, der mittags in der Werks-Kantine verabreicht wurde, „fütterten" mich der Betriebsführer Hellmuth Walter und seine Leute mit Daten und Fakten, die für meine künftige Tätigkeit wichtig waren.

Zur Einführung hatte Walter mich bei einem Rundgang mit dem Werk und seinen wichtigsten Mitarbeitern bekannt gemacht. Da war zuerst Dipl. Ing. Kruska, der sehr lebendige und ideenreiche Technische Leiter, der schon seit vielen Jahren engster Mitarbeiter von Walter war. Leiter des Konstruktionsbüros war Dipl. Ing. Sass, ein Mann, der die Fähigkeit zu haben schien, auch dem schwierigsten Problem so lange mit Ausdauer und Nachdruck auf den Fersen zu bleiben, bis die Lösung gefunden war. Als Chefchemiker fungierte Dr. Wehagen, ein außerordentlich gescheiter Mann seines Faches. Ihm waren einige der chemischen Voraussetzungen in der Treibstoff-Zusammensetzung, Katalysator-Herstellung usw. zu verdanken, ohne die das ganze Werk keine Existenzberechtigung gehabt hätte.

„Das kalte Triebwerk", faßte Professor Walter seinen Überblick zusammen, in dem er die Arbeit an Triebwerken für Luftfahrt-Zwecke schilderte, „wirft keine grundsätzlichen Probleme mehr für uns auf. Dennoch ist eine Reihe von Hindernissen technischer Art zu überwinden, bis die Serienproduktion richtig läuft. Es ist ein Unterschied zwischen der Herstellung eines ersten Versuchsmusters und der Produktion einer Serie auch von nur 30 Stück, von denen die Truppe besondere Zuverlässigkeit erwartet."

Wir waren gerade in einen kleinen Raum gelangt, der unbenutzt war. Neben einigen Stühlen und Tischen war er mit einer schwarzen Wandtafel ausgestattet. „Lassen Sie uns ein paar Minuten hier bleiben", schlug Walter vor. „Ich könnte jetzt einen „Türken" bauen und Sie in mein Büro bitten, damit Sie dort in einem bequemen Clubsessel versinken. Aber das kostet uns unnötig Zeit, und die wollen Sie und ich mit Besserem verbringen als mit unnötiger Rennerei und höfischen Sitten. Schließlich haben wir Krieg. Wenn Sie mit einem ungepolsterten Stuhl auskommen, dann will ich Ihnen hier eine ganz kurze Zusammenfassung über die Geschichte der von mir entwickelten Triebwerke geben. Keine Angst! Ich werde Sie nicht mit Formeln und Schlagworten überschütten. Letzteres können Sie später von einem unserer Wissenschaftler haben – aber nur wenn Sie wollen.

Ich klärte Walter auf, daß ich ein bißchen Chemie und Physik verstände und auch wüßte, was Thermodynamik wäre. „Um so besser", rief Walter, „dann brauche ich also nicht viel zu erklären, wenn ich jetzt mit Kreide die chemische Formel H_2O_2 an die Tafel schreibe. Auf diesem Stoff, genannt Wasserstoffsuperoxyd, basieren einige Dutzende von Triebwerk-Versionen, die wir für die verschiedensten Zwecke entwickelt haben oder gerade im Begriff stehen sie arbeitsfertig bzw. serienreif zu machen. Wir bauen Triebwerke, die vornehmlich darauf ausgerichtet sind, einen raketenartigen Rückstoß zu erzeugen. Sie werden – das wissen Sie vielleicht bereits – als R-Triebwerke bezeichnet. Sie sind nicht abhängig von der Außenluft, arbeiten auch dort, wo keine Luft ist oder wo der Umgebungsdruck anomal ist, wie zum Beispiel in der Stratosphäre oder unter Wasser.

Unsere Triebwerke werden benutzt als Antrieb für Unterseeboote, beinahe ein Dutzend Torpedo-Sorten, 1 Mini-U-Boot, die Treibstoffpumpen bei der V 2, die Me 163 A, die Me 163 B, Starthilfen für Flugzeuge, Gleitbomben, Flak-Raketen und vieles andere mehr."

„Kleine Zwischenfrage", unterbrach ich Hellmuth Walter, „wer hat diese vielen neuartigen Antriebe denn nun alle erfunden? Ich höre da nur immer von Walter Triebwerk RI 201, Walter Triebwerk RI 202, RI 203, RI 210, RII 203 und so weiter und so fort. Wes Geistes Kind ist das alles? Wollen Sie behaupten, daß Sie das alles selbst erfunden haben?"

„Ich möchte mir das Verdienst anmaßen, nicht nur ‚spiritus rector' all der vielen Spielarten von HWK-Triebwerken zu sein, die wir hier entwickeln und herstellen, sondern auch das Prinzip ihrer Arbeitsweise erfunden und in etlichen Jahren harter Arbeit im Labor und am Zeichentisch eine ganze Menge neuer Ideen in die Tat umgesetzt zu haben. So wie der alte Herr Otto den Otto-Motor schuf und Diesel den Diesel-Motor, so habe ich das Walter-Triebwerk entwickelt. Darüber hinaus habe ich noch diese Fabrik hier in Kiel mit fast 5000 Mitarbeitern auf die Beine gestellt, wie auch weitere ähnliche Werke in Beerberg-Marklissa und Eberswalde."

„Sie wollen damit sagen", so bohrte ich noch einmal weiter, „daß Sie nicht nur derjenige sind, der in Berlin die Aufträge vom Ministerium abholt und hier in Kiel die Arbeit verteilt, sondern auch nicht zu Unrecht der Inhaber einer größeren Anzahl von Patenten ist, weil er deren Erfinder war?"

„So könnte man es auch ausdrücken." Walter lächelte ob meiner Herausforderung und setzte sich bequem vor mir auf einen der Tische. Man merkte, daß er gewohnt war, in Ruhe ein Ziel anzusteuern und sich nicht durch ein paar Windstöße beirren zu lassen. Seine grauen Seemannsaugen unter einer breiten geraden Stirn musterten mich scharf, aber freundlich. Eine lange schmale Nase zeigte den folgerichtigen Denker an. Der energische Mund verriet einen Menschen, der viel von sich, aber auch von anderen fordern mochte. Kräftig das Kinn, an den Schläfen erste graue Fäden.

„Daß Wasserstoff-Superoxyd sich zersetzt – unter Umständen explosionsartig –, das haben Sie aber nicht erfunden, Herr Walter! Das war doch schon lange bekannt! Und Raketen gibt es in China schon seit tausenden von Jahren", fuhr ich fort, angebliche Zweifel markierend.

„Gewiß, Herr Oberleutnant! Daß Wasserstoff-Superoxyd eine farblose Flüssigkeit ist, in paraffinierten dunklen Flaschen aufbewahrt werden muß, Sauerstoff im ‚status nascendi' ausscheidet und deshalb gut zum Gurgeln und Haarebleichen ist, war schon lange bekannt. Aber daß es – hochkonzentriert – sich in einer Weise aufspalten läßt, daß die dabei freiwerdende Wärme und die damit verbundene Volumensvermehrung von Gasen zum Antrieb von Turbinen, ja als Raketen-Schub für U-Boote, Flugzeuge und Geschosse verwendet werden kann, das ist meine Erfindung.

Es hat nicht an Hinweisen gefehlt, daß man das machen könnte, ja, es liegen sogar Patentansprüche darüber vor. Nur hat es vor mir keiner mit Erfolg bis zur letzten Konsequenz ausprobiert. Ein Grund dafür war vermutlich der Umstand, daß ursprünglich der Umgang mit dem Zeug gefährlicher war als das Hantieren mit Schießpulver. Apropos Schießpulver: Eine 100 %ige Lösung von H_2O_2 hat eine Wärmemenge gebunden, die der des Schießpulvers entspricht, nämlich 690 Kcal/kg. Und sie gibt sie bei Einwirkung eines Katalysators in der gleichen explosionsartigen Weise frei.

Daß Petroleum brennt und sich unter Druck selbst entzündet, war seit Generationen bekannt. Aber erst Rudolf Diesel kam darauf, daß man diesen Vorgang benutzen kann, um eine Kraftmaschine damit zum Laufen zu bringen. Erst seit Diesel lange nachgedacht und viel getüftelt hat, gibt es den Diesel-Motor. Ganz ähnlich verhält es sich mit dem Walter-Triebwerk. . ."

Hellmuth Walter machte eine Pause, denn aus nicht allzu großer Entfernung tönte ein ohrenbetäubendes Geräusch. Aha, das war sie also, die sagenumwitterte Walter-Rakete! Ich trat zum Fenster, um vielleicht etwas sehen zu können. Aber ebenso abrupt, wie dieser Lärm eingesetzt hatte, brach er auch schon wieder ab.

„Ein Prüflauf bei Dr. Schmidt", erklärte er mir lächelnd. „Sie werden das nachher wahrscheinlich noch aus der Nähe erleben. Deshalb will ich den Erklärungen, die Sie dort erhalten werden, nicht vorgreifen. Lassen Sie mich aber noch ein paar Dinge berichten, die Sie nur von mir erfahren können oder allenfalls von Herrn Kruska oder einem der wenigen, die den Anfang meiner Versuchsarbeiten miterlebt haben. Wissen Sie überhaupt, wie ich dazu kam, mich näher mit H_2O_2 zu beschäftigen? Nein? Dann will ich es Ihnen erzählen.

Um das Jahr 1930 herum arbeitete ich als freischaffender Ingenieur bei der Germania Werft in Kiel. Ich hatte im Rahmen eines Auftrages des Oberkommandos der Marine eine Gasturbine zu entwickeln. Damals war ich 30 Jahre alt und ziemlich ehrgeizig. Es genügte mir nicht, nur eine Gasturbine für Überwasserschiffe zu konstruieren, sondern ich dachte auch an U-Boote. Unter Wasser gab es für eine Gasturbine im U-Boot nicht genügend Luft. Auch der Dieselmotor des U-Bootes kann unter Wasser nicht arbeiten – es sei denn mit einer Einrichtung, die auch von mir erfunden ist, über die ich aber aus Geheimhaltungsgründen selbst Ihnen nichts berichten darf."

Er meinte den sogenannten „Schnorchel", der damals bei den U-Booten eingeführt wurde und auch eine Erfindung von Hellmuth Walter war.

„Mir schwebte damals vor, daß man dem Brennstoff-Gemisch einfach einen konzentrierten Sauerstoffträger zuführen könne, und ich wälzte deshalb einige Chemiebücher. Nach langem Abwägen von Vor- und Nachteilen entschied ich mich für H_2O_2. Salpetersäure wäre hinsichtlich des spezifischen Gewichtes und des Gewichtsanteiles von Sauerstoff nicht viel ungünstiger gewesen. Ich mußte aber annehmen, daß es mehrere Jahre längerer Entwicklung bedurft hätte, bis ich dem Umgang mit diesem lebensgefährlichen (weil giftigen) Stoff jene 100 %ige Sicherheit verschafft hätte, die nicht nur das Ministerium sondern ich selbst mir abverlangt hätte.

64

Was bei meinen Versuchen mit H_2O_2 herauskam, war nun allerdings kein Energieträger für die Gasturbine. Ich erfand ein ganz anderes, völlig neuartiges Triebwerk, das in dieser Eigenart noch nirgends eine Parallele hatte. H_2O_2 wird mittels eines Katalysators unter Wärmefreigabe und Volumenausdehnung aufgespalten und stellt somit die Basis für den Raketenantrieb. Da das entstehende Gas aus Sauerstoff und Wasserdampf besteht, kann man durch Einspritzen von Brennstoff – irgendein Kohlenwasserstoff – in dieses zersetzte H_2O_2 einen Verbrennungsvorgang herbeiführen, und damit weitere Volumensvergrößerung, noch höheren Schub der Rakete."

Hellmuth Walter erhob sich. „Was ich jetzt mit ein paar Worten ganz einfach dargestellt habe, hat eine Entwicklungszeit von über zehn Jahren erfordert. Ich habe bewußt das am wenigsten gefährliche Chemikalium meinen Versuchen zugrunde gelegt. Dennoch ist die meiste Zeit damit draufgegangen, es in Lagerung, Transport und Anwendung von Stufe zu Stufe harmloser und weniger gefährlich zu machen, als es sich ursprünglich darbot. Ja, ich möchte sogar behaupten: Erst nach zehn Jahren von Rückschlägen und unermüdlichen Neuanfängen sind wir heute so weit, daß wir das Verfahren auch Ihnen, das heißt der Truppe, anbieten können."

„Sie sagen: Der T-Stoff ist ungefährlich geworden – wie ist es dann zu erklären, daß es vorgestern – wie ich aus Berlin hörte – bei Ihnen hier schrecklich ‚gebumst‘ hat?" Walter machte ein verdrießliches Gesicht, als ich mit dieser provozierenden Frage kam.

„Sie haben richtig vernommen. Uns ist ein Triebwerk in die Luft geflogen und etliche Türen und Fenster mit dazu. Aber das war im Versuchsbau. Und wenn man Neues ausprobiert, muß man anfangs immer darauf gefaßt sein, daß nicht alles von vornherein wie am Schnürchen abläuft. Abgesehen vom Sachschaden: Kein Mensch wurde verletzt. In ein paar Tagen ist der Gebäudeschaden repariert. Die Arbeit am Projekt ging am gleichen Tage noch weiter. Bei uns ist noch niemand bei so einem Unfall zu Schaden gekommen. Das war nicht das erste Mal, daß wir in unserer Versuchsarbeit durch einen ‚Bums‘ unterbrochen wurden. Und leider kann ich nicht versprechen, daß es das letzte Mal war. Aber bei ihrem Erprobungs-Kommando – da wird es nicht mehr vorkommen, wenn Sie unsere Ratschläge befolgen.

Leider ist das Versuchsmodell unseres heißen 2-Stoff-Triebwerks vorgestern mit draufgegangen. Es hat sich so gründlich zerlegt, daß es größtenteils neu gefertigt werden muß. Wir wollten es Ihnen gezeigt haben. Nun müssen Sie in ein paar Wochen wiederkommen, wenn es wiederhergestellt ist und funktioniert."

Hellmuth Walter erhob sich. „Wir gehen jetzt zu Herrn Sass, dem Leiter des Konstruktions-Büros, der mit viel Können und Geduld die konstruktive Lösung unserer Projekte in die Wege leitet", schlug er vor. „Danach mache ich Sie mit Dr. Wehagen bekannt, unserem Chef-Chemiker. Dem verdanken wir unter vielem anderen, daß T-Stoff lagerfähig wurde. Er erfand die Stabilisatoren, die zur Haltbarmachung dem Treibstoff beigefügt werden. Und zuletzt werde ich Sie unserem wichtigsten Mitarbeiter überlassen, Herrn Dr. Schmidt. Der ist verantwortlich für das neue heiße Triebwerk, das wir für die Me 163 vorgesehen haben."

Eine halbe Stunde wanderten wir durch HWK, die Hellmuth-Walter-Werke Kiel. Es ist für einen Firmeninhaber immer wieder ein Gefühl der Selbstbestätigung, „seinen Laden" zu zeigen, so fand ich. Aber ein „Laden" von 4 bis 5000 Leuten bringt viele

Probleme auf den Schreibtisch des Chefs. Diese Stunde, die er mir hier abzwackte von seinem Tagesablauf, verkürzte womöglich Gespräche mit Abteilungsleitern, Telefonate mit Dienststellen der Marine, des Heeres, der Luftwaffe, die alle als wichtige Interessenten und Auftraggeber von HWK beliefert sein wollten. Ich merkte es Hellmuth Walter richtig an, daß er trotz aller Aufmerksamkeit und höflicher Fürsorge für einen wichtigen Besucher hin und wieder daran denken mußte, daß noch nicht alle Post erledigt war. . . Es wäre mir jetzt fast lieber, Walter ließe mich allein. Wir wollen doch den Krieg gewinnen und uns nicht anstelle dessen gegenseitig die Honneurs machen! Walter schien dieselben Gedanken zu haben. Denn er verabschiedete sich schnell, als wir bei Dr. Schmidt angelangt waren.

Jochen Redenz hatte mich schon mit ein paar Worten auf diesen Mann vorbereitet. Idealist, hochbegabter Naturwissenschaftler und erfolgreicher Konstrukteur, besessen von seiner Aufgabe, Vorbild aller seiner Mitarbeiter. Seine Leute gingen für ihn durchs Feuer, arbeiteten im Jäger-Programm 70 bis 80 Stunden in der Woche. Dr. Schmidt arbeitete 100.

Als ich vor ihm stand, schien er nervös. Kräftiges Gesicht eines Tatmenschen. Hinter Brillengläsern gute aufrichtige Augen. Hastige, etwas unsichere Gesten. „Wir haben 48 Stunden ununterbrochen gearbeitet, um unser Malheur von vorgestern wieder auszubügeln", entschuldigte er sein unrasiertes Aussehen. „Es tut mir leid, das ich Ihnen nicht das zeigen kann, worauf es ankommt: Das neue ‚heiße‘ Triebwerk."

Abschätzend sah er mich an, nicht ganz sicher, ob ich einer von denen wäre, die einen perfekten „Bahnhof" vorgeführt haben wollen, um zufrieden zu sein. „Sie müssen mir heute", fuhr er fort, „die Versicherung abnehmen, daß ich keine Illusionen vorgaukele. Sie kriegen Ihr Triebwerk, und ich hoffe, die versprochenen Termine werden eingehalten. Doch heute" – und seine Augen versuchten Vertrauen durch die Brille zu strahlen – „kann ich Ihnen nur eine Holzattrappe anbieten, die wir vor mehr als einem Jahr für eine Besichtigung des RLM angefertigt haben. Bitte vertrauen Sie mir."

Ich tat es. Dr. Schmidt hat das Triebwerk geliefert. Wohl nicht rechtzeitig d. h. zu den versprochenen Terminen. Aber es kam. Gegen Kriegsende war es von erstaunlicher Perfektion.

Ein paar handfeste Beweise werden gleich eingangs präsentiert. In einem Prüfstand steht ein „kaltes" Walter-Triebwerk, zum Probelauf fertig. Männer mit Schutzbekleidung aus einem mir unbekannten farbig glänzenden Kunststoff, mit Schutzbrillen und Gummihandschuhen. Überall Wasser, das aus Leitungen läuft oder in Bottichen, Kübeln herumsteht, sich in Pfützen spiegelt. Irgendwo steigt schon verräterischer Dampf auf. Letzte Handgriffe. Ein kleiner Wasserstrahl wedelt weich letzte Reste einer violetten Flüssigkeit vom gekachelten Boden in die Abflußrinne. Alles raus! In achtbarer Entfernung, teilweise hinter Mauern und faustdickem Glas, haben sich alle zur Beobachtung verteilt. Ein Fauchen ertönt. Weißer Dampf steigt dick und gelangweilt hoch. Dann ein Schlag – ohrenbetäubend! Wieder das Geräusch von vorhin, aber diesmal original. Selbst brüllend kann man sich dem Nebenmann nicht mehr verständlich machen. Einige Leute tragen Ohrenklappen. Aus der tassenkopfbreiten Düse schießt ein grauer Strahl, verschwindet in einer Öffnung in der Wand, die just dafür angebracht zu sein scheint. Man glaubt: Jetzt müssen die Steine des Pflasters lose werden. Sie tun es nicht. Auch sonst scheint alles normal zu sein. Nur eben dieser alles erdrückende Lärm!

Ein Mann in der unwirklichen Schutzkleidung schlurft mit seinen unförmigen Stiefeln seelenruhig vorbei, als würde nur gerade mal mit dem Besen Staub gefegt. Keine Aufregung, ganz normaler Versuch! Ich stehe wie angewurzelt. Aus! Plötzlich ist alles wieder aus. Nur das leise Fauchen ist noch eine Weile zu hören, mit dem alles anfing. Und weißer Dampf weht in Schwaden durcheinander. Schon sind eifrige Gestalten am Triebwerk. Hände mit Gummihandschuhen halten Schläuche. Wasser rinnt und spült. Viel Wasser.

Donnerwetter! Ein langer, hochaufgeschossener Versuchsingenieur gibt mir Auskunft, als ich anfange ein paar Fragen zu stellen. Der Versuchsingenieur heißt Oertzen und hat die Aufgabe, den Einbau und die Verwendung von Triebwerken in Flugzeugen bei Messerschmitt und bei der Erprobungsstelle in Peenemünde zu beaufsichtigen. Auf Geheiß von Dr. Schmidt bringt er ein kleines flaches Glasschälchen, auf dessen Grund, wie eine Auster in der Schale, eine kleine Menge T-Stoff schwappt. Die Schale wird vorsichtig auf dem Boden abgestellt. Alles tritt achtungsvoll mehrere Meter zurück. Denn jetzt nähert sich einer der völlig in Kunststoff-Schutzkleidung gehüllten Männer, in der Hand eine Glaspipette, in deren dünnem Röhrchen eine violette Flüssigkeit zu sehen ist: Z-Stoff! Er hält die Pipette über die Schale mit dem T-Stoff und läßt einen Tropfen hineinfallen. Wie ein Feuerwerks-Kracher der besten Sorte zerlegt sich der Löffel voll T-Stoff in Knall und Rauch. Sehr eindrucksvoll! Ein Teufelszeug!

„Sieht wie Wasser aus und fühlt sich auch so an", sagt Oertzen, als einer der Männer in Schutzkleidung einen Eimer voll T-Stoff vorbeiträgt, und läßt den Eimer vor uns abstellen. „Man kann mit dem Finger drin rühren! Wie im Wasser!" Während Oertzen dies sagt, taucht er seinen Finger in die Flüssigkeit und rührt darin – wie in Wasser. Etwas in seiner Stimme hat mich zwar gewarnt. Aber wenn der das tut, kann ich es auch! Ich rühre also in dem wasserklaren Eimer-Inhalt mit dem Zeigefinger. Reibe den feuchten Finger gegen den Daumen, nachdem ich ihn wieder herausgezogen habe. Wirklich – genau wie Wasser! Kein Unterschied zu bemerken.

„So", höre ich die Stimme Oertzens, und nun ist ein schadenfroher Ton vermischt mit einer Dosis höflicher Verbindlichkeit vor der wichtigen Militärperson nicht mehr zu verkennen, „jetzt spülen Sie sich schleunigst den Finger hier an der Wasserleitung ab, wie ich das schon längst getan habe. Das sollte auch eine kleine Vorführung sein: Sie nehmen jetzt nämlich als Erinnerung einen Zeigefinger mit nach Hause, der ziemlich weiß werden wird und es auch noch etliche Tage bleiben kann." Und freundlich feixend fügte er hinzu: „Damit Sie an uns denken. . .!"

Das letztere sollte mir nicht schwer fallen, denn Oertzen begleitete uns bis zum Kriegsende wie ein guter dienstbarer Geist. Inzwischen war Dr. Schmidt wieder hinzugetreten. „Kleiner Scherz", meinte er, spitzbübisch lächelnd, „den wir uns immer mal mit einem Besucher erlauben. Aber er ist ganz lehrreich. Außer dem Namen Wasserstoff-Superoxyd", nahm er seine Erklärungen wieder auf, „hat dieser Stoff inzwischen zur Tarnung noch vier weitere Namen bekommen: Aurol, Auxilin, Ingolin und T-Stoff. Er reagiert nicht nur auf Z-Stoff, sondern auf alle möglichen organischen und anorganischen Stoffe. Beispielsweise auf Ihren Finger. . ."

Dabei deutete er auf meinen Zeigefinger, der sich bereits leicht rötete und auf dessen Haut ein kräftiges Brennen zu verspüren war, obwohl ich – sicher ist sicher – ihn noch mehrfach am Wasserhahn abgespült hatte. „Wenn wir als Material für Behälter, Leitungen, Tanks und so weiter V2A-Stahl oder Nickel oder Chrom verwenden könnten, wären wir manche Sorgen los. Aber diese Materialien sind Sparmetalle, die wir nicht in genügendem Ausmaß zur Verfügung haben. Außerdem sind sie für ein Flugzeug viel zu schwer. Wir müssen deshalb ausweichen auf Glas, Keramik oder Kunststoffe wie Mipolam oder Igelit. Eine Kunstfaser aus Polyvinylchlorid (PVC) ist auch widerstandsfest gegenüber H_2O_2, während Kupfer, Eisen, Zink oder deren Legierungen ungeeignet sind. Auch Aluminium-Legierungen sind nicht zu gebrauchen. Nur Reinaluminium hält dem T-Stoff stand und muß dann möglichst noch eloxiert und gewachst sein. Bei großen Boden-Tankanlagen beschichten wir Eisenbehälter mit Kunststoff. Das hat sich bisher gut bewährt."

In diesem Augenblick erinnerte ich mich, daß Elias schon angedeutet hatte, wie schlecht Trennstellen sich dicht machen ließen. Deshalb fragte ich: „Wie dichten Sie Ihre Pumpen und Triebwerke überhaupt ab?"

Dr. Schmidt nickte anerkennend. „Sie haben ein heikles Problem angeschnitten. Wenn man in einem normalen Verbrennungsmotor ein Wellenlager dicht halten will, nimmt man bewährte Dichtungsringe, die in Öl oder Fett laufen, und wo möglichst Stahl auf Bronze trifft. Wir können hier kein Fett zur Schmierung verwenden, auch kein kupferhaltiges Metall. Deshalb kamen wir nach langwierigen Untersuchungen beispielsweise auf Kohle-Ring-Dichtungen, die auf eine Planscheibe gedrückt werden. Hunderte von Laborversuchen waren notwendig, bis wir hier zu brauchbaren Resultaten gelangten. Ähnlich", fuhr er fort, „war es mit dem Regelgerät, das die Dosierung der Kraftstoffzufuhr zur Brennkammer steuert. Im Regler ist eine sogenannte Steuerwaage. Und ein Teil derselben ist der sogenannte Steuerkolben, der in T-Stoff läuft. Der darf nicht zu wenig Spiel haben, damit er nicht klemmt, aber auch nicht zu viel, weil er sonst nicht dicht hält. Was haben wir für Versuchsreihen mit diesem kleinen Kolben machen müssen, bis wir ihn endlich so weit hatten, daß er vor der Abnahme 1 000 000 Hübe in der dazugehörigen Büchse ohne Beanstandungen aushielt!

Davor lagen auch wieder Aberhunderte von Versuchen mit den verschiedensten Werkstoff-Paarungen, Oberflächenvergütungen, Toleranzen usw. Diese Kleinarbeit, die den Herren im Ministerium nicht bekannt ist und dort deshalb auch nicht richtig anerkannt wird, die ist es, die uns leider nicht so zügig vorankommen läßt, auch wenn im Prinzip der Entwicklungsgang klar und offen vor uns liegt."

Dr. Schmidt erzählte frank und frei, wo ihn der Schuh drückte. Er hatte nicht nur meine Achtung gewonnen, sondern auch meine volle Unterstützung. Daß er manches noch verschwiegen hatte, nämlich kleine Mängel, für deren Behebung weder ihm noch einem seiner Mitarbeiter eine Lösung vorschwebte, das verschwieg er mir wohlweislich.

Mit dem Nachtschnellzug fuhr ich nach Berlin zurück. Vor Nauen hielten wir über eine Stunde: Mosquitos im Anflug auf Berlin. . . Es wurde Zeit, daß etwas geschah, was diese dauernde Beunruhigung unserer Bevölkerung bei Nacht verhinderte! Aber die Me 163 konnte da nicht helfen. Sie würde nachts vielleicht starten können, aber wohl niemals unfallfrei landen.

In der Heimat für die Front

Wir mußten Hals über Kopf in den letzten Waggon des D-Zuges klettern, der auf einem Gleis des Anhalter Bahnhofs in Berlin fertig zur Abfahrt stand. Der Stationsleiter wartete nur, daß wir den Wagen einigermaßen erklommen hatten. Dann hob er die Kelle – der Zug glitt aus der Halle. Daß wir so knapp in letzter Sekunde eintrafen, hatte seinen Grund darin, daß Joschi Pöhs, mein Begleiter, noch an Krücken lief.

Aber nun hatten wir ein Abteil mit so günstigen Plätzen gefunden, daß wir sogar fachsimpeln konnten, ohne daß jemand in der Lage war, mitzuhören. Geheimhaltung war etwas, das schon zur eingefleischten Gewohnheit geworden war. Joschi war mein bester Kamerad aus der 5. Staffel des Jagdgeschwaders 54 und hatte noch vor vier Wochen mit schweren Sehnen- und Bänderrissen in einem Heimat-Lazarett gelegen. Es hatte nur eines Feldpostbriefes von wenigen Zeilen bedurft, daß der Oberleutnant Josef Pöhs sich im Lazarett zwei Krücken und einen Dienstreiseausweis nach Göttingen beschafft hatte. Und als ich am 4. 5. 1942 auf dem dortigen Flugplatz in einer Baracke die ersten 23 Soldaten des Erprobungs-Kommandos 16 in Empfang nahm, konnte ich kurz darauf den an seinen Krückstöcken Humpelnden mit einem Teil dieser Männer und dem Auftrag, ab sofort die Aufgabe des Technischen Offiziers zu übernehmen, bereits nach Augsburg zu den Messerschmitt-Werken in Bewegung setzen.

Joschi mußte bei der Geburt von der Muse der Erfinder geküßt worden sein. Es gab nämlich nur wenige Augenblicke, in denen er nicht gerade mit einem technischen Problem schwanger ging. So machte er während unseres Einsatzes in Rußland auf einem Feldflugplatz aus ein paar Röhrchen und etwas Blech gut funktionierende Benzin-Kocher, auf denen man Bratkartoffeln rösten und Kaffee kochen konnte. Er hatte sofort kapiert, wie man unsere Daimler-Benz-Flug-Motore im eisigen Rußlandwinter auch bei minus 40° auf Kaltstart vorbereiten konnte. Und er hatte als einziger im ganzen Geschwader eine Methode erfunden, wie man aus einem Abwehrkreise fliegenden Pulk von sowjetrussischen J 151 einen dieser sehr wendigen und gut bewaffneten Jäger herausschießen konnte, ohne selbst allzu großes Risiko dabei einzugehen.

Als er seinen 43. Abschuß auf diese seine „patentierte" Weise gemacht hatte, war dies so nachhaltig geschehen, daß sich ein größeres Stück vom gegnerischen Flugzeug löste und gegen sein eigenes Leitwerk schlug. Er brachte seine Me 109 wohl noch bis über den eigenen Feldflugplatz. Aber die Maschine war so beschädigt, daß eine Landung mit einem bösen Bruch geendet hätte. Deswegen erhielt er von mir per Funk die Empfehlung, lieber mit dem Fallschirm auszusteigen. Er tat das auch.

Als er nach dem Absprung schön ruhig unter der gewölbten weißseidenen Rettungs-Kuppel der Erde zusank, besann er sich auf seine Minox-Taschenkamera. Es wäre doch zu schön gewesen, wenn er seine Fallschirmlandung in allen Phasen fotografisch für sich und die Nachwelt hätte festhalten können. . . Der böse Zufall wollte es, daß das Flugzeug, das er vorsichtshalber verlassen hatte, führerlos in unberechenbaren Spiralen in seiner Nähe herumtorkelte und schließlich nicht weit von ihm in den Boden rannte. Auch diese einmalige Situation fing der fotobesessene Joschi, so gut es ging, auf einem

Negativ ein, während er sich mit seinem rettenden Fallschirm der Erde näherte. Dabei hatte er übersehen, daß der Boden schon verdammt nahe war. Er prallte unerwartet heftig auf.

„Danach hab i a halb's Jahr mit der Krankenschwester poussiert", beschrieb Joschi die Folgezeit. „Aber i hab mi nach Wien leg'n lass'n", erklärte der Schlaumeier, „da war i net bloß auf die Krankenschwester ang'wies'n. Hin und wieder kam auch eine meiner diversen Freundinnen aus der Stadt. So hab i ka Langweil g'habt."

Das war also Joschi, der seine Wiener Herkunft nicht verleugnete. Wenn aber einer den Schneid seiner österreichischen Landsleute in Zweifel zu ziehen versuchte („fesch san's, tapfer san die andern"), dann konnte der sonst sehr ruhige und zurückhaltende baumlange Oberleutnant gefährlich aggressiv werden. Er hatte es nicht oft nötig. Denn seinen Mut bewies er häufig genug. Ohne daß er sein Ritterkreuz vorzuzeigen brauchte, war er bekannt als ein draufgängerischer Sohn jenes Volksstammes, der u. a. auch einen Andreas Hofer hervorgebracht hatte.

Mit dem Hinweis auf die Erprobung eines Raketenjägers hatte ich ihn – wie gesagt – blitzartig aus dem Krankenbett herausgeholt. Bedenken wegen seiner maroden Füße konterte er mit dem einleuchtenden Argument: ein bisserl seine Haxen hin und her schieben, um ein Seitenruder zu betätigen – das könne er wohl noch. Bremspedale könne er vorderhand noch nicht wieder runtertreten. Sei aber auch nicht nötig. Denn so was gäbe es in der Me 163 gar nicht. Die lande bekanntlich auf einer Kufe. . . Das stimmte haargenau.

Unser Zug hatte längst seine Reisegeschwindigkeit. Der Tag würde draufgehen, bis wir Augsburg erreicht haben würden.

Draußen vor den Fenstern flogen gerade Stellwerke, Masten und Gewirre von Oberleitungen vorbei. Wir passierten eine der kleineren Stationen, mußten über Weichen mit ermäßigter Fahrt einen Umweg machen, bis es wieder auf gerader Strecke dahinging. „Räder müssen rollen für den Sieg", diese Plakataufschrift las man nahezu auf jeder Bahnhofsanlage an irgendeiner Wand. Eine Parole des Progaganda-Ministeriums. Nun wohl, aber trotzdem: eine gute Idee. Sie war ein Ansporn für jeden Eisenbahner, alles zu tun, was in seinen Kräften stand – und die Reichsbahn erbrachte Unglaubliches an Transportleistungen von Gütern und Personen. Hier zeigte sich das deutsche Beamtentum wieder einmal von einer unübertrefflichen Seite, voll ausnahmsloser Einsatzfreude, erfindungsreich und von präziser Zuverlässigkeit trotz aller kriegsbedingten Hinderungen.

Dieses „Räder müssen rollen für den Sieg" sprach auch die an, die sonst mit dem Kraftwagen ihre Wege zu machen gewohnt waren: Kein Beförderungsmittel (außer dem Schiff) fuhr so kostensparend wie die Eisenbahn auf ihren Schienen. Also waren alle notwendigen Reisen auf „Dorpmüllers Rappen" zu machen – so nannte man die Reichsbahn nach ihrem obersten Direktor gleichen Namens. Es blieb dem Normalbürger auch gar nichts anderes übrig. Denn wenn er sein Fahrzeug nicht schon auf behördliches Drängen hin dem Staat verkauft hatte, so war die Zuteilung von Benzin für private Zwecke völlig eingestellt und für Wirtschaftszwecke derart reduziert, daß man neuerdings nicht nur Lastfahrzeuge sondern auch Personenkraftwagen antraf, die an passender Stelle einen meterhohen rauchenden Zylinder aufwiesen, in dem trockene

Hartholzklötze zu Treibgas umgewandelt wurden. Natürlich kam man mit diesen „Holzvergasern" nicht weit. Und wenn man unterwegs nicht gut getrocknetes Holz „nachtanken" konnte, so spuckte und knallte der Motor und streikte.

„Glaubst du, die 163 wird das sein, was die sich da im RLM überall erhoffen: die ‚V-Waffe' mit der wir den Himmel wieder sozusagen ‚sauber' kriegen? Ich meine: daß wir die Luftherrschaft wieder in unsere Hand bekommen?"

„Das habe ich mich selbst schon gefragt", antwortete ich Joschi, „und zwar tagelang! Ich habe keine Lust, mich vor einen Wagen spannen zu lassen, der bald in sich zusammenbrechen würde. Besonders als Meinardus mir erzählte, daß man vor mir Gollob diese Aufgabe angeboten hat, der das aber ablehnte, war ich hellwach geworden. Zwölf Minuten Laufzeit für das Triebwerk, die man bei RLM GL C E3 verspricht, hören sich an, als wäre es lächerlich wenig, eine technische Spielerei, die erst einmal verbessert werden muß, damit man eine Stunde oder noch mehr Flugdauer herausholt, wie bei der FW 190 oder Me 109. Aber wenn man so einen Start selbst gemacht hat, wenn man diese Steigfähigkeit erlebt hat, die einen ja in zwei Minuten auf 10000 Meter Höhe bringen wird, dann weiß man, daß eine neue Art von Luftkampf angebrochen ist. Du kannst das gegnerische Flugzeug quasi auf Sicht angreifen, auch wenn es Tausende von Metern über Dir fliegt. Du hast 500, 600 oder vielleicht 700 Stundenkilometer Geschwindigkeit drauf und steigst dabei schneller, als je ein Jagdflugzeug gestiegen ist. In zwei Minuten bist du vom Boden aus bei einem Aufklärer, der in 8000 Meter oder noch höher deinen Platz überflog."

„Dein erster Start, den du vor ein paar Tagen in Peenemünde gemacht hast, hat dich wohl sehr mit Optimismus erfüllt?" wollte Joschi wissen. „Erzähl' mal ganz genau, wie das war!"

„Galland", so fuhr ich fort, „hatte genehmigt, daß ich mit einer der drei Me 108, die für ihn in Berlin-Johannistal bereitgestellt sind, nach Peenemünde-West flog. Dort wird alles erprobt, was mit Strahlantrieb bei der Luftwaffe zu tun hat. War leicht zu finden, denn der Platz liegt auf der Nordwestspitze der Insel Usedom. Ein schöner großer Flugplatz mit asphaltbelegten Startbahnen, deren eine bis weit an die Küste hinaus verlängert wird. Große Hallen und Versuchsgebäude, dazwischen Baracken und improvisierte Holzhäuser.

Gleich daneben eine riesige Fabrik, so möchte ich sagen. Das ist die Heeresversuchsstelle Peenemünde-Ost, wo unter Leitung von Oberst Dornberger die von Wernher von Braun erfundene V 2 gebaut und erprobt wird.

Heini und Pitz waren sich darüber klar geworden, daß am Anfang meiner Tätigkeit als Führer des Erprobungs-Kommandos 16 ein Triebwerks-Start stehen müsse. Und wahrhaftigen Gottes, dieser eine erste Start war mehr als fünfzig Vorträge, Filmaufnahmen, Zeichnungen und was weiß ich mir hätten zeigen können!"

„Wer Heini ist", fragte Joschi dazwischen, „das weiß ich: Nämlich Heini Dittmar, Chefpilot bei Abteilung ‚L' der Messerschmitt-Werke. Aber ‚Pitz', wer ist denn das?"

„Pitz ist ein alter ‚Rhönindianer', also ein Segelflieger, der auf der Wasserkuppe Wettbewerbe mitgeflogen und später in Darmstadt bei der Forschungsanstalt für Segelflug als Fluglehrer Lasten-Segelflieger ausgebildet hat. Bei Beginn des Frankreich-Feldzuges war er einer der Piloten, der mit einer DFS 230 haargenau auf einem wichtigen

Brückenkopf landete und dadurch den Durchmarsch für unsere Panzer durch Belgien mit ermöglichen half. Sein richtiger Name ist Rudolf Opitz, seines Zeichens Leutnant und Kriegsoffizier. Außerdem ein erfahrener Motorflieger mit C 2-Schein. Da es ihm bei seiner Segelflieger-Einheit zu langweilig wurde, war er heilfroh, als Lippisch ihn über das Technische Amt sozusagen als ‚Reserve-Rad' für die Flugerprobung der 163 anforderte. Er hat Heini geschleppt, so lange dieser die Me 163-Zellen ohne Triebwerk erproben mußte. Von Zeit zu Zeit hat Heini ihn dann auch die 163 fliegen lassen. Falls Heini einmal ausfallen sollte durch Krankheit oder einen Unfall, ist mit ‚Pitz' auf jeden Fall ein zweiter Mann zur Stelle.

Heini und Pitz waren jedenfalls beide mit in Peenemünde, um mir die nötigen Instruktionen zu geben. Am Abend vorher saßen wir in der Kantinen-Baracke noch längere Zeit zusammen. Heini gab Erklärungen für alle möglichen und unmöglichen Notfälle, die vielleicht eintreten könnten. Und ab und an fiel Pitz mit einer ruhigen Bemerkung dazwischen. Zuletzt wollten wir uns noch einmal den Führersitz ansehen und gingen – es war schon dunkle Nacht – auf den Platz hinaus in die kleine Holzhalle, in der die Arbeit der beiden beteiligten Firmen, Messerschmitt und Walter, vor sich ging. Es brannte noch Licht. Mehr als ein halbes Dutzend Männer waren dabei, letzte Hand an Zelle und Triebwerk zu legen. Der Boden voller Wasserpfützen. Die Walter-Leute hatten das Triebwerk noch einmal überprüft, und da mußte mit viel Wasser der auslaufende Treibstoff weggespült werden. Eli war auch noch mit zwei Leuten da. Sie fummelten an der Kufe herum. Irgendwas schien noch nicht ganz in Ordnung, obwohl bei meinem Erscheinen alle so taten, als wären sie nur ganz zufällig noch mal hereingeschneit. . ."

„Eli – das ist wohl Elias?" wollte Joschi wissen.

„Richtig", konnte ich ihm bestätigen, „der Drahtzieher aus Lippischs Erprobungs-mannschaft. Ohne ihn wäre manche Klippe noch nicht überwunden. Ein außerordent-lich findiger Kopf und geschickter Handwerker.

Hinterher haben sie mir alle eingestanden, daß vor so einem Start immer noch eine unvorstellbare Menge an Vorbereitung und Tüftelei steht. Tage der Vorarbeit für einen einzigen Start. . . Aber angeblich soll das später mit dem neuen heißen Triebwerk viel besser werden.

Am nächsten Tag – es war der 11. Mai – war herrliches Frühlingswetter. Vom hellblauen Himmel lachte die Sonne. Ein kräftiger Süd-Ost blies, so daß draußen auf der Ostsee die Wellen kleine Schaumkronen trugen. Besser konnte es selbst von den Meteorologen nicht vorbereitet sein. . . Es wurde Nachmittag, bis die Maschine endlich draußen stand. Bisher ist nur diese erste Me 163 A flugklar. Es ist die V4, das Flugzeug, mit dem Heini vor einem Jahre 1000 Stundenkilometer geflogen ist."

„Was ist mit der Me 163 A V1 bis Me 163 A V3?" wollte Pöhs wissen.

„Keine Ahnung", mußte ich bekennen. „Auf jeden Fall ist nie eine V1, V2 oder V3 der Me 163 A geflogen. Womöglich ist ein V-Muster nur zu Bruchlast-Versuchen benutzt worden, wie das vor dem Anlaufen einer Serie meist zu geschehen pflegt. Und wahrscheinlich hat man die DFS 194 auch schon als Me 163 A gezählt.

Auf jeden Fall stand am Nachmittag die V4 ganz weit draußen im Nordwesten des Platzes. ‚Heini startet sonst immer hier rechts daneben', erklärte mir Eli, ‚da ist das Gras vom vielen Z-Stoff schon ganz versaut. Wir haben dir deswegen diese Stelle zum Start ausgesucht, hier ist das Gras noch grün und fest.' Tatsächlich war rechts von meinem Startplatz der grüne Rasen wie von braunvioletter Farbe übersprüht und an einigen Stellen regelrecht aufgerissen, wo ihn der Strahl der Brennkammer direkt getroffen hatte. Aber auch der T-Stoff verbrennt das Gras, selbst wenn nur ein paar Tropfen aus einem Überlaufrohr herausrieseln. Deswegen stand ein Mann mit einem Hand-Feuerlöscher da und spritzte hin und wieder dorthin, wo wegen der Erwärmung in der Sonne etwas vom Tankinhalt aus einem Röhrchen am Rumpfboden herauströpfelte. Mit dieser ‚besonders guten‘ Startstelle sollten sie mir allerdings ein richtiges ‚Danaer-Geschenk‘ gemacht haben, wie sich bald zeigen sollte!

Sie taten jetzt alle ganz harmlos, als wäre dieser Start die einfachste Sache von der Welt. Ich hätte ja die D-ENFL – die gute alte motorgetriebene DFS 39 – geflogen und inzwischen Dutzende von anderen Flugzeugtypen. Da bedürfe es keiner weiteren Einweisung mehr. Die Landung sei wie eben bei einem Segelflugzeug, das wäre mir ja auch nichts Neues.

Na schön. Ich kriegte einen weißen Schutzanzug übergezogen, der mir etwas zu klein war. (Der einzige, der zur Zeit existiert, erklärte mir Heini. Er hülfe nicht viel. Aber er beruhige doch.) Dann ließ ich mich im Führersitz anschnallen, die Haube klappte zu, und ich ließ das Triebwerk an. Ermutigend nickte mir Elias vom Flächenende her zu. Also, schön langsam Pulle rein. Das Triebwerk fauchte hinter mir in ganz ungewohntem Ton und schob das Flugzeug kräftig an. Eine Me 109 G zieht besser los, wenn man Vollgas gibt. Aber beim Propeller läßt der Schub mit wachsender Fahrt nach. Hier bleibt er konstant.

Doch für solche Gedanken war gar keine Zeit. Ich rollte – immer schneller – Seitenruder und Höhenruder noch ganz wirkungslos – 100 Meter sind gerollt – die Fahrt wird besser – 200 Meter – bald müßte jetzt Ruderwirkung kommen, wenn Heini recht behalten soll – da: Eine Welle im Boden – auf einem reichseigenen, soeben erst angelegten Erprobungsflugplatz eine ganz unvorschriftsmäßige Welle! – schon bin ich durch diese Bodenmulde hindurch – das Flugzeug hat nun schöne Fahrt – wird natürlich hochgewippt – springt, die Schnauze hoch, in die Luft – Knüppel nach vorn! weiter! voll gedrücktes Höhenruder! – langsam kommt die Schnauze der Maschine wieder runter – kurzer Blick nach unten: Mindestens zehn Meter hoch! – jetzt nicht in den Boden rammeln! – ich ziehe schon wieder, mehr und mehr – mit Knüppel am Bauch halte ich tatsächlich diesen gottverdammten Springbock in Dreipunktlage – das Triebwerk schiebt jetzt auch schon immer merklicher – aber natürlich sackt der Vogel fast genauso wieder durch, wie er vorher sich nach oben weg hob.

Die Erde naht, ich halte den Knüppel am Bauch, rums macht es, ein ganz schöner Bums, und wieder steige ich in die Luft. Aber diesmal fühle ich schon Ruderdruck, die Maschine steuert sich schon, läßt sich knapp über der Rasenfläche halten, die immer schneller unter mir durchzieht.

Nun weg mit dem Fahrwerk! Als hätte ich ihm die Sporen gegeben, so jagt mein Maschinchen jetzt los, als nach einem Hebelzug das Abwurffahrwerk sich löst und nach unten fällt. . .“

„Hat sich bei deinem harten Aufsetzen also nichts verklemmt?" Joschi war mit wachsendem Interesse meinen Ausführungen gefolgt und machte nun diese Zwischenfrage.

„Hätte alles sein können – natürlich", entgegnete ich. „Aber ein bißchen Glück gehört bei uns in der Fliegerei eben auch dazu. Und von nun an war der Flug ein einmaliges Erlebnis. Über der Platzgrenze, wo ein paar Bäume auf mich zurasten, hatte ich schon beinahe 300 ‚Sachen' drauf. Kaum war ich über die Bäume weg, da las ich bereits 400 am Fahrtmesser ab. Nun brauchte ich nach Dittmars Anweisung nur noch die 400 km/h auf dem Fahrtmesser zu halten. Und dazu mußte ich laufend immer mehr am Knüppel ziehen. . . Dabei kam ich in einen Steigwinkel, der zuletzt 45° betragen haben muß. Und selbst da wollte der Vogel trotzdem immer noch schneller werden.

Plötzlich kam ein Schütteln von hinten aus dem Triebwerk, und dann flog ich förmlich nach vorn in die Anschnallgurte: Ruckartig hatte der Schub ausgesetzt. Man hatte mir nur etwa 500 kg T-Stoff und die entsprechende Menge Z-Stoff aufgetankt. Damit kam man nicht besonders hoch. Vollgetankt kommt man angeblich auf 4000 bis 5000 Meter. Mehr ist bei der Me 163 A nicht drin. Als mein Treibstoff zu Ende war, passierte der Zeiger des Höhenmessers die 3000 m-Marke. Ich machte einen Riesen-Turn. Und dann bin ich genüßlich wieder runtergesegelt.

Dieser Gleitflug war wirklich ein einziger Genuß. Lippisch kann ja eben wunderbare Flugzeuge bauen und Dittmars Einfliegerei garantiert, daß sie gute Eigenschaften aufweisen. Mit diesem Vogel haben sie sich allerdings beide übertroffen. Natürlich kann man bei einem ersten Flug noch nicht alles überprüfen, doch wenn ich es in einem Satz sagen soll: Ein in den Flugeigenschaften so schön abgestimmtes Flugzeug habe ich bisher noch nie angetroffen. Und dazu kommt nun noch diese Leistung! Eine Zeitlang habe ich an die Anzeigen-Werbung von Esso denken müssen, bei der man einen Riesen ein Automobil den Berg hinaufschieben sieht. Und vom Triebwerk hört man – so lang es läuft – eigentlich nur ein Zischen oder besser: Ein röhrendes Fauchen.

Bei der Landung war ich von all den Eindrücken so benommen, daß ich zuerst in einer Höhe abfangen wollte, die etwa der Fahrwerks-Höhe einer Me 109 entspricht – die habe ich ja in den letzten zwei Jahren tagtäglich durch die Luft bewegt. Im letzten Moment merkte ich meinen Fehler und ging einen Meter tiefer. Beim Ausschweben auf der Kufe sitzt du nur ein paar Zentimeter über Grasspitzenhöhe. . . Es ist eine reine Segelflug-Landung; die Räder bleiben ja beim Start schon unten."

Pöhs hatte mit glänzenden Augen meiner Schilderung zugehört. Man sah ihm an, wie er darauf brannte, selber auch einmal ein Gleiches zu tun. Augenblicklich meldete sich auch der Techniker in ihm zu Wort: „Warum", so wollte er wissen, „haben die dir denn die Maschine nicht auf eine Startbahn gestellt, wenn schon mehrere davon da sind, wie ich vernommen habe?"

„Weil das nur geht, wenn der Wind genau parallel zur Startbahn weht. Die Me 163 A hat kein Spornrad und wird durch Seitenwind beim Anrollen aus der Richtung gebracht. Das Seitenruder erhält (wie auch Höhen- und Querruder) erst bei etwa 80 km/h Fahrt ausreichende Ruderwirkung. Deshalb wird die Maschine an eine zur Windrichtung passende Stelle auf die Grasnarbe gestellt. Der Start muß dann möglichst genau gegen den Wind erfolgen."

Joschi gab sich damit noch nicht zufrieden: „So was kann man doch der Truppe nicht anbieten! Ein bißchen Seitenwind muß ein Flugzeug, das man bei der Luftwaffe fliegen soll, aushalten. Außerdem scheint mir das Fahrwerk recht primitiv zu sein. Welchen Federweg haben denn die Federzylinder, daß sie den Stoß einer Bodenwelle nicht auffangen?"

„Gar keinen! Es ist ein Abwurf-Fahrwerk, ähnlich wie bei einem Lastensegler, mit einer starren Achse und zwei Rädern dran. Man hat sich auf mein dringendes Fordern entschlossen, schnellstens ein gefedertes Fahrwerk weiter zu entwickeln, das irgendwo auf einem Reißbrett eingeschlummert war. Außerdem haben wir beschlossen, daß in Zukunft niemand mehr seinen ersten scharfen Start – d. h. mit Triebwerk und damit der erhöhten Gefahr durch die Treibstoffe – machen wird, ohne vorher durch ein paar Schleppflüge vorgeschult worden zu sein. Heini und Pitz hatten Dutzende von Schleppflügen vor ihrem ersten Triebwerkstart mit der 163 gemacht, bevor sie zum ersten mal ‚scharf‘ starteten."

Joschi Pöhs hatte noch eine ganze Menge anderer Fragen. Und so fachsimpelten wir in unserer Fensterecke des Abteils noch längere Zeit. Längst war unser Zug über eine Elbebrücke gedröhnt, nun flog er mit uns die Geleise entlang durch das mitteldeutsche Industrie-Gebiet von Sachsen-Anhalt und Sachsen. Braunkohlenbergbau, mehr zu ahnen als für das Auge sichtbar, Industriewerke, Städte, Dörfer. Alle Schlote rauchten, Dampfwolken wallten, hier wurde hart gearbeitet. Unsere Heimat, die es zu schützen galt.

Joschi wandte die Augen von der Landschaft wieder zu mir zurück: „Das Kommando von 23 Mann müßte inzwischen in Augsburg bei Messerschmitt eingetroffen sein", nahm er jetzt ein anderes Thema auf. „Was machen wir denn mit denen?"

„Du hast recht", entgegnete ich ihm, „für eine Einweisung in ein frontreifes Waffensystem wäre es jetzt noch viel zu früh. Beim General der Jagdflieger hat man das sicherlich ganz schön überschätzt. Aber dieses Wartungspersonal hat man nicht nur deshalb von zwölf Geschwadern im Westen und Osten her befohlen, damit ich an Stelle meiner Jagdstaffel ein paar Mann habe, mit denen ich herumkommandieren kann. Unser Erprobungs-Kommando soll der Versuch sein, möglichst frühzeitig die Erfinder und Hersteller einer neuen Waffe mit der Truppe in Verbindung zu bringen, die damit irgendwann später einmal den Fronteinsatz leisten muß.

Also werden die Männer sich in den nächsten Wochen in den Werkstätten bei Messerschmitt als Hilfskräfte beliebt machen. Arbeitskräfte fehlen heute jedem Betrieb. Hier ist die Aufstellung, die uns unser neuer Hauptfeldwebel Jacobi schon gemacht hat. Übrigens triffst du nur 17 von den 23 in Augsburg. Jacobi mit dem Unteroffizier Erhart etabliert unsere Schreibstube gleich in Peenemünde. Das ist besser so, schon wegen der Geheimhaltung unseres Papierkrieges, den wir früher oder später sicher auch noch zu führen haben werden. Vier Motorenschlosser sind auch nach Peenemünde abgestellt. Dort können sie am besten in die Wartung des Triebwerks eingewiesen werden." Ich reichte Joschi die Liste:

| Ofw. Dietrich | Werkmeister | Fw. Schneider | Wartungspersonal |
| Ofw. Lenk | Waffenmeister | Uffz. Iser | Wartungspersonal |

Uffz. Maier	Wartungspersonal	Ogefr. Kopf	Flugzeugtischler
Uffz. Eggert	Wartungspersonal	Ogefr. Reckstatt	Wartungspersonal
Uffz. Twachtmann	Wartungspersonal	Ogefr. Fritsche	Wartungspersonal
Uffz. Rath	Wartungspersonal	Ogefr. Schlichting	Wartungspersonal
Uffz. Diehl	Wartungspersonal	Ogefr. Zander	Wartungspersonal
Uffz. Dietz	Wartungspersonal	Ogefr. Bedrunka	Fallschirmwart
Uffz. Klumpe	Flugzeugtischler		

„Du hast einen Obergefreiten Müller gleich am ersten Tag wieder zum J.G.52 zurückgeschickt, von dem er zu uns versetzt worden war. Eigentlich waren es also 24 Mann. War der Müller für uns nicht brauchbar?" fragte er jetzt.

„So war es", bestätigte ich ihm. „Dieser Müller fiel dem Spieß und mir und den meisten anderen schnell auf: Vorlautes Wesen – Besserwisserei – unkameradschaftlich – irgendwie renitent. Ich habe mit jedem von den Männern nach ihrem Eintreffen ein Gespräch geführt, um einen Eindruck von ihnen zu gewinnen. Als ich vor versammelter Mannschaft auf die absolute Schweigepflicht und entsprechende Geheimhaltungs-Vorkehrungen zu sprechen kam, konnte der Kerl auch gleich eine vorlaute Bemerkung nicht unterdrücken, die seinem Nebenmann deutlich machen sollte, daß das alles ‚kalter Kaffee' für ihn sei. So etwas habe er auch schon wiederholt bei seinem Geschwader vernommen, meinte er auf meine direkte Frage. ‚Dann erheben Sie sich jetzt und begeben sich zum Geschäftszimmer, wo Sie warten, bis wir hier fertig sind', beschied ich ihm. ‚Sie erhalten heute noch Ihren Marschbefehl, zurück dorthin, woher Sie gekommen sind. So einen Pfeifenkopf wie Sie haben wir hier wirklich nicht nötig.' Das war möglicherweise eine zu harte Maßnahme. Aber ich brauchte so einen Vorfall. Ich mußte sozusagen ein Opferlamm schlachten."

„Kann ich nicht verstehen!" Joschi schüttelte verständnislos den Kopf.

„Lieber Joschi", erklärte ich ihm, „wir haben da 24 Soldaten aus zwölf verschiedenen Frontgeschwadern herversetzt bekommen, die wohl zum größten Teil für die gestellte Aufgabe gut geeignet sind. Aber hast du schon daran gedacht, was 24 Soldaten machen, die nach fast drei Jahren Dienst an der Front in das sogenannte ‚Heimatkriegsgebiet' versetzt wurden? Die bei einer Flugzeugfirma im Gott sei Dank noch friedlichen Mutterland eine angenehme Industrie-Einweisung erfahren, nachdem sie bisher im Zelt oder in primitiven Baracken-Unterkünften in Rußland oder Afrika oder Norwegen oder sonstwo den Krieg von der harten Seite erlebt haben!? Die werden sehr schnell mit allen Vieren über verschiedene Stränge ausschlagen, wenn sie nicht gleich zu Beginn schon die harte Kandare zu fühlen bekommen! Und mit etwas Dusel scheine ich mir gerade die richtige Type herausgegriffen zu haben. Nach allem, was ich zu hören bekam, war der Müller vom J.G.52 fortgelobt worden. Der war wirklich kein Gewinn für uns. Nun dürfte er sich bei seinem Kommodore schon zurückgemeldet haben, weit hinten in der Ukraine übrigens. Und der hat ihm die Hammelbeine bestimmt wieder gerade gezogen.

Ich habe zwar vorderhand statt 24 nur 23 Mann, aber die haben Blitz und Donner vernommen und wissen – wenigstens für die nächsten zwei bis drei Wochen – wo die linke und die rechte Grenze ihres ‚Kampfabschnittes' ist. Ich traue mich, sie in Augsburg irgendwo in einem Gasthof wohnen zu lassen, ohne daß sie gleich alle Disziplin verlieren.

Darüber hinaus habe ich ihnen auch noch ein bißchen Selbstgefühl mit auf den Weg gegeben. Zu diesem Zwecke habe ich dem Kraftfahr-Offizier des Fliegerhorstes Göttingen lauthals einen Anschiß verpaßt – so daß es ein paar unserer Männer hören konnten –, weil er abgelehnt hatte, unsere Soldaten nach deren Ankunft vom Bahnhof abholen zu lassen. Einige sind doch tatsächlich zu Fuß die etlichen Kilometer bis zum Flugplatz gewalzt. Leutnant Schwarz – so heißt er – hat ein paarmal geschluckt, als ich ihn laut und deutlich darauf hinwies, daß der General der Jagdflieger die Fliegerhorst-Kommandantur Göttingen um jede mögliche Unterstützung bei der Aufstellung des Erprobungs-Kommandos 16 ersucht habe. Wenn er das nicht gewußt habe, sei er selber schuld, daß er sich nun Vorwürfe gefallen lassen müsse. . .

Den Männern hat der Fußmarsch im schönen Maienwetter nach tagelanger Bahnfahrt bestimmt nicht geschadet. Einige kamen allerdings auch mitten in der Nacht an. Und der Kraftfahr-Offizier des Horstes hatte gewiß strenge Anweisung, keine unnötige Fahrt gutzuheißen. Aber meinen 23 Schützlingen hat es gutgetan, ihre Bedeutung von mir so kräftig demonstriert zu erhalten. Zum ersten Mal konnten sie sich als ‚E-Kommando‘ fühlen. Und sie hatten einen Beweis, daß der ‚Alte‘ für sie einsteht.

In Augsburg, lieber Joschi, ist eine deiner Aufgaben, auch ein bißchen disziplinarisches Augenmerk auf unser E-Kommando zu halten. Laß dir das, was ich erzählte, als Beispiel dienen: Vertrauen schenken! Das verpflichtet! Aber der erste Vertrauensbruch wird hart geahndet. Und vergiß nicht, daß das beste Mittel zu führen das eigene gute Vorbild ist.“

Es war die letzte Woche im Mai. Wir saßen an einem Tisch im Hotel „Zur Post“ in Augsburg und aßen etwas zu Mittag. Heini Dittmar, der viel mehr Fleischmarken zu haben schien, als einem Normalverbraucher eigentlich zustanden, bestellte ein Schnitzel von 100 Gramm. Opitz, Pöhs und ich – wir hatten uns zu Froschschenkeln entschlossen. Die kamen irgendwo aus dem besetzten Frankreich und waren markenfrei. Hans Kiel, ein Oberleutnant, der vor ein paar Tagen vom Zerstörer-Geschwader 26 zu uns versetzt worden war, hatte überhaupt keine Lebensmittelmarken. Aber er fing sich die vorüberhastende Kellnerin mit dem Arm ein, sah ihr mit seinen blauen Augen tief in die ihren und schilderte bewegt, daß er aus irgendeinem Grunde keine Fleischmarken, aber großen Hunger habe. Dabei versäumte er nicht, ihr guten Zublick auf sein Ritterkreuz zu verschaffen, das er sich in vielen haarsträubenden Luftkämpfen an etlichen Fronten verdient hatte. Das Wunder geschah: Hans Kiel erhielt Gulasch, und sogar eine große Portion.

Noch während des Essens wurde das Ergebnis einiger Schleppflüge diskutiert, die wir in den letzten Tagen auf dem Werksflugplatz von Messerschmitt in Haunstetten gemacht hatten. Armbrust, verantwortlich für Fahrwerksfragen im Konstruktionsbüro von Lippisch, hatte geglaubt, die Kufenhydraulik dadurch verbessern zu können, daß man das Fahrwerk auf der ausgefahrenen Kufe befestigte und dadurch die gewünschte Federung erzielte. Das war ein Trugschluß gewesen. Das Material der Ölzylinder hielt die auftretenden Drücke nur bei einer Zuladung von 600 kg aus. Das Doppelte wäre nötig gewesen. Doch das neue in sich gefederte Fahrwerk war – so hieß es – schon in Fertigung. Also blieb uns nichts anderes übrig, als geduldig ein paar Wochen zu warten.

Joschi Pöhs erhob sich, nahm seinen Offiziersdolch vom Garderobehaken und vermeldete, daß er zum „Blauen Bock" hinaus müsse, um die Beschwerde einer Kaufmannsfrau zu beschwichtigen. Unsere 17 braven Krieger waren durch die Ortskommandantur in einigen Zimmern des Gasthofs „Zum Blauen Bock" untergebracht. Als sogenannten Selbstverpflegern habe man ihnen auch Lebensmittelmarken ausgehändigt. Die frontgewohnten Männer hätten nun beim Einkauf nur die Marken hergegeben, und die Ladeninhaberin habe anfänglich geglaubt, es werde wohl früher oder später mal ein Zahlmeister dieser Truppe erscheinen, um das Bezahlen zu regeln. Nun wolle er der erbosten Frau klarmachen, daß das keine böse Absicht war und sofort von jedem einzelnen in Ordnung gebracht werde. Außerdem wären ihm telefonisch Andeutungen gemacht worden wegen ruhestörenden nächtlichen Gesanges. Kein technisches Problem! Mehr eines der Dienstaufsicht – oder besser: der Aufsicht außer Dienst. . . Joschi verschwand feixend und bestieg die Straßenbahnlinie 7.

„Wo ist Hanna eigentlich?" fragte Heini. Hans Kiel glaubte zu wissen, Hanna Reitsch sei nach Berlin weitergeflogen, mit einer Me 108 die ihr Kaden von irgendwoher gebracht habe. Ob sie Auftrag durch den Kommandeur der Erprobungsstellen oder den General der Jagdflieger habe, irgendwie bei der Me 163 mitzumischen, wollte einer wissen. „Nicht daß ich wüßte", konnte ich festellen, „sie hat sich von Lippisch Erlaubnis geben lassen, die Me 163 A im Schlepp zu fliegen. Das hat sie dann getan, und dazu bedurfte es keines Auftrages durch RLM oder Generalstab. Solange das Werk Entwicklungsarbeit leistet, hat das Werk Verantwortung und Verfügungsrecht."

„Heini ist ganz froh, daß sie weg ist", Pitz war es, der das mit lächelndem Augenzwinkern bemerkte. „Aber", so wandte er sich jetzt zu Dittmar, „so wie sie durch ihre vielen Beziehungen herausgebracht hat, daß wir hier in Augsburg mit der 163 A fliegen, und einfach plötzlich hier war (und keiner schickte sie wieder weg) – so wird sie es vielleicht fertigbringen, für uns irgendwo im Amt ein Wort einzulegen, damit wir ein bißchen höhere Dringlichkeitsstufen bei der Materialbeschaffung usw. zugestanden bekommen."

„Wenn du dich da nicht gründlich täuschst, dann saufe ich eine Kaffeetasse voll T-Stoff ohne Wasserverdünnung!" Heini war dabei, wütend zu werden. „Es gibt", so fuhr er fort, „Frauen, die können es nicht ertragen, wenn ein neuer Mann in die Stadt kommt, daß sie ihn noch nicht im Bett hatten. Hanna geht es mit den Flugzeugen so, wie anderen Weibern mit den Männern: Sobald irgendwo ein neues Flugzeug auftaucht, ist ihr einziges Sinnen und Trachten nur darauf gerichtet, es geflogen zu haben. Schön, es ist alles gut gegangen diesmal, es hat keinen Unfall gegeben, sie hat sich abreagiert. Aber in mein Nachtgebet flechte ich heute die Bitte ein, daß sie nicht so bald wieder aufkreuzt. Im übrigen" so fuhr er fort, „sind wir heute abend bei Lippisch zu einem Glas Tee eingeladen. Mir ist es da ganz recht, wenn wir wieder unter uns bleiben."

Es war ein richtiger Samowar, der da in der Wohnstube bei Lippischs am Brodeln war! Schwarzer Tee dampfte heiß auf den Kandis-Kristallen in unseren Teegläsern – eine Köstlichkeit, wenn man daran dachte, daß wir drei Kriegsjahre hinter uns hatten. Das Gespräch in der Runde drehte sich gerade darum, wie man es machen müsse, um einen behördlichen Auftrag am sichersten hereinzuholen. „Vielleicht ist Elias der Mann, der uns am schnellsten Gnadensonne verschafft, wenn es um Mittelzuweisung oder

Abstellung von Spezialpersonal geht", meinte einer und winkte Eli zu, der sich in eine Zimmerecke zurückgezogen hatte. „Schön wär's", kam Lippisch ihm zu Hilfe, „aber ich glaube, seine Stärke besteht darin, mit Hilfe einer Flasche Schnaps oder einer Kiste Zigarren in zehn Minuten aus einem reichseigenen Lager ein wichtiges Ersatzteil ohne jeden Papierkrieg herauszuholen. Was man machen muß, um für die 163 die gleiche Dringlichkeit wie für einen Tiger-Panzer zugestanden zu bekommen, das geht über seine Kräfte wie auch über meine. Was gäbe ich drum, wenn ich beispielsweise erreichen könnte, daß die Herren Beyerer, Gruber und Schneider – Diplom-Ingenieure, die uns die Firma Flettner auf Anweisung des Ministeriums ein paar Monate ausgeliehen hat – nur noch ein paar Wochen bleiben dürften! Die haben uns die Konstruktionszeichnungen für den Bremsfallschirm, die taktische Bremse und die Druckkabine so ziemlich fertiggestellt. Ein paar Wochen wären noch nötig, damit diese Arbeit vollends getan ist. Aber nein, nun sollen sie wieder zurück, und bei uns muß eine andere Arbeit auf Eis gelegt werden, damit Bremsklappen, Bremsfallschirm und Druckkabine termingemäß fertig werden. Was dafür liegen bleibt, ist im Grunde genau so wichtig, nur mit dem Unterschied, daß uns dafür noch keine Termine abverlangt wurden."

„Ich habe mal gehört", warf Hans Kiel jetzt in das Gespräch, „daß bei Heinkel extra eine große Jagd mit Rehböcken und Hirschen gepachtet wurde, damit man die hohen Herren aus Berlin gnädig stimmen kann. Und ein Riesen-Gästehaus an der Ostsee haben sie auch. Warum gibt es so was bei Messerschmitt noch nicht?"

„Seid mal ruhig", beschwichtigte Lippisch das jetzt aufkommende Stimmengewirr, „erstens hat der gute Ernst Heinkel mit so was – wenn es überhaupt stimmen sollte – keinesfalls auch nur einen Deut mehr Erfolg beim RLM als andere. Und zweitens ging das früher vielleicht einmal – heute nicht. Da will ich Euch aber ein Geschichtchen aus dem Jahre 1917 erzählen, das hierher paßt und sich wirklich zugetragen hat.

Ich war doch damals zu Dornier als Aerodynamiker abkommandiert und kannte alle Dornier-Projekte. Siemens hatte zu der Zeit einen fabelhaften Rotations-Motor herausgebracht. Damit konnte man auf 9000 Meter steigen und wäre jedem englischen und französischen Flugzeug weit überlegen gewesen. Bei Fokker wurde deshalb ein Hochdecker gebaut. Den nannten sie ‚Parasol', und er war mit dem neuen Siemens-Motor wohl beachtlich besser als die bisherigen Fokkermaschinen. Bei Dornier hatten wir natürlich auch nicht geschlafen und hatten mit der D 1 eine Maschine fertig, die war nachweislich noch besser als Fokkers ‚Parasol'. Bei den Abnahmeflügen hatte unsere D 1 die vorgeschriebene Steigflughöhe weit eher erreicht als der ‚Parasol.' Trotzdem kriegte Fokker den Serien-Auftrag. Irgendwer hatte – das kam viel später heraus – einfach die Barogramme der Abnahmeflüge vertauscht. . .

Darauf luden wir von Dornier den Rittmeister Manfred von Richthofen ein, unsere D 1 zu fliegen. Er tat es auch und war damit in 30 Minuten auf 8000. Hinterher sagte er nur: ‚Alles sehr schön! Aber Ihr müßt eben besser schmieren'.

Fokkers Parasol kam übrigens auch nicht mehr zum Einsatz. Wegen fehlerhaften Einbaus von Holmen montierten mehrere Maschinen ab. Und bis man den Fehler gefunden hatte, war der Krieg aus."

Alles lachte. Und am meisten freute sich Lippisch selbst über seine Anekdote, die er mit Leichtigkeit nach 25jähriger Versenkung aus seinem einzigartigen Gedächtnis hervorholte.

Ich entdecke Hindernisse

Mit sanftem Sausen strich unser doppelsitziges Segelflugzeug vom Typ Kranich über die nördlichen Hallen des Augsburger Messerschmitt-Flugplatzes. Die Störklappen fuhren aus, der Boden näherte sich und leicht schürfend setzte die Kufe auf den dort nicht sehr dicken Rasen auf. Die Plexiglas-Haube klappte auf. Ich stieg aus dem hinteren Sitz und bat den vorn sitzenden Oberleutnant Kiel, nun noch ein paar Flüge allein zu machen, damit er wieder ganz sicher im Umgang mit einem motorlosen Flugzeug werde. Mit Pitz und Heini hatte ich das besprochen, und mit Hans Kiel probierten wir nun die Methode zum ersten Mal aus: Doppelsitzer-Schulung im Kranich, Alleinflüge im Grunau-Baby oder Rhönsperber, dann im Habicht und zuletzt Schleppflug mit einer leeren Me 163 A.

Diesen Schulflug mit Hans Kiel hatte ich auch deswegen gemacht, weil ich seine Flugweise kennenlernen wollte. So wie jeder Autofahrer eine individuelle Art annimmt, ein Kraftfahrzeug zu lenken, so eignet sich auch jeder Flieger seine Besonderheiten beim Steuern eines Luftfahrzeugs an. Mit etwas Erfahrung auf diesem Gebiete konnte man vom Fliegen auch auf den Menschen schließen.

„Ist ja im Grunde herrlich", lachte Kiel aus seinem vorderen Sitz, „die Sonne strahlt vom blauen Himmel, ein lindes Lüftchen weht, dort summt ein Bienchen an einer Kleeblüte – schönster Frieden weit und breit. Laß ich mir mal ein paar Tage gefallen! Denn wir hatten es in Afrika in letzter Zeit schwer genug. Aber ich hoffe, es dauert nicht zu lange, bis ich auch einmal mit Triebwerk in einer 163 fliegen kann."

Er senkte die Stimme etwas und blickte sich vorsichtig um, ob uns auch keiner hören könne: „Ich habe mir von Elias ein paar Andeutungen darüber angehört, daß man auf Terminzusagen der Firma Walter keine Wetten eingehen darf – man verliert sie bestimmt. Und dann hat er was von einem Bericht erzählt, den ein Herr Hartz in diesem Zusammenhang verfaßt hat. Sie sollten mal versuchen, ob Sie den zu lesen kriegen!"

Damit schloß er die Haube wieder. Ein Schleppseil wurde vorn eingeklinkt und schon kam Pöhs mit einem Fieseler Storch herangerollt, um den Kranich zum nächsten Schlepp in die Luft zu ziehen. Ich wandte mich zum Rundbau der Abteilung „L" und saß bald Dipl. Ing. Hartz gegenüber.

„Das sind Beanstandungen, die wir vor einem Jahre gemacht haben. Die Sache hat also gewissermaßen schon einen Bart." Hartz, den ich von früher her gut kannte, versuchte die Angelegenheit erst ein bißchen herunterzuspielen. Aber dann holte er aus dem Panzerschrank („Geheime Kommandosache"!) einen Bericht von fünf Seiten, der in zehn Ausfertigungen in das RLM und nach Peenemünde gegangen war. Darin hieß es:

„Vom flugmechanischen Standpunkt aus sind folgende grundsätzliche Forderungen an die Triebwerke zu stellen:

1. Regelbarkeit des Schubes in möglichst weiten Grenzen, d. h. herunter bis ca. 15 % des maximalen Nennschubes.

2. An- und Abstellbarkeit des Triebwerkes im Fluge.
3. Konstanz des Schubes in allen Regelstellungen.
4. Ein möglichst niedriger spezifischer Verbrauch ist im Hinblick auf die sowieso schon kurzen Betriebszeiten sehr wünschenswert.

Heute können nach mehr als 2jähriger Zusammenarbeit mit der Firma HWK unsererseits dazu folgende Feststellungen getroffen werden:

Die regelbaren R-Triebwerke von HWK weisen gegenüber dem Stande von Anfang 1939 keine wesentlichen entwicklungsmäßigen Fortschritte auf. Die Versuchserfahrungen mit dem Muster DFS 194 V1 haben gezeigt, daß die Triebwerke außerordentlich störempfindlich sind. Eine Konstanz des Schubes in allen Regelstellungen sowie z. B. eine Wiederherstellung des annähernd gleichen konstanten Schubes bei gleicher Gashebelstellung nach mehrmaligem Auf- und Abregeln konnte nur bei einer verschwindend kleinen Zahl von Standversuchen und Flügen erreicht werden. Die Triebwerke sind nach verhältnismäßig kurzer Betriebszeit überhaupt nicht mehr auf konstanten Schub zu bringen, was dann Ausbau, lange Überholungszeit mit anschließenden Standversuchen im Flugzeug bedingt. Dieses Spiel wiederholt sich dann sehr bald. Von den wenigen Meßflügen, die wirklich durchgeführt wurden, waren dann 50 – 75 % nur sehr bedingt oder gar nicht auswertbar, weil sich eben während der Flüge die fortschreitende Verschlechterung des Triebwerkes sehr schnell bemerkbar machte. Es ist so, daß die Erprobung des Musters DFS 194 V1 nach 1 3/4jährigem Erprobungsbetrieb in Peenemünde immer noch nicht abgeschlossen ist. Verbunden mit der großen Entfernung von Augsburg nach Peenemünde bringen diese dauernden Triebwerkstörungen für uns eine sehr erhebliche Belastung an Arbeitszeit und Kosten.
Die Gründe für das Versagen der Triebwerke im Flugbetrieb sind nach unseren Erfahrungen und Erkenntnissen von verschiedenster Art.
Der Grundfehler scheint in der Art der verwendeten Treibstoffe zu liegen. Die bei dem angewandten Verfahren auftretenden Rückstandsbildungen in fester Form mögen vielleicht bei *nicht* regelbaren Anlagen nur einen Einfluß auf die Gesamtlebensdauer der Triebwerke haben und nicht die Konstanz des Schubes beeinflussen. Sie sind aber bei den regelbaren Triebwerken unseres Erachtens der entscheidende Faktor. Beweis dafür ist, daß auch bei diesen Triebwerken nach der Überholung der Vollschub auf dem Stand mit verhältnismäßig einfachen Mitteln erreicht wird. Beginnt man aber mit den Regelversuchen, so tritt sehr rasch Verschmutzung ein. Dies macht sich gerade nach Abschluß der Standversuche, d. h. wenn man glaubt, die Sache nun in Ordnung zu haben, bei den nun folgenden Flügen wieder bemerkbar. . .
. . . Hinsichtlich des sonstigen Lieferungszustandes der Anlage 163 B V4 sind folgende Beanstandungen zu erheben:

1. Die von HWK gelieferten Einbauzeichnungen stimmen nicht mit den gelieferten Geräten überein. Die Angaben der Lochkreisdurchmesser für die Halterung waren falsch. An den meisten Geräten sind mehr Anschlüsse, als im Schaltplan angegeben. Evtl. Blindverschlüsse fehlen.

2. Anschlußstücke für Anschluß von Rohrleitungen wurden erst nach Mahnung teilweise geliefert. Ein großer Teil mußte von uns selbst angefertigt werden. Andere gelieferte Teile sind in der Schaltung nicht unterzubringen.
3. Die gelieferte Pumpe klemmte. Es wurden Holzwolle und aus der hinteren Lagerung ein Blechstück von 1 cm^2 Größe herausgeholt. Sie wurde im Beisein von Herrn Dipl. Ing. Sass/HWK nachgesehen. Die werkstattmäßige Ausführung der Pumpe ist mehr als primitiv. Die Schaufeln sind zum Teil beschädigt und sitzen in ganz unregelmäßigen Abständen auf dem Laufrad. Also sehr schlechter Wirkungsgrad!
4. Die Verpackung war sehr schlecht. Alle Geräte, Pumpe und Behälter waren ohne Blindverschlüsse in Holzwolle verpackt. Es ist zweifelhaft, ob die Behälter innen sauber sind. Das alles trägt nicht zur Betriebssicherheit solcher Anlagen bei.

Zusammenfassend muß leider festgestellt werden, daß bei HWK eine Kontrolle aller eingehenden und selbstgefertigten Teile auf Maßhaltigkeit, Fertigungszustand und Vollständigkeit nicht stattzufinden scheint. Es bedeutet dies für uns eine Menge verlorener Zeit für Änderungen, Rückfragen und Zusatzarbeiten." Gezeichnet: Hartz. . .Lippisch.

Lippisch schien in rechtem Ärger seine Unterschrift geleistet zu haben, denn sein Federhalter hatte ein paar Tintenkleckse verspritzt.

„Hellmuth Walter", so klärte Hartz mich jetzt auf, „geht es mit seinem Raketentriebwerk ähnlich wie Goethes Zauberlehrling: die Geister, die er rief, wird er jetzt nicht los. . . Nachdem sich seine Erfindung herumgesprochen hatte, gab es so viele, die sich dringend dieser Antriebsart für die verschiedensten Zwecke bedienen wollten, daß sich das Werk in Kiel heute hüten muß, vor der Vielfalt der Anforderungen nicht aus den Nähten zu platzen. „Manches", so schloß er seine Ausführungen, „ist schon besser geworden seit dem Vorjahre. Aber ob sie ihre Termine in Kiel jetzt besser halten, erscheint mir fraglich. Dabei profitiert das Walter-Werk an dem Umstand, daß im Rüstungsprogramm im Augenblick U-Boote an vorderster Stelle rangieren, denn Walter baut Triebwerke für U-Boote und Torpedos. . . Man sieht wieder einmal, daß gut Ding Weile haben muß. Auch mit der höchsten Dringlichkeitsstufe ist noch keine Garantie dafür gegeben, daß eine neue Erfindung ausgereift und ohne Kinderkrankheiten ist.

Wenn Sie aber Klarheit über Liefertermine haben wollen", so fügte er hinzu, „dann gehen Sie einfach mal zu Herrn Schmedemann. Der sitzt drüben im Hauptgebäude und ist von Professor Messerschmitt als der bei der Firma verantwortliche Referent und Organisator für alles, was mit der Me 163 zusammenhängt, bestimmt worden. Der hat gewiß auch ein Protokoll jener Besprechung, bei der erst im vergangenen Monat die Auslieferungstermine der ersten Me 163 B schwarz auf weiß festgehalten wurden."

Herr Schmedemann war, wie ich am Telefon erfuhr, an diesem Tage in Regensburg. Am folgenden Tage habe er zu Besprechungen in Berlin zu sein. Er wäre eben, so berichtete seine Sekretärin, wegen der Me 163 sehr viel „auf Achse".

Aber drei Tage darauf war er zurück, und schon am frühen Morgen saß ich ihm in seinem Büroraum gegenüber, einem jungen Mann mit forschen grauen Augen, der sogleich hocherfreut war, in mir jemand gefunden zu haben, der ihm in seinem Bestreben behilflich sein könne, die Herausbringung der 163 zu beschleunigen. . . Wenige Sätze danach ließ er allerdings auch durchblicken, die Firma Messerschmitt werde sich von niemand in ihre Befugnisse dreinreden lassen. Nun, wer wollte das denn?

Die Planung der Serienfertigung, so erfuhr ich, war im Herbst 1941 in einer Besprechung bei Generaloberst Udet festgelegt worden. Obwohl noch keine Konstruktionszeichnung – außer ersten Übersichten – von dem Einsatzmuster (der Me 163 B) vorlag, wurde Auftrag gegeben, eine erste Serie von 70 Versuchsmaschinen zu bauen. Man war sich im klaren, daß ein erhebliches Risiko darin bestand, eine V-Serie von einer solchen Stückzahl in Angriff zu nehmen. Bestimmt würden Änderungen noch während der Herausbringungszeit notwendig werden. Die müßten dann in die gesamte Serie einlaufen. Die Tragflächen wurden ja wohl fast ohne Änderung von der Me 163 A übernommen. Doch der Rumpf war völlig neu, weil er viel mehr Kraftstoff und dazu noch anderes mehr aufzunehmen hatte.

Wie lange die Fertigungszeit dieser 70 Stück-Serie dauern werde? Nun, Direktor Hentzen, der die erwähnte Besprechung bei Udet damals zusammen mit Prokurist Mayer geführt hatte, verlangte eine Mindestdurchlaufzeit von 17 Monaten. Bis Ende September 42 wurden die ersten 26 Versuchsmaschinen zugesagt. Natürlich unter bestimmten Voraussetzungen, die das RLM gefälligst zu erfüllen hatte. Und an der Erfüllung dieser Voraussetzungen – zumindest zur rechten Zeit – habe es schon erheblich gemangelt. So sei zum Beispiel das Material für 60 Metallflügel in den wenigen inzwischen vergangenen Monaten eben einfach nicht beschaffbar gewesen.

Wozu 60 Metallflügel? Die sollen gegen die Holzflügel ausgetauscht werden, mit denen die Flugzeuge erst mal ausgestattet sein werden, um überhaupt da zu sein. General-Ingenieur Reidenbach hielt Holzflügel für allzu empfindlich. Inzwischen haben Versuche mit dem Holzflügel der Me 163 A ergeben, daß sie vermutlich genau so viel Beschuß vertragen, wie ein Metallflügel.

Wer diese 70 V_0-Maschinen überhaupt baut? Die Hauptproduktion ist auf die Werke Regensburg und Obertraubling verteilt. Aber die ersten vier Werknummern entstehen hier im Entwicklungsbau Mtt, in direkter Zusammenarbeit mit und bei der Abteilung „L".

Werk Regensburg fertigt für die restlichen 66 Flugzeuge sämtliche Einzelteile. Auf dem Fliegerhorst Obertraubling findet dann der Zusammenbau von Rümpfen und Tragwerken einschließlich Vor- und Endmontage statt. Einfliegen voraussichtlich auch in Obertraubling. Eigentlich sollten diese 66 Maschinen erst im Sommer 1943 ausgeliefert werden. Aber das Ministerium will sie schon in diesem Jahre haben. Schön, haben wir gesagt, wird gemacht, aber keine Ablieferungstermine! Das heißt: Für Mängel, die sich während der Erprobungszeit herausstellen, übernimmt das Werk keine Garantie.

Welche Voraussetzungen wir gestellt haben, damit wir unsere Flugklar-Termine einhalten? Schmedemann holte sich aus dem Panzerschrank einen Aktenvermerk heraus und konnte mir daraus nun wörtlich zitieren:

1. Modellherstellung wegen Windkanalvermessung in Göttingen muß Vorrang vor allem haben.
2. Materialbeschaffung für das Flugzeug erhält durch das RLM eine Sonder-Dringlichkeit.
3. Für Beschaffung der Vorrichtungen gilt das gleiche.
4. Obertraubling braucht Einrichtungen, die ebenfalls das RLM zu beschaffen hat.
5. Zwei kleinere Konstruktionsbüros sind zu schließen, damit Firma Messerschmitt sich eine ausreichende Zahl von Konstrukteuren heraussuchen kann. Zuweisung solchen Personals von anderen Firmen wird abgelehnt, weil dann selbstverständlich nur die schlechtesten Leute abgegeben werden.
6. Alle einzubauenden Geräte müssen bei Auftragsbeginn fertig und vorhanden sein, damit sie erprobt werden können.
7. Folgendes Personal wird zusätzlich benötigt:

Für **Augsburg**
30 Konstrukteure und Teilkonstrukteure
3 Zeichnungsprüfer
7 Statiker
7–10 Aerodynamiker
2 Planungsingenieure
1 Planungstechniker
1 Kalkulator für Angebote
3 Arbeitsvorbereiter
2 Terminverfolger
5 Fertigungsprüfer
30 Schlosser
40 Klempner
10 angelernte Arbeiter
12 ungelernte Arbeiter
8 Schweißer
1 Elektro-Ingenieur
2 Flugzeug-Ingenieure für Betrieb
2 technische Angestellte für Betrieb

für **Regensburg**
15 Fertigungsprüfer
4 Arbeitsvorbereiter
6 Vorrichtungskonstrukteure
26 Werkzeugmacher
3 Dreher
15 Schlosser
26 Spengler

für **Obertraubling**
15 Fertigungsprüfer
6 Arbeitsvorbereiter
10 Vorrichtungs-Konstrukteure
30 Werkzeugmacher
300 Mann für die Fertigung

Gewiß, das war nicht kleinlich gerechnet von der Firma Messerschmitt. Aber die Direktoren Kokothaki und Hentzen sind durch jahrelange Praxis im Umgang mit den Behörden – besonders denen in Berlin – geübt.

Im übrigen haben sie es sogar durchgesetzt, daß Augsburg eine Wohnbaracke und Obertraubling zwei große Lagerhallen bzw. das Material zu deren Erstellung zugewiesen wurden.

Was nun die endgültige Auslieferung der ersten Maschinen und Triebwerke anbelangt, so brauchen wir da nur das Protokoll einer Besprechung nachzulesen, die am 25. 4. 42 hier in Augsburg stattgefunden hat. Dabei hatten wir die Herren Kröger und Weygand aus Peenemünde, Herrn Kruska und Herrn Sass aus Kiel, Herrn Zborowski und Herrn Schneider von BMW, Herrn Dr. Beck von GL – CE 3 und Herrn Lippisch mit einem halben Dutzend seiner Mitarbeiter an einem Tisch beisammen, und sie haben folgendes zu Brief und Siegel gegeben:

HWK

Erstes Triebwerk: Ende Juli/Anfang August d. J. einbaufertig,
4 Wochen später: 2 weitere Triebwerke,
4 Wochen später: 4 weitere Triebwerke.

BMW

Erstes Triebwerk: Mitte August d. J.,
4 Wochen später: 2 weitere Triebwerke,
4 Wochen später: 4 weitere Triebwerke.

Mtt

Flugklar (ohne Triebwerk)
V1: 10. Juni 1942
V2: 20. Juni 1942
V3: 30. Juni 1942
V4: 10. Juli 1942
V5: 20. Juli 1942
V6: 1. Oktober 1942
V7: 31. Juli 1943

Daß wir – das heißt die Firma Mtt – die Termine mit den Zellen einhalten werden, davon können Sie sich überzeugen, wenn wir einen Blick in die Werkhalle werfen, wo die vier ersten Baumuster so ziemlich fertig dastehen.

Ob Walter seine Termine einhält, wage ich zu bezweifeln. BMW hat mit seinen Termin-Versprechen lediglich die Verurteilung einiger Schuldiger in seinem Betrieb hinausgezögert. Von einem betriebsfertigen Triebwerk sind die noch so weit entfernt wie die Erde vom Mond – unerreichbar. . .

„Darüber wäre ich nicht sehr böse", gestand ich, „nachdem ich meine Schulkenntnisse über Salpetersäure aufgefrischt und dabei nachgelesen habe, daß das Einatmen von Dämpfen der Salpetersäure tödlich sein kann, von einer Berührung mit dem Zeug ganz zu schweigen. Dagegen erscheint mir T-Stoff noch einigermaßen erträglich. Wollen wir hoffen, daß HWK wenigstens im Herbst ein erstes heißes Triebwerk liefert."

Wir machten anschließend einen Besichtigungsgang durch die Fertigung der Me 163 B. Es war kein Zweifel, daß Messerschmitt die Liefertermine halten würde – zumindest mit den ersten V-Mustern aus Augsburger Produktion.

„Warum ist das Verhältnis von Lippisch zu Professor Messerschmitt so gespannt?" wollte ich zuletzt noch wissen.

Die Spannung, so meinte Schmedemann, bestünde wohl zum großen Teil nur in der Einbildung von Lippisch. Beide wären sie ein bißchen Eigenbrötler-Naturen, Künstler, Genies auf ihrem Gebiet. Lippisch hätte jahrelang auf der Wasserkuppe gehaust und dabei hunderte von Luftgestühlen entworfen, Dutzende gebaut und fliegen lassen, während Messerschmitt zusammen mit Harth wenige Kilometer entfernt gegenüber auf dem Heidelstein seine Entwürfe zum Fliegen zu bringen trachtete. Nie seien sie zusammengekommen. Damals hätten sie sich wohl aus der Ferne sehen können, aber nie einen Gedanken-Austausch vorgenommen. . . Da wäre der Zustand heute doch schon tausendmal besser, wo doch Lippisch mit Messerschmitt zusammen sogar ein Patent für ein Flugzeug mit Schwenkflügel ausgearbeitet habe. Leider wären die notwendigen Materialgüten heute nicht verfügbar, sonst wäre ein solches Schwenkflügel-Flugzeug sogar bei Messerschmitt auf Helling gelegt worden.

Sie kämen nur zu keinem Konsens hinsichtlich der schwanzlosen Bauweise. Professor Messerschmitt habe wiederholt vor versammelten Probü und Kobü ernsthaft gebeten, es möge ihm jemand nachweisen, daß ein schwanzloses Flugzeug auch nur wenige Prozent Vorteile gegenüber einem Luftfahrzeug in herkömmlicher Bauweise – nämlich mit Seiten- und Höhenleitwerk – habe. Er wolle dann sogleich alle Planungen und Entwürfe in der gesamten Firma auf Schwanzlose umstellen. Es hat ihm niemand bisher den Nachweis erbracht. Lippisch behauptet es zwar – bewiesen hat er es aber nicht. Und dort ist eben der Punkt, an dem die Mühlsteine sich reiben.

Im übrigen habe der Professor jetzt andere Sorgen. Ich hätte es wohl auch schon durchsickern hören, daß Generalfeldmarschall Milch gerade dabei sei, sämtliche Stuhlbeine unter dem Hintern von Mtt abzusägen.

Schuld an allem sei das Desaster mit der Me 210. Daß dieser Bock so untauglich sei, wäre aber nicht dem Professor anzukreiden. Man hätte vielleicht eher auch ein Erprobungs-Kommando für die Me 210 einsetzen sollen! Dann hätte man hoffentlich schon vor Anlauf der Serie gewußt, daß die Fronttruppe nichts damit anfangen könne. Gewiß, auch die Werkspiloten hätten das wissen müssen! Aber der Professor nicht. Den jetzt dafür abzusägen, wäre ein kolossaler Quatsch.

Immer wieder: Augsburg – Berlin – Peenemünde

Die Me 108 aus General Gallands Stabsbeständen hatte mich nun schon zum dritten Male von Augsburg nach Berlin und von dort nach Peenemünde-West und wieder zurück gebracht. Zu meinem eigenen Erstaunen hatte ich bei diesen Flügen über dem Heimatgebiet an mir eine seltsame Gewohnheit beobachtet. Ein paar hundert Feindflüge mußten sie mir wohl anerzogen haben. Kaum hatten die Räder der Maschine den Boden des Flugplatzes verlassen, da begannen meine Augen nachhaltig den gesamten Himmel abzusuchen. Der Selbsterhaltungstrieb zwang jeden Flugzeugführer, dies dort zu tun, wo im Frontgebiet oder in der Reichweite von hochfliegenden Begleitjägern ein Überraschungsangriff aus der Sonne oder der Deckung einer Wolke erwartet werden konnte.

Hier auf der Strecke von Augsburg bis Berlin und Peenemünde war so etwas im Juni 1942 noch nicht zu befürchten. Dennoch wanderten meine Augen unablässig rundum von einem Horizont zum anderen, eine Gewohnheit, die zum Überleben beigetragen hatte und nun so normal erschien wie die Tatsache, daß man von Zeit zu Zeit mit dem Augenlid zwinkern muß. Selbst wenn ich zu Fuß irgendwo auf der Straße dahinschlenderte, wanderte mein Blick aus dieser Gewohnheit zum Himmel hinauf. Und noch lange Zeit nach dem Krieg war mir dieser Drang verblieben, immer einmal das Firmament über mir abzusuchen, wenn ich im Freien war.

Nun war ich zum dritten Male zur Berichterstattung beim General der Jagdflieger gewesen. Galland hatte diesmal reichlich Zeit gehabt für mich, denn mein Besuch war über Horten, der meinem Vortrag beiwohnte, angemeldet gewesen. In seinem Stundenplan hatte Fräulein Stiller für diesen Vormittag mindestens eine Stunde für mich vorgemerkt.

Meinen Rapport vom ersten Triebwerkstart in Peenemünde kannte er bereits. Nun schilderte ich die Erfahrungen, die wir bei der Suche nach einer Fahrwerks-Federung gemacht hatten: Zuerst hatten die Ingenieure der Abteilung „L" versucht, das Fahrwerk auf die zur Landung ausgefahrene Kufe zu setzen. Da deren Hydraulik aber nur für eine leergeflogene und damit 1000 kg leichtere Zelle berechnet worden war, ergaben Probeflüge mittels Schlepp, an denen u. a. auch Hanna Reitsch teilnahm, daß dies zu keiner Lösung des Problems führte. Folgende weitere Pläne wurden aufgestellt:

1. Verwendung in sich gefederter Anlaufräder, die bei VDM in Frankfurt hergestellt werden. Erfordert aber Neuentwicklung und kostet mindestens 1/2 bis 1 Jahr Anlaufzeit.
2. Verstärkung der Kufenhydraulik. Bedeutet weitgehende konstruktive Veränderung des Rumpfes der Me 163 A und dauert vielleicht ebenso lang wie eine Neuentwicklung bei VDM.
3. Herstellung eines Abwurf-Fahrwerks mit starrer Achse und zusätzlichen Stützfederbeinen bei Abteilung „L". Ebenfalls monatelange Entwicklung und Erprobung.

4. Bau eines 3rädrigen massiven Fahrgestells, welches am Boden bleibt und das Flugzeug nach Erreichen der Abhebegeschwindigkeit freigibt. Entwicklung dauert mindestens so lang wie die ersten 3 Projekte.
5. Verwendung eines bereits für die ersten Flugversuche benutzten in sich gefederten Fahrwerks. Hat den Nachteil, nach etwa 5 Starts beschädigt, wenn nicht ganz zerstört zu sein. Für den Schulbetrieb mit 10 Me 163 A müßten deshalb schätzungsweise etwa 100 solcher Abwurf-Fahrwerke hergestellt werden.

Realisiert wird der letztgenannte Vorschlag. Er bedeutet zwar einen erheblichen Aufwand, ermöglicht uns aber einen Schulbetrieb innerhalb von 4–6 Wochen. Diese Pause wird allerdings auch erzwungen, weil bei den Triebwerken für die Me 163 A Unzuverlässigkeiten in der Kraftstoff-Regelung festzustellen waren. Ursache soll nach Aussage des Chemikers Dr. Demant bei der E-Stelle Peenemünde-West in ungleichmäßiger Zusammensetzung des vom Herstellerwerk Höllriegelskreuth gelieferten Treibstoffes und der Katalysatoren zu suchen sein.

Die Fahrwerks-Kalamität hatte mich veranlaßt, zusammen mit Leutnant Pöhs in Nellingen in einer He 111 einen Schleuderstart auf einer ‚Madelung-Schleuder‘ mitzumachen. Durch eine Schwungmasse wird ein Riesen-Hebelarm mit beachtlicher Beschleunigung in Bewegung gesetzt und bringt auf einer Wegstrecke von wenigen Metern die 2motorige Propellermaschine bis zur Abhebegeschwindigkeit, so daß sie nach 2 bis 3 Sekunden so schnell ist wie sonst nur nach einer Anlaufstrecke von 800 Metern.

Ein Schleuderstart wäre natürlich auch ideal für die Me 163, die im normalen Startvorgang bis zum Abheben vom Boden bereits ein Drittel ihres Treibstoffvorrats verbraucht hat. . . Allerdings werden die dünnen Aluminium-Behälter in der 163 die Beschleunigung der ‚Madelung-Schleuder‘ gar nicht vertragen.

Am 26. 6. 42 ist auch – fast termingerecht – das erste V-Muster der Me 163 B von Flugkapitän Heini Dittmar in Lechfeld – allerdings ohne Triebwerk – eingeflogen worden. Es scheint so, als ob keine wesentliche Änderung mehr erforderlich sein wird. Nummer 2 dieser V-Serie von 70 Maschinen wird in Kürze flugfertig und soll dann bereits Waffen und Funkgerät besitzen. Sollten die Triebwerke nicht rechtzeitig durch die Walter-Werke angeliefert werden, dann haben wir schon vorgesehen, Waffen-Erprobung und Funk-Erprobung im Schlepp zu erfliegen.

Wie wir uns das vorstellen, fragte Galland und blies eine dicke Rauchwolke aus seiner Zigarre zur Decke, die Me 163 mit ihrer verdammt kurzen Einsatzdauer über Funk richtig an den Gegner zu bringen?

Das hatte ich kurz zuvor bereits mit Major Eisermann beim Luftwaffen-Führungsstab besprochen, und wir waren zu folgendem Resultat gekommen:

Das Flugzeug muß vom Beginn des Anrollens an durch Funk auf kürzestem Weg an den Gegner herangeführt werden. Da der Steigwinkel der Me 163 B zwischen 20 und 30 Grad liegen dürfte, kann nicht immer in geradlinigem Kurs geführt werden. Die Verwendung eines Flak-Entfernungsmessers erscheint nicht angebracht, zudem ist dessen Reichweite für die Me 163 nicht ausreichend. Die eingebauten Funkgeräte FuG 16 Z und FuG 25 „Erstling" bieten die Möglichkeit, jederzeit den Standort des eigenen

Flugzeugs festzustellen. Es an den Gegner zu bringen kann entweder unter laufender Durchgabe des jeweiligen Standortes des Gegnerflugzeuges nach Karte mit Planquadratsystem erfolgen oder so, daß der Jägerleitoffizier vom Boden aus dem Flugzeugführer laufend den zu steuernden Kurs ansagt.

Zur Erprobung einer geeigneten Methode müßte uns wohl in absehbarer Zeit ein nachrichtentechnisch versierter Fachmann zur Verfügung stehen. Vom Fliegen und Abschießen verstände ich wohl etwas. Funk, wie die ganze Elektrizität, wäre aber nicht meine starke Seite.

Mal sehen, meinte der General, was sich da tun läßt. Immerhin hat die Luftnachrichten-Truppe längst nicht so viel Verluste wie die Jagdflieger und müßte uns da einen geeigneten Offizier herausrücken können.

„Aber", so fuhr er fort, „was Sie mir da soeben mündlich vorgetragen haben, will ich in einem Arbeits-Bericht auch schriftlich auf dem Tisch liegen haben. Und diese schriftliche Berichterstattung setzen Sie dann regelmäßig alle 14 Tage fort. Mit Verteilung an: General der Jagdflieger, Kommandeur der E-Stellen, Luftwaffen-Führungsstab I T, GL / C-Chef."

Galland erhob sich, um damit anzuzeigen, daß die Zeit meines Vortrages beendet sei. „Da wäre noch eine Frage zu stellen", warf ich schnell ein. „Wessen Anordnungen habe ich mit meinem Erprobungs-Kommando zu folgen? Ich habe da von der Versuchsstelle der Luftwaffe Peenemünde-West folgendes Schreiben erhalten:

,Da infolge Beschädigungen und Terminverzug der Triebwerke mit Beginn der Truppenerprobung 163 nicht vor Mitte August 42 zu rechnen ist, werden die Oblt. Späte und Kiel zu Mtt AG. Augsburg zwecks Teilnahme am Einflugbetrieb kommandiert. Rückkommandierung erfolgt nach Anlieferung der ersten flugklaren Flugzeuge'."

„Sie unterstehen nur meinem Befehl", stellte der General mit leichtem Kopfschütteln fest. Fräulein Stiller wurde mit Bleistift und Stenogrammblock hereinzitiert und nahm folgendes Diktat entgegen:

„An Erprobungs-Kommando 16. Unbeschadet der Verzögerungen, die bei der Auslieferung der Me 163 B durch Triebwerks- und Fahrwerksschwierigkeiten auftreten, ist die Erprobung der Bewaffnung und des Funkgeräteeinbaus in Verbindung mit dem zur Diskussion stehenden Jägerleitverfahren Y unverzüglich in Angriff zu nehmen."

Und zu mir gewandt: „Dieser Befehl geht Ihnen mit meiner Unterschrift zu. Anweisungen für Ihre Erprobungstätigkeit erhalten Sie ausschließlich von mir. Wie Sie sie durchführen, haben Sie nur mir gegenüber zu verantworten."

Draußen vor der Türe raunte der lange Horten mir zu: „Sehen Sie zu, daß Sie da nicht zwischen die Mühlsteine der Kompetenzen geraten. Aber ich habe aus sicherer Quelle vernommen, daß in Kürze die meisten der neun Erprobungsstellen der Luftwaffe militärische Führung erhalten werden. Das bedeutet: Die Kommandeursstellen und deren Stäbe werden mit Offizieren besetzt. Das ist ein Befehl Görings, der damit in die friedensmäßige Beamtenruhe des Flieger-Ingenieurskorps etwas Dampf hineinbringen will, damit die Sesselpuper des Generalluftzeugmeisters merken, daß draußen an der Front scharf geschossen wird. Nach Peenemünde-West kommt meines Wissens Major

Stams und löst den Fliegeroberstabsingenieur Pauls ab. Mit Stams gibt es keine solchen Probleme mehr."

Galland hatte mir, ganz zuletzt, auch noch gutgeheißen, daß ich ein paar Tage zum Besuch meines alten Geschwaders an die Front bei Leningrad fliegen durfte. Man las in den Wehrmachtsberichten von heißen Luftkämpfen an der Ostfront. Namen wie Ostermann, Barkhorn, Graf wurden wiederholt genannt, die mitunter an einem Tag ein halbes Dutzend Abschüsse verbuchten. Da mußte der Himmel ja voller Eisen und Aluminium hängen! Sicherlich würde man mich dort jetzt sehr vermissen. . .

Zuerst jedoch flog ich nach Peenemünde. Dort versuchte ich, dem Obergefreiten Falkenrath meinen Bericht für Galland zu diktieren. Dies mißlang, denn Falkenrath war wohl dafür ausgebildet, die Dienstunterlagen einer Kompanie-Schreibstube in Ordnung zu halten. Stenographie war für ihn eine alberne Weibersache. Auf der Schreibmaschine tippte er mit einem Finger zehn Buchstaben in der Minute. Aber unser neuer Spieß, Hauptfeldwebel Jacobi, war ein Tausendsassa, der alles konnte. Er schrieb nicht nur meinen ersten Arbeitsbericht, er brachte ihn auch in 4facher Ausfertigung als „Geheime Kommando-Sache" vorschriftsmäßig zum Versand. Für das Ritual der Behandlung einer Geheimen Kommando-Sache fehlte wiederum mir noch sehr viel der dafür notwendigen Sachkenntnis.

Nicht lange danach packte ich meinen Rußland-Schlafsack in den Gepäckraum einer Me 108, die jetzt zur Ausrüstung meines Erprobungs-Kommandos 16 gehörte, fügte noch ein Köfferchen mit Zahnbürste, Rasierapparat und Wäsche für eine Woche dazu, füllte den verbleibenden Platz mit ein paar Flaschen Schnaps und flog mit dem Gefühl großer Erleichterung mehr als 1000 Kilometer gen Osten, bis ich nicht weit vom Ilmensee bei dem Dorf Rjelbitzy auf einem Wiesengelände am Flußufer den Feldflugplatz meiner alten 5. Staffel des Jagdgeschwaders 54 wiedergefunden hatte. Hier – so war ich sicher – herrschten noch klare Verhältnisse, hier wurde hart und schneidig das Vaterland verteidigt. Hier wußte man nichts von Papierkrieg und Stabs-Intrigen, von mühseligem Kampf mit Instanzen und Dringlichkeitsstufen bei der Beantragung von Spar-Metallen für unerprobte Raketen-Triebwerke. . .

Natürlich wollten die Freunde, Kiel und Pöhs, mit denen ich 14 Tage darauf zum Fasanenessen in den „Ecke-Stuben" saß, wissen, wie mein Besuch beim alten Geschwader am Ilmensee verlaufen, wie die Lage an der Front sei, ob auch im Norden bei Leningrad so heiß gekämpft werde wie im Süden, wo der große Vormarsch Richtung Kaukasus und Schwarzes Meer in Bewegung gekommen war. „Als ich in Rjelbitzy ankam, schien es, der Frieden sei ausgebrochen", begann ich zu berichten. „Hauptmann Wandel, der neue Staffelkapitän meiner alten 5. Staffel, wußte seine Flugzeugführer nicht anders zu beschäftigen, als sie täglich stundenlang in die Sauna eines Bauernhofes zu kommandieren, damit sie – wie er sagte – nicht auf dumme Gedanken kämen. Man erzählte mir, an der Front sei rein gar nichts los. Das glaubte ich nicht und flog, wann immer es nur möglich war. Begleitete Transport-Ju's nach Demjansk, machte freie Jagd bis weit, weit hinter die russische Front. Es stimmte wirklich. Die Russen hatten offensichtlich ihre Luftstreitkräfte in den Süden abgezogen. Es war kein Schwanz zu sehen.

Ich erklärte Wandel, ich hätte jetzt 79 anerkannte Abschüsse – so lange ich die 80 nicht voll hätte, ginge ich nicht mehr weg. Da verriet er mir eine neue „Masche". Wer sich zutraute, nachts zu landen, der startete bei Nachtbeginn, wenn noch ein leichter Grauton des Tageslichts Umrisse am Boden erkennen ließ. Die Landung allerdings mußte dann im Dunkeln an einer flink aufgestellten Reihe von Panzer-Handlampen entlang vor sich gehen. Wer sich keine Nachtlandung mit der Me 109 zutraute, der verlängerte mit Zusatztanks seine Flugzeit, startete um Mitternacht und landete gegen 3 Uhr morgens. Dann begann es unter dem Breitengrad von Leningrad nämlich im Sommer schon wieder zu dämmern.

War man zu einem solchen „Tagjäger-Nachteinsatz" gestartet, dann flog man in einen vorher festgelegten Frontabschnitt und wartete einige Kilometer hinter der vorderen Linie, bis irgendwo Leuchtspur von vielen Maschinengewehren aufstieg. Diese Leuchtspur traf sich an einer Stelle oben am Nachthimmel. Nicht weit von diesem Schnittpunkt konnte man dann eine „Nähmaschine" vermuten. „Nähmaschine" nannten unsere Landser unten in den Schützenlöchern und Stellungsgräben kleine Doppeldecker, die der Gegner mehr zu Störzwecken als zum Erzielen eines wägbaren militärischen Erfolges einsetzte. Es handelte sich um zweisitzige leichte Flugzeuge, die wahrscheinlich normalerweise als Schul- oder Kurierflugzeuge verwendet wurden. Der kleine Motor darin schnurrte nur gedämpft und friedfertig – eben wie eine Nähmaschine. Der mitfliegende Beobachter – Bombenschütze ist dazu wohl schon zu viel gesagt – warf dann mit der Hand ein paar kleine Bomben heraus. Wenn die auch selten trafen, so waren sie doch für die Landser in den Stellungen eine unangenehme Störung der Nachtruhe. So lange die „Nähmaschine" irgendwo oben am schwarzen nächtlichen Firmament herumsurrte, konnte sich unten keiner ein paar wohlverdiente Stunden Schlaf nehmen. Wo immer sie deshalb aufkreuzten, diese Doppeldecker, wurden sie von bissigem Abwehrfeuer aller bereitstehenden Maschinengewehre und Karabiner verfolgt.

Abschußerfolge erzielten die Kameraden von der Infanterie leider nur ganz selten. Die Schüsse schienen durch die kleinen Drahtgestelle hindurchzugehen wie Butter. Dennoch ballerte der ganze Frontabschnitt aus allen Rohren, offenbar vornehmlich, um seine Wut durch dieses Ventil abzulassen. Der ‚Iwan' konnte dabei außer dem Störmoment auch die Tatsache für sich verbuchen, daß uns jeder Einflug einer ‚Nähmaschine' den Nachschub von Zehntausenden von MG-Patronen kostete.

Wenn man den Kameraden von der Infanterie ab und zu ein paar dieser Störenfriede wegschoß, wurde das von ihnen mit tiefer Befriedigung zur Kenntnis genommen. Deshalb weilte sogar ein Verbindungs-Offizier des Geschwaders in vorderster Linie bei der Truppe und es empfahl sich, mit ihm Funkverbindung aufzunehmen. Er schrieb nach einem Abschuß den Zeugenbericht, ohne den es keine Anerkennung durch das RLM gab.

Wandel erzählte mir, daß es ihm einmal gelungen war, über dem Kessel von Demjansk zufällig einen Riesen-Apparat zu erwischen – vermutlich so etwas wie das Flugzeug ‚Maxim Gorki' – der vier Motoren und eine mächtige Spannweite besaß. Was der zur Nachtzeit dort zu tun hatte, wurde nie richtig aufgeklärt. Aber Wandel schaffte es, ihn in der Luft in Brand zu schießen, so daß er eine Zeitlang wie eine lebende Fackel über dem

Kessel dahin flog und schließlich irgendwo mit einem riesigen Aufschlagbrand am Boden detonierte. Der Verbindungs-Offizier berichtete, die gesamte eingekesselte Division deutscher Soldaten habe vor Genugtuung gebrüllt, daß man es meilenweit hören konnte.

„Wie kann man die kleinen Doppeldecker denn nachts überhaupt ohne Nachtvisier oder so etwas ähnliches am Himmel ausmachen?" fragte Joschi Pöhs interessiert.

„Das ist deswegen möglich, weil der Himmel in der Breite von Leningrad im Monat Juni und zum Teil auch im Juli auf seiner nördlichen Halbkugel gar nicht richtig dunkel wird", klärte ich ihn auf. „Die Sonne ist nicht weit genug unter dem Horizont, deshalb herrscht immer noch ein leichter Dämmerhauch, wenn man das nördliche Firmament betrachtet. Ein Flugzeug hebt sich recht deutlich davon ab.

Man wartet also, bis das Geschieße vom Boden mit seinem Feuerzauber der Leuchtspurmunition aufgehört hat. Das geschieht entweder, wenn die „Nähmaschine" aus dem Bereich der deutschen Infanterie-Stellungen herausgeflogen ist oder wenn man über Funk durch den Verbindungs-Offizier erreichen konnte, daß das Feuer eingestellt wurde. Dies allerdings ist im Grunde ein frommer Wunsch, der nie in Erfüllung geht. Eher kann man sich darauf verlassen, daß die Landser unten sehr wohl das Motorengeräusch einer „Nähmaschine" vom wohlbekannten Klang eines DB 601 in einer Me 109 zu unterscheiden vermögen. Sobald sie eine nächtlich jagende Me 109 vernehmen, heißt es unten schleunigst „stopfen" (Feuer einstellen).

In der Nacht vom 7. zum 8. Juli ist es mir auf diese Weise geglückt, drei solcher Störflugzeuge – meist aus ganz geringer Entfernung – abzuschießen. Da sie nicht besonders hoch flogen, konnte ich sogar den Aufschlagbrand am Boden einwandfrei beobachten. Der letzte Abschuß zwang mich allerdings, schleunigst zum Flugplatz Rjelbitzy zurückzufliegen. Und das war aus zwei Gründen gar nicht so leicht. Erstens hatte der Beobachter aus dem Heckstand mit MG-Feuer meinen Angriff abzuwehren versucht. Noch im Prasseln der wie ein Feuerwerk auf die Feindmaschine auftreffenden Garben aus Kanone und MGs meiner Me 109 sah ich das Mündungsfeuer seiner Waffe weiterblitzen. Und selbst im Absturz schoß der Kerl in seltener Bravour hinten heraus, was das Zeug halten wollte.

Um mich herum aber war nach kurzer Zeit finstere Nacht. Nur nach oben sah ich noch ein paar Sterne, und auch die verschwanden. Rasch schob ich eines der Seitenfenster auf und fand heraus, warum es so dunkel geworden war: Die Kabinenfenster waren mit einem dichten Ölschleier bedeckt. Ein Treffer im Öltank ließ mich Öl verlieren. Gottlob war das Loch, wie sich später herausstellte, im oberen Teil des Ölbehälters entstanden. Kurzum – nach der Landung waren sogar noch ein paar Liter des so notwendigen Schmierstoffes im Ölkreislauf des DB 601.

Die zweite Erschwernis für den Rückflug war, daß es erst kurz nach Mitternacht war, und weder Straßen noch Eisenbahnen unter mir zu erkennen waren. Eine Funkpeilung von Rjelbitzy gab es natürlich auch nicht. Doch zum Glück war es nahezu windstill. So fand ich den großen Spiegel des Ilmensees, aus dessen Grund die Sterne heraufblinkten. Am Südufer entlang gelangte ich bis zu dem Flüßchen Lowat, mit dessen Hilfe ich dann auch den Feldflugplatz wiederfand, von dem aus ich gestartet war. Dicht neben der

Lichterkette, die Oberfeldwebel Kaiblinger unten rasch auf dem Rasen aufgebaut hatte, gelang mir auch auf Anhieb die glatte Landung.

Leider hatte ich es in der Spannung dieses neuartigen nächtlichen Unternehmens nicht fertig gebracht, immer rechtzeitig dem Verbindungsoffizier über Funk zuzurufen, wenn gerade wieder einer meiner Abschüsse vom Himmel fiel. So kam es, daß er keinen davon gesehen hatte. Es fand sich auch zu meinem Pech kein Zeuge aus irgendeinem Schützengraben.

Um den 80. Abschuß zu ertrotzen, flog ich deswegen am 13. Juli zusammen mit dem Unteroffizier Pomberger als „Katschmarek" tagsüber bis an die Grenze der Reichweite in das feindliche Hinterland. Dort entdeckte ich um 15.20 Uhr bei dem Ort Jam Simogorje so einen Doppeldecker, der hier bei Tage vielleicht eine wichtige Persönlichkeit zur Front zu bringen hatte. Als wir nach zwei Stunden und zwei Minuten Flugzeit wieder den Staffelliegeplatz überflogen, konnte ich mit den Flächen wackeln. Auf dem Gruppen-Gefechtsstand zeigte man mir Typenbilder sowjetrussischer Doppeldecker. Ich entschied mich dafür, daß ich eine R 5 abgeschossen hatte."

Anton Moll, der Wirt, hatte mit zugehört. Jetzt erhob er sich und verkündete, zur Feier dieses „Luftsieges" wolle er drei Flaschen seines besten Weines spendieren. Es möge einer von uns mit in den Keller kommen und die Wahl treffen. Nach längerer Zeit erschien Hans Kiel, den wir als Sachkenner in die Tiefen der Kellergewölbe entsandt hatten, mit ein paar Bouteillen eines exzellenten Jahrganges wieder unter uns. Er lüpfte kunstgerecht den ersten Korken, probierte und schenkte uns allen ein.

„Es ist unsere vaterländische Pflicht", hob er zu einem kleinen Trinkspruch an, „tapfer unser Vaterland zu verteidigen. Und bei diesem Bestreben verdient unseren besonderen Einsatz und Schutz die Stadt Augsburg mit ihren geschätzten Bürgern und sehr liebenswerten Bürgerinnen. Nachdem ich aber den Keller unseres Freundes Anton Moll gesehen habe, weiß ich, daß Augsburg niemals in die Hände der Feinde fallen darf. Was dort wohlgeborgen liegt, ist unersetzliches ‚geistiges Gut', das wir bis aufs Blut verteidigen müssen. Denn", so fügte er mit fassungslosem Kopfschütteln hinzu, „was ich da unten erblickt habe, kann die gesamte Bevölkerung von Augsburg beim besten Durst nicht auf einmal austrinken."

Moll gestand mir später, daß es ihm gelungen war, einen Beutebestand der Waffen-SS zur „getreuen Verwaltung" in seinen Keller zu verlagern. Wir haben noch öfters Gelegenheit gehabt, an diesem lauschigen Ort bei der Überprüfung zu helfen, ob von der Beute auch nichts verdorben war.

Hanna Reitsch

Augsburg forderte von nun an ein paar Wochen lang unsere ganze Spannkraft von morgens bis abends. Das Fliegen mit den V-Mustern der Me 163 verlangte hohe Konzentration vom Piloten. Jeder Flug mußte der beste sein, den wir je gemacht hatten. Ein Versager, ein Patzer, war undenkbar, durfte einfach nicht sein. Schleppflüge mit A-Typen der Me 163 dienten dazu, Hans Kiel, Joschi Pöhs und mich mit allen Eigenschaften dieser Schwanzlosen so vertraut zu machen, daß wir sie wie im Traum beherrschten, so gut, wie vordem unsere Me 109 oder Me 110 auf dem Frontflugplatz. Sogar Rückentrudeln haben wir damals damit zu machen versucht.

Daneben erhob sich ein anderes Problem, von dem wir bis dahin nichts gewußt, sondern nur geahnt hatten, daß es bestehen könne. Wir braven Frontsoldaten befanden uns nämlich plötzlich ohne jede Vorbereitung mitten in dem Getriebe einer staatlich gelenkten Flugzeug-Industrie mit seiner Führung, ja Gängelung durch Ministerien, Generalstäbe, Erprobungs- und Forschungsstellen, Zulassungs- und Bauaufsichts-Behörden, mit Fragen der Geldbereitstellung und Materialbeschaffung, kurz mit Sorgen und Nöten, die wir bis dahin nicht einmal vom Hörensagen kannten. Wir, die wir bisher mit Vergnügen und Zufriedenheit die Endprodukte einer hochqualifizierten Industrie in Empfang zu nehmen und mehr oder weniger rücksichtslos zu verbrauchen gewohnt waren, wir standen plötzlich vor der Aufgabe, geeignete Hebel in dem großen Mechanismus zu finden, um damit diese Produktion noch besser für die Truppe geeignet zu machen. Verdammt noch mal! Was dachten sich dieser Galland und das hochwohllöbliche Ministerium samt Führungsstab und KdE, woher unsereins die Kenntnisse nehmen sollte, um in diesem gewaltigen Räderwerk die richtigen Knöpfe für dessen Bedienung ausfindig zu machen! Aber dem Galland war das wahrscheinlich auch nicht besser gegangen, als er selber von heute auf morgen aus der Luftschlacht um England ausscheiden und die Stelle eines Waffen-Generals einnehmen mußte.

Also mühte ich mich, so schnell wie möglich in die Materie einzudringen. Dazu waren Besprechungen nicht ungeeignet, deren Teilnahme offensichtlich als unabdingbare Verpflichtung mit meiner Aufgabe eines Erprobungs-Kommando-Führers verbunden war. Alle paar Wochen fand irgendwo eine Riesen-Besprechung statt. Meist saßen mehr als 20 Leute an einer langen Tafel beisammen, um sich über Dutzende von Fragen zu unterhalten, die mit dem jeweiligen Entwicklungsstand unseres Raketenflugzeuges zu tun hatten. Oft waren bis zu einem halben Dutzend Sachbearbeiter des Ministeriums dabei, dann natürlich ebenso viele Experten der Erprobungsstelle Peenemünde, Tarnewitz, Rechlin. Fand die Besprechung in Augsburg oder Regensburg statt, dann war damit zu rechnen, daß Lippisch mit einer ähnlich großen Zahl seiner Mitarbeiter dabeisaß. Ähnliche Teilnehmerzahlen stellte das Werk Regensburg von Messerschmitt unter der Führung von Direktor Linder, eines ungewöhnlich begabten Organisators und Beschaffers. Oft wurde auch die Firma Walter dazu herangezogen und beteiligte sich mit ein paar seiner Spezialisten. Die Bauaufsicht entsandte einen Vertreter, Herr

Schmedemann war zur Stelle oder Herren der Betriebsführung Messerschmitt. Natürlich stand auf der Teilnehmer-Liste meist auch der Name von Heini Dittmar und Leutnant Opitz. Und da ich nicht allein sein wollte in dem großen Zirkus, befahl ich den Oberleutnanten Pöhs und Kiel – später auch anderen – dabeizusein und zu hören, was es gab.

Wenn so viel wichtige Leute beisammen waren, dann tat man es meistens nicht mit weniger als 50 Besprechungs-Punkten. Natürlich schimpften alle Teilnehmer die ganze Zeit der Besprechung über wegen der verlorenen Arbeitszeit. Wie viel schöne Zeichnungen oder Berechnungen hätte der und jener schon wieder machen können, wenn er sich die 24 Stunden für Anfahrt und Abfahrt und die nicht endenwollenden Besprechungen hätte sparen können! Viele der Teilnehmer trachteten deshalb danach, schon vor dem offiziellen Ende dieser Zusammenkünfte nach Behandlung des sie interessierenden Gesprächsstoffes schleunigst an die Arbeit zurückzukehren.

Wer macht das Protokoll? so hieß es dann zuletzt. Wer das Protokoll diktierte, hatte die Möglichkeit, dabei hier und da eine Formulierung in den Text einfließen zu lassen, die seinen eigenen Absichten entgegenkam. Meistens waren die Beteiligten froh, alles hinter sich zu haben, so daß sie bei der Abfassung des Protokolltextes auch mal auf Einwendungen verzichteten, nur um endlich das ‚verdammte Pallaver‘ hinter sich zu bringen.

Wenn Antz, der für die Me 163 verantwortliche Referatsleiter von GL – CE 2 I, die Besprechung veranlaßt oder einberufen hatte, führte er auch selbst Protokoll. Darin war er Meister. Und so wie er es verstand, als Leiter einer Besprechung in kürzester Zeit erschöpfend alle Themen zu erörtern, entstand unter seiner Diktion auch in unglaublicher Fixigkeit ein Protokoll, das in seiner Klarheit und Präzision jedesmal vorbildlich war.

Es war nach einer solchen Besprechung, die in Regensburg stattgefunden hatte. Eigentlich hatten wir es verdient, nach vielen Stunden anstrengenden Debattierens bei Anton Moll eine gute Flasche aus dem sagenhaften Kellerbestand anzufordern. Aber wir kamen nach der Landung auf dem Augsburger Flugplatz an diesem Abend nicht aus dem Werksgelände heraus. Da mußten zuerst einmal meinen Männern des Erprobungs-Kommandos 16 ein paar Bilder an den Wänden ihrer Vorstellung gerade gerückt werden. Feldwebel Schneider wartete in dem Seitenraum einer Werkhalle mit den Soldaten bereits „zum Empfang einer Belehrung". Was war geschehen?

„Wir haben so etwas wie einen Weltuntergang erlebt", gestand Fw. Schneider. Beim Flugbetrieb mit den Me 163 A hatten die Männer beobachtet, daß fast bei jedem Abwurf eines Fahrwerks die damals daran verwendeten kleinen Stützstreben aus Metall abbrachen. Und da hatten sie gemeint, sie seien ja nicht umsonst wegen ihrer technischen Findigkeit zu diesem Erprobungs-Kommando versetzt. Kurzum: Sie ‚erfanden‘ eine Verbesserung und waren schon eifrig in der Werkstatt an ihrem Tun, als Elias ihnen auf die Schliche kam. Der hat dann gar nicht erst viel Worte verloren, sondern gleich schwere Artillerie eingesetzt – er rief Lippisch persönlich herbei. „So einen Anschiß haben wir alle in unserer ganzen Militärzeit kaum je erhalten", gestand Schneider. „Er hat uns fix und fertig gemacht. . ."

„Und das mit Recht", fügte ich hinzu. „Wenn hier etwas verbessert werden muß, dann nur durch Abteilung ‚L'. Und dort wird selbst eine kleine Fahrwerksstrebe erst berechnet, dann gezeichnet und dann genehmigt. Erst danach wird sie in der Werkstatt angefertigt. Wir sind nur hier um zu lernen. Wenn uns eine Verbesserung einfällt, dann machen wir ganz unverbindlich einen Vorschlag. Aber selbständig geändert wird hier kein Schräubchen. Im übrigen", so schloß ich die kleine Predigt, „will keiner von uns Flugzeugführern im Start auf Eurer Fahrwerks-Erfindung verunglücken und sich das Genick brechen!

Daß sich in allen beteiligten Firmen die besten Spezialisten noch die Köpfe zerbrechen, weil an der bereits flugfähigen Zelle der Me 163 noch Kleinigkeiten verändert, verbessert oder überhaupt erst fertig entwickelt werden müssen, ist jedem von uns bekannt. In der Besprechung, von der wir gerade herkommen, ist unter vielem anderen festgelegt worden:

- Es bedarf noch manchen Geistesblitzes und vieler Werkstattarbeit, bis wir die gefederten Fahrwerke für die Me 163 A haben werden,

- die Kufe an der Me 163 B – bisher aus Holz – muß in eine Metallkonstruktion verwandelt werden,

- das Fahrwerk für die Me 163 B, seine Aufhängung und Auslöse-Mechanik brauchen gleichfalls noch viele Ingenieurstunden und viel Arbeitszeit in den Werkstätten, bis es für den Truppengebrauch reif ist,

- die Tragflächen sollen Verstärkungen und irgendwo Kugelpfannen eingebaut erhalten, damit man Starts auch von einer Schleudereinrichtung ausführen kann,

- die taktische Bremse soll eingebaut werden, damit wir in der Luft Fahrtangleichung vornehmen und bei der Landung den Gleitwinkel verändern können,

- als Variante dazu ist ein Bremsfallschirm entwickelt worden, der eingebaut und erprobt werden muß,

- 2-cm- und 3-cm-Kanonen werden in erste Serienmuster schon eingebaut. Sie müssen in ihrer Funktion von uns im Fluge getestet werden,

- der Sporn genügt nicht und soll durch ein lenkbares Rad ersetzt werden,

- irgendwer im Ministerium hat durchgesetzt, daß die Holztragflächen mit einem dünnen Leinwandbezug versehen werden, damit sie nicht so empfindlich gegen feindlichen Beschuß sind. Das bedeutet 100 kg mehr Fluggewicht bzw. 100 kg Treibstoff weniger. . .

- die Plexiglashaube gewährt schlechte Sicht nach unten und soll probeweise rechts und links Sicht-Hutzen erhalten, die wir im Fluge zu erproben haben,

- ein Klugscheißer aus Berlin verlangt, daß das Abwurf-Fahrwerk bremsbar zu machen sei. Dipl. Ing. Armbrust bei Abteilung ‚L' schüttelt deshalb schon stundenlang seinen Kopf,

– irgendwo wird eine Antennenleitung am Triebwerk vorbeigeführt, wo sie vom T-Stoff zerfressen werden kann. Das muß geändert werden.

Noch weitere 30 Änderungen und Verbesserungen haben wir heute besprochen. An vielen davon können wir nach unseren Kräften mitarbeiten – aber nur, wenn wir dazu aufgefordert werden. Keine eigenen Erfindungen mehr! Verstanden? Weggetreten!

„Auf zu Anton Moll!" meinte ich aufseufzend und schlug Kiel auf die Schulter. „Es wird besser sein, wir bleiben noch hier im Werk, wo wir ganz unter uns sind – auch wenn es schon Nacht ist und die meisten Werksangehörigen zu Hause sind." Kiel sah mich mit einem verbindlichen Lächeln aus listigem Augenwinkel an. „Draußen vor der Halle steht eine Me 108", fuhr er fort, „ich glaube, wir müssen uns über die Pilotin unterhalten, die damit heute hier in Augsburg gelandet ist."

„Hanna Reitsch ist da", schaltete sich Elias in das Gespräch ein. „Sie ist bei Lippisch", fuhr er fort, „und der hat sich bereiterklärt, sie als Testpilotin neben Heini Dittmar einzustellen. Heini jedoch – das ist dir ja nichts Unerklärliches – haut hier ab, wenn Hanna mit von der Partie ist. Ohne Heini aber kriegen wir die Me 163 nicht einsatzreif, darüber sind wir uns alle einig hier in der Abteilung ‚L' – seltsamerweise bis auf Lippisch. Der glaubt, es kommt jetzt nur noch auf ‚Dringlichkeits-Stufen' an. Und die – so hofft er – wird Hanna Reitsch mit ihren guten Beziehungen entscheidend verbessern."

„Wir dürfen keinesfalls auf Heini Dittmar verzichten", ergriff Joschi Pöhs das Wort. „Es ist noch sehr viel unausgegoren bei der 163 B! Eine schnelle und gute Lösung für alle Probleme findet nur Heini Dittmar. Das ist mir in der kurzen Zeit, die ich ihn kenne, jetzt schon ganz klar geworden. Ich war zwar nie bei der Deutschen Forschungsanstalt für Segelflug in Darmstadt. Die ganze Abteilung ‚L' kommt ja von dort. Doch ich habe mir ein bißchen erzählen lassen, wie dort eingeflogen wurde bei der Abteilung Segelflug. Die Leute in der Werkstatt erklären glaubwürdig, daß Hanna Reitsch es fertigbrachte, ein Flugzeug, das sie einfliegen sollte, stundenlang, ja tagelang stehenzulassen, weil sie in ihrem Zimmer saß und auf den Anruf einer wichtigen Persönlichkeit aus dem RLM wartete. So etwas wäre hier einfach nicht drin. Bei uns ist jede Minute kostbar!"

„Ja, und dann war da noch so eine Geschichte mit dem Einfliegen der ‚Olympia-Meise' in Darmstadt", schaltete Kiel sich noch einmal ein. „Ich habe mir in der Werkstatt erzählen lassen, daß Ende der 30er Jahre auswärtige Piloten herangeholt wurden, um Fehler an der von Hanna Reitsch eingeflogenen Maschine herauszufinden und nach und nach beseitigen zu helfen. Was ich aus diesen Hinweisen entnommen habe, ist die Überzeugung, daß Hanna eine schneidige und geschickte Fliegerin ist. Aber sie fliegt mit dem Herzen und nicht mit dem Verstand. Jedenfalls nicht mit kritischem Verstand. Sie ist eine von jener Sorte von Fliegern, die den unmöglichsten ‚Donnerbock' zum Fliegen bringen und dem Konstrukteur dann sagen: Er läßt sich fliegen. Wenn andere hinterher Mängel feststellen, ist der Konstrukteur baß erstaunt – und der großzügige Pilot tief beleidigt. So ergeht es ja wohl den Gebrüdern Horten, die keinen kritischen, sondern lediglich einen stets enthusiastischen Testpiloten haben, der sagt: Es geht schon. Und die Hortens sind beleidigt, wenn unsereins ihnen sagt, ihren Schwanzlosen fehlte noch etwas an der endgültigen Vollkommenheit. . ."

Ich wandte mich zu Pitz, der achselzuckend ein Lächeln aufzusetzen versuchte: „Was sagt denn Lippisch dazu, wenn Dittmar zu gehen droht, falls Hanna kommt?" Pitz schüttelte nur ratlos den Kopf. Elias antwortete an seiner Stelle: „Der nimmt das hin. Es ist ihm ziemlich egal. Und das erschüttert uns alle nicht wenig. Nachdem sie sich gemeinsam nun fast zehn Jahre lang durch tausend Widrigkeiten zum Erfolg durchgekämpft haben, ist so ein Verhalten bei Lippisch für uns alle ziemlich unverständlich."

Man sah, ihm und Opitz war die ganze Situation ziemlich peinlich. Von Rudolf Opitz hatte im Grunde wohl noch niemand eine Klage über andere vernommen. Er war der Prototyp des ‚guten Kameraden‘, der mit keinem Menschen Streit begann. Pitz galt als aufrichtig. Doch wenn eine Wahrheit weh tun konnte, sprach er sie lieber nicht aus. Nur sobald er Unrecht geschehen sah, kam er aus seiner Zurückhaltung etwas heraus. Und hier schien etwas in Unordnung zu sein. Denn sogar Pitz verließ seine sonst so gewohnte Reservestellung. „Unsere 163 wäre in Gefahr, wenn wir Heini verlieren", stellte er lakonisch fest.

Es war klar: Alle erwarteten jetzt von mir, daß ich eine gescheite Lösung des gordischen Knotens fände. Ich war der Chef des Erprobungs-Kommandos. Mir hatte jetzt etwas einzufallen.

Heini durften wir hier nicht aus den Sielen schirren lassen. Das war klar. Aber warum sollten wir auf Hanna Reitsch verzichten?! Sie konnte uns vielleicht wirklich hilfreich sein. Denn ich hatte schon erfahren, daß Entscheidungen „ganz oben" bei der militärischen und politischen Führung wohl nach reichlichem Abwägen fachlicher Gesichtspunkte getroffen wurden, daß aber hier und da auch mal ein menschliches Gefühl gewichtig in die Waagschale fiel. Und die Auslösung von Emotionen bei Leuten mit Entscheidungsbefugnis war eine von Hannas Stärken. Als seinerzeit bei der ersten Vorführung des Lastenseglers ihre kleine Figur aus dem Führersitz des großen motorlosen Lufttransporters geklettert kam, rührte das nicht nur Udets Herz sondern auch das der gesamten Generalität. Die Sache war genehmigt, bevor sie noch recht diskutiert war. Und erwies sich später als entscheidend bei Beginn des Frankreichfeldzuges. Warum sollte das hier nicht auch so sein!

Aber wir mußten verhindern, daß das schnell begeisterte Mädchen uns eine Suppe einbrockte wie seinerzeit Hans Jacobs, dessen Standard Olympia Segelflugzeug „Meise" sie einflog. Ob sie nun bei den Testflügen zu wenig Zeit oder zu wenig Pingeligkeit aufgebracht hatte, mag dahingestellt bleiben. Fest steht, daß die Abnahme-Kommission der Korpsführung, bestehend aus den Piloten Otto Bräutigam, Ludwig Hofmann und Günther Haase, keineswegs zufrieden war mit dem, was Hanna gutgeheißen hatte. Jacobs mußte den Rumpf ein ganzes Stück verlängern und das Seitenruder verändern. Dann kamen die Prüfer wieder, und ihr Urteil war schon weitaus gnädiger. Dann wurde die V-Stellung und Pfeilung des Flügels verändert, die Querruder verbessert. Und schließlich durfte Hanna die „Meise" nach mehreren solchen Schönheitskorrekturen auch selber wieder fliegen, um sich zu überzeugen, daß es nun ein wahrhaft vorzügliches Segelflugzeug geworden war. Das war für sie schon ein bißchen blamabel.

Wir, das heißt Heini, Pitz oder ich, hätten ihr das damals gern erspart. Aber ihr Stolz hatte es wohl nicht ertragen, uns um Mitarbeit oder wenigstens Mitbeurteilung zu bitten. Sie war die Erste. Sie mußte es wissen. Da hatte keiner mitzureden. Basta.

98

„Menschenskinder", rief ich plötzlich, „ich hab's! In Regensburg, wo ich gerade war, wird ein erfahrener Pilot für die Abnahmeflüge der Serienflugzeuge gebraucht. Das ist was für Hanna. Dort bleibt sie uns erhalten. Und Heini Dittmar behalten wir dann auch."

Und so geschah es. Das Ministerium war schnell einverstanden und Major a. D. Croneiss von der Messerschmitt-Betriebsführung übernahm persönlich die Übermittlung der frohen Botschaft an Hanna.

Peenemünde-West –
Erprobungsstelle für V-Waffen/Pilotenschulung

Benzin war knapp. Jede unnötige Fahrt mit dem Kraftfahrzeug, jeder vermeidbare Flug, waren zu unterlassen. Immer wenn eine große Operation vorbereitet wurde oder noch im Gange war, wurde eisern Otto- und Diesel-Kraftstoff für die kämpfende Truppe gespart. Zur Zeit mußte die Sparsamkeit aber schon einen regelrechten Notstand zum Hintergrund haben. Zivile Autobesitzer erhielten so wenig Benzin-Gutscheine von der Behörde zugemessen, daß sie damit nur ein Minimum an Notwendigem erledigen konnten. Aber auch für den Transport einer Militär-Person oder sogar für Rüstungsgut war immer nur die Eisenbahn zu benutzen, wenn es eine brauchbare Zugverbindung gab. Wo Straßenbahnen, Vorortbahnen, S- und U-Bahnen fuhren, war die Verwendung eines Kraftfahrzeuges bei Strafe verboten. Und die Strafen waren so hoch, daß kaum einer riskierte, sich schuldig zu machen. Im übrigen wunderte man sich ohnehin schon, wo wir überhaupt noch den Kraftstoff herbekamen, den unsere Armeen in Ost und West und Nord und Süd verbrauchten.

Wenn die Firma Messerschmitt einen Ingenieur oder einen kaufmännischen Sachbearbeiter zu Besprechungen in ein Berliner Ministerium oder in einen anderen Betrieb entsandte, war das einzig mögliche Transportmittel ein Eisenbahnabteil. Elias und seine Mitarbeiter aus den Werkstätten der Abteilung ‚L‘ mußten ungezählte Male die Strecke von Augsburg bis Peenemünde auf der Holzbank eines 3. Klasse-Abteils zurücklegen. Das dauerte rund 24 Stunden. Wenn sie Glück hatten, fanden sie – wenigstens zeitweise – einen Sitzplatz. Als ich mich einmal besorgt nach dem Grunde seines übernächtigen Aussehens erkundigte, erzählte mir Elias, er sei gerade mit einer Kiste voller Ersatzteile vom Werk Augsburg bis zu unserem entlegenen Erprobungsplatz auf der Ostsee-Insel im Zug gefahren. Die Ersatzteile wurden dringend benötigt. So drängte er sich in einen Waggon, der schon überfüllt war. Im Seitengang hockte er sich auf seine Kiste und stemmte die Knie an die Wand, so daß er einen Halt bekam. In dieser Stellung fuhr er in 12 Stunden bis Berlin und von dort in ähnlicher Position nochmals 10 Stunden bis Peenemünde. Gewiß hätte sich niemand gefunden, der mir die für einen Überlandflug nötigen paar Liter A3-Betriebsstoff für meine Me 108 verweigert hätte. Ein Offizier mit hohen Kriegsauszeichnungen war entweder in kriegswichtigem Auftrag unterwegs – oder er machte ein paar Tage wohlverdienten Fronturlaub. In beiden Fällen war die Gunst jedes Tankwarts auf seiner Seite. Aber ich mußte von allen mir unterstellten Soldaten verlangen, daß sie diese beschwerlichen Fahrten in überfüllten Abteilen als unabänderliche Himmelsfügung hinnahmen. Da hatte auch ich mit gutem Beispiel voranzugehen. Zudem war es unter Umständen sogar zeitsparend, wenn ich nach vollbrachtem Tagewerk mit ungezählten Besprechungen und Telefonaten in Berlin in den D-Zug nach München klettern konnte, um am nächsten Morgen gut ausgeruht aus dem Schlafwagen-Abteil in Augsburg wieder auszusteigen.

Aber heute war ich im Stettiner Bahnhof im Norden Berlins in den Zug nach Stralsund geklettert und nach stundenlanger Fahrt durch die wenig abwechslungsreiche Landschaft der Uckermark nach Anklam gelangt. Von hier zuckelte eine „herzoglich pommersche" Kleinbahn gemütlich mit mir in vielen Windungen durch die Lande mit geruhsamen Aufenthalten in ländlich idyllischen Bahnstationen, bis wir schließlich in einen Kleinstadt-Bahnhof einrollten. Alles aussteigen – Endstation. Auf dem Bahnhofsschild las man: Wolgast. Mit dem Koffer in der Hand hieß es nun über das holprige Pflaster einer kleinen Hafen- und Fischerstadt zu trotten. Eine Brücke überspannte einen breiten Flußlauf, dessen Wasser sich kaum entscheiden konnte, in welche Richtung es fließen wollte. Auf der anderen Seite der Brücke hieß es, sich nach links wenden, dann kam Stacheldraht und bewaffnete Posten.

Erst nach kurzer Ausweiskontrolle war es erlaubt, eine noch kleinere Bahn zu besteigen, die Bäderbahn der Insel Usedom. Hier befand man sich nämlich bereits auf dieser der Odermündung vorgelagerten Insel. Nach zwei kurzen Fahrstrecken in der Bäderbahn hieß es in Zinnowitz nochmals: Umsteigen. Noch eine Ausweiskontrolle, und dann ging es mit einem recht modern wirkenden Elektrozug nach Norden ab. Nach flotter Fahrt mit schroffem Bremsen und ebensolchem Wiederanfahren auf mehreren Haltestellen hielten wir etwas länger in Karlshagen. Man sah, daß hier mitten im Walde geheimzuhaltendes militärisches Sperrgebiet war. Stacheldraht, hohe Zäune, bewaffnete Posten, durch die Bäume Konturen hoher Hallen und weitläufiger Gebäude, Baracken, Laderampen. Eine ganze riesige Fabrik schien man hier her verlegt zu haben. Es war der Geburtsort der V2, jener Rakete, die Wernher von Braun mit Tausenden von Mitarbeitern in rastloser Tag- und Nachtarbeit der Einsatzreife zuführte.

Diese „Erprobungsstelle Peenemünde-Ost" unterstand dem Heer, war also gewissermaßen eine Konkurrenz für uns, die wir der Luftwaffe zugehörten. Deshalb mußte ich auch noch eine Station weiter fahren, bis der Zug an der Endstelle „Peenemünde-Ost" angelangt war. Mehr oder weniger auf freiem Felde stieg man aus. Kein Bahnhof, keine Fahrkarten-Kontrolle. Aber dafür auch gleich wieder in nächster Nähe Zäune, Stacheldraht, ein Schlagbaum, Posten unter Gewehr. Hier begann die Erprobungsstelle der Luftwaffe Peenemünde-West mit großen Hallen, Gebäuden, Versuchsanlagen und Baracken. Natürlich schloß sich hinten ein riesengroßer Flugplatz an, der gerade durch Aufschwemmen von Meeressand eine nochmalige Ausweitung weit in die See hinaus erhielt.

Hier auf dem Nordzipfel der Insel Usedom war man wirklich wie am Ende der Welt. Hier konnte man ungestört Dinge ausprobieren, die der Öffentlichkeit noch vorenthalten werden sollten. Im Osten und Norden umschloß die Ostsee den Fliegerhorst, im Süden und Westen aber lief ein unüberwindlicher Zaun mit ständiger Überwachung durch Posten von einem Ufer der Inselnase zum anderen.

Noch wenige Jahre zuvor muß diese Eilandspitze ein idyllisches Naturreservat gewesen sein, Zuflucht seltener Tiere und Pflanzen. Jetzt war sie glatt gewalzt und trockengelegt, früheres Sumpfland mit Meeressand befestigt, eine riesige weite Fläche mit Flugplatzgebäuden und teilweise monströsen technischen Anlagen. Eine Landzunge gegenüber auf dem anderen Peeneufer, die sich Struck nannte, war noch verhältnismäßig unberührt wie vor Jahrhunderten, versumpftes nie kultiviertes Gelände, das im Reichsbesitz war. Hier wurden zur Erprobung gelegentlich ein paar Bomben hingeworfen. Wenn die Luft rein war, bin ich wohl auch einmal mit dem Jagdaufseher Herbert Unger drüben gewesen, um ein paar Wildenten zu schießen, die es da zu Tausenden gab. Auf der Rückfahrt warfen wir dann Angelhaken an Blinkern aus und holten aus dem Brackwasser der Peenemündung Hechte von einer Größe heraus, daß eine halbe Kompanie von einem einzigen Fisch satt werden konnte.

Hier auf der geheimnisvollen Inselspitze konnten wir uns nun – wenn es uns Spaß machte – zu dem Kreis jener sagenumwitterten Figuren zählen, von denen im Volksmund das Gerücht umging, sie bereiteten „V-Waffen" vor, die dem gottverdammten Feind, der uns mit Bomben bewarf, über kurz oder lang seine Gemeinheit gehörig heimzahlen würden. Diese Gerüchte kamen über Partei-Kanäle in das Volk. Und leider versprach sich die gequälte Heimat mehr davon, als jemals gehalten werden konnte.

„V-Waffen" (Vergeltungs-Waffen) waren in der Tat hier in Peenemünde in Vorbereitung. Da gab es die V1, auch Fi 103 genannt (weil die Entwicklungsarbeit bei Fieseler in Kassel vor sich ging), eine ferngesteuerte Bombe, die durch ein einfaches Fluggestell getragen und von einem sogenannten Argusrohr angetrieben wurde, einem relativ einfachen Antriebsmittel, in welches durch eine abwechselnd sich öffnende und schließende Jalousie die zur Verbrennung notwendige Luft eintrat. In dieser Luft wird Betriebsstoff zu einer Rückstoß erzeugenden Flamme gezündet. Der Start erfolgte mittels einer Startschleuder, die mit einem Walter-Triebwerk bestückt war. Die Reichweite dieser fliegenden 1000-Kilo-Bombe war für damalige Zeit beachtlich und ihre Geschwindigkeit höher als die der meisten gegnerischen Abwehr-Jagdflugzeuge. Die Treffgenauigkeit ließ allerdings zu wünschen übrig.

Wie gesagt, gleich nebenan, in Peenemünde-Ost, bereitete man die V2 – auch A4 genannt – vor, jene viele Tonnen schwere Rakete, deren Nutzlast, ein Sprengkopf von lediglich 500 kg, über mehrere hundert Kilometer befördert werden konnte, ohne daß es eine Abwehr dagegen gab. Jede Rakete, hieß es, benötigte etwa zehn Tonnen Alkohol für ihren Start und Flug. Woher der käme? Vornehmlich Kartoffelschnaps, den man auch trinken könnte. . . Nichts beleuchtete so kraß den Irrsinn dieses Kriegsgeschehens, wie dieser Einblick in unsere Treibstoff-Beschaffung. Wir wurden Zeugen der ersten Abschüsse, erlebten, wie sich jenes wohl zwanzig Meter hohe zigarrenförmige Monstrum mit Getöse und viel Feuer und Rauch majestätisch vom Boden erhob, um irgendwo am Firmament zu einem Pünktchen zu schrumpfen und unserem Auge zu entschwinden.

Selbstverständlich zählte auch unsere Me 163 zu den V-Waffen wie andere strahlgetriebene Flugzeuge, die alle in Peenemünde-West die zuständige Luftwaffen-Erprobungsstelle fanden. Hier wurden übrigens auch draht- und funkgesteuerte Gleitflugbomben mit Raketen-Antrieb erprobt. Für diese Zwecke hatte man ein altes ausgedientes Schiff die „Zähringen" mit Zement gefüllt vor der Ostseeküste auf Grund gesetzt. Und immer wieder einmal wurden wir Zeuge, wie eine Bombe dort mit Rauchzeichenmarkierung aufschlug, abgefeuert von einem kilometerweit davon entfernt vorbeifliegenden Flugzeug.

Leider wurden wir nicht nur Zeugen von geglückten Versuchen oder Demonstrationen neuartiger Waffen und Fluggeräte, sondern wir bekamen zwangsläufig auch die Rückschläge und Versager mit, ohne die kaum jemals eine Erfindung zur Anwendungsreife gelangt ist. Ich erinnere mich zum Beispiel, wie beim Abschuß einer der ersten V2 die Riesenrakete langsam und bedächtig bis auf etwa 100 Meter Höhe hochstieg, sich dann aber eines anderen besann und auf die Seite legte. In horizontaler Lage angelangt, erhielt sie offensichtlich noch ein paar Sekunden vollen Schub durch den unheimlichen Antrieb und nahm haarscharf Richtung auf unseren im Norden angrenzenden Flugplatz. Blitzartig waren wir in den Luftschutzkeller retiriert, waren aber noch nicht richtig drunten angekommen, als oben eine gewaltige Detonation das Gebäude bis in die Grundmauern erzittern ließ. Als wir wieder nach oben kamen, fehlten am Flugplatzrand zwei sogenannte He 111 Z, fünfmotorige Doppelrumpf-Maschinen, die zu Versuchszwecken gebaut worden waren. Die V2 war zu Boden gekommen, wo diese zwei Flugzeuge einmal gestanden hatten. Jetzt war nichts mehr von ihnen zu sehen, nur ein flacher, dafür aber 20 bis 30 Meter breiter Bombentrichter bezeichnete die Stelle, wo die zwei Großflugzeuge jetzt fehlten. Dabei hatte die V2 keinen Sprengstoff mitgeführt, der Bombentrichter entstand nur durch die Auftreffwucht und die Explosion des noch nicht verbrauchten Treibstoffes.

Auch nach den folgenden V2-Abschüssen sprach sich auf irgendwelchen Wegen trotz aller Geheimhaltung nach und nach herum, daß so manches an dieser sonst so beispielhaft organisierten Ingenieurarbeit noch ungenügend funktionierte, so daß die ursprünglich ins Auge gefaßten Termine bestimmt nicht eingehalten werden würden. Ebenso rasch und ausführlich sickerte zu uns durch, daß natürlich bei den Abschüssen der V1 gleichermaßen Fehlschläge und Versager zu verzeichnen waren. Bei Entwicklungsarbeiten zu normalen Zeiten stört das nicht besonders, solange man die Gewißheit behält, in absehbarer Zeit doch noch zum Ziele zu gelangen. Bei diesen unter Kriegsdruck laufenden Versuchen war das aber leider so, daß der Auftraggeber, die Wehrmacht – also das Heer, die Kriegsmarine oder die Luftwaffe – sich natürlich auf Fertigstellung zum versprochenen Zeitpunkt eingerichtet hatte. Die Konstrukteure wiederum versprachen, das ist menschlich verständlich, den frühestmöglichen Zeitpunkt. So war dann ein Fehlschlag in der technischen Erprobung eine um so größere Enttäuschung, je sicherer man mit der fehlerfreien Vollendung zum vorausberechneten Datum gerechnet hatte.

Hin und wieder wurde man von guten Freunden draußen im zivilen Lebensbereich hoffnungsvoll darauf angesprochen: „Wenn erst die angekündigten V-Waffen eingesetzt werden, dann wird sich schon noch alles zum Besseren wenden. . ." Und dann kam einem ein speiübles Gefühl hoch, wenn man wußte, wie zweifelhaft überhaupt noch manche dieser „V-Waffen" war, zumindest die Aussicht darauf, daß sie rechtzeitig fertig wurden.

Für Gäste und Ledige mit Anspruch auf etwas Unterkunfts-Komfort stand außerhalb des Horstes das sogenannte Ledigenheim, ein zweistöckiger moderner Bau mit Zimmern, die ein kleines Wohnzimmer mit Schlafkoje und davor liegendem separaten Waschraum mit WC besaßen.

Einen Nachteil brachte die abgelegene Insellage von Peenemünde mit sich: Post und Bahngut brauchten ziemlich lange, um dorthin zu gelangen. Deshalb – und weil durch Kriegseinwirkung noch viel längere Verzögerungen hinzukommen konnten – hatten wir uns bald daran gewöhnt, daß zur rascheren Erledigung wichtiger Besorgungen und zum Antransport kleinerer Werkstücke, Ersatzteile, Instrumente usw. stets ein Soldat oder ziviler Mitarbeiter als Kurier per Eisenbahn unterwegs war. Dieser Kurierdienst war nicht beliebt, wie man sich denken kann. Sobald ich mit der Me 108 nach Augsburg flog, hatte ich deshalb regelmäßig irgendwelche kleinen Transport-Aufträge mit auf den Weg bekommen. So auch am 24. 8. 1942, als ich zur Teilnahme an Besprechungen im Messerschmitt-Werk von Peenemünde nach Augsburg flog.

Neben mir saß Heini Dittmar. Für ihn war es eine Erleichterung, daß er sich nicht 24 Stunden in Bahnabteilen durchschütteln lassen mußte, sondern nach vierstündigem Flug in Augsburg wieder seinen Erprobungsaufgaben nachgehen konnte. Vor dem Start hatte er dem Flugzeugwart leise, aber eindringlich abverlangt, daß er auf seinem rechten Sitz schnell den zweiten Steuerknüppel einbaute, der aus Gründen der Sicherheit und Bequemlichkeit im Gepäckraum verstaut worden war. So hatte er wenigstens die Möglichkeit mitzusteuern, wenn es vielleicht notwendig würde.

Heini war sonst kein besonders redseliger Mensch. Doch eine Besprechung in Peenemünde, an der er mit teilgenommen hatte, ließ ihn nicht ruhig neben mir sitzen. Immer wieder trieb es ihn, mir durch den Motorlärm mit lauter Stimme ein paar der Gedanken in das Ohr zu trompeten, die ihn sichtlich sehr bewegten. „Im Grunde könnte man sich totlachen", prustete er schallend heraus, „da bringen wir ein neues Flugzeug heraus – man befürchtet, die Piloten werden nur mit der Beißzange drangehen – weil es doch ganz schön gefährlich ist, damit umzugehen – und da drängelt sich die halbe E-Stelle, um damit zu fliegen – und sich vielleicht ganz schnell mit einem Knall im T-Stoff aufzulösen! Fehlte nur noch, daß verlangt wurde, wir sollen als erste Maßnahme damit beginnen, die Vorzimmerdame des E-Stellenleiters umzuschulen!" Er lachte schallend und schlug sich vor Verwunderung auf beide Schenkel.

Die Sache war so vor sich gegangen: Dittmar, Kiel und ich waren zu einer Besprechung gebeten worden, an der die Gruppenleiter E2 (Kröger) und E3 (Weigand) sowie deren Me 163-Sachbearbeiter, die Dipl. Ing. Ruthammer und Boye teilnahmen. Voller Entschlossenheit erklärten Kröger und Weigand, die Me 163 werde im Bereich der E-Stelle Peenemünde erprobt, also seien alle an diesem Projekt Beteiligten verpflichtet und von dem Wunsche beseelt, die Maschine auch selbst zu fliegen.

„Aber nur unter meiner persönlichen Leitung und Verantwortung", hatte ich mir ausbedungen. Dies wurde akzeptiert, und in einem kurzen Protokoll – keine Dienstbesprechung ohne ein schönes Protokoll – wurde festgehalten: Anwärter für das Fliegen mit der Me 163 waren: Kröger und Weigand, Ruthammer und Boye, und als deren Vertreter: Leppert und Hohmann. So bald wie möglich solle angefangen werden.

„Du bist verantwortlich!" rief Heini durch den Motorlärm. „Sei um Gotteswillen nicht zu großzügig, sonst haben wir gleich ein paar Tote! Am schlimmsten wäre es, wenn sie eine von den wenigen A-Maschinen hinschmeißen. Damit sollt Ihr doch Piloten für das Einsatz-Geschwader ausbilden."

„Sei nicht gleich so ein Pessimist!" brüllte ich zurück. „Im Grunde bin ich ganz zufrieden, daß sie alle so scharf auf diesen Vogel sind. Im übrigen ist Iwan Kröger ein flugerfahrener Mann mit C2-Schein. Und Weigand hat für die Akaflieg Hannover einmal am Deutschlandflug teilgenommen. Boye ist im Besitz des Militärflugzeugführerscheins."

„Aber inzwischen sind sie alle Sesselpuper geworden", entgegnete Dittmar. „Machen doch nur noch ihren vermaledeiten Papierkram und hocken seit Jahr und Tag am Schreibtisch."

„Pitz hat Auftrag, mit jedem erst ein paar Überprüfungsflüge am Doppelsteuer zu machen", warf ich beruhigend ein. „Und jeder muß auch erst durch etliche Flüge mit verschiedenen Segelflugzeugen beweisen, daß er eine präzise Landung zu machen versteht, auch wenn er nicht noch einmal Gas geben kann. Auf alle Fälle", fuhr ich fort, „wird Hans Kiel jetzt beschleunigt eine Reihe von Starts mit Triebwerk machen, damit er so viel Erfahrung sammelt, daß er unseren Ausbildungsleiter spielen kann. Er ist jetzt gerade zum Hauptmann befördert worden. Mit seinen zwei Sternen auf dem Schulterstück und dem Dödel am Hals wird er sich dann wohl auch gegenüber einem Flugbaumeister durchsetzen können, der bei ihm auf die 163 umschult."

Wir hatten vier Stunden Zeit, unsere Bedenken darüber auszutauschen, vor welche Schwierigkeiten uns diese Me 163 noch stellen würde, wenn wir daran gingen, Testpiloten wie auch normale Durchschnittsflugzeugführer darauf umzuschulen. Daß es beim Fliegen mit dem Raketenflugzeug auch Unfälle geben würde, sollte sich eher offenbaren, als wir beide in diesem Augenblick ahnen konnten. Die Piloten der Erprobungsstelle Peenemünde sollten – wie sich am Ende des Krieges herausstellte – davon verhältnismäßig verschont bleiben. Die beiden Gruppenleiter hatten großmütig auf das ihnen eingeräumte Recht, umzuschulen, verzichtet. Es gab zudem wichtigere Aufgaben für sie, als ihren fliegerischen Ehrgeiz mit einer Me 163 zu befriedigen. Ruthammer stellte sich beim Umschulen ungeschickt an und verließ eines Tages das ihm zum Flug anvertraute Segelflugzeug, indem er sich mühsam aus Sperrholztrümmern herauswand, zu denen er ein stolzes Kunstsegelflugzeug vom Typ „Habicht" verwandelt hatte. Er kurierte seine blauen Flecke aus und verzichtete – weise geworden – auf den Raketenstart.

Den Flugbaumeister Hans Boye hatten wir bald als einen außerordentlich gewandten und einfühlsamen Versuchsflieger erkannt, der mit seiner vorher schon erworbenen Routine es bald gar nicht so schwer fand, die Me 163 auf der langen Skala der Geschwindigkeiten zwischen 100 und 1000 Stundenkilometer mit Eleganz durch die Atmosphäre zu bewegen. Bald hatte er sich eine solche Sicherheit angeeignet, daß er mit Opitz und mir zusammen gleichzeitig in einem Kettenverband startete. (Leider haben wir mit dieser gelungenen Vorführung bei den hochgestellten Persönlichkeiten, die unsere Zuschauer waren, den falschen Eindruck erweckt, dieses Flugzeug wäre bereits völlig truppenreif.) Er machte eine Reihe von Triebwerks-Erprobungsflügen, die sehr dazu beitrugen, daß wir im Jahre 1943 mit der Schulung von Militärpiloten beginnen konnten.

Im Grunde waren wir alle sehr froh, daß Boye auch selbst flog. Denn wir zogen daraus die beruhigende Schlußfolgerung, Boye werde schon aus Selbsterhaltungstrieb dafür sorgen, daß alle Mängel am Triebwerk schnellstens ausgemerzt sein würden. . . Im Januar 1943 blieb ihm das Triebwerk stehen, als er in der 163 A V7 weit draußen über der Ostsee flog. 6 Kilometer vom Ufer entfernt mußte er auf das Wasser herunter. Bei der Landung flog das Kabinendach weg, ein harter Wasserschwall schlug ihm in das Gesicht und verletzte ein Auge schwer. Die 163 schwamm, denn die Tanks waren leer und gaben genug Auftrieb. Ein Rettungsboot schleppte Pilot und Flugzeug an die Küste. Und nachdem das Salz des Ostseewassers abgewaschen war, stellte sich heraus, daß das Flugzeug weit geringere Schäden abbekommen hatte als der Versuchspilot, der fortan auf das Fliegen wegen seiner Augenverletzung verzichten mußte. Dafür trug er durch seine Ingenieurarbeit in den letzten Kriegsjahren noch wesentlich dazu bei, daß wir das „heiße" Walter-Triebwerk auch bei der Truppe einsetzen konnten.

Leppert wurde nicht umgeschult, da ja Boye hervorragend einschlug. Dafür gelang es Bernhard Hohmann an Stelle des ausgefallenen Flugbaumeisters Ruthammer auf das Karussell unsrer Umschulung aufzuspringen und nach dem Unfall Boyes in die Position des einzigen E-Stellen-Piloten einzurücken, der von uns auf die Me 163 B umgeschult wurde. Im Grunde war dieser Versuch mit Hohmann ein großes Risiko – sowohl für ihn wie auch für die E-Stelle. Die wollte sich wohl keinen Mißerfolg mit einem unerfahrenen Flugzeugführer einhandeln. Zur Erfüllung ihrer Aufgaben brauchte sie aber eben die Arbeit eines Testpiloten, um die Produkte der Flugzeugindustrie zu überprüfen. Hohmann jedoch war so gut wie bar jeglicher Flugerfahrung.

Er hatte sich kurz vor Kriegsausbruch bei der Erprobungsstelle Peenemünde beworben und dort eine Anstellung zur technischen Überwachung des Einbaus von Pulver- und Flüssigkeitsraketen als Starthilfen an Motorflugzeugen und Lastenseglern erhalten. Er hatte vordem das Kyffhäuser-Technikum besucht und dabei eine erste Motorflug-Ausbildung bis zum A2-Schein erhalten. Danach war er Flugleiter einer Segelflugschule bei Frankenhausen gewesen. Nach Peenemünde war er mit dem festen Vorsatz gekommen, auf alle Fälle irgendwann und irgendwie auch eine Verwendung als Flugzeugführer für sich herauszuschlagen. Da die Flugbaumeister der Erprobungsstelle nur die wichtigen Erprobungsflüge machten, bot sich Hohmann für alles das an, was von der Reichen Tisch abfiel. Mußten Geräte oder Personal mit dem Fieseler Storch zur Insel Oie gebracht werden, Hohmann flog da hin. Wenn es sein mußte, zehnmal am Tag. Wenn ein Ingenieur eine Dienstreise zu einem abgelegenen Ort auszuführen hatte – Hohmann erbot sich, ihn im Storch dorthin zu fliegen. Wenn für den Lastensegler ein Pilot gebraucht wurde – Hohmann war ja Segelfluglehrer, er flog gern und jederzeit auch den Lastensegler. Hohmann war auch sonntags da, wenn es verlangt wurde. Und wenn er dabei fliegen konnte, um so besser.

So holte er sich wenigstens etwas Flugpraxis. Der Krieg brach an, Flugzeugführer wurden an der Front gebraucht, an einen neuen Testpiloten für Peenemünde war nicht zu denken. Die E-Stelle mußte zufrieden sein mit dem, was sie hatte. Sie hatte Hohmann. Hohmann war bereit, alles zu fliegen, was man ihm nur erlaubte. Die E-Stelle erlaubte alles. Hohmann war deshalb auch bereit, die Me 163 zu fliegen, wenn es sein mußte. Nein, wenn es sein durfte. Denn Hohmann war gleich ganz versessen darauf, den gefährlichen Raketenvogel zu fliegen. Für Hohmann war nichts zu gefährlich. Er wollte ran an den großen Fleischtopf, der Erprobungsfliegen heißt. Wenn man ihm da eine Tür öffnete, er trat ein, egal, ob der Teufel da auf ihn wartete. Also wurde eines Tages auch mit Bernhard Hohmann der Versuch gemacht, ihn auf den Raketenvogel umzuschulen. Und tatsächlich, er stellte sich ganz geschickt an, machte keinen Bruch und zeigte bei Zwischenfällen, die es reichlich gab, daß er strapazierfähige Nerven besaß.

Wir haben im Rahmen der Umschulung von Militärflugzeugführern ähnliche Versuche gemacht. Das Personalamt der Luftwaffe konnte uns nicht genügend fronterfahrene Jagdflieger abordnen. So versuchten wir es auch mit ehemaligen Fluglehrern, Lastensegelfliegern, Überführungs-Piloten, Aufklärungsfliegern. Jetzt, nachdem alles weit zurück liegt und gut zu überblicken ist, zeigt sich: Abschüsse wurden mit der Me 163 einzig und allein nur von solchen Piloten gemacht, die vordem auch schon auf Me 109 oder FW 190 Luftkämpfe erfolgreich bestanden hatten. Die Ausbildung von Nicht-Jagdfliegern war unzweckmäßig gewesen.

Bernhard Hohmann war von mir in Umschulung genommen worden, weil die Erprobungsstelle Peenemünde uns keinen anderen Flugzeugführer vorschlagen konnte oder wollte. Hohmann hat viele Flüge auf der Me 163 A und der Me 163 B ausgeführt. Er hat dabei manche brenzlige Situation durchgestanden, in die ihn gelegentlich die bis zuletzt äußerst störanfälligen Triebwerke brachten. Er hat dadurch für die Untersuchungen des Flugbaumeisters Hans Boye wichtige praktische Hilfe geleistet. Mängel am Triebwerk, die bei den Werksflügen von Dittmar und Opitz und beim Flugbetrieb im Erprobungs-Kommando 16 auftraten, fanden dadurch Bestätigung und konnten so auch bei der E-Stelle die vorgesehene Bearbeitung erfahren. Aber mit dem Testfliegen war es ähnlich wie mit dem Abschießen von Flugzeugen. Beides setzt einschlägige Erfahrung voraus. Und vom Testfliegen hatte Hohmann eben kaum eine Ahnung, keinesfalls aber die nötige Praxis. So war die Werkserprobung der Firmen Messerschmitt und Walter vornehmlich auf die Resultate der Flüge angewiesen, die beim Augsburger Werk oder im Aufgabenbereich unseres Erprobungs-Kommandos anfielen. Ein Beispiel mag das erläutern.

Nachdem die ersten beiden Me 163 B mit dem heißen Triebwerk durch Flüge von Rudolf Opitz im Prinzip die Werkserprobung bestanden hatten, wurde aus der nun anlaufenden V-Serie auch eine Maschine nach Peenemünde gegeben, wo Hohmann einige Starts machte, nachdem er von Opitz eingewiesen und umgeschult worden war.

Mit dem Erprobungs-Kommando 16 hatten wir damals bereits nach Zwischenahn verlegt und begannen dort, mit unserem Bodenpersonal die ersten Me 163 B für die Einsatz-Erprobung klarzumachen. Einige wenige Einweisungsflüge hatten Pöhs und ich wohl schon auf dem Fliegerhorst Lechfeld machen können. Aber nun war Bewaffnung, Funkgerät, kurz die gesamte Ausrüstung für den militärischen Einsatz eingebaut. Und jetzt bestand die wichtigste Aufgabe bei den folgenden Flügen darin, festzustellen, ob der Vogel als Interzeptor, als Abfangjäger, überhaupt verwendbar war. Dieser Raketenjäger sollte einen einfliegenden Bomber oder Aufklärer oder auch Begleitjäger nach einem rasanten steilen Steigflug mit den starr eingebauten Waffen abschießen können. Dazu mußte das Flugzeug – wie alle bisherigen Jagdflugzeuge – mit der Längsachse, also seiner Flugrichtung, auf das Feindflugzeug ausgerichtet werden. Bei einem Anflug von hinten, dem gebräuchlichsten und am wenigsten komplizierten Angriffsverfahren, bedeutete dies, daß die Me 163 aus einem Steigwinkel von 30 bis 60 Grad (je nach Flughöhe) in den Horizontalflug nach vorn gedrückt werden mußte.

Als ich dies beim ersten Start mit einer „B" zu machen versuchte, blieb mir schlagartig das Triebwerk stehen. Es blieb immer stehen, wenn während der Laufzeit eine geringe negative Beschleunigung durch eine Steuerbewegung erzeugt wurde. Das war ein erhebliches Handicap für den Jagdflieger, der damit abschießen sollte. Um mit dieser Me 163 in Angriffsposition zu gelangen, mußte der Pilot unter Umständen erst in tadellosem Kunstflug eine halbe „Faßrolle" zur Rückenlage vollführen, dann im Rückenflug das Flugzeug mit „positiven g-Kräften" in den Horizontalflug ziehen und es anschließend wieder mit einer vorschriftsmäßigen halben „Faßrolle" zur Normallage zurückbringen. Dann erst konnte er auf die Waffenknöpfe drücken und schießen.

Wie mir später berichtet wurde, sollen die Feldwebel Ryll und Schubert bei Angriffen auf Bomber in der Tat solche Flugakrobatik betrieben und damit auch Erfolg gehabt haben. Aber im Augenblick des Kampfes auf Leben und Tod ist den meisten Jagdfliegern rücksichtsvolles weiches Fliegen wie auf einem sonntäglichen Flugtag in der Heimat nicht abzuverlangen. Wenn ich ehrlich bin, muß ich gestehen, daß ich selbst im Herbst und Winter 41 vor Leningrad mindestens dreimal mit selbst verursachten Schäden an den Tragflächen meiner Me 109 nach Hause gekommen war. Im Luftkampf mit Sowjet-Jägern flog ich ohne Rücksicht auf die Beanspruchungsgrenzen des eigenen Flugzeugs hinter dem Gegner her, bis er fiel. Um ihm bei der vielen Kurverei folgen zu können, hatte ich nicht mehr auf zulässige Geschwindigkeiten und Lastvielfache geachtet. . .

Als sich herausstellte, daß das Triebwerksaussetzen bei der Me 163 B vom Hersteller-werk aus Sicherheitsgründen als Automatik vorgesehen und auch nicht abzustellen war, fragte einer bei Hohmann an, ob er das auch beobachtet habe. Die Antwort lautete: „Ja! Warum?" Er flog und war kritiklos zufrieden, immer wieder einigermaßen glatt gelandet zu sein.

Hohmanns Stärke waren seine guten Nerven, die es ihm erlaubten, z. B. mit brennendem Triebwerk und verqualmter Kabine und Ausblick nur durch das kleine Seitenfenster noch eine saubere Landung zu machen, als seine Lage bereits völlig aussichtslos zu sein schien. Daß ihm dabei das halbe Leitwerk verbrannt und die Gefahr einer Explosion sehr nahe gewesen war, hielt ihn nicht davon zurück, sofort wieder zu starten, als ihm das nächste Flugzeug einsatzbereit zum Fliegen angeboten wurde. Als ihm bei einem Start durch Verschmutzung von Treibstoffsieben just in dem Augenblick das Triebwerk auszugehen drohte, während er kurz nach dem Abheben mit mehr als 300 km/h auf den Wald am südöstlichen Flugplatzrand von Peenemünde zuschoß, besaß er ausreichend Seelenruhe, den Gashebel behutsam zurückzunehmen und dann wieder hochzuregeln. Das Wunder geschah – das Triebwerk ging wieder auf Vollschub und die 163 knallte nicht mit Blitz und Donner in die Föhrenstämme, sondern zog darüber hinweg und jagte schließlich in gewohnter Bahn in sichere Höhen.

Startprobleme

Noch während der Besprechung im Werk Augsburg kam eine Büroangestellte mit einer Telefon-Notiz zu mir. Anruf aus Peenemünde: „Hauptmann Kiel bei Triebwerks-start abgestürzt. Liegt verletzt im Luftwaffen-Lazarett in Anklam." Also flog ich noch am Abend wieder zur Ostsee-Insel zurück.

Am nächsten Tag berichtete mir „Pitz". Kiel sollte zu einem Triebwerksflug starten. Es wehte ein kräftiger Nordwest, leider nicht parallel zu einer der Startbahnen. So suchte man eine passende Startstelle auf dem Rasen vor dem E-Stellengelände. Bei halb vollem Tank und 40 km/h Gegenwind mußte die Maschine spätestens nach 200 bis 250 Metern Rollstrecke abgehoben haben. Pitz schritt persönlich die für den Start vorgesehene Grasbahn ab, sie war einwandfrei. Leider hatte er die Rechnung ohne den Wirt gemacht, in diesem Falle ohne Hans Kiel, den umzuschulenden Piloten. Der war beim Auftanken der Maschine schon dabei gewesen und hatte dem Tankwart „dienstlichen Befehl" erteilt, beim Auffüllen des T-Stoffes es nicht bei 500 Kilo bewenden zu lassen, sondern den Tank voll zu füllen. 1050 Kilo T-Stoff paßten hinein. Der Tankwart füllte sie auf. Dazu 60 Kilo Z-Stoff. Das waren 600 Kilo mehr als vorgesehen. Die zwei Tankwagenfahrer waren gutmütig und zu jeder – wie sie meinten – guten Tat bereit. Und Hans Kiel ließ sie merken, daß ein Hauptmann mit dem Ritterkreuz am Halse keinen Widerspruch duldete. Mit vollem Fluggewicht kam die brave V5 selbst nach 300 Metern Rollstrecke noch längst nicht vom Boden frei. Bei 400 Meter – verflixt noch mal – war wieder so eine schlecht zu erkennende Delle im Boden. Keiner war so weit gelaufen, niemand hatte sie vorher gesehen. Genau wie bei meinem ersten Start im Mai! Nur mit dem Unterschied, daß damals eben wirklich nur halb voll getankt war.

Die Bodenwelle wippte das noch keineswegs schwebefähige Flugzeug in die Luft. Aus zehn Metern Höhe sackte es danach wie ein Stein wieder zu Boden. Da half alle Fliegekunst eines erfahrenen Piloten nichts. Das Fahrwerk brach beim Aufprall, gleich danach wirbelte verdächtiger weiß-grauer Qualm aus dem dahinrutschenden Wrack. Kiel hatte vernünftigerweise das Triebwerk abgestellt. Die Feuerwehr war schleunigst zur Stelle, denn ihr Auftrag war gewesen, so lange wie möglich hinter dem startenden Flugzeug herzufahren. Für den Fall der Fälle, der hier leider eingetreten war. So zogen vorne zwei der asbest-bekleideten Männer den ächzenden Kiel aus dem Führersitz, während hinten bereits Schläuche ausgelegt wurden und das Kommando „Wasser marsch" ertönte. Dennoch hatte der ausgelaufene T-Stoff schwere Brandschäden am Flugzeug angerichtet.

„Berlin will sofort ausführlichen Bericht", schloß Opitz seinen Rapport. Eine volle Stunde saß ich bleistiftkauend in meinem Barackenzimmer. Dann nahm ich meinen Entwurf und machte erst einmal den fälligen Krankenbesuch bei Hans Kiel.

Man hatte ihn in ein Bett gelegt, das statt einer weichen Matratze einen harten Bretterboden aufwies. Etwas bekümmert blickte er mir entgegen, das schlechte Gewissen schien ihn doch zu plagen. „Alles halb so schlimm", winkte er ab, als ich nach seinem Befinden forschte. „Zwei Wirbelfortsätze sind angeknackt. Dauert nur ein paar

Wochen, dann bin ich wieder dabei", fügte er hinzu. „Verpflegung ist nicht besonders hier. Doch die Krankenschwester ist große Klasse." Aber schon wieder machte er ein sorgenvolles Gesicht: „Ich hab' da möglicherweise mein Können überschätzt. Das mit dem Volltanken war ja wohl Quatsch. Ob mich der Galland jetzt wieder in die Wüste schickt?. . ."

„Kommt darauf an, wie wir ihm den Fall erklären", beschwichtigte ich Kiel – „laß mich nur machen". Ich holte das Manuskript meiner Unfallmeldung für den General der Jagdflieger hervor.

Hans Kiel hatte aufmerksam zugehört, als ich ihm den Entwurf meines Unfallberichtes vorgelesen hatte. „Nicht schlecht", stellte er lakonisch fest. „Aber diese Formulierung ‚ist nicht auf einen Fehler in der Konstruktion zurückzuführen' – die wird wohl doch zu meiner Ablösung vom E-Kdo 16 führen."

„Das Fahrwerk war ja auch nicht schuld an dem Unfall", gab ich zu bedenken. „Lügen kann ich deshalb nicht. Doch ich habe das mit der ‚mangelnden Tätigkeit' wegen einer Preßluftschleuder bei den Deutschen Werken in Kiel hinten dran gehängt. Und ich wette tausend Mark, daß die Herren in Berlin sich damit noch mehr befassen werden als mit einer gimpflich verlaufenen Bauchlandung eines Raketenflugzeugs."

Hans Kiel erhielt Genesungswünsche und Besuche und Blumen von überall her. Ich aber wurde Mitte Oktober in das Reichsluftfahrtministerium nach Berlin bestellt, um mir dort sagen zu lassen, daß die Entwicklung der Preßluftschleuder noch keineswegs in ein Stadium gerückt sei, in dem ein Erprobungskommandoführer Kritik darüber äußern dürfe.

Der Leser wird verstehen, daß an diesem Tage bei mir die ganze Institution des RLM mit allen seinen Stäben nicht gerade Fröhlichkeit erweckte. Als ich im riesigen Gebäudeblock die Flure entlang marschierte, um meinen Aufenthalt in Berlin mit ein paar notwendigen anderen Gesprächen auszufüllen, klopfte ich natürlich auch bei „unserem" Sachbearbeiter der Me 163, Fliegeroberstabsingenieur Antz, an. Hier erfuhr ich zu meiner Verblüffung, daß der Hinweis in meinem Flugunfall-Bericht auf mangelnde Starthilfen eine ganz unerwartete Hilfsaktion ausgelöst hatte.

Antz, der sich um alle Entwicklungen strahlgetriebener Flugzeuge zu kümmern hatte, war es natürlich ganz klar, wie dringend nötig die Me 163 irgendeine Starthilfe hatte, ja daß bei der kurzen Laufdauer des Walter-Triebwerkes eine Unterstützung im Startvorgang zu einer Betriebsstoff-Einsparung führte, die diesem Interzeptor überhaupt erst die erforderliche Mindestflugdauer verschaffte. Schon wenige Tage, nachdem mein Bericht mit dem Hinweis auf die nicht vorhandene Preßluftschleuder bei ihm vorlag, hatte er sich hingesetzt und eine ausgezeichnete Idee zu Papier gebracht, die vom GL/ CE-Chef, Oberst Vorwald, dann als Geheime Kommandosache an sieben verschiedene Stellen des Führungsstabes und des Generalluftzeugmeisters zur Stellungnahme verteilt worden war.

Auf vier Schreibmaschinen-Seiten hatte Antz die Bildung von „Startzügen" auf den Geleisen der Reichsbahn vorgeschlagen. Komplette Eisenbahnzüge, bestehend aus Lokomotive, Treibstoff-Kesselwagen, Plattformwagen, Flugzeugtransportwagen, Werkstattwagen, Lagerwagen, Startwagen und Unterkunfts- und Gefechtsstandwagen sollten mit je 6 Me 163 an allen möglichen Stellen im Reichsgebiet zum Einsatzkommen, wobei die Me 163 von den Schienen mit Raketenhilfe starten und dann auf einer Wiese oder einem Feld neben den Gleisen wieder landen sollten. Vorteile: Man spart Flugplatz-Einrichtungen und ist in ganz Europa auf dem dort überall anzutreffenden Normalspurgleis einsatzbereit. Die Starthilfe auf dem Gleisraketenwagen wäre außerdem die Garantie für eine erhebliche Reichweiten- und Flugdauer-Vergrößerung gewesen, deren die 163 dringend bedurfte.

Sieben Dienststellen, denen der Vorschlag zugegangen war, hatten sieben verschiedene Stellungnahmen zurückgegeben. Die meisten sahen mehr Nachteile als Vorteile. Wichtigstes Argument dagegen: Die Me 163 kommt ja schon mit dem vorhandenen Fahrwerk in die Luft. Wir haben keine Kapazität mehr, darüber hinaus noch etwas anderes vorzusehen. Es ist Krieg.

Eine Preßluftschleuder oder ähnliche Starthilfe ist – abgesehen von abwerfbaren Feststoff-Raketen – auch trotz wiederholter Forderungen nie für die 163 fertiggestellt worden. Und dabei haperte es im Herbst 42 noch ganz erheblich mit der vom Konstrukteur vorgesehenen Startmethode! Dittmar hatte bei Werkserprobungsflügen herausgefunden, daß der Sporn bei der Me 163 B für einen Start mit Triebwerk viel zu tief lag. Der Flugzeugführer hatte über die ersten 600 bis 800 Meter Rollstrecke keine Sicht voraus. Der Luftwiderstand des steil angestellten Flugzeugs war in dieser Lage unverantwortlich groß. Es war klar: So ging es nicht. Dipl. Ing. Hubert hatte dringend um meinen Besuch gebeten, und dann war mir die Kalamität im Kreise von einem halben Dutzend der engsten Mitarbeiter Lippischs gebeichtet worden. Natürlich gäbe es mehrere Möglichkeiten, dem Übelstand abzuhelfen. Auf jeden Fall wäre eine Änderung der Serie nicht mehr zu vermeiden. Eine Änderung aber bedeute Terminverzug. Und Terminverzug bedeute für die Verantwortlichen, daß sie unzweifelhaft äußerst schlechten Zeiten entgegensehen müßten. Das könne bis zum Vorwurf der Schädigung der Verteidigungsbereitschaft des Volkes gehen.

Welche Lösungen sie vorzuschlagen hätten, wollte ich wissen. „Das Einfachste und Beste wäre ein V-Leitwerk anstelle des Seitenleitwerks", äußerte Dipl. Ing. Rentel trocken. „Dann haben wir ein ausreichendes $c_{a\,max}$ bei Start und Landung und alle Sorgen im Konstruktionsbüro sind wie weggeblasen. Aber sobald Lippisch erfährt, daß wir seine Schwanzlose mit einem Höhenleitwerk versehen wollen, bin ich ziemlich sicher, besorgt er sich eine Maschinenpistole und schießt uns alle tot. Deswegen geht das nicht!" Alle nickten in einmütiger Überzeugung.

„Na, und bei welcher Lösung läßt euch Lippisch am Leben?" forschte ich weiter.

Diese Lösung war Dittmar eingefallen. Und das „Kobü" hatte in einem außerordentlichen Kraftakt mit Dauerarbeit über einige Tage und Nächte hinweg auch schon die Zeichnungen dafür fertig: Der Sporn erhielt eine kräftige Ausbuchtung, indem man ihn so weit herunterzog, daß sogar ein kleines Spornrad darin Platz fand.

„Gut, wenn es keine besseren Vorschläge gibt, dann macht das halt so in Gottes Namen", ließ ich meine Meinung hören.

Ja, aber dann müsse ich auch das Schwierigste dabei übernehmen, nämlich: Generalluftzeugmeister und Luftwaffenführungsstab klarzumachen, daß das sein müsse und daß der Terminverzug vertretbar sei.

Also schrieb ich in meinem Arbeitsbericht Nr. 8 vom 16. 9. 42:

Im Gegensatz zu Flugzeugen mit Normalleitwerk, deren Höhenruder vom Startbeginn an durch den Luftstrahl des Triebwerkes angeblasen werden, muß das schwanzlose Flugzeug, dessen Höhenruder (gleichzeitig Querruder) sich an den Flächenaußenseiten befindet, erst eine erhebliche Startgeschwindigkeit erreicht haben, bevor Höhenruderwirkung auftritt. Bis zu diesem Stadium rollt das schwanzlose Flugzeug in Dreipunktlage (mit dem Sporn am Boden). Es ist dabei nicht zu verhindern, daß bereits Auftriebskräfte am Flügel wirksam werden, bevor durch das Höhenruder der Sporn gehoben und dem Flugzeug normale Rollage gegeben werden kann. Diese Auftriebskräfte am Flügel während des Anrollens sind zwar nicht so groß, daß sie das unter einem ziemlich steilen Anstellwinkel sich bewegende Flugzeug von allein zum Abheben bringen. Unebenheiten der Rollbahn, die die Federung des Fahrwerkes nicht mehr aufnimmt, können jedoch bereits Ursache dafür werden, daß das Flugzeug beim Rollen springt. Diese Sprünge aber sind wegen mangelnder Ruderwirkung nur schlecht oder gar nicht auszusteuern.

Hinzu kommt, daß Ruderkräfte bzw. Ruderwirkung entsprechend der Steigerung der Rollgeschwindigkeit im raschen Übergang von Null bis zu Normalverhältnissen anwachsen. Dies stellt eine Flugeigenschaft dar, die bei Flugzeugen, deren Höhenleitwerke im Luftschraubenstrahl liegen, nicht auftritt und das Umschulen auf die Me 163 in ihrem bisherigen Zustand sehr erschwert.

Eine Beseitigung dieser Startschwierigkeiten wäre zu erreichen durch Verwendung eines Bugrad-Fahrwerkes. Damit wäre dem Flugzeug während des gesamten Rollvorganges jene Lage gegeben, die es bis zum Abheben vom Boden beibehalten muß. Der Flugzeugführer brauchte nur mit normaler Knüppelstellung das Erreichen der Abhebegeschwindigkeit abwarten, um das Flugzeug dann vom Boden wegzuheben, ohne vorher genötigt zu sein, bei dauernd sich verändernden Ruderwirkungen und Ruderkräften geradezu einen schwierigen „Balanceakt" um die Querachse des Flugzeuges zu vollführen. Ein Umbau der Me 163 auf Bugrad-Fahrwerk ist technisch nicht mehr möglich. Er würde die Umkonstruktion nahezu des gesamten Flugzeuges erfordern.

Auf Vorschlag von Flugkapitän Dittmar wurde jedoch bei der Me 163 B V 1 eine wesentliche Erhöhung des Spornes vorgenommen. Das Flugzeug erhält dadurch beim Rollen eine Lage, die beinahe derjenigen entspricht, die bei Verwendung eines Bugrad-Fahrwerkes erreicht würde. Dieser neue Sporn gestattet trotzdem noch nach Abwerfen des Fahrwerkes eine einwandfreie Landung auf der Kufe. Die mit der neuen Spornausführung vorgenommenen Flüge zeigten ein nunmehr völlig zufriedenstellendes Verhalten des Flugzeuges beim gesamten Startvorgang. Da die bei der Me 163 B V 1 versuchsmäßig vorgenommene Vergrößerung des Spornes für Dauerbetrieb nicht fest genug ist, ergibt sich die Notwendigkeit, für die Serienausführung der Me 163 B eine Änderung des Rumpfendes durchzuführen. Diese Änderung wird z. Zt. zur Erprobung an der V 1 bereits vorgenommen. Um auch den Flugzeugen des Musters Me 163 A die erforderliche Sicherheit beim Start zu geben, wurde vom E-Kommando 16 eine Vergrößerung des Spornes auch für dieses Muster vorgeschlagen.

In Berlin hatte niemand etwas dagegen.

Rückschläge

Es war einer jener diesig-grauen Oktobertage, die den nahenden Winter schon ahnen ließen. Selbst für Schleppflüge bot das Peenemünder Wetter zu wenig Sicht, abgesehen davon, daß die Wolkenuntergrenze fast nur einen Steinwurf hoch zu sein schien. Nichts ist besser geeignet für den Papierkrieg als so eine „meteorologische Minusleistung", wie Hans Kiel es bezeichnete. Doch er wußte auch schon gleich eine sehr zweckmäßige Verwendung für diesen Vormittag, der sich nach der im Flugfunk gebräuchlichen Abkürzung an der Grenze zum „QBI" befand. Er erinnerte sich, wo ein kleines Motorboot im Hafen lag, das sonst den Fischern im Dorf Peenemünde zum Aalfang diente. Im Handumdrehen hatte er es für uns „organisiert", damit wir an diesem Tage zwei Außenstellen der Erprobungsstelle der Luftwaffe Peenemünde-West besichtigen konnten: die Greifswalder Oie und – auf dem Rückweg – den Struck. Auf der Insel Oie befand sich eine Gerätestellung der Nachrichten-Truppe, deren Mitarbeit wir zur Funkerprobung der Me 163 bald sehr nötig haben würden.

Natürlich hatte Kiel wieder einen angenehmen Nebenzweck mit seinem Vorschlag im Auge gehabt: Wir nahmen Herbert Unger, den Jagdbeauftragten der Peenemünder Forste, mit an Bord. Und unter seiner Führung und mit Hilfe meiner zwei Doppelflinten hatten wir auf dem Struck in kurzer Zeit mehr als ein Dutzend Wildenten erlegt. Jetzt lagen sie im Heck unseres Kahnes, und mit halber Kraft tuckelte uns der kleine Diesel durch das Peenewasser dem Fischer-Hafen zu. Joschi Pöhs war gerade bemüht, den Wachtelhund Ungers mit einem alten Tuch wieder trockenzureiben, nachdem der auf dem Struck mindestens 10 der Enten aus dem undurchdringlichen Binsengestrüpp apportiert hatte. Kiel aber saß hinten auf dem Bootsheck und achtete auf den Blinker, den er an einer kräftigen Angelschnur im Kielwasser dahindrehen ließ. Es dauerte nicht lang, und ein mächtiger Hecht hing ihm am Haken und wurde unter dem Beifall aller Fahrgäste an Bord gehievt.

„Was meint ihr, wie sich eure Braut zu Hause freut, wenn ihr ihr mal als Feldpostpaket eine Ente in die Heimat schickt." Unger nickte bekräftigend mit dem Kopf zu seinen Worten und sah zufrieden in die Runde.

„Sag'ns amal – wie sind Sie eigentlich hierher nach Peenemünde 'kommen?" fragte Pöhs, der noch mit dem Trocknen des Hundes zu tun hatte. „Und welche Aufgabe haben Sie hier bei der Erprobungsstelle? Denn Jagdaufseher spielen's doch wohl nur im Nebenberuf!"

„Bin hier mehr oder weniger Faktotum, Mädchen für alles", antwortete Unger, ein Mann dessen Zügen wie auch Dialekt man entnehmen konnte, daß er aus dem Osten Deutschlands stammte. „Gehörte schon 1937 zu dem kleinen Haufen", fuhr er fort, „der als Keimzelle der Erprobungsstelle Peenemünde damals in Neuhardenberg Testflüge mit Heinkel-Maschinen vorbereiten half. Zuerst waren da Vorversuche mit der He 112 V3 und -V4. Habe dabei mitgewirkt, in die eine das Braunsche Triebwerk, in die andere das Walter-Triebwerk einzubauen. Hatte alles nur den Zweck, herauszufinden, welches der beiden einfacher zu handhaben war, damit das bessere davon dann in der He 176 verwendet wurde."

Alle, die im Boot saßen, hatten aufzumerken begonnen. Hier erzählte einer, der bei den Anfängen des Fliegens mit strahlgetriebenen Flugzeugen dabeigewesen war. Das war also nun schon fünf Jahre her. „Wer war denn damals noch mit dabei?" fragte Joschi Pöhs wißbegierig weiter.

„Testpilot", fuhr Unger zu erzählen fort, „der Erprobungsstelle für strahlgetriebene Flugzeuge war Warsitz. Ein ausgezeichneter Flieger, der mehr als einmal sein Leben riskiert hat. Er flog schon den Focke-Wulff „Stößer", der zusätzlich ein Walter-Triebwerk eingebaut erhielt. Erst hatte Dr. Pleines von der DVL nur Versuche mit einem Walter-Triebwerk gemacht, um Roll-Momente und Roll-Dämpfung der FW 56 zu messen, indem er an den Flächenenden senkrecht zur Flugrichtung kurzzeitig einen Raketenstrahl abblies. Es wurde gemessen, wie schnell oder wie stark die Tragfläche sich in Kurvenschräglage begab, sobald ein bestimmter Impuls nach oben oder nach unten wirksam wurde. Als Dr. Pleines seine Messungen abgeschlossen hatte, bauten die Ingenieure Bruder und Buchholz von der Peenemünder Gruppe Hengst ein Triebwerk ein, das der ‚Kiste' zusätzlich zum Propellerzug in Flugrichtung noch Raketenschub vermittelte. Das hättet ihr mal miterleben sollen, wie der „Stößer" mit der aufmontierten Walter-Rakete im Start abdonnerte und steil in den Himmel stieg! Na ja, das wurde dann ja auch praktisch angewendet bei den Walter-Starthilfen. 1939 haben wir das alles einschließlich der He 176 in Rechlin bei einer großen Besichtigung auch dem Führer vorgeführt."

Unger kramte in seiner Brieftasche und zog ein Foto heraus. „Hier seht ihr die ganze Gruppe der E-Stelle, die damals dabei war. In der Mitte steht Warsitz in seiner weißen Schutzkombination, neben ihm Pauls, unser heutiger E-Stellenleiter, etwas weiter weg Jupp Wrede. Und der Kerl, der da in einem schwarzen Monteurkittel Warsitz zu Füßen hockt – das bin ich."

„Wer war damals Leiter der Erprobungsstelle Peenemünde-West?" forschte Joschi Pöhs unseren Jagdaufseher weiter aus. „Das war", erklärte Unger bereitwillig, „Diplom-Ingenieur Helmut Goeckel. Der war in den Anfängen ein unermüdlicher und erfindungsreicher Organisator. Ohne ihn lief nichts. Und wir gingen alle für ihn durchs Feuer. Der arbeitete Tag und Nacht, wenn es darauf ankam. Und Goeckel kam es fast immer darauf an. Na und wir anderen ließen uns nicht lumpen."

„Wie flog denn diese He 176?" fragte Kiel, der trotz seiner Angelei vom Heck aus aufmerksam zugehört hatte. „Das Ding soll ja viel zu wenig Tragfläche gehabt haben und war bestimmt nicht leicht zu starten und zu landen."

„Richtig", bestätigte Unger. „Jeder Start, jeder Flug war eigentlich für Warsitz ein Spiel mit dem Tode. Wir waren jedesmal heilfroh, wenn der Vogel wieder unzerstört am Boden war. Diese He 176 kippelte unwahrscheinlich. Der Abstand der beiden Fahrwerksräder war außergewöhnlich gering. Deshalb ist dem Warsitz auch – so viel ich weiß – schließlich von Udet verboten worden, überhaupt noch damit zu fliegen. Aber die ersten Raketenflüge sind in diesen Jahren von Warsitz und keinem anderen gemacht worden. Und wir waren seine Mannschaft. Ich persönlich habe ihm stets vor dem Start das Hauptventil am Triebwerk aufgedreht, und dann fuhr ich bei Start und Landung im

Begleitwagen hinterher. So habe ich ihn einmal aus der brennenden Maschine herausziehen können."

„Hat der Warsitz sein gefährliches Handwerk überlebt?" fragte ich unseren Erzähler nun. „Hier in Peenemünde habe ich bis jetzt nichts von ihm gehört und gesehen."

„Den hat uns natürlich der listige Papa Heinkel mit einem guten Gehalt schnell in seine Fabrik weggelockt", klärte Unger uns auf. „Ob er heute dort noch anzutreffen ist", fuhr er achselzuckend fort, „weiß ich nicht zu sagen."

„Wer wurde denn sein Nachfolger?" wollte einer nun wissen.

„Das war Reins", fuhr Unger in seinem Berichte fort, „auch ein schneidiger Ingenieurpilot. Doch was half ihm sein Schneid, als ihm bei einem Flug mit der He 112 V4 – die Versuchsmaschine mit dem v. Braunschen Triebwerk war das – der Ofen durchbrannte. Brennender Treibstoff lief in die Höhenruderflossen. Das Leitwerk brannte. Aus 500 Meter Höhe ging die Maschine ungespitzt in die See. Dort drüben, 50 Meter vom Strand entfernt, lag der Bruch im flachen Wasser. War nicht mehr viel übrig. Ich holte ihn raus. Tot. Wir haben die größte Halle nach ihm benannt. Nun wißt ihr, warum."

Unger schwieg nachdenklich und packte das Foto wieder sauber in die Brieftasche. Bald legte das Boot am Pier von Peenemünde an. Hans Kiel lieferte mit großem Trara drei Hechte bei der Fischerei-Verwaltung ab. Unter dieser Ablenkung gelang es, die vielen Wildenten unauffällig beiseite zu schaffen.

„Was werden sich deine diversen Bräute freuen", stichelte einer, als Kiel mit Genugtuung das erlegte Federvieh im Kofferraum eines Kraftwagens verstaute.

„Andere haben auch große Familien", verteidigte sich Hans Kiel geschickt. „Hier in dem ganzen Dorf Peenemünde soll es bei all den vielen Einwohnern insgesamt nur zwei Familien geben. Wenn ich mit einer davon verwandt wäre, müßte ich wahrscheinlich schon alle mir zustehenden Enten dort verteilen. . ." Alles lachte.

Boye, der zufällig des Weges kam und den Grund unserer Fröhlichkeit mitbekommen hatte, bestätigte sofort die Richtigkeit dieser Behauptung. „Hier im Dorf", berichtete er mit etwas gedämpfter Stimme, „gibt es ein paar Dutzend Leute, die alle Kröger heißen. Sind alle miteinander verwandt. Durch die Bank von Kind an Wilddiebe. Der Heeresgut-Verwalter Christigkeit stellte eines Tages im Wald einen Kröger und nahm ihm die Wilderer-Waffe ab. Ein paar Tage danach schoß ihm ein anderer Kröger durch den Hut. Zur Warnung, sozusagen. Dafür kriegte der dann nach langer Vernehmung einen Karabiner in die Hand gedrückt und mußte den Testbeschuß auf einen geschützten C-Stoff-Tank machen. Was er freihändig mit präzisen Trefferergebnissen erledigt hat. . ."

Im Horst angelangt trennten sich unsere Wege. Joschi Pöhs hatte erhebliche Sorgen wegen der Walter-Triebwerke. Die wollten wir beide mit Dr. Demant, dem Chef-Chemiker der E-Stelle Peenemünde, einmal durchsprechen. Dr. Demant war mit seinen Chemikern und Laboranten in einem ziemlich abgelegenen Gebäudekomplex untergebracht. „Wahrscheinlich hat man Angst gehabt, er könnte mal bei einem seiner Laborversuche in die Luft fliegen", frozzelte Joschi wegen dieser abseitigen Lage.

Doch Dr. Demant, der uns im Laborkittel empfing, beruhigte uns gleich. Wenn

Versuche bei ihm gemacht würden, dann nur in ganz ungefährlichen Quantitäten. Die gefährlicheren sollten gefälligst die Walter-Leute in Kiel anstellen, die dafür auch besser bezahlt würden.

„Warum", so steuerte Pöhs gleich auf sein Ziel los, „können die Herren in Kiel aber trotz ihrer besseren Bezahlung uns nicht rechtzeitig die Triebwerke für die Me 163 B liefern? Und warum haben wir immer wieder Schwierigkeiten mit dem HWK R II 203 für die Me 163 A?"

„Das kommt wohl zum größten Teil daher", erklärte Dr. Demant in sachlichem Tone, „weil irgend ein Besserwisser in Berlin ganz zu Anfang schon gefordert hat, die Triebwerke müßten von Leerlauf bis Vollschub in weichem Übergang regelbar sein. Diese Regelbarkeit kostete einen enormen Aufwand an Zeit und Mitteln und verursacht selbst heute noch immer wieder Rückschläge in der Entwicklung des Triebwerkes. Man hätte HWK von dieser Forderung befreien müssen, dann wären alle Termine gehalten worden. So aber werden wir noch manches blaue Wunder erleben. Doch jetzt ist es zu spät. Die Triebwerks-Regler sind so gut wie fertig. Jetzt kann man das wohl nicht mehr rückgängig machen."

„Von mir aus brauchen die Triebwerke nur Vollschub zu leisten, sofern man sie nur oft genug ein- und ausschalten kann", brummte Pöhs. Ich mußte ihm beipflichten: „Die Beschleunigung beim stoßartigen Einsetzen des Vollschubes wäre noch nicht einmal 1„g", das ist leicht zu ertragen, sowohl vom Flugzeug wie auch vom Piloten."

„Das RLM glaubte", klärte Dr. Demant uns auf, „man könne keinen Horizontalflug mit mittlerer oder geringer Geschwindigkeit ausführen, wenn man nicht über regelbaren Schub verfügte. So entstand dann wohl diese Forderung. Aber man hätte sich bestimmt behelfen können durch Beschleunigung auf höhere Fahrt mittels kürzerer oder längerer Raketenstöße und dazwischen liegenden Unterbrechungen, in deren Verlauf man von der Überschußfahrt zehren kann."

„Davon bin ich fest überzeugt", nickte Joschi Pöhs.

„Aber dafür ist es nun zu spät!" Dr. Demant zuckte bedauernd mit den Achseln. „Es hat uns leider viel Zeit gekostet, einer offenbar unnötigen Forderung des hohen Ministeriums nachzukommen. Aber sie ist jetzt so gut wie erfüllt. Schon einmal", fuhr er fort, „gab es eine schier untragbare Verzögerung in der ganzen Entwicklung der HWK-Triebwerke, weil es nicht gelang, den Treibstoff so lagerfähig zu produzieren, wie wir das beispielsweise vom Flugbenzin gewohnt sind. Letzteres füllt man bekanntlich in unterirdische Tanks, und noch nach vielen Jahren kann man es unverändert wieder entnehmen. Nicht so mit dem T-Stoff, der mitunter schon wenige Wochen nach Anlieferung begann, sich zu zersetzen, so daß er erneuert, regeneriert werden mußte. Dr. Wehagen ist es zu verdanken, daß er nach vielen, vielen Enttäuschungen endlich haltbar gemacht werden konnte."

„Ich weiß", fiel ich Dr. Demant ins Wort. „Das Geheimnis nennt sich Hydrazinhydrat. Doch warum haben wir mit dem Z-Stoff bei dem HWK R II 203 jetzt noch Schwierigkeiten!? Das hat doch mit der Lagerfähigkeit des T-Stoffes nichts zu tun."

„Diese Schwierigkeiten gehören bereits der Vergangenheit an", behauptete Dr. Demant. „Das Malheur wurde vor kurzem endgültig behoben", verkündete er voller Überzeugung. „Diesmal war es allerdings nicht die Industrie, die den Fehler fand und

116

behob, sondern ein kleiner Chemiker bei einer Erprobungsstelle des Reiches – ein Mann, der sich Dr. Demant nennt", fuhr er lachend aber nicht ohne Stolz fort. „Der Stein des Anstoßes – wenn wir es mal so nennen wollen – waren tatsächlich Steine, nämlich die sogenannten Dampferzeuger-Steine, erfunden von Hellmuth Walter. Leider hat Walter heute anscheinend nicht mehr so viel Zeit, sich selbst noch zu Versuchen in das Labor zu stellen. Sonst wäre ihm die Idee vielleicht selber gekommen, die ich übrigens jetzt schnell noch beim Reichs-Patentamt in Berlin zum Patent angemeldet habe. Die alten Steine waren für den Betrieb einer Starthilfe oder eines Torpedoantriebes ausreichend zuverlässig. Bei der Me 163 werden sie jedoch mehrmals hintereinander gebraucht, und am Ende sind die Steine nicht beständig genug, sie zerfallen zu schnell, es gibt Restbestände, verschmutzte Siebe, Triebwerks-Ausfälle. Das alles wird es bei meinen Steinen nicht mehr geben." Triumphierend blickte uns Dr. Demant an.

„Und wie haben Sie das erreicht?" wollten wir beide wie aus einem Munde wissen.

„Ich habe vor kurzem aus Berlin die Prioritätsrechte meiner Erfindung bestätigt erhalten. Deshalb sollen Sie es erfahren: In den Dampferzeugern wird bekanntlich Dampf erzeugt, indem man kleinere oder größere Mengen T-Stoff hineinspritzt. Der wirkt dort auf den Braunstein ($KMnO_3$) der Kammerwände ein und erzeugt praktisch die gleiche Reaktion wie in der Brennkammer des Triebwerks. Denn Z-Stoff ist ja auch vornehmlich Kalium-Permanganat. Es entsteht eine vehemente Dampfbildung, die dazu benutzt wird, die Treibstoff-Förderpumpen in Bewegung zu setzen. Immerhin müssen pro Sekunde bis zu 5 Liter T-Stoff in die Brennkammer gefördert werden. Das schafft der Druck unserer Dampferzeugerkammer spielend, indem er entsprechende Kreiselpumpen antreibt.

Die von mir erfundenen Dampferzeuger-Steine bestehen aus dem bisher schon bekannten Braunstein-Zement-Gemisch. Ich habe allerdings die Steine porös gemacht, indem ich Kochsalz beifügte. Nach dem Erhärten wird das Kochsalz ausgewaschen. Der T-Stoff kann nun in diese Steine bis in die äußerste Tiefe eindringen. Sie sind ein Vielfaches ergiebiger als die Steine, die es bisher gab, und auch haltbarer. Es gibt keine verstopften Siebe mehr. Wir haben nunmehr wirklich eine vorbildliche Regelbarkeit erreicht." Zufrieden lehnte sich Dr. Demant zurück und beobachtete den Eindruck seiner Worte auf uns.

„Ihr Wort in Gottes Ohr", brummte Joschi Pöhs. „Wenn Sie recht behalten mit Ihrer Behauptung, dann gönne ich Ihnen auch eine anständige Vergütung Ihrer Patentrechte. Was wollen Sie denn sonst noch für uns in Ihrer Alchimisten-Küche erfinden?"

Dr. Demant winkte lächelnd ab: „Eigentlich sind wir nicht zum Forschen, sondern zum Erproben von bereits Erforschtem hier am Platze. Aber natürlich haben wir Ehrgeiz. Deshalb fällt vielleicht auch in der Zukunft wieder einmal eine Erfindung bei uns an. So darf ich darauf verweisen, daß wir uns viele, viele Komplikationen sparen könnten, wenn es gelänge, statt zwei oder drei verschiedener Treibstoffe nur einen einzigen zu verwenden, so wie beim Otto- und Diesel-Motor, wo auch nur jeweils ein Treibstoff, nämlich Benzin oder Dieselöl, im Tank ist."

„Sie meinen, das wäre auch mit solch brisantem Teufelszeug wie Wasserstoff-Superoxyd oder Salpetersäure möglich?" wagte Joschi mit Zweifel in der Stimme einzuwenden.

„Mit Salpetersäure voraussichtlich nicht", meinte Dr. Demant nachdenklich. „Auch Wasserstoff-Superoxyd dürfte dafür allzu problematisch sein. Doch wir suchen. Vielleicht erfinden wir einmal dieses Ei des Columbus. Auf jeden Fall erkennen Sie aus meinen Worten, daß wir nicht gesonnen sind, uns mit dem zu begnügen, was bis jetzt erreicht wurde."

„Ich mein'", brachte Pöhs jetzt die Rede auf ein anderes Thema, „die Herren bei der Firma BMW sollten sich anstrengen, erst mal das von ihnen angestrebte Mehrstoff-Triebwerk auf der Basis von Salpetersäure einwandfrei zum Funktionieren zu bringen. Bis jetzt hapert es dort noch erheblich. Sonst würde wohl der gute Herr v. Zborowski nicht immer in der Uniform eines SS-Sturmbannführers erscheinen, wenn wir mal etwas von ihm vorgeführt haben wollen. Diese Uniform von dem Zborowski hat mich ganz sakrisch mit Verdacht erfüllt. . ."

Das Gespräch dauerte noch lange. Um etliche Weisheiten der Treibstoff-Chemie bereichert, verließen wir Dr. Demants Labor. Seinen selbstgebrauten Schnaps hatten wir verschmäht.

Als wir wieder in den Barackenräumen des Erprobungs-Kommandos eintrafen, empfing uns Hauptfeldwebel Jacobi mit einer Nachricht, auf die wir am wenigsten gefaßt waren: Heini Dittmar lag nach einer harten Landung anscheinend erheblich verletzt im Augsburger Stadtkrankenhaus. Schon am nächsten Vormittag landete ich auf dem Werksflugplatz der Firma Messerschmitt.

Dittmar lag blaß in weichen Kissen. Es ging ihm nicht gut. Heini hatte nach einem Routineflug mit einer Me 163 A eine Landung gemacht, die ganz normal aussah. Doch als die Wartungsmannschaft zum Flugzeug kam, hatte Heini nicht wie sonst bereits die Haube geöffnet und den Führersitz verlassen, sondern lag halb bewußtlos in den Gurten. Man stellte fest, daß aus irgend einem Grunde die Kufe nicht ausgefahren war. Die Landestöße auf dem trockenen Grasplatz waren ungefedert und ungedämpft von der Rumpfunterseite aufgenommen und auf den Sitz übertragen worden. Der behandelnde Arzt sprach von einer Leberquetschung, die bald abklingen werde. Diese Meinung vertrat auch der Abteilungsarzt und der Chefarzt, die sich alle des Falles angenommen hatten. Leider stellte sich keine Besserung ein. Im Gegenteil, nach drei Tagen waren Dittmars Schmerzen unerträglich. Die Ärzte wiegten ratlos ihre Köpfe.

Da fiel mir Dr. Justus Schneider ein, der uns in Darmstadt an der Technischen Hochschule ein Semester lang flugmedizinische Vorlesungen gehalten hatte. Als Chirurg am Fuldaer Krankenhaus waren ihm jahrelang Unfallverletzte von der Segelflugschule auf der Wasserkuppe unter das Messer gekommen. Als sich seinerzeit bestimmte Knochenbrüche oder Unfallfolgen häuften, war er den Ursachen nachgegangen. Nach und nach hatte er wohl ein Dutzend oder noch mehr technische Änderungen an Gleit- und Segelflugzeugen oder am Ablauf des Schulbetriebes veranlaßt, so daß diese „segelflugtypischen" Unfälle verschwanden bzw. auf ein Minimum reduziert wurden. So wurde zum Beispiel für die Flugschüler die Benutzung eines Sturzhelmes erst auf seine Veranlassung hin zur Vorschrift gemacht. Schädelbrüche waren dadurch auf einmal nahezu ausgeschaltet. Seitensteuer-Pedale wurden anstelle eines einfachen Querhebels eingeführt – fortan gab es in Gleitflugzeugen keine Fersenbeinbrüche mehr.

Die Anschnallgurte erhielten eine Federung – danach wurden keine Leberquetschungen mehr von der Wasserkuppe bei ihm eingeliefert.

Leberquetschungen – natürlich, Dr. Schneider hatte sich intensiv damit befaßt. Ich meldete ein Ferngespräch nach Fulda an. Dr. Schneider hörte sich mein Begehren, er möge sofort kommen und Dittmar, den er sehr gut kannte, behandeln, ruhig an. Dann meinte er: „Ich muß hier täglich ein halbes Dutzend Operationen machen – mitunter sogar noch viel mehr. Kaum denkbar, daß ich hier wegkomme. Und dann: Wer weiß, ob das überhaupt eine Leberquetschung ist. . ."

Um es kurz zu machen: Ich nahm ein Kraftfahrzeug, fuhr schnurstracks nach Fulda, und nach einigen kurzen Debatten hatte ich Dr. Schneider neben mir im Wagen und eilte wieder zurück nach Augsburg. Dort dauerte es dann eigentlich nur zehn Minuten, da stand fest: Völlige Fehl-Diagnose der Augsburger Krankenhausärzte. Einer von Dittmars Rückenwirbeln war durch den harten Landestoß und eine ungeeignete Sitzkonstruktion auf ein Drittel seiner Normalhöhe zusammengestaucht. Aus seinen weichen Kissen wurde der Patient sofort auf ein hartes ungefedertes Bett gelegt, und seine entspannte Miene verkündete bald, daß die Schmerzen schwanden.

Doch das Ausheilen dieser bösen Wirbeldeformation würde Monate dauern, wenn nicht Jahre, konstatierte Dr. Schneider mit wissenschaftlicher Trockenheit. Ebenso trocken fragte er seinen Kollegen, der Heini Dittmar im Augsburger Krankenhaus auf Leberquetschung behandelt hatte: „Haben Sie denn das nicht gesehen?" und wies mit dem Finger auf eine Röntgen-Aufnahme, die pflichtgemäß bei Heinis Einlieferung gemacht worden war. Der Augsburger Arztkollege schwieg. Er hatte es nicht gesehen.

Welches Glück, daß wir „Pitz" hatten! Der konnte jetzt voll in die Bresche springen. Er würde, so waren wir überzeugt, Heini Dittmar schon recht gut ersetzen. Wir sollten später sehen, daß er ihm ebenbürtig, in punkto Schneid mitunter sogar über war. Schon wenige Tage nach dem Unfall hatte er einen Erprobungsflug zu machen, der für Dittmar vorbereitet gewesen war: Erprobung des Bremsfallschirmes. Der Teufel wollte es, daß gleich bei diesem ersten Testflug etwas schief ging. Der Bremsfallschirm ließ sich nach dem Ausfahren nämlich nicht – wie vorgesehen – absprengen. Mit geöffnetem, am Flugzeug hängendem Fallschirm war eine Landung auf dem Flugplatz nicht mehr möglich. Pitz gelang es jedoch, das Flugzeug auf einem Acker in der Nähe des Flugplatzes unbeschädigt aufzusetzen.

Dr. Schneider, nachdem er nun einmal aus seinem Alltagsbetrieb des Fuldaer Krankenhauses herausgeholt worden war, begehrte nicht sofort zurückgebracht zu werden. „Ich glaube, ich muß dem ‚Hangwind' noch klarmachen, daß an dem Sitz in seiner Me 163 etwas geändert werden muß", erklärte er voller Überzeugung. So hockten denn der „Knochen"-Doktor und der Flugzeug-Konstrukteur mit uns noch eine Weile zusammen und es stellte sich folgendes heraus: Der Sitz der Me 163 A paßte sich in bester Weise jenem Körperteil des Piloten an, auf dem er zu sitzen pflegte. Viel zu gut umschloß dieser „anatomische Sitz", wie ihn seine Konstrukteure zu nennen beliebten, die Gestalt des Piloten, stellte Dr. Schneider sachlich fest. Wenn aus irgend einem Grunde das Flugzeug hart auf dem Boden aufschlug, dann wurde der Schlag ungemindert stark über die Spanten des Rumpfes auf den Sitz und durch den Sitz auf den Körper des Piloten übertragen. Da war nirgends eine „Knautsch"-Zone, die dem auf dem Sitz aufliegenden Becken und Rückgrat des Flugzeugführers wenigstens ein paar Zentimeter Verzögerungsweg einräumte.

„Macht aus der schönen Sitzmulde ein ebenes Brett und hängt den Sitz in eine Federung, die 6 oder 8 Zentimeter Federweg hergibt", so lautete die Forderung Dr. Schneiders. Auf dem flachen Sitzbrett werde der „Podex" des Flugzeugführers im Falle einer harten Landung ein paar Zentimeter nach vorne rutschen. Die wären dann schon sehr hilfreich. Den Rest müsse die Sitzfederung übernehmen.

„Da ist ja gar kein Platz mehr vorhanden, wo wir so eine Federung einbauen könnten", versuchte Dipl. Ing. Armbrust abzuwehren, der voraussah, daß diese zusätzliche Arbeit auf seinem Tisch bzw. Zeichenbrett landen werde. „Darf ich Sie daran erinnern, mit wie wenig Raumbedarf die Torsionsrohr-Federung am Volkswagen des Herrn Dr. Porsche auskommt?" fragte Dr. Schneider leise lächelnd zurück. Nach einer nachdenklichen Pause meinte Lippisch: „Der Gedanke mit einer Torsionsrohr-Federung ist gar nicht so ohne. Aber wer soll diese Aufgabe jetzt in unserer Abteilung übernehmen, ohne daß etwas anderes Wichtiges liegen bleibt? Mir kommt da aber eine Idee. In Wien existiert ein Herr Latscher, Inhaber eines Ingenieur-Büros. Das ist einer von jenen einfallsreichen Ingenieuren, von denen es in Österreich eine ganze Menge gibt. Leider wird das bei uns im Reich viel zu wenig beachtet und anerkannt. Diesen Herrn Latscher werde ich mal anrufen, ob er diese Aufgabe für uns übernehmen und lösen kann."

So geschah es. Und Herr Latscher aus Wien entpuppte sich als ein hochbegabter Konstrukteur, der nicht nur eine sehr elegante Lösung der Sitzfederung für die Me 163 lieferte. Er entwarf darüber hinaus in ganz kurzer Zeit ein Abwurf-Fahrwerk für die Me 163 A, mit dem wir dann zur vollen Zufriedenheit Tausende von Schulstarts in Bad Zwischenahn und andernorts gemacht haben. Auch bei diesem „Latscher-Fahrwerk" fand das Prinzip der Volkswagen-Federung Anwendung und bewährte sich hervorragend.

Es gab für uns Piloten vom Erprobungs-Kommando 16 viel Gelegenheit, Heini einen Krankenbesuch abzustatten, denn wir hatten eine Menge fliegerischer Aufgaben bei Messerschmitt auf dem Augsburger und Lechfelder Flugplatz zu erledigen. Da mußten ungezählte Starts und Landungen mit der Me 163 A aber auch mit der Me 163 B absolviert werden, um Veränderungen und Verbesserungen an den Fahrwerken und Landekufen zu überprüfen. In der Me 163 B V2 war bereits die Funkeinrichtung in voller Funktion. Erste grundsätzliche Funkmeßflüge waren deshalb an der Tagesordnung. Der Strombedarf allein der Funkgeräte in der Me 163 B war höher, als der eingebaute Akkumulator zu liefern im Stande war. Deshalb war in die Rumpfspitze ein kleiner Generator eingebaut, der den erforderlichen Strom lieferte, solange das Flugzeug flog. Der Luftstrom trieb nämlich eine allerliebste kleine Luftschraube an, die ganz vorn an der Spitze des trichterförmigen Bugpanzers lustig im Fahrtwind rotierte. Diese Stromerzeugung auf den Bedarf der elektrisch betriebenen Bordgeräte abzustimmen, war Aufgabe unserer ersten Testflüge mit der Me 163 B V2.

Als Galland eine Me 163 mit dieser kleinen „Seppler-Schraube" – so hieß das Ding – vor Augen bekam, hat er im ersten Moment herzlich gelacht, weil ihm die Trivialität dieser Hilfsluftschraube auffiel, die ein ahnungsloser Betrachter vielleicht irrtümlicherweise als ein – allerdings winziges – Hilfsmittel zum Antrieb des dahinter liegenden bulligen Luftfahrzeuges hätte auffassen können. Galland war in diesen Tagen auch einmal zugegen, um zu beobachten, wie wir – d. h. Joschi Pöhs und ich – mit der Me 163 B V2 nicht nur Funkgeräte testeten, sondern auch mit den eingebauten MG 151 auf neben dem Flugplatz aufgebaute Scheiben schossen.

Diese Testflüge wurden alle mittels Flugzeug-Schlepp absolviert, das heißt die Versuchsmaschine wurde jedesmal von einer Me 110 auf entsprechende Höhe geschleppt – je nachdem auf 2000 m oder 3000 m, manchmal auch noch höher. Nach dem Ausklinken flog die Me 163 dann im Gleitflug ihr Testprogramm, wobei man unter Umständen 20 bis 30 Minuten in der Luft bleiben konnte. Meist waren es aber nur kürzere Flüge. So gingen zum Beispiel unsere Schießerprobungsflüge dergestalt vonstatten, daß wir uns auf 1500 bis 2000 Meter Höhe schleppen ließen, um dann in steilem Sturzflug die Scheibe anzufliegen. Bei diesem Sturzflug wurden so etwa 800 km/h erreicht, eine kinetische Energie, die ausreichte, das Flugzeug nach der ersten Schußabgabe nochmals auf 600 bis 800 Meter hochzuziehen und den Schießanflug aus dieser Höhe zu wiederholen. Diesmal kam man dann allerdings auf nicht mehr als 500 km/h, die nur noch in einen Höhengewinn von wenigen hundert Metern umzusetzen waren, aus dem man tunlichst schnell zur Landung auf dem Flugplatz überzugehen hatte.

Das Entscheidende bei diesen Flügen war, daß man das Sichern und Entsichern der Waffen ganz präzis durchführte. Auf Frontflugplätzen ist es öfters mal passiert, daß im Landevorgang aus einer Me 109 oder FW 190 plötzlich Dauerfeuer abgegeben wurde. Nach der Aufregung eines Luftkampfes hatte der Pilot vergessen, seine Waffen-Auslösehebel zu sichern. Da letztere oben am Steuerknüppel (den man bei der Landung bekanntlich kräftig zum Bauch zurückziehen muß) angebracht waren, löste sich mit dem Zug am Knüppel unter Umständen die Waffe aus, sofern sie zu sichern vergessen worden war.

Meist lösten Joschi Pöhs und ich uns bei diesen Schieß-Flügen ab, das heißt, wenn Joschi in der Me 163 Schießübungen flog, dann saß ich in der Me 110 und schleppte ihn, oder umgekehrt. Als „Pitz" einmal schleppte, also die Me 110 flog, kam er vorher noch einmal angelegentlich zu uns, um sich über die Prozedur unseres Waffen-Sicherns und -Entsicherns genauestens ins Bild zu setzen. Die Me 110 flog nämlich beim Schlepp genau im Schußfeld der Waffen vor der Me 163. Wenn der Flugzeugführer in der Me 163 leichtsinnig war, etwa vor dem Ausklinken bereits die Waffen durchlud und aus Versehen zur Schußabgabe brachte, dann war selbst mit der verhältnismäßig „harmlosen" Vollmunition, mit der wir die Scheibe beschossen, die 100 Meter davor fliegende „Schleppmaschine" ohne weiteres in einen „astreinen" Abschuß zu verwandeln. Wir haben das Vertrauen von Pitz nie enttäuscht, sind auch nach dem Schießen nie mit ungesicherten Waffen gelandet, obwohl nach dem letzten Scheiben-Anflug mit Kufe-Ausfahren, Trimmungbedienen und Landeklappenausfahren noch drei wichtige Bedienungsvorgänge im Cockpit zu erledigen waren.

Als General Galland unseren Schießübungen auf dem Lechfeld beiwohnte, kam auch Professor Messerschmitt mit heraus auf das Rollfeld. Denn das war eine günstige Gelegenheit, den Waffen-General der Jagdflieger auch wegen manch anderer Projekte anzusprechen. Natürlich wollte „Mtt" von uns Piloten wissen, warum wir über die

Maßen gute Treffer-Resultate verzeichnen konnten. Wir schilderten, daß die Me 163 sich bei allen Geschwindigkeiten ausgezeichnet auf ein Ziel ausrichten lasse. Dies mußte ja bekanntlich dadurch erfolgen, daß über ein eingebautes Visier das Flugzeug genau auf das Ziel hingesteuert wurde.

„Wie unterscheidet sich die Me 163 in dieser Hinsicht", so wollte der Professor jetzt wissen, „von der Me 109? Ist sie genausogut?" „Besser", gestand ich lakonisch. „Viel besser", fügte Joschi Pöhs noch hinzu.

Professor Messerschmitt war offensichtlich verblüfft und begann uns sofort mit wissenschaftlicher Gründlichkeit auszufragen. An der Urteilsfähigkeit von uns beiden in dieser Frage war so schnell kein Zweifel möglich, denn ich hatte zu diesem Zeitpunkt 80 Abschüsse allein mit der Me 109 gemacht und Pöhs mehr als 40. Professor Messerschmitt hat uns ausgefragt, wie man eine Zitrone ausquetscht. Ich glaube, er hat manche Erkenntnis dabei gewonnen. Aber auch für uns war die Diskussion außerordentlich lehrreich. Zuletzt blieb die Tatsache bestehen: Die Me 163 war um alle drei Achsen viel beweglicher als alle anderen uns bekannten Flugzeuge. Dabei war diese Eigenschaft über den gesamten Geschwindigkeitsbereich vorhanden.

Alle, die diese Me 163 geflogen haben, sind heute noch der Meinung, daß sie das „non plus ultra" eines Flugzeugs war, auch heute noch unübertroffen. Vielleicht war dies einer der Gründe, warum zu dieser Zeit zwei Entwürfe von Schwanzlosen bei Messerschmitt bearbeitet wurden: Das Projekt Me 329 von Dr. Wurster, ein einmotoriger Vogel in der Art der Me 163 mit Druckpropeller; daneben eine Weiterentwicklung der Abt. L, die P 10.

Von beiden erhoffte man sich insgeheim, daß sie das Desaster der Me 210 und Me 410 zum Besseren wenden könnten. Letztere beide Typen hatten so viel Unarten offenbart, sich so sehr ungeeignet für die ihnen gestellte Aufgabe erwiesen, daß sowohl Lippisch mit der P 10 wie auch Dr. Wurster mit der Me 329 auf einer Woge des Wohlwollens dahinsegelten. Doch von dem Wellenberg der Bevorzugung und achtungsvollen Gunst sanken sie nach einiger Zeit in ein tiefes Tal der Zweitrangigkeit. Hierin war vermutlich einer der Gründe zu suchen, warum Lippisch schließlich sogar seine Zelte bei der Firma Messerschmitt abbrach.

Schwerer Unfall von Hanna Reitsch

Wir schrieben den 30. Oktober 1942. Ich war von Augsburg zu einem kurzen Aufenthalt nach Peenemünde geflogen, um bei meinen Männern des Erprobungskommandos 16 nach dem Rechten zu sehen. Außerdem war am Monatsende mein periodischer Arbeitsbericht abzustatten. Da kam ein dringender Anruf aus Regensburg. Oblt. Rudolf Opitz (Pitz) berichtete mir, daß Hanna Reitsch beim ersten Start mit einer der von ihr einzufliegenden Einsatzmaschinen eine Außenlandung machen mußte und dabei schwere Verletzungen erlitten hatte.

Warum hatte das sein müssen? Hatten wir da vielleicht einen Fehler gemacht? Schon wieder hatte dieses Flugzeug, das wir alle so liebten, ja anbeteten, ein hartes Opfer verlangt. Wie ein Raubtier hatte unsere Me 163 zugeschlagen. Ich mußte schleunigst nach Regensburg, um an Ort und Stelle Einzelheiten zu erfahren. Vor meinem Start diktierte ich dem Ogefr. Falkenrath noch einen letzten Absatz für den Arbeitsbericht Nr. 11. Er lautete:

Beim Einfliegen der Me 163 B V5 in Regensburg erlitt am 30. 10. 42 Flugkapt. Hanna Reitsch einen Unfall. Nach dem Start fiel das Fahrwerk nicht ab. Flugkapt. Hanna Reitsch versuchte deshalb, möglichst knapp in den Regensburger Platz hinein zu landen, kam dabei zu kurz und setzte mit dem Fahrwerk vor der Platzgrenze auf einem frisch gepflügten Acker auf. Das Flugzeug machte zwei Sprünge, nachdem ein Rad des Fahrwerks abgebrochen war, und blieb nach einer Rechtsdrehung um 180 Grad ohne größere Beschädigungen liegen. Flugkapt. Hanna Reitsch war durch den Landestoß mit dem Kopf auf dem Reflexvisier aufgeschlagen. Dies war dadurch begünstigt bzw. überhaupt möglich gewesen, daß sie wegen ihrer geringen Körpergröße dicke Rückenpolster benutzte und daher weit vorne saß und vermutlich sich nicht besonders fest angeschnallt hatte. Sie erlitt einen Bruch des Nasenbeines und einen Schädelbasisbruch.

Am folgenden Tag haben wir in Regensburg lange beraten und alle Ursachen, die zu dem Unfall führten, eingehend untersucht. Krankenbesuche bei Hanna waren noch völlig außer jeder Debatte. Ihre Verletzungen stellten sich als viel schwerer heraus als nach der ersten Diagnose angenommen. Es würden mehrere Operationen nötig werden. Der Schädelbasisbruch war vierfach. Dazu kamen zwei Gesichtsschädelbrüche, eine Versetzung des Oberkiefers und eine Gehirnquetschung. Nicht zu reden von der Nase, von der nach dem Unfall nicht mehr viel übrig geblieben zu sein schien. . . Durch den Aufschlag auf das Reflexvisier war ihr eine Verletzung zugefügt worden, die in ihrer Schwere ganz unglaublich erschien im Vergleich zu dem fast belanglosen Flugunfall als solchem. Die Beschädigungen am Flugzeug waren demgegenüber eine Bagatelle.

Hatten wir Hanna nicht vorsorglich genug vorgeschult? Sie hatte vor dem Unglücksstart drei Flüge auf Me 163 A und einen auf der Me 163 B V1 gemacht. Die 163 B V1 besaß allerdings weder Tank noch sonstige Ausrüstung, war also erheblich leichter und landete mit 160 km/h. Die Me 163 B V5 in Regensburg war aufgerüstet einschließlich Kanonen und Reflexvisier, Funk- und Navigationsgeräten samt Antennen und anderem gewichtigen Material. Ihre Landegeschwindigkeit lag bei 220 km/h. Wir hätten Hanna wohl doch vorher auf der V2 oder V4 starten lassen sollen! Immer wieder wurde doch der gleiche Fehler gemacht, daß man sagte: Hier kommt ein überdurchschnittlich begabter Pilot mit Hunderten von Starts und Landungen auf Dutzenden von Flugzeugen aller Art einschließlich Lastenseglern und sonstigen ausgefallenen Luftgestühlen – der muß das doch im Schlafe können! Das wäre ja fast eine Beleidigung, wollte man dem noch gute Ratschläge geben. Und dann hat man vielleicht nur unterlassen, eine einzige wichtige Kleinigkeit zu erwähnen. Aber gerade deren Kenntnis wäre lebensrettend gewesen.

Hat zum Beispiel einer der Hanna gesagt, daß man in steil geflogenen Kurven – sogenannten Steuerwechsel-Kurven – sehr viel Höhe verlieren konnte, absichtlich oder unabsichtlich. Bei der höheren Beschleunigung in Steilkurven wurde der Auftrieb am Außenflügel durch die stark gezogenen Ruder empfindlich gemindert. Keiner hatte ihr davon berichtet. Sie war uns selbst noch gar nicht so recht geläufig, diese Erkenntnis.

Warum hatte keiner Hanna Reitsch demonstriert, daß man das Reflexvisier beiseite klappen kann, wenn man es nicht braucht oder wenn es stört, wie bei solch einer Notlandung? Alle hatten sie gemeint, diese Frau, die schon so viel Einsatzflugzeuge hat fliegen dürfen, die müßte das wohl schon längst wissen. . .

Vielleicht hat sie den Fahrwerkshebel falsch bedient, weil sie in dessen Benutzung nicht ausreichend eingewiesen war?! Nein, protestierten gleich mehrere Beteiligte. Diese Einweisung war ausreichend gewesen. Daß das Fahrwerk nicht abfiel, lag an einem kleinen Fehler in der Regensburger Serien-Fertigung, der inzwischen längst ausgemerzt ist. Dipl. Ing. Armbrust hatte dafür gesorgt, daß der Fehler gefunden und behoben wurde.

Der Führerraum der Einsatzmaschine war im Grunde größer als zur Aufnahme eines Piloten erforderlich. Der Rumpf, in dem rund 2000 Liter Treibstoff untergebracht waren, mußte breit sein, breiter als uns Piloten lieb war, denn man mußte sich weit zur Seite neigen, wenn man Bodensicht aus der Kanzel erlangen wollte, dazu sogar die Schultergurte lockern. Schultergurte! Hanna hatte sie überhaupt nicht angelegt. Sie hatte so ein kleines Figürchen von fast kindhaften Ausmaßen, daß sie den Steuerknüppel gar nicht hätte voll nach vorn ausschlagen können, wenn man ihr nicht ein dickes Kissen in den Rücken gelegt hätte, das sie eigens für diese Zwecke immer mit sich führte. Mit dem Kissen im Rücken waren aber die Schultergurte zu kurz. Also verzichtete Hanna darauf, Schultergurte anzuschnallen. . .

Obwohl sie nun 10 bis 15 Zentimeter weiter vorne saß, reichten ihre Füße gerade bis zu den Pedalen des Seitensteuers. Vollen Ausschlag nach einer Seite konnte sie nur unter Verrenkung des Körpers – wenn überhaupt – geben. Man hatte vorgesehen, daß sie Klötze in die Pedale eingebaut erhielt. Beim Start zu ihrem ersten Fluge waren die Klötze nicht da. Hanna entschied, daß sie ohne Klötze auskommen könne. „Wer hat das zugelassen, daß Hanna Reitsch ohne Klötze flog?" brüllte ich los, als das bei unseren Erörterungen aufkam. „Kommen Sie einmal gegen diese Frau an", antwortete einer vom Regensburger Werk, sachlich und ruhig. „Wenn die etwas will, dann setzt sie das durch, mit allen Mitteln, und sei es mit List und Tücke. Gegen den Willen von Hanna Reitsch kommt so schnell keiner an. Sie entschied, daß sie ohne Klötze fliegen könne. Damit gab es über diesen Punkt keine Diskussion mehr."

Es war wie stets bei Unfällen: Es fanden sich eine Menge Ursachen, die im Verein schließlich das Unglück ausgelöst hatten. Doch ein Schuldiger fand sich nicht. War ich selbst etwa schuld daran? Wie hätte man so etwas behaupten wollen! Zum Zeitpunkt dieser vermaledeiten Außenlandung befand ich mich doch 800 Kilometer entfernt in Peenemünde. . .

Ich sagte nichts mehr. Aber dieser Unfall sollte uns wahrhaftig eine Lehre sein!

Welche unheimliche Willenskraft in ihrer kleinen Person konzentriert war, hatte Hanna Reitsch gerade im Anschluß an ihren Unfall offenbart. Pitz, der in der Me 110 geschleppt, und Elias, der im 2. Sitz der Me 110 mitgeflogen war, waren lange vor Hanna wieder am Boden gewesen. Sie gehörten auch zu den ersten, die am Unfallort eintrafen. Hanna saß noch im Führersitz der Me 163, ein Taschentuch vor dem Gesicht. Auf dem Notizblock, den sie routinemäßig für diesen Werksflug mitbekommen hatte, fanden sich ein paar Notizen, die sie – nach der Landung! – über den Unfallhergang gemacht hatte. Ich kenne aus meiner 50jährigen Flugpraxis auch heute noch keinen anderen Fall, in dem ein schwerverletzter Pilot nicht erst einmal an seine Verletzung und deren ärztliche Versorgung und dann erst, mit weitem Abstand, an einen Unfallbericht gedacht hat.

Eli hob sie sacht aus dem Flugzeug, dessen Plastikhaube Hanna bereits selbst geöffnet hatte. Andere griffen mit zu. Man versuchte, Hanna erst einmal an Ort und Stelle auf irgendein Kleidungsstück zu betten. Der Sanitäts-Kraftwagen mußte ja in Kürze zur Stelle sein! Hanna weigerte sich jedoch strikt, sich hinzulegen. Nein, sie könne das Stück bis zum Flugplatz gut allein zu Fuß zurücklegen. Auf irgend jemandes Arm gestützt stapfte sie los, bestrebt, zu zeigen, daß alles gar nicht so schlimm sei.

Am Platzrand angekommen, stieg sie in ein Fahrzeug mit ein, weigerte sich aber wiederum, sich hinzulegen, sondern saß aufrecht auf dem rechten Sitz neben dem Fahrer. Im Krankenrevier der Firma wurde sie vom Werksarzt notdürftig versorgt. Hanna Reitsch weigerte sich wiederum strikt, in einem Krankenwagen zum Krankenhaus gebracht zu werden. Also ging die Weiterfahrt wieder mit einem normalen Pkw vor sich. Begleiter waren der Betriebsarzt und Rudolf Opitz. Als das Krankenhaus in Sicht kam, gebot sie, am Hauptportal vorbeizufahren, damit nicht so viel Aufhebens von ihrem Fall gemacht werde. Der Wagen mußte an einem hinteren Nebeneingang halten. Dort war dann kein Fahrstuhl. Man stieg gemeinsam eine enge Treppe bis in die dritte Etage zur Wohnung eines Arztes hinauf. Nun erst wurde das Krankenhaus verständigt.

Lange lag sie in bedenklichem Zustand. Dann wurde Besserung vermeldet. Besuch? Ja, aber nur wenige Minuten, meinten die Ärzte. Ich erschien mit einem Blumenstrauß. Eine reizende alte Dame empfing mich. Ihre Mutter. Sie nahm mir den Strauß ab, meinte, Hanna werde sich sehr darüber freuen, aber sehen wolle sie vorerst keinen von uns. Warum? Sie wollte mit ihrer ramponierten Nase und dem verbundenen Kopf noch nicht von uns gesehen werden.

Sie hat sich dann im Krankenhaus und später zu Hause in Hirschberg empirisch eine Heilmethode zugelegt, die wieder ganz auf ihre energische Person und die ihr innewohnende Willenskraft zugeschnitten war: Sie zog sich quasi in die Nußschale ihrer Persönlichkeit zurück, verkapselte sich vor aller Welt, um alle Kraft nur auf den Gedanken an ihre Wiederherstellung zu konzentrieren. In der Tat konnten die Ärzte sie nach etwa einem halben Jahre nach Hause entlassen. Dort hat sie in einer Art von selbsterfundenem autogenen Training die Folgen dieser schweren Verletzung systematisch behoben und hatte nach Jahresfrist angeblich Kopfschmerzen, Schwindelgefühl,

Schlafstörungen und was sonst noch an Schäden zurückgeblieben war, restlos überwunden.

Ich glaube, es war November 1943, als ich von einer Dienstreise nach Bad Zwischenahn zurückkam. Hauptmann Thaler, der damals von mir als Ausbildungsleiter für die Umschulung der zu uns versetzten Luftwaffen-Piloten eingesetzt war, kam eilends, um mir ein „besonderes Vorkommnis" zu melden. „Hanna Reitsch", so berichtete er mit der Hand an der Schirmmütze, „ist gestern hier eingetroffen und hat sich seit heute früh bereits damit befaßt, an unserer Umschulung teilzunehmen."

„Wer hat das befohlen?" fragte ich.

„Befohlen – befohlen ist das nicht worden", stotterte Thaler.

„Aber", und Thaler nahm sichtlich äußerlich und innerlich noch strammere Haltung an, „sie hat so quasi durchblicken lassen, daß ihr der Führer und Oberbefehlshaber der Wehrmacht erlaubt – und notfalls befohlen – hat, jedes Flugzeug in Deutschland zu fliegen, das sie fliegen wolle. . ."

Ich ließ herumfragen bei hohen und allerhöchsten Instanzen. Es war nirgends etwas von so einem Befehl bekannt, selbst im Führer-Hauptquartier nicht. Nur hieß es überall: „Lassen Sie sie doch gewähren! Kann ja wohl nichts schaden." Also schulte Hanna nun bei uns, und zwar in aller Ausführlichkeit, wie wir das aus den Erfahrungen der Vergangenheit in unseren Ausbildungsrichtlinien festgelegt hatten. Wie es endete, will ich in einem späteren Kapitel berichten.

Kleinarbeit hält uns auf
Die Kriegslage wird immer düsterer

Irgendeiner der Fliegerstabsingenieure aus dem RLM hatte es bei einer unserer vielen Dienstbesprechungen geäußert. Ganz trocken hatte er gesagt, es wäre eine alte Erfahrung, daß die Entwicklung eines Militärluftfahrzeuges vom ersten Zeichenstrich im Konstruktions-Büro bis zur Lieferung der ersten Serienmaschine an die Truppe mindestens vier Jahre benötige. Wenn Lippisch jetzt stolz darauf sei, daß er bei der Me 163 B es mit seiner Mannschaft fertiggebracht habe, ziemlich genau ein Jahr nach Erteilung des Auftrages durch das Ministerium das erste V-Muster an den Start zu bringen, so werde er sich noch wundern, wieviel Zeit vergehen werde, bis das erste Serienflugzeug an die Truppe abgeliefert worden sei. Zugegeben, so fuhr der alte Experte aus dem Arbeitsbereich des Generalluftzeugmeisters fort, dieser erste Anlauf, den Lippisch mit seinen Konstrukteuren und Werkstattleuten vollbracht habe, sei beachtlich. So schnell werde ihm das keiner nachmachen. Aber, so schloß er, der Teufel habe einen langen Schwanz, und den bemerke man immer erst ganz zuletzt.

Sollte dieser Mann recht haben? Fast sah es danach aus. Wohl halfen wir unermüdlich, Schwierigkeiten zu bereinigen, heute in Augsburg, morgen in Kiel, übermorgen in Berlin. Dennoch kam man sich wie auf einer Springprozession vor: Drei Schritte vor, zwei Schritte zurück. Insgesamt gesehen kamen wir zu langsam voran, auch wenn wir alle mit Übertouren arbeiteten. Die Entwicklung des Krieges lief schneller, als das zu unserem Erprobungstempo paßte. Der Wettlauf konnte zu unseren Ungunsten ausgehen, wenn wir nicht ganz fix waren.

Im Winterhalbjahr 1942/1943 waren Kiel, Pöhs und ich beständig unterwegs, flogen mal in Peenemünde ein paar Triebwerkstarts, erprobten Fahrwerke und Kufen mit Hilfe von Schleppflügen in Augsburg. In Rechlin lief die Erprobung der Funkgeräte, in Augsburg mußten immer wieder Änderungen veranlaßt und begutachtet werden. Aber gelegentlich gestanden wir uns bedrückt: Wenn wir nicht rascher vorankamen, war der Krieg zu Ende, bevor unsere Wunderwaffe, unsere „V-Waffe", zum Fliegen kam. Ohne Me 163 aber, das hatten wir uns so ziemlich fest eingeredet, war der Krieg für uns verloren.

Die hölzerne Kufe der Me 163 B erwies sich bei Start und Landung als zu schwach. Also wurde eine Metall-Kufe gerechnet, gezeichnet und gebaut. Dann stellte sich heraus, daß diese Metallkufe zu schmal geraten war. Nachdem sie verbreitert worden war, mußte sie aber noch verstärkt werden. Das Fahrwerk war erst zu weit vorn, dann zu weit hinten. Zuletzt mußte die Kufe noch keilförmig aufgefüttert werden – die Neigung des darauf landenden Flugzeugs war zu steil, die Maschine drohte zu überschlagen. Zwischen jedem Teilversuch, nach jeder Änderung, waren Testflüge nötig.

Die Hydraulik der Kufenfederung erwies sich als störanfällig. Man hatte keine an anderen Flugzeugen erprobte und bewährte Konstruktion übernehmen können. Alles war eben neuartig an diesem Raketen-Jäger, das Flugwerk, das Triebwerk und natürlich auch das Fahrwerk und die Landekufe. Alles mußte neu ersonnen und erfunden werden. Und natürlich klappte selten einmal etwas auf Anhieb.

Rudolf Opitz erledigte als Stellvertreter des durch Verletzung ausgefallenen Heini Dittmar zur besten Zufriedenheit die vielen in Augsburg und Peenemünde anfallenden Werks-Testflüge. Daneben half er sogar noch bei anderen Erprobungen der Peenemünder Ingenieure mit strahlgetriebenen Waffen. Da waren zum Beispiel Gleitflug-Bomben aus der Do 17 abzuschießen und in das Zielschiff „Zähringen" zu lenken oder Walter-Starthilfen mit einer Ju 52 zu überprüfen.

Im RLM genoß die Me 163 an jedem der vielen Schreibtische die ihr zukommende Achtung und Förderung. Dennoch hatte ich herausgefunden, daß es dienlich sein konnte, wenn man dem Dienstweg einer wichtigen Anforderung oder Anfrage auf ihren verschlungenen Pfaden durch den Verwaltungsapparat des Ministeriums oder anderer Dienststellen ein bißchen nachschnüffelte.

Je höher die Position des Schreibtischinhabers, um so höher der Stapel von „Vorgängen", die er durchzusehen, gutzuheißen, abzulehnen, mit Verbesserungen oder Verböserungen an einen anderen Schreibtisch weiterzureichen hatte. Nicht immer war die Me 163-Angelegenheit leicht zu entscheiden. Oft verlangte sie auch lange Lesearbeit. Dann wurde der Aktendeckel mit dem „Vorgang" manchmal ganz unten in den Stapel des zu Erledigenden geschoben. Der Zeitpunkt dieser „Erledigung" konnte dann von mehreren Komponenten abhängen: Von dem Tempo, mit dem der Schreibtischinhaber seiner Tätigkeit nachging, aber auch von der Begeisterung, mit der er die Sache erledigte, und von der Bedeutung, die er ihr beimaß. Tatsächlich habe ich – natürlich nur in wenigen Ausnahmefällen – erlebt, daß ein tapferer Sesselstratege von einem Me 163-Vorgang wenig hielt. Er hatte ihn deshalb immer zuunterst im Stapel des Posteingangs liegenlassen. Am Abend hatte er sich bis knapp zu dem ihm nicht besonders genehmen Aktendeckel durchgearbeitet – um ihn sich für den nächsten Tag als erstes vorzunehmen. Am kommenden Morgen jedoch landete der neue Posteingang auf dem Restbestand des vergangenen Abends. Auf diese Weise konnte auch ein wichtiger Vorgang etliche Tage auf dem Grunde eines Aktenstoßes zubringen und vergeblich seiner Erledigung harren.

Hier nun setzte eine meiner selbsterwählten Aufgaben ein, die darin bestand, mit scheinheiligem Lächeln das Zimmer dieses Papierkriegers zu betreten, über ein paar Bemerkungen zum Wetter oder letzten Wehrmachtbericht schnell zur Sache zu kommen und nicht zu ruhen, bis in – evtl. gemeinsamer – intensiver Suche der Me 163-Schriftsatz oder -Aktenvorgang gefunden und zur umgehenden Bearbeitung bereitgelegt wurde. In Glücksfällen gelang es sogar, die sofortige Inangriffnahme zu erwirken und den Aktendeckel zwecks Weiterbeförderung zum nächsten Bearbeiter vertrauensvoll ausgehändigt zu erhalten. Ich kann nicht sagen, daß ich mich durch diese meine Schnüffelei direkt unbeliebt gemacht habe. Fest steht, daß mein Eintreten in ein Dienstzimmer mitunter mit einem hörbaren Aufstöhnen beantwortet wurde. . .

Was ich da soeben über den „Schriftkram" berichtete, der zwangsläufig mit der Entwicklungsarbeit an unserem neuen Flugzeugtyp verbunden war, klingt vielleicht ein bißchen überheblich oder gar abfällig. Dieser Eindruck liegt keinesfalls in meiner Absicht. Ohne gründliche Vorbereitung und gute Organisation kann vielleicht einmal ein einzelner Prototyp gebaut werden, niemals aber eine brauchbare Serienfertigung anlaufen. Die Tätigkeit all der großen, mittleren und kleinen Industriebetriebe im

Lande wurde gesteuert (und bezahlt) durch das Reichsluftfahrt-Ministerium oder andere Ministerien und Behörden des Reiches, die zumeist in Berlin ihren Sitz hatten. Diese behördliche Verwaltung war – ob sie nun notwendig war oder nicht – mit großem Aufwand verbunden. Ganze Wagenladungen von Post gingen täglich ein, ebenso viel Geschriebenes und Gedrucktes ging wieder hinaus. Immer wieder sorgten Besprechungen im kleineren oder größeren Rahmen für die Unterrichtung aller Beteiligten und Betroffenen, die Telefone an den Schreibtischen kamen nie zur Ruhe, Fernschreiber rasselten Tag und Nacht. Natürlich konnte es einem von der Front plötzlich in den Hochbetrieb einer solchen technischen Führungs-Zentrale hinein Versetzten so vorkommen, als wenn von diesem „Bürokratismus" eine ganze Menge überflüssig sein müßte. Jedes „Frontschwein" lästerte deshalb aus Prinzip über die Stäbe in der Etappe. Im Grunde aber waren wir Soldaten von der Front doch sehr zufrieden mit der Organisation unserer Kriegsmaschinerie. Um diese gute, gründliche, zuverlässige Organisation beneidete uns doch im Grunde die ganze Welt, ja fürchtete sie insgeheim.

Herr Engelmann, Leiter der Bauaufsicht im Augsburger Messerschmitt-Werk, hatte mich gebeten, einmal die Sicht durch die Plexiglas-Kanzel einer der in Regensburg gefertigten Serienmaschinen zu begutachten. Sein Regensburger Kollege könne sich nicht entschließen, diese Führersitzhauben abzunehmen. In der Tat, als ich mich in Regensburg in einige der halbfertigen Flugzeuge setzte, wiesen die Führersitzhauben so viele Pickel und Schlieren auf, daß allein schon dadurch Start und Landung für einen weniger gut geübten Flugzeugführer zur Lebensgefahr werden konnten. Darüber hinaus aber war es vermutlich selbst mit der Kunst eines Luftakrobaten nicht mehr möglich, im Luftkampf einen Gegner sicher anzusteuern, wenn dessen Bild durch Unebenheiten der Scheibe dauernd optischen Verzerrungen unterlag. „Könnt ihr wenigstens das Revi (Reflexvisier) korrekt justieren, damit die Schüsse auch wirklich dorthin treffen, wohin man zielt?" fragte ich. Man konnte es in vielen Fällen nicht.

Herr Körner, der im Konstruktionsbüro der Abteilung L für die Führerraumhauben verantwortlich zeichnete, schlug vor, die Sache an Ort und Stelle bei dem Herstellerwerk zu klären. Am Tag darauf waren wir beide bei der Firma Kopperschmidt & Söhne in Zollhaus-Blumberg in der Nähe von Donaueschingen. Bei all ihrer schwäbischen Rührigkeit und Erfinderfreude, wurde uns voll Bedauern versichert, sei es ihnen nicht möglich, den erteilten Auftrag besser zu erledigen. Bei der geforderten Materialgüte und Scheibenstärke gäbe es eben leider noch Unsauberkeiten. Vielleicht werde man in einem Jahr ein Verfahren entwickelt haben, um auch unseren Wünschen zu genügen. Im Moment ginge es nicht besser. Man erfüllte uns wohl etliche Sonderwünsche, preßte im Handumdrehen zwei kleine Sichthutzen (die trotz hervorragender Eignung später leider nie in die Serienproduktion einliefen). Aber bessere Hauben für die Maschinen in Regensburg: Bedaure sehr!

Noch von Blumberg aus rief ich Antz an. Bei dem liefen ja alle Fäden des Vorhabens Me 163 in einer Art Projekt-Zentrale des RLM zusammen. „An diesen Hauben scheitert unter Umständen das ganze Projekt", versicherte ich ihm. Da gerade auch wieder einer meiner 14tägigen Arbeitsberichte fällig war – es war die laufende Nr. 15 – äußerte ich mich darin in gleichem Sinne. Diese Warnung lag also nach wenigen Tagen auf den Schreibtischen von General Galland, Oberst Petersen (Kommandeur der E-

Stellen d. Lw.), Oberst Vorwald (Chef Gl-CE), Oberst Pasewaldt (Chef Gl-CB) und Major Stams (Chef E-Stelle Peenemünde-West). Die Folge war, daß Antz nach meinem Telefongespräch mehrere Stellen im Ministerium – wie ein Stehgeiger im Orchester – „angegeigt" hatte. Vom Kommando der E-Stellen wurden Sachbearbeiter bei verschiedenen Erprobungsstellen auf die Spur gesetzt. Auch bei den Dienststellen des Beschaffungsamtes hatte man Experten für Plexiglas von dem Problem in Kenntnis gesetzt. Und nach kurzem kam aus diversen Richtungen Antwort: Natürlich wäre es möglich, hier Abhilfe zu schaffen, allerdings mit einigen Wenn und Aber. Aus der Erprobungsstelle Rechlin verlautete sogar, daß dort ein Herr Grünberg in der Klempnerei tätig sei, der sich anheischig mache, eine Haube ohne jede Verzerrungserscheinungen herzustellen, wenn man ihm einen Straak der Führersitzhaube und eine temperierte Plexiglasscheibe zur Verfügung stelle.

Zuletzt – und das gab wohl den Ausschlag – kam das Haubenproblem auch noch auf den Spickzettel von Professor Messerschmitt bei einer seiner Routine-Besprechungen mit seinem Projektbüro. Es stellte sich heraus, daß nicht nur bei der Me 163, sondern bei der Me 210, Me 410, Me 109, Me 264, Me 262 Sichtprobleme bei den Führerraum-Kanzeln auftraten. Also erhielt der dafür zuständige Herr Dr. Schmidbauer Auftrag, alles damit Zusammenhängende an Ort und Stelle zu klären, das heißt bei den Firmen Wilhelm Kopperschmidt & Söhne in Blumberg und Röhm & Haas in Darmstadt. Das hatte eine Dienstreise von 14 Tagen zur Folge, dann lag ein Bericht von Dr. Schmidbauer vor, der war eine halbe Doktorarbeit, und es zeigte sich: Es ging auch schlierenfrei. Die Konstrukteure mußten nur die Wandstärke der Plexiglashaube von 8 mm auf 6 mm reduzieren. Geblasene Scheiben konnten wohl stärker sein, doch im Schrumpfungsverfahren war 6 mm im Moment das non plus ultra.

Da wir auf Druckkabinen verzichten wollten, bestand kein Einwand gegen eine Plexiglasstärke von 6 mm. Die Serienflugzeuge hatten danach sehr bald Hauben mit vorzüglicher Sicht. Nur Eingeweihte wußten, welcher Aufwand nötig gewesen war, diese eine kleine Qualitätsforderung zu erfüllen.

Es war gegen Weihnachten 1942 – der Kampf der eingeschlossenen 6. Armee in Stalingrad war bereits hoffnungslos geworden –, als mir Ruthammer, der Me 163-Sachbearbeiter in Peenemünde, ziemlich erregt erklärte, wenn es so weitergehe, werde Messerschmitt, das heißt die Abteilung L, mit der Zelle der Me 163 B noch später einsatzbereit sein als die Walter-Werke in Kiel mit dem Triebwerk. Bei einem Besuch in Augsburg habe er absolut keinen Fortschritt feststellen können. Die wüßten offensichtlich nicht mehr ein und aus. Lippisch und seiner ganzen „Blase" müsse einmal gewaltig der Marsch geblasen werden. Warum er das denn nicht schon selber getan habe, fragte ich scheinheilig, denn ich wußte, daß Ruthammer keiner Fliege etwas zuleide tun konnte, geschweige denn Lippisch und seinen Leuten einmal kräftig die Meinung zu sagen.

„Ich hatte mir vorgestellt", antwortete Ruthammer, „daß Sie das viel besser könnten. Wissen Sie, so mit Stiefeln an den Beinen, Koppel und Patronentasche umgeschnallt, Dienstmütze auf dem Kopf, Handschuhe an den Händen, und so ein bißchen Kasernenhofton."

Lippisch und seinen Getreuen einen Anschiß verpassen! War ich dazu von meinem russischen Feldflugplatz hierher gekommen? Nun, außer Ruthammer meinten noch etliche andere, die Einblick in die Dinge hatten, daß so etwas nicht schaden könne. Ich glaube, sogar Antz segnete einen solchen Gedanken ab. So war ich noch vor dem Fest in Augsburg, wo Lippisch sich in einem Arbeitszimmer seines Hallenvorbaus mit seinen wichtigsten Mitarbeitern um mich herum versammelte.

Was denn das für ein kacklangweiliger Laden bei ihnen geworden sei, fuhr ich sie gleich mit einer vollen Breitseite an. Erst große Töne reden, daß man nur ein Jahr gebraucht habe, um den ersten Prototyp in die Luft zu bringen. Aber jetzt hätten sie wohl die Lust verloren. Jetzt werde nicht nur kein Termin mehr gehalten – jetzt sehe es fast aus wie schlechter Wille. „Habt ihr keine Lust mehr?" schloß ich meine Philippika.

Zu meinem Erstaunen wurde nicht einmal ein Protest laut. Sie waren sich alle klar, daß wertvolle Zeit verstrichen war, ohne daß sie auch nur einen Zentimeter vorangekommen waren. Bald war auch des Pudels Kern gefunden. Sie kamen mit dem Schwerpunkt nicht mehr zurecht. Die schwanzlose Me 163 vertrug Schwerpunktverlagerungen nur in begrenztem Maße, darüber hinaus war sie nicht mehr fliegbar. Ein normal gebautes Flugzeug mit einem langen Rumpf, an dem sich hinten das Höhenleitwerk befand, nötigte seinen Konstrukteuren wegen solcher Schwerpunktfragen ein verächtliches Lächeln ab. Bei der Me 163 B war man mit dem Schwerpunkt bereits in eine katastrophal geringe Entfernung zum Neutralpunkt gelangt. Ja! Katastrophal, das wäre der richtige Ausdruck.

Warum? Weil erstens das Triebwerk mit hinten liegenden Teilen viel schwerer geworden sei als vorgesehen. Wenn in der Gegend der Brennkammer ein paar Kilo Gewicht dazukommen, ist unsere ganze Längsstabilität in Gefahr, gestand Hubert, der Aerodynamiker. Zum schwereren Triebwerk käme nun noch der Bremsfallschirm – auch wieder viele Kilo Gewicht und auch ganz im Heck der Maschine. Die Druckkabine wiege auch etliche unvorhergesehene Kilogramm, mit denen man nicht gerechnet habe. Die lägen zwar Gott sei Dank vor dem Neutralpunkt. Aber jetzt soll da noch so eine Abtriebspumpe für die Druckkabine am Triebwerk angeflanscht werden – selbstverständlich auch wieder weit hinter dem Neutralpunkt! Die Behälter kriegen einen gewichtigen Schutz gegen Beschuß eingebaut – wieder wandert der Schwerpunkt ein paar Millimeter nach hinten. Die taktische Bremse wirkt zwar nicht schwerpunktverändernd. Doch sie habe leider Gottes auch viele Kilogramm Gewicht. Und ihre Wirksamkeit und Anwendbarkeit sei noch keineswegs so gut, daß man sie zur Verwendung bei der Truppe anbieten könne. Man werde bestimmt noch Monate brauchen, bis man sie in die Serie einlaufen lassen könne. Das Strahlruder habe sich zwar bei der Me 163 A bewährt – im Feuerstrahl des heißen Triebwerks einer B brennen aber alle bisher eingebauten Strahlruder todsicher durch, noch bevor das Flugzeug beim Start richtig ins Rollen gekommen sein werde. Der heruntergezogene Sporn mit der Spornrolle sei schließlich auch von Anfang an nicht vorgesehen gewesen und bringe gefährlich viel zusätzliches Gewicht in das Heck.

„Und was ist Ihnen denn nun, meine Herren, zur Abhilfe eingefallen?" fragte ich.

„Eigentlich", bekannte Lippisch zähneknirschend, „könnte jetzt nur noch helfen, daß wir anstelle des einteiligen Seitenleitwerks ein V-Leitwerk an das Rumpfheck anbauen.

Aber abgesehen davon, daß dann aus meiner schönen Schwanzlosen eine richtige „Mißgeburt aus Dreck und Feuer" würde, müßte das ganze Steuerungssystem des Flugzeugs restlos umkonstruiert und umgebaut werden. Dazu kommen wahrscheinlich Rumpfverstärkungen, um die auftretenden Momente zu verkraften. Und dann müßte der ganze Vogel noch einmal eingeflogen werden mit allen möglichen Änderungen, weil die Ruder nicht auf Anhieb wirksam sind – wie im Augenblick gerade unsere taktische Bremse – oder weil sie flattern. Aber", so schloß er, „zwei Mann sind seit geraumer Zeit bereits eifrig am Zeichnen eines V-Leitwerkes. Man soll mir nicht ideologischen Starrsinn vorwerfen."

Gewaltig paffend steckte sich der Maestro an der Kippe seiner letzten Zigarette eine neue an. Aus den Blicken seiner Konstrukteure war zu entnehmen, daß jeder etwas anderes dachte, aber keiner einen Rat wußte. Eine Weile herrschte Schweigen. Dann nahm ich wieder das Wort.

„Wie wäre es", so fragte ich in die drückende Stille hinein, „wenn wir den ganzen Quatsch wegfallen lassen, der Sie da derart in Schwierigkeiten bringt? Wir streichen einfach aus dem Konzept die Druckkabine. Den Bremsfallschirm wollen wir vergessen, wie wir auch die taktische Bremse einfach weglassen wollen. Und auf Behälterschutz laßt uns auch pfeifen."

„Das wäre wahrscheinlich die Rettung", stellte Lippisch fest. „Alle diese nachträglichen Forderungen nach anfangs nicht vorgesehenen Einbauten haben uns am Ende vollkommen aus dem Tritt gebracht."

„Können wir dann vielleicht diese „Entfeinerung" des Flugzeugs auch noch auf den heruntergezogenen Sporn samt Spornrolle ausdehnen?" fragte Rentel mit listigem Augenzwinkern von ganz hinten.

„Nein! Heruntergezogener Sporn und Spornrolle sind conditio sine qua non!" wimmelte ich diesen Versuch mit Entschiedenheit ab.

Nach dieser Diskussion atmeten wir alle auf. Wir hatten wieder festen Boden unter den Füßen. Natürlich konnten wir in unserem kleinen Kreis diese Entscheidungen nicht wirksam beschließen. Das tat dann aber eine große Kommission von mehreren Dutzend Teilnehmern, die in Berlin zusammentrat und ein schönes Protokoll verfertigte.

Vorsichtshalber verlangte ich in meinen zwei folgenden Arbeitsberichten den Bau eines Versuchsmusters mit einem V-Leitwerk. Die maßgebenden Stellen waren aber nicht zu überreden, dies zu beschließen und anzuordnen. Letztlich wollte man das dem guten Lippisch denn doch nicht antun.

Bringen Strahlflugzeuge die Rettung?

Kurz vor dieser Debatte in Augsburg war ich – wie des öfteren schon – zu Galland befohlen gewesen. Ich hatte dabei über die vielfachen Änderungen berichtet, die notwendig geworden waren und leider immer wieder Terminverschiebungen im Gefolge hatten. Auch reine Fertigungsmängel waren zu beklagen. So hatte die Firma Messerschmitt zum Beispiel die Herstellung der ersten 70 Tragflächen-Paare an ein Werk in Zeulenroda vergeben, das vordem Lastensegler hergestellt hatte. Bei Kontrollen in Regensburg stellte sich heraus, daß die Hauptbolzen der Flächenanschlußbeschläge bis zu 2 mm Spiel hatten. Das hätte zum Abmontieren eines Flügels bei Flügen mit hoher Geschwindigkeit führen können. Inzwischen mußten sämtliche Tragflächen wieder aufgerissen werden, damit der Fehler mit erheblichem Arbeitsaufwand behoben werden konnte.

In der Me 163 B V5, die Hanna Reitsch an jenem Unglückstag einzufliegen hatte, war auch nachträglich dieses unzulässig hohe Bolzenspiel ermittelt worden. Zum Glück war Hanna bei diesem Fluge – schon wegen des Fahrwerksschadens – nur mit mäßiger Geschwindigkeit geflogen. Inzwischen wurde nach diesem ersten und einzigen Werksflug überhaupt keine fliegerische Abnahme in Regensburg mehr vorgenommen. Die 70 Maschinen wurden – soweit sie nicht für Erprobungszwecke vorgesehen waren – abgestellt. Ab Frühjahr übernahm die Firma Klemm in Böblingen die Einarbeitung aller noch erforderlichen Änderungen. Dann erst waren Abnahmeflüge fällig.

Aus Äußerungen Gallands entnahm ich, daß die für unsere Luftkriegführung Verantwortlichen große Hoffnungen darauf setzten, daß wir mit Hilfe neu entwickelter strahlgetriebener Flugzeuge in absehbarer Zeit wieder die Luftherrschaft über Deutschland fest in der Hand haben würden. Um Gotteswillen, durchfuhr es mich, wenn sich diese Hoffnung auf die Me 163 gründet, dann steht sie vorläufig noch auf schwachen Beinen!

Daß die Me 328 wahrscheinlich erst diskutabel sein werde, wenn stärkere, bessere Triebwerke entwickelt wären, hatte ich in meinem Arbeitsbericht Nr. 13 schon dargelegt. General Galland und Oberst Petersen waren im November übereingekommen, mich nach Hörsching bei Linz mit dem Auftrag zu entsenden, dort ein Versuchsmuster der Me 328 nachzufliegen und darüber zu berichten. Dieser Auftrag wäre für mich möglicherweise ein „Himmelfahrts-Kommando" gewesen. Die Me 328 war damals noch so unfertig, daß ich große Aussicht gehabt hätte, mir damit das Genick zu brechen. Doch der Wettergott schien ein Einsehen gehabt zu haben, denn er hatte 14 Tage lang meteorologische Verhältnisse geschaffen, bei denen – wie ein altes Fliegerwort sagt – „selbst die Vögel zu Fuß gehen".

Diese Me 328 bestand aus einem unförmig großen Rumpf, simplen kleinen Tragflächen und hatte als Antrieb Schmidt-Argusrohre auf die Tragflächen montiert. Das Fahrwerk wurde nach dem Start abgeworfen, die Landung erfolgte auf einer Kufe, also ähnliche Bedingungen wie bei der Me 163. Die Herstellung dieses Vogels wäre bei Serienfertigung auch in unserer bedrängten Kriegslage noch zu Tausenden in kurzer Zeit zu bewältigen gewesen. Es war sozusagen ein Wegwerf-Flugzeug und sollte entweder eine Bombe an ein Ziel heranschleppen können – etwa an eine landende Invasionsarmee – oder, mit Sprengstoff beladen, bis an das Ziel gesteuert und vom Piloten kurz vor dem Auftreffen auf das Zielobjekt verlassen werden.

Dipl. Ing. Ziegler (bei uns Fliegern als „Gretchen" Ziegler bekannt) hatte sich der Aufgabe unterzogen, die ersten Starts mit diesem „Donnerbock" zu machen. Aber auch Messerschmitt-Chefpilot „Karle" Baur hat meines Wissens einige Flüge damit absolviert. Als ich in Hörsching ankam, waren beide zugegen. Sie betrachteten mich wie einen Gladiator, der zu dem wilden Löwen in die Arena und damit in ein sicheres, aber völlig sinnloses Unternehmen marschieren will: Karl Baur, mit dem zusammen ich in den 30er Jahren an mehreren Rhön-Segelflug-Wettbewerben teilgenommen hatte, riet mir in seiner derben Art: „Das bringt dir keine anderen Erkenntnisse ein, als daß alles noch halsbrecherisch gefährlich und für Truppenverwendung noch keineswegs brauchbar ist. Und um das zu wissen, brauchscht gar nit erscht zu fliege. Das könne mir dir alles haargenau derzähle!"

Gretchen Ziegler hatte bereits Flugerprobung mit diesem Staustrahltriebwerk in Rechlin betrieben, wo er es fertiggebracht hatte, mehr als 20 Starts auf einer V1 zu machen, um dabei Fehler der Steuerung herauszufinden und auszumerzen. Anderthalb Jahre später hat auch Hanna Reitsch die V1 auf diese Weise geflogen, nachdem die Goebbels-Presse hatte durchblicken lassen, das EKI (Eiserne Kreuz 1. Klasse) wäre ihr wegen dieser Leistung verliehen worden.

Die Me 328 war Ziegler also hinsichtlich der Triebwerke und auch der Primitivität des Flugwerkes nichts Ungewohntes. Mehr als verlängerte Gleitflüge nach Hochschleppen hinter einer He 111 hatte er aber nicht fertiggebracht. Starts mit eigener Kraft waren undenkbar. Startschleudern oder ähnliches waren geplant, doch existierten sie nur auf dem Papier.

Nachdem ich also 14 Tage vergeblich auf Wetterbesserung gewartet hatte, schrieb ich meinen Bericht auf Grund der ausführlichen Angaben von Karl Baur und Gretchen Ziegler. Ich wurde danach nie wieder nach Hörsching entsandt, besonders weil das Projekt Me 328 schließlich einschlief.

Es liefen aber noch andere Projekte mit Strahlantrieb, und von dorther erklang weit bessere Zukunftsmusik. In Augsburg hatten wir seit Beginn unserer Arbeit bei Abteilung L gelegentlich ein Flugzeug mit starker Pfeilung, aber mit unzureichender Motorleistung fliegen gesehen: die Me 262. Dieser Vogel wartete auf Turbo-Strahltriebwerke, bei denen ein Kompressor Luft verdichtete, in die dann Diesel-Treibstoff eingespritzt wurde. Durch Verbrennung dieses Treibstoff-Luft-Gemisches entstehen Verbrennungsgase von hoher Temperatur, die der Schuberzeugung dienen. Für diese Me 262 hatte das RLM der Firma Messerschmitt schon vor Kriegsbeginn einen Entwicklungsauftrag erteilt und dafür auch die nötigen Mittel bereitgestellt. Auch an Arado war ein ähnlicher Auftrag gegangen. Dort entstand die Ar 234.

Ernst Heinkel hatte sich ebenfalls und energisch um einen solchen Reichsauftrag beworben. Aus vielerlei Gründen – vielleicht auch, weil die Heinkel-Ingenieure damals immer noch mit vielen Rückschlägen an der 4motorigen He 177 zu kämpfen hatten – versagte ihm das Ministerium Reichsmittel zu diesem Verwendungszweck. Heinkel, der nicht nur selber am Reißbrett ein paar Dutzend Flugzeuge entworfen und nachher gebaut hatte, sondern auch ein guter Geschäftsmann war, witterte mit sicherem Instinkt, daß hier die Zukunft der Luftfahrt lag. Also ließ er – eine unerhörte Leistung – durch Ohain und eine Handvoll Techniker aus eigenen Mitteln ein Turbo-Strahltriebwerk entwickeln. Zum Triebwerk entstand eine passende Zelle. Das Ganze nannte sich He 280. Das Erstaunliche gelang: Heinkel konnte dem Reichsluftfahrt-Ministerium seine He 280 als flugfertig melden, bevor Messerschmitt mit der Me 262 und Arado mit der Ar 234 auf dem Plan erschienen. Es war wie fünf Jahre zuvor mit der He 176 und He 112, als Heinkel auch das erste raketengetriebene Flugzeug produziert hatte, bevor die vom Fiskus geförderte DFS 194 und später die Me 163 auf der Bildfläche erschienen.

Doch wie seinerzeit bei den Raketenflugzeugen, so traf auch hier bei den Flugzeugen mit TL-Triebwerken das Wort von Fritz Reuter zu: In der Fixigkeit war Heinkel den anderen „över", in der Richtigkeit aber waren die anderen dem Heinkel-Produkt über. Doch in der Geschichte der Luftfahrt wird mit Recht festgehalten bleiben: Heinkel war auch hier der erste.

Joschi Pöhs und ich wurden eines Tages in allerhöchstem Auftrag nach Marienehe entsandt, um die He 280 nachzufliegen. Inzwischen hatte man aber bei Heinkel erkannt, daß die Ohain-Triebwerke wegen ihrer mit Radialkompressoren ausgerüsteten Triebwerke unüberwindliche Nachteile gegenüber Triebwerken mit Axialkompressoren aufwiesen, die im Reichsauftrag bei Junkers und BMW entwickelt worden waren. Als wir in Marienehe ankamen, wurden gerade zwei Prototypen der He 280 auf Junkers-Triebwerke umgerüstet. Ein dritter war kurz zuvor – noch mit Heinkel-Triebwerken versehen – notgelandet, weil ein Triebwerk stehengeblieben war. Bei diesem wie auch bei einem späteren Besuch war niemand bereit, uns eine He 280 als flugfertig zu melden. Bei bestimmten Fluggeschwindigkeiten trat noch starkes Leitwerk-Schütteln auf. Chefpilot Schäfer flog uns die Maschine zwar vor, in meinem Arbeitsbericht Nr. 18 aber hieß es: „Der Eindruck, den das Flugzeug beim Fliegen machte (in Verbindung mit den vom Werk gemachten Leistungsangaben) läßt kaum die Erwartung zu, daß das Flugzeug in dieser Form frontverwendungsfähig gemacht werden kann. Startstrecke, Steigfähigkeit, Höchstgeschwindigkeit, Gipfelhöhe usw. sind ungünstiger als bei der Me 109."

Abends wurden wir jedesmal in Heinkels Gästehaus bei Warnemünde eingeladen. Mit den dort gebotenen Speisen und Getränken war Heinkel der Konkurrenz kilometerweit voraus.

Doch zurück zu meiner Vorsprache bei meinem damaligen Chef, dem General der Jagdflieger. „Sie waren mit Ihren Offizieren", hub Galland an, „beim Jafü Deutsche Bucht, beim Kommandierenden des XII. Flieger-Korps, Generalleutnant Kammhuber, haben den Gefechtsstand Deelen in Tag- und Nachtbetrieb besichtigt und behaupten nun, die Me 163 werde sich in unser bestehendes System der Jägerführung und Reichsverteidigung einbauen lassen. Wie stellen Sie sich das vor?"

„Wir sollten Einheiten etwa in Staffelstärke auf ein Netz von geeigneten Fliegerhorsten verteilen", begann ich vorzutragen. „Diese mit Me 163 besetzten Plätze sollten etwa 100 bis 250 Kilometer voneinander entfernt sein und eine Kette bilden, die der Gegner bei seinen Einflügen überqueren muß. Nach den jetzt vorliegenden Leistungsdaten wird die Me 163 über eine Vollschubdauer des Triebwerkes von 11 bis 12 Minuten verfügen. Sie kann mit dieser Laufzeit der Rakete einen Gegner erreichen, der in 6000 bis 12000 Meter Höhe fliegt und bis zu 150 Kilometer vom Startort entfernt ist. Nach Brennschluß des Triebwerks kann das Flugzeug im Gleitflug bei einem Gleitwinkel von 1 : 15 je nach Ausgangshöhe 100 Kilometer oder mehr zurücklegen und auf einem geeigneten Flugplatz landen."

„Wenn es nicht angegriffen wird und sich in steilem Sturzflug nach unten empfehlen muß", warf Galland ein.

„Gewiß", pflichtete ich bei, „aber im Notfall ist ja auch eine Landung auf einem nicht für Me 163 vorbereiteten Flugplatz denkbar. Und davon gibt es Gott sei Dank eine größere Anzahl im Reichsgebiet."

„Haben Sie schon einen Plan gemacht, welche Fliegerhorste für eine solche Belegung mit Me 163 in Frage kommen?" forschte der General weiter.

Das hatte ich noch nicht. Dazu mußte ich mir die in Betracht kommenden Plätze an Ort und Stelle ansehen. Das war eine Aufgabe, die nicht an einem Tage zu erledigen war.

„Mit der Platzauswahl muß bald begonnen werden", stellte der General fest, „denn sobald der erste Flug mit dem heißen Triebwerk der Me 163 gelungen ist, müssen wir sagen können, welche Plätze wir belegen wollen."

„Diese Plätze werden alle miteinander noch kleinere oder größere Ausbauten erhalten müssen", machte ich den General aufmerksam. „Wir brauchen dort Startbahnen von mindestens 1500 Metern Länge, Wartungshallen und Werkstätten mit viel Wasserleitung und Kanalisation, Tankanlagen für den Betriebsstoff etc."

„Da wird wieder eine Riesenbesprechung mit den Herren von der Beschaffungs- und Bauabteilung des Ministeriums erforderlich", stellte Galland fest. „Aber vorerst machen Sie sich mal schleunigst auf den Weg und suchen Sie geeignete Plätze!"

Wettlauf mit der Zeit

Trübe graue Winterwolken hingen am Himmel über Augsburg. Aber noch schwärzere Wolken stiegen vom Horizont des Kriegsgeschehens hoch. Rommel war mit seinem Afrika-Korps in unaufhaltsamem Rückzug. Man brauchte kein Hellseher zu sein, um zu wissen, daß der „Wüsten-Fuchs" nur noch in fintenreichen Winkelzügen den Abtransport seiner Truppen aus dem afrikanischen Kontinent deckte. Die gewaltige Übermacht seiner Gegner ließ auch beim größten Optimisten keine Hoffnung übrig, daß er noch zu einem überraschenden Gegenschlag fähig sei.

Im Osten hingegen braute sich ein Unwetter zusammen, das noch Schlimmeres befürchten ließ. Bei Stalingrad war eine ganze Armee mit dem General v. Paulus eingekesselt. Wenn ich daran dachte, wie unsäglich schwierig es gewesen war, 1942 den kleinen Kessel von Demjansk aus der Luft zu versorgen, damit er gehalten werden konnte, dann überlief mich eine Gänsehaut, wenn ich in der Zeitung las, daß Generalfeldmarschall Milch eine ganze Armee aus der Luft mit Nachschub zu versehen versprochen hatte.

Bei einem Aufenthalt in Berlin erlebte ich dann ein weiteres heraufkommendes Unheil: Den nächtlichen Bombenkrieg der Royal Air Force. Im Haus der Flieger, wo ich wieder ein Übernachtungs-Quartier bezogen hatte, hieß es gegen 22 Uhr: Flieger-Alarm! Alles in den Luftschutzkeller! Einigermaßen sicher, so erfuhr ich, sei man im benachbarten RLM. Also begab ich mich mit einem sehr unguten Gefühl im Bauch, aber äußerlich den ruhigen Frontsoldaten markierend, den nichts aus der Ruhe bringen kann, in einen der Keller unter dem Riesenbau des Ministeriums. Am Nachthimmel schwenkten hier und da weiße lange Geisterfinger der Flak-Scheinwerfer in fahrigen Bewegungen über den Himmel, blieben ein paar Sekunden hängen, zuckten hin und her und fielen verlöschend in sich zusammen, worauf ein anderer irgendwo das gleiche Spiel begann. Diese langen weißen Lichtstangen, die sich in der Unendlichkeit des dunklen Firmaments verloren, waren quasi ein erstes Aufblitzen unserer Flak. Berlin war angeblich bis an die Zähne bewaffnet mit Flugabwehr jeglichen Kalibers. Bis zum Stadtkern, so tröstete ich mich, kam da wohl kein Bomber durch. Etwas beruhigt stieg ich hinunter in die Kellerräume.

Die Decke solle fast meterdick sein, beruhigte eben jemand eine neben ihm sitzende Dame. Gewiß, da konnten schon ein paar Stockwerke darüber zusammenbrechen, das würde uns nicht stören! Aber eine 500 Kilo-Bombe als Volltreffer – ob die Decke das aushielt?! Gut, nehmen wir also einmal an, die Kellerdecke widersteht auch einem Bombenwurf und der Wucht der Explosionen. Wer schützt uns dann davor, daß wir in der heißen Brühe des Heizungswassers ersaufen, das von oben aus den lädierten Leitungen in den tiefsten Teil des Hauses fließt, nämlich zu uns in den Helden-Keller!?

Da kamen sie! Weit im Westen, in Potsdam vielleicht oder Spandau, hörte man die Abschüsse von Kanonen, die sich schnell zu einem wirren, doch immer noch achtbar entfernten Schlachtgetöse ausweiteten. Das Grollen von Geschützen und detonierenden Granaten schien nach einer Weile abzuklingen. Also hatten sie die Kerle abgewehrt, zum Abdrehen gezwungen. Fehlgedacht! Das Geschützfeuer flammte wieder auf, nun viel näher, im Norden der Hauptstadt vielleicht. Aber auch im Westen war die Kanonade wieder in vollem Gange. Nun hörte man auch das Brummen von Motoren. Einen oder den anderen dieser Bombenvögel mußten sie wohl mit den Scheinwerfern erfaßt haben, denn deren Motore dröhnten mit höchster Tourenzahl. Und jetzt war zwischen dem Geschützdonner unserer Abwehr auch die Detonation von Bomben zu vernehmen. Man hörte das nicht nur, man fühlte es. Denn unser großes, aus Eisenbeton erstelltes Gebäude zitterte unter den fernen Explosionen. Aber was hieß hier ferne Explosionen! Die Bombenwürfe waren jetzt vielleicht nur noch einen Kilometer von uns entfernt. So wild auch die Flak aus allen Rohren schoß, die Engländer waren offensichtlich bis über den Stadtkern vorgedrungen und warfen ihre Bomben mitten in die Reichshauptstadt.

Man kann das jemand, der es nicht selbst erlebt hat, schlecht beschreiben, wie man sich in einem Keller fühlt, in dessen Nähe Bomben fallen und der selbst Gefahr läuft, bald auch getroffen zu werden. Auf jeden Fall wird einem das Stoßgebet verständlich: Du lieber heiliger Florian, verschon' mein Haus, zünd' andere an! Die Angst um das eigene liebe Leben bringt das Mitgefühl für den anderen ziemlich zum Erliegen. Nur nicht auf mich soll die Bombe fallen! Nicht hier! Nicht jetzt! Meinetwegen auf einen anderen! Ist zwar schändlich, so etwas zu denken – aber diesmal will ich noch davonkommen!. . .

Ganz in der Nähe brennt es schon, kam gerade eine Meldung von draußen, wo Luftschutzhelfer unter großen Stahlhelmen mit bewundernswertem Mut auf Brandbomben und durch sie entstehende Feuerherde achteten. In diesem Augenblick kam das Dröhnen mehrerer Viermotoriger in immer wachsender Lautstärke auf uns zu. Im Hofe des Ministeriums mußte ein Geschütz stationiert sein. Es schoß wie wild. Die anfliegenden Lancaster erzeugten Geräusche, als wären riesige Kreissägen in der Luft, und das kam näher und näher, wurde bohrend und war fast nicht mehr zu ertragen. Was hatte ich in meinem Leben schon an Flugmotorenlärm gehört! Blechernes Scheppern von kleinen 2-Zylindern und brüllende Doppelstern-Motore mit röhrendem Auspuff. Ihr Klang war Musik in meinen Ohren gewesen. Der Lärm dieser Lancaster da oben war unerträglich. Denn das war der Tod, der sich mit Hilfe einer hochgezüchteten Technik nun gegen den Menschen wandte. Ich hatte Bomben fallen sehen und ihr Vernichtungswerk erlebt. Eine davon war einmal direkt auf mich zugeflogen. Das war bei Tage, und man konnte dieser Gefahr ins Auge sehen. Aber hier war man bei Notbeleuchtung in einem Keller eingesperrt, hörte wohl den bombentragenden Gegner über sich, vernahm die durch Erdboden und Häuser hindurch sich fortpflanzenden Sequenzen fürchterlicher Zerstörungsschläge, wenn wieder ein Reihenwurf sich unheimlich näherte oder nicht weit querab vorbeilief. Aber man wußte nie, ob man im nächsten Augenblick vielleicht selbst unter Trümmern begraben wurde.

Ein ungeheurer Schlag ließ das ganze vielstöckige Gebäude über uns mit verhaltenem Knirschen sich bewegen. Das war eine Luftmine! erklärte einer, der davon eine Ahnung zu haben schien. In der Form einer Kugel von 1000 Kilo Sprengstoff schwebte so ein Ding an einem Fallschirm zu Boden, explodierte beim Aufsetzen mit einer bisher nicht gekannten Sprengwirkung. Die Gewalt der Explosion ließ große Gebäude wie Kartenhäuser zusammenfallen, halbe Straßenzüge blies eine einzige Luftmine angeblich einfach um.

Nach zwei Stunden verebbte die Schießerei. Das letzte Motorbrummen verschwand in der Ferne. Kurz darauf heulten die Sirenen Dauerton: Entwarnung. Draußen hörte man Feuerwehr-Fahrzeuge eine Straße entlangrasseln. Vom Anhalter Bahnhof her flackerte der Lichtschein eines Brandes. Auf dem Pflaster des Weges, der zum Haus der Flieger zurückführte, lag ein Metallsplitter, der Rest einer Flak-Granate. Als ich ihn aufheben wollte, war er noch heiß.

Fortan verzichtete ich auf die komfortable Unterbringung im Haus der Flieger, wenn ich in Berlin übernachten mußte. In den Unterkünften eines der Fliegerhorste am Rande der Stadt, in Rangsdorf oder Gatow oder Wildpark Werder, konnte man von einer Bombe nur dann getroffen werden, wenn ein Tommy sich im Notwurf seiner Bombenlast entledigte, weil er von Nachtjägern oder Flak Treffer abbekommen hatte. Die Wahrscheinlichkeit, daß das eintrat, war gering.

Angriffe auf Berlin waren damals noch selten. Dafür wurden Hamburg, Bremen, Essen und das Ruhrgebiet fast jede Nacht durch die RAF mit Bomben angegriffen. Und tagsüber übernahm die USAF, die amerikanische Luftwaffe, ihren Teil mit Bombenangriffen, die sich anfangs auf Städte im Norden konzentrierten. Emden, Wilhelmshaven und Bremen verzeichneten bereits verheerende Schäden durch solche Tagangriffe.

Es mußte etwas geschehen! Trotz aller Beschönigungen unserer durch das Propaganda-Ministerium gesteuerten Tageszeitungen erkannte jeder Schuljunge, daß solche Verluste auf die Dauer nicht tragbar waren. Aber was sollte nun schnell als wirksame Abwehr gegen diese Bedrohung unseres Reichsgebietes aus der Luft eingesetzt werden? Das Volk vertraute gläubig auf die V-Waffen, die nun wohl bald kommen und dem Spuk dann hoffentlich ein Ende bereiten würden. V-Waffen! Wer Einblick hatte, sah mit geheimem Grausen, daß von all den neuen Entwicklungen so gut wie nichts zur Verwendung bei der Truppe fertig, das heißt: frontreif, war. Vielleicht kam mir das deutlicher zum Bewußtsein als den Männern ganz oben in der Führungsspitze. Denen wurden nämlich immer Termine genannt, die nur im günstigsten Falle eingehalten werden konnten. Dieser günstigste Fall trat jedoch fast nie ein. Wenn ich in Peenemünde oder Rechlin oder bei Flugzeugfirmen mit Sachbearbeitern und Konstrukteuren in ein vertrauliches Gespräch kam, dann war das erste Eingeständnis stets das gleiche: Die versprochenen Termine konnten nirgends eingehalten werden.

V-Waffen! Auch unsere Me 163 war ja eine solche geheime „Vergeltungs-Waffe", von der sich viel zu viele von den „großen Tieren" viel zu früh viel zu viel versprochen hatten. Die geplanten 190 Raketenjäger allein konnten bei allem Schneid ihrer Piloten gegen Flotten von tausend Bombern und noch mehr Jägern keine Entscheidung herbeiführen! Mehr Me 163 zu planen, war gar nicht möglich, weil die Unmengen an Wasserstoff-Superoxyd überhaupt nicht produziert werden konnten, die wir dann benötigt hätten. Im Augenblick aber war immer noch nicht sicher, ob wir und wann wir das heiße Triebwerk von den Walter-Werken geliefert erhielten. Die Zellen waren präzis zu den versprochenen Lieferterminen fertiggestellt worden. Das erste funktionsfähige Triebwerk dafür hatte auch jetzt – ein dreiviertel Jahr nach dem vereinbarten Liefertermin – noch keiner gesehen.

Seit Monaten machten wir Erprobungsflüge mit den ersten halbfertigen Flugzeugen aus der Serie, denen das Triebwerk noch fehlte. Wozu waren wir vom Segelflug her gewohnt, daß man Flugzeug-Schlepp betreiben kann! So schleppten wir die 163 B V2 und später die V8 Dutzende Male in die Luft, um in Peenemünde auf Ziele zu schießen, die im Wasser der Ostsee postiert waren. Als im Sommer 1943 endlich das erste Triebwerk einen Selbststart erlaubte, waren Bordwaffen und Gondelwaffen längst erprobt. In gleicher Weise wurde im Flugzeug-Schlepp die gesamte Funkausrüstung getestet. Daneben liefen intensive Untersuchungen im Flugbetrieb meines Erprobungs-Kommandos mit verstellbaren Anschnallgurten, Landungen auf Schnee, Verwendung von Strahlrudern aus Graphit und anderem hitzebeständigem Material.

In den Werkstätten bei Abteilung L war ein neues gefedertes Fahrwerk für die 163 A entstanden, das von uns in vielen Flügen auf Verwendbarkeit überprüft wurde. Mit all den ungezählten Versuchsflügen trugen wir schließlich auch dazu bei, daß Dipl. Ing. Armbrust mit seinen Technikern nach und nach einen Fehler nach dem anderen aus dem neuartigen System der Kufen-Hydraulik zu eliminieren in der Lage war. Es war jedem Einsichtigen klar, daß so eine völlig neuartige Konstruktion Kinderkrankheiten aufweisen würde. Selbst der vom genialen Porsche konstruierte Volkswagen machte in den ersten Jahren seines Daseins eine Menge Änderungen erforderlich. Konnten wir von unserem Raketenjäger erwarten, daß er von vornherein makellos und fehlerfrei sein würde?

Erwartet hatten wir es freilich nicht. Aber alle hatten wir dennoch heimlich gehofft, daß unter der Verantwortung des einfallsreichen Alexander Lippisch der Glücksfall eintreten möge, daß keine Änderung mehr nötig werde. Wir hatten kein Glück gehabt. Im Gegenteil: Mit allen Terminen waren wir weit im Verzug und wurden nun von den Tatsachen auf den Kriegsschauplätzen vor ein hartes „Entweder/Oder" gestellt. Da bedurfte es keines Wortes von oben mehr. Es mußte etwas geschehen! Aber was?

Die Me 163 allein, das wurde immer deutlicher, konnte uns aus der Bedrohung durch feindliche Luftangriffe nicht herauspauken. Ob vielleicht die Rettung aus der Not bei einer der anderen Entwicklungen zu finden war, die auch noch auf der Herdplatte unserer Flugzeugentwicklung am Kochen gehalten wurden? Es war Anfang März 1943, als ich kurzfristig zum K.d.E. befohlen wurde. K.d.E. – das war der Kommandeur der E-Stellen, der von Rechlin aus die Aufsicht über die zahlreichen Erprobungsstellen der Luftwaffe ausübte. Dem K.d.E. unterstand ich mit meinem Erprobungs-Kommando 16 truppendienstlich, während ich vom General der Jagdflieger taktisch gesteuert wurde, d. h. meine Arbeitsanweisungen erhielt.

Oberst Petersen, so hieß der K.d.E., hatte sein Dienstzimmer im Anbau einer der Flugzeughallen des großen Rechliner Versuchs-Fliegerhorstes, auf dessen Rollfeld in den vergangenen Jahren Starts zu tausenden wichtiger Erprobungs- und Prüfungsflüge stattgefunden hatten. Wie nicht anders zu erwarten, war es der größte Raum im ersten Stock, der schon von der Lage her und auf Grund seiner Ausmaße dokumentierte: Hier wohnt der Chef vom Ganzen. Durchgehende Fenster gestatteten Rundum-Sicht über den ganzen Platz – im Grunde ein ganz unnötiges Attribut, da die Tätigkeit des Kommandeurs mit der Überwachung des Flugbetriebes nichts mehr zu tun hatte.

Major Großholz, der Ia-Offizier, hatte mich gemeldet. Zuvor hatte er mir über die Zuweisung zweier neuer Offiziere zum E-Kommando 16 berichtet. „Der Oberst", so schloß er, „hat vorgestern an einer GL-Besprechung teilgenommen. Dabei ist für Sie eine neue zusätzliche Aufgabe beschlossen worden, für die Ihnen der Oberst nähere Anweisungen geben wird. General Galland mußte zu einer wichtigen Frontbesichtigung nach Italien, deshalb wird Ihnen der Auftrag der Dringlichkeit wegen vom K.d.E. gegeben."

„Was ist das: eine GL-Besprechung?" fragte ich.

„Das sind periodisch – oder nach Bedarf – angesetzte Besprechungen führender Männer aus dem Bereich des Generalluftzeugmeisters", antwortete Großholz. „Auch der K.d.E. ist bei GL-Besprechungen oft mit von der Partie. Den Vorsitz führt meist Generalfeldmarschall Milch."

Ich betrat das Dienstzimmer des K.d.E., dessen großzügige Einrichtung von der Raumnot, die in manchen Teilen der Erprobungsstellen schon herrschte, noch nichts spüren ließ. Die reckenhafte Gestalt des Oberst Edgar Petersen saß hinter einem mächtigen Schreibtisch, auf dem nur eine Handvoll Akten lag, was darauf schließen ließ, daß er gewohnt war, Arbeit zu verteilen und selbst nur allerletzte Entscheidungen zu treffen. Das breite Gesicht mit hellen blauen Augen unter blondem Haar trug Züge, aus denen man auf den ersten Blick den klaren Sinn des logisch handelnden Pragmatikers erkannte. Als Kommodore des K.G.40 hatte er es vor seiner Berufung in die jetzige Dienststelle verstanden, sein Geschwader in überraschender Kürze auf die moderne Ju 88 umzuschulen, technische Anlaufschwierigkeiten rasch zu überwinden und im Verlauf des ersten Kriegsjahres mit seinen Besatzungen eine sechsstellige Zahl von Schiffs-Tonnage bei Narvik, in der Nordsee und auf dem Atlantik rund um England zu versenken oder zu beschädigen. Trotz seiner Uniform und seines Ritterkreuzes wirkte er auf den unvoreingenommenen Betrachter mehr wie ein Industrie-Kapitän als wie der Befehlshaber einer militärischen Dienststelle.

„Um das Wichtigste vorwegzunehmen", begann Petersen ohne Umschweife, „in der letzten GL-Besprechung wurde erörtert, daß wir bei Heinkel und Messerschmitt je ein turbinengetriebenes neues Flugzeugmuster in der Werkerprobung haben, daß uns aber jedes objektive Urteil über deren militärische Brauchbarkeit fehlt. Was die Firmen selbst darüber berichten, ist oft reichlich verschönt und frisiert. Besonders Heinkel verspricht einem das Blaue vom Himmel, wenn er ein Geschäft machen kann. Deshalb habe ich Ihnen den Auftrag des Generalfeldmarschalls Milch zu übermitteln, umgehend in Rostock bei Heinkel die He 280 nachzufliegen, im Anschluß daran in Augsburg ein Gleiches mit der Me 262 bei Messerschmitt zu tun und darüber in Ihrer nächsten Halbmonats-Meldung zu berichten. Von diesem Bericht wünscht der Generalfeldmarschall ein Exemplar auf seinen Tisch, wie er auch künftig im Verteiler Ihrer Arbeitsberichte aufgenommen sein will. Alle strahlgetriebenen Projekte genießen fortan die ganz große Aufmerksamkeit unserer Führungsstellen."

„Wissen die Werksleitungen in Rostock und Augsburg über diese meine Beauftragung Bescheid?" fragte ich.

„Messerschmitt und Heinkel werden durch das RLM verständigt", antwortete der Oberst.

„Wenn mir Hauptmann Kiel nicht aus dem Erprobungs-Kommando 16 wieder wegversetzt worden wäre", brachte ich einen Einwand vor, „könnte ich mir diese Arbeit mit ihm teilen. Ich verstehe nicht, daß Kiel wieder zu seinem Zerstörer-Geschwader zurück mußte, nachdem er mit viel Aufwand bei uns auf den Raketenjäger umgeschult worden war."

„Das Zerstörer-Geschwader 26, von dem er kam, hatte starke Verluste", versuchte Petersen zu begütigen, „ein erfahrener Gruppen-Kommandeur wurde gebraucht und war im Geschwader nicht aufzutreiben. Da hat man Kiel wieder zurückgefordert. Wenn die Me 163 B mit dem heißen Triebwerk erst fliegt, holen wir uns den Kiel wieder zurück", versprach er.

„Dafür habe ich zwei Offiziere ohne jede Fronterfahrung zum Erprobungs-Kommando 16 versetzt bekommen", fuhr ich fort. „Sie sind voller Begeisterung für ihre neue Aufgabe und mögen vielleicht sehr talentierte Piloten sein. Aber wir erproben für die Fronttruppe. Dazu müssen die Beteiligten vorher Erfahrung an der Front gesammelt haben. Wer als Heeresaufklärer nur die Henschel 126 geflogen hat, der weiß noch lange nicht, was ein Jagdflieger mit einem Interzeptor anzustellen hat!"

„Im Moment", gestand der Oberst, „besteht ein solcher Pilotenmangel bei den Jagdgeschwadern an allen Fronten, daß Sie probieren müssen, Ihre Aufgaben auch mit solchen „ungelernten" Kräften zu erfüllen. Wenn die 163 B erst mit Triebwerk fliegt, wird sich das hoffentlich ändern."

„Alles was wichtig ist", warf ich ein, „muß jetzt von Oblt. Pöhs erledigt werden, dem einzigen, der außer mir Frontpraxis als Jagdflieger besitzt. Pöhs hat gerade eine vermutlich wichtige Erfindung gemacht. Die Me 163 liegt nach der Landung auf dem Rollfeld und muß hochgebockt, wieder auf Räder gestellt und dann beiseite geschleppt werden. Das dauert zur Zeit noch mindestens 25–30 Minuten, viel zu lange, wenn auf einem Einsatzplatz eine Staffel oder vielleicht eine ganze Gruppe mit 20 oder mehr Maschinen starten und landen will. Ein Vorschlag von Pöhs läuft darauf hinaus, einen Schnelltransport-Wagen zu schaffen, der den Abtransport gelandeter Maschinen in wenigen Minuten erledigt. Zeichnungen für seinen Vorschlag hat er auch schon angefertigt."

Der Oberst versprach, dieser Geräteforderung seine Förderung angedeihen zu lassen, zumal ihm dieses Problem bereits von Dipl. Ing. Beauvais angedeutet worden war, nachdem dieser im April 1943 mit mehreren Starts in Peenemünde die Me 163 mit Raketenantrieb geflogen hatte. In der Tat war nach einem knappen Jahr der sogenannte „Scheuch-Schlepper" entstanden, ein motorgetriebenes Fahrzeug mit einer sinnvollen Hebevorrichtung. Mittels des „Scheuch-Schleppers" war es möglich, eine gelandete Me 163 innerhalb weniger Minuten aus dem Landefeld herauszuholen.

Weder die He 280 noch die Me 262 waren im März 1943 so weit gediehen, daß sie mir von den Flugzeug-Werken für die angeordnete fliegerische Überprüfung anvertraut werden konnten. Bei der He 280 trat noch Leitwerkschütteln auf, und zwar weit unterhalb der Maximal-Geschwindigkeit. Zudem war der Schub der Ohain-Triebwerke mit ihren Radial-Verdichtern nicht ausreichend groß. Hierüber habe ich an anderer Stelle schon berichtet. Fritz Wendel, Chefpilot bei Messerschmitt, hatte an der Me 262 bei 700 km/h Querruder-Flattern festgestellt. Eine Änderung am Außenflügel war in Tag- und Nachtarbeit im Gange. Mit deren Durchführung – einschließlich einiger Werkerprobungsflüge – verging dann nochmals ein guter Monat.

Schwanzlos oder nicht?

Es war der 14. 4. 1943. Auf dem Flugplatz Berlin-Adlershof traf sich zu einer Vortrags- und Diskussions-Tagung die „Creme" der deutschen Luftfahrtforschung und des deutschen Flugzeugbaus. Nur die Lilienthal-Gesellschaft für Luftfahrtforschung – an ihrer Spitze Professor Dr. Bock – brachte das zuwege, daß fast alle renommierten Professoren und Dozenten an diesem Tage sich ein Stelldichein gaben, die teilweise von weither die Nacht hindurch mit der Bahn von den verschiedenen Forschungsanstalten und Akademien, Aerodynamischen Instituten, Technischen Hochschulen und Versuchsanstalten angereist waren. Dazu kam eine gleiche Anzahl von Chefkonstrukteuren aller maßgeblichen deutschen Flugzeug-Werke, unter ihnen natürlich Dr. Lippisch (er hatte Ende März 1943 – so nebenbei – in Heidelberg promoviert) mit zwei Mitarbeitern, wie auch Dr. Wurster, der als Chefpilot einmal Weltrekord mit der Me 209 geflogen hatte und bei Lippisch an eigenen Entwürfen schwanzloser Projekte arbeitete. Selbstverständlich waren die Gebrüder Horten zur Stelle. 40 persönliche Einladungen waren herausgegangen. Aber fast die doppelte Anzahl hochinteressierter Teilnehmer war erschienen. Allein das RLM war mit mehr als 15 Mann vertreten, von denen Antz wohl als der spiritus rector dieser Veranstaltung anzusehen war. Natürlich war auch der Führungsstab der Luftwaffe vertreten und die E-Stellen Rechlin und Peenemünde. Außer mir war noch Joschi Pöhs vom E-Kdo. 16 mit anwesend, der jedoch schon nach einer Stunde zu einer wichtigen Besprechung wegen der Entwurfsarbeiten für den von ihm geforderten Abschleppwagen in das Ministerium mußte. Rudolf Opitz saß ebenfalls mit in dem großen Vorlesungssaal der DVL, in dem diese Versammlung stattfand, und neben ihm – als einzige Frau – Hanna Reitsch.

Als der Raum sich zur Einberufungszeit rasch füllte, faßte Antz sich schuldbewußt an den Kopf und raunte seinem Nachbarn zu: „Ich werde meine Seelenruhe erst wieder haben, wenn diese Veranstaltung vorüber ist. Eine Bombe, die zufällig hier reinfällt, läßt den gesamten deutschen Flugzeugbau seinen Geist aushauchen."

Ich war schon eine Stunde vor Beginn der Tagung eingetroffen und stieß in der Flugleitung auf Dipl. Ing. Schmedemann, der selbstredend auch als Tagungsteilnehmer erschienen war. Von ihm erfuhr ich einiges über den Anlaß zu dieser Mammut-Versammlung. „Schuld daran, daß so viele wichtige und unersetzliche Leute aus der deutschen Luftfahrt mindestens einen Tag hier, abseits von ihrem Arbeitsplatz, zubringen müssen, ist Lippisch", brummte er. „Er glaubt", fuhr Schmedemann fort, „er werde mit seinen Schwanzlosen-Projekten in der Firma Messerschmitt an die Wand manövriert. Leider hat er die unbegründete und falsche Vorstellung, man habe ihn mit dem Projekt 163 nur nach Augsburg gelockt, um das schnellste Flugzeug der Welt wieder als eine Me bezeichnen zu können."

„Bei der ganzen Abteilung ‚L' findet man diese Ansicht", warf ich ein, „also dürfte da schon etwas Wahres daran sein."

„Das Gegenteil trifft zu", wehrte Schmedemann meinen Einwand ab. „1941 nach Dittmars Weltrekordflug mit 1003 km/h hat Professor Messerschmitt in einem von ihm namentlich abgezeichneten Exposé über die Entwicklung der Nurflügelbauweise sich dahingehend geäußert, daß durch Verwendung des gepfeilten Nurflügeltyps die

Geschwindigkeit um 30 Prozent gegenüber herkömmlichen Flugzeugen gesteigert werden könne. Bei Schwanzlosen hielt er eine Steigerung der kritischen Geschwindigkeit um 40 Prozent für möglich, wenn man eine Flügelpfeilung von 45° benutzte. Und für den Flug in Höhen über 40 km mit mehr als Schallgeschwindigkeit gab er dem Nurflügel-Flugzeug eine große Zukunftschance. Aber Lippisch baut an seine Schwanzlosen ein riesengroßes Seitenleitwerk, um brauchbare Flugeigenschaften zu erzielen. Und bei dessen Anblick begannen bei etlichen ernstzunehmenden Konstrukteuren Zweifel an den Vorteilen der schwanzlosen Bauweise aufzukeimen. Rumpf und Seitenleitwerk der Me 163 erzeugen schon so viel schädlichen Widerstand, daß dem Fachmann fraglich erscheinen muß, ob Höhenruder an der Hinterkante des Tragflügels vorteilhafter sind als ein ganz normales Höhenleitwerk an dem ohnedies vorhandenen Rumpf. Dort, wo jetzt das große Seitenleitwerk herausragt, paßt auch noch ein Höhenruder hin, dessen schädlicher Widerstand vernachlässigenswert klein sein dürfte."

„Sehen Sie", unterbrach ich Schmedemann, „erst ruft man Hosiannah und dann: Kreuziget ihn!"

„Nein und nochmals nein!" verfocht Schmedemann seine Firma. „Ich könnte Ihnen mit innerbetrieblichen schriftlichen Anweisungen des Professors (Messerschmitt) den unwiderlegbaren Beweis erbringen, daß ‚Mtt' seinen Konstrukteuren wiederholt die Forderung gestellt hat: Bitte beweist mir, daß die Nurflügel-Bauweise auch nur wenige Prozent Vorteile erbringt gegenüber der herkömmlichen Art, Flugzeuge mit normalem Leitwerk zu versehen! Er wolle dann sofort alle Projekte auf schwanzlos umstellen. Und das „Kobü" hat getüftelt und gerechnet und probiert. Aber keiner konnte bisher nachweisen, daß die schwanzlose Bauweise auch nur den geringsten Vorteil erbringt."

„Warum fördert Professor Messerschmitt dann aber nicht energischer die schwanzlosen Projekte, die Lippisch mit Stender und Hubert und seinen übrigen Konstrukteuren unter den Typenbezeichnungen P 01 bis P 10 und P 11 bis P 13 nach den Erfolgen mit der Me 163 bis zur Entwurfsreife herausgebracht hat?" wollte ich wissen. „Warum bleiben die Me 329, die doch bereits die Typenbezeichnung eines Messerschmitt-Flugzeugs erhalten hat, und andere schwanzlose Projekte, die Dr. Wurster parallel dazu im Werks-Auftrag entwickelt hat, so unbeachtet und ungeliebt!?"

„Der Professor", antwortete Schmedemann, „würde alle verfügbaren Kapazitäten des Werkes auf eines dieser als Schnellbomber ausgelegten Projekte konzentrieren, wenn eine Aussicht bestände, daß es einen Ersatz für die Me 210 und Me 410 abgäbe. Ein Flugzeug mit den angenehmen Flugeigenschaften der Me 163 und der von der Me 210 bzw. Me 410 geforderten Flugleistung wäre bei Messerschmitt hochwillkommen, sei es nun schwanzlos oder nicht. Aber der Auftrag zu einer solchen Entwicklung darf nicht durch heimliche Vorträge bei hochgestellten Persönlichkeiten herbeigezaubert werden, sondern benötigt den überzeugenden Tatsachenbeweis."

„Auf welchen heimlichen Vortrag spielen Sie dabei an?" tat ich etwas erstaunt, denn ich hatte schon davon läuten gehört, daß Lippisch sich bei etlichen hochgestellten Persönlichkeiten über mangelnde Unterstützung seiner Ideen durch die Firma Messerschmitt beklagt hatte.

„Lippisch", berichtet Schmedemann, „hatte durch Vermittlung von Oberst Dinort Gelegenheit erhalten, dem Staatssekretär, Generalfeldmarschall Milch, über den

Entwurf eines schwanzlosen Schnellbombers Vortrag zu halten. Er legte Zeichnungen und Berechnungen vor, die von Milch mit Befürwortung an den Chef GL-CE, Oberstleutnant Pasewaldt, zur Bearbeitung weitergegeben wurden. Von Lippischs Vorstoß hatte kein Mensch im Werk eine blasse Ahnung, auch nicht unsere Berliner Vertretung. Als jedoch das Amt nun auf dem Dienstwege über die Werksleitung von Lippisch Näheres wissen wollte, hat der den ganzen Vorschlag als undurchführbar wieder zurückgezogen. Den Professor ärgerte es, daß Lippisch unter Umgehung aller Schaltstellen im Werk Augsburg in Berlin große Versprechungen machte und dann alles als ein undurchführbares Kunststück wieder in seinen Zauberhut zurückpraktizieren mußte.

Durch dieses und ähnliche Vorkommnisse wurde schließlich bei allen Amtsstellen und besonders bei Professor Messerschmitt der Wunsch wachgerufen, eine Versammlung herbeizuführen, bei der in Vorträgen und durch Diskussionen ein für allemal Klarheit über Vor- und Nachteile der schwanzlosen Bauweise geschaffen werden solle."

„Und heute nun tritt dieses Gremium also an diesem Orte zu besagtem Zweck zusammen?" fragte ich.

„So ist es", erklärte Schmedemann.

Der Vortragsraum war ein Vorlesungssaal mit amphitheatralisch angeordneten Sitzreihen. Vorne waren zwei große schwenkbare Tafeln, auf denen man reichlich Platz fand, um mit Kreide Skizzen aufzuzeichnen, Formeln zu entwickeln und wichtige Begriffe in Schlagworten dem Hörer sichtbar vor Augen zu führen. Die Tafeln wurden dann auch auf beiden Seiten mehrmals vollgeschrieben und danach wieder abgelöscht und neu bekritzelt. Vier der bekanntesten Konstrukteure aus verschiedenen Werken trugen eigens zum Thema „Nurflügel oder nicht" vorbereitete Ausführungen vor, ebensoviele Professoren ließen penibel ausgearbeitete Vorlesungen vom Stapel. Diskussionen folgten, und nachdem Lippisch bereits eingangs einen Vortrag für die Sache der Schwanzlosen hatte halten dürfen – unterstützt durch einen gleichgearteten Vortrag Dr. Wursters –, unternahm er in einem beredten Schlußwort, vollgespickt mit Aerodynamik und Flugmechanik, gleichsam als „Angeklagter" am Ende der Veranstaltung den Versuch, die Argumente seiner Gegner zu zerpflücken.

Denn es stellte sich heraus: Ob nun Dipl. Ing. Kosin von Arado oder Dipl. Ing. Multhop von Focke Wulf das Thema tiefschürfend erörterte oder Dipl. Ing. Voigt von Messerschmitt oder schließlich Professor Scheubel von der Technischen Hochschule Darmstadt – alle kamen nahezu übereinstimmend zum Ergebnis: Die Vorteile des Nurflüglers (wenn überhaupt welche vorhanden sind) werden von ihren Nachteilen mehr als wettgemacht. Das am meisten einleuchtende Argument war: Das Höhenruder des Nurflüglers besitzt bezogen auf den Schwerpunkt einen kürzeren Hebelarm als konventionelle Höhenleitwerke. Um mit beiden Ruderarten gleiche Momente zu erzielen, muß man – gleiche Rudergrößen vorausgesetzt – beim Nurflügler stärkere Ruderausschläge geben als beim konventionellen Flugzeug mit Rumpf und Höhenleitwerk. Das bedeutet (unter Berücksichtigung einiger Gedankengänge, die ich hier nicht anführen will), daß der maximale Auftriebsbeiwert des Nurflüglers bei Start und Landung geringer ist als beim Normal-Flugzeug. Das schwanzlose Flugzeug benötigt daher bei gleicher Zuladung eine höhere Geschwindigkeit zum Abheben, also eine längere Startbahn. Diese letztere braucht es auch zur Landung, weil seine Mindestgeschwindigkeit beim Landeanflug höher liegt als die des vergleichbaren Flugzeugs mit normalem Höhenleitwerk.

Professor Scheubel, der einen langen und sehr ausgewogenen Vortrag hielt, formulierte unter anderem: „Das schwanzlose Flugzeug braucht, wenn es gleiche Mindestgeschwindigkeit wie das Flugzeug normaler Bauart haben soll, eine wesentlich größere Flügelfläche als dieses. Dann aber bleibt nicht mehr viel von dem Vorteil des kleineren schädlichen Widerstandes übrig. Sehr schwierig", führte er an anderer Stelle aus, „wird es sein, ein Seitenruder oder ein ihm entsprechendes Organ anzubringen, das bei einem mehrmotorigen Flugzeug den Flug bei Ausfall eines Seitentriebwerkes zu beherrschen gestattet, und zwar möglichst nicht nur im Reiseflug, sondern auch im Vollgasflug bei niedrigen Geschwindigkeiten."

Auch die Gebrüder Dr. Reimar Horten und Hauptmann Walter Horten kamen in zwei ausführlichen Vorträgen zu Wort. Walter Horten, der in seinem Vortrag sehr geschickt ein wenig Werbung für ein strahlgetriebenes Projekt der beiden Brüder einfließen ließ, äußerte sich so, als wenn sie auch bei mehrmotorigen Schwanzlosen ohne jedes Seitenruder auskämen. Worauf der Rechliner Beauvais hoch von den letzten Bänken aus empört in den Saal rief, alle schwanzlosen Typen von Horten, die er geflogen habe, wiesen deshalb auch gänzlich unzureichende Stabilitäts-Eigenschaften auf.

Professor Scheubel hatte auch bezweifelt, daß es möglich sei, bei Schwanzlosen im ganzen Flugbereich und bei allen Schwerpunktlagen erträgliche Höhensteuerkräfte zu erreichen. Daraufhin erntete er allerdings Widerspruch bei allen, die die Me 163 schon einmal geflogen hatten. Wortführer dieses Teils der Versammlungs-Teilnehmer war diesmal Dipl. Ing. Bader (Rechlin), der bezeugte, daß die von ihm geflogene Me 163 A im gesamten Geschwindigkeitsbereich so gut abgestimmte Ruderkräfte aufgewiesen habe, wie er sie selten bei einem anderen Flugzeug angetroffen hätte. Allerdings, so räumte er ein, sei dieser Umstand wohl mehr der anerkennenswerten Fähigkeit Lippischs und seines Mitarbeiters Dipl. Ing. Hubert im Entwurf von Flügel und Rudern zuzuschreiben als dem Umstand, daß das Höhenruder an diesem Flugzeug an der Tragflächenhinterkante seinen Platz habe und nicht am Ende des Rumpfes.

Lippisch versuchte geltend zu machen, die Oberfläche des Nurflüglers sei 5 Prozent kleiner als die eines normal gebauten Flugzeugs. (Er vergaß dabei offenbar völlig, daß er bei allen seinen Projekten ohne einen Rumpf und ein sehr groß bemessenes Seitenleitwerk aus Gründen der Flugstabilität nicht auskam und daß allein deshalb diese Behauptung nicht zutraf.) Er strich die Vorteile des Pfeilflügels heraus, sprach von Laminarhaltung der Mittelströmung am Flügel, wies auf das dünnere Flügelprofil des Nurflüglers und die Herabsetzung des Interferenz-Widerstandes hin. Seine Argumentation stützte sich wieder auf die Aerodynamik eines Nurflüglers. Daß er in der Praxis nicht ohne leitwerktragenden Rumpf und ein großes Seitenruder auskam, unterschlug er geschickt. Er behauptete, der Widerstand des schwanzlosen Flugzeugs sei 30 Prozent kleiner als der des Normalflugzeuges, also sein Gleitwinkel 15 Prozent besser, in gleichem Maße besser auch seine Gipfelhöhe und Steigleistung. Zum Beweis rechnete er auf der Tafel einen Leistungs-Vergleich zwischen Me 209 und Me 163 A vor, wobei er allerdings von einem fragwürdigen – nämlich nirgends nachgewiesenen – Luftschraubenwirkungsgrad der Me 209 ausging.

„Es mag andere schwanzlose Flugzeuge geben, die in bezug auf Flugeigenschaften noch nicht völlig in Ordnung sind“, räumte er am Schluß seiner Ausführungen ein. „Für die 163“, so schloß er, „sind von so vielen Piloten so gute Beurteilungen abgegeben worden, daß mancher Erbauer von normalen Flugzeugen froh wäre, ähnliches auch von seinen Flugzeugen sagen zu können.“

Damit hatte er zwar recht. Aber hier war es nicht um die Flugeigenschaften, sondern um den Vergleich von Flugleistungen gegangen. Und der war – außer bei Lippisch, Dr. Wurster und den Gebrüdern Horten – zum Nachteil der Nurflügler ausgegangen.

Es gab kein abschließendes Resümee. Die Vorträge würden später einmal von der Lilienthal-Gesellschaft gedruckt an alle Interessenten verteilt werden, hieß es. Dann könnte jeder sich selbst seine Meinung bilden. Aber der überwiegenden Mehrheit der Anwesenden war klar: Mit der Me 163 war zum ersten und letzten Mal durch das RLM ein schwanzloses Projekt in Entwicklung gegeben worden. Antz brachte zu einem kleinen Kreis in seiner Nähe leise die Quintessenz des Gehörten zum Ausdruck: „Die Me 163 ist nun nahe an der Frontreife. Die Piloten fliegen sie gern. Die bei der Herstellung angewandte Holzbauweise lastet eine bisher unbenutzte Branche unseres Flugzeugbaus aus, geht also nicht auf Kosten des Jägerprogramms. Die Triebwerke kosten nicht viel – abgesehen von dem teuren Aufwand der Entwicklung. Eine Serie von rund 200 Stück ist nun im Laufen und kann eigentlich nicht mehr abgestoppt werden. Also wollen wir gar kein großes Aufheben darum machen. Es geht mit Volldampf weiter. Für Lippisch war es ein Dämpfer, den er mal nötig hatte.“

Die Me 262 – unsere große Hoffnung

Diese Sitzung der Lilienthal-Gesellschaft hatte viele Stunden in Anspruch genommen. Erleichtert strebten nach ihrer Beendigung alle Teilnehmer den Ausgängen zu, um von der Restzeit des Tages noch etwas für andere wichtige Aufgaben zu retten. Im Gedränge tippte mir jemand von hinten auf die Schulter. Es war Schmedemann. „Daß ich es nicht vergesse", sagte er, „ich habe Ihnen von Caroli (dem Leiter der Flug-Erprobung bei der Firma Messerschmitt) noch mitzuteilen: Von übermorgen an steht eine Me 262 zum Nachfliegen für Sie in Lechfeld zur Verfügung."

Schon am Tage darauf war ich in Augsburg. Im Riegele-Haus hatte uns Fedi Aichele vier Wohnräume zur Verfügung gestellt. Wer immer von uns – Pöhs, Opitz, Kiel oder ich – für einen oder mehrere Tage im Augsburger Werk zu tun hatte – und das war jetzt fast ständig der Fall – hatte zu jeder Tages- und Nachtzeit Zugang zum Haus Bürgermeister-Fischer-Straße 12, fuhr mit dem Fahrstuhl hinauf und fand am nächsten Morgen vor seiner Zimmertür einen Servierwagen mit Frühstück stehen, dessen Ausführlichkeit von der Menge der Lebensmittelmarken abhängig war, die er vorher darauf deponiert hatte. Fedi war mit Erwin Aichele verheiratet gewesen, der bis zum Kriegsbeginn Chefpilot bei Messerschmitt gewesen war. Er war als Jagdflieger während der Luftschlacht um die britische Insel gefallen. Natürlich kannte Fedi eine Menge Flieger, darunter auch den derzeitigen Messerschmitt-Chefpiloten Fritz Wendel. Der hatte ihr wohl von unserer Tätigkeit eine Andeutung gemacht. Darauf erwies Fedi sich als vorbildlich hilfsbereite Fliegersfrau, indem sie uns der jedesmal schwieriger werdenden Aufgabe der Quartiersuche enthob.

Heute hatte sie vorgesorgt, daß ich Fritz Wendel zu später Abendstunde bei ihr antraf. „Ihr habt's was Dienstliches zu besprechen", erklärte sie, „da will ich net stör'n und geh ins Nebenzimmer. Ein Bier ist für euch schon kalt gestellt. Wenn ihr zu Ende seid mit eurem Dienstkram, werde ich mich freuen, noch ein Stünderl mit euch zu plaudern."

Fritz Wendel hat mir dann zwei Stunden lang alles Wissenswerte über die Vorgeschichte der Me 262 erzählt, deren erste Planung und Entwurfsarbeit auch schon vor Kriegsbeginn ihren Anfang genommen hatte. Am kommenden Tag, kündigte er an, werde man mir im Werk noch mit Vorträgen über Zelle und Triebwerk umfassende Einweisung geben.

Als wir zu einem Ende gekommen waren, setzten wir uns zu Fedi, die eine amüsante und gebildete Unterhalterin war. Ob man ein neues Buch mit ihr besprach oder über Hutmode, über Rilke und Schopenhauer redete oder sich von ihr eine anstrengende Klettertour in den Allgäuer Alpen erklären ließ – stets war man in ein fesselndes Gespräch verwickelt. Am liebsten berichtete sie von den vielen Flügen in ferne Länder, die sie mit ihrem Mann gemacht hatte. Was wir da draußen auf dem Flugplatz taten, ahnte sie wohl, hat aber nie die leiseste Frage danach gestellt, da ihr klar war, daß wir zum Schweigen verpflichtet waren. Das achtete sie. Fedi genoß deshalb nicht nur unsere Dankbarkeit für ihre Gastfreundschaft, sondern auch große Hochachtung als Mensch und als Frau.

Am übernächsten Tag hatte ich dann einen ersten Flug mit dem Prototyp V2 der Me 262 hinter mir. Die Stimmung, die mich danach erfüllte, war nicht zu vergleichen mit dem Tag vor knapp einem Jahr, als ich meinen ersten Start mit der Me 163 A in Peenemünde absolviert hatte. Dieser Raketenflug damals war beherrscht von dem imponierenden Gefühl, aus der Erdanziehungskraft in den Himmel hinaufgeschossen zu werden. Demgegenüber vermittelte die Me 262, kaum daß man mit ihr in der Luft war, den Eindruck, mühelos horizontal über alle bisher bestehenden Geschwindigkeits-Barrieren hinwegsetzen zu können, eine neue, sehr elegante Form der Fortbewegung in der dritten Dimension gefunden zu haben. In diesem Vogel empfand man die Geschwindigkeit, mit der man voranschoß, selbst in Höhen von etlichen tausend Metern noch, wo man sonst mit propellergetriebenem Flugzeug festzukleben schien.

Was mich nach diesem ersten Testflug in eine lange nicht gekannte Erregung versetzte, war jedoch nicht der Rausch der Geschwindigkeit, von dem man hätte reden können. Mir war geradezu wie eine Offenbarung klar geworden: Das kann unsere Rettung in der Luftverteidigung des Reiches sein – nein, das ist sie! Die Me 163 war – um einen Vergleich zu gebrauchen – ein kleiner geschliffener Dolch, die Me 262 hingegen war das große scharfe Schwert. So sehr ich auch schon mit der Sache der Me 163 verwachsen war, ihr die Fahne vorantrug, diese Me 262 war mehr. Viel mehr konnte sie werden, für die Luftfahrt ganz allgemein, für die deutsche Luftwaffe im besonderen in diesem Kriege, für das ganze Reich im derzeitigen Zustand eines verzweifelten Abwehrkampfes an allen Fronten, ein Mittel, um damit den Sieg wieder auf unsere Seite zu zwingen. Mit der Produktion mußte sofort in größtem Umfang begonnen werden! Keine Minute durfte verlorengehen! Dieses Flugzeug konnte uns durch seine überlegene Technik aus der Sackgasse herauslotsen, in die uns die Kriegsereignisse der letzten Zeit gezwungen hatten.

Aber wie sollte, wie konnte ich all den verantwortlichen Führungsstellen in Berlin überzeugend klar machen, daß diese Me 262 uns zu retten in der Lage war?! Gewiß, mein Bericht kam diesmal direkt in die Hände von Staatssekretär Milch. Der würde vermutlich im gesamten Bereich des Generalluftzeugmeisters den Weg ebnen. Hier waren aber noch ganz andere Instanzen anzusprechen. Es ging darum, die Vorrangigkeit dieses Projekts so hoch wie möglich einzustufen. Es ging unter anderem um Dringlichkeitsstufen bei der Materialbeschaffung und Personalzuweisung. Diese Angelegenheit mußte mit der größten Glocke ausgeläutet werden, die es gab. Hermann Göring? Am besten war es, der oberste Befehlshaber, Adolf Hitler, wurde dafür gewonnen. Wer machte das? Wer konnte das?!

Binnen kurzem war mein Entschluß gefaßt. Ich meldete mit höchster Dringlichkeit ein Ferngespräch zur Dienststelle des Generals der Jagdflieger an. General Galland war zufällig auch sofort erreichbar. Mit wenigen Sätzen schilderte ich meine Eindrücke und wies darauf hin, daß Entschlüsse an allerhöchster Stelle getroffen werden müßten. „Deshalb", so fuhr ich fort, „schlage ich vor, daß Sie so schnell als möglich hierher nach Lechfeld kommen und das Flugzeug gleichfalls fliegen. Dann müssen Sie den Reichsmarschall aus eigener Kenntnis der Dinge ins Bild setzen, damit der beim Führer alle Ermächtigungen herbeiführt, die jetzt erforderlich sind."

„Und Sie meinen, ich könnte dieses „Schiff" auch fliegen?" fragte Galland etwas mißtrauisch zurück.

„Davon bin ich voll überzeugt", antwortete ich, indem ich meiner Stimme Entschiedenheit zu geben trachtete.

„Aber ich habe seit Wochen, nein, seit Monaten kein Einsatzmuster mehr geflogen", wandte der General ein. „Wahrscheinlich bin ich ziemlich aus der Übung. Bei meiner Stabs-Tätigkeit hier habe ich doch überhaupt keine Zeit mehr, mich in einer „Kiste" an das Steuer zu setzen. Ich bin schon beinahe das, was ihr da draußen mit einem „Sesselpuper" zu bezeichnen pflegt."

„Dann machen Sie doch in Johannistal ein paar Starts auf einer Me 109 und FW 190, Herr General! Wenn Sie sich darauf wieder sicher fühlen, dann können Sie sich getrost auch in die Me 262 setzen", schlug ich forsch vor.

Galland stimmte kurzentschlossen zu und erschien tatsächlich nach einiger Zeit auf dem Flugplatz Lechfeld, um meinem Vorschlag gemäß selbst einen Start zu machen.

Auch mit dem Kommandeur der E-Stellen, Oberst Petersen, hatte ich ein langes Ferngespräch und gab ihm auf diese Weise einen ersten mündlichen Bericht.

Inzwischen war etwas passiert, was mich meinen spontanen Vorstoß bei Galland fast wieder bereuen ließ. Während meines Testfluges am 17. 4. waren mir beide Triebwerke stehengeblieben, als ich bei der Überprüfung von Steuerkräften und Ruderwirkung mit der Geschwindigkeit fast bis zur Mindestfahrt zurückgegangen war. Glücklicherweise gelang mir das Wiederanlassen in der Luft, so daß ich keine Notlandung machen mußte. Das Flugzeug ging danach in die Werft, und die Triebwerke wurden einer intensiven Inspektion unterzogen.

Dann stand die Maschine am folgenden Tag wieder zu meiner Verfügung vollgetankt und startbereit am Rollbahn-Anfang. Aus einem nichtigen Grunde, nämlich weil ich eine frischentzündete Zigarette erst zu Ende rauchen wollte, verzögerte sich mein Einsteigen in den Führersitz etwas. In diesem Augenblick fiel es Ostertag ein, daß er eigentlich die Pflicht gehabt hätte, vor Übergabe des Flugzeugs an mich noch einen Werks-Überprüfungsflug zu machen. Deshalb setzte er sich mit plötzlichem Entschluß in das Flugzeug, schnallte sich an, schloß die Haube und lachte mir freundlich zu, als er nach dem Anlassen um 90 Grad zur Startrichtung wendete und schließlich mit singendem Dröhnen der zwei Turbinen davonstob. Er kam nicht wieder. Zehn Minuten nach dem Start war er aus etwa 1000 Meter Flughöhe in nahezu senkrechtem Sturz in den Boden gerast.

Von Flugzeug und Pilot war in dem riesigen Aufschlagtrichter nicht mehr viel übriggeblieben. Die Unfallursache blieb lange unklar, obwohl noch mehrere ähnliche Unfälle folgten, die alle die gleichen äußeren Umstände aufwiesen. Erst als nach Beendigung des Krieges Ludwig Hofmann bei einem Überführungsflug von einem gleichartigen Vorfall betroffen wurde, sich aber im letzten Augenblick noch durch Fallschirmabsprung retten konnte, kam man dem Anlaß dieser Abstürze auf die Spur. Es stellte sich heraus, daß ein tropfenförmiges Verschlußstück am Ende der Turbine – die „Zwiebel" genannt – abreißen und dann die Austrittsöffnung des Triebwerkes blockieren konnte. Bei hoher Fluggeschwindigkeit trat daraufhin ein starkes Drehmoment um die Hochachse auf, das Flugzeug ging in senkrechten Sturz über und selbst mit beiden Händen am Steuerknüppel konnte man es nicht mehr abfangen und diesen Zustand beenden.

Wir rätselten lange darüber, was diesen unheimlichen Absturz veranlaßt haben mochte. Denn mit Absicht hatte der fröhliche, lebensbejahende Ostertag sich gewißlich nicht samt dem Flugzeug am Boden zerschmettert. Vielleicht war es ein Bedienungsfehler, so trösteten wir uns. Ob ich selbst besser davongekommen wäre, wagte ich weidlich zu bezweifeln.

Ein purer Zufall hatte mir wieder einmal das Leben gerettet! Dafür hatte ein guter Freund und Fliegerkamerad daran glauben müssen. Dieser Verlust wog sehr schwer, denn er kam aus heiterem Himmel, völlig unerwartet. Und nun hatte ich aus einer spontanen Eingebung Galland empfohlen, sich auch in einen der Prototypen zu setzen und ihn zu fliegen! Mußte ich diese Aufforderung jetzt nicht zurücknehmen? Wer weiß, ob nicht in Kürze wieder das gleiche Malheur auftrat und dann vielleicht ausgerechnet beim Probeflug des Waffen-Generals?! Da mir schon am folgenden Tage die Me 262 V3 zum Fluge angeboten wurde, machte ich schnell noch einige Flüge, unter anderem auch aus dem Grunde, um vielleicht der Ursache für Ostertags Unfall auf die Spur zu kommen. Doch alle Starts waren gut, und nach jeder Landung gefiel mir das Flugzeug besser.

Schon am 19. 4. 43, also zwei Tage nach meinem Erstflug, hatte ich meinen Arbeitsbericht Nr. 20 diktiert und zum Versand gebracht. Nach einigen Ausführungen über Erprobung von Funkgerät, Spornrad, Sitzfederung und Waffen der Me 163 enthielt er den folgenden Abschnitt. Ich bin heute noch recht stolz, nach einem einzigen Flug damals einen so treffenden Bericht erstattet zu haben.

Am 17. 4. wurde die Me 262 V2 durch Hptm. Späte in Augsburg (Lechfeld) nachgeflogen. Durch einen Unfall wurde das Flugzeug am 18. 4. zerstört, so daß sich das Nachfliegen bisher auf einen Flug beschränken mußte. Vor einer ausführlichen Stellungnahme müssen erst noch einige weitere Starts ausgeführt werden. Grundsätzlich kann zu den Flugeigenschaften aber jetzt bereits gesagt werden, daß das Flugzeug im derzeitigen Zustand ohne Bedenken jedem guten Jagdflieger in die Hand gegeben werden könnte.

Bei Beurteilung der Flugleistungen fällt besonders die Geschwindigkeitssteigerung gegenüber dem bisher schnellsten vorhandenen Jagdflugzeugtyp in das Auge. Die zuletzt vermessene, in Bodennähe erflogene Höchstgeschwindigkeit von 780 km/h dürfte sich auch nach Einbau von Waffen und FT-Gerät nicht erheblich senken, zumal für die Serie bereits ein wesentlich stärkeres TL-Gerät vorhanden ist. Die Eigenart der TL-Geräte bedingt, daß diese Geschwindigkeit bis auf größte Höhen nicht nur erhalten bleibt, sondern sich noch steigert. Die Steiggeschwindigkeit der Me 262 übertrifft die der Me 109 G um 5–6 m/sec. bei einer wesentlich höheren Bahngeschwindigkeit (420 km/h) als sie bisher mit der günstigsten Steiggeschwindigkeit bei Jagdflugzeugen verbunden war. Die überlegene Horizontal- und Steiggeschwindigkeit dürfte das Flugzeug in die Lage versetzen, gegen zahlenmäßig überlegene feindliche Jagdabwehr auch in kleinsten Einheiten erfolgreich aufzutreten. Die vorgesehene starke Bewaffnung (sechs 3 cm Kanonen) gestattet, Bomber mit großer Überschußfahrt anzugreifen und doch im kurzen Augenblick der Schußgelegenheit genügend zerstörende Feuerwirkung zu erzielen. Als Jabo-Flugzeug verspricht es auch mit Bomben schneller zu sein als jeder feindliche Jäger.

Hinsichtlich der Flugeigenschaften ist die Abstellung einiger Mängel noch zu fordern, die jedoch der eben erwähnten bereits vorhandenen Frontbrauchbarkeit keinen Abbruch tun, weil sie entweder im Serienbau bereits behoben sein werden oder so unwesentlich sind, daß ihr Vorhandensein in den ersten Serienexemplaren in Kauf genommen werden kann.

Beim Start mit Spornrad ist die Sicht während der ersten Anrollstrecke mangelhaft. Behebung erfolgt durch Einbau eines Bugrades, das bereits ab V6 vorgesehen ist.

Die tiefliegenden Triebwerke erzeugen besonders beim Langsamflug ein stark aufrichtendes Moment. Trimmt man dies Moment aus, dann wird das Flugzeug beim Übergang zu höheren Geschwindigkeiten ohne Nachtrimmen kopflastig. Diese Lastigkeitsänderung kann durch Trimmung jeweils ausgeglichen werden. Da das Flugzeug als Tagjäger gedacht ist und nicht blindflugfähig zu sein braucht, könnte aber dieser Nachteil in Kauf genommen werden, wenn Gewähr dafür gegeben ist, daß die Steuerkräfte bei raschester Geschwindigkeitsaufnahme (Andrücken zum Sturzflug) vorübergehend noch ohne Trimmung durch Handkraft bewältigt werden können. Diesbezügliche Flugerprobung steht noch aus.

Die gewölbten vorderen Seitenscheiben der Kabinenhaube verzerren das Blickfeld stark, so daß das Abschätzen der Landehöhe Schwierigkeiten macht. Austausch durch Planscheiben wird diesen Fehler verschwinden lassen.

Die Querrudereigenschaften und -kräfte sind etwa mit denen der Me 109 zu vergleichen und auch bei hohem Staudruck (es wurde durch Hptm. Späte bis 750 km/h geflogen) noch erträglich. Die Kurvenradien sind verhältnismäßig groß, da die Eigenart des Antriebs jedoch eine grundsätzlich andere Art des Luftkampfes voraussetzt, ist dies nicht als Mangel zu bezeichnen. (Strahlantriebe geben umso mehr Leistung her, je größer die Fluggeschwindigkeit ist. Kurvenkampf ist für das Flugzeug unvorteilhaft).

Seitenruderwirkung und – kräfte erscheinen ausreichend und erträglich.

Die Landung ist ebenso einfach wie die mit der Me 109 G. Der Anschwebewinkel ist allerdings bedeutend flacher und die Fahrtabnahme geht langsamer vor sich, als man dies von Flugzeugen mit Luftschraubenantrieb gewöhnt ist.

Das Flugzeug verdient höchste Beachtung und seine Entwicklung größtmögliche Förderung. Nur mit Flugzeugen, deren Antrieb durch Strahlgeräte erfolgt, ist noch eine wesentliche Steigerung der Geschwindigkeiten zu erreichen. Der mit der Me 262 eingeschlagene Weg im Flugzeugbau stellt zudem nur die erste Stufe einer neuen Entwicklungsreihe dar, die bald noch überboten werden dürfte. Die Verwendung von TL-Geräten würde vermutlich im Endresultat eine Entlastung unseres Flugmotorenbaues mit sich bringen, da diese Antriebe nach Ansicht der Triebwerksfachleute eine fünfmal größere Betriebsstundenzahl bis zur Grundüberholung vertragen.

Die Me 262 ist leider nicht schnell genug für die Truppe verfügbar gewesen, um dem Krieg eine Wende zu geben. Es ist viel hierüber geschrieben und gesprochen worden. Die meisten haben es sich meines Erachtens dabei viel zu leicht gemacht, indem sie einfach sagten: Auch hieran war, wie bei vielem anderen, wieder mal Adolf Hitler schuld. Ich behaupte: Mit der gegenteiligen These käme man der Wahrheit sehr viel näher!

Einige Jahre nach dem Kriege hat mir Generalfeldmarschall Milch folgende Notizen aus seinem persönlichen Tagebuch vorgelesen, die er sich nach der GL-Besprechung vom 20. 4. 43 gemacht hatte:

262: müssen scharf herangehen – ein paar 262 möglichst schnell! Petersen berichtet, Späte hat sie nachgeflogen. Hat viel Erfahrung. Spricht sich zu 100 % für Me 163 aus, aber zu 300 % für Me 262. Hauptschwerpunkt: 262-Triebwerk und -Zelle. Möglichst 100 Stück lieber heute als morgen. Neben 163 muß 262 in Zelle und Triebwerk fertig werden. Schneller! So viel ist doch nicht dran!

Von Milch also war jede Unterstützung zu erwarten gewesen. Wie sich aber zeigte, war an der 262 – leider – doch noch „viel dran". Hauptmann Otto Behrens, der kurz darauf mit ähnlichen Aufgaben für die Me 262 betraut wurde, wie sie mir für die Me 163 oblagen, schilderte mir im Sommer 1943 einmal, daß es noch Monate um Monate dauern werde, bis alle Voraussetzungen für die Serienfertigung gegeben sein würden. Der Bau von Arbeitsvorrichtungen für einen Serienbau dauerte damals normalerweise ein Jahr. Dazu mußte der Prototyp aber „fertig" sein. Irgendwelche Verbesserungen konnten dann nicht mehr berücksichtigt werden. Sonst wurde nämlich wieder wertvolle Zeit vertan mit den Korrekturen im Vorrichtungsbau wegen Änderungen des Prototyps.

Die Me 262 durchlief aber auch jetzt, im Sommer 43, noch ständig Änderungen, zum Beispiel wegen des Bugradfahrwerks, das sein mußte, damit die Truppe mit dem Flugzeug kriegsmäßige Einsätze fliegen konnte, wegen Vergrößerung der Betriebsstofftanks, denn eine halbe Stunde Flugzeit war einfach zu wenig, wegen des Einbaus verschiedener Geräte und von Waffen und Zubehör. Was die Serienfertigung damals jedoch fast um ein volles Jahr „auf Eis legte", war der Umstand, daß eine Serienfertigung der Triebwerke aus Mangel an einem Metall – ich glaube, es war Nickel – überhaupt nicht anlaufen konnte. Dieses Metall war zur Herstellung der Turbinenschaufeln notwendig. Es war in Deutschland und in dem ihm zur Verfügung stehenden europäischen Wirtschaftsraum damals kostbarer geworden als Gold und war für diese Zwecke so gut wie nicht mehr vorhanden. Es bedurfte monatelanger Forschung und Erprobung der Triebwerk-Fachleute, bis man eine Methode fand, Turbinenschaufeln auch ohne Verwendung des kostbaren „Spar-Metalls" herzustellen. Diese Methode bestand darin, die Schaufeln zu kühlen.

Wie Galland in seinem Buch „Die Ersten und die Letzten" schildert, hat er am 22. 5. 43 den von mir empfohlenen Flug mit einer Me 262 gemacht und war „beeindruckt und begeistert wie noch nie". Er verfaßte unter Herbeiziehung von Fachleuten des Werkes, der Erprobungsstellen usw. einen Bericht, den er sofort persönlich dem Reichsmarschall Hermann Göring überbrachte. „Göring", schreibt Galland, „ließ sich von unserem Elan und unserer Begeisterung mitreißen." Er versprach, am nächsten Tag in das Hauptquartier zu fahren, um Hitler in allen Einzelheiten zu informieren. Hitler ließ tatsächlich eine Experten-Konferenz anberaumen. Als man ihm in dieser Konferenz aber keine Zusagen mit festen Terminen und der Garantie für das einsatzbereite Vorhandensein bestimmter Mengen von Flugzeugen und ausgebildeten Besatzungen usw. geben konnte, blieb es dabei, daß erst einmal mit einigen Versuchsmustern die Frontreife nachgewiesen werden solle, bevor die Dringlichkeits-Stufe der Me 262 in der Rüstung überragenden Vorrang erhielt. Wie ich bereits schilderte, war Hitlers Argwohn keineswegs unbegründet.

Als gegen Jahresende 1943/44 dem Projekt Me 262 dann doch noch alle nur mögliche Förderung zuteil wurde, verlangte Hitler, daß das Flugzeug vordringlich als Jagdbomber auszulegen sei. Erst wenn davon eine ausreichende Zahl gefertigt sei, könnte auch eine Jagdflugzeug-Version produziert werden.

Mit dem heutigen Abstand von den Dingen möchte ich behaupten, daß Hitler mit dieser Entscheidung – unter spezieller Berücksichtigung der damaligen Kriegslage – eine zwar harte, aber absolut folgerichtige Konsequenz gezogen hatte. Mit 1000 als Schnellbomber ausgerüsteten Me 262 wäre eine Bekämpfung der Invasion in Frankreich und Holland mit guter Erfolgsaussicht denkbar gewesen – vorausgesetzt natürlich, daß diese 1000 Schnellbomber rechtzeitig zur Verfügung gestanden hätten. Jagdschutz hätten sie nicht nötig gehabt.

Daß unterdes die verheerenden Bomber-Angriffe der Alliierten auf deutsche Städte und Industrie-Zentren unvermindert weiterliefen, war eine grausame Zumutung an das ganze Volk. Wegen dieser gar nicht mehr zu verantwortenden Bedrohung durch Bombenangriffe aus der Luft gab es fast für keinen Verantwortlichen bis in die allerhöchsten Stellen damals auch nur einen Zweifel, daß die Me 262 zuerst für die Luftverteidigung ein Jagdflugzeug und dann erst ein für einen Gegenschlag verwendbarer leichter Bomber werden durfte. Es ist dann im Grunde wohl auch nur das Kommando von Major Wolfgang Schenck mit der Bomber-Version im Front-Einsatz gewesen, konnte dem Gegner wohl Verluste zufügen, doch bei dessen Übermacht wogen die nicht mehr viel.

Nach anfänglichen Mißerfolgen im Kommando Nowotny war auch die daraus gebildete erste Gruppe des Jagdgeschwaders 7 unter Major Hohagen noch nicht von dem von der Luftwaffenführung erhofften Erfolg begleitet. Hohagen machte sich den Standpunkt zu eigen, mit dem schnellen Turbojäger könne man lediglich feindliche Begleitjäger angreifen, nicht aber die schwer bewaffneten alliierten Verbände von 4-mot-Bombern. Major Weißenberger, der daraufhin die Führung des Geschwaders übertragen erhielt, erzählte mir im März 1945: „Eines Tages wurde ich zum ‚Dicken‘ befohlen (das war der Spitzname, mit dem wir Hermann Göring belegt hatten). Er sagte mir: ‚Hohagen behauptet, mit der 262 kann man nur Luftkampf mit Jägern machen. Zum Angriff auf Bomber wäre sie ungeeignet. Steinhoff pflichtet ihm in dieser Ansicht bei. Mir kommt es aber darauf an, daß diese verdammten Bomber abgeschossen werden. Alles andere interessiert mich nicht. Trauen Sie sich zu, mit der Me 262 auch viermotorige Bomber mit Erfolg anzugreifen?‘ Ich bat mir“, fuhr Weißenberger fort, „eine Bedenkzeit von 14 Tagen aus und die Versetzung von einigen erfolgreichen Flugzeugführern aus dem Jagdgeschwader 5 wie Schuck, Stehle, Grünberg, Müller und andere. Die hatten alle Formationsflugerfahrung auf der Me 110 und konnten blindfliegen. Mit denen probierte ich nach ihrer Umschulung auf die Me 262 Verbandsstart und Verbandsflug. Das klappte schon nach wenigen Versuchen sehr gut und ich versuchte nun, ob man in geschlossener Formation auch durch Wolken nach oben durchziehen konnte. Auch das ließ sich mit geübten Flugzeugführern leicht ausführen, wenn die Wolken keine sehr viel größere Mächtigkeit als 1000 Meter hatten. Nach kurzem Training zog ich an der Spitze einer Formation von 16 Me 262 durch eine dicke Wolkenschicht. Wir kamen geschlossen mit 700 km/h am Fahrtmesser oben heraus. So waren wir schneller, als die feindlichen Begleitjäger fliegen konnten.

Wir haben dann auch gleich – eng zusammengeschlossen, wie wir heraufgestiegen waren – einen Verband von Boeing Fortress angegriffen. Angriff von hinten mit 850 km/h aus leichter Überhöhung angesetzt brachte etwa 900 km/h, als wir auf Schußentfernung ran waren. Bei so viel Angreifern auf breiter Front wissen die Heckschützen sich scheinbar keinen Rat mehr, wo sie hinzielen sollen. Wir selbst schossen ein paar Sekunden lang aus allen Rohren, dann mußten wir auch schon hochziehen, denn Trümmer kamen uns entgegengeflogen. In zehn Meter Höhe zischten wir über den feindlichen Pulk hinweg und verschwanden vor den Bombern, ohne daß auch nur einer von uns empfindlich vom Abwehrfeuer getroffen worden war. Wir verzeichneten zwei Abschüsse und mehrere Herausschüsse, keinen Verlust. Eine unserer Maschinen hatte zwei belanglose Treffer im Leitwerk.

„Nach Ablauf meiner 14 Tage Bedenkzeit", schloß Theo Weißenberger seinen Bericht, „habe ich mich wieder beim ‚Dicken' gemeldet und ihm zugesichert, ich könne mit der 262 auch Bomber angreifen, weil ich in der Lage sei, eine geschlossene größere Formation auch durch 10/10 Bedeckung von bis zu 1000 m Mächtigkeit nach oben zu bringen und damit dann durch die Bomber zu rauschen. Steinhoff und Hohagen wurden daraufhin augenblicklich von Göring gefeuert. Zusammen mit Major Sinner, dem Kommandeur der III. Gruppe, haben wir nach diesem meinem Rezept verfahren und haben in der kurzen Zeit bereits mehr als 200 Bomber abgeschossen." Diese Schilderung von Theo Weißenberger, mit dem ich schon aus der Segelfliegerei der Vorkriegszeit gut bekannt und befreundet war, ist mir in bester Erinnerung geblieben.

Erster Start mit dem heißen Triebwerk

Nachts war eine Schlechtwetterfront über die Ostseeküste hinweggezogen. Als ich am frühen Morgen mit Joschi Pöhs vom Ledigenheim des Peenemünder Fliegerhorstes dem Eingangstor des E-Stellenbereiches zustrebte, zerrte ein heftiger Nordwest an unseren Ledermänteln. Am Himmel fegte ein wirres Gemisch zerfetzter Wolken über die Insel. Zu unserer Freude ließ sich aber von Zeit zu Zeit bereits ein Stück Himmelsblau dazwischen entdecken. Gar nicht so schlecht für einen Testflug mit der Me 163! Ein kräftiger Wind war keineswegs unerwünscht. Er verkürzte den Start und machte die Landung einfacher.

Wir schrieben Donnerstag, den 24. Juni 1943. Für heute war der erste Triebwerks-Start einer Me 163 B angesetzt. Das war ziemlich auf den Tag genau ein Jahr später als vorgesehen. Dennoch war es noch nicht zu spät, sofern diesmal keine größeren Mängel mehr auftraten. Als Joschi und ich in der Werkskantine unsere Flieger-Startverpflegung vor uns stehen hatten – für jeden ein weichgekochtes Ei, ein schöner Riegel Butter, ein großes Glas Milch und danach Bohnenkaffee, Weißbrot und Marmelade –, ertönte vom Nachbartisch die Stimme von Elias: „Flieger, ihr seid ein glückliches Land!" Prompt antwortete ihm Joschi: „Und Frühstück ist die schönste Jahreszeit! Besonders an der Stelle, wo es so warm ist! Aber", so fuhr er fort, „ihr braucht's uns z'wegn dem net mitten in der Nacht mit euerm infernalischen Lärm aus dem schönsten Schlaf aufzuweckn. Wer hat nahher die saublöde Idee g'habt, nachts um 3 Uhr noch an stundenlang'n Triebwerks-Standlauf mit Vollast zu fahr'n?! Wobei der Schall direkt auf mein Zimmerfenster g'richt g'wes'n sein muß!" Joschi war sichtlich empört. Aber Elias konterte schlagfertig: „Erstens war ich persönlich gar nicht dafür verantwortlich. Das waren hier die Angeber von Firma Walter. Die wollten noch mal eine volle Tankfüllung herausgeblasen haben, damit sie sicher sind, daß heute alles klar geht." Dabei zeigte er auf seine Tisch-Nachbarn, die sich zur Einnahme des Frühstücks am gleichen Tisch niedergelassen hatten. Da saßen tatsächlich Dr. Schmidt, der Chefkonstrukteur, Dipl. Ing. Kruska und ein halbes Dutzend weiterer Spezialisten aus Kiel wie Kretschmar, Pause, Bartels, Mösch und – nicht zu übersehen – das Faktotum Jahnke, Elis Gegenspieler bei HWK. Sie alle schienen wenig Schlaf gehabt zu haben, aber aus ihren Augen war Zuversicht und Gelassenheit zu entnehmen. Sie schienen sich alle ihres Erfolgs sicher zu sein.

„Und zweitens", setzte Jahnke jetzt die Replik von Eli fort, „hat unser Vollast-Lauf nur vier Minuten gedauert und nicht ‚stundenlang'." „Wieviel Rest-Mengen habt ihr dann noch in den Tanks vermessen?" fragte Joschi argwöhnisch zurück. „Haben wir noch nicht ausgewogen", antwortete Dr. Schmidt an Jahnkes Stelle schnell, „aber es war noch eine ganze Menge übrig in den Behältern", fügte er hinzu.

Joschi sah mich betreten an. Vier Minuten Laufzeit bei Vollgasstellung – das wäre ein Drittel von dem, was die Walter-Leute uns noch vor einem Jahr versprochen hatten! Vier Minuten Vollschub, und dann waren die Betriebsstofftanks leer – das war ein halber Offenbarungseid! Die Walter-Leute waren offensichtlich froh, daß sie es geschafft hatten, ihre „Höllenmaschine" überhaupt zum Funktionieren zu bringen. Aber mit vier Minuten Vollast-Laufzeit war für uns, die wir den Vogel in der Reichsverteidigung fliegen und zum Erfolg bringen wollten, wirklich kaum noch eine große Erfolgschance drin. Nun, heute kam es überhaupt erst einmal darauf an, daß das Triebwerk unsere 163 B zu einem ersten erfolgreichen Fluge in die Luft brachte. Alles weitere würde danach zu überlegen sein.

Dieser 24. Juni 1943 war für Peenemünde-West kein Normaltag. Das zeigte sich am Eintreffen einer Vielzahl von Besucherun, die erst die Kantinenräume zum Überquellen brachten und sich später – mit Sonderausweisen versehen – in größeren und kleineren Gruppen am Flugplatzrand versammelten. Mein Erprobungs-Kommando 16 war natürlich vollzählig zur Stelle. Aber heute spielten auch wir nur die Rolle des Zuschauers. Verantwortlich für das Spektakel, das alle sehen wollten, waren die Firmen Messerschmitt und Walter. Und die waren mit ihrer besten Vertretung am Platze. Wer nur irgendwie abkommen konnte, war außerdem aus dem Konstruktionsbüro der Abteilung L aus Augsburg angereist. Und Schmedemann hatte auch aus Laupheim einige Neugierige mitgebracht. Dorthin hatte man inzwischen den ganzen Teil des Augsburger Messerschmitt-Werkes verlegt, der an der Me 163 tätig war. Schmedemann war zum Sonderbeauftragten des sogenannten „Fahrzeugbaus Laupheim" geworden, der über 210 Mann in den Werkstätten und 60 Mann in Konstruktionsbüro und Verwaltung verfügte.

So weit sie nicht an der Vorbereitung der V21 beteiligt waren, verteilten sich die Firmenleute schnell noch in den Gebäuden und Baracken der Erprobungsstelle, um ein paar wichtige Gespräche mit Sachbearbeitern zu führen. Auch Lippisch, der in Wolgast übernachtet hatte, war schon aus dem Abteil eines der ersten Züge herausgeklettert, die auf dem primitiven Halteplatz vor dem Tor des Fliegerhorstes eintrafen. Es hieß, er sei bei Abteilung E 3. Wahrscheinlich besprach er dort mit Weigand oder einem von dessen Mitarbeitern seine neueste Erfindung: Ein Kohlestaub-Triebwerk. Mit wenig Mitteln hatte er sich in den Augsburger Werkstätten ein Triebwerk bauen lassen, das noch einfacher zu sein versprach als das Argusrohr von Schmidt. Mit irgendwelchen Tricks wurde Kohlenstaub als Energieträger eines kleinen Motors verwendet. Woran die Erfindung krankte, war, daß sich das Triebwerk nicht mehr abstellen ließ, wenn es erst einmal zu laufen begonnen hatte. Jedenfalls hatte mir Joschi Pöhs das berichtet. Lippisch hatte das Triebwerk vor seinen Augen in Gang gesetzt. Aus irgendeinem Grunde war in den rotierenden Teilen der kleinen Maschine noch eine Unwucht, denn statt ruhig dazustehen und eine Welle in Bewegung zu setzen, hatte der kleine Apparat wie Beelzebub knallend und fauchend auf dem Boden herumzuspringen begonnen. Es war wie bei Goethes Zauberlehrling: Die Geister, die er gerufen hatte, wurde er, so schien es, nicht los. Denn es gelang nicht, das Ding abzustellen, ehe nicht aller im Tank vorhandene Kohlenstaub verbraucht war.

Lippisch hatte vor kurzem für eine kleine Sensation gesorgt. Er war schon seit Mitte Mai nicht mehr im Messerschmitt-Werk tätig. Kurz nach der beschriebenen Tagung der Lilienthal-Gesellschaft war angeblich ein recht aggressives Schreiben von Lippisch auf dem Schreibtisch von Professor Messerschmitt gelandet. Bereits im April hatte Lippisch in Wien den Betrieb eines Herrn Paucker mit 100 Mann Personal übernommen. Fünf seiner Mitarbeiter folgten ihm aus Augsburg in die Donaustadt. Das Ganze nannte sich Luftfahrt-Forschungsanstalt Wien und arbeitete an einem 2strahligen schwanzlosen Projekt mit der Gnadensonne – und natürlich den Mitteln – eines Forschungsauftrages des RLM. Daneben wurden Fahrwerke für Me 110 und andere Flugzeugteile fabriziert, um Personal und den vorhandenen Maschinenpark auszulasten. Messerschmitt hatte gute Miene zum bösen Spiel gemacht und Lippisch zum 30. Juni 43 offiziell aus seinem Vertrag entlassen. Man hatte darüber hinaus noch einen Berater-Vertrag für die Folgezeit mit ihm abgeschlossen. Für RM 5000,– pro Jahr stand er den Messerschmitt-Werken immer noch auf Wunsch mit seinem Wissen zur Verfügung.

Heute war Lippisch nur als Zuschauer zur Stelle. Natürlich interessierte es ihn, ob die Me 163 B mit dem heißen Walter-Triebwerk ihren Erstlingsflug gut bestehen würde. Jahre, ja Jahrzehnte seiner Arbeit steckten in dem kleinen Vogel. Darüber hinaus entschied sich nach diesem Flug voraussichtlich, ob über die ersten 70 Stück hinaus noch weitere Me 163 in Serien-Auftrag gegeben würden. Für jedes vom Band rollende Exemplar stand ihm dem Vernehmen nach eine Lizenzgebühr von 15 000 Mark zu. Das war nach den vielen mageren Jahren endlich einmal ein warmer Regen. . .

Eben landeten mehrere Ju 52 und spuckten eine Menge Menschen aus. Die meisten von ihnen trugen Uniform. Das waren Herren aus dem Reichsluftfahrt-Ministerium und vom Generalstab aus Berlin. Eine Maschine mit Generalfeldmarschall Milch und Herren seines Stabes war noch zu erwarten, so hieß es. Auch von Rechlin und von der Waffen-Erprobungsstelle der Luftwaffe in Travemünde trafen Flugzeuge mit Besuchern ein. Nicht nur Galland mit mehreren Offizieren aus seinem Stabe des Generals der Jagdflieger war zugegen und ließ sich mündlich kurz von mir Bericht erstatten. Auch andere Waffen-Generale waren zur Stelle, und man merkte ihnen das Interesse an, das sie dem Ereignis dieses Jungfernfluges entgegenbrachten.

„Was gibt es Neues?" fragte Galland und entzündete die unvermeidliche Brasil. „Wir haben Starts mit Pulver-Raketen gemacht", begann ich zu berichten. „Die Raketen sind mit ihren Strahldüsen derart abgewinkelt, daß ihr Schub durch den Schwerpunkt des Flugzeugs gerichtet ist. Auch wenn eine mal ausfällt, gibt es kein gefährliches Drehmoment um die Hochachse. Statt einer halben Minute Rollzeit wie bisher brauchen wir bei der 163 A mit zusätzlichen Start-Raketen nur noch fünf Sekunden, bis wir abgehoben haben und das Fahrwerk abwerfen können."

„Läßt sich das auch bei der 163 B so machen?" wollte Galland wissen.

„Diese Versuche", fuhr ich fort, „werden im Grunde nur gemacht, weil wir den Start der Einsatz-Maschine, der 163 B, verkürzen wollen. Und das geht! Es ist wahrscheinlich auch das einzige Mittel, um uns eine einigermaßen ausreichende Flugdauer zu verschaffen. Wie von den Walter-Werken durchsickert, wird die Flugzeit mit Vollschub nur 4–5 Minuten betragen. Das ist fast zu wenig, um noch mit gutem Gewissen befürworten zu können, das ganze Projekt weiterlaufen zu lassen. Nur mit Starthilferaketen dürfte die Me 163 B als Interzeptor überhaupt einsatzfähig sein."

Galland schwieg und biß an seiner Zigarre herum, während er auf den Boden starrte. Schließlich richtete er sich auf. „Wir dürfen jetzt nicht mehr ‚pinselig' sein", stellte er hart und sachlich fest. „Unsere Situation ist heute so", fuhr er fort, „daß wir alle Reserven in den Einsatz bringen müssen, die uns zur Verfügung stehen. Wenn sich das

Walter-Triebwerk beim heutigen Testflug bewährt, muß die Serie so rasch wie möglich damit ausgerüstet werden. Unsere Kriegslage wird von Monat zu Monat schlechter. Die Engländer fliegen bei Nacht bis tief in das Land herein. Tagsüber haben wir im Norden die Anflüge der Amerikaner auf unsere Küstenstädte. Unsere Reichsverteidigung braucht Verstärkung, wo immer wir sie nur hernehmen können. Dazu soll unter anderem Ihr Vogel hier dienen. Wir müssen sehen, daß wir ihn so schnell wie möglich frontreif kriegen, auch wenn er kleine Mängel mitbringt. Daß in Sizilien in diesen Tagen sich die lange erwartete Landung der Amerikaner vollziehen wird, daran darf ich hierbei gar nicht denken."

„Ich weiß das!" antwortete ich. „Ich erhielt einen Feldpostbrief von Hauptmann Kiel, der beim Z.G.26 in Afrika den Rückzug mitgemacht hat. Er war dabei, als Major Müncheberg abgeschossen wurde, und kurz darauf ist Oberfeldwebel Schulz nach 150 Abschüssen gefallen, als er den schon angeschlagenen Kiel wieder freikämpfte. Kiel schreibt mir: Ihr müßt bald mit der 163 kommen, sonst hat das nicht mehr viel Sinn."

„Auf die Me 163 werden die da an der Mittelmeerfront leider vergeblich warten müssen", bemerkte der General lakonisch. Das schien mir das Stichwort zu sein, um eine Sache vorzubringen, die mir schon lange auf der Zunge lag: „Darf ich gehorsamst nun zum zweiten Male die Frage stellen, ob ich den Hauptmann Kiel nicht wieder zum Erprobungs-Kommando 16 zurückbekommen kann. Er ist mit viel Aufwand von uns umgeschult worden und wäre eine gar nicht hoch genug zu bewertende Hilfe für die Erledigung der uns gestellten Aufgaben."

„Wenn euer Donnerbock heute zufriedenstellend vorgeflogen wird", versprach Galland, „wird euer Kommando in jedem Falle eine erhebliche personelle Verstärkung erfahren. Dann werden wir uns den Kiel wieder herbeizitieren."

Eben wurde die Me 163 B mit dem Kennzeichen VA + SS aus der kleinen Halle herausgerollt. Das war die Maschine mit der Produktionsnummer V21, die als erste in Kiel das heiße Triebwerk eingebaut erhalten hatte und mit der die Werksmannschaften noch bis in die vergangene Nacht hinein Triebwerks-Probeläufe veranstaltet hatten. In die Ausklinkvorrichtung an der Rumpfspitze war ein Seil befestigt worden. Daran zog in kurzer Entfernung ein Lastwagen das Flugzeug, unter dessen ausgefahrener Kufe das Abwurf-Fahrwerk befestigt war. Der Wagen fuhr im Schrittempo, das Flugzeug rollte leicht schaukelnd hinterher. Es schien schon betankt zu sein. Deshalb trug wohl auch einer aus der Messerschmitt-Mannschaft einen Handfeuerlöscher und ein großer Wasserlöschwagen der Horstfeuerwehr folgte in kurzem Abstand dahinter. Rechts und links an den Tragflächenenden lief je ein weiterer Mann aus dem Werkstatt-Trupp, den sich Elias für diesen wichtigen Tag aus Laupheim mit hierher gebracht hatte. Offensichtlich wollte man nicht zur Nordwest-Startbahn, sondern nahm Aufstellung etwa an jenem Punkt, von dem im vergangenen Jahr unter anderen auch Hans Kiel seinen ersten Triebwerksflug mit einer Me 163 A begonnen hatte.

Der Grund dafür war, daß bei Messerschmitt wieder einige wichtige Arbeiten in Folge von Kriegseinwirkungen unerledigt geblieben waren. Als ich Schmedemann des Weges kommen sah, nahm ich die Gelegenheit wahr, ihn deswegen zur Rede zu stellen. „Warum", so begann ich, „ist die V21 auch heute für den ersten Triebwerksstart noch nicht mit Landeklappen ausgerüstet? GL CE 2 hat das auf meine Bitte bereits vor vier

Wochen von Ihnen verlangt! Auch der Einbau des Spornrades ist noch nicht erfolgt! Daß die Behälter-Entlüftung besser arbeitet, dafür haben die Walter-Ingenieure inzwischen gesorgt. Aber ob der Schnellablaß funktioniert, dafür kann keiner von euch garantieren! Erst haben uns die Walter-Leute ein Jahr auf das Triebwerk warten lassen. Endlich ist das Triebwerk da und nun hapert es ausgerechnet mit ein paar lächerlichen, aber entscheidend wichtigen Änderungen an der Zelle!"

Schmedemann hatte mit meinen Vorwürfen rechnen müssen. Deshalb war er um eine Antwort nicht verlegen und konterte gleich kräftig zurück: „Oberleutnant Opitz hat erklärt, daß es ihm nichts ausmacht, diesen ersten Start ohne Spornrolle und ohne Landeklappen zu machen. Nach dem heutigen Erstflug wird eine Umrüstungskolonne dafür sorgen, daß in den nächsten Tagen die Änderungen hier in Peenemünde erledigt werden. In Kiel, wo die V21 seit vielen Wochen zum Triebwerks-Einbau war, konnten wir das nicht machen. Wir hätten die Walter-Leute nur bei ihren Triebwerks-Arbeiten behindert."

„Bei einem bißchen guten Willen", gab ich zu bedenken, „hätte sich das wohl alles arrangieren lassen. . ."

„Bitte sprechen Sie uns nicht den guten Willen ab, Herr Hauptmann!" begehrte Schmedemann auf, „Sie dürfen nicht außer acht lassen, daß nach Dr. Lippischs Weggang von Augsburg die ganze Abteilung L mit Konstrukteuren, Handwerkern, Maschinen und Material von Augsburg nach Laupheim verlegt worden ist. Eine militärische Einheit mag nach einer solchen Verlegung in wenigen Tagen wieder einsatzbereit sein. Bis unser Arbeitstakt – in einem diffizilen Industriebetrieb – wieder richtig lief, hat es eben doch einiger Wochen der Umstellung bedurft. Dazu kamen Verzögerungen durch Bombenangriffe. Auch bei der Reichsbahn gibt es neuerdings manchmal unangenehme Ausfälle in der Bereitstellung von Waggons, und die Lieferung wichtiger Materialien setzt mitunter einfach aus. Daß wir unter diesen Umständen eine Arbeitskolonne nach Kiel entsandten, war schlechterdings nicht möglich. Trotz alledem", fuhr er nach einer Pause des Nachdenkens fort, „haben wir zwischendurch noch die Bruchlast-Versuche durchgeführt. Dabei erwies es sich, daß Rumpf und Flügel einer Last entsprechend g = 1,7 bis 1,8 standhalten."

„Das Ministerium sollte den Auftrag für den Bau der 163 einfach an eine andere Firma vergeben!" fuhr es mir bissig heraus. „Hat man ja doch!" gab Schmedemann grinsend zurück. „Seit dem Mai dieses Jahres steht fest: Die Serie, soweit sie bis jetzt angelaufen ist, wird von den Klemm-Flugzeugwerken in Böblingen bei Stuttgart fertig gestellt. Und wenn sie aufgestockt wird, läuft die Produktion ebenfalls dort weiter. Die Übergabe der Fertigung an Klemm hat, nebenbei bemerkt, den Rest unserer Einsatzbereitschaft gekostet. Was meinen Sie, was für Zeit darauf geht, eine Firma, die bisher nur Sportflugzeuge herausgebracht hat, über Nacht auf die serienmäßige Ausbringung eines Raketenjägers umstellen zu helfen! Dort drüben übrigens steht Direktor Wenz, der neue verantwortliche Mann bei Klemm." Und er wies auf einen dunkelhaarigen Herrn, der in einiger Entfernung im Gespräch mit Sachbearbeitern aus dem Ministerium stand.

Natürlich ließ ich mir die Gelegenheit nicht entgehen, die Wartepause vor dem Testflug nun auch noch zu einem ausführlichen Gespräch mit Herrn Wenz auszunutzen, der mit dem Chef des Technischen Büros der Firma Klemm, Oberingenieur Bucher,

Dr. Alexander Lippisch nach dem Krieg.

Die Me 163 A wurde von der Zwischenahner Bevölkerung „Motte" genannt.

Heini Dittmar, dessen geniale Begabung sehr viel zur fliegerischen Vollendung der Me 163 B beitrug.

Hanna Reitsch

II

Rudolf Opitz vor dem Start in einer Me 163 A.

Uffz. Schiebeler, Feldwebel Schubert und Uffz. Wiedemann

Ein seltenes Foto aus der Anfangszeit des Fliegens mit strahlgetriebenen Flugzeugen. In der Mitte in weißem Fliegeranzug Warsitz, neben ihm Pauls und Wrede. Sitzend vor Warsitz Unger. Aufgenommen in Rechlin im Juli 1939.

Joschi Pöhs

Professor Willy Messerschmitt

Professor Hellmuth Walter

V

Galland am Fenster seines Abteils im Sonderzug
bei Insterburg.

Der General der Jagdflieger mit „Gefolge" auf dem Liegeplatz meiner
Staffel in Rjelbitzy (v.l.n.r.: Oblt. Wandel, halbverdeckt: unbekannt,
Hauptm. Brustellin, Gen. Galland, Hauptm. Hrabak, Major Trautloft,
Oblt. Späte, Major Janke, Lt. Hannig).

Triebwerkschaden kurz nach dem Start. Der Pilot mußte sich durch Fallschirmabsprung retten.

Die Silhouette der Me 163 B beim Herabgleiten ohne Schub.

Galland besucht das Erprobungs-Kommando 16 in Peenemünde-West
(v.l.n.r.: Thaler, Geyer, Galland, Pöhs, Späte).

Galland spricht mit Dittmar nach einem Erprobungsflug (ganz links: Walter
Horten, im Profil links von Galland: Antz, ganz rechts: Späte und Opitz)
Peenemünde 1943.

Hans Kiel, Joschi Pöhs, und Wolfgang Späte beim Segelflugtraining.

Heini Dittmar nach einer geglückten Flugvorführung.

Der 1. Wart hilft dem Flugzeugführer bei der Vorbereitung zum Start.

Zwei einsatzklare Me 163 B in Warteposition am Startbahnanfang.

Die gelandete Me 163 B wird mittels Scheuchschlepper zur Halle zurückgeführt

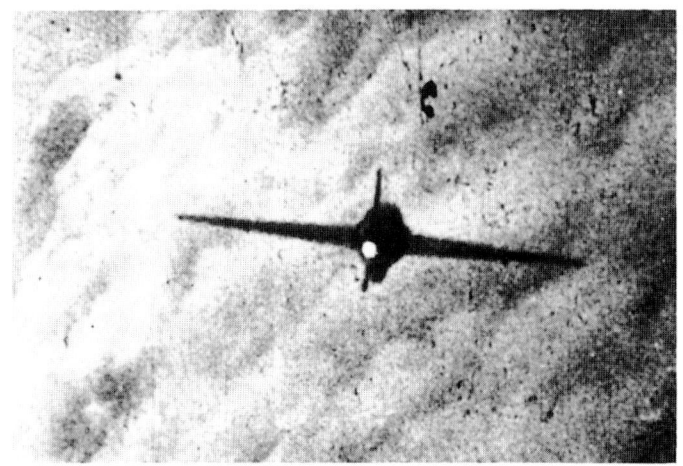

Solange die Flamme der Brennkammer ihren kraftvollen Schub lieferte, konnte die Me 163 B mit dem Gegner „Katz und Maus" spielen.

War der Treibstoff zu Ende, blieb vom Raketenjäger nur ein schwanzloses Segelflugzeug übrig, das sich dem Gegner durch Sturzflug in die Wolken oder in den Flakschutz seiner Ausgangsbasis entziehen mußte.

Feldwebel Siegfried Schubert, mit 3 anerkannten Abschüssen von 4-motorigen Bombern, der erfolgreichste Flugzeugführer des Jagdgeschwaders 400.

Aufnahme aus einer Filmkamera, die in der Me 163 von Feldwebel Schubert eingebaut war.

Rudolf Opitz, zuletzt Kommandeur der II/J.G. 400 – ein Mann, der sein Deutsches
Kreuz in Gold mehrfach durch todesmutige Einsätze verdient hatte.

Wolfgang Späte als Hauptmann 1943.

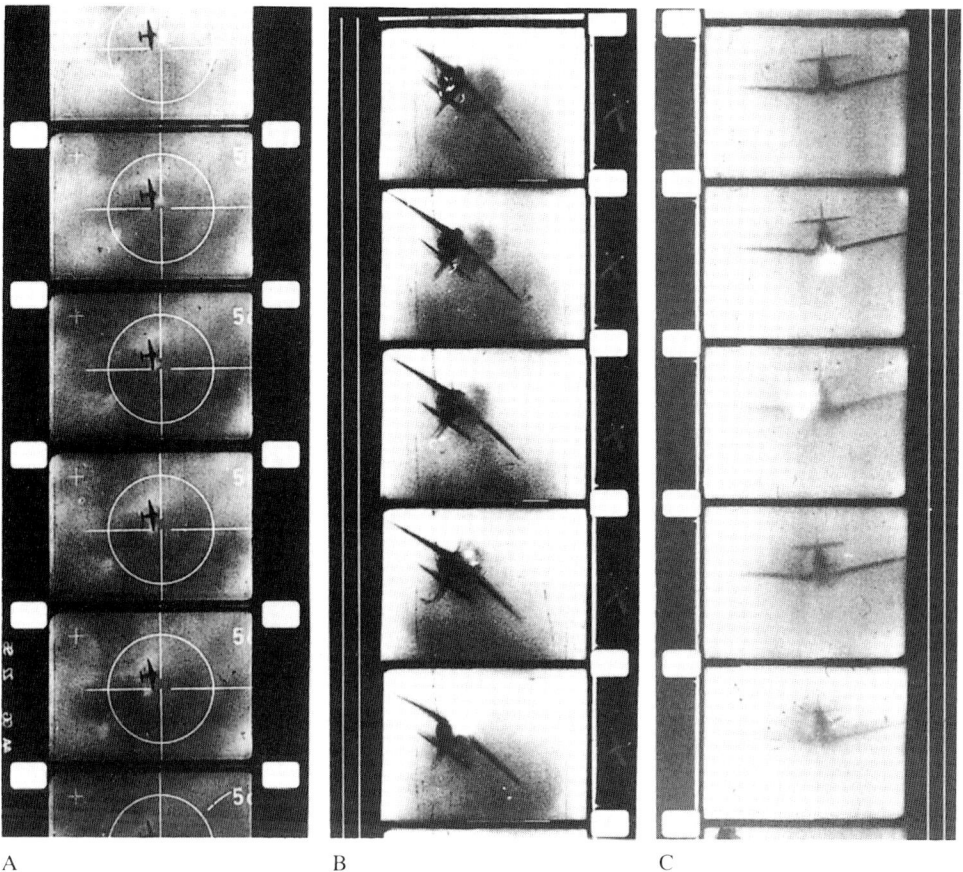

A   B   C

Aus meinen Abschußfilmen
A) Eine sowjetische JAK wird senkrecht von oben angegriffen. Im Zeitpunkt der oben
   abgebildeten Aufnahme war der Vorhalt natürlich viel zu gering. Bei Schußabgabe war
   die JAK noch außerhalb des Bildfensters der Kamera. Die Erhebung der Geschoßbahn,
   die in diesem Falle durch die Erdanziehungskraft nicht beeinflußt wurde, dürfte richtig
   eingeschätzt gewesen sein. Entfernung: 500 Meter.
B) Besser war die Treffgenauigkeit natürlich, wenn die Spannweite des Gegners kaum mehr
   in den Bildrahmen paßte. Die abgebildete La war nach sekundenkurzem Feuerstoß
   „erledigt".
C) Auch die Spitfire war nach dem im Film festgehaltenen Angriff nur noch dazu gut, daß der
   Pilot sie mittels Fallschirmabsprung schleunigst verließ.

Wolfgang Späte mit Richard P. Bateson, der beim Recherchieren von Dokumenten eine unersetzliche Hilfe war.

nach Peenemünde gekommen war. Am 23. Mai 1943 war Dr. Ing. Hanns Klemm von seiner Stellung als Betriebsführer der Firma Klemm Flugzeugbau in Böblingen zurückgetreten, und Direktor Wenz war vom RLM mit kommissarischen Befugnissen als Nachfolger eingesetzt worden. Hanns Klemm war zeitlebens ein Friedensfanatiker gewesen, in dessen Weltbild es nicht hineinpaßte, daß man im Kriege Flugzeuge als Kampfmittel verwenden wollte. So hatte er es sich seit Gründung seines Unternehmens vorgenommen, niemals ein Luftfahrzeug in seinen Werkstätten herzustellen, das für kriegerische Zwecke bestimmt war. Bisher war er mit dieser Maxime zurechtgekommen. Er baute Sport- und Schulflugzeuge. Wenn damit Piloten ausgebildet wurden, die später auch Militärflugzeuge flogen, dann war das für Hanns Klemm nur zu ertragen, weil er eine Belegschaft von 1200 Mann in Lohn und Brot zu halten hatte. In Berlin hatte man keinerlei Verständnis für Klemms „Marotte". Deshalb ging er lieber.

Die Arbeitsverhältnisse seien gut, schilderte Wenz. In Werk II in der Sindelfinger Straße wurde sowohl an der Herstellung der Holztragflächen gearbeitet als auch an dem vornehmlich aus Dural gefertigten Rumpf. Verschiedene Baugruppen waren nach auswärts vergeben. So seien unter anderem die Firmen Flettner und Focke-Achgelis an der Zulieferung beteiligt, daneben Wolf Hirth Flugzeugbau sowie Schempp und Biser. Die aus Stahl gegossenen Bugspitzen kämen aus Rumänien, die Behälter für C-Stoff und T-Stoff würden aus Cottbus angeliefert, die Hydraulikstreben für die ausfahrbare Kufe aus Sonneberg in Thüringen. Die Fertigmontage erfolge im Werk I in der Calwer Straße. Das Personal sei gut eingearbeitet und habe langjährige Praxis. Neuerdings beschäftige man auch eine Anzahl von Ostarbeiterinnen, die sich sehr gut bewährten.

„Werden fertige Flugzeuge auch in Böblingen eingeflogen?" fragte ich.

„Wir haben zwar Schießstände geschaffen, auf denen wir die Bordwaffen einschießen können, doch zum Einfliegen ist der Platz nach Aussage von Fachleuten zu klein, zudem hat er keine befestigte Startbahn!" erklärte Wenz. „Wir werden auf einen Fliegerhorst ausweichen müssen, der groß genug ist und die Spezialeinrichtungen für Me 163 besitzt", fuhr er fort.

„Aber auch wenn wir einen geeigneten Flugplatz besäßen – wir haben noch keinen Erprobungspiloten. . .!"

„Den habe ich leider auch nicht für Sie", bedauerte ich, „doch ich will Ihnen gerne einen Einflieger ausbilden." So geschah es dann auch. Sechs Wochen später standen gleich drei Werks-Piloten der Firma Klemm vor mir – Voy, Perschall und Lamm – und ließen sich von uns in die Kunst einweisen, ein raketengetriebenes Flugzeug zu fliegen.

Der Start der V21 schien Schwierigkeiten zu verursachen. Das Flugzeug wurde nämlich wieder in die Halle zurückgeschleppt. Vielleicht war der Grund dafür in dem Umstand zu suchen, daß die Ankunft von Generalfeldmarschall Milch sich verzögerte. Es wurde Mittag. Jeder benutzte die Wartezeit zu Gesprächen mit anderen Besuchern, die er sonst nur mit zeitraubenden Dienstreisen erreichen und aufsuchen konnte. Während des Mittagessens saß Dr. Schneider aus Fulda mit mir am Tisch. Er war als Fliegerarzt seit kurzem zur Truppe eingezogen worden und trug die Uniform eines Luftwaffen-Stabsarztes. In Jüterbog betrieb er Versuche, einen Fliegerhelm zu konstruieren. 40 Prozent der Flugunfälle mit tödlichem Ausgang, so habe er ermittelt, wären glimpflich abgelaufen, wenn sich der Pilot nicht einen Schädelbruch zugezogen hätte.

„Ganz klar, daß auch ihr Motorflieger mit Helm fliegen müßt", faßte er seine Ausführungen darüber zusammen. „Nachdem mir die Einführung eines Schutzhelmes bei der Segelflieger-Schulung ganz leicht gefallen war", erzählte er weiter, „glaubte ich, man brauche nur einen Helm zu konstruieren und ihn den Piloten anzubieten, um ihn mit Kußhand abgenommen zu bekommen. Doch das war ein Trugschluß. Keiner will ihn haben. Dabei ist der Schutzhelm federleicht und wenig sperrig. Denn ich habe viele Versuche angestellt, bis ich das Optimum an Material, Form und Größe herausgefunden hatte. Vermutlich alles nur Kollegenneid", schloß er bekümmert.

„Wie haben Sie denn den Helm ausprobiert", wollte ich wissen. „Es wird sich bestimmt niemand gefunden haben, der sich mit Ihrem Fliegerhelm an die Wand schleudern ließ, um ihn zu erproben."

„Gewiß habe ich ihn auf richtigen Menschenköpfen ausprobiert", erklärte mir der Doktor bereitwillig, „aber die Köpfe stammten von Toten. Im Pathologischen Institut in Halle konnte ich Menschenköpfe für meinen Versuch haben."

„Sie haben also Ihre Fliegerhelme mit Schädeln drin auf irgendeinen harten Gegenstand aufschlagen lassen und konnten testen, bei welchen Verzögerungen die Schädelknochen noch heil blieben. Gut, das habe ich verstanden. Aber wie haben Sie ausprobiert, was der Hals eines Menschen macht, wenn ein Helm von sagen wir 1 Kilo draufsitzt und der Pilot, zu dem Kopf und Helm gehört, macht eine Flugfigur, bei der die 4fache oder 8fache Last auftritt und der Helm dann 4 oder gar 8 Kilo schwer das Pilotenhaupt nach unten drückt?"

„Nun", klärte mich Dr. Schneider auf, „das war kein Risiko. Das habe ich mit freiwilligen Versuchspersonen in einer großen Zentrifuge ausprobiert. Auch diese Probe hat mein Helm glänzend bestanden. Aber Berlin will ihn nicht haben."

„Vielleicht ist es Ihnen ein Trost zu wissen", versuchte ich ihn von seiner Enttäuschung wegzubringen, „daß die Sitzfederung nach Ihrem Vorschlag in die Serie einlaufen wird. Sie funktioniert ganz wie vorausgesehen. Und auch Ihr Vorschlag, ein torsionsrohrgefedertes Fahrwerk zu bauen, ist von Latscher in Wien bereits in die Tat umgesetzt worden. Es bewährt sich großartig." „Und wie steht es mit der Kufen-Federung bei der B", forschte Dr. Schneider voll Interesse. „Die ist noch unser Sorgenkind", mußte ich bekennen. „Sie hält zur Zeit mit Weh und Ach 2 1/2 bis 3 to Gewicht aus. 4 to müssen es aber mindestens sein. Deshalb kann Opitz bei seinem Start heute, selbst wenn er es wollte, nicht mit vollgetankter Maschine starten. Allerdings macht man bei solch einem Erst-Flug ohnehin den Tank nur halb voll."

Wir saßen noch eine Weile in angeregtem Gespräch, bei dem der Chirurg und Fliegerarzt wieder sein erstaunliches technisches Verständnis und Wissen offenbarte, mit dem er uns schon wiederholt eine wertvolle Hilfe geworden war. Da erschien Oblt. Pöhs und meldete mir, daß er ein paar Soldaten unseres Kommandos mit einem Fahrzeug als Transporthilfe zur V21 abgeordnet habe. Es war bereits später Nachmittag. Das Flugzeug wurde gerade wieder an den Start gebracht.

Wir begaben uns hinaus an den Platz vor den am weitesten im Norden liegenden Bauwerken der Erprobungsstelle, an die sich, nahezu unübersehbar, der Flugplatz anschloß. Wo er endete schlugen die Wellen der Ostsee an ein mehr oder weniger befestigtes Ufer. 500 Meter weiter nach Osten von dem zur Startstelle erkorenen Platz auf der Rasenfläche begann die asphaltierte Nordwest/Südost-Startbahn. Der Wind stand immer noch in einem Winkel von etwa 20 Grad zur Startbahn-Richtung. Er hätte die V21 gleich im Anrollen nach rechts abgedreht und zum Start auf einen Teil der Rasenfläche gezwungen, die nach 800 Metern in ein Gelände führte, das bei einem Fehlstart gefährlich für die Me 163 geworden wäre. Der von Opitz ausgewählte Startpunkt war deshalb richtig.

Aber hatte er geprüft, ob das Rollfeld, auf dem er starten wollte, keine Unebenheiten aufwies? In den vergangenen Wochen war das Erprobungs-Kommando 15 aus Anklam laufend zu Übungslandungen auf den Rasenteilen des Rollfeldes in Peenemünde erschienen. Dieses Kommando erprobte das in „Huckepack" auf der Do 217 befestigte Gerät HS 293. Die Flugzeuge waren sehr schwer und gruben tiefe Furchen in den Boden, ja es waren bei Regenwetter ganze Wannen schlammigen Bodens bei Landung und Wiederstart „herausgekoffert". Wenn man genau hinsah, so konnte man halbrechts vor der zum Start aufgestellten V21 etwas Dunkles in der grünen Rasenfläche erkennen. Aber selbst mit dem Fernglas war nicht auszumachen, was das war. „Frag den Pitz, ob wir die Startstrecke schnell mit dem Wagen entlangfahren sollen, um sie zu überprüfen!" empfahl ich Joschi Pöhs. Ich sah, wie er Opitz etwas fragte.

Der hatte schon den weißen Schutzanzug aus Polyvinylchloridfaser an, den Heini Dittmar sonst bei Triebwerksstarts zu tragen pflegte und der als einziger Musteranzug dieser Art reihum ging, wenn „scharfe Starts" in der Verantwortung der Firma Messerschmitt gemacht wurden. Dazu hatte er eine Stoffhaube mit Funkkopfhörern aufgesetzt, während er gestikulierend gerade mit Jahnke ziemlich eilig zu einem Werkstattwagen in der Nähe schritt. Wenn man den riskanten Flug vergaß, den Pitz in der nächsten halben Stunde vor sich hatte, sah er vom Äußeren her lustig aus, denn der Anzug war ihm eine Nummer zu groß. Auf alle Fälle gab er etwas Schutz vor dem verdammten T-Stoff! Es schien, daß Opitz von Jahnke noch eine Beanstandung am Triebwerk-Betätigungshebel behoben haben wollte. Der Schubhebel ließ sich nur mit erheblicher Handkraft nach vorn und hinten verstellen. Wir hatten das bei Probeläufen am vergangenen Tag bereits moniert, als jeder von uns im Führersitz die Bedienung des neuen Vogels studieren und probieren durfte.

Pöhs kam wieder zurück. „Er sagt", berichtete er, „ja – er habe die Startstrecke selbst überprüft. Aber ich glaub'", fügte er hinzu, „er hat mich unter seiner Kopfhaube gar net richtig verstand'n. Am besten werd's sein, wir lassen ihn jetzt völlig in Ruh' und stör'n ihn net mehr. Die Mannschaften von Abteilung L und Walter sind erfahren genug. Da darf man nicht dazwischen pfuschen! Pitz ist sowieso schon ein bißchen blaß."

„Das wärst du wahrscheinlich auch", gab ich Joschi zu bedenken. „Würdest du diesen Start machen, wenn man es von dir verlangen würde?" fragte ich. „Sofort, und mit dem größten Vergnügen", antwortete Pöhs unverzüglich. „Aber Pitz ist nach Heini Dittmar ohne jeden Zweifel der bestgeeignete Pilot, und ich gönne ihm diesen Flug." „Das ist auch meine Ansicht", bekräftigte ich Joschis Feststellung. Aber im Grunde meines Herzens mußte ich mir eingestehen, daß ich erst wieder ruhig und zufrieden sein würde, wenn Pitz nach vollbrachtem Flug heil auf dem Boden stehen würde.

Rudolf Opitz hatte im Führersitz Platz genommen.

In aller Ruhe und in pedantischer Genauigkeit hatte er den Führerraum mit allen Anzeigegeräten, Hebeln und Schaltern noch einmal überprüft, die Anschnallgurte geschlossen und stramm gezogen und zuletzt die Sauerstoffmaske über Mund und Nase verzurrt. Wenn man reinen Sauerstoff atmete, konnten einem eindringende Dämpfe in Nase und Rachen nichts mehr antun. Die Augen schützte eine eng anliegende Fliegerbrille. Die große Plexiglashaube schloß sich über dem Führersitz. Elias zog eine Stehleiter weg, auf der er zusammen mit Jahnke bislang gestanden hatte, um seinem Testpiloten bei den letzten Handgriffen zu helfen und aufzupassen, daß auch nicht das Mindeste bei der Start-Vorbereitung vergessen wurde.

„Bitte zurücktreten", röhrte jetzt die kräftige Stimme von Jahnke und die Schar von mehreren hundert Zuschauern wich respektvoll bis auf eine Entfernung zurück, die unser Feldwebel Schneider mit seinen Männern vom EKdo 16 durch Armzeichen festlegten. An bevorzugter Stelle sah man jetzt auch Generalfeldmarschall Milch mit seiner Begleitung stehen.

Was nun im Führersitz der V21 vor sich gehen würde, hatten Pöhs und ich bei einigen Probeläufen in der Halle bereits erlebt. Zuerst war das Bordnetz einzuschalten. „Überwachung" stand an dem einschlägigen Druckknopfschalter. Danach zeigten alle elektrisch betriebenen Bordanzeigen an. Dann war der Schubhebel mit der linken Hand ein Stück nach vorn zu bewegen bis zur sogenannten Anfahrstellung. Man merkte die richtige Position an einer Rast, in die der Hebel fast unmerklich einklinkte, und daran, daß unter einem Loch in der Segmentscheibe, aus der der Hebel im Grunde bestand, der sogenannte Anlaßknopf sichtbar wurde. Der Knopf mußte genau unter dem Loch im Anlaßhebel sichtbar werden. Schob man den Hebel zu weit vor, gab es eine vorzeitige Zündung mit automatischem Wiederabstellen des Triebwerkes. Blieb man mit dem Hebel zu weit hinten, kam keine ausreichende Turbinendrehzahl zustande. Als nächstes war durch das Loch im Segmenthebel hindurch mit einem Finger der Anlaßknopf zu drücken. Dadurch wurde die Turbine im Dampferzeuger durch einen Elektromotor auf eine Mindestdrehzahl gebracht. Wenn der Drehzahlmesser in der Mitte des Instrumentenbretts zwischen 40 und 50 anzeigte, konnte man den Finger wieder vom Druckknopf nehmen. Inzwischen war nämlich T-Stoff auf die Dampferzeugersteine der Zersetzerkammer gefördert worden. Das entstehende Dampf-Sauerstoffgemisch übernahm den weiteren Antrieb der Turbopumpe und brachte die Drehzahlanzeige auf 60 bis 70.

Noch war in diesem Augenblick außer dem Summen der Treibstoffpumpe nichts zu hören. Aus einigen Austrittsöffnungen kam allerdings Dampf zum Vorschein, der nach dem Antrieb der Treibstoffpumpe ja irgendwo in das Freie hinaus mußte. Nun erst war es erlaubt, den Schubhebel etwas weiter nach vorn zu schieben. Dabei hatte das Auge wieder den Drehzahl-Anzeiger zu überwachen. Fiel er etwas ab, dann war das ein Zeichen dafür, daß die Treibstoffpumpen zu fördern begannen. Fast im gleichen Moment auch setzte mit donnerndem Fauchen hinten in der Brennkammer die Zündung ein. Ein Blick zum Anzeigegerät für den Ofendruck – rechts am Armaturenbrett – mußte jetzt die Gewißheit bringen, daß dessen Zeiger auf 4 bis 5 atü stand. Das Triebwerk lief also. Nun konnte man zügig über zwei weitere Rasten den Schubhebel bis zum Anschlag nach vorn schieben. Der Ofendruck mußte schließlich 18 bis 20 atü anzeigen. Nach kurzer Laufzeit erhöhte er sich sogar auf 22 atü. Wurde er noch höher, was passieren konnte, mußte man zurückregeln bis 22, sonst bestand Gefahr des Durchbrennens der Brennkammerwand. Wenn dieser Brennkammerdruck erreicht war, mußte sich jedoch das Flugzeug längst in Bewegung gesetzt haben. Denn bei 20 atü Ofendruck entstand ein Schub von 1500 kg der die Me 163 unaufhaltsam nach vorn trieb.

Dieser Anlaß-Vorgang war Dutzende, nein Hunderte von Malen geprobt worden. Die Walter-Leute sprachen von „narrensicher". Wir wußten jedoch, daß immer noch leicht etwas dabei schief gehen konnte. Nun – wir würden gleich die Probe aufs Exempel erhalten. Schäffler, einer der Männer aus Elias' Werkstatt-Trupp, stand rechts am Flugzeugrumpf, wo durch einen Kabelstecker aus einem Batteriewagen für den Anlaßvorgang der kleinen Bordbatterie Strom zugeführt wurde. Erst wenn das Flugzeug flog, drehte der Fahrtwind die kleine Seppler-Schraube an der Rumpfspitze und erzeugte dadurch elektrischen Strom, der an Bord für eine ganze Anzahl von Apparaturen – besonders für Funk- und Navigationsgeräte sowie für den Waffeneinsatz – gebraucht wurde.

Opitz warf durch die Kabinenhaube hindurch einen fragenden Blick zu Schäffler. Der hob die Hand zum Zeichen, daß alles klar war. Opitz' Kopf senkte sich, ging nochmals nach links, nach rechts – nichts geschah. Sollte es gleich zu Anfang eine Panne geben?! Nein! Ein leichter metallischer Schlag kommt von irgendwo aus dem Inneren des Flugzeugrumpfes, im Anschluß daran das Surren der Förderpumpe. Weiße Dampffetzen fliegen unten aus irgendeiner Öffnung des Rumpfes, werden vom starken Wind nach hinten weggerissen. Das Surren wird lauter, klettert eine Tonleiter hinauf, verhält schließlich. Pitz schaut nach links heraus. Dort steht Jahnke. Er nickt. Die Augen des Piloten wandern wieder zurück auf die Instrumente seines Führersitzes.

Da! Ein leichter Ruck geht durch das Flugzeug, belfernd röhrt und dröhnt es aus der dunklen Rohröffnung am Rumpfheck heraus. Wenn man genau hinsieht, steht eine helle Flamme mitten in der Rundung des Strahlaustritts. Wie eine messergroße Schweißbrennerflamme zeigt sich hier die Spitze des explosionsartigen Verbrennungs-Vorgangs am Strahlrohr-Austritt. Schäffler hat den Batteriewagen beiseite geschoben, nachdem das Kabel aus dem Bordanschluß-Stecker herausgezogen ist. Auch Jahnke ist ein paar Schritte beiseite getreten. Schon wird das Röhren des Raketentriebwerks lauter. Etliche Zuschauer halten sich die Ohren zu. Die Flamme, die hinten herausschlägt, verändert sich, wird meterlang, dann teilt sie sich, bildet Knoten. Auch ich halte nunmehr schützend die Hände über die Gehörgänge. Unerträglich ist der Lärm. Fast verursacht er Schmerz auf den Trommelfellen. Auf einmal macht der große Donnervogel einen kleinen Hops. Das sieht zwar noch reichlich ungefüge aus, aber die V21 beginnt sofort nach vorn zu rollen, nachdem die Räder des Fahrwerks über zwei vorgelegte kleine Klötze gesprungen sind. Erst langsam, aber dann mit verblüffend wachsender Geschwindigkeit startet unser Vogel. Jawohl, das wird ein guter Start! Das sehen unsere an unzähligen Triebwerksflügen der 163 A geschulten Augen! Der Schub ist mehr als doppelt so groß, als wir ihn bisher gewohnt waren. Das Gewicht der nur halbbetankten V21 (2560 kg) ist etwa das einer vollbetankten 163 A.

Jetzt sehen wir die Maschine nur noch von hinten. Durch eine Wolke von hochgewirbeltem Gras, Staub, Sand verschwinden die Konturen. Aber diese Flamme, die hinten aus der Brennkammer heraussticht, diese Teufelsflamme, die zieht durch allen Dreck und Dunst hindurch unsern faszinierten Blick auf sich. Das Flugzeug ist etwas nach rechts von der ursprünglichen Startrichtung abgekommen. Offensichtlich hat der Wind gedreht und Pitz muß dem nachgeben. Wird schon gut gehen! Weiter so, Pitz! Noch reicht die Geschwindigkeit trotz des strammen Gegenwindes nicht zum Abheben.

Was nun in den nächsten drei bis fünf Sekunden vor sich ging, ist in dieser Kürze nicht wiederzugeben. Immer noch in vorschriftsmäßiger Rollposition wippt das Flugzeug etwa 3 bis 4 Meter in die Luft, scheint aber bereits steuerbar, denn es hebt dabei weder seine Nase noch senkt es sie. Eine Bodenwelle! Verdammt noch mal! Jeder sieht: Die Kiste ist noch nicht schwebefähig. So, wie sie nach oben sprang, sackt sie wieder zu Boden. Doch die 2 1/2 Tonnen Gewicht entfalten aus der Fallhöhe dieser wenigen Meter eine solche Wucht, daß der Aufprall auf dem Rasen nicht mit der Berührung durch die Räder endet. Die Kufe staucht völlig zusammen. Auch dieser Verzögerungsweg reicht noch nicht. Die Fahrwerksachse biegt sich durch, als wäre sie nicht aus Stahl, sondern aus Schokolade. Das rechte Rad reißt ab, springt nach hinten weg. Das linke hängt noch dran, schlägt aber nach oben an die Rumpfunterseite.

Aus! Fehlstart! ist mein sekundenschneller Gedanke. Abstellen! Startabbruch! Schluß! Schluß! Die Gedanken überschlagen sich fast. Wie vorbesprochen rast seit dem Startbeginn ein Feuerlöschwagen hinter der V21 her. Er muß einen Bogen machen, weil ihm das Fahrwerksrad entgegenspringt. Nimm den Schub zurück, Pitz! Nicht nur ich denke das in diesem Augenblick. Alle denken es, die etwas vom Fliegen zu verstehen glauben. Aber die Flamme bleibt unverändert. Das Orgeln des Triebwerks ist laut und brüllend wie zu Beginn. Die Maschine setzt unvermindert ihren Start fort. Sie rutscht jetzt auf der Kufe. Pitz hat die Höhenruder voll gezogen. Merkt er denn nichts?!

Gewiß hatte Pitz gemerkt, daß er auf der Kufe rutschte, statt auf den Rädern zu rollen. Hinterher hat er uns das geschildert. Er fühlte aber mit sicherem Instinkt, daß sein Flugzeug weiter beschleunigte. Auch ohne Fahrwerk nahm die Fahrt noch zu. So ruhig und bedächtig Pitz sich unter normalen Umständen benahm – man konnte gelegentlich fast ungeduldig werden ob seiner gemessenen Verhaltensweise –, so fix und schlagfertig war er aber, wenn es brenzlig wurde, wenn eine rasche Entscheidung lebenswichtig war. Dies war hier der Fall. Pitz reagierte hellwach und glasklar und richtig. Nach etwa 100 Metern Rutschstrecke war er nämlich plötzlich frei. Ganz leicht – so schien es – hob die V21 vom Boden ab, schoß ein paar Sekunden voran. Dann fiel etwas zu Boden: der Rest des Fahrwerks mit dem linken Rad.

In flachem Steigwinkel sah man das Flugzeug Höhe gewinnen. Richtig so! Erst einmal wenigstens auf eine Höhe gehen, aus der ein Fallschirmabsprung möglich war! Ich hob mein Fernglas vor die Augen und verfolgte den Flugweg aufmerksam. Was mir nicht gefiel, war ein leichtes Abblasen von weißem Dampf irgendwo am Rumpf. Doch das Triebwerk schien gut zu funktionieren. Aber was hieß hier gut! Das war ja ein enormer Schub, den es abzugeben schien! Pitz ging gerade in leichtem Steigflug in eine Linkskurve. Nun sah man, daß er mit mehr als 500 Stundenkilometern im wahrsten Sinne des Wortes wie auf einer Rakete nach oben ritt. Ich glaube, die Wolken gestatteten ihm nicht höher zu gehen als 2000 Meter. In dieser Höhe schoß er einen Moment mit einer für normale Flugzeuge bisher undenkbaren Horizontalgeschwindigkeit dahin. Dann verstummte das Fauchen des Triebwerks. In weitem Zirkel umrundete das Flugzeug Flugplatz und Insel bis es langsamer wurde und tiefer herabsank. Der Rest war Routinesache einer einwandfreien Landung.

Nicht nur die dazu bereitgestellten Tanklöschfahrzeuge, sondern etliche andere Kraftfahrzeuge rasten der Landestelle zu. Rudolf Opitz stand schon neben dem Flugzeug, als sie ankamen und nahm eine Beule an der Rumpfunterseite in Augenschein, die das emporschlagende Fahrwerksrad in das Blech der Beplankung geschlagen hatte. Eine darunter liegende Leitung schien leicht beschädigt zu sein, denn ein paar Tropfen T-Stoff rannen an der Stelle heraus und benetzten das Gras, welches gerade zu rauchen begann. Ein Feuerwehrmann spritzte Wasser darauf.

Opitz hatte die Fliegerbrille nach oben geschoben. Die Sauerstoff-Atemmaske baumelte noch an einem der Befestigungsknöpfe der Fliegerkopfhaube. Aus seinen rotumränderten Augen wischte er sich mit dem Handrücken wiederholt die Tränen. „Gleich nach dem Abheben drangen Dämpfe in die Führersitzkabine", berichtete er. Eine Zeitlang sah er Erde und Wolken nur noch wie aus einer Waschküche. Leider schloß die Gummifassung der Brille an einer Stelle schlecht, der ätzende Dampf gelangte so auch an seine Augen. Daher seine Tränen. . .

Trotz des Malheurs beim Start war alles sehr beeindruckt. Walter hatte – wenn auch spät – Wort gehalten und ein Triebwerk geliefert, über dessen Schubkraft soeben das beste Zeugnis abgelegt worden war. Nun konnten die vorgefertigten Zellen damit ausgerüstet werden. Die Serie würde zweifelsohne aufgestockt. Generalfeldmarschall Milch fragte Stabsingenieur Eick, den Nachfolger von Antz bei GL-CE 2 als Sachbearbeiter der Me 163: „Was kriegt denn der Opitz für seinen riskanten Flug?" „Nichts", war die Antwort, „es ist ihm sicherlich eine große Ehre und Genugtuung, daß er den Auftrag dazu erhielt."

„Dann wollen wir ihm", entschied Milch ganz spontan, „aus Mitteln, die Sie schon irgendwo flüssig machen werden, eine Prämie von 5000 Mark auszahlen."

Bevor Milch wieder nach Berlin zurückflog, nahm er mich einen Augenblick beiseite, um mich unter vier Augen eindringlich zu befragen. „Ich kenne Ihre Berichte", begann er, „und weiß welche Vielzahl von Schwierigkeiten bisher überwunden werden mußten. Ich weiß aber auch, daß noch manche Nuß zu knacken ist. Ich brauche da nur an das Fahrwerk zu denken, das heute zu Bruch ging, weil es offensichtlich nicht stark genug konstruiert ist. Und ich denke an die sehr begrenzte Flugdauer. Sagen Sie bitte ehrlich, lieber Späte", – und er legte mir vertrauensvoll eine Hand auf die Schulter – „ganz ehrlich: Hat es Zweck, daß wir dieses Projekt weiter verfolgen oder sollten wir es zugunsten der Me 262 ad acta legen?"

„Herr Generalfeldmarschall", antwortete ich, „wir haben heute den Beweis erhalten, daß das Triebwerk funktioniert. Natürlich gibt es da noch einige Wenn und Aber. Auch bei der Zelle hapert es immer noch mit Fahrwerk, Kufe, Landeklappen und anderem. Aber wir haben nun bereits 70 Maschinen in Serie gebaut. Ein Weiterlaufen dieser Serie nimmt dem Jägerprogramm nichts, denn es ist großenteils Holzbau, der hier zur Anwendung gelangt. Das Triebwerk zu entwickeln hat wohl viel Arbeit gemacht. Nun aber das fertig entwickelte Triebwerk in Serie zu bauen, ist dem Vernehmen nach kein besonderer Aufwand an Arbeit und Material. Lassen Sie uns, bitte, so rasch es geht die 200 Me 163 fertigstellen und zum Einsatz bringen. Ich will da auch mein Bestes dazu beitragen, daß das noch gelingt." Als Milch sein Einverständnis nickte und mit ein paar Worten bekräftigte, fügte ich allerdings hinzu: „Darüber sollte aber die Me 262 nicht vergessen werden. Wenn ich auch zu 100 Prozent hinter der Me 163 stehe, die Me 262 bewerte ich mit 300 Prozent!"

Die Arbeit beginnt

Der geglückte erste Triebwerksstart vom 24. Juni 43 gab unserer Sache enormen Auftrieb. Auf einmal waren Dinge beschaffbar, die vordem ganz außer jeder Reichweite gelegen zu haben schienen. Es mußte wohl ein geheimes Herumsprechverfahren geben, mit dem bei allen für uns wichtigen Stellen die – leider nicht sehr lange vorhaltende – Meinung erweckt worden war: Die Me 163 wird unsere Rettung! Mir war das hochwillkommen, und ich schwamm gern auf dieser momentanen Erfolgswelle. Mein Terminplan war ausgefüllt mit der Teilnahme an Besprechungen, von denen die eine wichtiger als die andere sein wollte. Das Herumsprechverfahren wurde allerdings kräftig unterstützt durch ein paar grundsätzliche Anweisungen von höchster und allerhöchster Stelle im Amte des Generalluftzeugmeisters.

Da meldete sich die für Vorschriften zuständige Stelle des Reichsluftfahrt-Ministeriums. Ein Betriebshandbuch, Bedienungsanleitungen, Ausbildungsvorschriften sollten redigiert und gedruckt werden. Nach langem Palaver verschoben wir das, weil allzuviele Seiten in diesen Vorschriften hätten weiß bleiben müssen. Mußten wir doch mit Recht befürchten, daß zahllose Verfahrensweisen, Geräte und Betriebsdaten sich bald wieder ändern würden. . .

Aber dann meldete sich das Planungs-Amt von GL. Dort wollte man wissen, wie ein Flugplatz ausgerüstet sein mußte, auf dem wir mit der Me 163 starten und landen wollten. Dieses Problem ließ sich nicht auf die lange Bank schieben. Denn der Ausbau kostete viele Monate Zeit. Mit Vorbedacht hatte ich bereits eine Liste jener Fliegerhorste erstellt, die eine geschlossene Kette von Raketenjäger-Startplätzen umfaßte. Aber welche Ausstattung mußte so ein Fliegerhorst zu der bereits vorhandenen noch haben? Hier war es notwendig, scharf nachzudenken und dann ein gutes Quantum Erfindungsgabe aufzubringen.

Es ist uns damals mit erstaunlich gutem Erfolg gelungen, für alles die beste Lösung zu finden.

Joschi Pöhs' technische Kreativität half uns alle Schwierigkeiten zu bewältigen. Wir forderten Spezialhallen mit sehr viel Wasserleitungen und -abflüssen, mit säurebeständigem Boden und Prüfständen, auf denen Triebwerksstandläufe stattfinden konnten. Hinter den Prüfständen waren Löcher in die Wände einzubauen, durch die dann der Raketenstrahl abgeblasen wurde. Die Feuerwehr wurde verstärkt. Und an geeigneter Stelle wurden vorschriftsmäßig Lagertanks für C-Stoff und T-Stoff in den Boden versenkt.

Es war Anfang Juli 1943, als ich von meinen vielen Besprechungen und Besichtigungen wieder nach Peenemünde zurückkam. Elias hatte es geschafft, mit einer Umrüst-Kolonne in weniger als zwei Wochen die V21 mit Spornrolle und Landeklappen auszustatten. Nun konnte die Flugerprobung ihren Fortgang nehmen. Wir waren froh, daß Rudolf Opitz hierzu zur Stelle war. Er hatte in „allerhöchstem" Auftrag eine Dienstreise nach Pilsen hinter sich gebracht, wo er drei „mehr oder weniger" schwanzlose Flugzeuge nachzufliegen hatte. Von diesem Vorhaben waren wir alle nicht sehr begeistert. Denn es konnte ihn Kopf und Kragen kosten. Doch Opitz war im Augenblick der einzige „halbzivile" Experte für schwanzlose Flugzeuge. Und die Tschechen hatten die Entsendung eines Testpiloten über ganz hohe Kanäle der Waffen-SS durchgesetzt. Da gab es keinen Widerspruch. Pitz, so schien es, hatte sich auch ganz zu Recht ein bißchen geschmeichelt gefühlt von dem ehrenvollen Auftrag. Je nun, heute war er heil zurück, und wir saßen in der Kantine der Heeres-Versuchsstelle, um die Rückkehr zu begießen.

Ein recht ideenreicher Konstrukteur namens Kauba hatte bei den Skoda-Werken – so nebenher – ein schwanzloses Flugzeug gebaut. Drei Versionen hatte er gleich produziert: Eine mit 35 Grad Pfeilung, die andere 12 Grad gepfeilt und die dritte mit normaler trapezförmiger Tragfläche. Letztere war auch nicht schwanzlos, sondern besaß ein normales Leitwerk. Die Flügel wurden von einem Holm getragen, der aus spiralförmig verschweißten Stahlblechbändern hergestellt war – eine uns bisher unbekannte Bauweise. Kauba hatte einen Tschechen Flugversuche machen lassen. Doch obgleich dieser Pilot vor dem Kriege tschechischer Kunstflugmeister gewesen war – mit Kaubas Vogel hatte er jämmerlich Bruch gemacht.

„Und wie hast du verhindert, daß dir dasselbe passierte?" wollten wir von Opitz wissen.

„Ich bin erst ein paarmal um die Maschine herumgegangen", erzählte er. „Dann habe ich den Schwerpunkt nachmessen lassen, weil mir schon beim äußeren Anblick so vorgekommen war, als ob damit etwas nicht stimmte. So war es auch. Viel zu weit hinten. Ich ließ den Motor gleich um ein paar Handbreit nach vorn verlegen. Und dann flog das Ding wenigstens – wenn auch mit tausend Fehlern. Habe alle drei Versionen geflogen und den Männern empfohlen, nur an der Version mit Trapezflügel und Schwanz weiter zu arbeiten, die Schwanzlosen aber zu verbrennen. . ."

„Hast du auch für diese halsbrecherische Fliegerei 5000 Mark Prämie bekommen?" fragten wir Pitz. „Nein", erwiderte er, „nicht einen Pfennig. Aber zum Abschied haben sie mir ein ordentliches Stück geräucherten Speck eingepackt und ein paar Flaschen echten Slivovice." Am nächsten Tag war Schlechtwetter, so daß nicht geflogen werden brauchte. . . Dann aber folgte gutes Wetter, und Opitz flog fast täglich mit der V21. Immer sicherer wurde er, die Treibstoffmengen wurden gesteigert. Damit wuchsen die erreichten Gipfelhöhen. Bald war er an einer Höhe angelangt, die zu überschreiten ohne Durckkabine lebensgefährlich werden konnte: 12000 Meter.

Diese von den beiden Werksmannschaften liebevoll gepflegte V21 war zu diesem Zeitpunkt der einzige Erprobungsträger für das heiße Triebwerk. Jeder Flug damit war ein wichtiger Schritt voran. So gerne Joschi Pöhs und ich selbst auch einmal das Erlebnis des Fliegens mit 1500 kg Schub gehabt hätten – wir verzichteten, damit Pitz ungestört seine Versuchsreihe weiterfliegen konnte.

Inzwischen entfaltete Joschi Pöhs einen regen Schulbetrieb mit unseren beiden neuen Offizieren Thaler und Langer, die dann auch bald die Me 163 A im Triebwerksflug beherrschten. Daneben holten sie sich Erfahrung als Zuschauer bei den Testflügen von Opitz. Denn natürlich passierte fast bei jedem Flug etwas Unvorhergesehenes. So fiel bei einem der Triebwerkstarts das Fahrwerk von der V21 nicht ab. Pitz nahm es bis auf ein paar tausend Meter mit hinauf, und als er zur Landung anschwebte, war es immer noch an der ausgefahrenen Kufe fest eingeklinkt zu sehen. Pitz setzte schon knapp hinter der Platzgrenze auf, rollte dann – zu seiner eigenen Überraschung übrigens – statt auf der Kufe zu rutschen auf dem Fahrwerk weiter. Nach 500 Metern kam eine Startbahn von 1200 Metern Länge, die er, immer langsamer werdend, dahinrollte. Bremsen konnte er nicht. Die Startbahn zu verlassen und in einem Bogen auszurollen, war auch riskant, weil das Erdreich frisch aus dem Meere aufgespülter Sand war, auf dem noch kein Gras wuchs. Am Ende der Startbahn war das Ufer befestigt, dahinter die Ostsee. Ein paar Meter vor dem Startbahnende querte ein Feldbahngleis. Daran blieb das Fahrwerk hängen, die Maschine machte eine Verbeugung nach vorn, so daß die Bugspitze den Betonboden berührte, und stand.

Ein andermal hatten die Ingenieure von E 2 Pitz eine Kamera vor die Stirn gebunden mit dem Auftrag, mit 500 km/h einen Vollast-Steigflug zu machen und alle 1000 Meter durch eine Aufnahme die Geräte-Anzeigen auf seinem Armaturenbrett vor sich festzuhalten. Pitz konnte nicht mehr genau sagen, ob er 6000 oder 7000 Meter hoch war, als er feststellte, daß „der ‚Bock‘ immer mehr Fahrt aufnahm, obwohl er ständig am Knüppel zog“. Es war eine jener dunstigen Wetterlagen, bei der man auch in 7000 Meter Höhe über dem Meer nicht unterscheiden konnte, wo der Himmel aufhörte und das Meer anfing. Dafür sah Opitz auf einmal rechts vorne über sich die Insel Oie und merkte, daß er in einer halben Rolle sich der Rückenfluglage näherte, wenngleich noch immer im Steigflug. Augenblicklich nahm er den Triebwerksschub voll zurück und zog die Maschine in einem enormen Abschwung wieder zur Normallage herum. Als ihm dies gelungen war, stellte er fest, daß er nur noch ein paar hundert Meter über der See dahinschoß. Aber die Richtung stimmte – er flog auf die Küste zu. Vorsichtig begann er das Triebwerk wieder hochzuregeln und siehe da: Der Schub setzte wieder ein und brachte ihn zurück bis über den Platz. Um eine Ziellandung kurz vor der Halle zu machen, versuchte Pitz im Anflug einen Slip (Seitenrutsch). Der Slip war nicht möglich, denn sein Seitenruder war wirkungslos. Nach der Landung stellte sich heraus, daß beim Sturzflug die Bespannung des Seitenruders abgerissen war. Ursache war, daß im Sturzflug das rechte hintere Sichtfenster der Kabinenhaube herausgesaugt worden war. Dieses Plexiglasstück hatte vermutlich einen Riß in der Seitenruderbespannung verursacht, der Fahrtwind hatte den Rest besorgt.

Während in Peenemünde auf diese Weise die Erprobung und Ausbildung vorangingen, war ich mit meiner Me 108 kreuz und quer im Reichsgebiet unterwegs, tauchte mal bei Messerschmitt in Augsburg auf, dann bei Schmedemann in Laupheim. Den Anlauf der Fertigung bei Klemm nahm ich in Böblingen in Augenschein, und flog auf diese Weise von einem Fliegerhorst zum anderen, die für den Betrieb mit Me 163 ausgebaut wurden. Zufriedenstellend war der Fortgang der Arbeiten vor allem in Venlo und Deelen. Hier waren Hunderte und Aberhunderte von Arbeitskräften mit allen nötigen Fahrzeugen und Geräten pausenlos am Wirken. Langsamer ging es auf den Horsten im Reichsgebiet voran. Viel zu langsam mancherorts, weil alle Kraft des Bauhandwerks gerade wieder einmal irgendwo zum Wiederaufbau von Bombenschäden gebraucht wurde. Auffällig zaghaft war anfänglich das Arbeitstempo in Zwischenahn, einem versteckt gelegenen Landfliegerhorst in der Nähe von Oldenburg mit drei Startbahnen. Man konnte dort sogar mit Seeflugzeugen landen, weil der Platz an das große „Zwischenahner Meer" anschloß. Wenn wir einmal von Peenemünde weg mußten, dann wollte ich mit dem Erprobungs-Kommando 16 hierher verlegen. Aber in Zwischenahn war man von so einem „Familienzuwachs" gar nicht angetan. Da holte man sich ja ein Kuckucksei in das warme Nest mit explosionsdrohenden Raketen und wahrscheinlich hanebüchenem Pilotenvolk!

„Wenn die Sonderbauten hier weiterhin so schleppend vorankommen, werde ich gezwungen sein, Ihren Austausch gegen einen fixeren Nachfolger zu beantragen", drohte ich dem Bauleiter beim Abschied. Von da an wurde auch in Zwischenahn „geklotzt". Unsere Sonderbauten wuchsen aus der Erde wie die Wunderpflanzen.

Im Grunde tat es mir leid, daß ich so grob geworden war. Der Bauleiter hatte – so erfuhr ich – erst vor kurzem Frau und Kinder bei einem Bombenangriff auf Bremerhaven verloren. Das hatte ihn seelisch fast zermürbt. Dennoch tat er nach besten Kräften unverdrossen seine Pflicht.

Es war nun bald schon so, daß fast jede zweite Familie im Reich den Krieg durch einen bitteren Verlust zu spüren bekommen hatte, sei es, daß ein Angehöriger gefallen oder verwundet, sei es, daß bei einem Bombenangriff die Wohnung mit Hab und Gut zu Schutt und Asche verwandelt worden war.

Vor wenigen Wochen hatte die Royal Air Force (RAF) die Stadt Hamburg zu einem einzigen entsetzlichen Flächenbrand entzündet und mit Tausenden Tonnen Bomben in einen Trümmerhaufen verwandelt. Meine Schwester hatte sich mit viel Glück aus dem Inferno retten können, nichts bergend als das nackte Leben. Am Ende war sie bei einer Tante in Süddeutschland untergekrochen.

Fast um die gleiche Zeit war es, als ich konsterniert im Radio den Wehrmachtsbericht verlesen hörte, in dem es hieß: „. . .Bei den verlustreichen Abwehrkämpfen über dem Reichsgebiet fand den Tod für Volk und Vaterland Hauptmann Hans Kiel, Träger des Ritterkreuzes zum Eisernen Kreuz. . ." Hans Kiel, unser lustiger, draufgängerischer, stets optimistischer, alle Hindernisse mit Schwung nehmender guter Kamerad war nicht mehr!

Doch es sollte noch härter für mich kommen. Wenig danach lag ein Schreiben des Staffel-Chefs einer Nachtjagdstaffel unter meiner Feldpost: Mein Bruder Helmut war gefallen, nachdem er mit einer Me 110 als Nachtjäger gerade zwei Avro Lancaster abgeschossen hatte. Wer würde wohl daheim meiner armen Mutter Trost zusprechen!? Dutzende Male hatte ich von irgendwelchen fernen Feldflugplätzen Müttern, Vätern schreiben müssen, daß ihr Sohn gefallen war, Schwestern, Brüdern, daß der Bruder den Tod gefunden hatte. Nun empfing ich selbst zum ersten Mal eine solche Nachricht.

Auch im großen Kriegsgeschehen häuften sich die Hiobsbotschaften. Nach der Landung alliierter Streitkräfte in Sizilien kam zum Rückzug unserer Truppen auf dem italienischen Stiefel nun auch noch der Abfall Italiens aus dem Bündnis. Badoglio war Regierungschef, Mussolini gefangen, König Victor Emanuel III. schlug sich – im geheimen längst vorbereitet – auf die Seite der Alliierten. Zu alledem gewannen die Russen im Osten Boden auf der ganzen Front. Amerikanische Bomber drangen tagsüber bis Mitteldeutschland vor, zerschlugen Flugzeugwerke und andere Rüstungsfabriken. Und nachts folgten ihnen die Bomber-Gruppen der Engländer. Lange konnte das nicht mehr so weiter gehen. Lange *durfte* es nicht mehr so weitergehen!

Wie sollte man sich gegenüber solchem Übermaß an Verhängnis verhalten? Einfach verdrängen ließ sich das nicht, andererseits durfte es keinesfalls zum Hemmschuh werden. Das Beste war, sich pausenlos in die Arbeit zu stürzen, doppelt so rührig zu sein als vordem, doppelt so wachsam, doppelt so hart sich selbst gegenüber. Einfach nur noch nach vorne blicken! Es kam nur darauf an, das gesetzte Ziel zu erreichen. So querte ich tagaus, tagein mit meinem Reiseflugzeug vom Morgengrauen bis zum Anbruch der Dämmerung das Reichsgebiet, oft nur in Baumwipfelhöhe, wenn feindliche Einflüge dazu zwangen, und sorgte als „Typenbegleiter Me 163" dafür, daß sich alle Räder in unserem Raketenjäger-Programm auch richtig drehten.

Hoher Besuch

Daß Entscheidungen darüber fällig waren, wo die Schwerpunkte in unserem Luftrüstungsprogramm zu liegen hatten, schien bis zur Führungsspitze hinauf erkannt worden zu sein. Es wurde nämlich wieder einmal eine große Besichtigung aller derzeit vorhandenen Flugzeuge und Luftabwehr-Waffen und besonders aller bis zur Serienreife gediehenen neuen Projekte in Rechlin kurzfristig angesetzt. Zum 24. Juli 1943 hatte man dort ein phänomenales Vorführungs-Programm vorbereitet, bei dem alles gezeigt werden sollte, was die Luftwaffe zu bieten hatte.

Noch nie in meinem Leben hatte ich bis dahin eine solche Menge von Generalen bis hinauf zu General-Feldmarschällen auf engstem Raum beieinander gesehen – ganz zu schweigen von der Rangklasse der Stabsoffiziere, die geradezu in Massen vertreten war. Nach Besichtigungen aufgestellter Flugzeuge und Waffen versammelte sich diese hochwohllöbliche Zuschauermenge auf einer Tribüne, deren bevorzugte oberste Plattform für den Reichsmarschall und seine Begleitung reserviert war. Oberst Petersen, der für die große Schau verantwortlich war, hatte sich zur Unterstützung seiner Ankündigungen und Erklärungen, die er bei den Flugvorführungen zu geben hatte, jeweils Experten herbeibefohlen, die im Bedarfsfalle auch auf die schwierigsten Detailfragen Antwort zu geben in der Lage waren. Für die Erläuterungen bei Vorführung der Me 262 und Me 163 war er auf mich verfallen. Ich durfte also nicht einen Vorführungsflug machen, sondern mußte nur Rede und Antwort stehen bzw. Beschreibung für das abgeben, was sich zwischen Start und Landung ereignete. Dafür hatte Joschi Pöhs einen Start mit der Me 163 A, Rudolf Opitz einen solchen mit der V21, unserem derzeit einzigen Erprobungsträger der Me 163 B, vorzuführen.

Da eine erhebliche Anzahl neuer Luftfahrzeugmuster im Fluge vorgezeigt werden sollte, war für jeden Typ nur eine Zeitspanne von ein oder zwei Minuten im Programm vorgesehen. Flugzeuge, deren Start viel Zeit in Anspruch nahm, kamen von auswärts und flogen nach Abruf durch Funk und gemäß Programm ein- oder zweimal vorbei. Dann war bereits der Nächste an der Reihe. Die Me 262, geflogen vom Chefpiloten Wendel, war in Lärz gestartet, machte einen Vorbeiflug mit etwa 800 km/h, kam wieder zurück im Langsamflug mit ausgefahrenem Fahrwerk und Landeklappen in Landestellung und verschwand wieder nach Lärz, während schon der nächste Programmpunkt die Aufmerksamkeit der Zuschauer auf sich zog: Am Startbahn-Anfang hörte man das Fauchen eines Walter-Triebwerks, und aus dem weißen Nebel von T-Stoff-Dämpfen rollte eine Me 163 A an, warf das Fahrwerk nach dem Abheben weg und stieg über dem Müritz-See steil in die Höhe, während aus dem Heck die bekannte graue Rauchsäule in die Luft gemalt wurde. Das war Pöhs, der nach einem Turn zurückkommend wie ein geölter Blitz wieder über den Platz hinwegschoß. Im gleichen Moment begann erneut ein Raketen-Triebwerk zu röhren. Opitz startete mit der vollbetankten V21. Das sah erst etwas träge und unbeholfen aus, bis das Fahrwerk fiel und die Maschine, immer kleiner werdend, Fahrt aufholte. Aber dann ließ Opitz sie in einem weiten Bogen steiler und steiler werden, so daß der Zuschauer ihren phantastischen Steigwinkel und die hohe

Bahngeschwindigkeit handgreiflich vor Augen geführt erhielt, bis der kleine Vogel im Himmelsblau zu einem Punkt geschrumpft dem besten Auge entschwunden war. Das Triebwerksgeräusch war verstummt. Alles starrte gebannt zum Himmel hinauf, wo das „Raketendings" in der Höhe sich einfach in ein Nichts aufgelöst zu haben schien.

Doch Pitz hatte sofort in einem Abschwung wieder zum Sturzflug herumgezogen. Von irgendwo aus der Luft kam ein zischendes Pfeifen, wurde ein drohendes Gurgeln, und da war die 163 schon wieder zu sehen, wie sie in steilem Sturz genau so schnell herabgeschossen kam, wie sie nach oben weggestiegen war. Knapp über der Grasfläche des Flugplatzes pfiff die V21 dahin. Selbst jedem Laien mußte dieser Zuwachs an Geschwindigkeit gegenüber den propellergetriebenen Flugzeugen auffallen, die bei der vorangegangenen Vorführung gezeigt worden waren. Das Triebwerk lief nur im Leerlauf. Man sah es an leichten Dampffetzen, die sich am Heck des Raketenjägers loslösten. Nun setzte die Brennkammer mit vollem Schub und heller Stichflamme lauthals wieder ein, steil richtete sich der Bug der 163 nach oben. In einem Steigwinkel von etwa 60 Grad ließ Opitz die Maschine sich in einer Art hochgezogener „Faß-Rolle" wieder nach oben schrauben – 1000 Meter, 2000 Meter, 3000 Meter – man bemerkte kein Nachlassen des Steigvermögens. Die Kraft dieses Raketenantriebs schien unerschöpflich.

„Wie schnell ist sie jetzt?" rief der Reichsmarschall. Oberst Petersen wendete sich fragend mir zu. Opitz hatte nach einem Abschwung erneut den Flugplatz angestochen und pfiff mit voller Fahrt vor den Augen der Zuschauer vorbei.

„850 bis 900 Stundenkilometer", meldete ich.

„Und jetzt?!" wollte Göring wissen. Pitz verbrauchte seinen letzten Treibstoffrest, indem er wiederum mit Vollschub so eine steil geschraubte Spirale himmelaufwärts drehte.

„Immer noch etwa 700–800 km/h", klärte ich den obersten Befehlshaber der Luftwaffe auf.

Mit einem kleinen Knall war oben Brennschluß des Triebwerks eingetreten. Das Flugzeug gewann mit seinem Fahrtüberschuß noch ein paar hundert Meter Höhe. Dann segelte die kleine schwanzlose Maschine in engen Kurven, schien sich dort oben genüßlich zu vergnügen.

„Wieviel fliegt er jetzt?" wollte der „Dicke" nun wissen.

„250 bis 300 km/h", antwortete ich.

„Und jetzt?!" fragte Göring erneut. Pitz hatte sein Adlerkreisen abrupt aufgegeben und war ohne Triebwerksschub im Sturzflug bis zum Boden herabgeschossen. Mit sirrendem Fauchen querte er gerade wieder wenige Meter über dem Boden vor uns das Flugfeld.

„Wieder 800", gab ich als Antwort meine Schätzung zurück.

„Und jetzt", setzte ich nach kurzem fort, „fliegt er wieder 300", nachdem Pitz seine Fahrt in mehr als 1000 Meter Höhe umgesetzt hatte. „Er fliegt jetzt ohne Triebwerk", setzte ich hinzu.

„Verstehst du das?" wollte Göring von dem neben ihm stehenden General Loerzer wissen. Loerzer zuckte nur die Achseln.

„Das Flugzeug setzt jetzt zur Landung an", fuhr ich in meiner Beschreibung des Fluges fort.

„Wie schnell ist es bei der Landung?" wollte Hermann Göring wissen.

„Der Landeanflug erfolgt mit 250 km/h. Beim Aufsetzen auf dem Boden hat dieses nicht bewaffnete Versuchs-Muster eine Fahrt von etwa 200 km/h."

„Versteh' ich nicht", äußerte der Reichsmarschall, der jetzt ziemlich ratlos aussah. „Der muß doch langsamer fliegen können!" fuhr er fort. „Kann er denn nicht auf 50 km/h zurückgehen?"

„Nein, Herr Reichsmarschall, das Minimum sind 220 km/h bei der vollausgerüsteten Maschine, darunter reißt die Strömung ab."

„Bruno", wandte sich der „Dicke" jetzt wieder an seinen alten Weltkriegsgefährten Bruno Loerzer, „wenn wir aus der Fokker D VII mit dem Fallschirm aussteigen mußten, dann haben wir den Knüppel an den Bauch genommen, bis die Fahrt auf 40 zurück war, dann sind wir rausgekrochen. So was muß doch damit" – er deutete auf die landende Me 163 – „auch möglich sein!"

Loerzer war offensichtlich mit seinem flugmechanischen Verständnis auch am Ende. Deshalb wandte er sich noch einmal an mich: „Irgendwie muß der doch auch noch langsamer werden können!?"

Was sollte ich diesen beiden „alten Säcken", deren praktisches Verständnis für die Fliegerei offenbar kurz nach dem Ersten Weltkrieg stehen geblieben war, nun erzählen? Loerzer schaute mir eindringlich in die Augen. Ich verstand: Ich mußte den beiden eine Antwort bieten, die sie der Gefahr enthob, sich vor ihrer Generalität als reichlich unwissend erwiesen zu haben. Zum Glück kam mir der richtige Einfall.

„Gewiß kann die Maschine noch langsamer fliegen", gab ich zu verstehen. „Der Pilot braucht nur hochzuziehen und ein Männchen zu machen. Wenn sie dann nach unten abrutscht, ist sie natürlich noch langsamer."

„Siehst du, sie macht ein Männchen, dann geht es", beruhigte Loerzer seinen Kriegskameraden. Aber er hatte wohl gemerkt, daß sie hier fast auf Glatteis geraten waren. „Komm", schlug er Göring vor, „laß uns was anderes ansehen." Tatsächlich gab Göring das Zeichen zum Aufbruch. Doch sein Gesicht drückte Unmut aus. Hier war er offensichtlich ins Schwimmen geraten. Eine der Ursachen dafür war ich mit meinen Erklärungen über dieses Raketenflugzeug. Göring musterte mich mit einem prüfenden Blick. Was würde nun kommen?

Ich war heute zum ersten Male in meinem Leben dieses Mannes ansichtig geworden, den ich seit meiner Jugendzeit als eine der markanten Gestalten aus der Fliegertruppe des Ersten Weltkriegs verehrte, den ich als politischen Führer zwar nur durch Zeitung und Kino-Wochenschauen kannte, ihm aber wegen seiner mitreißenden Rednergabe hohe Anerkennung zollte und dem ich jederzeit Gehorsam zu leisten bereit war. Aus Gesprächen mit Otto Fuchs von der DVL wußte ich, daß Hermann Göring nicht nur die alles bezwingende Macht des Wortes in die Wiege gelegt worden war, sondern auch eine hoch über den Durchschnitt herausragende Intelligenz. Während seiner Ausbildung zum Offizier war er auf der Kriegsakademie zusammen mit Erhard Milch, dem nunmehrigen Feldmarschall und Generalluftzeugmeister, Jahrgangs-Bester gewesen und als einziger mit „Kaisers Lob" ausgezeichnet worden. Dieser unser Oberbefehlshaber stand auch jetzt, da es bei der deutschen Luftwaffe an allen Ecken zu hapern anfing, da wir Verluste sondergleichen einstecken mußten, in seinem ganzen Befehlsbereich, ja beim größten Teil der Bevölkerung außerhalb jeder ernsthaften Kritik. Wohl wirkte er mit roten Saffianleder-Stiefeln und einer morgenländisch weit geschneiderten Uniform ein bißchen extravagant. Aber wir nannten ihn unter uns „den Dicken", denn wenn er irgendwo einmal Kommandeure um sich versammelte, schlug er mit seiner Persönlichkeit alle binnen kurzem in seinen Bann, und seine Rednergabe tat ein übriges. Im Volk nannte man ihn „Hermann Meyer", weil er vor dem Kriege einmal geäußert hatte, er wolle Meyer heißen, wenn je ein feindliches Flugzeug über Berlin erscheinen würde.

Was ich damals nicht wußte, weil es nur andeutungsweise in sehr vertrautem Gespräch hinter verschlossenen Türen einmal gewispert wurde – wenn überhaupt! –, war die Bemängelung, daß Göring vielleicht gerade wegen seiner brillanten Auffassungsgabe, seiner ausgeprägten Führerpersönlichkeit, in den letzten Jahren dazu neigen solle, nur an der Oberfläche zu schwimmen, wo von ihm verlangt werden mußte, tief in die Materie einzudringen. Als preußischer Minister-Präsident hatte er es noch durch monatelanges Aktenstudium bis tief in die Nächte hinein fertiggebracht, die Dinge rasch in den Griff zu bekommen, zu deren Ordnung und Führung er in diese Position berufen worden war. Jetzt gleiche er, so hörte man vielleicht einmal von einem ganz frechen Kritikaster, nur noch einem Mann, der sich bequem in der Kutsche spazierenfahren läßt, dabei hin und wieder dem Kutscher die Zügel aus der Hand nimmt und unsinnig auf die Pferde eindrischt, ausgerechnet an einer Wegstelle, wo man die Gäule sich vernünftigerweise hätte erholen lassen müssen. . .

Während ich diese Zeilen schreibe, bestätigt mir diese Ansicht über das Nachlassen von Görings Führungsqualitäten eine protokollarische Niederschrift über die Besprechung am 9. Oktober 1943 auf dem Obersalzberg, in der Göring in Abwesenheit des Feldmarschalls Milch dessen mühsam aufgebautes Jägerprogramm so ziemlich über den Haufen warf, um nun wieder die Bomberproduktion zu forcieren. Bei der Erörterung des angeblichen Versehens, daß für die neuesten Bomber vom Ministerium kein Heckstand gefordert worden sei, gerät er in wilden Zorn und verfügt die sofortige Verhaftung von Reidenbach, Tschersich und Ploch, den Chefs von Entwicklung, Planung und Generalstab beim Generalluftzeugmeister. Ein Standgericht solle ermitteln, ob sie in ihren Stellen versagt hätten. Werde das festgestellt, solle man sie totschießen. Danach glättet er mit dem ihm eigenen Charme die Wellen der Erregung, indem er Professor Bennemann, den Erfinder der Homöopathie, zitiert: „Wenn die alten Griechen etwas Neues und Nützliches für ihr Volk bekommen hatten, haben sie eine Anzahl Ochsen geopfert; wenn es sehr bedeutend war, hundert Ochsen, und wenn es etwas Außerordentliches war, eine Hekatombe Ochsen. Seitdem brüllen alle Ochsen, wenn etwas Neues erfunden wird."

Die Rechliner Vorführung war beendet. Der Reichsmarschall hatte – wie gesagt – schon zum Gehen gewendet, mich mit einem prüfenden Blick gemustert. „Ich kenne Sie doch noch gar nicht!" meinte er und schien nachzudenken. Es bestand eine Anordnung, daß jeder Luftwaffensoldat, der mit dem Eichenlaub zum Ritterkreuz des Eisernen Kreuzes ausgezeichnet wurde, zu einem passenden Termin auch dem Oberbefehlshaber der Luftwaffe vorzustellen war. Bei mir hatte man das seinerzeit vergessen. Görings gutem Gedächtnis war das sofort aufgefallen. „Wofür haben Sie das da" – er zeigte auf die Auszeichnung an meinem Hals – „bekommen?" Ich meldete, daß dies in Anerkennung von 62 Abschüssen, vornehmlich im Osten, geschehen sei.

„Und wieviel haben Sie jetzt?" wollte er weiter wissen.

„81, Herr Reichsmarschall."

„Und unter Brüdern. . .", fuhr er fort. Dabei schien ihm eine Idee zu kommen. Denn ohne meine Antwort abzuwarten, legte er den Arm kameradschaftlich um meine Schultern und ging mit mir ein paar Schritte voran, während er der Schar der nachfolgenden Feldmarschälle, Generale und Obristen mit der Hand ein Winkzeichen gab, daß sie etwas Abstand halten sollte. „Stellen Sie sich jetzt mal vor, ich wäre Ihr bester Kamerad. Und wir hocken draußen in einer Baracke auf einem Feldflugplatz zusammen und erzählen uns ehrlich und kameradschaftlich von unseren Abschüssen. In dieser Situation frage ich Sie nun – und Sie müssen sich jetzt immer noch vorstellen, ich bin jetzt nicht Ihr Oberster Befehlshaber, sondern Ihr guter Kamerad und Katschmarek – ich frage Sie also: Wieviel Abschüsse, lieber Späte, hast du unter Brüdern? Mal ganz ehrlich!"

Durch den theatralischen Aufwand, den der „Dicke" da gemacht hatte, war mir eine ganze Menge Zeit geblieben, über die Antwort nachzudenken. Was der wollte, war mir nach den ersten Worten bereits klar: Einen Jagdflieger finden, der ihm gestand, daß er einen Abschuß gemeldet habe, der „faul" war, der gar keiner war. Da war er nun bei mir an den Falschen geraten. Denn gerade ich hatte bestimmt mehr als ein Dutzend „astreiner" Abschüsse nicht für mich reklamiert, weil ein anderer mitbeteiligt war oder sich kein Zeuge fand, der die Zerstörung des Gegnerflugzeuges bekunden konnte, oder ich selbst die Vernichtung des Feindflugzeugs durch Aufschlag auf dem Boden nicht hatte beobachten können. „Unter Brüdern", antwortete ich, „habe ich 100. Unter Brüdern zähle ich nämlich alle die mit, die mir von Vorgesetzten oder dem RLM wegen mangelnder Zeugen usw. nicht anerkannt wurden."

„Komm Hermann", sagte General Loerzer, der als einziger auf gleicher Höhe mitgeschritten war, „mit dem ist nichts anzufangen. Laß uns noch was anderes anschauen."

Göring ließ mich los, und die beiden entfernten sich. Die nacheilende Generalität flutete an mir vorbei. Einer schlug mir auf die Schulter und brummte: „Gut gemacht, Späte! Bravo! Der glaubt uns unsere Abschüsse nicht. War eine gute Antwort, die Sie ihm gegeben haben!" Es war Oberst Trautloft, der Inspekteur Tagjagd beim General der Jagdflieger und mein vormaliger Geschwader-Kommodore.

Wenn ich heute, nach fast 40 Jahren, darüber nachdenke, so weiß ich, daß Görings schon nicht ganz ohne Grund seine Frage gestellt hatte. Damals allerdings war ich empört, denn ich hatte bei meinen in die Hunderte gehenden Fronteinsätzen niemals auch nur mit dem Gedanken gespielt, beim Abfassen einer Abschußmeldung eine Unkorrektheit zu begehen. Wozu auch?! Ich war Reservist. Wenn der Krieg zu Ende war, wollte ich mein Studium fortsetzen. Aktiv im Militärdienst zu bleiben, verspürte ich damals keine Lust. Auszeichnungen, die sich auf Laufbahn und Beförderungen auswirken konnten, spielten in diesem Zusammenhang also keine Rolle. Mir genügten

81 Striche auf dem Leitwerk wahrhaftig vollauf, um später mal vielleicht meinen Kindern davon erzählen zu können. Sollte der verdammte Krieg noch mehr von mir verlangen, gut, dann würden es vielleicht noch ein paar Striche mehr. Aber deswegen einen bewußten Betrug zu begehen, erschien mir absurd. Etwas anders sah die Sache aus, wenn man bedachte, daß Meldungen oft unter der Rage des vielleicht noch keine Stunde zurückliegenden Luft-Gefechts verfaßt wurden. Da konnte „der Wunsch Vater des Gedankens" gewesen sein. Wenn die Polizei nach einer Wirtshaus-Rauferei die Beteiligten verhört, kriegt sie auch anfänglich diametral entgegengesetzt lautende Aussagen. Beim Luftkampf-Einsatz der Jagdflieger sind alle Beteiligten in den Minuten der sogenannten Feindberührung in einen Kampf auf Leben und Tod verwickelt. Ich kann mir keinen Menschen vorstellen, der in einer solchen Situation nicht erheblich erregt ist. Deutlich habe ich heute noch einen Feindflug von Staraja Russa am Ilmensee in das Gebiet des Wolchow in Erinnerung. Ich führte einen Schwarm (4 Me 109) und traf einen Verband von sechs sowjetrussischen Eindeckern unbekannten Typs. Es gelang uns in einem längeren Luftkampf, alle sechs Gegner abzuschießen. Nach der Landung befahl ich meinen drei vor Kampfeslust und Erfolgsfreude strahlenden Mitstreitern: „Jetzt setzt sich jeder in eine Ecke unseres Staffelgefechtsstandes und schreibt seinen Abschußbericht, und zwar einer unabhängig vom anderen. Danach werden wir Zeugenberichte schreiben." Die drei Piloten, es waren drei fronterfahrene Unteroffiziere mit dem EK I, also mit mehreren anerkannten Abschüssen, taten wie geheißen. Und ich schrieb meinen eigenen Bericht. Als ich die Meldungen eingesammelt hatte, stellte sich heraus, daß wir mit unseren Abschußberichten insgesamt die Vernichtung von neun Feindflugzeugen gemeldet hatten. Da feststand, daß der Feindverband nur aus sechs Flugzeugen bestanden hatte, waren also von den neun gemeldeten Abschüssen drei zu viel. Wir haben dann versucht, den Luftkampf minutiös in seinem Ablauf zu rekonstruieren – es blieb dabei: Jeder der Unteroffiziere behauptete zwei Gegner erledigt zu haben. Ich selbst beanspruchte deren drei. Nicht aus Überzeugung, sondern durch Inanspruchnahme meiner Befehlsgewalt entschied ich: Ich selbst verzichtete auf einen der von mir gemeldeten Abschüsse, und zwei der Unteroffiziere mußten ein Gleiches tun. Wenn sie noch am Leben sind, trauern die beiden bestimmt heute noch um die Abschüsse, die ich ihnen damals nicht anerkannte.

In unserem Falle stimmte die endgültige Erfolgsmeldung mit den Verlustzahlen auf der Seite des Gegners überein. Heute bin ich mir sicher, daß die Aufrechnung von hüben nach drüben nicht immer so glatt aufging. Allein aus dem letzten Kriegsjahr sind mir drei handfeste Vorgänge bekannt, bei denen Jagdflieger Abschüsse „erlogen und erstunken" hatten. Einer davon war ein ganz bekannter Mann mit über 200 anerkannten Luftsiegen, aus dem Unteroffiziersstand hervorgegangen, wegen seiner hervorragenden Leistungen zum Offizier befördert, zuletzt Kommandeur einer Jagdgruppe. Eines Tages traten seine Staffel-Kapitäne beim Kommodore mit der Meldung auf den Plan, der Kommandeur habe einen Einsatz in der Reichsverteidigung geführt, der keine Feindberührung brachte, er sei vor der Landung etwa zehn Minuten vom Verband abgekommen und habe nach der Landung den Abschuß von drei 4-mot-Bombern gemeldet. Nirgends war eine „Viermotorige" in der fraglichen Gegend heruntergekommen. Die Sache „stank". Also vernahm ich zusammen mit dem Kommodore den Piloten, dem wegen einer

Gehirnerschütterung Bettruhe verordnet worden war. Ein Häuflein Elend gestand uns binnen kurzem, daß er die drei Abschüsse reinweg erfunden habe. Warum? Er habe seit vielen Wochen die Gruppe geführt und keinen Erfolg zu verzeichnen gehabt. Da habe er in einer Art Verzweiflung eben die drei Luftsiege erdichtet. „Jetzt kann ich mir ungefähr vorstellen", konnte ich mir nicht verkneifen zu bemerken, „wie Ihre Serien zustandegekommen sind, mit denen sie mehrfach sogar im Wehrmachtsbericht genannt wurden." Der Divisions-Kommandeur, dem wir die Sache meldeten, bedeckte sie gnädig mit dem Schweigen der christlichen Nächstenliebe. Der Krieg war eh bald aus. . .

Die anderen beiden Fälle betrafen seltsamerweise gleichfalls Soldaten, die wegen erwiesener Tapferkeit zum Offizier befördert und als Einheitsführer eingesetzt worden waren. Ich kenne sogar darüber hinaus jemand, der sich nach Kriegsende zwei Abschüsse mit der Me 163 zuschrieb, obwohl er sie nachweislich nicht gemacht hat.

Damit will ich nun auf keinen Fall ein abwertendes Urteil über unsere Kameraden aus der Rangklasse der Mannschaften oder Unteroffiziere ausgesprochen haben. Im Gegenteil, ich muß feststellen, daß ich gerade unter ihnen fast noch mehr Schneid und Draufgängertum, mehr Opferbereitschaft und auch mehr Kameradschaft und Treue erlebt habe, als dies je unter Offizieren selbstverständlich war.

Vielleicht waren ehemalige Unteroffiziere eben auch nicht so gewitzt, wie jener Leutnant Schmale (Name geändert), den ich 1944 auf einem Fliegerhorst antraf, wo er unweit einer startfertigen FW 190 stand, Zigaretten rauchte und zusah, wie oben die Bomber-Verbände der amerikanischen Luftwaffe vorüberflogen. Ich befahl ihm zu starten und sich einer deutschen Einheit in der Luft anzuschließen. Schmale gehorchte, wenn auch nicht mit Begeisterung. Als er weg war, meinte der Flugleiter: „Wenn der Schmale Feindberührung erhält, hat die deutsche Luftwaffe wieder eine Focke Wulf weniger."

„Warum?" wollte ich wissen.

„Der Schmale ist bekannt als „Aussteiger". Wenn ein Gegner ihm so nahe kommt, daß es gefährlich werden könnte, springt er einfach raus. Die Maschine stürzt ab und niemand ist in der Lage, an den Trümmern festzustellen, daß das Flugzeug überhaupt keine feindlichen Treffer erhalten hatte. Schmale hat bereits seinen 14. Fallschirm-Absprung dieser Art hinter sich". . .

Nach dem Kriege erfuhr ich, daß Schmale an diesem Tag zum 15. Male dem Gegner sozusagen einen „Abschuß ohne Munitionseinsatz" geliefert hatte.

Nach Zwischenahn – Funkversuchsstelle 216

Es war später Abend, als ich am 25. August 1943 in Augsburg aus dem D-Zug Paris–Wien–Budapest kletterte. Einem Befehl aus Berlin zufolge war ich auf einem Feldflugplatz in der Bretagne bei Major Oesau gewesen, der dort ganz allein mit dem J.G.2 Luftverteidigung am Kanal zu fliegen hatte. Ihm sollten die Me 163-Einheiten in Venlo und Deelen zugeteilt werden, sobald sie aufgestellt und einsatzbereit wären. Deshalb hatte ich Oesau und seinen Stab über die technischen und taktischen Gegebenheiten unseres Raketenvogels unterrichtet. Dabei hatte ich meine Aufgabe mehr in dem Sinne lösen müssen, daß ich übertriebene Erwartungen wegen Einsatzdauer und Zahl der zu erwartenden Abfangjäger dämpfte, statt unnötige Hoffnungen aufschießen zu lassen. Was hätte ich darum gegeben, wenn ich hätte sagen können: „Im nächsten Monat stehen in Venlo und in Deelen je 100 einsatzbereite Me 163. Dort kommt dann kein feindlicher Verband mehr ungeschoren vorbei!" Es waren das alles prachtvolle eisenharte Gesellen, denen unter Führung eines unserer erfolgreichsten Jagdflieger ein verlustreicher Kampf in vorderster Linie abverlangt wurde. Und Oesau, das war bekannt, flog immer vorn dran.

„Alle Welt hat nach dir angerufen", hieß es, kaum daß ich in Augsburg angekommen war. Noch in der Nacht erfuhr ich den Grund. Peenemünde hatte während meiner Frankreich-Reise einen schweren Bombenangriff erfahren. Die Heeresversuchsstelle war übel mitgenommen, der Luftwaffenteil, Pennemünde-West, noch einmal mit dem Schrecken davongekommen. Dennoch war man beim General der Jagdflieger der Auffassung, daß unser Erprobungs-Kommando dort Gefahr lief, ausgebombt zu werden, bevor es überhaupt in Aktion getreten war.

Tags darauf war ich in Anklam. Hierher war auf Befehl aus Berlin mein E-Kdo. 16 innerhalb von zwei Tagen „mit Mann und Roß und Wagen" umgezogen. Das war flott und fast, als wäre es eingeübt, vor sich gegangen, hatte ich doch mit Pöhs, Langer und Thaler drei tüchtige Offiziere, die mit dieser Verlegung einen Beweis ihres Organisationstalents liefern konnten. Anklam war aber für einen Flugbetrieb mit unseren Raketenvögeln nicht nur ungeeignet, sondern dafür auch gar nicht vorbereitet. Wohin also? Diese Frage konnte ich aus dem Stegreif beantworten: Nach Zwischenahn selbstverständlich! Nach einer Woche waren wir mittels Bahntransport mit Sack und Pack auf dem Fliegerhorst am „Zwischenahner Meer" angekommen.

Uns empfing ein verträumter Fliegerhorst, dessen drei prachtvolle Landebahnen geradezu nach mehr Starts und Landungen schrien, als sie durch die hier stationierte Wetterstaffel und ein Luftdienst-Kommando auch bei größter Dienstbeflissenheit zu Wege gebracht werden konnten. Eine Halle am Ufer des Sees – die Einheimischen nennen ihn „Meer" – besaß sogar Rampen für den Betrieb von Wasserflugzeugen. Vier große Flugzeughallen waren an der Ostseite des Platzes aufgereiht, an ihrem südlichen Ende gekrönt von einer imposanten Werft.

„Wir begnügen uns mit Halle A", erklärte ich Major Kremers, dem Horstkommandanten.

„Das ist ganz unmöglich", tat der mit Entsetzen in der Stimme. „Halle A ist unsere größte Halle und mit kriegswichtigen Vorhaben in Anspruch genommen."

Zum Glück ließ er sich nach kurzer Diskussion belehren, daß unsere Erprobung kriegswichtiger war als die derzeit in der Halle untergebrachten „Vorhaben". Wir zogen ein, ließen uns mehrere Wasserleitungen hineinlegen und in die Rückwand Löcher brechen, durch die wir bei Probeläufen den Triebwerksstrahl hinausblasen konnten.

Im Norden begrenzte schütterer Waldbestand den Platz. Dort arbeitete Bauleiter Wolf mit seinen Arbeitskolonnen an der Fertigstellung der für uns vorgesehenen Hallen und Unterkünfte. Selbst mit dem größten Optimismus ließ sich nicht prophezeien, daß wir vor Jahresende dorthin umziehen konnten.

Seit im Sommer 1943 die erste Me 163 B mit dem heißen Triebwerk geflogen war, wurde unser Erprobungs-Kommando ständig personell verstärkt. Bis zum Herbst trafen einige 20 Flugzeugführer bei uns ein, die den Stamm einer ersten Me 163 Jagd-Gruppe bilden sollten. Darüber hinaus aber folgte den Flugzeugführern auch eine entsprechende Anzahl Wartungs-Personal, und das ließ unseren „Haufen" bald auf mehr als 600 Mann anschwellen. Diese Soldaten waren zum Teil aus Frontverbänden herausgezogen worden, einige waren jedoch auch von Schulen und Ersatzverbänden oder anderen fliegenden Einheiten gekommen. Die Piloten waren zumeist aufgrund freiwilliger Meldungen versetzt worden. Es versteht sich, daß sich da bei uns ein bemerkenswerter Extrakt von Draufgänger-Typen zusammenfand. Wenn ich gelegentlich den Schulbetrieb mit geschleppten Me 163 und Segelflugzeugen kontrollierte, der unter Aufsicht des Hauptmanns Thaler auf dem Rasen des Zwischenahner Fliegerhorstes vor sich ging, dann fand ich flugbegeisterte junge Menschen vor, die sich einmal wie kleine Jungen am Startplatz herumbalgen konnten, im nächsten Augenblick aber die felsenfeste Entschlossenheit bekundeten, unser so riskantes „Kraftei" an den Feind zu bringen, auch auf die Gefahr hin, dabei selbst durch eine Explosion in Stücke gerissen zu werden. Sie verachteten die Angst, suchten das einmalige Flugerlebnis und die Gelegenheit, mit hohem Einsatz etwas Entscheidendes zu leisten.

Ich war im Sommer zwei- oder dreimal in das Ministerium zu Oberst v. Cornberg befohlen worden, einem klugen Offizier von großer Menschenkenntnis, der im Personalamt der Luftwaffe als ehemaliger Flugzeugführer ein besonderes Verständnis dafür entwickelte, den richtigen Mann an den geeigneten Platz zu stellen.

„Wie sollen denn die Männer beschaffen sein", wollte er von mir wissen, „die Ihren Donnervogel zu fliegen haben?"

„Erfolgreiche Jagdflieger mit etlichen Abschüssen und großem technischen Verständnis. Keine Bruchpiloten! Möglichst Segelflug-Kenntnisse. . .", begann ich meine Wünsche darzulegen.

„Ich will versuchen, so viel wie möglich solcher Spezialisten für Sie herauszusuchen. Doch es erscheint mir von vornherein ausgeschlossen, daß ich davon eine ausreichende Menge aus den Frontverbänden abziehen kann", wehrte v. Cornberg ab. „Die Geschwader haben genug Verluste, die durch Nachwuchs nicht ausgeglichen werden. Ich kann ihnen aber wahrscheinlich gut tauglichen Personal-Nachschub noch anderswoher beschaffen. Wie wäre es", so fuhr er fort, „mit Fluglehrern, die wir sehr lange auf Schulen festgehalten haben, damit die Ausbildung gut und beständig weiterlief. Da sind einige, die es im ruhigen Heimatland nicht mehr aushalten. Die fliegen alle ‚wie eine Eins'. Sie wollen aber ihr Vaterland nicht in der Heimat, sondern an der Front verteidigen."

„Her damit", entschied ich.

„Wie wäre es mit Kampffliegern, die alle nur denkbaren Flugzeugführerscheine besitzen, teilweise mit enormer Flugerfahrung, für die wir aber im Augenblick keine Einsatzmöglichkeit mit ihren Ju 88 oder He 111 oder Do 17 haben?"

„Nur wenn der Krieg anders nicht mehr zu gewinnen ist", meldete ich entschiedene Bedenken an.

„Also stellen wir das zurück", meinte der Oberst. „Aber wie wäre es mit Lastensegelfliegern?" forschte er weiter. „Wir haben da ein paar hundert Lastensegler-Piloten, die brennen darauf, wieder mal ein Risiko für ihr Vaterland auf sich zu nehmen wie damals, als sie den belgisch-holländischen Festungsgürtel nehmen halfen, in Jugoslawien, Griechenland, Kreta, Afrika oder auf der Krim landeten und wichtige Stützpunkte für unseren Vormarsch eroberten. Können Sie die nicht brauchen? Ihre Me 163 landet doch wie ein Segelflugzeug auf der Kufe."

„Aber sie startet mit 300 Stundenkilometern", entgegnete ich, „die die Lastensegler wahrscheinlich ihr Lebtag noch nie am Fahrtmesser abgelesen haben. Und beim Angriff im Luftkampf hat sie dann mindestens 800 „Sachen" drauf! Dennoch – ich probier's. Ich will einmal ein paar Versuche machen. Aber diese Männer müssen außer der DFS 230 auch die Me 109 oder wenigstens die Me 108 fliegen können."

„Schön." Oberst v. Cornberg machte sich eine Notiz. Dann forschte er weiter: „Ich hätte noch einen Überführungs-Piloten, der Me 109 und FW 190 fliegen kann. 36 Jahre alt, verheiratet, drei Kinder, aber er brennt darauf, seine Pflicht fürs Vaterland an einer Stelle auszuüben, wo er mehr Tapferkeit beweisen kann als beim Überlandflug mit Jagdflugzeugen von der Heimat zur Front. Es ist ein Leutnant Ziegler, für den ich selbst ein Wort einlegen möchte."

„Herr Oberst – auch wenn mich das Alter bedenklich stimmt – ich nehme den Ziegler. Dafür bitte ich, die Versetzung von ein paar Männern gutzuheißen, die es fertiggebracht haben, trotz aller Geheimhaltung etwas von unserem ‚Kraftei' in Erfahrung zu bringen. Sie haben Versetzungsgesuche geschrieben, die auf irgendeinem Dienstweg – oder gerade unter Umgehung dieses Dienstweges – auf meinen Schreibtisch gelangten. Da ist beispielsweise das Gesuch eines Feldwebels Schallawowski. Der schreibt mir doch tatsächlich aus dem Arrest-Lokal, wo man ihn für 14 Tage bei Wasser und Brot eingelocht hat, weil er bei einem seiner Überlandflüge auf der Fliegerschule zum Spaß ein Segelboot auf einem See mit dem Propellerstrahl seiner Maschine umgeworfen hat…"

Die Versetzung Schallawowskis und einiger anderer Freiwilliger wurde bereitwillig durch v. Cornberg genehmigt. Dafür verlangte er mein Einverständnis, daß er mir vielleicht auch mal einen oder den anderen „Bewahrungsfall" anvertraute. Was das zu bedeuten hätte, wollte ich wissen: „Bewährungsfall". „Nun", v. Cornbergs Gesicht überzog die Andeutung eines Lächelns, „ich will es Ihnen an einem Beispiel erklären. Wenn Sie einverstanden sind, wird demnächst zum Beispiel Hauptmann Ölmann vom J. G. X Y zu Ihrem Kommando versetzt. Ein Mann, der wegen Tapferkeit vorm Feind vom Portepeeträger zum Offizier befördert wurde. Ritterkreuzträger. Ein paar Dutzend

Abschüsse, etliche davon im Westen. Führte wiederholt große Gefechtsverbände, wie sie heute in der Reichsverteidigung und in Abwehr der zahlenmäßig überlegenen feindlichen Luftstreitkräfte auch bei uns jetzt zum Einsatz kommen. Aber dann passierte es, daß Ölmann an der Spitze eines Verbandes von etwa 80 eigenen Jägern einem Bomberverband entgegen geschickt wurde – und er flog offenen Auges einfach daran vorbei. Es war für den ganzen Verband Funkstille befohlen. Nur die Bodenstelle gab hin und wieder einige wenige Anweisungen durch. Sie kennen das ja! Mehrere Flugzeugführer, die die ‚dicken Autos‘ rechts querab entgegenkommen sahen, wackelten mit den Tragflächen oder flogen mal ein Stück dem Gegner entgegen. Sogar vom linken Flügel scherte einer aus und schob dem führenden Ölmann dicht an der Nase vorbei. Aber der hatte an dem Tag anscheinend keine Lust. Flog stur geradeaus weiter und die ganze ‚Marhalla‘ befehlsgemäß ebenso stur hinterher. Weit auf See draußen machte Ölmann mit dem Verband dann wieder kehrt und kam damit ohne Feindberührung wieder nach Hause. Meldete: ‚Keine besonderen Vorkommnisse‘. . .“

„Geben Sie mir den ruhig, den Ölmann“, begehrte ich feixend, nachdem v. Cornberg kopfschüttelnd seine Schilderung beendet hatte. „Der ist nur nicht auf den richtigen Trichter gekommen, was man macht, wenn man abgeflogen ist – mit den Nerven herunter. Der Heinz Bär macht das anders. Immer, wenn der so ein halbes Dutzend Abschüsse mehr auf dem Leitwerk hat, geht er einfach zum Kommodore und sagt: „Ich glaube, bei mir ist es wieder mal Zeit für eine Grundüberholung. Müßte mal zwei, drei Wochen in die Werkstatt nach Bad Wiessee oder heim zu Muttern.“ Dann kriegt er Fronturlaub, und wenn er zurückkommt, geht er wieder ran wie Blücher in der Schlacht bei Waterloo.“

Also verschrieb mir v. Cornberg von nun an hin und wieder auch Bewährungsfälle. Als ich am Abend dieses Tages von Rangsdorf aus in meiner Me 108 nach Bad Zwischenahn zurückflog, kratzte ich mich nachdenklich hinter den Ohren, als ich darüber nachdachte, was ich da für ein „Leipziger Allerlei“ an Personal zu erwarten hatte. Ich würde manchen der Neuankömmlinge erst einmal gut unter die Lupe zu nehmen haben.

Wenn ich heute zurückblicke, dann hat es kaum Versager gegeben unter den Piloten, die Oberst v. Cornberg mir zuwies. Es waren sehr viel „Kerle“ darunter, denen es gar nicht gefährlich genug zugehen konnte. Bis auf Leutnant Endrikat allerdings, dem Leutnant Kelb, der Spaßvogel unter den Neuen, gleich nach dem Eintreffen erzählte, wie schnell man eine Leiche im T-Stoff auflösen könne, und davon waren rund 1500 Kilogramm im Tank der Me 163. Endrikat bat käsebleich um seine sofortige Rückversetzung. Major Graf hat am Telefon eine nicht wiederzugebende Verwünschung gemurmelt, als ich ihm den Fall schilderte, und den unvollendeten Raketenjäger bestimmt nicht besonders liebreich empfangen, als er sich bei ihm in Nordholz wieder zurückmeldete. Doch der hat die Ungnade überstanden und lebt heute noch als „ehemaliger Raketenflieger“.

Im übrigen war es uns mehr als lieb, wenn einer rechtzeitig die Grenzen seiner Nervenkraft erkannte und sich von unserem brenzligen Unternehmen wieder zurückzog. Wir hatten mehr als genug Draufgänger, denen es „stank“, weil sie nicht sofort eine „scharf“ getankte Maschine besteigen durften und warten mußten. Denn die Firma Walter war mit der Lieferung von Triebwerken arg im Rückstand.

So passierte es, daß unter den vielen Neueintreffenden auch ein tapferer bewährter Jagdflieger war, der etliche Abschüsse gemacht und sich in wer weiß wie vielen Schlachten dieses Krieges in der Luft herumgeschlagen hatte. Er war älter, als es meiner dem Oberst v. Cornberg vorgelegten Wunschliste entsprach. Aber es hieß, Oberst Gollob beim General der Jagdflieger habe seinen österreichischen Landsmann speziell empfohlen und bei uns zu sehen gewünscht. Dieser Major durchlief die Umschulung und mußte dabei erleben, daß es im Flugbetrieb einige Notlandungen, ja sogar Brüche und Totalausfälle gab. Die Gründe dafür lagen in der Unzuverlässigkeit des „heißen" Triebwerks, der man nur nach und nach auf die Spur kam. So wußte er auch, daß „Pitz", dem das Triebwerk nach dem Abheben vom Boden stehen geblieben war, gerade noch in einer engen Kurve wieder zu einer noch glimpflichen Landung auf den Platz zurückgekommen war, Hauptmann Olejnik notgedrungen in einer Kuhweide landete und mit einem Rückgratbruch in das Lazarett kam, ja daß auch einige so einen Start mit dem Leben bezahlt hatten. Als ihm beim ersten Start mit einer Einsatz-Maschine der Brennkammerdruck schon im Anrollen um ein paar atü herabsank, schaltete er schleunigst den „Teufelsofen" wieder aus, sprang aus der wieder zum Halt gekommenen Maschine heraus und erklärte kategorisch: „So an Scheißdreck, bittschön, fliagt's enk sölba! I setz mi liaba wieder in a saubere Focka. Habe die Ehre!" Und ließ sich zu seiner Einheit zurückversetzen, die FW 190 flog. Er hatte die Grenzen seiner Nervenkraft erkannt, und das haben ihm nicht einmal die jüngsten Heißsporne unter uns verargt. Ich war froh über so viel Offenheit und Freimut, die uns vielleicht eine Leichenfeier mit militärischen Ehren erspart hatte.

Der Leser wird begreifen, daß ich auch nicht gleich an die Decke sprang, als sich eines Tages ein Oberleutnant der Nachrichtentruppe bei mir in Peenemünde als Neuzugang meldete. Wer weiß, wen man uns da wieder aufgehalst hatte! Und doch muß ich Gustav Korff – so hieß der fast 40jährige Oberleutnant d.R. – den ganzen Rest dieses Kapitels widmen, so ein wichtiger und wertvoller Mitstreiter wurde er in unserem Kampf um einen technischen Fortschritt. Als der von Figur schmächtige, bescheiden auftretende Reserve-Offizier Ende Juni 1943 in den kleinen Barackenraum trat, der mir damals als Dienstzimmer diente, ahnte ich nicht, daß er ein paar wichtige Erfindungen für den militärischen Einsatz der Me 163 machen sollte und zeitweilig geradezu ein Erprobungs-Kommando innerhalb meines Erprobungs-Kommandos 16 bilden würde.
Korff war aus dem tiefsten Rußland zu uns versetzt worden, wo er bei einer Luftnachrichten-Kompanie nahe Kiew in einer Flugmeldezentrale Dienst getan hatte. Ich hatte beim Personalamt einen Fachmann angefordert, der in der Lage sein sollte, die nachrichtentechnische Führung der Me 163 in das vorhandene Führungssystem der Reichsverteidigung einzufügen. Womöglich hat der Mann da draußen im Rußlandwinter beim Strippenziehen versagt, und jetzt hat man ihn mir hierher gelobt, so glomm in mir eine leichte Angst hoch. Nun, da wollte ich doch gleich einmal sehen, was wir mit ihm für einen Fang gemacht hatten.
Ohne viel Umschweife begann ich ihn auszufragen: „Wir bringen hier ein Flugzeug zum Einsatz, das in zwei bis drei Minuten auf 12 000 Meter steigen kann. Es wäre also in der Lage, einen Aufklärer nach Sicht zu bekämpfen. Nun ist ein Gegner, der 12 000 m

höher fliegt, nur von einem Menschen mit ausnahmsweise guten Augen zu erkennen. Selbst bei halb so viel Überhöhung ist auch ein Bomber gar nicht so leicht mit bloßem Auge auszumachen, es sei denn, er zieht Kondens hinter sich her.

Wenn die Firma Walter Wort hält, können wir mit der Me 163 diese Höhe erreichen und noch 10 Minuten mit 900 km/h horizontal weiter fliegen. Das bedeutet weitere 150 Kilometer Reichweite. Unser Flugzeug besitzt FuG 16 ZE bzw. ZY, dazu das FuG 125 A als Kennungsgerät. Was meinen Sie nun, auf welche Weise wir unseren Vogel an den Feind heranführen können?"

Korff brauchte sich zu meinem Erstaunen gar nicht zu besinnen, sondern begann sofort aus dem Stegreif: „Wenn ich an die geschilderte Funkausrüstung denke, so meine ich, man hat höheren Orts wohl an zwei Verfahren zur Führung gedacht. Da wäre erstens das Y-Verfahren. Das Bodengerät hierfür besteht aus einem Hochleistungs-Peilempfänger mit sechs Antennenstäben, mit dem man bis auf 1/2 Grad genau den Winkel bestimmen kann, und einem Entfernungsmesser. Letzterer arbeitet nach dem Prinzip des Phasenvergleichs und besitzt zwei Modulations-Frequenzbereiche. Einer davon reicht bis 300 Kilometer und dient der Grobmessung, ein zweiter hat als Feinmessung eine Reichweite von 30 Kilometern. Das Ganze kommt von der Firma Lorenz und ist ein gut ausgeklügeltes System. Das zweite wäre das sogenannte Egon-Verfahren, wofür man das FuG 125 A eingebaut zu haben scheint. Dazu brauchen wir am Boden ein Freya mit Kuh. . .“

„Hoppla“, unterbrach ich Korffs Redefluß, „was wollen Sie da mit einer Kuh?! Landwirtschaft wollen wir mal aus unserem Geschäft raushalten!“

„Diese Kuh, Herr Hauptmann“, klärte mich Korff lachend auf, „ist nicht aus der Landwirtschaft, sondern aus dem Alphabet – zwischen dem P und dem R angesiedelt. Es handelt sich um eine Freund/Feind-Abfrage-Vorrichtung, die in Freya-Geräten eingebaut sein kann. Wir Nachrichtenleute sagen dann: Ein Freya mit „Q“. Die Q-Einrichtung am Freya ermöglicht auch Entfernungsmessung, man kann damit also auch sicherlich vom Boden aus führen. Ich habe schon erfahren, daß es hier ganz in der Nähe, nämlich draußen auf der Insel Oie, ein Freya-Gerät gibt. Morgen will ich mit Oberleutnant Pöhs dorthin fliegen, um zu sehen, ob es für unsere Zwecke geeignet ist.“

Ich mußte innerlich zugeben, was Korff vortrug, hatte Hand und Fuß. Der Mann schien tatsächlich jene Fachkenntnisse zu besitzen, die in diesem Zusammenhang hier bei uns vonnöten waren. Aber gerade weil ich selber auf diesem nachrichtentechnischen Gebiet ein rechter Laie war, mahnte ich mich zur Vorsicht. Ich durfte keinesfalls einem Wichtigtuer aufsitzen, mit dem wir nicht vorankamen oder wertvolle Zeit verloren. „Woher“, so fragte ich ihn deshalb, „stammen eigentlich Ihre Kenntnisse, die Sie zu besitzen scheinen?“

„Ich glaube, ich passe gut zu der hier gestellten Aufgabe“, erklärte Korff ganz selbstsicher. „Vor dem Kriege war ich 15 Jahre in der Funk- und Fernmeldetechnik tätig, bin sogar ausgebildeter Bordfunker und habe bei der zivilen Reichsflugsicherung alle Verfahren zur Ortung und Führung von Flugzeugen kennengelernt. Dabei sind mir einige Neuerungen an Führungsgeräten gelungen, wofür sogar Patentansprüche laufen. Seien Sie ohne Sorge, Herr Hauptmann“, beschwor er mich fast, „dies alles hier ist mir auf den Leib geschrieben. Ich freue mich, diese Aufgabe lösen zu können.“

186

Nach drei Tagen erschien Korff wieder und berichtete. Auf der Oie stände tatsächlich ein Freya-Gerät mit einer gut geschulten Besatzung vom LN-Versuchsregiment Köthen. Aber mit Freya ohne „Q" wäre bei der Me 163 von vornherein nichts zu machen. Die Tragfläche aus Holz gäbe im Freya gar keine Resonanz, der kleine Metallrumpf erzeuge auch nur verschwindend wenig Rückstrahlung. Mit „Kuh" würde es wohl gehen, aber nicht von Oie aus. Bei Geschwindigkeiten von 700 km/h wäre schon kurz nach dem Start die Winkelgeschwindigkeit zu groß. Also: Führung mittels Egon-Verfahren und Freya allein schlecht möglich. „Vielleicht", so meinte der beredte Nachrichten-Oberleutnant bedenklich, „ist die kleine Drahtantenne mit blauem Gummi-Überzug an der linken Tragflächen-Unterseite der Me 163 umsonst da und mit ihr das ganze FuG 125 A, zu dem sie nämlich gehört. Aber ich habe noch eine andere Idee: wir benützen Würzburg-Geräte die dreidimensional messen können. Freya mißt nur zweidimensional, Azimut und Entfernung, es arbeitet bekanntlich im 2-Meter-Bereich und hat eine Reichweite von 180 Kilometern. . ."

„Lieber Korff", unterbrach ich den Redefluß, „lassen Sie mich um Himmels willen mit solchen Einzelheiten jetzt in Ruhe, bevor Sie selbst zu klarer Auffassung gekommen sind. Aber ich mache Ihnen einen Vorschlag: Morgen fliege ich wieder einmal mit der Me 108 nach Berlin. Da habe ich einen Platz für Sie und nehme Sie mit nach Gatow. Von dort fahren Sie nach Wildpark Werder und melden sich bei Chef NVW. Das ist die Dienststelle des Chefs des Nachrichtenwesens beim Luftwaffen-Führungsstab, wie Sie wissen. Ich habe gestern mit Oberst Nebel fernmündlich gesprochen und Sie angemeldet. Dort melden Sie sich, tragen alle Ihre Wünsche und Vorstellungen vor und dann werden wir weitersehen."

Drei Tage darauf, als ich von meiner Dienstreise nach Berlin gerade wieder zurück war, kam ein Anruf für mich von Robinson. „Robinson" war der Tarnname des Führungsstabes der Luftwaffe. Hauptmann Dr. Diel von der 6. Abteilung Chef NVW teilte mir mit, daß Korff bei ihnen gewesen sei. „Na", fragte ich, „was hat der auf dem Kasten? Redet er nicht ein bißchen zu viel?"

Aber Dr. Diel beschwichtigte mich gleich. Nein, der Korff rede zwar ausführlich und – falls nötig – auch lange, aber es sei alles sehr in Ordnung, was er vorbringe. Bei den Fachleuten in Wildpark Werder habe er ungeteilte Anerkennung gefunden, man werde ihn nach Kräften unterstützen. Korff werde alles erhalten, was er für seine Arbeit benötige. Man habe bereits zwei der besten Würzburg-Riesen für uns ausgesucht, 30 Seeburgtische seien für uns reserviert und vieles andere mehr. Selbst General Martini sei für Korff und seine Vorschläge eingenommen gewesen und das wolle gewiß etwas heißen. Man habe auch die Absicht, uns mit Personal und Material ganz bevorzugt auszustatten, jedoch müsse man sich für diesen Fall vorbehalten, daß Korff dann quasi eine kleine Funkversuchsstelle innerhalb des Erprobungs-Kommandos 16 bilde und über seine Erfahrungen direkt und ausschließlich an Chef NVW Bericht erstatte.

Nun, dies war Musik in meinen Ohren. „Da habe ich also wohl einen richtigen kleinen nachrichtentechnischen Erfinder in meiner Einheit?" fragte ich.

„Damit geben Sie gerade rechtzeitig das Stichwort für einen wichtigen Hinweis", antwortete Dr. Diel. „Natürlich will der Korff erfinden – er kann es wahrscheinlich auch. Wenn es den Würzburg-Riesen nicht schon gäbe, wollte er ihn vermutlich auch noch erfinden. Aber ich bitte Sie mit allem Ernst und Nachdruck – halten Sie ihn um Himmels willen davon ab, völlig Neues aus der Taufe zu heben! Für Neuentwicklungen fehlt uns bei der derzeitigen Kriegslage jede Kapazität, und Korff ist bei Ihnen auch mit anderen Aufgaben bis über die Ohren eingedeckt. Er hätte ja auch nicht einmal die Zeit, sich mit irgendeiner Neuentwicklung abzugeben. Wir bieten ihm von Vorhandenem so viel an, daß er sich die Bestandteile seines Jägerleitverfahrens aus der Fülle des Gebotenen heraussuchen kann. Halten Sie ihn aber auf jeden Fall davon ab, völlig Neues zu erfinden. Um alles in der Welt: Pressen Sie den Daumen auf seinen Erfindertrieb!" Das versprach ich.

Tags darauf meldete sich Korff bei mir von seiner Dienstreise zurück. „Das war ein voller Erfolg", begann er seinen Bericht. „Mein Vorschlag eines dezentralisierten Klein-Gefechtsstandes rannte offene Türen ein. Dabei hatte ich gerade das Gegenteil befürchtet. Doch man ist insgeheim anscheinend erbaut, mit meinem Vorschlag etwas zu haben, was nicht so umständlich und wahnsinnig aufwendig ist wie die Mammut-Gefechtsstände des Generals Kammhuber. . ."

„Was wollen Sie eigentlich mit 30 Seeburgtischen, lieber Korff?" unterbrach ich seine Siegesmeldung. „Ich habe so ein Ding zwar schon mal in einer Nachtjagd-Stellung in Holland gesehen", fuhr ich fort, „doch weiß ich heute nicht einmal mehr, wie es überhaupt funktioniert. Gleich 30 Stück davon zu verlangen – ist das nicht ein bißchen größenwahnsinnig?"

Korff ließ sich nicht beirren: „Ich weiß, daß auf Ihren Vorschlag hin und gemäß Planung des Generalstabs bereits folgende Fliegerhorste mit Spezial-Anlagen für den Betrieb mit Me 163 versehen werden: Deelen – Venlo – Twente – Wittmundhafen – Zwischenahn – Nordholz – Kaltenkirchen – Husum – Parchim – Stargard – Oranienburg – Brandenburg-Briest – Brandis – Rechlin – Lechfeld. Wenn wir für jeden dieser Plätze noch einen Ausweichplatz hinzu rechnen, sind es schon 30 Seeburgtische, die wir brauchen. Und was die Arbeitsweise eines solchen Tisches anbelangt: Der Seeburgtisch ist im wesentlichen eine mattierte Glasplatte von etwa 1,80 m Durchmesser, auf die man Lichtpunkte und Lichtstrahlen projizieren kann, um damit auf einer eingezeichneten Landkarte den Standpunkt von Flugzeugen – feindlichen und eigenen – anzuzeigen. Damit ist es dem Jägerleit-Offizier möglich, eigene Jäger an Feindflugzeuge heranzuführen, sei es nun tags oder in der Nacht."

„Und wie kommen die Lichtpunkte auf die Glasplatte?" forschte ich weiter.

„Das machen vier Nachrichtenhelfer, die an Kurbeln im unteren Teil des Seeburgtisches drehen. Dabei stellen sie Werte auf entsprechenden Skalen ein, die ihnen durch Gebetsmurmler vom Freya- oder Würzburg-Gerät oder der Y-Anlage hereingesprochen werden. ‚Gebetsmurmler' – das wissen Sie wahrscheinlich – nennen wir Nachrichtenleute jene Hilfskräfte, die draußen in den Gerätestellungen die Richtung oder Entfernungsmessung laufend ablesen und durch Fernsprecher zum Seeburgtisch weitergeben. Ihre Dienstverrichtung besteht aus dem dauernden Vorsichhinsprechen von Zahlen. Wenn man das zum ersten Mal sieht, kommt es einem wahrhaftig so vor, als befände man sich in einem buddhistischen Kloster zwischen betenden Mönchen – – – oder Nonnen", fügte Korff mit einem Auflachen hinzu. „Die Nachrichtenhelfer werden nämlich sicherlich auch bei uns weiblichen Geschlechts sein."

188

„Achdugrüneneune – fangen wir also auch noch mit Weiberwirtschaft an!?" fragte ich ziemlich verdutzt.

„Wir werden wohl nicht darum herum kommen", meinte Korff achselzuckend. „Die männlichen Führungskräfte stellt mir wahrscheinlich das Versuchsregiment Köthen zur Verfügung. Aber das langt natürlich bei weitem nicht."

In der folgenden Zeit nahm ich jedesmal Korff mit, wenn ich die für uns im Ausbau befindlichen Fliegerhorste besichtigte. Korff verschwand dann bei der zuständigen Nachrichten-Kompanie und den Gerätestellungen des Horstes. Wenn wir weiterflogen, wußte ich: Korff war mit der Vorbereitung der Freya- und Würzburg-Geräte und Jägerleitstellen meist schon weiter als die örtliche Bauleitung mit dem Ausbau von Wartungshallen, Bremsständen, Spezial-Tankanlagen und ungezählten neuen Wasserleitungen.

Besonders angetan hatte es ihm der Fliegerhorst Zwischenahn. Während ich dem Horst-Kommandanten, Major Kremers, seine keineswegs unbegründeten Bedenken ausräumen mußte, daß der bisher vom Gegner offensichtlich unbeachtete Platz nun bald ein Ziel für Bombenangriffe sein werde, hatte Korff schon alle für ihn wichtigen Einrichtungen inspiziert. „Am Rollfeldrand", berichtete er mir, „liegt eine 60 m lange Baracke völlig ungenutzt, dicht daneben ein herrlicher, ein wunderbarer Betonbunker. Da gehe ich mit dem Jägerleitstand hinein. Genau auf der Anfluggrundlinie, 2 km vom Platzmittelpunkt entfernt, steht ein 25 m hoher Holzturm, auch ungenutzt. Da kommt unsere Y-Anlage hinauf."

Als wir im Spätsommer mit dem gesamten Erprobungs-Kommando 16 von Peenemünde nach Zwischenahn verlegten, bezog Korff im Handumdrehen die von ihm aufs Korn genommenen Baulichkeiten. Eines Tages kam ich wieder einmal von einem meiner Flüge nach Berlin zurück, wo ich wie stets von morgens bis abends Rücksprachen bei ungezählten Sachbearbeitern im Riesengebäude des RLM zu führen gehabt hatte. Voller Stolz teilte ich Korff mit, ich hätte nun nach langem Drängen die Zusage von Oberst Nebel erhalten, daß zwei besonders gute Würzburg-Riesen endgültig für unser Erprobungs-Kommando zugeteilt seien und in Kürze eintreffen müßten.

„Das geht nicht, das muß wieder rückgängig gemacht werden!" rief Korff zu meiner größten Verblüffung. Er hatte gerade an diesem Tage erfahren, daß es – ganz neu und sehr geheim – nun den sogenannten Würzburg-Riesen „GEMA" gab, zu Deutsch: Würzburg-Riesen mit „Kuh" d. h. mit eingebautem Freya, das wiederum mit der Q-Abfrage-Vorrichtung versehen werden konnte.

„Rein in die Kartoffeln – raus aus den Kartoffeln", mäkelte ich. Aber Korff verschwand – mit einer ausreichenden Anzahl von Dienstreise-Ausweisen versehen – wieder eine Zeitlang nach Berlin und anderswohin, und nach ein paar Tagen erschien er strahlend wieder auf der Bildfläche. Man hatte ihm sogar zwei Würzburg-Riesen GEMA zugebilligt. Er mußte allerdings laufend Erfahrungsberichte darüber abgeben. Und nannte sich jetzt „Funkversuchsstelle 216 im Erprobungs-Kommando 16". Ein wunderbarer Titel.

Unser Wartungspersonal war in dieser Zeit dabei, sich in die neue Materie mit der Rakete und ihren Treibstoffen einzuarbeiten. Dabei offenbarten die Männer eine Einsatzfreude, die ich mit freudigem Erstaunen wahrnahm, denn sie kam ganz spontan und übertraf bei weitem meine maximalen Forderungen. Ohne daß es erst befohlen zu werden brauchte, gab jeder das Letzte her in der Erkenntnis, daß wir hier eine Waffe vorbereiteten, die entscheidend sein konnte. Dazu kam in fast jedem von uns der peinigende Drang, irgendetwas zu tun gegen die Bedrohung durch Bombenangriffe, die Tag und Nacht nun schon fast das gesamte Heimatgebiet überzogen. Und so mancher mag wohl auch den Wunsch in seinem Inneren verspürt haben, irgendwie den Piloten nicht nachzustehen, die ihrerseits nicht nur bereit waren, den Luftkampf im verheerenden Abwehrfeuer des Gegners in Kauf zu nehmen, sondern auch das Risiko dieses unerprobten Raketentriebwerks mit dem Teufelszeug von Treibstoff. Ich muß allerdings auch hervorheben, daß das Vorbild des Oberwerkmeisters, der Funktions-Unteroffiziere und Werksspezialisten ganz von selbst alle anderen mitriß.

Wenn eines unserer damals so raren Schulflugzeuge Me 163 A klar zu machen war, gab es keine Pause in den Werkhallen. Es wurde Tag und Nacht durchgearbeitet.

Diesen Arbeitsrhythmus fand ich auch bei Korff und seinen Männern (und Frauen) vor. Ja, ich fand heraus, daß Korff selbst manchmal tagelang überhaupt nicht zum Schlaf kam, eine Strapaze, die ich selbst mir nicht zumuten konnte, denn ich brauchte meine volle körperliche Leistungsfähigkeit, um hin und wieder bei einem Testflug unser „Kraftei" als Pilot in der Luft zu steuern.

Es dauerte nicht lange, da meldete mir Korff eines Tages, er wäre jetzt mit seinem Jägerleitverfahren für Me 163 einsatzbereit, seinetwegen könne es jetzt losgehen. „Es dauert noch ein Vierteljahr", versuchte ich seinen Tatendrang ein bißchen zu bremsen, „bis wir die ersten Einsatz-Maschinen hier her bekommen. So lange müssen Sie noch auf der Stelle treten. Ein Teil unserer Flugzeugführer ist ja deshalb auch noch zur ‚Höhenanpassung' auf die Zugspitze abkommandiert. Aber natürlich machen wir so bald wie möglich eine Generalprobe, damit wir sehen können, ob wir uns auf Ihre Führung verlassen können", schlug ich vor.

Es war Anfang Dezember 1943. Schon vor dem Frühstück erfuhr ich am Telefon von der Flugleitung, es gäbe im ganzen Reichsgebiet so gut wie keine MYO-Meldung, das heißt keine erkannten Feindeinflüge. Weißblau der wolkenlose Winterhimmel. Später kam eine blanke rote Sonne hinter dem Astgewirr der Buchen und Eichen am Seeufer herauf. Ein Tag wie gemacht zum Fliegen. Doch das schönste an diesem Wetter war, daß unser Gegner auf der britischen Insel in tiefem Nebel lag. Dort würde wahrscheinlich den ganzen Tag kein Bomber und kein Jäger in die Luft kommen, das wagte der Meteorologe mit ziemlicher Sicherheit vorauszusagen. Der mußte das wissen, bezog er doch seine Meldungen von der Wetterstaffel, die unter der Führung von Hauptmann von Laudon vom Zwischenahner Platz aus täglich Wettererkundungsflüge bis zu den Orkneyinseln hinauf flog. Wir konnten also den ganzen Tag damit rechnen, daß wir ungestört von Feindeinflügen Schulbetrieb durchführen und Erprobung fliegen konnten.

Oberleutnant Pöhs hatte bereits veranlaßt, daß die Me 163 B V8 zum Start hinausgerollt wurde. Diese „B" hatte versuchsweise ein „kaltes" Triebwerk eingebaut bekommen (eines aus den Schulflugzeugen Me 163 A). Es ermöglichte uns Triebwerkstarts mit einer Zelle der Einsatzmaschine und damit z. B. Funkerprobung und Waffenerprobung im Fluge, noch bevor endlich das „heiße" Triebwerk angeliefert wurde. Aber heute war – wie konnte es anders sein – das Triebwerk unklar. Es war ausgebaut. Pöhs hatte mit

Leutnant Langer verabredet, daß er die V8 im Schlepp hinter einer Me 110 N auf alle gewünschten Höhen und Positionen bringen wollte.

So betrat ich zusammen mit Oblt. Opitz und Hauptmann Thaler Korffs Bunker, in dem er seinen Seeburgtisch aufgebaut und mit dem nötigen Zubehör zu einem vorschriftsmäßigen Jägerleitstand ausgebaut hatte. Um den Seeburgtisch herum saßen einige Nachrichtenhelferinnen und waren damit beschäftigt, an Kurbeln zu drehen und auf diese Weise blaue, rote, grüne und weiße Lichtpunkte auf die Glasplatte des Tisches zu projizieren. Sie trugen Kopfhörer, in denen Zahlenangaben erklangen, die von den Freya- und Würzburg-Geräten draußen vor dem Horst oder weit weg davon durch die „Gebetsmurmlerinnen" über Mikrophone in die Leitungen gesprochen wurden. Andere Helferinnen waren dabei, mit Fettstift Zeichen auf die Oberseite der Glasplatte zu malen, die sie von Zeit zu Zeit mit einem Tuch wieder löschten, um andere dafür neu aufzutragen. Ein reichliches Gewirr von Kabeln, Leitungen und allem möglichen elektrischen Gerät bewies, daß wir es hier mit nachrichtentechnischen Finessen zu tun hatten, in die man nicht zu tief eindringen durfte, wenn man nicht gleich rettungslos den Überblick verlieren wollte. . .

Korff und zwei Unteroffiziere erledigten offensichtlich die „Generalstabs-Arbeit", indem sie die Lichtpunkte nach ihrer Wichtigkeit einordneten, Lichtstrahlen über die Platte pendeln ließen und Anweisungen gaben, welcher Lichtpunkt in seiner Bahn über die Platte mit Fettstift nachgezeichnet werden mußte und welcher nicht. Außerdem hatten sie Kursdreiecke, Winkelmesser und den berühmten Kursrechner „Knemeyer" zur Hand, darüber hinaus Rechenschieber und Meßeinrichtungen, die sie anscheinend selbst hergestellt hatten.

Korff hatte mir beim Betreten des Bunkers die Personalstärke gemeldet, mit der er da an der Arbeit war: Es waren rund 80 Menschen notwendig, um alle Geräte und Vorrichtungen zu bedienen. Mehr als die Hälfte davon bildeten die Nachrichtenhelferinnen, 46 an der Zahl.

„Für die Erfassung von Feindzielen", begann Korff seine Erklärungen, „dienen Freya- und Würzburg-Geräte. Die Feindziele werden mit roten Lichtpunkten auf dem Seeburgtisch dargestellt, eigene Flugzeuge grün oder weiß. Für das Heranführen an einen Gegner habe ich drei verschiedene Verfahren ausgearbeitet. Sie beruhen auf dem Prinzip, daß ich einen Peilstrahl – später sogar einen Leitstrahl – von hier, also dem Startplatz, auf einen Punkt ausrichte, an dem unsere Me 163 das Feindflugzeug treffen wird, das unseren Verteidigungsabschnitt durchfliegt."

„So Gott will", brummte Pitz dazwischen. „Woher wollen Sie denn wissen, wo dieser Punkt liegt?" verlangte er zu erfahren.

„Dazu haben wir uns Rechenunterlagen geschaffen und Rechner besorgt – zum Teil auch selbst hergestellt –, mit denen wir diesen Punkt in wenigen Sekunden bestimmt haben", klärte Korff den Frager bereitwillig auf. Und er fuhr fort: „Hier auf dem Seeburgtisch sehen Sie einen Lichtstrahl in nördlicher Richtung auf die Nordsee hinaus verlaufen. Er zeigt die Richtung an, in der unser Y-Peilstrahl im Augenblick ausgerichtet ist. Wir wollen den Schleppzug mit der Me 163 nämlich an einen Gegner heranführen, der etwa in Höhe der Küste mit Ostkurs fliegen soll. Da wir keinen richtigen Gegner für diese Demonstration gebrauchen können, heute auch wohl gar keiner von den

Sportskollegen von der englischen Insel herüberkommen wird, werden wir einen künstlich erzeugten Gegner auf dem Seeburgtisch erscheinen lassen. Doch unser eigenes Flugzeug wird natürlich reell geführt. "

Korff wies auf den Tisch: „Sehen Sie hier diesen grünen Punkt, der jetzt ostwärts des Zwischenahner Sees nach Norden rückt. — das ist die V8, in der Oberleutnant Pöhs, von Leutnant Langer geschleppt, fliegt. Die beiden haben jetzt Nordkurs, weil verabredet ist, daß wir sie an die Nordseeküste führen wollen. Sie wissen, daß der Peilstrahl der Y-Anlage vom Fliegerhorst in nördliche Richtung weisen wird. Sobald sie im Osten dieses Strahles sind, brauchen sie nur noch mit einem westlichen, besser nordwestlichen Kurs darauf einzukurven, bis sie ihn erreicht haben, um dann dem Peilstrahl zu folgen. So, und jetzt wollen wir noch einen Gegner simulieren und den Treffpunkt errechnen. . ."

„Lassen Sie das mal!" unterbrach ich ihn. „Wir glauben gern, daß Sie so etwas erfinden können. Machen wir es uns einfach und nehmen wir an, Sie hätten den Treffpunkt direkt über dem Fliegerhorst Wittmundhafen errechnet. Und jetzt bringen Sie mal unseren Schleppzug mittels Ihres Peilstrahls dahin!"

„Und ich", schaltete sich Pitz noch in das Gespräch, „rufe dann die Flugleitung in Wittmundhafen an, um mir bestätigen zu lassen, daß die beiden Maschinen dort auch zu sehen sind." Und zu mir gewandt fuhr er fort: „Den Strippenziehern hier traue ich nämlich noch nicht über den Weg. Ich kann mir einfach nicht vorstellen, daß man im Flugzeug merken soll, man ist auf dem Peilstrahl angekommen. Und wie folgt man dann dem Peilstrahl? Der Pöhs und der Langer können ihn im Flugzeug doch nicht sehen – so wie wir das hier auf dem Seeburgtisch können."

„Wir arbeiten da mit einem Pfeifton", klärte Korff ihn auf, „den der Pilot im Kopfhörer seines Funkgeräts hört, sobald er in die Nähe des Peilstrahls gelangt. Ist er rechts davon, hört er nur Punkte, links nur Striche. In der Mitte, genau auf dem Peilstrahl, verbinden sich Punkte und Striche zu einem Dauerton. Das ist eine alte ‚Kamelle' aus der Blindfliegerei. Man nennt es Seitenkennung. Wir brauchen im Grunde kaum eine Anweisung an den Piloten zu geben. Deshalb wohl habe ich auch so Anklang bei Chef NVW mit meinem Vorschlag gefunden. Das ist sozusagen stumme Jägerführung."

„Dieses Verfahren kann dann wohl auch nicht so leicht gestört werden", wollte Opitz wissen.

„Natürlich könnte es gestört werden", entgegnete Korff, „doch wir sind ja nahezu stumm, es gibt kaum einen Sprechverkehr auf unserer Frequenz. Deshalb dürfte es lange dauern, bis der Gegner uns zu stören versuchen wird. Und wenn er es tut, dann wechseln wir die Frequenz oder wir benutzen unser FuG 125 A-Kenngerät zum Führen. Damit wird ein ganz gleichartiges Verfahren möglich sein. Später baue ich übrigens noch ein kleines Anzeigegerät in den Flugzeugführersitz, ein sogenanntes AFN 2. Wenn der Zeiger darin nach rechts ausschlägt, ist das Flugzeug rechts vom Peilstrahl und umgekehrt."

„Klingt ja alles ganz schön", bemerkte Thaler, der Realitätssinn hatte, „aber nun bin ich gespannt, ob Joschi und Herbert in ihren Maschinen den verdammten Peilstrahl überhaupt finden werden."

Aufmerksam verfolgten wir alle die Bewegungen, die der grüne Punkt auf der

Glasplatte des Seeburgtisches machte. Die Strecke, die er nach und nach darauf zurückgelegt hatte, war mit Fettstift nachgezeichnet worden. Sie führte vom Zwischenahner See in großem Bogen über Osten nach Norden. Dann bog der Kurs auf Nordwest ab und näherte sich jetzt dem Peilstrahl, der mit Richtung auf Wittmundhafen und einem rechtsweisenden Kurs von 342 Grad ausgerichtet war. Gerade kreuzte der Punkt den Lichtstrahl. Korff hatte über das Funkgerät Sprechverbindung mit den Flugzeugführern aufgenommen. „Habt ihr den Dauerton?" fragte er. „Nein, sie hören bereits wieder Striche – sind schon nach links über den Peilstrahl hinaus", erklärte er zu uns gewendet.

Dann wandte er sich wieder über Kehlkopfmikrophon an die Flugzeuge: „Nach rechts verbessern! Kurs 34." Und Entschuldigung heischend zu uns: „Im Anfang muß ich schon noch kleine Hilfen geben. Später geht es ganz stumm."

Der grüne Punkt kam tatsächlich zum Lichtstrahl zurück, geriet noch ein Stückchen wieder rechts darüber hinaus – „sie hören Punkte", berichtete Korff, der noch immer über seinen Kopfhörer in Verbindung mit Pöhs und Langer stand – und dann folgte er ohne große Abweichungen dem Lichtstrahl, was bedeutete, daß die Flugzeuge draußen dem Leitstrahl folgten. Nach etwa 10 Minuten näherte er sich Wittmundhafen. Und Oberleutnant Opitz erhielt prompt von der dortigen Flugleitung am Telefon bestätigt, der Schleppzug sei über dem Platz zu sehen.

Korff hatte sein Jägerleitsystem bald so verfeinert, daß es ihm ein halbes Jahr danach gelang, mich beim ersten Einsatzflug mit einer Me 163 B in brillanter Genauigkeit unter vier amerikanische Jäger zu führen, die einen Bomberverband begleiteten. Darüber werde ich an anderer Stelle noch ausführlich berichten.

Jetzt aber muß ich noch einmal zurückblenden bis zu der Zeit, in der Gustav Korff in Peenemünde zu uns gestoßen war. Es dauerte damals nur ein paar Wochen, da brachte Korff in unseren wiederholten Gesprächen, die wir über das Jägerleitsystem führten, am Ende immer ein paar Hinweise darauf, daß er der Meinung sei, wir könnten mit unserer Bewaffnung in der Me 163 nicht zurechtkommen. Nachdem er den ersten scharfen Start einer Einsatzmaschine gesehen habe, sei ihm klar geworden, daß die Zeit zum Abgeben einer gezielten Salve nur wenige Sekunden, vielleicht sogar nur eine einzige Sekunde betragen könne. Er wäre wohl kein Jagdflieger, doch es interessiere ihn ungemein, ob man in so kurzer Frist überhaupt einen sicheren, gezielten Schuß abgeben könne.

Ich muß wohl einen ziemlich verblüfften Eindruck gemacht haben, als Korff mir das zum ersten Male vortrug. Verblüfft war ich weniger über den Umstand, daß sich hier ein Nachrichten-Offizier Gedanken über Dinge machte, die weitab von seinem Fachgebiet lagen, sondern darüber, daß ich mir insgeheim seit langer Zeit selber Sorgen über eben dieses Schießproblem gemacht hatte, sie aber der Einfachheit halber immer vor mir hergeschoben hatte.

So fiel meine Antwort entsprechend aus: „Wir haben hier ein Flugzeug zu erproben, das fertig ist in seiner Konzeption. Wir haben die Aufgabe, festzustellen, ob es für die Truppe brauchbar ist. Es ist einfach nicht ‚drin', daß wir noch etwas Neues dazu erfinden. Vergessen Sie diesen ganzen Kram mit dem Schießen! Konzentrieren Sie sich auf Ihre Aufgabe als Nachrichtenoffizier, nämlich das Jägerleitverfahren! Daneben gibt es einfach nichts mehr, was Sie interessieren darf. Haben Sie mich verstanden?!"

„Jawoll", antwortete Korff und preßte den Mund zusammen. An seinen funkelnden Augen konnte ich allerdings erkennen, daß ich ihm nicht verbieten konnte, diese Gedankengänge noch weiter in seinem lebhaften Kopf zu bewegen . . .

Eines Tages brachte dann Joschi Pöhs die Rede auf dieses „heiße Eisen". Joschi durfte das, denn er war als Jagdflieger geradezu ein Kunstschütze und hatte zwar weniger Abschüsse als ich selber (denn er hatte längere Zeit im Lazarett gelegen), aber viele seiner Luftsiege zeugten nicht nur von seiner Kunst zu fliegen, sondern auch davon, daß er beim Kampf in der Luft sehr viel technisches Geschick bewies und die Fähigkeit, sich vorher Gedanken über Methodik von Angriff und Verteidigung zu machen. Unverblümt sprach er jetzt aus, was mir auch schon lange Kopfzerbrechen machte: „Wenn wir mit 800 oder 900 km/h am Fahrtmesser einen Gegner von hinten angreifen, der selber nur 350 bis 450 km/h ‚drauf hat', dann nähere ich mich dem Gegner mit 125 bis 150 Meter pro Sekunde. In allen unseren Schießanweisungen steht, daß man das Feuer erst eröffnen soll, wenn man mindestens auf 500 Meter an das Ziel heran ist. Beginne ich bei einer solchen Differenzgeschwindigkeit ab 500 Meter Abstand zu schießen, dann muß ich aber spätestens nach drei Sekunden schon wieder aufhören. Ich muß nun nämlich schleunigst eine Steuerbewegung machen, damit ich den Gegner nicht von hinten ramme, sondern irgendwie an ihm vorbeikomme. Wieviele von unseren 30 neuen Flugzeugführern sind deiner Meinung nach in der Lage, in drei Sekunden einen Aufklärer abzuschießen – geschweige denn einen 4-motorigen Bomber?"

„Nur wenige werden das können, lieber Joschi", antwortete ich, „vielleicht würde es auch uns beiden nicht in jedem Falle glücken. Aber wir müssen eben entweder rechtzeitig die Geschwindigkeit reduzieren oder andere Angriffstaktiken anwenden."

„Gewiß", pflichtete Pöhs mir bei, „Angriff steil von unten oder oben. Aber auch hierbei muß wieder in Sekunden, ja Sekundenbruchteilen der vernichtende Treffer angebracht werden. Das können noch weniger von unseren Piloten als einen Angriff von hinten."

„Weißt du was Besseres?!" fragte ich lauernd, denn ich ahnte schon, was jetzt kam.

„Der Korff hätte da eine Idee – ich meine, wir sollten ihn uns einmal anhören", meinte Joschi treuherzig.

„Der soll sich um seinen Nachrichten-Laden kümmern", brauste ich auf, „und sich um Himmels willen mit seinen vielen Ideen, von denen er scheinbar nur so sprüht, nicht verzetteln! Erst kommt das Jägerleitverfahren in seinem Aufgaben-Katalog, dann lange Zeit garnichts, und erst lange danach – unter Umständen – etwas anderes. Wo steckt der Korff denn im Augenblick?" fuhr ich fort. „Wahrscheinlich schon draußen vor der Tür!?" Und so war es auch.

Also, Korff durfte herein, und als er merkte, daß wir bei „seinem" Thema waren, begann er gleich ganz forsch ein paar Fragen zu stellen. „Angenommen", so hub er an, „eine Me 163 kommt im Horizontalflug mit 900 km/h hinter einem Verband von Boeing Fortress hergeflogen. Die Boeings fliegen mit 350 km/h, also nähert sich unsere 163 von hinten den Feind-Bombern mit einer Relativ-Geschwindigkeit von 550 km/h. Nun meine Frage: In welcher Entfernung wird der M.G.-Schütze im Heckstand der Boeing die herannahende Me 163 ausmachen?"

194

„Wenn er aufpaßt", antwortete ich, „und vielleicht durch Begleitjäger im Funk schon vorgewarnt wurde, wird er die reichlich acht Meter Spannweite der Me 163 womöglich schon auf zwei Kilometer als kleinen Strich erkennen. Sie eindeutig als Gegner ansprechen und zur Abwehr an seinem M.G. in Anschlag gehen wird er bestimmt nicht, bevor ein Abstand von 500 Metern erreicht ist."

„Schön", fuhr Korff fort, „ich habe mir an einer abgeschossenen Boeing mal diesen Heckstand angesehen – es ist ein recht zugiger Ort. Die Heckschützen sitzen deshalb da drin auch in dicken Schaffell-Pelzanzügen, weil sei sich auf ihrem stundenlangen Flug in Höhen aufhalten, in denen auch im Sommer Minus-Temperaturen herrschen. Zwischen dem Erkennen unserer Me 163 und dem In-Anschlag-Gehen, Anvisieren und Den-klammen-Finger-an-den-Abzug-legen vergehen zwei bis drei Sekunden. Unsere 163 ist indessen heran und vorbei. Sie ist also bei einer solchen Annäherungsgeschwindigkeit verhältnismäßig sicher vor Treffern."

„Na und...", tat ich gelangweilt.

„Der Bomber", entgegnete Korff, „ist vermutlich genauso sicher vor Treffern gewesen. Unserem Piloten in der 163 ist es nämlich ähnlich gegangen wie dem Heckschützen in der Boeing. Er hat – und das hat mir Oblt. Pöhs bestätigt – in der Annäherungs-Phase kaum Zeit gefunden, einige wenige Schüsse herauszujagen. Wenn ich mir vorstelle, daß die ballistische Kurve der M.K. 108 schon nach 500 Metern um etliche Meter absinkt, befürchte ich, daß er wenige Meter über oder unter dem von ihm attackierten Bomber vorbeigeflitzt ist, ohne ihm viel Schaden zugefügt zu haben. Und nun frage ich mich: Wozu unser ganzer Aufwand hier, wenn wahrscheinlich gar nichts dabei herauskommt?!"

„Das ist starker Tobak, lieber Korff", erwiderte ich. „Doch es ist etwas Wahres daran. Nehmen wir einmal an, Sie hätten mit allen ihren Behauptungen recht – was würden sie dann tun, um besseren Erfolg zu haben?"

„Ich würde ‚schräge Musik' mit optischer Schußauslösung einbauen", antwortete Korff.

Für die Leser, die nicht wissen, was „schräge Musik" bedeutete, muß ich erwähnen, daß die Nachtjäger teilweise eine schräg nach oben gerichtete Bewaffnung in ihre 2motorigen Nachtjagdmaschinen einbauten, damit unter Fahrtangleichung den Gegner unterflogen und so in sehr aussichtsreiche Schußposition gelangten. Diese Art von Bewaffnung nannten sie „schräge Musik".

„Mit ‚schräger Musik' müssen Sie die Fahrt angleichen und kriegen den Laden voll, bevor Sie noch unter ihrem Bomber in Schußposition angelangt sind", bemängelte ich den Vorschlag Korffs. „Der Nachtjäger wird in stockdunkler Nacht von oben nicht erkannt. Aber wir bei Tage..."

„Oh nein", begehrte Korff auf, „meine ‚schräge Musik' soll im Vorbeiflug bei 800 bis 900 km/h funktionieren. Und bei mir wäre sogar ein Vorbeiflug von vorne denkbar. Ich werde auch nur wenige Schuß abgeben. Aber wenn ich das tue, dann vielleicht gleich aus einem Granatwerfer... Wenn die Me 163 in einem Abstand von 20 bis 50 Metern unter dem Ziel hindurchfliegt, kann man nach meiner Berechnung den Schuß so präzise auslösen, daß er auf jeden Fall treffen muß. So was kann man ganz leicht mit moduliertem Infrarot-Licht machen. Das heißt, ich lasse einen Abtaststrahl nach oben gehen, der auf das Flugzeug darüber anspricht. Er erhält eine bestimmte Impulsfrequenz, und die Empfangsverstärker lassen nur diese einzige Frequenz durch. Nur wenn diese Impulse am Schaltrelais der Waffe ankommen, wird der Schuß ausgelöst. Das ist doch ganz einfach. . ."

Korff redete wie ein Buch und dozierte noch eine ganze Weile in dieser Art weiter. Es schien alles klar und kinderleicht. Aber ich wußte, welch weiter Weg zwischen den ersten Theorien eines Physikers und dem erfolgreichen Funktionieren einer von ihm erdachten Geräteanordnung zu liegen pflegt. Korff jedoch durfte keine Stunde seiner Arbeitszeit an etwas anderes verlieren! Dennoch war hier ein Weg für die Entwicklung einer Waffe aufgezeigt, den man auf jeden Fall zu beschreiten versuchen mußte.

„Ich habe mit Thaler und Langer stundenlang über diese Frage mit Korff diskutiert", schaltete sich Joschi Pöhs jetzt wieder ein, „wir haben sogar ernsthaft überlegt, ob man das Leitwerk oder Querruder eines Gegners rammen könnte – doch der Vorschlag von Korff blieb von allen Lösungen, die wir fanden, die beste. Natürlich muß die Geschichte funktionieren!"

„Es bleibt dabei", entschied ich schließlich, „was ich gesagt habe: Sie, lieber Korff, entwickeln Ihre Jägerführung so weit, daß wir unsere Flugzeuge überhaupt an den Gegner heranbringen können. Für die schnelle Verwirklichung ihrer einleuchtenden Idee einer Senkrecht-Bewaffnung – wie ich sie einmal nennen möchte – suchen wir uns eine geeignete Stelle.

Pöhs, der in Berlin dem Probelauf eines Argus-Schmidt-Rohres beiwohnen sollte, nahm an einem der folgenden Tage Korff im Flugzeug mit dorthin. Ich hatte mit den Dienststellen des Generals der Jagdflieger und von Chef NVW telefonisch vereinbart, daß man die beiden bei dieser Gelegenheit zu den für eine neue Bewaffnungsart zuständigen Stellen beim Generalluftzeugmeister weiter lancieren möge. Korff hatte zuvor in nächtlicher Arbeit schöne Zeichnungen und eine schriftliche Beschreibung seiner Gedankengänge und Berechnungen gemacht, damit sie auf dem Dienstwege der Forschungsführung der Luftwaffe eingereicht werden konnten. Als sie zurückkamen, berichteten sie mir.

Den Lauf des Argusrohres hatten sie aus nächster Nähe miterlebt. Praktischer „Erfolg": Joschi waren durch die Schallschwingungen zwei Plomben aus den Zähnen gefallen, und Korffs Armbanduhr war stehengeblieben. Danach waren sie dann bei Hauptmann Dr. Diel gewesen, der Korff und Pöhs mit viel Verständnis anhörte, obwohl er natürlich überhaupt nicht „zuständig" war. Doch mit ein paar Telefongesprächen fand er heraus, daß Hauptingenieur Angel bei Chef NVW Bearbeiter für die sogenannten Spanner-Geräte der Nachtjagd war. Korff hielt wieder seinen Vortrag mit dem Erfolg, daß Angel unumwunden erklärte, das sei etwas Zukunftsträchtiges. Aber auch er sei nicht zuständig. Angel allerdings ruhte nicht, lief in alle möglichen Nachbarzimmer, telefonierte mit etlichen weiter entfernten Stellen, bis er heraus hatte, daß der für solche Entwicklungen verantwortliche Bearbeiter bei GL saß, im Hauptgebäude des Reichsluftfahrt-Ministeriums. Herr Plumeyer verstand die ganze Materie von Grund auf, und als Korff seinen Vortrag beendet und ein paar Fragen beantwortet hatte, meinte er allen Ernstes, dies sei das Ei des Columbus (worüber Korff bei seiner Berichterstattung ganz verlegen wurde).

Es stellte sich heraus, daß ein Infrarot-Abtastgerät, wie Korff es vorschlug, bereits bei der AEG in einem Labor in der Nähe Berlins entwickelt worden war – wenngleich zu einem ganz anderen Zweck für die V2. Die Firma AEG erhielt noch am gleichen Tag den Auftrag, das Abtastgerät zu einem Infrarot-Zielgerät mit Auslösevorrichtung für eine Waffe umzukonstruieren. An die Technische Hochschule Braunschweig erging darüber hinaus ein Teilauftrag, für die technisch-wissenschaftliche Untermauerung der Gedankengänge zu sorgen.

Einige Wochen darauf erhielten wir in Zwischenahn den Besuch von zwei Ingenieuren der AEG. Sie waren Bearbeiter des Auftrages „Bordwaffensystem Zossen" – diesen Namen hatte das Projekt inzwischen erhalten. Sie zeigten Bilder und Zeichnungen von bereits existierenden Versuchsgeräten und einigten sich mit Korff, daß als Abtast-Frequenz 1720 Hz verwendet werden solle. Die Einrichtung, mit der diese Frequenz erzeugt wurde, bestand aus einem winzigen Motor, der eine ebenso winzige Scheibe mit Sektorenausschnitten bewegte. Eine „Blechblende" nannten sie das. Der Lichtstrahl wurde durch sie in bestimmter Häufigkeit unterbrochen und erhielt damit seine einmalige Charakteristik. Wenn er auf einen Zielkörper – das darüber fliegende Feindflugzeug – traf, löste er den Schuß aus. Alles andere war eine Angelegenheit der Errechnung von Vorhalt, Schußwinkel usw. Erprobung sollte mit FW 190 in Werneuchen geflogen werden. Serienfertigung hatte eine Firma zu übernehmen, die auch die 5 cm-Raketen herstellte, die dabei zur Verwendung kommen sollten.

Ich war dann – siehe Kapitel „Kommandeur der IV. J.G. 54" – von Mai bis November 1944 mit der Führung einer selbständigen Jagdgruppe des J.G. 54 beauftragt, bevor ich Anfang Dezember 1944 Aufbau und Führung des Jagdgeschwaders 400 in Brandis übernahm. Eine meiner ersten Handlungen als Kommodore war, daß ich mich von Korff bei einem scharfen Start mit der Me 163 mittels seines Jägerleitverfahrens führen ließ. Auch für dieses Verfahren gab es Tarnnamen. Man unterschied zwischen „Kandare I" und „Kandare II". Korff führte mich wechselnd mit beiden Verfahren bis auf eine Entfernung von fast 150 Kilometern und wieder zurück. Nach der Landung suchte ich ihn in seinem Jägerleitstand auf. Wir fachsimpelten über den Flug, und ich fragte nach den Erfolgen oder Mißerfolgen, die er bei funkgeführten Flügen gehabt habe.

„Ich erhalte teilweise uneingeschränktes Lob von den einen, etliche andere behaupten, das alles sei großer Mist", erwiderte Korff. „Die mich loben, das sind Flugzeugführer, die einen Blindfluglehrgang hinter sich haben und nach Instrumenten fliegen können, wie z. B. Opitz, Schubert, Falderbaum, Zimmer und noch andere. Der Rest kommt nicht damit zurecht und behauptet: alles Scheiße." Korff zuckte mit den Achseln: „Sie, Herr Major, sind zurechtgekommen. Sie beherrschen eben auch den Instrumentenflug. Aber was nutzen uns die schönsten Leitverfahren, wenn unser T-Stoff zu Ende geht, die Russen vor Berlin stehen und wir bei aller Anstrengung den Krieg nicht mehr werden gewinnen können. Alles zu spät!"

„Aber Ihre Senkrecht-Bewaffnung", versuchte ich auf ein anderes Thema abzulenken, „das Waffensystem Zossen, wie es ja wohl heißt, das dürfte doch jetzt wirklich ein durchschlagender Erfolg werden! Kürzlich flog der Leutnant Kelb unter einem aufgespannten Zielband mit einer damit ausgerüsteten Versuchsmaschine hindurch, und die Schüsse haben gesessen. Jetzt können wir diese Bewaffnung auch im Einsatz gegen Bomber anwenden. Zu diesem Erfolg beglückwünsche ich Sie!"

„Danke, Herr Major!" Korff preßte die Lippen zusammen. Man sah, das Reden fiel ihm nicht leicht. Schließlich polterte er heraus: „Auch das hätten wir schon vor einem halben Jahr haben können. Wenn Sie da geblieben wären und sich um die Sache hätten kümmern können, wie Sie das vorher getan haben. Dann hätten wir die Senkrecht-Bewaffnung schon im Herbst in alle Maschinen eingebaut. So fliegt erst eine damit."

Und ich erfuhr von Korff: Die Entwicklungsarbeiten waren im Frühjahr und Sommer 1944 wirklich in großzügigem Umfang angelaufen. Aber vielleicht war alles – besonders in Anbetracht des fortgeschrittenen Kriegszustandes – ein bißchen zu großzügig, weitläufig und umständlich organisiert. Alles dauerte viel länger als nötig, zumal durch Bombenangriffe die eine oder andere beteiligte Stelle monatelang ausgefallen war.

In Werneuchen hatte man mit FW 190 erfolgreiche praktische Versuche im Fluge durchgeführt, indem man ein an Fesselballonen aufgehängtes Leinwandband als Zielscheibe unterflog. Aus vier kurzen Stummelrohren, die senkrecht nach oben aus den Tragflächen der FW 190 rechts und links vom Führersitz herausragten, wurden 5-cm-Raketen verschossen, die an der Me 262 auch unter der Bezeichnung R4M erfolgreich nach vorn in Flugrichtung abgefeuert wurden. Die Schußauslösung erfolgte mit der von Korff erfundenen und bei AEG zur Reife entwickelten Anlage „Zossen". Als Flugzeugführer fungierte anfangs Leutnant Hachtel, ein Stuka-Pilot mit 500 Feindflügen, der dann auch auf die Me 163 umgeschult wurde, als das Erprobungs-Kommando 16 unter Hauptmann Thaler die Truppen-Erprobung dieser Senkrecht-Bewaffnung in Brandis begann. Eines Tages ging dabei dem Leutnant Hachtel der ganze Raketensatz in die Luft, bevor er richtig aus dem Rohr heraus war. Nur mit viel Glück und leicht verletzt konnte Hachtel das Flugzeug landen.

Die Hersteller-Firma der Raketen, die Firma HASAG (die in Leipzig auch die Fertigung der „Panzerfaust" für das Heer betrieb) hatte im Herbst bereits 32 fertige Einbausätze nach Brandis geliefert. Sie lagen in einer Halle herum und wurden nicht eingebaut. Die Zeit verging, und irgendwo wurde noch erprobt. Da wurde es den HASAG-Leuten zu dumm, sie drangen bis zu dem damaligen Führer des ersten Gruppenverbandes des späteren JG 400, Hauptmann Opitz, vor. Und der sorgte dafür, daß der Einbau auch in ein Einsatzflugzeug in kurzer Zeit vor sich ging.

„Sind sie nun, nachdem die Sache gut funktioniert, auch entsprechend gefeiert worden?" fragte ich Korff, als er seinen Bericht beendet hatte. „Eigentlich", so fuhr ich fort, „hätten sie mindestens zum Hauptmann befördert werden müssen für ihre Verdienste um die Sache."

Korff schaute mich mißtrauisch an. Zum ersten Mal schien so ein Gedankengang ihm gegenüber von einem Vorgesetzten geäußert zu werden. „Versunken und vergessen – das ist des Sängers Fluch, so könnte man auch hierzu sagen", bemerkte er. „Natürlich ist sogar eine kleine Feier veranstaltet worden. Doch man hat dabei nur die hochleben lassen, die die letzten Schrauben angezogen haben. Von Korff war keine Rede. Dennoch", und ein listiges Lächeln überzog sein Gesicht, „meine Erfinderrechte habe ich schwarz auf weiß."

Dabei zog er aus seiner Brieftasche ein Schreiben der Forschungsführung des RDL und OBdL, Geschäftsstelle Sonderswalde, wonach seine Erfindung unter dem Aktenzeichen 68b 22 Nr. 11019/44 Geheim (FVD) geführt werde. Ein zweites Schreiben RLM Chef der Luftfahrt, Wirtschaftsamt F II 3 (Pat) in Dessau bestätigte ihm sogar Patentrechte.

Korff wurde mit Wirkung vom 1. 4. 1945 zum Hauptmann befördert. Die Personalabteilung der zuständigen Jagddivision hatte das auf meinen Antrag trotz aller Nöte und Sorgen, die diese Zeit des Untergangs für uns alle in sich trug, noch fertig bekommen. Korff selbst erfuhr davon erst lange nach Kriegsende. Inzwischen hat sein unruhiges Herz längst zu schlagen aufgehört.

Das Jagdgeschwader 400 nimmt seinen Anfang

Zurück zum Herbst 1943! Der Fliegerhorst Zwischenahn war ein quirlender Schulbetrieb für Raketenflieger und Raketenwartungspersonal geworden. In den Werkstätten wurde bis in die Nacht hart gearbeitet. Kleinere und größere Gruppen saßen in Unterrichtsräumen, wo Ingenieure und Werksspezialisten Einweisung gaben in den Aufbau von Rumpf und Tragwerk, Vorträge hielten über Fahrwerks-Abwurf und Kufenhydraulik oder über das Triebwerk, seine Kraftstoffe und deren Behandlung dozierten. Draußen auf dem Rollfeld wurden Segelflugzeuge in die Luft geschleppt, darunter auch ein erster sogenannter „Stummel-Habicht", ein für Kunstflug konstruiertes Segelflugzeug, dessen Tragflächen so verkleinert worden waren, daß seine Flugcharakteristik ziemlich genau jener der Me 163 entsprach. Hinter Me 110 hingen an Schleppseilen Me 163 A und Me 163 B in der Luft, deren Betriebsstoff-Tanks anfänglich leer, später mit Wasserballast angefüllt waren, um den Flugbetrieb mit kleineren oder größeren Treibstoffmengen zu simulieren. Erst nach Flügen mit Wasserballast wurde dem Piloten dann auch zum ersten „scharfen" Start T-Stoff und Z-Stoff aufgetankt, und es folgten Flüge mit Raketenantrieb auf Me 163 A.

Zur ersten Umschulung auf Segelflugzeuge schickte ich Flugzeugführer erst einmal auf die Segelflugschule Gelnhausen, wenn sie nicht bereits von früher her schon ausreichend Kenntnis im motorlosen Flug besaßen. Zwei der Fluglehrer dieser Schule, Adolf Niemeyer und Franz Medikus, bewarben sich daraufhin spontan um Versetzung zu uns Raketenfliegern. Auch sie wurden umgeschult.

Unser Dienstbetrieb war allenthalben neuartig. Wir konnten nicht auf den Erfahrungen anderer aufbauen, vieles mußte improvisiert werden, war bislang noch ohne Vorbild. Keine Vorschrift regelte unser Tun, es sei denn, wir stellten selbst welche auf. Aber jeder hatte den Ehrgeiz, möglichst doppelt so viel und doppelt so schnell zu arbeiten, wie man im besten Falle von ihm erwarten konnte. Bei all den vielen Aufgaben auf technischem und organisatorischem Neuland war Oberleutnant Joschi Pöhs meine unersetzliche Hilfe. Seine Erfahrung als Jagdflieger, aber mehr noch seine einzigartige technische Begabung half uns durch ungezählte Widerwärtigkeiten hindurch, die sich natürlich immer wieder vor uns auftürmten.

Es war einer der ersten Oktober-Tage, als ich aus Augsburg mit einer Me 108 in Baumwipfelhöhe nach Zwischenahn zurück-„geschlichen" kam. Aufatmend begrüßte ich den Wasserspiegel des Zwischenahner Meeres, wippte mit der kleinen Handpumpe, so rasch es ging, das Fahrwerk heraus, und als ich die Rasenzone neben dem Landekreuz frei von Hindernissen sah, setzte ich im Handumdrehen landend auf der Grünfläche zwischen den Startbahnen auf. Meine Sorge, von feindlichen Begleitjägern erwischt zu werden, war diesmal unnötig gewesen, wie ich auf der Flugleitung erfuhr: „Myo" war längst beendet. „Myo", das war Warnung vor Feindflugzeugen, die das Reichsgebiet überflogen.

Die Luftlage – wie überhaupt die Gesamtlage – hatte sich in der vorangegangenen Zeit ganz ungemein verschlechtert. Es gab Tage, an denen von morgens bis abends von den Flugleitungen „Myo" verkündet wurde, weil irgendwo ein größerer oder kleinerer Feindverband über dem Reichsgebiet operierte. Unseren Schulbetrieb hätte das oftmals völlig lähmen können. Pöhs hatte mit Unterstützung von Korff deswegen Vereinbarungen mit den zuständigen Stäben getroffen, daß bei uns weiter geschult wurde, solange kein Gegner näher als 150 km vom Platz gemeldet wurde. Wie sich nach dem Kriege herausgestellt hat, war unser Platz als Standort von Raketenjägern trotzdem bis zuletzt nicht erkannt. Auch aus der Bevölkerung, die ja die „Motten" (so nannten die Zwischenahner die schwanzlosen Me 163 Dreiecke) nach Schlepp- oder Triebwerks-Starts lautlos am Himmel herumsegeln sahen, war nichts in feindliche nachrichtendienstliche Kanäle gesickert. Auch das verdient mit Genugtuung vermerkt zu werden: auf die Ammerländer war Verlaß, die hielten dicht.

Die Zwischenahner schwiegen auch, wenn im Radio Meldungen über Angriffe mit verheerenden Bombenschäden in deutschen Städten kamen und fragten höchstens gelegentlich: „Wann kommt ihr denn nun mit eurem „Kraftei" und fegt den Himmel wieder sauber?" Obwohl ein Angriff auf Schweinfurt die Amerikaner 60 4-motorige Bomber gekostet hatte, wiederholten sie ihn noch einmal. Marienburg in Ostpreußen, Anklam in Mecklenburg wurden bei Tage angegriffen und schwer getroffen. Bis Münster, Kassel, Frankfurt und Mannheim wurden Bombenangriffe bei Tage und Nacht vorangetragen. Gewiß erlitt der Gegner jedesmal schwere Verluste. Aber er konnte das anscheinend hinnehmen, ohne die Wucht seines Angriffs mindern zu müssen. Unsere eigene Abwehr bei Tag- und Nachtjagd wiederum hatte hohe Ausfälle, die durch jungen, wenig erfahrenen Nachwuchs nur unzureichend wettgemacht werden konnten. Der Schaden, der durch das Ausbomben von Fabriken, ja ganzer Stadtteile, angerichtet wurde, war unermeßlich und durch nichts wieder gut zu machen. Er machte sich sehr rasch in der Rüstungs-Produktion durch sogenannte „Programm-Einbrüche" bemerkbar. Lieferungen wichtiger Einzelteile erlitten Verzug von Wochen und Monaten. Und solange z. B. keine Kugellager oder Meßgeräte oder andere Spezialteile geliefert werden konnten, blieb die Fertigstellung auch des Panzers, Flugzeugs oder U-Bootes liegen. Wie lange war dieser Zustand überhaupt noch tragbar?!

Ich verließ gerade die Flugleitung, als das unverkennbare Orgeln eines Walter Triebwerks meinem Ohr den scharfen Start einer Me 163 ankündigte. Ganz weit hinten an der Ostgrenze des Platzes war auch eine weiße Dampfwolke sichtbar, und schon kam eine unserer Me 163 A wie ein hellgrauer Pfeil über die Rasenfläche des Flugplatzes geschossen, wurde unaufhaltsam schneller, hob ab, das Fahrwerk fiel. Über den Bäumen am nordwestlichen Flugplatzrand wurde der kleine Dreiecksflügler mit der grauen Rauchwolke am Heck kleiner und kleiner, bis er urplötzlich steil in die Höhe zog. Aha! Dort droben, etwa 1000 Meter über Grund, kurvte ein Schwarm von vier FW 190 in Reihe hintereinander herum. Das war vermutlich ein Fluglehrer von der Jagdflieger-Vorschule Oldenburg-Metjendorf, der seinen drei Zöglingen zum Abschluß eines Übungsfluges den Flugplatz mit den Raketenfliegern zeigen wollte. Und denen näherte sich unser „Kraftei" gerade in einem rasanten Steilangriff von unten.

„Das ist Joschi Pöhs", meldete mir Hauptmann Thaler, der eben zu mir getreten war, „er wird vermutlich einen nach dem anderen ‚abschießen‘, wie Sie uns das kürzlich vorgemacht haben." In der Tat hatte ich gelegentlich eines Testflugs etwa eine Woche zuvor mehrere simulierte Angriffe auf so einen Schwarm von angehenden Jagdfliegern gefahren, bis sie ihr Heil in regelloser Flucht gesucht und gefunden hatten.

Joschi begann mit einem Angriff auf die am Ende der Reihe fliegende FW 190. Im Winkel von etwa 45 Grad schoß er von unten mit Überschußfahrt empor, ließ den „Gegner" sozusagen durch den Zielkreis des (nicht vorhandenen) Visiers wandern, passierte sein Zielflugzeug mit der restlichen Überschußfahrt in wenigen Metern Abstand, um seine 163 sogleich in einer Art Abschwung herumzuziehen und den Angriff von oben zu wiederholen. Diesmal wurde sein Vorbeiflug so angelegt, daß der „angegriffene" Pilot die 163 aus nächster Nähe vorbeihuschen sah. Man konnte deutlich erkennen, wie der erschrak, seine Position im Schwarm aufgab und sich schleunigst auf den Rückweg zu seinem Oldenburger Heimatplatz machte.

Hinter mir erklang ein vielstimmiger Jubelschrei, so wie er auf dem Fußballplatz von den Zuschauerrängen zu hören ist, wenn ein entscheidendes Tor gefallen ist. Ich drehte mich um: Da standen nahezu alle unsere Piloten und eine Menge Wartungspersonal vor dem Tor der großen Halle A und verfolgten die Vorführung unseres Meisterpiloten mit gespannter Anteilnahme. Der war zu Anflügen von der Seite übergegangen, griff eines seiner Opfer von links an, nach blitzschneller Kehrtwendung das andere von rechts und spielte Wendigkeit und Geschwindigkeit des kleinen Raketenvogels und die unglaubliche Beschleunigungskraft des Triebwerks so raffiniert und geschickt aus, daß es die fachmännischen Zuschauer hinter mir zu ununterbrochenen Begeisterungsrufen hinriß. In Schlangenlinien flüchtend setzten die Jagdfliegerschüler in den FW 190 sich heimwärts ab. Unsere Me 163 aber schoß mit dem Schub, den ein letzter Rest T-Stoff noch hergab, zu einem triumphierenden Steigflug in die Höhe. Dann glitt sie in gemächlichen Kreisen langsam herab zur Landung.

Der Wind war fast eingeschlafen. Deshalb war Pöhs entgegen zur Startrichtung hereingelandet. In langgestrecktem Schwebeflug hatte er das Flugzeug hart über der Grasnarbe dahingleiten lassen, bis es nur ein paar hundert Meter vor unserer Halle auf die Kufe aufsetzte, um schließlich mit einem letzten Nicker nach vorn zum Stillstand zu kommen. In Sekundenschnelle jagte ein Feuerlöschwagen heran, und gleich darauf war ein Kleinlastwagen mit dem Fahrwerk zur Stelle. Ein Hebekran hob den Bug des Flugzeugs, das Fahrwerk wurde von geübten Händen von unten an der Kufe befestigt, und nach einer Viertelstunde sah man, wie das Flugzeug hinter dem Kraftfahrzeug langsam zur Halle gerollt wurde.

Joschi Pöhs trug die grünlichgraue Schutzbekleidung aus PVC-Faser, von der uns einige erste Garnituren für den Schulbetrieb geliefert worden waren. Als er herankam, lachte er verschmitzt und sagte: „War net alles nach der Vorschrift, i' weiß scho! Aber meine Zuschauer hat's bestimmt g'freit." „Gebrüllt haben sie vor Begeisterung, lieber Joschi", bestätigte ihm Hauptmann Thaler. „Und ich bin sehr dankbar", fuhr er fort, „daß sie auf diese Weise so drastisch gezeigt bekamen, was unsere 163 zu leisten vermag. Die Stimmung bei den Piloten ist schlecht", meinte er zu mir gewandt. „Immer mehr von ihnen sind nun so weit ausgebildet, daß sie auf die Einsatz-Maschine umgeschult werden könnten. Aber die Anlieferung der ersten Me 163 B scheint sich ja noch um mehrere Monate hinauszuziehen. Die Männer brennen darauf, etwas Entscheidendes in unserer Luftverteidigung zu tun. Daß sie hier Woche um Woche verwarten müssen, während oben die Bomber vorüberrauschen und unsere Städte ausbomben, das bringt sie manchmal ganz außer Rand und Band."

„Ich könnte ihnen schnell einen Haufen Gründe aufzählen, warum alles so langsam und schleppend vorangeht. Wenn Heini Dittmar in Augsburg schneller als 550 km/h fliegt, dann saugt ihm der Luftstrom die Landeklappe heraus, weil sie noch zu leicht konstruiert war. Sie wird verstärkt und erprobt. Das kostet etliche Wochen. Die Strahlruder aus Keramik schmelzen im Strahl des heißen Triebwerks weg wie Butter. Nun muß erst eine Lösung gefunden werden, wie wir ohne Strahlruder zurechtkommen. Rechlin hat entschieden, die Weiterentwicklung des Schienenstartwagens zugunsten anderer, angeblich noch wichtigerer Entwicklungen abzubrechen. Nun müssen wir Vorrichtungen schaffen, die uns wenigstens erlauben, mit Pulverraketen zu starten, deren Hülsen nach dem Ausbrennen abgeworfen werden. Das Regensburger Werk ist schwer zerbombt worden. Elf unserer dort gefertigten Me 163 B sind total zerstört, andere erfordern eine Menge Ausbesserung. Mit dem Serienbau der Triebwerke hapert es natürlich auch in Kiel. Selbst wenn wir die Zellen der Einsatzmaschinen nach neuestem Stand umgerüstet hier hätten – es fehlten uns die Triebwerke. Und wenn wir die Triebwerke hätten, dann fehlte uns der C-Stoff. Herr Dr. Höpfner vom Nachschubamt hat uns kurz und bündig mitgeteilt: Mit C-Stoff können wir noch nicht rechnen. Erstens wird in Höllriegelskreuth bis jetzt gerade soviel davon erzeugt, wie für Prüfläufe im Kieler Werk erforderlich ist. Zweitens gibt es für die Truppe noch keinen der dafür vorgesehenen Spezialtankwagen für das Zeug. Drittens sind auf allen Me 163-Einsatzplätzen noch keine Lagerbehälter für C-Stoff. Meß- und Abfüllarmaturen fehlen noch völlig. Die Me 163 hat leider nicht den Dringlichkeitsgrad wie U-Boote oder Panzer oder Flak. Und darum erleiden wir überall diese Verzögerungen."

„Das darf ich den Flugzeugführern gar nicht alles weitererzählen", meinte Thaler. „Was tun wir bloß, um ihren Tatendrang zu befriedigen?" fragte er mehr sich selbst als mich.

„Für drei Wochen habe ich eine ausgezeichnete Beschäftigung für die Kerle", tröstete ich Thaler, „ich schicke sie nämlich alle miteinander auf einen Höhenanpassungs-Lehrgang."

„Höhenanpassungslehrgang?" fragte Joschi Pöhs etwas ungläubig, „was soll denn das sein?"

„Das ist eine Erfindung der Luftfahrt-Mediziner", erklärte ich unserem wißbegierigen Technischen Offizier. „Die haben herausbekommen", fuhr ich fort, „daß der Mensch eine größere Höhentoleranz erhält – also die Fähigkeit, größere Höhen als sonst ohne zusätzliche Sauerstoff-Zufuhr zu ertragen –, wenn er sich eine Zeitlang in einer Höhe von beispielsweise 3000 m aufgehalten hat. Deshalb hat man in Berlin angeordnet, daß alle Me 163-Piloten einen Höhenanpassungs-Lehrgang im Schneefernerhaus auf der Zugspitze absolvieren sollen, wenn es sich irgendwie einrichten läßt. Ich finde, das kommt uns wie gerufen. Inzwischen habe ich alle Vorbereitungen mit zuständigen

Luftfahrt-Medizinern in München bereits getroffen. Die Kommandierung kann in einer Woche beginnen."

„Die Sorge mit unseren Flugzeugführern bin ich also bis in den November los", konstatierte Thaler zufrieden. „Wenn sich dann im November noch keine Einsatzmaschine bei uns befindet, dann habe ich aber wenigstens ein halbes Dutzend Stummel-Habichte. Damit mache ich von morgens bis abends Flugbetrieb, der keinen Tropfen T-Stoff kostet."

„Wir haben dann auch noch eine andere Beschäftigung für alle Piloten: Es kommt nämlich eine sogenannte Unterdruckkammer hier auf den Platz, da muß jeder der ‚höhenangepaßten' Männer täglich 1–2 Stunden hinein und wird ohne Sauerstoffzufuhr auf 3500 bis 5000 Meter Höhe gebracht. Zuletzt mit zusätzlicher Sauerstoffatmung 10–20 Minuten auf 12000 Meter. Das soll sie angeblich erheblich dagegen schützen, von der Höhenkrankheit befallen zu werden."

„Davon halt' ich net besonders viel", meinte Oblt. Pöhs skeptisch, „aber für unsere Flugzeugführer ist es immer noch besser, als hier herumzugammeln. Ich für meine Person bitte davon ausgenommen zu werden. Drei Wochen kann ich hier aus dem Betrieb überhaupt nicht weg."

„Sollst du auch nicht", beschwichtigte ich ihn, „aber ein paar Tage mußt du schon abkommen", fuhr ich fort, „denn du mußt mit mir zusammen in den nächsten Tagen nach Augsburg. Wir können dort ein paar erste scharfe Starts auf einer Me 163 B machen!"

„Herrschaftsackra", sagte Joschi nur und rieb sich vor Freude mit glänzenden Augen die Hände.

Mein erster „heißer" Start

In Augsburg wurde uns nach unserem Eintreffen drastisch vor Augen geführt, daß unsere Industrie trotz aller kriegsbedingten Behinderung, trotz zerbombter Fabriken und Mangel nicht nur an allen wichtigen Grundstoffen, sondern auch an Halbfertigfabrikaten und Kleinteilen, noch zu erstaunlicher Produktionsleistung fähig war. Das Regensburger Messerschmittwerk sah nach den Bombenteppichen, die im August dort fast alle Gebäude schwer beschädigt hatten, wie eine Ruine aus. „Wir bauen teilweise gar nicht wieder auf", erklärte mir Direktor Linder. „Trotzdem läuft unsere Produktion schon wieder auf vollen Touren. Es gibt eine Unzahl kleiner Betriebe, in die unsere Fertigung jetzt ausgelagert ist. Endmontage machen wir teilweise unter freiem Himmel. Wenn der Gegner Luftbildaufklärung fliegt, bringt er Bilder von Ruinen mit nach Hause. Daß wir trotzdem noch mehr produzieren als vorher, kann kein Auswerter aus den Luftaufnahmen entnehmen."

Auf dem Flugplatz Lechfeld wurden Triebwerksstarts mit Me 163 B gemacht. Dabei besaß der Platz nicht eine einzige der für einen solchen Betrieb erforderlichen Bodenanlagen. Es gab keine Bremsstände mit Wasserspülung, keine Tankanlagen für C-Stoff und T-Stoff, keine Armaturen und Meßeinrichtungen. Gerade diese Herausforderung durch eine unüberwindlich erscheinende Zahl von Hindernissen und Widerständen hatte bei allen Beteiligten nicht etwa den Willen gelähmt, sondern bei jedem einzelnen einen unglaublichen Einfallsreichtum und trotzigen Mut zum Durchhalten erzeugt. Die Walter-Werke hatten ein paar Tankfahrzeuge und Apparaturen aus ihrem Kieler Erprobungsbetrieb entsandt. Fast über Nacht war eine Halle zur Wartung von Me 163 umfunktioniert worden. Betriebsstoff holte man sich direkt vom 50 km entfernten Werk Höllriegelskreuth. Und Heini Dittmar hatte schon ein Dutzend Triebwerksstarts gemacht.

Heute bereitete er sich für einen Flug vor, der eine Demonstration für den gerade anwesenden Generalfeldmarschall Milch und den Rüstungsminister Speer werden sollte. „Gleichzeitig wird das mein letzter Testflug für die verstärkte Landeklappe", erklärte er Joschi Pöhs und mir, als wir ihn bei den Startvorbereitungen aufsuchten. „Die Ingenieure sagen", erklärte er, „jetzt bleibt die Landeklappe verriegelt, selbst wenn im Fluge die kritische Machzahl erreicht wird. Ich werde aber heute nur bis auf etwa 850 km/h wahre Geschwindigkeit beschleunigen. Wenn alles gut geht, dann kann jeder von euch am Nachmittag noch einen Start machen."

Heini Dittmar hat anschließend den hohen Herren aus Berlin einen Flug vorgeführt, der jeden, der „vom Fach" war, zu heller Begeisterung hinriß. Bei Milch und Speer war danach sichtlich sogar die Überzeugung vorhanden: Dieses Flugzeug ist unübertrefflich gut und verdient eine bessere Dringlichkeitsstufe. Nach dem Start schwenkte die Maschine kometengleich in weitem Bogen zum Platz zurück und war mit den von Heini angekündigten 850 km/h über uns weg gerast. Dittmar wagte diesen Test in einer Höhe, die für den Fall einer Deformation der Landeklappen durch den Fahrtsog gerade noch das kritische Minimum darstellte, das ihm aus Sicherheitsgründen erlaubt war. Danach setzte er seine Geschwindigkeit durch einen fast senkrechten Anstieg auf zweitausend Meter in Höhe um, kam von dort mit leerlaufendem Triebwerk herabgestürzt, um diesmal mit 800 km/h das Rollfeld in „Grasspitzen-Höhe" zu passieren. Wieder verwandelte er den Fahrtüberschuß in Höhe, schraubte sich korkenzieherartig in wenigen Sekunden ein-, zweitausend Meter nach oben, um mit leerlaufendem Triebwerk im Abschwung erneut herabzuspiralen. Mit der Taktik, die auch Joschi Pöhs kürzlich bei seinen simulierten Attacken auf einen Schwarm FW 190 angewendet hatte, gelang es Heini, mit dem ach so beschränkten Vorrat seiner vollgefüllten Betriebsstoffbehälter eine Vorführung über den Zeitraum von fast einer Viertelstunde auszudehnen.

„Mehr als vier Minuten Vollschub gibt der Tankinhalt nicht her", bemerkte Joschi zu mir gewendet. „Was der Heini hier gezeigt hat, war grandios, aber sozusagen Sand in die Augen der Zuschauer. Wenn wir im Einsatz auf 8000 oder 10 000 Meter Höhe steigen müssen, um einen Gegner zu bekämpfen, sind doch leider, leider kaum noch größere Reserven von Betriebsstoff in den Behältern. . . Wie ich von Schmedemann erfuhr, wußte Lippisch schon seit Jahresfrist um diese Begrenzung auf vier Minuten Vollschubzeit des Triebwerks. Aber um seine Schwanzlosen nicht verschrotten zu müssen und auf die schönen Lizenzgebühren zu verzichten, schweigt man halt und überläßt es uns, wie wir mit dem kurzatmigen Vogel zurechtkommen."

Ohne Startraketen und ohne eine sehr genaue Führung im Y-Verfahren war die Erfolgschance dieses Flugzeugs als Interzeptor in der Reichsverteidigung recht gering, das war uns klar. Aber dem Generalluftzeugmeister und dem Rüstungsminister das jetzt zu sagen, hätte geheißen, den Erfolg der ganzen Demonstration wieder aufs Spiel zu setzen. So schwiegen wir.

Am Nachmittag stand dann für mich die Me 163 B V14 und für Joschi die V18 am Beginn der 2 km langen Startbahn. Was hatten wir nach diesem Augenblick geradezu gelechzt! Anderthalb Jahre bestand mein Erprobungs-Kommando 16. Heute erst kam es zum ersten Flug von zwei Flugzeugführern der Truppe auf dem Raketenjäger, damit dessen Brauchbarkeit für einen Einsatz im Luftkampf überprüft werden konnte! Was nun, wenn uns außer der unzureichenden Vollschub-Dauer des Triebwerks noch ein anderer gravierender Fehler auffiel?

Als ich zum südlichen Rollbahnende hinauskam, waren alle diese Anflüge von Zweifel und Bedenken verflogen. Hier stand unser Interzeptor, von dem Galland damals in Rußland zu mir gesprochen hatte, und wollte zum ersten Mal von mir geflogen sein. Mit seinem dicken gedrungenen Rumpf war von der Eleganz der Me 163 A viel dahingegangen. Bullig, ein Abbild der geballten Kraft von anderthalb Tonnen Schub, so stand diese Me 163 B V14 da und wartete auf mich. Ein Wart lenkte gerade den Strahl einer handbetriebenen kleinen Wasserpumpe unter den Überlauf des T-Stoff-Tanks: Ein paar Tropfen des Wasserstoff-Superoxyds waren herausgelaufen und rauchten auf der Startbahn-Oberfläche. Schäffler, der mit einem Techniker der Firma Walter den Außenbord-Anschluß des Batteriewagens überprüft hatte, kam um das Seitenleitwerk herum. Er meldete, das Flugzeug sei startklar. Ein Rundblick überzeugte mich: das halbe Dutzend Werksspezialisten, die herumstanden, machte beruhigende Mienen, wenn auch keiner in seinen Blicken verbergen konnte, daß eine riskante Sache bevorstand, die aber auch diesmal, hoffentlich, klar gehen würde. Was an ihnen gelegen hatte, das war getan, mit Sorgfalt und deutscher Gründlichkeit. Nun war die Reihe an mir.

Ein hilfsbereiter Mensch reichte mir den Schutzanzug aus PVC-Faser, dazu passende Überschuhe aus demselben Stoff und eine gleichartige Kopfhaube mit eingenähten Hörmuscheln und Mikrofon. Schließlich zog ich noch PVC-Handschuhe über, fühlte mich nun allerdings reichlich vermummt und an Händen und Füßen fast schon etwas behindert. Doch die Überzeugung, rundum gegen den vermaledeiten T-Stoff einen gewissen Schutz zu besitzen, verlieh einem doch die Genugtuung, daß das Menschenmögliche zum Heile des sehr geehrten Piloten getan worden sei. Jemand hängte mir den Fallschirm mit den diversen Gurten um. Die Schutzbrille klemmte bereits an der Stirnseite der Kopfhaube. Es konnte losgehen.

Vorsichtig trat ich mit den plustrigen PVC-Überschuhen in die Sprossen der kleinen Metall-Leiter und kroch bedächtig zum Führersitz hinauf. Mit all dem Zubehör am Körper kam man sich wie ein Maikäfer vor. In die Me 163 A konnte man einsteigen, indem man ein Bein über die Reling der Kabine schwang und schon saß man drin. Der Rumpf der B war so hoch, daß man eine Leiter brauchte, um hinaufzugelangen. Hockte man endlich in der Blechschale des in der Höhe verstellbaren Führersitzes, dann sah man anfangs nur noch den Kopf des Wartes, der hinterhergeklettert war, um einem beim Anschnallen behilflich zu sein.

Breit war dieser Führerraum! Wenn man rechts oder links über die Bordkante nach unten blicken wollte, mußte man die Gurte lockern, damit man mit dem Kopf bis an die Scheibe der Plexiglashaube herankam. Und man saß nicht mehr mit dem Allerwertesten nur ein paar Zentimeter über dem Rollfeld des Flugplatzes, wie in der A. Der Pilot thronte meterhoch über Mutter Erde. Das Abwurf-Fahrwerk und die ausgefahrene Kufe forderten diesen Abstand. Und dazu kam noch, daß der Rumpf zur Aufnahme von 1 1/2 Tonnen T-Stoff eben erheblich an Höhe und Breite gewonnen hatte. Selbst rechts und links war man übrigens vom lieben Wasserstoff-Superoxyd umgeben. Denn aus Gründen der Schwerpunktlage, und um den Freiraum des voluminösen Führersitzes auszunutzen, hatten die Konstrukteure rechts und links vom Piloten je einen Betriebsstofftank in seinen geheiligten Führersitz hineinverlegt. Einfaches dünnes Blech aus Reinaluminium trennte meine Beine von 2 × 60 Litern gluckernden T-Stoffes. Ein kleiner Unfall beim Start, und man saß in der „leichenauflösenden" Brühe. . .

Alle Schalter und Hebel kontrollierte ich noch einmal, während Schäffler mit verantwortungsbewußtem Blick mir zusah. Das Bordnetz war eingeschaltet, die Anzeigen der elektrisch betriebenen Geräte funktionierten. Landeklappen waren eingefahren, Trimmung: 5 Grad schwanzlastig, Steuerknüppel und Seitensteuerpedale ließen sich leicht und bis zum vollen Ausschlag bewegen. Ich hakte die Atemmaske vor das Gesicht, man hörte beim Einatmen das übliche schlürfende Geräusch aus dem Zuleitungsschlauch, aus dem man nun ein Gemisch von Luft und zusätzlichem Sauerstoff erhielt. Das Anzeigegerät vorn rechts bewies durch Öffnen und Schließen zweier Lippen, daß die Anlage in Ordnung war. Ein Druck auf den Hebel der „Sauerstoff-Dusche" neben meiner rechten Schulter, die einem bei Bedarf mit 100 Prozent Sauerstoff versorgte: auch das funktionierte vorschriftsmäßig. Schäffler war von seiner Leiter links hinter mir auf die Tragfläche geklettert. Von dort faßte er über mich hinweg und holte die Plexiglashaube herum, die an einem Drahtkabel aufgeklappt nach rechts gehangen hatte. Ich griff mit zu und senkte das viele Kilo schwere Ding bis auf die Bordkante. Der Verschlußhebel links vorn winkelte unter meinem Händedruck erst zurück, dann vor. Die Haube war zu. Schäffler rüttelte vorsichtshalber daran, dann sprang er herab und verschwand mit seiner Leiter.

Rechts und links sah ich ein paar Männer stehen, die alle reichlich ernste Mienen zur Schau trugen. „Sargträgermienen", mußte ich für eine Sekunde denken. Dann erspähte ich Heini Dittmars Gesicht, ruhig, gelassen, ja sogar mit einem beruhigenden Lächeln. Und nun war auch ich nur noch Ruhe und Gelassenheit. Schubhebel vor, bis der Anlaßknopf sichtbar war! Mein Zeigefinger drückte durch das Loch im Segmenthebel, und schon begann die Förderpumpe zu surren. Nach wenigen Sekunden setzte der Antrieb des Dampferzeugers ein. Draußen verschwand auf meinen Wink der Batteriewagen mit dem langen Leitungskabel. Ein kleiner Schub am Gashebel, und da war das Triebwerk auch schon angesprungen. Durch die Ohrmuscheln meiner Funkkopfhaube hindurch hörte ich das Einsetzen der Brennkammer. Ich merkte es aber auch an einem leichten Ruck nach vorn, der sich dem ganzen Flugzeug mitteilte. Draußen hielten sich ein paar schon die Ohren zu. Der Ofendruck mußte jetzt 5 bis 8 atü anzeigen – auch das stimmte, wie mich ein Blick auf das Anzeigegerät vor mir über meinem rechten Knie überzeugte. Im gleich großen Schaufenster darunter wurde die Brennkammer-Temperatur angezeigt – sie war im Normalbereich. . . „zwei-drei-vier-fünf", zählte ich, und zügig bewegte meine linke Hand den Schubhebel nach vorn, hinweg über die zwei Rasten zwischen erster, zweiter und dritter Stufe.

Damit waren die Würfel gefallen. Der Zustand sorgfältiger Schaltvorgänge und Überprüfungsmaßnahmen war vorbei, vergessen. Hinter mir brüllte die Rakete, schob den Vogel aus Blech und Holz und mich in dessen Führersitz mit unbändiger Kraft über die etwa 5 cm hohen vor die Räder gelegten Dreiecksklötze hinweg. Es gab kein Halten mehr.

Die Maschine war für diesen Erstflug natürlich nicht voll aufgetankt. Die 1500 kg Schub brauchten nur etwa das Doppelte an Gewicht über die Startbahn zu schieben. 3150 kg war als Abfluggewicht registriert worden. Da war mehr dahinter, als bei der Me 163 A mit dem „kalten" Triebwerk! Schon hatte ich 100 km/h auf dem Fahrtmesser! Ofendruck: 18 atü. Könnte besser sein! Temperatur: wie vorher im Normalbereich. Drehzahl: etwas über 100 Prozent. Mit dem Spornrad ließ sich das Flugzeug beim Fahrtaufholen hervorragend auf der Startbahnmitte zentrieren. Ich versuchte, durch leichten Knüppeldruck nach vorn die Nase der Maschine noch etwas mehr zu senken. Es war vergeblich. Vorderhand rührte sie sich nicht aus ihrer 3-Punktlage. 150 zeigte der Fahrtmesser. Wieder bewegte ich vorsichtig das Höhenruder. Wieder nicht die geringste Wirkung. Von der langen Startbahn war inzwischen ein beachtliches Stück von mir verbraucht. Es wurde Zeit, daß sich Kräfte am Flügel bemerkbar machten! Das Ding, in dem ich saß, sollte fliegen und nicht nur auf Rädern durch die Gegend donnern! 200 zeigte der Fahrtmesser schon. Dem Triebwerk schien die Sache Spaß zu machen, es hatte jetzt 19 atü Ofendruck. Aber meine vorsichtigen Bewegungen am Knüppel waren immer noch ohne Auswirkung auf die Längslage dieser V14. Doch schon Sekunden später sprach meine Me 163 auf das Höhenruder an. Und das Triebwerk schob wie verrückt. Ein kurzer Blick auf das Instrumentenbrett ließ mich flüchtig erkennen, wie der Zeiger des Fahrtmessers durch die 250 eilfertig zu noch höheren km/h-Zahlen wanderte. Ich hatte leicht nachgedrückt, sah auf die Startbahn vor mir. Ihr Ende war gar nicht mehr so weit! Wieder nahm ich den Knüppel zurück. Diesmal, Gott sei Dank, folgte die Flugzeugnase meinem Steuer, richtete sich nach oben. Und da war auch merkbar Auftrieb am Flügel. Schon schwebte ich. Ich fühlte es, weil das Fahrwerk unten an der Kufe merkwürdig schepperte, nachdem es die Führung mit dem Boden verloren hatte und die Räder in irrsinniger Tourenzahl an der kleinen Achse weiterrotierten. Noch ein paar Meter mußte ich höher sein! Wie ein behäbiges Schlachtroß tat mir der Donnervogel auch den Gefallen. Gut 10 Meter war mein Abstand vom Boden, da führte meine Linke den Kufen/Fahrwerks-Hebel nach oben und nach einer kurzen Wartepause auf Mittelstellung. Die Fahrwerksanzeigen leuchteten auf: „Fahrwerk ab" und „Kufe ein". Uff! Der Start war geglückt.

Jetzt galt es Fahrt aufzunehmen, Fahrt, Fahrt, Fahrt! Wenn ich erst einmal meine drei Tonnen auf eine Horizontalgeschwindigkeit von 500 bis 600 km/h gebracht hatte, dann mochte meinethalben das Triebwerk aussetzen. Ich besaß genug kinetische Energie, um hochzuziehen und in einer Kehrtkurve zu einer Landung zum Platz zurückzufliegen. Kräftig drückte ich die Flugzeugschnauze nach unten, mußte trimmen, um den starken Ruderdruck loszuwerden. Das Rad der Trimmung drehte sich beständig unter meinem Zugriff nach vorn, denn jetzt zeigte das Walter-Triebwerk und mein „Kraftei" Me 163 überhaupt erst, was in ihnen steckte. Nach dem Wegfall des Fahrwerks und dem Einfahren der Kufe schoß das Flugzeug geradezu voran. War es mir vorher ein paar Mal so vorgekommen, als säße ich nur in einem großen Faß, das von der unheimlichen Rakete an ihrem rückwärtigen Ende gewaltsam vorangetrieben wurde, jetzt merkte ich: Das war ganz gewiß ein Flugzeug, in dem ich über Felder und Wiesen der Lechtalebene schemengleich hinweghuschte. Und was für eines! Wenn man davon absah, daß der Rumpf so breit geraten war und man nur mit Mühe zur Mutter Erde hinunter peilen konnte, dann war das in der Tat ein ungemein feinfühliges Luftfahrzeug, ein eleganter, blitzschneller, gut steuerbarer Pfeil. Diese Fluggeschwindigkeit war im übrigen weniger akustisch als vielmehr optisch und gefühlsmäßig wahrzunehmen. Der chaotische Triebwerkslärm, der am Boden unerträglich werden konnte, war jetzt überlagert von einem allumfassenden Schleifton des Fahrtwindes und hörte sich nur noch wie das orgelnde Fauchen eines Drachens an, ein Ton übrigens, der unheimlich beruhigend und ermutigend auf mich wirkte.

600 hatte Heini gesagt, solle ich draufkommen lassen, dann ziehen, und wenn die Fahrt höher gehen wolle, einfach nach und nach immer steiler werden. Die V14 jagte mit mir in 30–50 Metern Höhe dahin, auf 550 km/h zeigte die Fahrtmessernadel gerade, drehte jedoch unaufhaltsam weiter: 580, 590, 600, 610. Also ziehen! Ich hob den Bug meines Raketenvogels um 5 Grad, um 10 Grad. Genügte nicht. Die Fahrt stieg weiter an auf 620, 630 km/h. Also kräftig weiter gezogen! Endlich hatte ich die Fahrt auf 600 zurückgeholt, war inzwischen längst über 1000 Meter hoch. Nach einem Rundblick auf die Instrumente waren es schon mehr als 2000 Meter. Wieder ging die Fahrtanzeige nach oben weg, wieder mußte ich durch Ziehen und Trimmen meine Geschwindigkeit auf 600 km/h zurückholen. Wie hoch? Der Höhenmesser bot ein ungewohntes Bild. Wie verrückt geworden drehte sein großer Zeiger weitaus rascher als der Sekundenzeiger einer Uhr um das Zifferblatt herum. Das Variometer zeigte 100 m/sec Steigen.

Jetzt hieß es aufpassen, mein Steigwinkel überschritt bereits 45 Grad! Die Längsstabilität – im Horizontalflug in jeder Phase der durchflogenen Geschwindigkeiten beneidenswert gut – schien nachzulassen. Soeben schoß ich durch die angezeigte Höhe von 6000 Metern in den blauen Himmel hinauf, vielleicht ein bißchen zu steil, denn meine Fahrt war auf 580 zurückgefallen. Vorsichtig gab ich mit dem Steuerknüppel etwas nach. Mir sollte es nicht wie Hohmann gehen, dem in einer ähnlichen Flugphase die Führung des Flugzeugs aus den Händen geraten war! Da setzte mit einem kleinen Knall das Triebwerk aus. Es war zu Ende mit dem urgewaltigen Schub. Wie verzückt ließ ich meine 163 weiter nach oben schießen, drehte eine halbe Rolle, zog die Maschine auf dem Rücken in die Horizontale, um mit etwa 300 km/h und nach einer weiteren halben Rolle wieder normale Fluglage einzunehmen. Etwa auf 8000 Meter hatte es mich hinaufgetragen. Das war wie der Flug eines Meteors gewesen. Etwas Neues hatte ich heute erlebt, das auch die 163 A nicht zu bieten hatte. Mit diesem Flugzeug konnte man wahrhaftig jedes andere Luftfahrzeug „abfangen“, einfach so in himmelstürmendem Anstieg steil in das Firmament hinaufjagen, als gäbe es keine Schwerkraft mehr, die uns bislang im Bann der Erdanziehung gehalten hatte. All die viele Arbeit, das Können und Wollen vieler Hunderter, ja vielleicht Tausender von Mitarbeitern an diesem kleinen Wunderwerk der Technik war nicht vergeblich gewesen! Das war wieder ein Sieg des Menschen über die Materie. Es hatte sich gelohnt. Aus meiner „astronomischen“ Höhe hätte ich jetzt zu einem gemächlichen Hinabgleiten ansetzen können, um noch mindestens eine halbe

Stunde das Vergnügen des motorlosen Sinkfluges auszukosten. Ich sah mich jedoch genötigt, mich erst einmal schleunigst, fast im Sturzflug, ein paar Etagen tiefer zu begeben. In meiner Bauchhöhle war ein ganz unerträglicher Blähdruck entstanden, der mich bis in den Hals hinauf schmerzhaft auftrieb. Fast schien es mir, ich müßte platzen, wenn mich nicht die Anschnallgurte wenigstens noch einigermaßen zusammengehalten hätten. Als ich in 3000 Meter Höhe anlangte, fanden die versetzten Gase, gottlob, ihren natürlichen Ausweg. Ich schwor mir, vor einem Start mit dem Raketenjäger nie wieder Erbsensuppe oder Kommißbrot zu essen.

Erleichtert, wie ich mich fühlte, überlegte ich, was ich mit meiner Restflugzeit noch anstellen könne, um im Sinne meines jagdfliegerischen Erprobungsauftrages tätig zu werden. Erst einmal wollte ich doch wissen, ob mein Betriebsstoff wirklich verbraucht oder ob nicht noch eine verwendbare Restmenge in den Tanks verblieben war. Das Aussetzen des Triebwerks hing vielleicht mit der Nickbewegung zusammen, die ich dem Flugzeug abverlangt hatte. Der sogenannte Brennschluß, der beim Standlauf des Triebwerks auf dem Prüfstand eintrat, wenn einer der Treibstoffe zu Ende war, hörte sich anders an als das Abstellen des Triebwerks vorhin in meiner steilen Steigflugphase.

Der Schubhebel war längst von mir auf Stellung „Aus" gebracht worden. Jetzt begann ich, ganz nach Vorschrift, meinen Anlaß-Vorgang von neuem. Die Seppler-Schraube vorn am Bug lieferte durch ihre Rotation ja ausreichend elektrischen Strom. So ließ ich die Turbine auf 60 Prozent Drehzahl kommen, drückte meinen Anlaßknopf, und siehe da: Binnen kurzem setzte die Brennkammer wieder ein, Ofendruck war da. Ich regelte zügig hinauf, und mit fast 22 atü nahm die V14 atemberaubend schnell wieder Fahrt auf. 600 km/h – ich zog am Knüppel, wurde steil, steiler und schoß noch ein zweites Mal wie ein wildgewordenes Insekt in das grenzenlos scheinende Luftmeer über mir. Aber die „Himmelfahrt" währte nicht lange. Dann war der Raketenantrieb endgültig aus und sprach auf weitere Anlaßversuche nicht mehr an. So beendete ich meinen ersten Flugtest mit dem „heißen" Walter-Triebwerk, indem ich die Landeklappen ausfuhr und bei verschiedenen Fluggeschwindigkeiten ihre Auswirkung auf das Verhalten der Maschine überprüfte.

Auch Pöhs machte nach mir seinen Start auf der V18. Unsere Erfahrungen stimmten haargenau überein. Am Abend saßen wir mit Heini Dittmar zusammen. Während wir ein dünnes Kriegsbier – mehr gegen den Durst als eines Trinkvergnügens halber – in unsere Kehlen rinnen ließen, zogen wir das Fazit des abgelaufenen Tages. Vier Minuten Vollschubdauer war lächerlich wenig. Doch mit Pulver-Startraketen würde sich vielleicht so viel herausholen lassen, daß uns noch ein brauchbarer Treibstoffrest verblieb, wenn wir am Gegner waren. Und solange noch einige Tropfen C- und T-Stoff in den Behältern waren, konnte man in der Me 163 B mit jedem Gegner Katz und Maus spielen.

Warten auf die ersten „Bertas"

Der Winter nahm sich Zeit. Wir waren schon mitten im Dezember 1943, aber es gab noch keinen Frost von langer Dauer. Auf allen Fliegerhorsten, die für unseren Einsatz hergerichtet werden mußten, konnte noch mit Mörtel und Zement gearbeitet werden. Dennoch mußte in Zwischenahn Halle A noch herhalten. Nicht nur unsere Flugzeugführer, auch das Wartungspersonal wartete mit Ungeduld, daß uns die ersten „Bertas" geliefert wurden. 20 davon wurden noch in den Augsburger Werkstätten, der Rest von Klemm in Böblingen zusammengebaut. Danach wurden sie wieder zerlegt, nach Lechfeld transportiert und hier schließlich aufgerüstet und eingeflogen. Die ersten Einsatz-Flugzeuge wurden mit Me 163 B 0 bezeichnet. Es war die V_0-Serie, die in Regensburg produziert wurde, bevor endgültige Erprobungsergebnisse vorlagen. Elf davon waren durch Bombenangriffe zerstört. Der Rest, vermehrt um einen Zusatzauftrag von 50 Stück, wurde nun in Augsburg und bei Klemm umgerüstet. Dann sollte die Me 163 B 1 folgen mit Marschtriebwerk und Fu G 16 ZY. In ferner Zukunft war dann noch eine Me 163 C mit einziehbarem Bugradfahrwerk, Marschofen und größeren Tanks vorgesehen. Der Marschofen ist, soviel mir bekannt wurde, nie in eine Serienmaschine eingebaut worden, blieb Zukunftsmusik. Da Lechfelds Kapazität bald überfordert war, übernahmen wir eine Zeitlang die Abnahmeflüge in Zwischenahn.

Joschi Pöhs und ich waren am 2. und 10. Dezember 1943 voller Ungeduld in Lechfeld gewesen, um den Stand der Dinge zu erkunden. Quasi als Trostpflaster hatte man jeden von uns noch zwei Triebwerkstarts machen lassen. Doch diese Flüge demonstrierten uns leider, daß wir es nicht mit ausgereiften Serienflugzeugen zu tun hatten, sondern mit dem, was man zu Recht als „Versuchs-Serie" bezeichnete. Fast bei jedem Flug traten Störungen an Zelle und Triebwerk auf, mit denen kein Mensch vorher gerechnet hatte. Bei einem Fluge fiel mir der Brennkammerdruck nach und nach auf 15, 10 und schließlich 5 atü zurück. Als ich das Triebwerk abstellte, war ein Wiederanlassen nicht mehr möglich. Bei Joschis erstem Flug klemmte der Triebwerks-Schubhebel fest. Beim zweiten ließ sich das Triebwerk nach dem Abstellen nicht wieder anlassen, obwohl noch ein paar hundert Kilo Treibstoff-Restmengen in den Behältern waren. Dafür zeigte der Turbinen-Drehzahlmesser, daß die Förderpumpe mit 120 Prozent, also mit Übertouren, lief. . . Bei meinem zweiten Flug kamen beißende Dämpfe in die Kabine. Auch bei 100 Prozent Sauerstoff-Atmung war die Reizung der Nasen- und Augenschleimhäute fast nicht zu ertragen, der Flug – besonders die Landung – ein einziger Kampf gegen die Tücke der Treibstoffgase. Und so etwas sollte demnächst als „truppenreif" an unsere ersten Einsatz-Staffeln ausgeliefert werden!

Als unleugbarer Vorteil stellte sich die Anwesenheit des „Kommandos Hummel" in Lechfeld heraus. Rechlin hatte kurzerhand unter obiger Namensgebung die Ausgliederung von etwa 50 Ingenieuren, Technikern und Wartungs-Spezialisten aus der Luftwaffen-Erprobungsstelle Peenemünde-West befohlen und sie dahin dirigiert, wo sie derzeit am meisten benötigt wurden: Zur Werkserprobung und Firmen-Einfliegerei nach Lechfeld. Im Verlauf des Jahres 1944 verlegte das „Kommando Hummel" seine

Tätigkeit nach Zwischenahn, wo ich zu meiner Verblüffung eines Tages erfuhr, daß diese technische Spezialgruppe meinem Befehl unterstellt sei. „Kommando Hummel" blieb dort übrigens bis zum Herbst 44, um dann wieder nach Peenemünde-West zu retirieren.

In Lechfeld trug dieses hochqualifizierte Team von E-Stellen-Spezialisten wesentlich dazu bei, daß die unvermeidbaren Pannen, die zwangsläufig mit dem abartig neuen Antriebsmittel einer Flüssigkeits-Rakete auftraten, Schritt für Schritt analysiert und nach und nach behoben wurden. Auch später in Zwischenahn war diese Koppelung der E-Stellen-Arbeit an unsere Truppen-Erprobung eine gern gesehene Hilfe.

Daß Oberst Petersen, der Kommandeur der E-Stellen, in seinem Kommandierungs-Befehl diese Peenemünder Expertengruppe ausdrücklich meinem Befehl unterstellte, habe ich lediglich insofern befolgt, als ich mich darum kümmerte, daß die 50 Mann mit „Roß und Wagen" in Zwischenahn Unterkunft fanden. Im übrigen ließ ich ihnen völlig freie Hand mit dem Einsatz ihres Könnens und der ihnen zur Verfügung stehenden Arbeitsmittel, Werkstattwagen, Prüfgeräte etc. zum Nutzen unserer Fronterprobung. Und das zahlte sich aus.

Andernorts war in der Zusammenarbeit von Ingenieuren und Truppe teilweise eine erhebliche Verstimmung eingetreten. Abends am Biertisch hörte man von einer „Denkschrift einiger Rechliner Ingenieure an S.D. (Sicherheitsdienst) und S.H.A. (Sicherheitshauptamt) Berlin", in der in einer unverblümten Sprache von der „Führerlosigkeit und dem Durcheinander in der obersten deutschen Führung" polemisiert wurde. Angeblicher Grund für das „Chaos": Die Anordnung Görings, derzufolge ab 1942 die meisten technischen Führungsstellen mit „frontbewährten Soldaten" besetzt worden waren. Gewiß sei unter den Ingenieuren in Führungsämtern nicht immer die Auslese der deutschen Technikerschaft zu finden (die habe die Industrie den Behörden mit besserer Bezahlung wegengagiert). Aber die Besetzung entscheidender Positionen der Wehrtechnik mit Soldaten habe nun in Wahrheit den Bock zum Gärtner gemacht. Dann folgte eine Auflistung dessen, was nach Ansicht dieser Rechliner Ingenieure in der Entwicklung und Planung der Luftwaffe falsch gemacht worden sei. Die Vielfalt der Flugzeugtypen bei den einzelnen Firmen wurde bemängelt, die Tatsache, daß drei Flugmotore der gleichen Leistungsklasse nebeneinander (BMW 801, DB 603, Jumo 213) statt eines einzigen in entsprechend verdreifachter Kapazität entwickelt worden seien, daß die ungeheure Bedeutung ferngelenkter Bomben auch heute noch nicht von den dafür maßgebenden Männern erkannt sei, daß auch Saur vom Rüstungsstabe Speers ohne luftfahrttechnische Berater bei seinen Maßnahmen der Produktionsvereinfachung neben einigen Erfolgen viel unnötigen Stillstand und Leerlauf bewirken werde. Fazit: die besten Köpfe (Baade, Dr. Voigt, Prof. Bock, Franke, Reidenbach, Kneemeyer, Forchers u.a.) müßten sofort in die Positionen, in denen die „frontbewährten Soldaten" sich damit beschäftigten, „die Macht am falschen Platze auszuüben". Und die gesamte Luftfahrt-Industrie müsse augenblicklich in Tunnel, Bergwerke und sonstige unterirdische Baulichkeiten verlegt werden, damit sie den Bombenangriffen entzogen sei.

Dieser für die Urheber selbst nicht ganz ungefährliche Rundumschlag Rechliner Fliegeringenieure fand auch in Amtsstellen des RLM manchen Sympathisanten. Zu ihnen zählten offensichtlich auch einige Herren bei GL CE 2. Von dort wurde Ende November 43 das „Kommando Hummel" damit beauftragt, eine Me 163 B auf dem

Flugplatz Insterburg im Rahmen einer Flugzeugtypen-Schau dem Führer vorzuführen. Das hätte natürlich – schon wegen des erwähnten Unterstellungsbefehls des K.d.E – mit meiner Kenntnis und allenfalls auch Beteiligung geschehen müssen. Aber die Ingenieure wollten offensichtlich beweisen, daß sie so eine Vorführung auch ohne Einschaltung des „frontbewährten" Typenbegleiters und Erprobungskommando-Führers zuwege brachten. Diese Kompetenz-Rangelei ließ mich zwar aufhorchen. Doch daß mein E-Kdo 16 nicht noch zum Schaufliegen herhalten mußte, war mir im Grunde ganz recht. Es kam dabei sicherlich kein Quentchen einer höheren Dringlichkeits-Stufe für die Me 163 heraus. Aber die Gefahr, daß die Vorführung mit einem Unfall endete, war erheblich groß. Ein Absturz oder Defekt hätte unserer Sache wiederum maßlos geschadet. Der Flugplatz Insterburg war mit seiner verhältnismäßig kleinen holperigen Grasfläche wohl für Start und Landung einer Ju 52 oder Me 108 geeignet, kaum aber für einen Raketenjäger, der sein Fahrwerk abwarf. Das wußte ich von meinem Besuch im Führer-Hauptquartier vor 1 1/2 Jahren.

Als ich mit den Offizieren meines Erprobungs-Kommandos hinterher diesen Insterburger Demonstrationsflug vom 29. 11. 43 besprach, äußerte sich Oblt. Langer im Landserton: „Hohmann hat den Arsch riskiert bei diesem Flug! Ich weiß nicht, ob ich soviel Kaltblütigkeit besessen hätte, überhaupt einen Start zu wagen." In der Tat war beim Anrollen auf dem unebenen Rollfeld von Insterburg nach ein paar kräftigen Sprüngen der Brennkammerdruck der Me 163 V22 auf knapp halbe Leistung zurückgefallen. So kam nur ein verhältnismäßig langsamer Vorbeiflug unter einer bei 500 Metern beginnenden Wolkenuntergrenze zustande. Lediglich die wenigen Zuschauer, die vom Fach waren, konnten das unerhörte Risiko einschätzen, daß der Pilot Hohmann und das „Kommando Hummel" damit eingegangen waren, und deren Mut heimlich bewundern.

Am 30. 11. 43 war ich beim Flughafenbereichs-Kommandanten Zimmermann in Delmenhorst, um den Ausbau unserer Sonderanlagen voranzutreiben. Da erreichte mich ein Anruf, der mich auf schnellstem Wege nach Zwischenahn zurückeilen ließ. Der erste tödliche Unfall mit einer Me 163 A hatte sich ereignet. Als ich auf dem Fliegerhorst eintraf, fand ich allenthalben sehr ernste Gesichter vor. Aber noch ein anderer Zug war aus vielen Mienen zu entnehmen, den ich mir anfangs nicht zu erklären vermochte. Sie schienen alle ein bißchen betreten, als hätten sie ein schlechtes Gewissen.

„Oberfeldwebel Wörndl", berichtete Thaler, „ist aus der steilen Kehrtkurve einer außerordentlich eng angelegten Landeeinteilung abgeschmiert. Beim Aufschlag ist die Maschine explodiert und hat einen tiefen Erdtrichter aufgerissen. Vom Flugzeug ist nicht viel übriggeblieben. Wörndl war herausgeschleudert worden und vermutlich auf der Stelle tot." Das war eine sehr vorsichtige Formulierung. Bald wußte ich mehr: Der Fall lag hart an der Grenze dessen, was man im Pilotenjargon mit „fliegerischer Unzucht" bezeichnete – Nichteinhaltung der Flugvorschriften. Alois Wörndl war trotz seiner 28 Jahre sozusagen ein „uralter" Pilot gewesen und hatte als Jagdflieger am Spanienkrieg und Polenfeldzug teilgenommen. Danach mußte er Lehrer auf einer Jagdfliegerschule spielen. Nach vielen Gesuchen um Frontverwendung war er endlich zu uns versetzt worden. Ein brillanter Flieger, hatte er sich rasch auf unsere Me 163 A eingeflogen und beherrschte die „Motte" bewundernswert gut. Und weil ihm diese kleine schwanzlose Raketenmaschine geradezu eine fliegerische Offenbarung geworden war, ließ er sich an diesem Tage von ihr zu Manövern verführen, die er besser hätte bleiben lassen. Nach einem Triebwerksstart mit vollen Behältern hoch hinauf in die unermeßliche Himmelsweite und anschließendem Stürzen, Wiederhochziehen und minutenlanger „Luftakrobatik" war Alois Wörndl dann wieder in einer Höhe angelangt, aus der er nach den ihm erteilten Weisungen zum Abfliegen einer bestimmten Lande-Prozedur hätte übergehen müssen. Doch da ritt ihn wohl der Teufel. Oder die kleine Bestie, die unsere 163 ja auch sein konnte, verdrehte ihm den Kopf. Als wäre er auf dem Frontflugplatz von einem Feindflug zurück, „stach" er seine Kameraden am Startplatz unten an, pfiff mit Praßfahrt an ihnen vorbei, passierte den ganzen Platz, hob dann die A mit spielerischer Leichtigkeit wieder hoch und kehrte zurück, diesmal mit weniger Fahrt und gar nicht viel Höhe. Für das normale Anflug-Verfahren war er zu niedrig. So überflog er den Startplatz noch einmal mit Rückenwind und drehte kurz hinter der Flugplatzgrenze in eine Kehrtkurve, bei der die Tragflächen senkrecht zum Boden standen. Aus dieser Fluglage fiel er plötzlich wie ein Stein zu Boden, sagten Augenzeugen.

„Mit einer Me 109 oder FW 190 wäre ihm das nicht passiert", erklärte Thaler mit Überzeugung. „Wörndl hatte reichlich Fahrt, als er in die Kurve ging. Es ist mir rätselhaft, warum die Maschine abschmierte." Joschi Pöhs, der den Unfall auch gesehen hatte, schwieg beharrlich.

Schon am Tag darauf hatte ich die Aufgabe, an Wörndls Sarg bei der förmlichen Beisetzungsfeier ein paar Worte vor der versammelten Truppe zu sprechen. Was sollte ich den Männern sagen, die im Karree den Katafalk umstanden? Ich durfte ihnen nicht den Mut nehmen, trotz aller Trauer um einen verlorenen Kameraden. Also sagte ich ihnen nur in ein paar Sätzen, daß wir hier ein neues Luftfahrzeug zu erproben hätten, so gut wie möglich, so schnell wie möglich und koste es, was es wolle. Und dann schloß ich mit dem Satz, den der alte Rhönvater Ursinus auf der Wasserkuppe mit stoischem Gleichmut auszusprechen pflegte, wenn in der Pionierzeit des Segelfluges bei einem Absturz ein Pilot als Todesopfer zu beklagen war: „Es wird weiter geflogen."

Dieser Aufforderung war Oblt. Pöhs schon am gleichen Tage nachgekommen. Zum einen, weil er „zur seelischen Auffrischung der Piloten", wie er sagte, mit seiner bereits beschriebenen eleganten Angriffstaktik ein paar Flugschüler mit FW 190 aus dem Luftraum über unserem Platz vertreiben wollte. Zum andern, weil er der Ursache für Wörndls Absturz auf die Spur kommen wollte. Bereits am Abend war für ihn das Rätsel gelöst. „Wörndl ist ein Opfer der schwanzlosen Bauweise geworden", meinte er lakonisch. Wenn man die Me 163 in eine sogenannte 90-Grad-Kurve legte, also mit einer Kurvenschräglage von 90 Grad zum Horizont, so beschrieb Joschi seine Feststellungen, dann kann man sie hart herumziehen. Da die Höhenruder (die gleichzeitig Querruder sind) das hintere Ende der äußeren Tragfläche darstellen, erzeugt man mit dem groben Ruderausschlag in Richtung „Ziehen" nicht nur den gewünschten Höhenrudereffekt sondern auch eine beträchtliche Störung der Tragflächen-Umströmung.

„Es ist", beschrieb Joschi seine Beobachtungen, „als wenn man eine Sturzflugbremse betätigt, sobald man in der Steilkurve den Knüppel richtig kräftig durchzieht. Ein Flugzeug mit Schwanz, also eines mit einem langen Rumpf, an dessen Ende sich das Höhenruder befindet, hat solche Eigenschaften nicht. Der Landeanflug wäre für

Wörndl mit einem normalen Flugzeug, das Rumpf und Höhenleitwerk besitzt, gar kein Risiko gewesen, da er ein sehr erfahrener Pilot war. Die Me 163 aber vertrug das Manöver so dicht am Erdboden nicht." An den folgenden Tagen machte ich selbst einen Testflug allein aus diesem Anlaß und fand Joschis Angaben in vollem Umfange bestätigt. Wir hatten es hier mit dem gleichen Manko der Me 163 zu tun, das auch vor Jahresfrist zu der verunglückten Landung von Hanna Reitsch beigetragen hatte.

Wenn man erst einmal den Fehler kannte, dann war seiner Gefährlichkeit sozusagen die Spitze genommen. Wir wußten nun, woran wir waren. Wollte man also eine Kurve ohne unnötigen Höhenverlust fliegen, mußte man das große Seitenruder mitbenutzen und lieber eine Schiebekurve wie ein Segelflieger im Hangwind eines Berges fliegen, sofern man beim Landeanflug den mit einer Steilkurve verbundenen stärkeren Höhenverlust vermeiden wollte. Darüberhinaus stellten Pöhs und ich fest, daß man bei ausreichender fliegerischer Erfahrung diese erhöhte Sinkgeschwindigkeit, die in steiler Kurvenlage auftrat, im Bedarfsfall wie eine Fahrtbremse verwenden konnte. Sobald man mit Ziehen aufhörte, war nämlich auch das starke Durchfallen des Flugzeugs augenblicklich beendet. Joschi und ich haben von da an wiederholt diese Art von Luftbremse bei unseren Flügen angewendet.

Weihnachten 1943 stand vor der Tür. Mir war nicht nach Feiern zumute. Aber die Offiziere samt Hauptfeldwebel und Führerin unserer Nachrichtenhelferinnen wollten eine Weihnachtsfeier haben, wenn es schon keinen Urlaub nach Hause gab. Die Weihnachtsbratenbestellung hatte mir die Stärke meiner „Heerscharen" drastisch vor Augen geführt. Sie nahm durch Zuweisung von Flugzeugführern, mehr noch von Bodenpersonal, laufend zu. So war Hauptmann Krieger Anfang Dezember mit Teilen einer ganzen Fliegerhorst-Kompanie zu uns gestoßen. Dazu kam Hauptmann Dahl mit einer vollzähligen Flugbetriebskompanie. Der Zuwachs an Personal ließ Probleme erwachsen, die mir den Schlaf zu rauben drohten. Um Unterbringung und Verpflegung der vielen Neuankömmlinge hatte Major Kremers, der Horstkommandant, sich den Kopf zu zerbrechen. Aber wie sollte ich ganze Kompanien in die neuen Aufgaben einweisen, ohne die Qualität unseres Wartungsdienstes für den Flugbetrieb zu mindern? Durfte ich auch nur einen unserer jetzt hochspezialisierten Mechaniker und Triebwerkswärte wieder von den ersten Me 163 B abziehen, die als eine Art Weihnachtsgeschenk in Güterwaggons eintreffen sollten und nun für die erste Truppenerprobung montiert und flugfertig gemacht werden mußten? Das Organisationstalent unseres Technischen Offiziers, Oberlt. Pöhs, fand hier die Lösung, indem er jedem „Altgedienten" einen oder mehrere Neuankömmlinge beiordnete.

„Die Landeklappen", so meldete er mir, „sind jetzt aus Chromnickelstahl. Sie halten einen Sog von 740 kg aus, ohne sich zu verformen."

Wenn ich an einem Vormittag nach mitunter stundenlangen Postdurchsichten und technischen Besprechungen aufatmend einen Inspektionsgang durch Werkstätten und Schulbetrieb unternehmen wollte, stand erst noch Jacobi, unser Spieß, vor mir und trug Innendienst-Probleme zu meiner Entscheidung vor, Beförderungen, Dienstreisen, Versetzungen, auch Bestrafungen. Da war zum Beispiel ein Schreiben der Flugmedizinischen Untersuchungsstelle in München eingegangen, bei der unsere Flugzeugführer vor und nach einem Höhenanpassungs-Lehrgang auf der Zugspitze eine Untersuchung auf

Höhentauglichkeit in einer Unterdruckkammer durchlaufen mußten. Die beiden Feldwebel der Reserve Kelb und Ryll wurden verdächtigt, irgendeinen unerlaubten Trick angewendet zu haben, als sie bei der Untersuchung nach Absolvierung des „Höhen-Lehrgangs" in die Druckverhältnisse größerer Höhen versetzt wurden. Während sie bei der Eingangs-Untersuchung bereits nach Erreichen von 6000 m Höhe erste Anzeichen von Höhenkrankheit hatten erkennen lassen, waren sie bei der End-Untersuchung in 9000 m Höhe immer noch ohne Beschwerden, verlangten weiteres Aufsteigen und waren auch in 9500 m simulierter Höhe noch frisch wie die Fischlein im Wasser. Der verantwortliche Arzt in München hatte den Versuch zuletzt abbrechen lassen, da er den Verdacht schöpfte, daß hier nicht alles mit rechten Dingen zugegangen sei. Immerhin waren Kelb und Ryll in einer Höhe ohne zusätzliche Sauerstoff-Atmung ausgekommen, die weit über der höchsten Erhebung auf unserem Globus lag. Ich entschied, daß Dr. Dunker diesen Fall untersuchen solle.

Dann meldete Hptm. Thaler mir, daß Hanna Reitsch eingetroffen sei und bereits gehorsam am Ausbildungs-Lehrgang teilnehme. „Das weiß ich schon seit vier Wochen", erklärte ich ihm lakonisch.

„Aber es liegt doch von keiner Dienststelle ein Befehl dafür vor", meinte Thaler verwundert. „Sie kam einfach und ließ durchblicken, der Führer habe ihr erlaubt, jedes Flugzeug zu fliegen, das es in Deutschland gäbe. Da haben wir sie eben einfach in unser Ausbildungs-Programm mit aufgenommen."

„Eine offizielle Anweisung für ihre Schulung hat niemand erteilt, das stimmt", antwortete ich ihm. „Aber ich saß vor vier Wochen im Kasino des ‚Hauses der Flieger' in Berlin beim Mittagessen am Tisch mit der Gattin des Reichswirtschaftsministers Funk und ihrem ganz lieb anzuschauenden Töchterlein. Dabei wurde ich zu meiner Verblüffung wieder gefragt: ‚Kennen Sie die Hanna Reitsch? Die fliegt doch jetzt mit einem Flugzeug, bei dem hinten ein feuriger Strahl rauskommt und bei dem man gar nicht rasch genug mit den Augen folgen kann, so ungeheuer schnell fliegt das Raketendings durch die Luft. . .' Seither weiß ich: die Hanna hat in Berlin bei der ‚Hautevolee' Vorschuß-Lorbeeren eingesammelt und muß natürlich irgendwie nachholen, was sie da in ihrer Phantasie vorweggenommen hat."

„Draußen auf dem Rollfeld ist sie ungeheuer kameradschaftlich und bescheiden", sagte Thaler und schüttelte verwundert den Kopf.

Natürlich habe ich mich noch am gleichen Tag bei einer Besichtigung des Flugbetriebes von der Richtigkeit dieser Aussage überzeugt. Hanna war in der Tat von einer hinreißenden Kontaktfreudigkeit selbst gegenüber dem jüngsten Gefreiten und Unteroffizier. Verständlich, daß alle unsere Piloten von Stolz erfüllt waren, die berühmte Fliegerin hier als gleichgestellte Kollegin unter sich zu sehen. Auf meine dringliche Frage, wer denn ihre „Kommandierung" hierher veranlaßt habe, bekam ich allerdings nur raffinierte Ausflüchte von Hanna zu hören. „Wenn es nicht der Sache schadet", hatte mir jemand in Berlin am Telefon gesagt, als ich um Verhaltens-Maßregeln in diesem Falle bat, „dann lassen Sie sie halt mitmachen." Also ließ ich sie gewähren.

Auch Dr. Schneider, unser verehrter Fliegerarzt aus Jüterbog, erschien in diesen Tagen in meinen Dienströumen, denn die von einem Kommando-Trupp unseres

Freundes Elias eingebauten Sitzfederungen hatten nicht richtig funktioniert. „Es ist alles in Ordnung gebracht", berichtete Dr. Schneider kurz. „Es war kein Ingenieur dabei", fuhr er fort, „als die Änderungs-Kolonne die Latscherfederungen montiert hat. Dabei haben sie die Schenkel zweier Scheren der Federung nicht genau parallel gelegt. Deshalb konnte die Federungsmechanik nicht funktionieren. Ich habe ihnen gezeigt, wie sie mit ein paar Handgriffen die Geschichte in Ordnung bringen konnten. Von jetzt ab ist jeder Sitz einwandfrei abgefedert."

„Das war im Grunde blamabel für die Techniker, daß erst ein Mediziner kommen mußte, um ihnen einen Einbaufehler nachzuweisen", meinte ich bekümmert, aber froh über die unerwartete Hilfe.

„Für mich", winkte Dr. Schneider ab, „ist ein Besuch in Zwischenahn immer ein großer Genuß, der nach den Strapazen einer Reise reiche Entschädigung bietet. Dieser Blick über den Wasserspiegel des Sees mit dem breiten Schilfgürtel davor ist eine einzigartige Augenweide. Er erinnert mich an den Plattensee. Und gegenüber die Silhouette der Zwischenahner Dorfkirche – romanisch mit reizvoller Renaissance aus Reformationszeiten – wirklich, ich fühle mich belohnt allein durch den ästhetischen Genuß! Oldenburg allerdings ist unsagbar langweilig, weil Spuren des Alters fehlen. Selbst am Schloß hat man das schüchterne Barock mit einer Fassade aus Renaissance totgeschlagen."

Nach Dr. Schneider wollte Korff mich sprechen. Er führte bittere Klage, daß der Leutnant Ziegler zum Einstudieren einer Weihnachtsfeier einige seiner Nachrichten-Helferinnen auch schon während der Dienstzeit anfordere. „Das geht selbstverständlich nicht", pflichtete ich ihm sofort bei. „Nicht genug mit zu frühem Anfangen", fuhr Oblt. Korff mit bewegter Klage fort, „sie hören mit den Theater-Proben erst in sehr später Nachtstunde auf. Am nächsten Morgen muß ich mich dann über die allgemeine Schläfrigkeit ärgern, wenn die Mädchen eigentlich wieder mit voller Präzision ihren bekannten Aufgaben am Seeburgtisch und in den Gerätestellungen nachzukommen hätten."

Auch darin mußte ich meinem Nachrichten-Offizier recht geben, konnte aber darauf verweisen, daß bis zum Weihnachtsfest nur noch eine absehbar kurze Zeit läge. Nach der Feier wären ein für allemal alle Theaterproben untersagt.

„Aber dann ist da noch das Gerede über die Nachrichtenhelferinnen-Baracke. . .", ließ Korff nicht locker.

„Welches Gerede?" wollte ich wissen.

„Ein Wachtposten hat beobachtet, daß manchmal abends ein Soldat durch ein Fenster in der Stirnseite der Baracke eingelassen wird. Am nächsten Morgen kommt er angeblich durch ein Fenster auf der anderen Barackenseite wieder heraus."

„Na und. . .?"

„Ja und", polterte Korff, „nun hat der Ziegler das Gerücht in Umlauf gesetzt, das wäre ich, der da nachts in die Baracke einsteigt. Gerade Lt. Ziegler. . ."

Ich bestimmte, daß an der Baracke ein Schild aufzustellen sei: „Eintritt nur dienstlich". Außerdem wurden alle Flugzeugführer, die den erforderlichen Ausbildungsstand im Schulbetrieb erreicht hatten, gleich wieder zu einem Höhenanpassungslehrgang auf die Zugspitze beordert. Zu den 27 Flugzeugführern, die bis dahin zu uns für eine spätere Verwendung bei einer Einsatz-Einheit versetzt worden waren, zählten meines Wissens zu jenem Zeitpunkt:

Hptm. Robert Olejnik	Ofw. Alois Wörndl	Uffz. Rudolf Zimmermann
Oblt. Otto Böhner	Fw. Werner Nelte	Uffz. Manfred Eisenmann
Lt. Franz Rösle	Fw. Schametz	Uffz. Rolf Glogner
Lt. Eberle	Fw. Fritz Kelb	Uffz. Konrad Schiebeler
Lt. Hans Bott	Fw. Siegfried Schubert	Uffz. Willi Müllstroh
Lt. Mano Ziegler	Fw. Straßnicki	Uffz. Gerhard Mohr
Lt. Franz Medicus	Fw. Hartmut Ryll	Uffz. Horst Rolly
Lt. Heinz Schubert	Fw. Oeltjen	Uffz. Walther
Lt. Adolf Niemeyer	Uffz. Wiedemann	Uffz. Anton Steidl
Fw. Fritz Husser		

Oblt. Korff zog sich wieder in das Revier seiner Funkmeßstände zurück, und Hauptfeldwebel Jacobi brachte erneut Mappen mit „Papierkrieg", den ich lesen, ausgehende Post, die ich unterschreiben mußte. Zwischendurch meldete sich Hptm. Olejnik von einer Dienstreise zurück. Er hatte den Auftrag von mir erhalten, den Ausbau des Fliegerhorstes Wittmundhafen zu kontrollieren. Olejnik sollte die Führung der Einsatz-Staffel übernehmen, die auf diesem Platz ihren Standort haben würde. „Wittmundhafen", meldete er mir, „hat nicht genug Wasser für uns. Eine Bohrung für einen neuen Brunnen ist bereits auf 100 Meter Tiefe noch immer ohne ausreichenden Wasseranfall. Das RLM muß noch einmal 50 weitere Bohrmeter genehmigen."

Außer Wittmundhafen wurden zu diesem Zeitpunkt noch folgende Fliegerhorste mit Sonderausbau für Me 163 versehen: Venlo, Deelen, Twente, Oranienburg, Husum, Brandenburg-Briest, Achmer, Nordholz, Parchim, Brandis, Stargard, Lechfeld (behelfsmäßig) und natürlich Zwischenahn.

Die Weihnachtsfeier war im übrigen eine Veranstaltung von beachtlicher Qualität geworden. Während wir im schönsten Feiern waren, hieß es: „Major Späte – bitte ans Telefon." Aus der Ohrmuschel des Fernsprechers erfuhr ich dann von einer höheren Dienststelle, daß ich Major geworden sei. Wahrhaftig, ein passendes Weihnachtsgeschenk! Das viel größere Weihnachtsgeschenk für unser ganzes Erprobungs-Kommando war natürlich die Nachricht aus Augsburg, daß die erste „Berta" an uns zum Versand gebracht war, die zweite folge am kommenden Tag. „Berta" nannten wir die Me 163 B der Einfachheit halber, statt zu sagen: Messerschmitt 163 Berta. Berta war das damals für den Buchstaben B des Alphabets gebräuchliche Buchstabierwort (A = Anton, B = Berta, C = Cäsar, D = Dora). Wer eine Me 109 G flog, sprach mit Kameraden nur von der „Gustav", die er eben gesteuert hatte. Soweit ich mich heute erinnere, waren diese ersten „Bertas" in Zwischenahn die Me 163 B V9 und V14. Es sollte noch bis weit in den Januar 1944 hinein dauern, bis wir damit die ersten Starts mit Triebwerk machen konnten.

Die Luftfahrtmedizin und die „Me 163"

An einem dieser Dezembertage 1943 rief mich Stabsarzt d.R. Dr. Erich Dunker an und bat, mir über eine wichtige flugmedizinische Erkenntnis berichten zu dürfen, die er mit Hilfe der beiden Feldwebel d.R. Ryll und Kelb gewonnen habe. „Sparen Sie sich den Weg zu mir", schlug ich ihm vor, „ich werde zusammen mit Oblt. Pöhs zu Ihren Unterdruckkammern hinüberkommen, um mir einmal etwas genaueren Einblick in Ihren Tätigkeitsbereich zu verschaffen. Dann können Sie mir auch über die flugmedizinische Neuigkeit berichten."

Dr. Dunker war mit einem sogenannten motorisierten Unterdruck-Kammer-Zug zu meinem Erprobungskommando 16 beordert worden. Das war eine großzügige und spontane Hilfsaktion der Luftfahrtmedizin für uns, ausgelöst wohl durch meine Berichte über Probleme des raketengleichen Aufstiegs auf Höhen von 12 000 Meter, die bei den verantwortlichen Führungsstellen die Sorge geweckt haben mochten, daß man den Me 163-Piloten außergewöhnliche körperliche Leistung abverlangte, für die sie vielleicht nicht mit der ausreichenden Sorgfalt vorbereitet worden waren. Denn die ursprünglich vorgesehene Druckkabine an der Me 163 B war ein frommer Wunsch geblieben, der sich noch nicht in die Tat umsetzen ließ. Dr. Dunker war im Zivilberuf Assistenzarzt bei der II. Medizinischen Klinik der Charité in Berlin gewesen. Mit ihm hatten wir einen regelrechten wissenschaftlichen Spezialisten zur Verfügung, der bereits durch etliche Veröffentlichungen in medizinischen Zeitschriften auf sich aufmerksam gemacht hatte.

Wir trafen Dr. Dunker in einem großen Zelt, das ihm für die Aufstellung seiner Druckkammern diente. Gerade verließ ein halbes Dutzend unserer Flugzeugführer die Kabine, in der sie 1 bis 2 Stunden in Druckverhältnissen von anfangs 4500 Metern ohne zusätzliche Sauerstoffatmung, danach 10 bis 20 Minuten in 12 000 Metern mit Sauerstoffatemmaske vor dem Gesicht hatten aushalten müssen. Ihren Mienen nach zu urteilen, schienen sie froh, dieser täglichen lästigen Pflichtübung für heute wieder entronnen zu sein.

„Vielleicht haben wir für die Medizin ganz durch Zufall eine kleine Entdeckung gemacht", begann Dr. Dunker gleich auf das Thema zuzusteuern, das ihm offenbar sehr am Herzen lag. „Dabei haben mir die beiden Feldwebel durch rückhaltlose Darlegung aller Umstände die ausschlaggebende Hilfe geleistet. Wenn Kelb und Ryll sich ausgeschwiegen hätten, wäre ich ‚so dumm als wie zuvor'. So aber haben wir vermutlich Kenntnis von einem medizinischen Vorgang erhalten, der uns bisher unbekannt war."

„Warum sollten die zwei denn nicht pflichtgemäß Ihre Fragen beantworten?" wandte ich ein.

„Weil sie sich durch das, was sie schildern mußten, im Grunde strafbar gemacht haben", antwortete Dr. Dunker. „Ich habe ihnen aber versprochen, daß ich ein Wort für sie einlegen will, damit sie ungeahndet davonkommen. Diesem Versprechen will ich also hiermit gleich eingangs meines Berichtes nachgekommen sein."

„Gut", ließ ich mich herbei, „wenn die Luftfahrtmedizin einen Vorteil davon hat und das Vergehen nicht zu schwerwiegend ist, sollen sie straffrei ausgehen."

„Sie wissen", begann Dr. Dunker zu berichten, „daß wir die Luftwaffenpiloten, welche aus taktischen Gründen in besonders großen Höhen zu fliegen haben, ein sogenanntes höhenphysiologisches Training absolvieren lassen. Dieses Training besteht im Grunde nur darin, daß wir sie strikt 3–4 Wochen lang in einer Höhe von 3000 Metern kasernieren. In diesem Falle ist es eine höchst angenehme ‚Kaserne', in der sie sich aufhalten, nämlich der Restaurationsbetrieb des Schneefernerhauses auf dem Zugspitzplatt. Die Luftwaffe hat dort sämtliche Quartiere für ‚Höhenanpassungslehrgänge' requiriert. Es ist eine erwiesene Tatsache, daß durch einen längeren Aufenthalt in solchen mittleren alpinen Lagen die Höhentoleranz eines Menschen gesteigert werden kann. Der verminderte Luftdruck veranlaßt den Körper, ganz automatisch einige Umstellungen vorzunehmen, damit ihm auch unter den Verhältnissen des geringeren Partialdruckes, der in 3000 m Höhe vorherrscht, die Aufnahme des lebensnotwendigen Sauerstoffes in ausreichendem Umfange möglich ist. Neben anderen Veränderungen im Menschen tritt eine meßbare Vermehrung der roten und weißen Blutkörperchen ein, der Hämoglobin-Anteil des Blutes steigt, und damit ist die Voraussetzung geschaffen, daß die Lunge das Blut auch in der Höhe mit der gewohnten Menge Sauerstoff versorgen kann, ohne etwa schnellere Atemzüge auszuführen. Und die Untersuchungen in der Unterdruck-Kammer beweisen, daß ein Pilot nach einem Höhenanpassungslehrgang auf der Zugspitze durchschnittlich 1000 bis 1500 Meter mehr Höhe ohne zusätzliche Sauerstoffzufuhr verträgt als vorher."

„Schön und gut, wir glauben das ja unbesehen", unterbrach ich Dr. Dunkers Vortrag, „aber was haben Kelb und Ryll damit zu tun?"

„Diese beiden Feldwebel", fuhr der Stabsarzt lächelnd fort, „waren bei der Druckkammer-Untersuchung im Anschluß an ihren Aufenthalt auf dem Zugspitzplatt in der Lage, bei Druckverhältnissen von 9500 Metern noch ohne Sauerstoff-Hilfe zu existieren. Sie behaupten sogar, sie hätten sicher auch 10000 ausgehalten. Doch der aufsichtführende Arzt ließ das nicht zu. So etwas hat es bei den vielen vorangegangenen Untersuchungen noch nie gegeben. Deshalb entstand der Verdacht, sie hätten irgendeine Mogelei begangen, z. B. sich heimlich ein Fläschchen Sauerstoff mitgenommen und sich daraus immer mal eine ‚erfrischende Dusche' verschafft. Aber Kelb und Ryll schworen Stein und Bein, daß sie das nicht getan hätten.

„Und was war nun des Pudels Kern?", fragte Oblt. Pöhs, dessen Interesse an dem Fall sichtlich erwacht war.

„Die zwei", fuhr Dr. Dunker achselzuckend fort, „haben sich nicht an die Vorschrift gehalten, daß sie ohne jede Unterbrechung vier Wochen auf 3000 Meter Höhe zu bleiben hatten. Tagsüber kamen viele hübsche Mädchen mit der Zahnradbahn und im Gondellift zur Zugspitze hinaufgefahren. Da aber alle Betten oben durch die Wehrmacht belegt waren, mußten sie abends allesamt wieder in das Tal hinab. Kelb und Ryll fanden das unerträglich und fuhren so etwa jede zweite bis dritte Nacht mit der letzten Zahnradbahn nach Garmisch hinunter. Dort nahmen sie ausgiebig am Nachtleben teil. Um 7 Uhr kontrollierte oben Oberleutnant Böhner, der dienstälteste Offizier, die Anwesenheit aller Kameraden beim Wecken. Um zu diesem Zeitpunkt oben zu sein, mußten die zwei nach Mitternacht den Weg zur Zugspitze zu Fuß zurücklegen, denn nachts fuhr die Zahnradbahn nicht. Das hieß, daß sie wöchentlich zwei- bis dreimal eine Bergsteigertour von mehr als 2000 Meter Höhenunterschied hinter sich gebracht haben. Und es scheint nun so zu sein, daß die Höhenanpassung erheblich wirksamer wird, wenn man sie durch so und so viele Berg- und Taltouren unterbricht."

„Sollte sich das bewahrheiten", entschied ich, „so sei denn Kelb und Ryll die Strafe erlassen."

„Gibt es keine einfachere Methode", forschte Pöhs jetzt weiter, „einen Flugzeugführer für den Aufenthalt in größeren Höhen widerstandsfähig zu machen? Mir scheint der Aufwand reichlich groß, der Nutzen klein."

„Ein einfaches Mittel", fuhr Dr. Dunker in seinem Vortrag fort, „zur Steigerung der Höhentauglichkeit haben wir mit der sogenannten ‚Schnappatmung' eingeführt. Hierbei atmet man schnell und tief durch den Mund ein, dagegen langsam und leicht durch die Nase wieder aus.

Versuche, die wir mit Einnahme von Fruchtzucker machten oder medikamentöse Einwirkung, beispielsweise durch Strychninsäure-Injektionen, erwiesen sich als unwirksam. Das beste Mittel ist die Anpassung des Körpers durch Aufenthalt in Zugspitzhöhe. Und nach den Erfahrungen mit Kelb und Ryll wird diese Methode vermutlich noch verbessert durch kräftige Bewegungstherapie in dieser alpinen Berglage. Was wir noch nicht im Griff haben, das sind die sogenannten Druckfallbeschwerden."

„Handelt es sich dabei um rheumaartige Schmerzen, die beim Flug in großer Höhe auftreten und verschwinden, wenn man wieder am Boden ist?" wollte Pöhs wissen.

„Richtig", bestätigte der Stabsarzt, „in manchen Fällen kann noch ein Hautjucken und Handzittern dazutreten. Verursacht wird diese Erscheinung, weil oberhalb von etwa 8400 m Höhe der in Blut und Gewebeflüssigkeit gelöste Stickstoff frei werden kann. Er dehnt sich in Blutgefäßen und Geweben aus und verursacht Schmerzen, vornehmlich in den Gelenken. Ein Gegenmittel besteht darin, daß der Flugzeugführer 20–30 Minuten lang vor Antritt eines Höhenfluges reinen Sauerstoff atmet. Ob sich das bei dem Interzeptor-Einsatz mit der Me 163 verwirklichen lassen wird, muß ich allerdings bezweifeln."

Als wir nach unserem Gespräch mit Dr. Dunker zur Halle A zurückkehrten, meinte Joschi nachdenklich: „Mir wärs viel lieber, die Herren Ärzte würden sich weniger Gedanken darüber machen, daß uns der geringe Luftdruck in der Höhe inkommodiert. Aber wenn sie eine Schutzbekleidung erfinden wollten, die den T-Stoff nicht durchläßt, das tät mich kolossal beruhigen. Wir haben unlängst ausprobiert, was passiert, wenn T-Stoff auf eine unserer PVC-Fliegerkombis tropft: er rinnt durch, wie durch ein Sieb. . ."

„Einen für Flüssigkeit undurchlässigen Anzug kann der Mensch nicht lange ertragen", entgegnete ich ihm. „Die Haut muß atmen können. Vorläufig müssen wir mit dem vorlieb nehmen, was uns die Technik mit der Kunststoff-Faser geliefert hat. Aber Verbesserungen müssen wir natürlich fordern, damit wir eines Tages dem Flugzeugführer hundertprozentige Sicherung bieten können für den Fall, daß bei einem Unfall Treibstoff über ihn läuft. Im übrigen wollen wir froh sein, daß man so schnell für das

Wohlbefinden unserer Verdauungsorgane gesorgt hat, indem man Diätköche mit einem Oberinspektor zu uns versetzt hat, die uns täglich liebliche Gerichte kochen, damit unsere Eingeweide von Blähungen verschont bleiben."

Wer macht den ersten Start?

„Wer macht eigentlich den ersten Start mit unseren zwei neuen ‚Bertas?' fragte Joschi Pöhs an einem der letzten Dezembertage.

„Wahrscheinlich du oder ich", entgegnete ich ihm, „auf jeden Fall ein fronterfahrener Jagdflieger. Wir müssen schon bei den allerersten Flügen Luftkampf-Situationen nachfliegen, denn unsere Aufgabe heißt Truppen-Erprobung."

„Dann mußt du aber Hanna Reitsch klarmachen, daß ihr diese Aufgabe nicht zukommt. Seit wir die Maschinen montiert haben und damit nach Einbau der Triebwerke Standläufe auf dem Prüfstand machen, sitzt sie praktisch von morgens bis abends in einem der beiden Flugzeuge, läßt sich alle Schalter und Zeiger erklären und erzählt jedem, der es hören will, daß sie sich darauf freut, die ersten Starts damit zu machen."

„Wo ist sie jetzt?"

„Wahrscheinlich auf ihrem Zimmer, wo sie auf eine Fernsprechverbindung mit General v. Greim an der Ostfront wartet", antwortete Pöhs.

„Da kann sie doch tagelang warten, bis so ein Gespräch durchkommt", versuchte ich einzuwenden.

„Oh nein", wußte Joschi es besser, „sie hat eine Nachrichtenhelferin rumgekriegt, daß die ihr entgegen allen Vorschriften Gespräche bis an den entlegensten Frontabschnitt als ‚Führungsblitz-Gespräch' vermittelt. Das ist die Helferin, die bekannt dafür ist, daß sie mit imitierter Kinderstimme einen unserer Soldaten nach dem anderen verrückt macht, bis sie ihn im Bett hat. Im vorliegenden Fall ist offenbar weibliches Solidaritätsgefühl der Anlaß zu solchen Aktionen, die der ‚Drahtamsel' eine saftige Strafe eintragen können, wenn die Sache rauskommt."

Ein paar Minuten später saß ich Hanna gegenüber in ihrem Appartement, das der Horstkommandant ihr im Kasinogebäude zugewiesen hatte.

„Wie bist du mit dem zufrieden, was dir hier von uns in Zwischenahn geboten wird?" fragte ich sie nach der ersten Begrüßung.

„Oh", antwortete sie und versuchte ihr gewinnendstes Lächeln aufzusetzen, „abgesehen von der angenehmen Unterkunft, die ich hier fand, habe ich ja nun bei Hauptmann Thaler etliche Schleppstarts und schließlich auch zwei Flüge mit Triebwerk auf der ‚A' gemacht, sodaß ich gut vorbereitet bin, um demnächst die beiden neuen Einsatzmaschinen zu fliegen."

„Siehst du", erklärte ich ihr und versuchte einen väterlich ruhigen Ton anzuschlagen, „deswegen bin ich gekommen. Daraus kann nämlich nichts werden. Zumindest vorläufig nicht."

„Aber warum denn nicht? Es ist doch alles schon schön vorbereitet!" Aus ihren Blicken konnte man genau entnehmen, daß sie wußte: Sie hatte hier unverschämt hoch gepokert, und jetzt kam einer, der sich nicht bluffen ließ. Natürlich war sie auf mein Kommen vorbereitet und hatte gewiß ein paar gute Argumente in peto. „Ob ich die Maschine fliege oder ein anderer", fuhr sie bereits fort, „das ist doch nicht so von

Bedeutung. Im übrigen habe ich doch schon sehr viel andere Typen geflogen. Und der Führer hat mir erlaubt, jedes Flugzeug zu fliegen."

„Von letzterem", antwortete ich, „hat man wohl einmal etwas erzählen hören. Aber schriftlich liegt mir nichts vor. Auch eine Kommandierung von dir nicht. Du fliegst hier, weil ich sehr viel guten Willen beweise, und sehr viel Zivilcourage. Denn wenn dir etwas zustößt bei uns, würde natürlich ich an allem schuld sein." Hier unterbrach mich Hanna katzenartig schnell, weil ihr ein zugkräftiges Argument eingefallen war. Sie schrie mich fast an: „Wir sind doch im Krieg! Da kommt es auf ein Opfer mehr oder weniger gar nicht an! Opfer müssen gebracht werden!"

„In dieser Ansicht unterscheiden wir uns ein wenig", entgegnete ich und freute mich, daß mir der väterlich ruhige Ton weiterhin gelang. „Wir erproben hier, um schnell voranzukommen, aber Opfer zu vermeiden. Wenn ich dich diese Flüge machen ließe, wäre es ein größeres Risiko, als wenn ein besser geübter Pilot das täte. Und außerdem sind diese V9 und V14 zur Truppenerprobung da. Sie sollen von Jagdfliegern auf ihre Einsatztauglichkeit untersucht werden. Das kannst du nicht, denn du hast noch nie einen einzigen Einsatz im Luftkampf geflogen."

Hanna sah, daß ihre Trümpfe nicht stachen. Da legte sie zart die Hand auf meinen Arm und sah mir treuherzig in die Augen: „Wolfgang", schmeichelte sie, „wir wollen doch kameradschaftlich an einem Strang ziehen!" Ihre Hand streichelte die meine. „Komm in einem Vierteljahr wieder, dann wollen wir darüber reden", zog ich einen Schlußstrich unter die Debatte. Da sprang die kleine 1,60 m messende Person von ihrem Sitz in die Höhe: „Ist das dein letztes Wort!?" geiferte sie.

„Das ist mein letztes Wort." Ich freute mich, daß ich auch jetzt noch den väterlich ruhigen Ton gefunden hatte.

Kurze Zeit danach verschwand Hanna Reitsch aus Zwischenahn. Man vernahm, daß sie bei General v. Greim Besuche bei der Fronttruppe mache, um die Moral zu stärken.

Alles scheint sich gegen uns zu verschwören

Ein Weihnachtsgeschenk der Bauleitung Zwischenahn für uns war die Fertigstellung mehrerer Arbeitsbaracken gewesen, die uns am nördlichen Platzrand unter dem Sichtschutz einiger alter Föhren von nun an bessere Arbeitsbedingungen boten. Am 30. Dezember 1943 saß ich dort in meinem Büroraum, als draußen das Fauchen einer zum Start anrollenden Me 163 A hörbar wurde. Ich wußte, daß Oblt. Pöhs noch einen Werkstattflug mit einer unserer Schulmaschinen machen wollte. Zudem war aus der Luft das Motorengeräusch einer Anzahl FW 190 zu hören, die wie üblich unseren Horst neugierig umkreisten. Die würde er vermutlich bei dieser Gelegenheit wieder „in die Flucht schlagen".

Ein Raketenstart war inzwischen etwas so Alltägliches geworden, daß ich mich wieder meiner Schreibtischarbeit zuwandte. Doch plötzlich sprang ich wie elektrisiert vom Stuhl und lief zum Fenster. Das Orgeln des Triebwerks war schlagartig abgebrochen. Die Maschine konnte meiner Schätzung nach gerade erst abgehoben haben. Draußen war nichts zu sehen. Äste und Baumstämme nahmen mir die Sicht dorthin, wo das Flugzeug im Startvorgang verschwunden war. Da erschütterte ein Knall Holzwände und Fenster der Baracke, als wäre eine Bombe hochgegangen. Ins Freie stürzend sah ich am gegenüberliegenden Westrand des Rollfeldes eine weißgraue Wolke hochquellen, wie ich ähnliches noch nie wahrgenommen hatte. Der Anblick war furchterregend allein wegen der Konzentration von Energie, die sich darin dokumentierte. Von unten wurde die Riesenwolke durch blitzartiges Aufleuchten von Explosionen mehrmals grell erleuchtet. Die Wolke riß schnell von unten ab. Man sah auf der anderen Platzseite, fast 2 Kilometer entfernt, Löschwagen der Feuerwehr in Aktion um einen Gegenstand, der der Rest unserer Me 163 zu sein schien.

Ein Kraftfahrzeug hielt knirschend vor unserem Liegeplatz. Es war Thaler, der mir anbot, mit zur Unfallstelle zu fahren. Unterwegs erfuhr ich Einzelheiten. Pilot war Joschi Pöhs. Er war nicht mit dem Fallschirm ausgestiegen, denn dazu war das Flugzeug noch zu niedrig gewesen. Ihm war vielmehr die Kurve zurück zum Platz geglückt – „Todeskurve" heißt sie unter Fliegern, weil so viele dabei tödlich abschmieren. Nur, als er wieder zum Rollfeld hereinschwebte, stand da noch ein Funkmast. Ihm auszuweichen, fehlte ihm die letzte Steuerwirkung. Mit der Flügelspitze stieß er daran, dann machte das Flugzeug das, was unter Piloten mit „Stabhochsprung" bezeichnet wird: Es spießte mit einer Flächenspitze in den Boden und überschlug sich darüber hinweg. Danach gab es jene gewaltige Explosion und der Unfallort war in die unheimliche Dampfwolke gehüllt, die ich selbst beobachtet hatte.

„Die Feuerwehr", berichtete Thaler, „hat nach meiner Schätzung schon nach weniger als einer Minute mit Löscharbeit begonnen. Der Löschwagen, der befehlsgemäß am Rollfeldende postiert sein muß, war nur wenige Meter vom Unfallort entfernt."

Als wir am Ort des Geschehens eintrafen, hatten drei Feuerlöschwagen Tausende von Litern Wasser über das auf dem Rücken liegende Raketenflugzeug verspritzt. Auch Dr

Dyckerhoff, der Horst-Arzt, war schon da. „Tot", sagte er nur, lakonisch, aber sehr bestimmt. „Da gibt es keine Hilfe mehr."

Ich sah zwei Beine aus der abgebrochen Bugspitze herausragen. Sie gehörten meinem besten Freund! Ungeachtet aller abwehrenden Hinweise watete ich durch Schlamm und Schaum und Flüssigkeiten bis zum Flugzeug, um in die zusammengequetschte Kabinenhaube hineinzublicken. Ich erkannte: Hier war keine Lebensrettung mehr möglich! Nun kam es nur noch darauf an, zu verhindern, daß dieser Absturz uns allen zu tief in die Knochen fuhr.

„Wer nichts mit der Bergung zu tun hat, verschwindet hier augenblicklich von der Bildfläche", befahl ich. Und dann fuhr ich zu meiner Baracke zurück und tat, als wäre nichts geschehen. Und doch muß ich bekennen, es kostete übermenschliche Anstrengung, das gräßliche Erlebnis zu verdrängen. Beim Abendessen im Kasino versuchte ich so zu tun, als wenn mir das Essen schmeckte. Aber alle stocherten nur auf den Tellern herum. Schließlich gelang es Kelb, dem Witzbold unter unseren Flugzeugführern, mit einer seiner unpassenden Redereien den Bann für eine Weile zu brechen.

„Nun hatte er sich endlich zur Monogamie bekehren lassen und allen Freundinnen in Wien und ganz Großdeutschland einen Korb gegeben zugunsten einer Zwischenahnerin – da macht er so was. . .!" äußerte er kopfschüttelnd.

Als ich an diesem Abend an den Flugzeughallen entlang zu meiner Unterkunft zurückkehrte, fühlte ich mich grenzenlos einsam. Und eine Zeitlang kam eine verbissene Wut in mir hoch auf das „Biest", das in unserem „Kraftei" steckte, irgendwo in einer verborgenen Ecke, und von Zeit zu Zeit offensichtlich ein Opfer haben wollte. Am nächsten Morgen meldete sich Fliegerhauptingenieur Brede, um über die Unfalluntersuchung Bericht zu erstatten. An der Rumpfunterseite war eine Einbeulung festzustellen, die nicht durch den Absturz verursacht sein konnte. Augenzeugen hatten gesehen, daß das Fahrwerk nach dem Abwurf an einen Maulwurfshaufen oder eine andere unebene Stelle im Rasen geraten war und derart hoch zurücksprang, wie man das sonst noch nie erlebt hatte. Dabei berührte es das Flugzeug noch einmal und drückte die Rumpfverschalung ausgerechnet an einer Stelle ein, hinter der eine T-Stoffleitung verlief. Die Leitung wurde undicht, und das löste eine Automatik aus, die das Triebwerk augenblicklich abstellte. Wenn das Gemisch von T-Stoff und Z-Stoff nicht im vorberechneten Verhältnis in die Brennkammer gelangte, bestand die Gefahr einer Explosion. Deshalb hatten die Konstrukteure bei Walter diese Abstell-Automatik konstruiert. Hier hatte sie kein Leben gerettet, sondern eines gekostet.

„Wir haben", fuhr Brede in seinem präzisen technischen Vortrag fort, „nach dem Bergen des Wracks die Leiche des Flugzeugführers gleich eingesargt. Trotz Fliegerschutzbekleidung war ein Arm völlig vom T-Stoff aufgelöst. Einfach weg. Nichts mehr im Ärmel drin. Der andere Arm wie auch der Kopf waren nur noch eine gallertartige weiche Masse." Es fehlte nicht viel, und ich wäre dem Brede an die Gurgel gesprungen. Doch ich bezwang mich augenblicklich. Auch das gehörte zu einem Unfall-Bericht.

Wer sollte die Lücke ausfüllen, die durch den Tod von Joschi Pöhs entstanden war?! Aus meiner Erfahrung, die ich in Frontstaffeln gesammelt hatte, wußte ich: Noch immer war ein Nachfolger für einen Gefallenen zu finden gewesen. Wir hatten jetzt bereits 27 Flugzeugführer, die einschließlich Triebwerksstart auf Me 163 A fertig ausgebildet waren! Darunter mußte doch ein Technischer Offizier für uns zu finden sein! Die Wahl fiel auf Oblt. Otto Böhner. Der war nun allerdings kein Jagdflieger-As wie Oblt. Pöhs, eher das Gegenteil. Aber er war nicht nur fachlich interessiert, sondern auch durch technisches Schulwissen vorgebildet. Und eines stand für mich fest: Wenn wir es dahin bringen wollten, mit Me 163 Luftkämpfe auszufechten, kam es in erster Linie darauf an, an verantwortlicher Stelle Offiziere zu haben, die mit den technischen Mängeln von Zelle und Triebwerk fertig wurden, welche uns noch lange Zeit Kopfzerbrechen machen würden. Für diese Aufgabe war Böhner vermutlich vorbereitet: Beim J.G. 53, das ihn zu uns versetzt hatte, war er Geschwader-T.O. gewesen.

Böhner wurde gleich hart gefordert. In den ersten Januartagen des Jahres 1944 war die V14 endlich nach mehreren Probeläufen des Triebwerks startfertig – da stellte kurz vor dem ersten Start ein Wart ein Leck am C-Stoff-Behälter fest. Einen Ersatzbehälter hatten wir noch nicht. Es dauerte 14 Tage, bis er besorgt und gegen den defekten ausgetauscht war. Unser Interesse konzentrierte sich deshalb auf die V9. Doch nach ein paar Probeläufen fiel deren Triebwerk aus. Die Walter-Ingenieure entschieden: Es wird ein neues eingebaut. Sie hatten wenigstens Ersatztriebwerke gleich zur Hand. Am 11. 1. 44 war diese „Berta" mit neuem Triebwerk einsatzbereit. Nach Vorschrift mußte nun ein amtlicher „Abnahmeflug" den Beweis erbringen, daß die Maschine „flugfähig" war. Erst nach Absolvierung dieses Fluges erhielt die Firma Messerschmitt auch ihr Geld für diese Serienmaschine. Pitz, unser „Mädchen für Alles", wurde autorisiert, diesen Abnahmeflug mit halb gefüllten Treibstoff-Behältern auszuführen. Er gelang. Als ich im Anschluß daran meinen lang erwarteten ersten Truppen-Erprobungsflug damit machen wollte, streikte das Triebwerk bereits wieder. Es mußte erneut ausgetauscht werden. Das dauerte fünf volle Tage.

Dafür flog ich am 15. Januar 1944 zum ersten Mal mit der V14 bei zur Hälfte gefüllten Tanks den „Abnahmeflug". Danach war der Hydraulik-Behälter der Kufe undicht. Ein Kurier fuhr nach Augsburg und danach nach Böblingen, um Ersatz zu holen. Der Hydraulik-Behälter wurde aus einem fast fertigen Flugzeug bei Fa. Klemm ausgebaut. Die waren mit ihren Lieferterminen sowieso schon unrettbar im Verzug. Aber Direktor Wenz tobte natürlich, als ich ihm telefonisch diese Maßnahme abverlangte. Gegen Monatsende war die V14 dann zum nächsten Testflug bereit.

Inzwischen hatte ich im Verein mit Opitz am 21. und 24. 1. 44 ein paar Abnahmeflüge schon in Lechfeld erledigt, so daß uns diese Formalität in Zwischenahn erspart blieb. Dabei hatten wir auch die V18 mit einer Nachlauf-Regulierung im T-Stoffbehälter nachgeflogen und die Einführung dieser Verbesserung gutgeheißen. Am 30. 1. konnte ich schließlich in Zwischenahn die dritte von meinem Erprobungs-Kommando 16 aufgerüstete und zum Vollaststart vorbereitete Me 163 B zum Flug besteigen. Der Himmel war blau, von ein paar Schönwetter-Cumuli abgesehen, und natürlich war von der Flugleitung „Myo" verkündet. Das war uns aber egal. Für alle Fälle wurden die 2 MG 151 mit Munition versehen. Also wirklich ein Start mit voller Last! Das Triebwerk schob von Anbeginn, daß es eine Pracht war. 23 atü Ofendruck las ich ab. Vorsichtshalber regelte ich auf etwa 21 atü zurück. Wenn man bei einigen ersten Flügen gelernt hatte, daß so ein fast vier Tonnen schweres „Kraftei" eben eine erklecklich lange Startstrecke brauchte, um flugfähig zu werden, dann machte es einem nichts aus, erst nach fast 1000

Meter langem Anrollen behäbig von der Startbahn abzuheben und das Fahrwerk wegzuklinken. Am Platzende kamen ein paar Bäume. Die rutschten schon beachtlich schnell unter mir durch, denn mit eingefahrener Kufe beschleunigte die 163 wie von Geisterhand getrieben. Es war geradezu schwierig, dicht in Bodennähe in horizontaler Flugbahn zu bleiben. Um den Bug unten zu halten, waren binnen Sekunden Kräfte am Steuerknüppel erforderlich, die ohne Trimmung mit einer Hand nicht aufzubringen waren. Wie rasch die Fahrt anstieg, konnte ich gar nicht oft genug durch einen Blick auf das Instrumentenbrett überprüfen. Zum einen war daran schuld, daß mir in diesem ersten Flugstadium die Kontrolle der Triebwerksanzeigen wichtiger war, zum anderen war ich keine 50 Meter vom Erdboden entfernt und hatte keine Lust, irgendeinen der Bäume zu berühren, die mir wie in einem Zeitrafferfilm entgegengeflogen kamen.

Die linke Hand drehte beständig an dem beachtlich großen Kurbelrad der Höhentrimmung. Immer mal übertrimmte man dabei. Dann hieß es mit der Rechten am Knüppel den dahinrasenden Raketenvogel davon abzuhalten, sich dem Boden gefährlich zu nähern. Ehe ich es mich versah, wurden am Fahrtmesser 700 km/h (V_w = wahre Fluggeschwindigkeit) angezeigt, und der Zeiger bewegte sich unaufhaltsam weiter zu höheren Zahlen. Indem ich leicht am Knüppel zog, holte ich ihn wieder zurück auf 700 und schon stieg ich mit 30 m/sec. Die Aerodynamiker bei Abt. L hatten ausgerechnet, daß mit 700 km/h noch beinahe gleich günstige Steigzeiten zu erzielen waren wie mit 600 km/h. Auch 800 km/h erbrachten noch Steiggeschwindigkeiten von 100 m/sec, dafür aber einen mäßigeren Steigwinkel.

Der nächste Blick zum Höhenmesser zeigte mir, daß ich mich bereits einer Höhe von 2000 m näherte bei mehr als 80 m/sec Steigen. Immer steiler mußte ich die Nase des Flugzeugs nach oben ziehen. Der Zeiger des Höhenmessers lief wieder schneller als ein Sekundenzeiger auf seinem Zifferblatt herum.

Das Triebwerk hinter mir schob wie ein Bulle. Die Anzeigen von Turbine und Ofendruck waren gut. Um die Fahrt auf 700 zu halten, mußte ich immer noch ziehen. Das bedeutete: Mein Steigwinkel wurde ungewöhnlich steil. Dergleichen kannte ich von propellergetriebenen Flugzeugen nur als kurzzeitige Situation im Kunstflug, nicht als Dauerzustand im Steigflug. Der Wendezeiger konnte mir nicht helfen. Und ein Blick auf den Flüssigkeitskompaß offenbarte, daß der verrückt spielte: Der Kurs, den er anzeigte, war restlos falsch, das sah ich am Stand der Sonne. Wie hoch war ich? Der Höhenmesserzeiger raste – anders war das nicht zu bezeichnen – gerade durch die 8000 m-Anzeige. Das Variometer zeigte mehr als 160 m/sec Steigen. Alle 6 Sekunden war ich 1000 Meter höher. Von der Erde, außer im äußersten hinteren Kabinenfenster, nichts mehr zu sehen. Steigwinkel schätzungsweise 60 Grad. Schub zurück bis zum Leerlauf! Dann nachdrücken! Sonst schoß ich in wer weiß welche Höhen! Als ich horizontal war, zeigte der Höhenmesser etwas über 10000 Meter.

Ich war jetzt Jagdflieger, der den Auftrag hatte, zu erproben. Also verschwendete ich keine Sekunde mit romantischen Betrachtungen meiner beachtlichen Entfernung zur alten Mutter Erde, sondern stellte mir vor, daß in einiger Entfernung vor mir ein Mosquito-Aufklärer flöge, den ich abzuschießen hätte. Langsam schob ich den Triebwerks-Schubhebel wieder vor. Nichts. Weder Tourenzahl am Drehzahlmesser der Förderpumpe noch Ofendruckanzeige. Aus. Das Triebwerk hatte sich abgestellt. Also

Wiederanlassen. Aber Wiederanlassen ging auch nicht. Es mußten noch Restmengen in den Tanks sein, die für ein paar Minuten Horizontalflug Schub herzugeben in der Lage waren! Aber die vertrackte Konstruktion aus Kiel hinter meinem Rücken mit Namen Walter-Triebwerk HWK 109 509 wollte eben nicht mehr. Ob wir am Boden feststellen würden, warum?

Nun blieb mir genug Zeit für einen genußreichen Gleitflug. Natürlich versäumte ich nicht, den ganzen Himmelsraum um mich herum erst einmal danach abzusuchen, ob irgendein Vertreter der amerikanischen Luftwaffe in bedrohlicher Nähe wäre. Doch ich war allein in der klaren Luft meiner 10 000 Meter, deren geringer Druckverhältnisse wegen ich schnarchend durch eine Höhenatmermaske sauerstoffreicheres Luftgemisch einsog und mit jeweils hörbarem lautem „Plups" des Ausatmerventils wieder ausstieß. Unter mir schwammen wie weiße Klöße in einer Brühe die kleinen Schönwetterwolken im Dunst der erdnahen Atmosphäre. Doch ich war nicht gestartet, um der Lust am Fliegen zu frönen. Erproben hieß die Aufgabe. Was tun mit 10 000 Metern Höhe? Im mäßigen Gleitflug konnte ich eine halbe Stunde damit in der Luft bleiben, bis ich wieder auf dem Erdboden anlangte. Ich entschied mich dafür, zu überprüfen, wie sich das Flugzeug in normaler Fluglage nach Blindfluginstrumenten steuern ließ.

3000 Meter Höhe hatte ich mit solchen Versuchen verbraucht, da versuchte ich es noch einmal mit dem Anlassen. Zu meiner Überraschung hatte das Triebwerk diesmal ein Einsehen, sprang auf Anhieb an und schob mich in 7000 Meter Höhe noch 1 1/2 Minuten lang bei einem reduzierten Ofendruck von 5 atü und 700 km/h am Fahrtmesser im Horizontalflug voran. Dann war der Vorrat an T- und C-Stoff offensichtlich verbraucht. Die Förderpumpe lief noch auf vollen Touren, doch in der Brennkammer hinten tat sich nichts mehr. Wie wir nach der Landung feststellten, waren noch 75 kg T-Stoff und 13 kg C-Stoff als Restmengen in den Tanks.

Am selben Tag, es war der 31. 1. 44, war im Anschluß an den soeben beschriebenen Flug noch ein Start mit einer weiteren „Berta" möglich. Ich machte den Anstieg diesmal mit 800 km/h, kam in flacherem Winkel oben an, doch wieder vermochte ich das Triebwerk nicht sofort erneut hochzuregeln, als ich in 10 000 Meter schließlich in normale Horizontalfluglage übergegangen war. Erst nach einer Wartepause von mehreren Minuten ließ sich der Treibstoffrest noch einmal in Ofendruck und Vortrieb umsetzen.

Die zuerst benutzte Me 163 war nach dem Flug wie üblich einer gründlichen Wasserspülung des Triebwerks und sodann einer eingehenden Überprüfung unterzogen worden. Da kein Fehler festzustellen war, befahl Oblt. Böhner, sie erneut aufzutanken. Kaum war ich von meinem zweiten Flug zurück, wurde mir also schon eine dritte Maschine angeboten. Es war wie ein Wunder, und Böhner strahlte vor Zufriedenheit.

Diesmal versuchte ich eine Methode anzuwenden, die ich für die Attacke eines den eigenen Platz überfliegenden Gegners ausgedacht hatte: Ich stieg mit 600 km/h in einer großen Spirale immer um den Startpunkt herum in die Höhe. Mir schien der Vorteil dieser Art des Aufstiegs darin zu liegen, daß man aus der Ausgangsposition einer solchen Korkenzieherspirale zu jeder Zeit eine Kursänderung vornehmen konnte, indem man die Kurve enger oder weiter zog oder nach der anderen Seite verlegte und den anfliegenden Gegner oben dennoch nicht aus den Augen zu lassen brauchte. Weil sich diese Anflugtechnik scheinbar als recht gut anwendbar erwies, nahm ich den Schubhebel erst auf Leerlauf zurück, als ich 10000 Meter längst passiert hatte. Zwar lag ich in einer Kurve, doch ich stieg in enorm steilem Winkel in den dunkelblauen Himmel über mir. Der Höhenmesser rotierte unaufhaltsam im Uhrzeigersinn weiter auf 11000, raste weiter, der 12000 entgegen. Die Fahrt nahm nicht ab. Das Variometer zeigte noch Steiggeschwindigkeiten, die einem märchenhaften Bereich zugeordnet schienen. Da bekam ich es doch ein bißchen mit der Angst zu tun. Oberhalb 12000 Meter, so hatten die Flugmediziner in München uns gewarnt, könne der Mensch nur in einer Druckkabine existieren. Trotz Atmung von 100 Prozent Sauerstoff habe er dort nur noch eine „Selbstrettungszeit" von 10 Sekunden. Der Sauerstoff im Blut verdampfe unter dem geringen Luftdruck, der ab 12000 m vorherrscht, in kurzer Zeit – Höhentod sei die Folge. Ich war viel zu gut geschult in der Überwachung von Fluganzeigegeräten, um nicht zu erkennen: Mit tödlicher Sicherheit schoß ich diesmal über diese flugmedizinische Bannmeile von 12000 m hinaus. Kurzerhand drehte ich meinen Vogel aus der Kurvenlage mit den Querrudern auf den Rücken. Das ging federleicht. Und nun zog ich am Knüppel und holte meine Me 163 wieder zur Mutter Erde zurück, während ich mit dem Kopf nach unten über ihr hing. Erst bei 13500 m machte der Höhenmesserzeiger Halt, dann begann er wieder zurückzulaufen. Als er die 12000 abwärts durcheilte, nahm ich mittels einer halben Rolle wieder normale Fluglage ein. Zum Glück hatten die Luftfahrtmediziner mit ihren schrecklichen Erzählungen vom Verdampfen des Sauerstoffs im Blut etwas übertrieben. Selbst bei aufmerksamster Kontrolle konnte ich keine Anzeichen von Höhenkrankheit an mir feststellen, als ich vielleicht eine halbe Minute da oben an der Grenze der Stratosphäre in Rückenlage über dem Erdball schwebte.

Als ich nach der Landung in meinem Büroraum saß und die Berichte über die soeben geschilderten Flüge zu Papier brachte, kam ein Anruf aus Berlin. Hptm. Meinardus, Gallands Adjutant, war am anderen Ende des Drahtes. „Die Hanna Reitsch", so hörte ich ihn berichten, „war schon dreimal da, um sich beim General über Sie zu beschweren. Der General läßt Ihnen sagen: Lassen Sie das Weib doch möglichst in Ruhe! Aber ob sie fliegt oder nicht – das entscheiden Sie!" Auch von der Adjutantur des Generalfeldmarschalls Milch und von Major v. Bülow aus Görings Jagdschloß Karinhall kamen ähnliche Anrufe. Wenn ich ruhig darüber nachdachte, dann kam ich zu der Schlußfolgerung, Hannas Chancen, unser Kraftei zu fliegen, hatten sich eher verschlechtert als verbessert. Sie mußte sich eigentlich selber sagen, daß sie mich nicht gefügiger machte, indem sie mir Ärger schuf!

Aber dieser Ärger mit dem flugbesessenen Mädchen Hanna wog leicht gegenüber größerem Ärger, der von anderen Seiten auf mich zukam. Da war der Ärger mit der Messerschmitt A.G., den ich mit einer Vielzahl anderer teilte und als deren Wortführer ich unterm 15. 1. 44 meinen Arbeitsbericht Nr. 32 an Milch, Galland, Petersen usw. mit dem folgenden Abschnitt begonnen hatte:

„Messerschmitt A.G. an der Me 163 ,uninteressiert'. Anfang Dezember v.J. wurde durch Fa. Messerschmitt die Auslieferung von mindestens 23 einsatzfähigen Me 163 B für Ende 1943 zugesagt (s. Arbeitsbericht Nr. 31). Tatsächlich wurde nur am 24. und 31.

12. 1943 je ein Flugzeug zum Versand gebracht. Heute, am Berichtstage, traf das 3. Flugzeug in Zwischenahn ein.

Dieser Terminverzug kann keinesfalls mehr – wie bisher – mit neuentstandenen technischen Schwierigkeiten in der Erprobung entschuldigt werden, sondern ist lediglich ein Beweis für die hier wiederum offensichtlich zu Tage tretende negative Einstellung der Messerschmitt-Betriebsführung zur Me 163. Als Dr. Lippisch im vergangenen Jahre aus der Messerschmitt A.G. ausschied, versprach das Werk, sich nunmehr mit allen ihm zur Verfügung stehenden Mitteln für das Frontreifmachen der Me 163 einzusetzen. Praktisch sah das dann so aus, daß geradezu schlagartig fast alle Konstruktions- und Werkstattarbeiten zum Stagnieren kamen. Daraufhin wurde Herr Schmedemann als kommissarischer Bevollmächtigter innerhalb des Werkes für die Me 163 eingesetzt. Diese Maßnahme hat sich günstig ausgewirkt. Es kam wenigstens wieder eine gewisse Linie und Ordnung in die Arbeit in Augsburg, und auch die Übernahme der Serienfabrikation durch Klemm und die Arbeiten an Ersatzteilen in Laupheim lief – wenn auch mit gewissen Schwierigkeiten – an. Die dabei von Herrn Schmedemann bewiesene Organisationsgabe und Arbeitsleistung muß um so höher bewertet werden, als nach und nach immer deutlicher auch von Außenstehenden zu erkennen war, daß er gegen die gleichen Widerstände und Hindernisse im eigenen Werk anzukämpfen hat, die s.Zt. bereits auch Herrn Dr. Lippisch eine weitere produktive Mitarbeit unmöglich erscheinen ließen und ihn zur Kündigung veranlaßten.

Bereits im Juni v.J. wurde in einem Arbeitsbericht des E-Kdos 16 gemeldet, daß die techn. Direktion der Mtt. A.G. auf dem Standpunkt stehe, Flugzeuge wie die Me 163 interessierten sie nicht. Wie später noch festgestellt wurde, handelte es sich um einen Ausspruch von Herrn Prof. Messerschmitt selbst. Diese Desinteressiertheit von Prof. Messerschmitt wurde vor kurzem nochmals unter Beweis gestellt, als ihm (Ende Dezember 1943) durch Flg.-Stabsing. Antz nachgewiesen wurde, daß er seit Mai 1943, also nahezu 3/4 Jahr, das Projekt Me 163 überhaupt nicht mehr gesehen hat!

In die gleiche Richtung zielen Aussprüche von Angehörigen des Konstruktionsbüros bzw. Projektionsbüros von Mtt. (u. a. Dr. Wurster), nach denen eine Weiterarbeit an der Me 163 doch wirklich zwecklos sei, weil sie demnächst „abgedreht" würde.

Bei der Besichtigung in Insterburg wäre das Flugzeug gar nicht gezeigt worden, wenn es seitens K.d.E. nicht befohlen worden wäre. Als das Flugzeug dann doch startfertig dort war, wurde dem für die Vorführung eingesetzten Flugzeugführer, Herrn Hohmann (E.d.L. Karlshagen), von Werksangehörigen ernsthaft längere Zeit zugeredet, von einem Vorführungsflug wegen starker Bockigkeit abzusehen. . .

Da im Oktober v. J. die Flugerprobungsarbeit in Lechfeld unerklärlicherweise nur langsam vorankam, wurde von dem durch das Erprobungskdo. 16 für einige Zeit als ständiger Beobachter eingesetzten Flg.-Haupting. Brede (Gen.d.T.T.) u. a. festgestellt, daß die von der Werkleitung ausgehende ablehnende Einstellung gegenüber der Me 163 bereits bis zum Wartungspersonal der Flugerprobungswerkstatt Ausdehnung gefunden hatte. Die Monteure, die an der Me 262 arbeiten, beziehen geradezu feindselige Abwehrstellung dem an der Me 163 arbeitenden Personal gegenüber, die mit gesundem Wetteifer und Ehrgeiz innerhalb der Werksarbeit nichts mehr zu tun hat. Der Werkstattleiter ließ Arbeiten an Werkzeugmaschinen für Me 163 nicht ausführen mit dem Hinweis, der Schleifstein oder die Bohrmaschinen wären nur für die Me 262 da; Soldaten, die zur Arbeit an der Me 163 abkommandiert waren, ließ er tagelang nicht in die Werkstatt, obwohl der Erprobungsleiter sie dorthin geschickt hatte; Kraftfahrzeuge für Startvorbereitungen waren für Me 163 nur nach stundenlangem Warten zu haben usw. (Über diese Vorgänge wurde s. Zt. mündlich Major Hofmann-GL/C-E 2 durch Major Späte berichtet).

Alle diese angeführten Beispiele ließen sich um ein Vielfaches vermehren, die alle den Beweis dafür erbringen, daß das Werk Messerschmitt widerwillig und notgedrungen die Arbeiten an der Me 163 eben gerade nur in dem Ausmaße fördert, daß nicht gleich ein Vorwurf wegen offensichtlicher Sabotage gemacht werden kann. Man beteuert stets den guten Willen, setzt sogar einen Kommissar ein, läßt diesen Mann aber einen stillen Kampf gegen Windmühlenflügel kämpfen, was der zwar aus Werkstreue nicht offen zugibt, denen aber nicht verborgen bleiben kann, die mit der Entwicklungs- und Erprobungsarbeit näher zu tun haben.

Das Erprobungskommando 16 fand Bestätigung dieser Auffassung auch bei der Direktion der Fa. Klemm und Fa. Walter. Letztere trägt sich aus ähnlichen Erkenntnissen mit der Absicht, eine eigene Flugerprobung aufzuziehen.

Wenn das Werk Messerschmitt vom Professor Messerschmitt und der Betriebsführung bis herab zum letzten beteiligten Werkmeister wirklich alles getan hätte, was es als eine unserer größten deutschen Flugzeugfabriken hätte tun können, um der Front die Me 163 so rasch als möglich einsatzreif in die Hand zu geben, dann wären heute bereits einige Verbände im Einsatz. Eine solche Erkenntnis gibt der Arbeit eines Truppen-Erprobungskommandos keinen besonderen Auftrieb."

Unsere Flugzeugführer wußten von diesen Vorgängen nicht viel. Aber sie merkten, daß die ab Januar angekündigten Einsatz-Maschinen nur in spärlichen Mengen bei uns eintrafen. Mit dem Ergebnis der ersten Flüge – das sprach sich trotz aller Geheimhaltung rasch unter ihnen herum – war auch noch kein Staat zu machen. Kelb und Ryll hatten eines Tages sogar die Zivilcourage, in strammer Haltung vor mich hinzutreten, um mir darzulegen, sie hätten sich hierher gemeldet, um mit einer neuen Waffe eingesetzt zu werden. Das Gammeln, zu dem sie verurteilt seien, sei ihnen unerträglich. „Seien Sie unbesorgt", tröstete ich sie, „der Krieg ist noch nicht zu Ende. Auch Sie beide werden noch ihre Pflicht und Schuldigkeit tun können. Vorläufig sind Sie zu einem Erprobungskommando versetzt. Wann man mit einer Erprobung fertig ist, läßt sich nie genau voraussagen." Ich sah, daß sie diese Antwort nicht befriedigte. Deshalb fuhr ich fort: „Sollte der Krieg zu Ende sein, bevor wir mit der 163 zum Einsatz kommen, dann verspreche ich, es wird für euch extra noch ein kleiner Krieg hinten drangehängt."

Damit war ich sie natürlich nur für den Augenblick los. Mit dem Üben von Angriffstaktiken in Thalers Flugausbildung war dieser Tatendrang auch nicht zu befriedigen, denn wir verfügten im Schulbetrieb lediglich über drei Me 163 A für die Schleppschulung und 3 weitere 163 A für Triebwerkstarts. Die Gruppe der auszubildenden Flugzeugführer erhöhte sich durch Neuzuweisungen laufend. Wer bis zum „scharfen" Triebwerkstart ausgebildet war, hatte wenig Aussicht, noch sehr viel Trainingszeit auf unseren kostbaren Schulflugzeugen zugebilligt zu erhalten. Natürlich suchte Hptm. Thaler diese Wartezeit nutzbringend durch Unterricht über alle die vielen Neuerungen auszufüllen, die die Me 163 gegenüber herkömmlichen Jagdflugzeugen aufwies. Aber auch dafür gab es Grenzen. Das bewies mir die Geschichte über „Bubis Nachtdienst", die Oblt. Böhner mir kolportierte.

Böhner kontrollierte ab und an den technischen Unterricht, den Spezialisten unserer Werkstätten oder Werksvertreter von Messerschmitt, Walter usw. unserem fliegenden und nichtfliegenden Personal gaben. Dabei fiel ihm auf, daß bereits kurz nach 8 Uhr der Uffz. Glogner, den die Kameraden „Bubi" nannten, in tiefen Schlaf übergegangen war. Ein Gerücht hatte Böhner zugetragen, daß „Bubi" im „Café Central" in Oldenburg einem offenbar kräfteraubenden Nachtdienst oblag, von dem man ihn manchmal mit dem ersten Morgenzug auf dem Zwischenahner Bahnhof eintreffen sah. Böhner – technisch versiert und pfiffig, wie er war – ließ sich die Ölkanne aus dem Kasino holen, welche sonst nur dem Zwecke diente, zu später Stunde einer Zecherrunde Kornschnaps durch die geöffneten Mäuler auf die Rachenmandeln in den Hals zu spritzen. Mit Wasser gefüllt wurde sie nun benutzt, um den schläfrigen Unteroffizier durch Einspritzung in das Ohr wieder zum Verfolg des Themas Kufenhydraulik anzuregen. Er erhielt außerdem Ausgangssperre, und Feldwebel Kelb wurde beauftragt, deren Einhaltung streng zu überwachen. Kelb wurde kurz darauf ebenfalls schlafend im Unterricht angetroffen. . . Es war klar: Ich mußte mir etwas einfallen lassen, um die „Manneszucht" aufrechtzuerhalten.

„Wir schicken einfach den ganzen Haufen fertig ausgebildeter Piloten noch einmal zur Höhenanpassung in die Alpen", schlug ich Hptm. Thaler vor.

„Aber dann nicht auf die Zugspitze", meinte Thaler, „sondern an einen Ort, wo sie nach der neuen Theorie von Dr. Dunker einer täglichen harten Bergsteige-Therapie unterzogen werden können."

Die Idee war gut. Jedoch inmitten der kriegsbedingten Wirrnisse der damaligen Zeit war sie nicht einfach in die Tat umzusetzen. Hier erwies sich nun Lt. Ziegler, einer unserer umgeschulten Piloten, als herausragende Begabung für die Erledigung eines solchen nicht durch Dienstvorschriften geregelten Vorhabens. Unter Umgehung fast aller Dienstwege hatte er einen Berggasthof auf dem Sellajoch für uns requiriert, wobei er nur das Argument geltend machen konnte, es gehe darum, eine Geheimwaffe zu entwickeln. Das Sellajoch liegt etwa 1500 Meter über Meereshöhe. Von hier wurden – wie ich mich durch einen Inspektionsbesuch überzeugte – die angehenden Herren Raketenjäger jeden zweiten Tag mit Skiern auf einen der vielen umliegenden Berge entsandt. Sie schliefen danach nachts wie die Bären und fanden, fern vom Oldenburger „Café Central", auf die Weise schnell wieder zu normalem Schlafrhythmus zurück. Nach ihrer Rückkehr stellte Dr. Dunker in der Druckkammer fest, daß der größte Teil von ihnen durch diese Höhenanpassungskur Mount-Everest-fest geworden war, ähnlich wie ein halbes Jahr zuvor Kelb und Ryll nach ihren Eskapaden von der Zugspitze zum „Kammerfensterln" nach Garmisch.

Immer wieder flog ich für einen oder mehrere Tage nach Berlin. Dann führte ich einen langen „Waschzettel" mit mir, auf dem Dutzende von Dienststellen verzeichnet waren, bei denen ich Nachfrage zu halten hatte, wie weit die Erledigung eines die Me 163 betreffenden Akten-Vorgangs gekommen sei. Es war bei Gelegenheit einer solchen

Routine-Anfrage, daß ich Anfang Februar 44 das Dienstzimmer eines Waffen-Inspektors betrat, das in einem abgelegenen Trakt des großen RLM-Gebäudes gar nicht leicht aufzufinden gewesen war. Hier waren im Zuge des Geschäftsgangs seit längerer Zeit Akten, die unsere Me 163 betrafen, zur Ruhe gekommen, die bei damit befaßten Dienststellen gelesen, mit Vermerken versehen und weitergeleitet werden mußten, damit sie nach entsprechender bürokratischer Einwirkung ausreichenden Reifezustand zu verzeichnen hatten, um endlich einem höheren Vorgesetzten mit der Bitte um letztendliche Unterschrift vorgelegt zu werden. Nach den Aussagen einiger Beamter, die ich vorher in anderen Zimmern danach befragt hatte, mußten die Akten bei dem vor mir sitzenden Kraftfahrzeug-Inspektor schon seit längerer Zeit unbearbeitet im Regal liegen. Es handelte sich darum, daß wir zum Abtransport gelandeter Me 163 eine Anzahl Kfz-Aufsatzkrane geliefert haben wollten und daß außerdem die von Pöhs geforderte Sonderkonstruktion – später „Scheuchschlepper" geheißen – in Produktion gehen sollte. Wenn wir gelandete Flugzeuge nicht rechtzeitig aus dem Rollfeld heraustransportieren konnten, war der erfolgreiche Einsatz unserer Staffeln in Frage gestellt.

„Die Akte befindet sich unter den noch nicht erledigten Vorgängen", berichtete mir der Inspektor auf meine Anfrage. „Wann ich zu ihrer Bearbeitung komme, ist ganz ungewiß. Im übrigen denke ich gar nicht daran, sie mir vor Ablauf von vier Wochen überhaupt anzusehen." Der Mann hatte einen schlechten Tag, wie man zu sagen pflegt. Vielleicht hatte er Krach mit seiner Frau. Vielleicht war ihm eine Bombe auf das Haus gefallen. Vielleicht war er zum zehnten Male bei der Beförderung übergegangen worden. Aber er hatte Pech: Ich hatte auch gerade nicht meinen sanftmütigsten Tag im Kalender stehen. Ich brauchte gar nicht weit zu gehen und fand für meine Beschwerde sofort ein offenes Ohr. Dabei habe ich wahrscheinlich den Fehler gemacht, gleich eine Stufe mit sehr hoher Disziplinargewalt einzuschalten. Als ich am kommenden Tag das so schön abseits gelegene Dienstzimmer des Kfz-Inspektors wieder aufsuchte – an einem Tag war ich wieder einmal mit all meinen Vorsprachen nicht fertig geworden –, war der bissige Inspektor weg. „Strafweise mit sofortiger Wirkung zu einer Front-Einheit versetzt", erfuhr ich im Nebenzimmer. Das hatte ich nun von meiner Beschwerde! Nun war wochenlang überhaupt keiner mehr da, der die einlaufenden Akten mit seinem Zeichnungs-Vermerk versah. Und der Front war mit so einem „Pfeifendeckel" bestimmt auch nicht geholfen.

Unser deutsches Beamtentum war mir immer als eine Quelle der Kraft und Ordnung erschienen. Nun begannen Zweifel an dieser Institution in meiner Seele zu nagen. Immer wenn wir Soldaten unseren ordnungsliebenden Beamten sagten: Macht schneller, sonst verlieren wir den Krieg, dann spielten die beleidigt und versteiften sich auf den in Friedenszeiten wohl ganz bewährten, derzeit manchmal aber nicht angebrachten Dienstweg. Da hatte die Dienststelle GL/C-G.O. (z.b.V.I) zum Beispiel eine Besprechung abgehalten, in der unter anderem auch unter meiner Teilnahme die Beschaffung einzelner Bodengeräte für die Me 163 B festgelegt wurde. Das Protokoll, etliche Tage nach der Besprechung angefertigt, enthielt einige Abweichungen von den getroffenen Vereinbarungen, so daß ich um Abänderung ersuchte und die Bitte aussprach, mir künftig die Protokolle von Besprechungen vor Herausgabe zur Einsichtnahme zuzuleiten. Die barsche Antwort lautete: „Der Bitte des Erprobungs-Kommandos 16, daß ihm Besprechungsprotokolle vor Herausgabe zur Einsichtnahme zugeleitet werden, kann nicht entsprochen werden. In Zukunft werden die Protokolle während der Sitzungen Punkt für Punkt festgelegt. Mit einer entsprechend längeren Dauer der Sitzungen ist daher zu rechnen." Der unterzeichnende Flieger-Oberstabsingenieur Pauls konnte anscheinend nicht vergessen, daß er seine Stelle als E-Stellenleiter in Peenemünde-West einem „frontbewährten Soldaten" hatte überlassen müssen.

In Zwischenahn waren indes die Me 163 B V20 und V21 einsatzklar aufgerüstet angeliefert worden. Es gab Tage, an denen Opitz und ich mehrere Starts hintereinander erledigen konnten. Allerdings waren wir bei mehr als der Hälfte davon gezwungen, die Flüge vorzeitig abzubrechen, weil unvorhergesehene Defekte dazu zwangen. Dazu gehörte häufig ein unerklärliches Aussetzen des Triebwerkes kurz nach dem Start. Dieser völlige Schub-Abfall war auch in Augsburg bei Flügen von Hohmann vorgekommen. Mir selbst blieb es erspart, kurz nach dem Start mit vollen Tanks und damit schwer beladener Maschine in diese Situation zu geraten. Dafür blies mir zweimal durch irgendeine gebrochene Dichtung oder schadhafte Triebwerksstelle so viel verdampfter Treibstoff in die Führerraumkabine, daß mir alle Sicht genommen war, die Plexiglashaube beschlug, und die Landung zu einem richtigen Kunststück wurde. Oblt. Opitz blieb ein Triebwerk stehen, als er mit vollbetankter „Berta" im Start kurz nach Überqueren der Platzgrenze erst 500 km/h am Fahrtmesser ablesen konnte. Es gelang ihm, in einer Kehrtkurve das Flugzeug wieder sicher in den Platz hereinzulanden. Den Fehler, der zum schlagartigen Triebwerksstillstand geführt hatte, konnte keiner ermitteln.

Mit Flugzeugen von solcher Betriebs-Unsicherheit war nicht daran zu denken, einen Einsatz zu wagen, geschweige denn eine ganze Staffel damit in den Kampf zu schicken. Im Verein mit Opitz suchte ich in unablässigen Versuchsstarts der Probleme Herr zu werden. Dabei waren Firmeningenieure besonders der Firma Walter unsere unermüdlichen Helfer, die oft tagelang nicht aus den Kleidern kamen, um diesen Anlauf-Schwierigkeiten auf die Spur zu kommen.

Am 10. Februar 44 herrschte frühlingshaftes Wetter. Die Sonne lachte, aber aus großen Cumuluswolken von fast Gewittergröße fiel Schnee und bedeckte den grünen Rasen mit einer dauerhaften Decke. Die Landungen unserer Me 163 benötigten auf diesem Untergrund bis zu einem Kilometer Rutschstrecke. Als ich nach einem Versuchsflug mit der Me 163 B V20 zur Landung ansetzte – es war mein zweiter Flug an diesem Tage –, versagte die Landeklappe. Ich war schon im Landeanflug kurz vor der Platzgrenze über dem Zwischenahner Meer, als ich diesen Defekt feststellte, und etwa 100 Meter über dem normalen Gleitpfad der 163 B. Diese 100 Meter hatte ich mit der Landklappe „vernichten" wollen. Nun ging das nicht. Ich half mir mit jener Flugfigur, die Joschi Pöhs und ich einmal scherzhaft die ,Wörndl-Bremse' genannt hatten. Blitzschnell legte ich das Flugzeug in eine 90-Grad-Schräglage nach links, zog es hart um 90 Grad herum, ließ eine Steuerwechselkurve nach rechts folgen und zog die Flugzeugnase wieder zum Flugplatz zurück. Dadurch hatte ich mein Zuviel an Anflughöhe restlos aufgebraucht. Quer zur bisher eingehaltenen Anflugrichtung setzte ich auf und rutschte über den auch in dieser Richtung 1200 Meter langen Platz. An seinem Ende kam ich bis zu einer Erdaufschüttung. Dort verfing sich die Kufe, das Flugzeug kam hinten hoch, stand eine Weile senkrecht auf dem Bug, um schließlich wieder auf die Kufe zurückzufallen.

Als wir dieses Landemanöver anschließend noch einmal durchsprachen, wurde mir klar, wie doch bei diesem „Kopfstand" des Flugzeugs im wahrsten Sinne des Wortes alles auf „Messers Schneide" gestanden hatte. Wäre die Maschine weiter umgekippt und auf den Rücken gefallen, hätten mir aus irgend einem Behälter von dem noch vorhandenen Restbestand an T-Stoff ein paar Liter über den Rücken laufen können. Das wäre eine „heiße" Wartezeit gewesen, bis mich die Feuerwehr aus der Kabine befreit gehabt hätte! Sollte ich jemals beim Landen wieder in eine Situation kommen, bei der das Landefeld mit Sicherheit zum Ausrutschen nicht ausreichte, dann würde ich lieber vorher aus dem Flugzeug auf den Rasen herausspringen, so beschloß ich. Oberfeldwebel Schneider aber ließ auf unser Geheiß die Unteroffiziere Rath und Ahrens Stahlstäbe in Fischgrätmuster unter das Kufenblech einer „Berta" schweißen. Das erwies sich als eine großartige Bremse. Allerdings radierte bei einer Landung mit solcher Riffelkufe die 163 jedesmal einen schwarzen Streifen in den grünen Rasen, der nicht so schnell wieder zuwuchs.

Am 18. Februar 44 – es war ein Freitag – konnte ich dann die Probe aufs Exempel jenes Fluges vom 10. Februar 44 machen. Am frühen Morgen war ich mit der V20 geflogen, mußte jedoch in 7000 Meter Höhe den Flug abbrechen, weil der Ofendruck des Triebwerks nach und nach auf Null zurückging. Um den Flug auszunützen, machte ich Schießübungen in den Zwischenahner See. Das kostete bestimmt einigen Fischen das Leben, wenn die Spreng-Munition im Wasser explodierte. Doch wir nutzten fast jeden unserer Flüge, um die Funktion der Waffen auf diese Weise auszuprobieren. Nach der V20 war auch noch die V14 für mich startbereit geworden. Aber auch das Triebwerk der V14 tat mir nicht den Gefallen, länger als etwa 1 1/2 Minuten vorschriftsmäßig vollen Schub zu liefern. Plötzlich traten beißende Dämpfe in die Kabine, der Schub stotterte, das Überhitzungswarnlicht leuchtete auf. Also Schubhebel in Nullstellung und Kufe ausfahren zur Landung! Am Flugverhalten war zu merken, daß noch sehr viel Treibstoff in den Tanks sein mußte. Man konnte sich ja auch an den Fingern abzählen, daß noch rund 1000 Kilo Treibstoff unverbraucht waren. Deshalb: Schnellablaß ziehen! Der Hebel dafür war rechts unten, gar nicht so einfach zu bedienen. Ich zog, aber der Hebel rührte sich nicht. Das Flugzeug wurde auch nicht leichter, man sah auch keine Spur in der Luft hinter dem Flugzeug. Also kräftiger ziehen! Ich war zeitlebens ein guter Sportler. In diesem Falle habe ich wie ein Berserker mit der rechten Hand gezogen, während die linke mit dem Knüppel steuerte. Nichts. Ich lockerte den Bauchgurt etwas, nahm das Steuer mit der Rechten und versuchte, ob ich mit der Linken – mehr von vorn – besser an diesem verdammten Schnellablaßgriff ziehen konnte. Es half nichts.

Landen mit schwer beladener Maschine! Hatte ich schon zweimal machen müssen. Warum nicht auch heute? Aber unten lagen wieder zehn Zentimeter Schnee auf regennassem Rasen. Das war wie Schmierseife, wenn man darauf landete. Und mit einem kurzem Versuch stellte ich fest, daß ich langsamer als mit 260 km/h nicht anfliegen durfte. Wenn das man gut geht! meldete sich irgendwo im Untergrund des Bewußtseins eine Stimme. Ausgerechnet an der V14 waren nämlich noch keine Riffelstäbe auf das Kufenblech geschweißt. Das gab bestimmt eine muntere Rutschpartie!

236

Knapp hinter dem Landekreuz setzte ich auf. Aber dann glitt der Vogel auf seiner Kufe aus glattem Stahlblech wie ein Skiläufer auf leicht geneigter Bahn. Es war einfach nichts da, was unten ein bißchen bremste. In Platzmitte zeigte der Fahrtmesser noch beinah 200 km/h. Das Flugzeug glitt und glitt, viel zu schnell, als daß ich es hätte wagen können, eine Fläche zu senken und mit dem Spornrad und Seitenruder einen großen Bogen im Ausrollen zu beschreiben. Nun, ich hatte mir das ja klar gemacht: statt in unwegsames Gelände außerhalb des Rollfeldes zu rutschen, wo die Gefahr eines Überschlages lauerte, war es zehnmal besser, einfach rauszuspringen. Schon war der Flugplatzzaun sehr nah. Davor würde der „Bock" keinesfalls zum Stehen kommen. Der Fahrtmesser zeigte immer noch 120 km/h an. Mit einem Ruck warf ich die Plexiglas-haube herum. Abgeschnallt! Schon saß ich auf der Tragfläche, kugelte mich zusammen und ließ mich herunterrollen. Frau Böhner, die Frau unseres Oblt. Böhner, stand zufällig gerade auf dem Flugaufsichtsturm und verfolgte das Ganze mit einem Fernglas. Sie sagte mir hinterher, es habe ausgesehen, als wenn eine Kugel aus Schnee hinter dem Flugzeug herrollte. Alles wäre gut gegangen, wenn sich nicht der hart gepackte Fallschirm aus seinen Druckknöpfen losgerissen und mir mit Vehemenz auf den Hinterkopf geschlagen hätte. Danach soll ich eine Zeitlang ziemlich bewußtlos dagelegen, anschließend nicht druckfähige Schimpfwörter von mir gegeben haben. Weil ich die herzueilenden Kameraden anherrschte, sie sollten nun endlich aufhören, dummes Zeug mit mir zu reden, packten sie mich in einen Sanka, der mich in das Lazarett brachte.

Ich schlief dort bis zum nächsten Morgen. Dann weckte mich eine Krankenschwester, die mir mitteilte, daß ich wegen einer Gehirnerschütterung nunmehr drei Wochen ihrer Pflege anvertraut sei. Dieser Zustand hatte unbestreitbar sehr schöne Seiten, besonders da man mir die hübscheste Krankenschwester des Lazarettes zugeteilt hatte. Doch schon nach wenigen Tagen befielen mich Sorgen, daß die Erprobung der Me 163 ohne mich nicht die richtigen Fortschritte machen könne. Täglich empfing ich Besuche meiner Kameraden und Mitarbeiter. Dabei erfuhr ich, daß die von mir mittels Absprung am Boden verlassene V14 in alter Richtung weitergeschlittert war, bis sie an einem angrenzenden Wäldchen anlangte. Dort suchte sie sich zwei gabelförmig nach oben auseinander wachsende Baumstämme aus und blieb mit dem Bug dazwischen stecken. Die Beschädigungen waren geringfügig. Wäre ich im Flugzeug verblieben, um mir mit Absicht eine solche Astgabel als Fangvorrichtung auszusuchen – so stellten wir bei einer nachdenklichen Betrachtung dieses seltsamen Vorgangs fest –, dann hätte es sicherlich einen schlimmen Bruch gegeben, bei dem Tanks oder Kraftstoffleitungen mit der uns nun schon bekannten nachfolgenden Explosion zerstört wurden. Die noch im Flugzeug verbliebene Restmenge von 1000 kg Treibstoff hätte nicht nur für einen schönen Knall gesorgt, sondern auf unschöne Weise auch auf mich „pyrotechnisch eingewirkt". Mit meiner Gehirnerschütterung und der reizenden Pflegerin hatte ich doch den besseren Teil gewählt.

Eine geplatzte Treibstoffleitung hatte übrigens während des Fluges zu der starken Dampf- und Wärmebildung Anlaß gegeben. Als Willi Elias unter meinen Besuchern erschien, wollte ich natürlich von ihm wissen, warum der Schnellablaß den Dienst versagt hatte.

„Der konnte in diesem Falle gar nicht funktionieren", antwortete „Eli" etwas verlegen.

„Aber warum denn nicht?" drang ich weiter in ihn ein.

„Weil gar keiner eingebaut war", gestand der für die Arbeiten der Messerschmitt-Kolonne verantwortliche Elias. Dieser Verschluß war defekt geworden und mußte ausgebaut werden. Ersatzteile wurden planmäßig von Focke-Achgelis gefertigt. Mit Anlaufen der Lieferung war aber vor April nicht zu rechnen. „Sollten wir die V14 deswegen bis zum April ‚unklar' melden?" fragte Elias.

„Gewiß", stellte ich fest. „Dann wären mir wahrscheinlich drei Wochen Aufenthalt in diesem schönen Krankenhausbett erspart geblieben."

Wieder zurück aus Lazarett und Urlaub
Die Zeit läuft uns davon

Zwei Monate verordneten mir die Ärzte Bettruhe und Genesungsurlaub. Dann erklärten sie mich wieder als „diensttauglich". Ende April 1944 bestieg ich die Eisenbahn, um nach Zwischenahn zurückzukehren. Als erstes Reiseziel steuerte ich Augsburg an. In Lechfeld würde ich erfahren, welche Fortschritte inzwischen an Triebwerk und Zelle unseres Raketenjägers zu verzeichnen waren.

„Eigentlich", berichtete mir Dipl. Ing. Caroli, der Leiter der Flugerprobung bei Messerschmitt, „haben wir in der vergangenen Zeit hier nichts gemacht als Werkstätten in Waggons verpackt und dann wieder ausgeladen. Dann wieder eingepackt und wieder ausgepackt. Darüber sind fünf Wochen vergangen, in denen nicht ein einziger Erprobungsflug gemacht wurde."

„Wie ist denn das zu erklären?" fragte ich verblüfft.

„Am 18. März wurde Lechfeld mit einem Bombenangriff bedacht", schilderte Caroli die Lage, „der erheblichen Schaden anrichtete. Abgesehen davon, daß etliche Hallen und Gebäude seitdem nicht mehr benutzbar sind, zählen zu den zerstörten Flugzeugen auch die Me 163 V3, V18 und V32. Am 13. April kam noch einmal ein solcher Bombensegen. Wenn der Gegner jetzt Luftaufnahmen macht, wird er hoffentlich von weiteren Angriffen absehen. Denn sie werden es selbst sehen: Der Flugplatz ist ein einziger Trümmerhaufen. Aber wir arbeiten und fliegen trotzdem wieder."

„Und wie ist das möglich?" wollte ich wissen.

„Startbahn und Rollfeld sind längst wieder benutzbar", erklärte Caroli. „Es war auch vieles bereits vorher auf die umliegenden Dörfer ausgelagert. So konnten wir die Arbeit verhältnismäßig schnell wieder aufnehmen. Natürlich nur behelfsmäßig. Aber dieser Behelf ist ganz zufriedenstellend. Was uns am meisten behindert hat, sind die widersprüchlichen Anweisungen, die wir erhielten. Am 19. März hat Oberst Diesing Befehl gegeben, die Werkserprobung der Me 163 nach Bad Zwischenahn zu verlegen. Als wir alles Nötige in etliche Güterwaggons verladen hatten, kam ein neuer Befehl vom Werksbevollmächtigten General Ingenieur Spieß: Flugerprobung 163 bleibt in Lechfeld. Mitten im Auspacken der Waggons erreicht uns ein paar Tage danach ein Befehl von GL-Chef: Verlegung nach Oranienburg. Kaum haben wir wieder eingeladen, macht ein neuer Befehl aus Berlin die Verlegung nach Oranienburg ungültig. Also wieder ausladen. Drei Tage später Anweisung von General Ingenieur Spieß: doch nach Oranienburg! Am 1. April sind alle Waggons wieder beladen, als Professor Messerschmitt aus Berlin erfährt, daß wir doch in Lechfeld bleiben sollen. . ."

Das war ein eisiger Regen auf das kleine Pflänzchen meiner Hoffnungen, mit dem ich aus dem Genesungsurlaub angereist war! Der Gegner schlug uns schon im Hinterland die wichtigsten technischen Produktionsmittel kaputt! Bei allem Durchstehvermögen, bei all unserer Improvisationskunst und Erfindungsgabe drohte die feindliche Übermacht alles kurz und klein zu schlagen, bevor wir unsere neuen Waffen überhaupt ins Feld führen konnten. Jetzt hieß es, ganz schnell handeln, sonst war alles zu spät. Beinahe befiel mich so etwas wie Torschlußpanik.

Böhner, Thaler und Opitz brauchten längere Zeit, um mir Bericht zu erstatten, als ich in Zwischenahn wieder die Zügel des Erprobungskommando 16 übernahm. Thaler konnte trotz vieler technischer Störungen die Umschulung von 7 Flugzeugführern auf B vermelden: Fw. Kelb, Fw. Ryll, Ofw. Nelte, Ofw. Oeltjen, Hptm. Böhner und Hptm. Olejnik. Daneben waren 33 Flugzeugführer fertig für den ersten „scharfen" Start auf „Berta", weitere 12 noch in Ausbildung.

„Sie selbst sind vermutlich auch schon umgeschult?" fragte ich Thaler kollegial.

„Nein", antwortete mein Ausbildungsleiter und Stellvertreter, wobei er leicht errötete, „ich bin zurückgetreten, um allen den Flugzeugführern den Vortritt zu lassen, die für die ersten beiden Einsatzsstaffeln vorgesehen sind."

Olejnik und Böhner sollten diese beiden ersten Staffeln führen. Sie hatten beide schon etwa ein halbes Dutzend Starts auf dem Einsatzmuster. Ihre Flüge dienten nicht nur der Umschulung, sondern auch der Untersuchung von Mängeln an Triebwerk und Zelle. Nach jedem Flug ließ sich ein Prüfmeister von ihnen schriftlich berichten, ob und wann und unter welchen Umständen das Triebwerk etwa ausgesetzt hatte, Treibstoffdämpfe in die Kabine eindrangen, Fahrwerk, Kufenhydraulik oder anderes zu beanstanden waren. So unfertig war bisher noch nie ein Flugzeug an die Truppe ausgeliefert worden. Böhner hatte sich als Technischer Offizier die Durchführung der Abnahmeflüge zugeschanzt. Dadurch war es ihm gelungen, sich in kurzer Zeit eine erstaunliche Sicherheit in der Beherrschung unseres Raketenjägers anzueignen.

Olejnik hatte bereits mit einer Staffel nach Wittmundhafen verlegt. Auch er hatte jede Gelegenheit benutzt, sich auf das „Kraftei" Me 163 einzufliegen, und hatte u. a. eine ganze Serie von Waffenerprobungsflügen gemacht. Aber zur Zeit lag er im Lazarett Sanderbusch als fünftes Rückgrat-Opfer unseres Teufelsvogels. Bei einem Start war ihm das Triebwerk stehengeblieben, kaum daß er vom Boden abgehoben hatte. Es gelang ihm, die vollbetankte Maschine in eine kleine Wiese notzulanden, nachdem er einen „Knick" (einen baumbestandenen Steinwall zwischen zwei Wiesen) glatt durchstoßen hatte. Gottlob war er mit eigener Kraft noch aus dem Führersitz herausgekommen. Als er ein paar Meter weiter zusammenbrach, explodierte hinter ihm das Flugzeugwrack mit Blitz und Donner und der nun schon bekannten unheimlichen Qualmwolke. Die Ärzte konstatierten: Bruch des 1. Lendenwirbels und Gesichtsverletzungen. Die Staffel war für voraussichtlich 1/4 Jahr ohne Führer. Übrigens hat es kurz darauf auch Böhner erwischt, der nach Defekt einer Landeklappe außen landen und danach eine Gehirnerschütterung auskurieren mußte.

„Wir haben noch Schwierigkeiten mit der Kufenhydraulik", berichtete Pitz, „manchmal mit dem abwerfbaren Fahrwerk, auch die Landeklappen versagen gelegentlich noch beim Ausfahren – aber die Gründe hierfür und für einige andere auftretende Mängel sind uns bekannt. Sie werden abgestellt und können uns nicht mehr ärgern. Nur das plötzliche Aussetzen des Triebwerks macht uns noch Sorgen."

„Wenn dieser abrupte Triebwerksausfall", setzte Böhner diese technische Berichterstattung fort, „der unerwartet irgendwann während eines Fluges auftritt, sich im Startvorgang ereignet wie bei Hptm. Olejnik, dann muß man schon sehr viel Glück haben, wenn man überlebt. Leider", so fuhr er fort, „hat dieser heimtückische Fehler nicht eine einzige Ursache allein. Wir haben bis jetzt schon ein halbes Dutzend Mängel

festgestellt, derentwegen ein Triebwerk im Fluge unvermittelt stehenblieb. Da fanden wir als ‚Tücke des Objekts' zum Beispiel:
– mangelnde Kraftstoffzufuhr, weil die Rückschlag-Klappe in der Beruhigungswand des Betriebsstoffbehälters klemmte,
– Dichtungsmaterial war statt aus Buna S aus einem Ersatzstoff gefertigt, der nicht beständig gegenüber T-Stoff war,
– der Druckregler versagte unter bestimmten Ausnahmezuständen. In Kiel läuft schon eine diesbezügliche Änderung in die Serie ein,
– die Tank- und Pumpenbelüftung hatte Mängel. Deshalb werden einige Belüftungshutzen vergrößert,
– der C-Stoff ist verschmutzt und verstopft die Siebe, weil der Brennlack im Inneren der Großtankanlagen nicht 100 Prozent widerstandsfähig gegen diese Treibstoffkombination ist.

Alle diese Mängel sind erkannt", zog Hauptmann Böhner des Resümee, und man sah ihm an, daß er recht stolz war, sein Teil zu dieser Erprobungsarbeit beigetragen zu haben. „Trotzdem sind wir uns nicht sicher, ob wir auch den letzten dieser Fehler-Teufel ausgetrieben haben."

Wie recht er mit diesem Zweifel haben sollte, offenbarte sich ein paar Tage später. Es war der 4. Mai 1944. Professor Walter und sein Leitender Triebwerks-Konstrukteur Dr. Schmidt waren schon seit dem Vortage zu uns angereist, denn das Ministerium hatte ihnen wegen der vielen Ausfälle an ihren Raketenmotoren natürlich die Hölle heiß gemacht. Eine Werk-Nr., die Me 163 B V33, hatte sich besonders anfällig für Triebwerks-Aussetzen erwiesen. Diese V33 war nun unter der Aufsicht der besten Werksspezialisten durchgeprüft worden. Heute sollte mit einem Start bewiesen werden, daß bei voraufgegangener sorgfältiger Wartung ein fehlerloser Lauf des Triebwerks garantiert werden konnte. Den Flug machte – wie konnte es anders sein – Oblt. Rudolf Opitz.

Bis zum Start wimmelte es um die Maschine geradezu von Spezialisten. Ich postierte mich mit Professor Walter und Dr. Schmidt etwas seitlich zum Start, der auf der Rollbahn parallel zum Seeufer in südwestlicher Richtung vor sich gehen sollte. Diese Startbahn war ein paar Meter kürzer als die beiden anderen. Doch wir hatten 50 km/h Westwind, da waren auch 1200 Meter mehr als ausreichend. Bei dieser Abflugrichtung war es außerdem möglich, im Falle eines plötzlichen Stillstandes des Triebwerks kurz nach dem Abheben vom Boden mit einer 90°-Kurve zu einer Notlandung auf dem Wasser des Zwischenahner Sees herumzuschwenken. . . Eine Wasserlandung – so hatten wir uns ausgerechnet – war jeder Außenlandung vorzuziehen.

Weißer Dampf flatterte an der V33: Pitz hatte angelassen. Der Anlaßwagen wird weggezogen – man hort das Einsetzen der Brennkammer – 2. Stufe – 3. Stufe – schon rollt der Vogel, behäbig erst, dann flott und flotter – das Triebwerk scheint gut zu schieben – schon ist die Maschine flugfähig – hebt ab – das Fahrwerk fällt.

„Alles klar", äußert Dr. Schmidt neben mir, ohne das Fernglas von den Augen zu nehmen, mit dem er den Vorgang verfolgt. Die 163 jagt in 20 Meter Höhe auf den Platzrand zu. Der Flammenstrahl am Flugzeugheck sticht unter beständigem Orgeln wie ein zuckendes Schwert aus der Brennkammer heraus. Aber da wirbelt hellgrauer Rauch in der Kielspur der V33. Das darf doch nicht sein! Wo kommt das her? Schon hört sich das Geräusch des Triebwerks unsauber an, kratzig, knallig. Nun stoßen sogar dicke schwärzliche Rauchballen in die Luft. . .

Aus!! Das Triebwerksgeräusch ist völlig verstummt. Der Vogel hängt, randvoll mit Treibstoff, über den Bäumen am Horizont! Wieviel Fahrt mag er haben? Langt es zur Kurve in den See? Nur nicht in den Wald fallen, Pitz! Herrgott, es muß doch langen, daß er die Notlandung schafft auf der Wasserfläche des Zwischenahner Meeres!

Dieses Triebwerk! Diese blödsinnige Erfindung einiger hirnverbrannter Knallköpfe! Dieses Biest, dessen Dressur uns im Auftrag der Obrigkeit oblag, dieses Untier, es langte in diesem Augenblick mit seinen Krallen nach unserem Pitz!

„Da habt ihr euer verdammtes Scheiß-Triebwerk!" belferte es aus mir heraus. Professor Walter und Dr. Schmidt standen sprachlos. Starrten mit mir zum Wald hinüber, über dem Pitz eine vorsichtige Schiebekurve zum See hin vollführte. Geschafft! Man konnte von unserem Standplatz bereits abschätzen, daß die Wasserlandung gelingen mußte. Doch was war das?! Das Flugzeug drehte weiter, zurück zum Platz von dem es gestartet war. Wenn das nur gut geht! Was für eine unerhörte Kühnheit, was für eine Frechheit unseres kleinen „Pitz"! Und es ging tatsächlich gut. Mit offenem Mund sahen wir das Flugzeug über die Fliegerhorstgrenze hereingleiten. Es ging knapp zu. Aber dann war es geschafft: die Kufe setzte auf – es war eine Riffelkufe, sie bremste gut. Ziemlich genau auf der Höhe unserer Halle A kam der Vogel zum Stehen.

Die Ursache des Versagens war bald gefunden: Der T-Stoff-Schnellablaß hatte sich im Fluge von selbst geöffnet. Ich ließ alle anderen Einsatzmaschinen untersuchen. Bei einigen von ihnen war das selbsttätige Öffnen des Schnellablasses theoretisch auch möglich. Ich entschuldigte mich bei Professor Walter: „Also kein Scheiß-Triebwerk, sondern: Scheiß-Flugzeugfirma, die hier schlampige Arbeit geleistet hat." Helmut Walter nickte abwesend. Wer weiß, ob nicht bald ein neuer Unfall nachfolgte, bei dem dann wieder die Schuld bei der Triebwerkfirma gefunden wurde.

Im Trubel unserer Testfliegerei traf ich im Kasino auf Oberst Gollob, der seit einiger Zeit im Stab des Generals der Jagdflieger das Ressort „Raketengetriebene Jagdflugzeuge" übertragen erhalten hatte. Sein Kommen war mir nicht gemeldet. Er wolle nur seine persönlichen Kenntnisse bereichern, sei nicht mit einem bestimmten Auftrag hier, erklärte er. „Mit dem Flug, bei dem sie bei der Landung am Boden herausgesprungen sind und danach etliche Zeit in Erholung gehen mußten, haben Sie sich aber kein Ruhmesblatt geflochten", bemerkte der Oberst nach einem allgemeinen Gedankenaustausch.

„Wie wollen sie denn das beurteilen können?" fragte ich zurück.

„Nun", antwortete Gollob und eines seiner Augenlider hatte ein nervöses Zucken, „man zieht so seine Erkundigungen ein." Hauptingenieur Brede vom General der Truppentechnik, der ihn ganz zufällig zu begleiten schien, mied meinen Blick. Ich verwies Gollob an die Prüfgruppe, wo alle unsere Flugberichte registriert waren, auch der über meinen Unglücksflug vom 18. Februar. Er versprach, dort den Bericht nachzulesen.

Ich verabschiedete mich, weil ich noch zu den Unteroffizieren mußte. Die hatten es sich nicht nehmen lassen, eine kleine Feier zu inszenieren, die meine Teilnahme erforderte. Irgendwer hatte ein Schild gemalt: „2 Jahre Erprobungs-Kommando 16". Da stand es groß und deutlich zu lesen, daß wir uns seit ganzen 2 Jahren darum bemühten, aus einem Prototypen ein brauchbares Serienflugzeug werden zu lassen. Und noch war ein Ende der Arbeit nicht abzusehen. Sogar eine Bierzeitung gab es mit lustigen Versen. Und weil ein Exemplar davon bis heute in meinem Besitz verblieben ist, weiß ich, daß neben vielen anderen folgende Männer damals um mich versammelt waren: Ofw. Fred Schneider, Fw. Hein Eggert, Fw. Erwin Diehl, Uffz. Willi Klumpe, Uffz. Otto Schlichting, Uffz. Heinz Falkenrath, Uffz. Josef Schich, Uffz. Hermann Reckstatt, Uffz. Josef Eisenbarth, Uffz. Erwin Kopf, Uffz. Fritz Ehrhardt, Uffz. Helmut Berg, Stabsgef. Theodor Jürgens, Ogefr. Karl Heinz Willius, Ogefr. Walter Schüttler.

Wir haben an diesem 5. Mai 44 ein paar Stunden in guter Kameradschaft zusammengesessen. Und es erwies sich, daß die gemeinsame Arbeit geradezu einen „verschworenen Haufen" aus uns gemacht hatte. Zuletzt brachte einer so etwas wie einen Trinkspruch darauf aus, daß mir möglichst bald mit unserem Raketenjäger der erste Abschuß gelingen möge.

Ich wußte, daß das der brennende Wunsch eines jeden meiner Männer war. Das war keine laut bekundete Forderung, aber insgeheim wünschte jeder nichts sehnlicher, als einen ersten Beweis für die Güte unseres neuen Interzeptors. Böhner hatte mir schon Anfang Mai die dienstliche Meldung gemacht, es werde nunmehr ständig eine waffenklare Maschine für mich einsatzbereit gehalten. Mehrfach war ich in „Sitzbereitschaft" gegangen. Doch die feindlichen Einflüge waren lange außer unserer Reichweite geblieben.

Am 14. Mai 44 waren schon vormittags Versammlungen von Bomberverbänden über England gemeldet. Gegen Mittag begab ich mich an den Start hinaus, weil Korff mir hatte sagen lassen, es sähe so aus, als wenn es heute klappen würde. Als ich das Flugzeug erblickte, das mir da zum ersten Feindflug von Hauptmann Böhner offeriert wurde, verschlug es mir erst einmal die Sprache. Da stand die Me 163 B V41 in einem hervorragend aufgebrachten tomatenroten Lacküberzug. Alle meinten offensichtlich, sie hätten mir damit eine besonders große Freude bereitet. Irgendwer hatte wohl auch bereits ein paar Testflüge mit dem roten Vogel gemacht, damit Gewißheit bestand, daß er auch einsatzklar war.

„Als Richthofen sich seinen Dreidecker rot anmalen ließ, hatte er damit schon etliche Abschüsse gemacht", brummte ich Böhner an. „Ich habe nichts für Vorschußlorbeeren übrig. Und ob ein Gegner Angst bekommt, wenn er den roten Vogel sieht, wage ich zu bezweifeln. Wieviel Lack habt ihr denn da draufgespritzt?" wendete ich mich an Ofw. Schneider, der „zufällig" auch am Start herumstand.

„Ungefähr 18 Kilo", bekundete der wahrheitsgemäß.

„Die kosten mich nur ein paar unnötige Meter Startstrecke", stellte ich resigniert fest. Immer wieder gingen meine Augen mit Unbehagen über die strahlend roten Tragflächen, als ich in der Maschine Platz genommen hatte. Wenn ich mit 700 km/h im Steigflug an einem Gegner in diesem Aufzug vorüberbrauste, konnte ein einfältiges Gemüt vielleicht an einen Spuk von einem anderen Planeten glauben. Aber wenn ich ohne einen Tropfen Sprit im Gleitflug meinem Heimatplatz zustrebte, war ich natürlich meilenweit hervorragend zu erkennen. . .

Sei es drum! Das war heute nicht mehr zu ändern. Aber morgen mußte die rote Farbe wieder herunter. Ich gurtete mich fest und schaltete das Funkgerät ein. Ein paar Meter links vor mir hockte Böhner auf der Betonbahn an einem Feldfernsprecher, mit dem er letzte Meldungen aus dem Jägerleitstand von Korff entgegennahm. Wir wollten bis zum Start Funkstille einhalten, um uns nicht vorzeitig zu verraten.

„Feindverband hat abgedreht", meldete Böhner als letzte Nachricht von Korff. Kurz darauf rief er: „Weitere Indianer und dicke Autos im Anflug (was so viel besagen sollte wie: weitere 4motorige Bomber mit Jagdschutz flogen in Richtung auf unseren Platz). „Startbefehl voraussichtlich in zwei Minuten", hieß es dann nach einer Pause angespannten Wartens.

Haube zu! Ich überprüfte gründlich alle Instrumentenanzeigen, Schalter und Hebel, zog die Anschnallgurte noch einmal fest und beobachtete Böhner, der in Hockstellung am Feldfernsprecher kauerte, die Hörmuschel fest an das Ohr gedrückt. Jetzt hob er die Hand und ließ den ausgestreckten Zeigefinger kreisen. Das bedeutete: Start. Im Handumdrehen hatte ich den Schubhebel in Anlaßstellung gebracht. Surrend begann der Anlaßmotor zu laufen.

Eine Minute darauf war ich in der Luft. Ein kurzer Rundblick über die Instrumente: Fahrwerk ab – Kufe eingefahren – Ofendruck 21 atü – Drehzahl normal. Ich entsicherte die Kanonen und schaltete das Revi (Reflexvisier) ein. Mit 700 km/h stieg ich nach Nordwesten vom Platz weg. „Eichhörnchen von Brüllaffe – Caruso 40", hörte ich Korffs Stimme im Kopfhörer, was besagen sollte, daß ich einen Kompaßkurs von 40° aufzunehmen hatte. („Eichhörnchen" war mein Tarnname, „Brüllaffe" nannte sich die Bodenstation.)

„Von Eichhörnchen – Viktor – Caruso 40", antwortete ich, während ich bereits meinen aufwärts donnernden Vogel in eine Rechtskurve legte. Noch war mein Steigwinkel nicht anormal steil, die Kompaßanzeige deshalb noch ungestört. „Brüllaffe von Eichhörnchen – Caruso 40", meldete ich nach einer halben Minute. „Verbessern auf Caruso 60", war Korffs Antwort. „Brüllaffe von Eichhörnchen – Caruso 60 – Hanni 20 (2000 m hoch)", meldete ich kurz darauf nach unten. „Bleiben sie Caruso 60", kam Korffs Stimme eilig und mit einem Klang von Aufregung zurück. Und nach einer kurzen Pause folgte seine Frage: „Sehen sie „Indianer?" „Nein!" antwortete ich. Meine Augen suchten angestrengt den Luftraum über mir ab – er war hellblau und leer. Nichts als Himmel zu sehen. „Aber sie müssen jetzt was sehen", kam von unten die drängende Stimme von Korff. „Sie sind dran!"

Es war mir klar: nicht weit von mir mußten ein oder mehrere Gegner fliegen. Ich *muß-te* sie sehen, *jetzt*, spätestens in den nächsten fünf Sekunden – sonst war ich womöglich daran vorbei, bevor ich es mich versah. Fast verzweifelt suchte ich mit den Augen vor mir, über mir, rechts und links. Da! In Richtung 11 im Uhrzeigersinn! Plötzlich sind da die Umrisse zweier einmotoriger Begleitjäger zu erkennen. Das silberfarbene Dural-blech der Flugzeuge – die Amerikaner fliegen zumeist ohne Tarnanstrich – verschwimmt fast mit dem hellen Dunst des Horizontes. Automatisch habe ich den Kurs meines Flugzeugs auf die beiden „Indianer" ausgerichtet, die einträchtig etwa 800 m vor mir und noch 500 m höher nach Osten fliegen. Genauso automatisch habe ich aber auch noch einmal den Himmel hinter und über mir abgesucht. Und natürlich: etwa 500 m links über mir – da hingen noch zwei weitere solche „Pestbeulen" in der Luft. Die Amis flogen im Sparflug mit etwa 350 km/h, während ich selbst 700 Stundenkilometer auf dem Fahrtmesser ablas. Dabei stieg ich mit etwa 100 Metern pro Sekunde. Man hatte den Eindruck, die beiden feindlichen Rotten ständen still in der Luft, während ich im Begriff war, mich mit meiner „Rakete" mitten zwischen ihnen nach oben zu katapultieren.

Es wäre ein unverzeihlicher Fehler gewesen, die vordere Rotte zuerst anzugreifen. Die hintere hätte mich im Anflug erblickt, ihre Kameraden vorn durch Funk gewarnt. Ich hätte den Vorteil der Überraschung hergegeben. Wenn die Gegner erst einmal kurvten, waren alle meine Vorteile dahin. Ja, dann hätte ich vielleicht meine liebe Not gehabt, ungeschoren wieder zum eigenen Platz zurückzugelangen! Ich mußte diesen Schwarm von hinten anknabbern. Für den Beginn reichte es mir vollkommen, einen dieser vier Begleitjäger abzuschießen, mit unverminderter Fahrt weiterzusteigen und dem verdutzten Rest des Schwarms nach oben in Richtung Mond und Sterne aus der Sicht zu entschwinden.

Alle diese Überlegungen, für deren Niederschrift ich heute wohl eine Viertelstunde brauchte, erforderten am 14. Mai 44 13.08 Uhr deutscher Sommerzeit nur einen Sekundenbruchteil, um eine Reaktion bei mir auszulösen: So geschmeidig, wie es mir möglich war, versuchte ich, mich in einer Korkenzieherspirale hinter die Deckungsrotte des Gegners zu manövrieren. Dabei habe ich wohl doch ein bißchen am Knüppel gedrückt, um nicht in meinem vehementen Steigflug vor die Rohre der gegnerischen Kanonen zu geraten. Schlagartig setzte auf jeden Fall das Triebwerk aus als Folge der fast unmerklichen negativen Beschleunigung, die meine 163 durch diese Steuerbewegung erhielt.

Erste Reaktion bei mir: Wegdrücken, zurück zum Platz, so schnell wie ich gekommen war! Danach schlug die Fronterfahrung durch. Wegdrücken konnte ich immer noch, wenn die beiden mich bemerkt haben sollten, die im Moment noch seelenruhig im seitlichen Abstand von 60–80 Metern nebeneinander herflogen. Die rote Farbe!! Sie brauchten nur einen Blick nach rechts aus ihrem Cockpit zu werfen, da sahen sie mich – keine 300 Meter unter sich. Aber die zwei Kollegen „von der anderen Feldpostnummer" waren mit ihren Augen und Gedanken aus irgendeinem Grunde gerade anderswo.

Die folgenden 30 bis 40 Sekunden waren häßlich, sie haben ganz ordentlich an meinen Nerven genagt. Ich hing ohne Antrieb in „greifbarer" Nähe von zwei kampfstarken Feindmaschinen, deren Motore intakt und deren Maschinenwaffen sicherlich durchgeladen waren. Nach und nach wurden sie schneller als ich, zogen links über mir vorbei. Beinahe konnte ich ihre Kennzeichen erkennen. Schließlich war ich hinter ihnen, ohne daß einer von ihnen auch nur mit der Tragfläche gezuckt hätte. Ich atmete auf. Längst hatte ich einen Versuch gemacht, das Triebwerk wieder in Gang zu setzen. Doch die Tourenzahl des Drehzahlmessers zeigte, daß die T-Stoff-Zufuhr noch unterbunden war. Um mich selbst zu kontrollieren, hatte ich daraufhin den Knopf des Sekundenzeigers meiner Borduhr gedrückt. So langsam wie damals habe ich nie wieder einen Sekundenzeiger laufen sehen. Der feindliche Schwarm vor mir wurde kleiner und kleiner. Zuletzt war nur noch die hintere Rotte in Größe zweier Punkte am Horizont zu erkennen.

Endlich waren die zwei Minuten auf der Borduhr herum. Ich drückte erneut auf den Anlaßknopf. Als wenn nichts gewesen wäre, sprang das Triebwerk ganz normal wieder an. Es kostete mich eine gewaltige Beherrschung, den Schubhebel nicht zu schnell über die Rasten der drei Stufen bis zum Anschlag vorzuschieben. Doch dann orgelte das Triebwerk los, daß es eine Freude war. Schnell ging der Fahrtmesserzeiger wieder jenem Geschwindigkeitsbereich zu, in dem ich mich vorher beim Steigflug bewegt hatte. Schön! Nur weiter so!

Die Punkte wurden deutlicher. Aber noch waren sie winzig. Ich peilte sie durch das Revi an. Der Lichtkreis mit dem Zielstachel war sehr hell eingestellt, blendete fast. Ich drehte an einer Regulierschraube, bis er für das Auge erträglich war. Die Waffen waren durchgeladen. Meine Rechte legte den Sicherungshebel am Steuerknüppelkopf herum. Ein Druck mit Daumen und Zeigefinger, und die eingebauten Maschinenkanonen würden losrattern.

Ich war etwas tiefer als die Rotte vor mir. Den Linken davon hatte ich im wahrsten Sinne des Wortes „aufs Korn" genommen. Groß und deutlich zeichnete sich der Feindjäger bereits vor meinen Augen ab. Fast war ich versucht, abzudrücken und dann meine Garbe von unten in seine Maschine hineinzuziehen, um im letzten Moment nach oben wegzusteigen. Da erkannte ich im Revi, daß die Spannweite des Gegners noch weit davon entfernt war, den ersten Lichtkreis auszufüllen. Noch zu weit! Man unterschätzt eben bei so einem Anflug jedesmal die Entfernung! Doch die Silhouette vor mir wuchs jetzt rasch auseinander. Ein paar Augenblicke noch – dann kam mein Angriff – und der mußte dann in Gedankenschnelle vor sich gehen.

In diesem Moment schien eine übermächtige Faust meine linke Tragfläche nach unten zu drücken. Ich steuerte gegen. Ohne rechte Wirkung. Im Gegenteil, die Nase des Flugzeugs ging auch nach unten. Nun zog ich mit Gewalt am Knüppel. Hart schüttelnd kam die Nase etwas hoch. Aber es war, als wenn ich über ein sehr grobes, ungleichmäßiges Waschbrett flog. Das Flugzeug machte Bocksprünge. Im Handumdrehen war mir klar, was los war: ich war in den kritischen Geschwindigkeitsbereich gekommen. Ein Blick auf den Fahrtmesser zeigte mir: 960 km/h (V_w).

Natürlich war das Triebwerk ausgegangen bei diesem Auf und Ab! Ich ließ den Knüppel nach, schon flog ich wieder normal. Doch ich hing reichlich tief unter den beiden Feindmaschinen und immer noch nicht nah genug. Sollte ich mit viel Überhöhung ihnen einen Feuerstoß nachschicken? Vielleicht erzielte ich sogar ein paar Treffer! Ich entschied mich für Umkehr. Beim ersten Luftkampf mußte es ein astreiner Abschuß werden mit sicherer Rückkehr zum eigenen Platz.

Ich war ziemlich wütend, als ich auf Westkurs drehte, weil das Triebwerk nicht mehr ansprang. Nach der Landung wollten alle wissen, was los gewesen war. Vom Startplatz aus hatten sie die Maschine in der Höhe verschwinden sehen und wußten sich das erste Wegbleiben des Triebwerkgeräusches nicht zu erklären. Etwas später hatten sie den Schub der Rakete wieder einsetzen hören. „Paßt auf, gleich hören wir ihn schießen!" hatte Kelb in diesem Augenblick gerufen. Und nun kam ich zurück, ohne zu wackeln, ohne den von allen heißersehnten ersten Erfolg.

In meinem Flugbericht trug ich nur ein:. . . „mittels Funkführung erzielte ich Feindberührung. . ." Heute weiß ich deshalb nicht einmal genau, welcher Typ von Feindflugzeug damals vor meinem Visier gewesen war. Als mein Freund Dick Bateson mich später einmal danach ausfragte, kamen wir überein, daß es wohl Thunderbolt P 47 gewesen sein mögen. Zu gern wüßte ich, wie es dem Piloten jener von mir attackierten Maschine ergangen ist, der möglicherweise sein Leben nur dem Umstand verdankt, daß das Machwarngerät damals in die V41 K noch nicht eingebaut worden war.

Wenige Tage später erhielt ich ein Fernschreiben, wonach ich mich umgehend beim General der Jagdflieger in Berlin zu melden hatte. Ich war pünktlich am nächsten Vormittag zur Stelle. Doch der General war nicht da. War über Nacht an eine besonders mulmige Frontstelle geflogen – wo war es damals nicht mulmig –, um Ordnung schaffen zu helfen. Oberstleutnant Edu Neumann übernahm es, mir an seiner Stelle mitzuteilen, weshalb ich zum Rapport befohlen war. „Ihre Aufgabe als Führer des Erprobungs-Kommandos 16", eröffnete er mir, „ist mit sofortiger Wirkung beendet. Sie sollen für eine kurze Übergangszeit eine Jagdgruppe übernehmen, um mit der Führung eines größeren Verbandes vertraut zu werden. Danach werden Sie voraussichtlich das Geschwader übernehmen, das mit Me 163 ausgerüstet wird."

Ich glaube, ich habe erst ein paarmal geschluckt, als mir das aus heiterem Himmel offenbart wurde. „Und was wird aus dem Erprobungskommando 16?" fragte ich ziemlich betroffen.

„Die Erprobung wird auf allerhöchsten Befehl eingestellt. Die 163 geht in Serie, so wie sie jetzt ist. Sobald genügend davon an die Truppe ausgeliefert sind, beginnt damit der Einsatz. Der Krieg ist in ein Stadium eingetreten, das noch viel rigorosere Entschlüsse nötig macht als diesen wegen des Raketenjägers."

„Und Galland hat das alles gutgeheißen?" fragte ich, noch immer etwas ungläubig.

„Sie können natürlich die Rückkehr des Generals abwarten", begütigte Neumann. „Aber er wird Ihnen bestimmt das gleiche sagen wie ich eben." Und dann fügte er in vertraulicherem Tone hinzu: „Selbst wenn Galland diese Maßnahme für unzweckmäßig hielte, so wird er sicher nicht dagegen ankämpfen. Er hat selbst schon so viel Scherereien – zum Beispiel mit dem Volksjäger, den er ablehnt, weil er zu unfertig ist, den aber eine Menge einflußreicher Leute mit Gewalt durchpauken will –, daß er sich jetzt nicht noch eine weitere Ungelegenheit mit Ihnen aufhalsen wird."

Ein dringendes Ferngespräch rief Neumann in das Nebenzimmer. Das verschaffte mir etwas Zeit zum Nachdenken. Natürlich würde ich aufbegehren! Würde mir eine solche Behandlungsweise nicht gefallen lassen. Die Herren „da droben", die mich abschieben wollten, weil ihnen Erprobung nicht mehr nötig erschien, waren sich offenbar gar nicht im klaren, was es bedeutete, wenn ich von heute auf morgen aus dem Uhrwerk der Strahljäger-Erprobung ausschied. Ich war doch wahrhaftig ein wichtiges Zahnrad, bei dessen Fehlen viele andere auch nicht mehr richtig liefen. Ich würde – so nahm ich mir vor – Gallands Rückkehr abwarten und ihm klarmachen, daß das so nicht ging.

Doch was konnte mir das nützen?! Zu den Kämpfen für das mir anvertraute Erprobungsprojekt traten dann noch Kämpfe, die ich um meine Person und Position zu bestehen hatte. Und wozu das alles? Ich war mir ziemlich klar darüber, daß die Ereignisse auf den Kriegsschauplätzen sich in der Tat schon derart zu unseren Ungunsten entwickelt hatten, daß wir mit unseren wenigen Me 163-Interzeptoren ziemlich bedeutungslos geworden waren. Wahrscheinlich war der Einsatz meiner

Person in einem normalen Jagdgeschwader viel wertvoller als bei der Erprobung einer Waffe, die gar nicht mehr zum Tragen zu kommen drohte.

Ich erhob mich. Ein paar Türen weiter saß Hauptmann Werner Bartels. Von dem konnte ich ein offenes Wort erwarten. Prüfend betrachtete er mich eine Weile, als ich zu ihm trat mit der Frage, was er an meiner Stelle tun würde. Dann sagte er: „Vielleicht hätten Sie den General unter anderem Umständen noch einmal zu einer Änderung seiner Maßnahme veranlassen können. Aber Ihre Aufgabe – die Lenkung der Entwicklung des Raketenjägers Me 163 – wird in Zukunft von Oberst Gollob wahrgenommen. Mit dieser Aufgabenverteilung hat Galland diesem lästigen Nörgler und Besserwisser erst einmal so viel Beschäftigung verschafft, daß er zunächst Ruhe geben wird. . ." Und nach einer Minute nachdenklichen Schweigens fügte er hinzu: „Galland sind über Frankreich und England 5 Rottenflieger weggeschossen worden. Einer davon war ich. Sie sind jetzt sozusagen Nummer sechs in unserem ‚Verein'. Im Unterschied zu den fünf anderen sind Sie allerdings nicht von einem Tommy abgeschossen worden."

Ich fragte nicht viel weiter. Auf einmal erschien mir die Aufgabe, Kommandeur einer Jagdgruppe zu sein, wie das Paradies im Vergleich zu dem Intrigenspiel, von dem ich nur einen Zipfel gehoben hatte. Wie lautete doch der vielzitierte Ausspruch des Königs August von Sachsen, als man 1918 von ihm verlangte, zurückzutreten: „Dann macht eben Euern Dreck alleene!" Am Nachmittag flog ich nach Zwischenahn zurück, um mich von meinen Kameraden zu verabschieden.

Kommandeur der IV. J.G. 54

„Neuaufstellung der IV. Gruppe des Jagdgeschwaders 54", lautete mein Auftrag. Einen Verband in Gruppenstärke hatte ich im Grunde schon geführt. Als Führer des Erprobungs-Kommandos 16 einschließlich Ausbildungseinheit und den in Aufbau befindlichen Einsatzstaffeln hatte ich die Befehlsgewalt über etwa 1000 Soldaten besessen – den Teufelsschwanz des „Kommandos Hummel" noch nicht einmal mitgerechnet. Warum also gab man mir nicht gleich ein Geschwader!?

Der große Fliegerhorst Illesheim mit Hallen und Unterkünften stand fast ausschließlich mir und der von mir aufzustellenden Jagdgruppe zur Verfügung. Und gleich hieß es, Ärmel aufkrempeln und militärische Ausrüstung und dazugehörige Soldaten unterbringen und in Staffeln verteilen, die aus allen Richtungen nach Illesheim herbeizuströmen begannen. Trautlofts Stab, die Inspektion Tagjagd beim General der Jagdflieger, machte ein Paradestück aus dieser Wiederaufrüstung einer völlig herabgewirtschafteten Jagdgruppe. Innerhalb weniger Tage waren mehr als 80 FW 190 zur Stelle. Waggonweise traf die Ausrüstung ein. Das Bodenpersonal von zwei gerade aufgelösten „Wilde-Sau"-Geschwadern wimmelte plötzlich zu meiner Verfügung in Hallen und Kasernen. Aus mehr als 2000 Mann suchten wir uns heraus, was am besten geeignet erschien. Was noch fehlte, zitierte ich herbei. Wie und wo man das machte, hatte ich ja unterdessen durch die Arbeit in meinem Erprobungs-Kommando gelernt.

Was mich im Nu in Bann geschlagen und allen trübsinnigen Gedanken entrissen hatte, das waren 80 Flugzeugführer, die ich nun auch befehligte. 80 teilweise schon gutausgebildete Jagdflieger, alle erfüllt vom Ernst ihrer gefahrvollen Aufgabe, doch durchdrungen von unmißverständlichem Willen, ihrem Auftrag gerecht zu werden, koste es, was es wolle.

Wie war diese Hingabe zu erklären? Wir waren schon weit im fünften Kriegsjahr. Wenn ich über den Daumen peilte, dann hatte unsere Waffengattung im Laufe des Kriegsgeschehens bereits zweimal eine volle Garnitur ihres fliegenden Personals verloren. Das alles hielt hier eine folgende Generation nicht ab, unbedenklich in die Bresche zu springen.

Wo waren die Motive solchen Handelns zu finden? Wo war der Ursprung für die innere Einstellung eines jeden einzelnen dazu? Waren das alles National-Sozialisten? Keineswegs! Wohl waren die meisten einmal in der Hitlerjugend gewesen. Und natürlich hatte hier – so möchte ich es in einem Vergleich beschreiben – der Film der Begeisterung eine gewisse „Belichtung" erfahren. Doch daraus war auf dem „Negativ" der Seelen nicht das entscheidende Bild entstanden. NS-Weltanschauung war es nicht, die bei ihnen den Wunsch geweckt hatte, als Jagdflieger Dienst in einer Fronteinheit zu leisten. Möglich, daß vor der Zeit des „Dritten Reiches" Bündische Jugend, Wandervogel, Freischaar, Deutscher Turnerbund und ähnliche Jugendorganisationen Spuren hinterlassen hatten. Die geistige Ausstrahlung aus studentischen Korps und Burschenschaften durfte man ebenfalls nicht außer Acht lassen. Aber auch dort war das endgültige Motiv nicht zu suchen. War es der Fahneneid auf den Führer Adolf Hitler? Nie vernahm ich je eine Äußerung, die darauf schließen ließ, daß dem so war. Also war es der Wunsch, sein Vaterland in gefahrvoller Zeit zu verteidigen? Gewiß, mit dieser Annahme kam man dem Leitgedanken dieser Haltung schon näher. Aber es war im Grunde noch etwas anderes, was dahintersteckte. Es war ganz einfach nur das Gefühl, der Instinkt, der jedem von Geburt an mitgegeben war und ihm sagte: das gehört sich so! Es war die seit Generationen angeborene Gewißheit, daß das eine selbstverständliche Pflicht war, der sich nur ein unanständiger Charakter zu entziehen versuchte. Es war eine Eigenschaft, die nicht erst durch die Freiheitskriege gegen Napoleon oder Bismarcks Reichsidee geweckt worden war, sondern aus ältesten Zeiten herstammen mußte und nun Bestandteil unseres Volkscharakters geworden war. Bei Großvätern und Vätern hatte man das so gehalten, kein Zweifel, daß der Sohn genauso handeln mußte. Wenn man bei den Franzosen oder Engländern nachgeforscht hätte, wäre man vermutlich auf erstaunliche Parallelen gestoßen.

Diese selbstverständliche Bereitschaft von hoch und niedrig zum Opfer für das Ganze war es, die das Geheimnis der Anfangserfolge unserer Feldzüge erklärte. Die Führung brauchte sich dessen nur zu bedienen und kam so zu Erfolgen, die unsere Gegner verblüfften, ja sogar uns selbst. Alles das hatte wenig mit unserem damaligen politischen System zu tun. Das Verhalten des einzelnen mußte einfach so sein, weil es schon seit Menschengedenken immer so gewesen war. Die national-sozialistische Regierung hatte ja auch nicht das deutsche Beamtentum erfunden. Dennoch lief der Behördenmechanismus in dieser Zeit des NS-Regimes genau so präzis wie unter den Preußen vordem oder an Fürstenhöfen absolutistischer Zeiten. Das war in unzähligen Generationen in Fleisch und Blut übergegangen, war deutsche Charaktereigenschaft geworden.

Vier Staffeln gehörten zu meiner Jagdgruppe. Die Staffelkapitäne flogen täglich mit ihren 20 Flugzeugführern in Rotten, Ketten, Schwärmen, danach in Verbänden von 8 und 12, zuletzt mit allen flugklaren Maschinen. „Wir sind klar zur Überprüfung!" meldete mir Oblt. Deterra, Kapitän der 11. Staffel. Das gleiche meldeten Hauptmann Klemm für die 10., Oblt. Haala für die 12., Lt. Sterr für die 13. Staffel. Und ich flog mit diesen Staffeln, führte sie in geschlossener Formation und aufgelockerter Gefechtsordnung, um schließlich stets in wilder Kurbelei von Luftkämpfen zu enden.

Dabei hat mich doch trotz aller meiner Schläue und Erfahrung einmal der Deterra „gewickelt", das heißt, es gelang ihm, in Abschußposition hinter mich zu kommen. Ich gönnte ihm den Triumph. Es war schön, sich mit diesen Jungen in der Luft herumzubalgen, es war gut zu wissen, daß sie ihr Handwerk beherrschten. Ich selbst reihte mich ein in die Phalanx meiner Piloten, stellte mich an ihre Spitze und tat, was jeder gute Deutsche in dieser Zeit zu tun bestrebt war: Ich suchte meinen Platz in der Front, die das Vaterland verteidigte.

Baranowitschi

Von heute auf morgen waren wir in härtestem Fronteinsatz. In der Nacht vom 30. Juni 1944 zum 1. Juli 1944 hatten sich Fernschreiben und Ferngespräche gejagt. Befehl: Sofortige Verlegung nach Baranowitschi. Wo das lag, müsse man sich auf der Karte heraussuchen, wimmelte der ungeduldige Stabsmensch am anderen Ende des Drahtes ab. Grob gesagt: Auf halbem Wege zwischen Brest und Minsk. Knotenpunkt von drei Eisenbahnlinien. Also nicht zu verfehlen, wenn man von Brest aus die alte Fliegerregel beachtete: linkes Rad des Flugzeugs über rechter Schiene der Eisenbahn. Aber noch am kommenden Tage dort sein! hieß es. Und wenn möglich gleich bei Eintreffen mal an die Front und die Magazine leerschießen! Beim Heer sei der Teufel los. Oder genauer ausgedrückt: die Front sei teilweise in regellosem Zurückfluten. Eine Scheiße sondergleichen!

Als es hell wurde, stand ein gutes Dutzend Ju 52 auf dem Platz. Sie nahmen ein Vorkommando des Bodenpersonals an Bord mit nötigstem Werkzeug und Wartungsgerät. Und tatsächlich waren schon am Nachmittag vier kampfstarke Staffeln mit FW 190 im Einsatz an einer bedrohten Stelle unserer Ostfront, wo vorher ein gähnendes Loch in unserer Luftverteidigung geklafft hatte.

„Erst einmal die Lage peilen! Nichts riskieren!" gab ich den Staffelkapitänen als Losung aus, nachdem wir mit einer Zwischenlandung in Breslau vollzählig in Baranowitschi gelandet waren. Vier Schwärme mit fronterfahrenen Flugzeugführern starteten und verschwanden am Horizont. Bei Bobruisk sollte das Heer unter beständigen Tieffliegerangriffen zu leiden haben.

Ich selber sorgte erst einmal für Verteilung von Staffel-Liegeplätzen und Bereitstellung von Unterkünften und brachte mit vorhandenem Gerät und Personal des Horstes die eigene Waffenmeisterei, unsere Nachrichtenspezialisten und den Gruppengefechtsstand in Aktion. Bis zum Einbruch der Dämmerung lief unser Vorkommando schon mit zufriedenstellender Verläßlichkeit.

Die Schwärme waren zurück und ich erhielt Bericht. „Die Luft ist äußerst aluminiumhaltig und eisenhaltig", meinte Oblt. Haala sarkastisch. Unsere im Rückzug befindlichen Truppen würden laufend durch Tiefflieger angegriffen. Da kämen Verbände von schätzungsweise 50 IL 2 warfen Bomben, schossen aus Bordwaffen und schwärmten herum wie wildgewordene Wespen. Und in Höhen bis zu 4000 Meter war der Himmel über diesem Kampfgebiet voll von Jagdschutz. Welche Muster von Jagdflugzeugen uns gegenüber auftraten, war noch nicht so eindeutig zu klären. Es waren Jaks und Las, anscheinend auch Flugzeugmuster, die bei uns noch gar nicht so bekannt waren. Oberfeldwebel Olsen, einer von den erfahrenen Füchsen der 12. Staffel, meldete den Abschuß einer La 5, Lt. Hartrampf hatte einen wahrscheinlichen Abschuß, das heißt, niemand hatte gesehen, ob das mit Trefferwirkung beschossene Gegnerflugzeug irgendwo am Boden aufgeschlagen und damit vernichtet war. So ein Absturz kann Minuten dauern. Inzwischen aber fordern neue Luftkämpfe, die Augen zur eigenen Absicherung gegen einen Überraschungsangriff zu benutzen und den abstürzenden Gegner sich selbst zu überlassen. Wenn dann kein Aufschlagbrand mit schwarzer Rauchfahne weithin die Vernichtung des abgeschossenen Feindflugzeuges anzeigt, bleibt es meist ein „Wahrscheinlicher", der nicht in der Abschußliste zählt, keinen Strich am Leitwerk zur Folge hat, nicht im Wehrmachtbericht mitgezählt wird.

„Schafft dem Heer, so oft es geht, Entlastung von den Tieffliegerangriffen!" forderten die Einsatz-Offiziere im Stabe des XII. Flieger-Korps. „Laßt den Kampf mit dem Jagdschutz sein, greift die IL 2 an, die der Truppe am Boden so zusetzen!" hieß es in den

Fernsprüchen, die weither vom Gefechtsstand der uns vorgesetzten taktischen Führungsstelle bei uns anlangten.

Die hatten gut reden! Saßen irgendwo im ruhigen Stabsquartier mit großen Landkarten und schönen Fähnchen darauf. Diese Herren Stabs-Heinis wollten uns klarmachen, daß wir gar nicht darauf zu achten brauchten, wenn wir 20 oder wer weiß wie viele Las und Jaks in Schußnähe hinten am Schwanz dran hängen hatten! Hauptsache, wir hielten die verdammten Il 2 in Schach! Na schön, wir werden tun, was wir können. Also teilten wir uns die Aufgaben im Kampfraum. Eine Staffel machte Luftkampf in der Höhe mit dem dort anwesenden Jagdschutz des Gegners, band ihn größtenteils hier und zog seine Aufmerksamkeit von den zu schützenden Tiefliegern ab. Die andere Staffel stürzte in die Tiefe, rauschte an den Il2-Verbänden entlang, jeder nahm sich einen dieser gepanzerten fliegenden „Blechesel" vor und ließ seine Munition darauf verprassen. Nur wer dabei den richtigen Anflugwinkel einhielt – von links oder rechts unten in einem seitlichen Winkel von 20 bis 30 Grad – hatte Aussicht auf Erfolg.

Schon zwei Jahre zuvor hatte ich einmal mein blaues Wunder mit diesen rundum gepanzerten Tiefangriffsflugzeugen erlebt. Mit einer Überraschungsattacke steil von unten hatte ich Rumpf und Tragflächenmittelteil einer dieser Maschinen mit einer deckenden Salve bedacht, wobei ich zu meinem Erstaunen die Detonationsblitze der Kanonentreffer an der Außenseite des Gegners wie ein farbiges Feuerwerk aufflammen und zerstieben sah. Nach meinen bis dahin gesammelten Erfahrungen mußte die abgegebene Garbe genügt haben, den Iwan zum Absturz zu bringen. Deshalb scherte ich in Sekundenschnelle zur daneben fliegenden nächsten Il 2 und schoß der auch von hinten unten – wie wir zu sagen pflegten – „den Laden voll".

Meine zwei Opfer taten mir jedoch nicht den Gefallen, als vorschriftsmäßige Abschüsse vom Himmel zu fallen. Die Flugzeuge machten lediglich kehrt und flogen Richtung Heimat auf eigenes Gebiet zurück. Hierbei gingen sie in wilde Schlangenlinien über, als ich zusammen mit meinem Katschmarek (Rottenflieger) meine Angriffe von hinten fortsetzte. Obwohl wir unsere gesamte Munition verschossen hatten, mußten wir nach der Landung melden, daß es uns nicht gelungen war, auch nur eine irgendwie sichtbare Trefferwirkung zu erzielen. Inzwischen wußten wir: Angriffe von hinten oder hinten unten waren bei diesem Flugzeugtyp zwecklos. Nur in spitzem Winkel von der Seite oder fast senkrecht von oben war ein vernichtender Treffer anzubringen oder wenn es gelang, ein Querruder der Il 2 zu zerschießen. Bei Anflug aus anderen Richtungen (auch von vorn) widerstand die Panzerung unseren Geschossen.

Vier heiße Julitage lang halfen wir nach besten Kräften unserer Infanterie und den Panzerverbänden ihre Rückzugsgefechte an der Beresina zu führen. 14 Abschüsse hatten wir bereits gemacht, wovon drei auf mein Konto gingen. Eigene Verluste: keine, wenn man davon absah, daß Leutnant Pickrun durch einen Treffer aus einem Infanteriegewehr zur Notlandung irgendwo im Niemandsland gezwungen worden war. Aber ein schneidiger Einsatz unserer Infanterie und Artillerie brachte ihn unverletzt wieder auf unsere Seite. Er hatte 2 Jaks mit roter Motorschnauze längere Zeit im Tiefflug verfolgt, aber keinen Schuß auf sie abgegeben. Befragt, warum er nicht geschossen habe, behauptete er, keinen der Iwans gesehen zu haben. Erst sehr viel später gestand er, daß er in der Aufregung nur vergessen hatte, seine Waffen durchzuladen. . . Da kam der Befehl: Sofortige Verlegung nach Lublin. Die Betriebsstofftanks von Baranowitschi und dem benachbarten Flugplatz Prustana waren fast leer. Nachschub – wenn er überhaupt noch kam – in weiter Ferne.

In Lublin-Swidnik war inzwischen ein größerer Teil unseres Bodenpersonals auf dem Landweg eingetroffen. Das verhalf uns bald wieder zu gutem Klarstand unserer FW 190, von denen einige doch in den vier Einsatztagen schon kleinere Schäden erlitten hatten, sei es, daß Treffer – meist von Heckschützen der Il 2 – auszubessern waren, sei es, daß Motore, Funkgeräte oder Waffen der Überholung bedurften. Aber alles, was flugklar war, mußte vom ersten Tage an auch von Lublin aus wieder in den Kampf geworfen werden. Am Bug wiederholte sich offenbar zwischen Kowel und Chelm dasselbe, was an der Beresina bereits geschehen war: Eine vom deutschen Heer und rumänischen Verbündeten entlang diesem Fluß aufgebaute Verteidigungslinie war von den Sowjettruppen durchbrochen worden. Die eingedrungenen feindlichen Verbände konnten nicht abgeriegelt werden. Ein „Riesen-Scheibenkleister" also auch an diesem Abschnitt unserer Front!

Der Gegner hatte hierhin offensichtlich den Schwerpunkt seiner Angriffe verlegt. Denn es wimmelte in der Luft von Flugzeugen. Verbände von 100 Il 2 mit Jagdschutz in entsprechender Stärke konnten wiederholt beobachtet werden. Das Heer litt unsäglich unter dieser Bekämpfung aus der Luft. Wir flogen pausenlos mit allen einsatzklaren Maschinen. Leider war der Erfolg all unseren Schneids nur, daß wir der Schärfe des feindlichen Angriffs einen Teil ihrer Wirkung nahmen. Die Bomben der Sowjets wurden ungenauer geworfen, manchmal auch einfach auf freies Gelände. Dennoch war es für den Landser drunten im Grabenloch eine erhebliche Unterstützung der Moral, wenn er sehen konnte, wie wir hin und wieder mal einen dieser „Quälgeister" zu Boden schickten.

Schon hatte ich meinen 86. Strich am Seitenleitwerk meiner braven Focke-Wulf, da hätte es mich am 13. Juli 1944 beinahe selbst erwischt. Die Front war bereits ein ganzes Stück hinter den Bug zurückgenommen. Wo sie genau verlief, war an diesem Tage aus der Luft nur unklar zu erkennen. Aber wir sahen, wo die Il 2 ihre Bomben abluden. Dort war also wohl unsere eigene Truppe am Boden. Ich hatte mir für meinen Flug Oblt. Jupp Gröne als Rottenflieger mitgenommen. Er war Technischer Offizier der Gruppe und gehörte damit zu meinem „Stabs-Schwarm". Jupp war ein sehr verläßlicher technischer Organisator und ein tapferer Jagdflieger, der die gefährlichsten Unternehmen mitflog, ohne mit der Wimper zu zucken. Aber er hatte ein Manko. Und deshalb teilte ich ihn nur selten zum Mitfliegen bei mir ein: Er sah nichts. Das will nicht heißen, daß er eine Brille tragen mußte und kurz- oder weitsichtig gewesen wäre. Er kam im Gegenteil bei der üblichen ärztlichen Kontrolle seiner Augen stets ohne Beanstandungen durch alle Prüfungen. Aber ein Jagdflieger muß noch anders sehen können, als das die Fliegerärzte bei der Untersuchung verlangen. Er muß ein Feindflugzeug mit bloßem Auge erkennen können, wenn es noch kilometerweit als winziger Punkt im graublauen Himmelsdunst verschwimmt. Das hilft ihm zu überleben, wenn er der erste ist, der den anderen ausmacht. Es verhilft ihm vielleicht auch dazu, sich rechtzeitig in eine günstige Abschußposition zu begeben. Oberleutnant Gröne sah – vom Standpunkt eines

Jagdfliegers aus – miserabel. Oft machte er die Gegner erst aus, wenn wir schon im harten Kurvenkampf mit ihnen waren.

Wir befanden uns etwa 20 Kilometer hinter der Hauptkampflinie auf gegnerischem Gebiet, als wir einen Pulk von Il 2 antrafen, der offensichtlich gerade auf dem Wege zur Front war, um unsere Stellungen mit Bomben zu belegen. Ich griff sofort schräg von hinten unten überraschend die letzte Maschine des Tieffliegerverbandes an. Gröne blieb zur Deckung gegen einen Angriff von Begleitjägern rechts hinter mir zurück. Ein Feuerstoß aus nächster Entfernung, und ich sah, wie die Il 2 tödlich getroffen nach unten kippte. Die nächste Il 2 flog nur wenige Meter links davor. Ich schwenkte auf sie ein und ließ das Feuer aus allen vier Rohren losprasseln, bis auch dieses „Bombenekel" sich zum Sturz neigte, eine schwarze Rauchwolke hinter sich herziehend.

Eine Sekunde lang verharrte ich, warf einen Blick ringsum auf den Himmel, ob nicht feindliche Jäger auftauchten, und beobachtete noch einmal die Il 2, die schon, steil nach unten stürzend, bereits 150 Meter tiefer war als ich. Der Heckschütze war offenbar noch nicht außer Gefecht gesetzt, denn man sah das Mündungsfeuer seines Maschinengewehrs pausenlos flackern, auch wenn es für sein Überleben besser gewesen wäre, schleunigst mit dem Fallschirm auszusteigen. Welch ein verbissener Kampfwille! Eben wollte ich mir das nächste Angriffsziel aus dem nun schon unruhig gewordenen Feindverband heraussuchen, da gab es vor mir im Flugzeug einen harten Schlag, und sofort begann in der linken vorderen Ecke meiner Flugzeugführer-Kabine eine rote Flamme zu flattern.

Verdammt noch mal, das war die Haupt-Kraftstoffleitung, die dort verlief! Wenn damit die Benzin-Zufuhr zum Motor unterbrochen sein sollte, mußte der Motor nach wenigen Augenblicken zu laufen aufhören! Und wir waren 20 Kilometer jenseits der Front! Seltsam – man war durch Hunderte von Feindflügen derart an Gefahren-Situationen gewöhnt worden: Wenn ich heute an diese Minuten zurückdenke, möchte ich schwören, daß mein Pulsschlag kaum schneller ging. Noch lief ja der Motor! Noch waren alle Lose im Pott! Es war jetzt nur wichtig, wieder auf eigenes Gebiet zu gelangen. Längst hatte ich Vollgas gegeben. Kurs West. Der Motor lief mit voller Kraft weiter. Die Kraftstoffleitung war also nicht unterbrochen. Sie brannte nur an einer Leckstelle. Ich versuchte, durch seitliches Schieben die Flamme irgendwie zum Verlöschen zu bringen. Doch sie wurde nur größer dadurch.

„Von Iltis 1", gab ich schnell im Funksprechgerät an Gröne durch, „habe Treffer. Fliege auf eigenes Gebiet zurück."

„Viktor", hörte ich die Antwort, was besagte, daß Gröne mich verstanden hatte.

Die Flamme da links vor mir wurde unregelmäßig. Anfangs war es nur ein mehrzüngiges flackerndes Irrlicht gewesen. Aber nun, nach ein oder zwei Minuten, schien das Loch in der Benzinleitung sich aufzuweiten. In unregelmäßigen Abständen wurde aus dem kleinen Flämmchen eine längere Flamme. Diese Flamme schlug bis an meine Beine.

„Sind wir schon über der Front?!" fragte ich kurz im F. T.

„Nee", hörte ich die eindeutige Antwort.

Gröne war rechts hinter mir. Er hatte fast aufgeschlossen. Ein Rundblick überzeugte mich, daß wir keiner Bedrohung durch feindliche Jäger unterlagen. Der Il 2-Verband war rechts hinter uns verschwunden. Aber wo war die Front?! Lange ging das mit meiner brennenden Benzinleitung bestimmt nicht mehr gut!

Ein stechender Schmerz am linken Schienbein zog meinen Blick wieder in das Innere der Kabine. Das linke Hosenbein brannte lichterloh. Ich schlug mit der Hand die Flammen aus (ein Glück, daß ich Handschuhe trug!). Dabei geriet ich mit dem Unterarm in die langen Flammenfahnen, die nun ständig nach mir leckten. Ich flog ja mit aufgekrempelten Hemdsärmeln! Beim Start herrschte am Boden eine Bruthitze, die man anders nicht ertrug.

Die Feuerschwaden waren nun so lang, daß ich die Beine einziehen mußte. Auch das rechte Hosenbein brannte schon zweimal einschließlich Unterhose. Und gleich darauf schlug das Feuer mit langen Armen sogar bis zu meinem Oberkörper. Ich winkelte den linken Arm unter mein Kinn zum Schutz des Gesichtes. Doch ich merkte am stechenden Schmerz in der Halsgegend, daß ich ohne Rock mit offenem Hemdkragen flog. Das war nur noch ein paar Augenblicke so auszuhalten! Dann mußte ich raus.

„Wo ist die Front?! Sind wir schon drüber?" keuchte ich in das Mikrophon.

„Glaube ja", kam die Antwort.

Wieder schlug die Flamme nach mir, doch das war schon keine Flamme mehr, das war eine halbe Feuersbrunst, die nach mir leckte. Sie füllte die ganze Sichthaube aus, ringelte sengend um meinen Kopf. Feuer, Ruß und Rauch schwirrten mir um die Augen, die durch die Flieger-Sonnenbrille verhältnismäßig gut geschützt waren.

Meine rechte Hand verließ hastig den Steuerknüppel und drückte rechts vorn auf den Griff der Hauben-Abwurf-Vorrichtung. Ein Knall, das Plexiglas-Dach wurde durch eine Pulverpatrone nach hinten weggeschossen, und schlagartig saß ich in einem Feuerstrom, der einem Riesen-Lötkolben ähnelte. Das Feuer erhielt jetzt Luft mit mehr als 400 km/h zugeblasen. Ich saß im Zentrum einer Hitze, die ich blitzschnell verlassen mußte, wenn ich nicht in Sekunden verschmoren sollte.

Was nun kam, waren drei der häßlichsten Sekunden meines Lebens. Mit einem Ruck versuche ich, den Führersitz nach oben zu verlassen – da merke ich: ich bin noch angeschnallt! Während meine Linke versucht, so gut als möglich das Gesicht zu verbergen, lange ich mit der Rechten zum Bauch, wo der Verschlußgriff der Anschnall-gurte sitzt. Zweimal greife ich in der Hast daneben, fühle am entblößten Unterarm, daß ich in schweißbrennerheißem Flammenstrom sitze, erwische endlich den Gurtver-schluß, reiße ihn auf – und trete augenblicklich mit einem Fuß den Steuerknüppel voll nach vorn. Meine Focke-Wulf geht mit vehementem Schwung auf den Kopf, die Fliehkraft wirft mich mitsamt dem Flugzeug wuchtig nach vorn, doch dann lupft sie mich hoch, hebelt mich wie einen Ball nach oben aus meinem Feuerstrudel heraus. Irgendwas schlägt mir noch mit Wucht an den Oberschenkel, dann bin ich allein in der Luft, allein mit meinem Fallschirm, den ich vorsichtshalber noch nicht öffne. Sollte er etwa an einer Stelle Feuer gefangen haben, so wird es der Luftstrom beim freien Fall ausblasen, hoffe ich.

Eine rote Kugel baumelt an meinem Gurtzeug vor meinem Bauch. Meine Hand erfaßt sie, ein Ruck, und da bauscht sich der Schirm auch schon hinter mir, zieht kräftig von hinten an meinem Rücken, leicht pendelnd schwebe ich etwa 300 Meter über dem

Erdboden. Ein Blick nach oben zeigt, daß der Schirm sich zu einer schönen hellen Kuppel wölbt.

Es muß keine Minute gedauert haben, bis die Erde da war. Ein Kornfeld kam mir von unten entgegengeschossen, ehe ich mich es versah, fiel ich in die hohen Halme, sackte durch den Aufprall in die Knie, merkte, daß mein Oberschenkel schmerzte, wo vorhin beim Aussteigen das Leitwerk drangeschlagen haben mußte, und blieb erst mal flach am Boden liegen, nachdem ich durch einen Schlag auf den Drehhebel vor dem Bauche die Verbindung zum Fallschirm gelöst hatte. Ich hörte Gefechtslärm, obwohl ich noch die Funkkopfhaube auf dem Kopfe hatte, deren Ohrmuscheln die Geräusche der Außenwelt fernhielten. Als ich die Haube abgenommen hatte, war mir klar, daß ich mich am besten so flach wie möglich an den Boden preßte. Durch die Ähren der meterhohen Roggenhalme pfiffen Geschosse. Es war das erste Mal, daß ich diese Geräusche in meiner nächsten Umgebung vernahm. Pitschh, pihhh, wisss pfiff das keinen Meter über mir durch das Kornfeld. Dazwischen auch mit feuerwerksartigem Fauchen und Gequärr ein paar Querschläger. Also erst mal liegen bleiben!

Indem ich mich zur Ruhe zwang und nachzudenken versuchte, wich wohl die Spannung etwas von mir. Dafür fühlte ich mit einem Male, daß mein Gesicht, der Hals, die Arme ganz entsetzlich brannten. Ein Blick auf meine Unterarme offenbarte, daß die Haut schwarz war. Jede Berührung tat zum Schreien weh. Wenn mein Gesicht auch so verschmort war, dann mußte ich wie ein Neger aussehen! Leise tippte ich mit der Fingerspitze an meine Backe. Es tat scheußlich weh an der Stelle. Aber wenigstens war die Haut noch nicht ganz gefühllos! Ich tippte auf die Nasenspitze. Auch die Nase war noch da, tat weh, war aber noch nicht weggebrannt, wie ich einen Augenblick befürchtet hatte. Dennoch hätte ich jetzt viel dafür gegeben, wenn ich einen Spiegel besessen hätte. Ich roch nämlich ganz deutlich, daß ich bereits Verwesungsgeruch an mir hatte. Wenn das so sein sollte, daß ich schon nach Leiche roch, dann hatte es ja gar keinen Zweck mehr, daß ich mich in Sicherheit brachte . . .

Das entfernte Schießen hatte nachgelassen und damit das Pfeifen der Geschosse. Vielleicht hielt man mich jetzt für tot, durchgesiebt von den vielen Schüssen, die auf mich abgegeben worden waren. Das mußte ja wohl feindliche Infanterie gewesen sein, die mich da unter Feuer genommen hatte. Also hieß es, sich schleunigst nach Westen zu entfernen. Während ich im Kornfeld liegend meine Lage überdachte, hatte ich rings um mich mit den Blicken den Wald der Roggenhalme gemustert. Dabei machte ich die Feststellung, daß ich auf meiner linken Seite entschieden mehr nach Leiche roch als auf der rechten. Vielleicht war ich das gar nicht selbst, der so stank!? Links von mir war Osten. Eigentlich mußte ich nach Westen. Aber die Neugierde siegte, ich kroch, auf Fußspitzen und Knieen, durch die Halme nach Osten. Und mit jedem Meter, den ich zurücklegte, wurde der Gestank ärger. Schließlich erhob sich vor meinem vorsichtig zu Boden gehaltenen Kopf ein riesiger Haufen, der nicht in ein von ordentlichen Menschen angelegtes Getreidefeld gehörte: eine tote Kuh. Vermutlich lag sie schon viele Tage an diesem Platz. Denn ihr Leib war aufgedunsen und prall von den Gasen der Zersetzung.

Wie dankbar war ich diesem Kuh-Leichnam für die Erkenntnis, daß ich selbst noch nicht in Verwesung übergegangen war! Mit neugewonnenem Lebensmut wandte ich mich nach Westen und hatte in kurzer Zeit den Rand des Feldes erreicht. Während ich überlegte, ob ich den nun folgenden Kartoffelacker kriechend oder springend überwinden sollte, erschien im gegenüberliegenden Feld eine Gestalt mit nacktem Oberkörper, aber einem Gewehr in der Hand. Die Hosen des Mannes waren khakibraun. Also ein Russe!! Ich griff nach meiner Pistole, da ertönte rechts über mir eine barsche Stimme: „Stoj!"

Ich wandte den Blick nach oben. Da stand, fast über mir, ein Soldat mit der Maschinenpistole im Anschlag. Jedoch – oh herrliche Überraschung: ein deutscher Oberwachtmeister war das! Freudig rappelte ich mich aus meiner Bauchlage hoch, doch da wurde ich angeherrscht: „Ruki werch!!!" (Hände hoch). Und nochmals: „Stoj!!"

„Ich bin Deutscher, ihr Armleuchter!" bemerkte ich trocken und versuchte, eine von meinen gehorsam erhobenen Händen runterzunehmen, um meinen Truppen-Ausweis herauszusuchen. Aber der mit dem nackten Oberkörper schrie: „Ruki werch!" Und so stand ich erst einmal mit erhobenen Armen da, weil ich nun nach alledem keine Lust hatte, mir von einem eigenen Landser ein Loch in den Bauch schießen zu lassen. „Laßt doch den Blödsinn!" herrschte ich sie an. Trotz des Ernstes der ganzen Situation mußte ich lachen. „Ich bin Pilot der Luftwaffe. Ich zeige euch meinen Front-Ausweis."

„Das kann jeder behaupten", knurrten die beiden. Aber schließlich durfte ich eine Hand senken und zeigte dem Oberwachtmeister den Ausweis. Als ich mit der Hand noch einmal in die Hosentasche greifen wollte, schrie der mit dem nackten Oberkörper wieder: „Ruki werch!" und weil er gemerkt hatte, daß ich auch Deutsch verstand: „Hände hoch!" Der Oberwachtmeister, noch mit der intensiven Prüfung meines zerknitterten Frontausweises beschäftigt, winkte seinem Kameraden jedoch ab. „Laß mal gut sein", meinte er, „der Ausweis scheint in Ordnung zu gehen."

Indessen hatte ich mein Ritterkreuz aus der Hosentasche gezogen (wegen des Kehlkopf-Mikrophons unserer Funkanlage konnte man es schlecht während des Fluges am Halse tragen) und knüpfte es in eine Schulterklappe meines Hemdes ein. Es vorschriftsmäßig in den Hemdkragen einzuziehen, war nicht möglich, weil dort alles wie Feuer brannte. Mit dem Anblick der Kriegsauszeichnung war endlich jeder Zweifel an meiner Identität beseitigt.

„Wie sieht mein Gesicht aus?" wollte ich als erstes wissen.

„Schwarz", bemerkte der Oberwachtmeister lakonisch. Bei so einem Aussehen brauchte ich mich nicht zu wundern, daß sie mich für einen Iwan gehalten hätten, erklärte er anschließend quasi zur Entschuldigung. Der Beschuß, der mir im Roggenfeld zuteil geworden war, kam allerdings von einer deutschen Kompanie, die mich auch schon aus allen Rohren beballert hatte, als ich noch am Fallschirm in der Luft zu Boden sank. Der Unterschied im Aussehen zwischen einem deutschen und einem russischen Fallschirm sei bei ihnen unbekannt, gestanden sie beide.

Der Halbnackte, ein Obergefreiter, erhielt nun den Auftrag, mir meinen Fallschirm bis zum Gefechts-Verbandsplatz zu tragen, nachdem ich die weißen Seidenbahnen wieder behelfsmäßig in ihre äußere Verpackung zurückgestopft hatte. Willig nahm er das dicke Paket unter den Arm und schob los. Doch er nahm die Richtung zu den Stellungen seiner Kompanie, der Gefechts-Verbandsplatz aber befand sich gerade entgegengesetzt in einer einzeln stehenden Mühle.

„Bleiben Sie hier bei mir", befahl ich dem Davonmarschierenden. Der tat, als habe er nichts gehört, begann im Gegenteil, sein Marschtempo zu steigern. „Hiergeblieben!" schrie der Oberwachtmeister nun. Der Obergefreite in Khakihosen, mit dem Fallschirm unter dem Arm, in der anderen Hand seine Knarre, sah nicht zurück, sondern begann zu traben. Er wollte offenbar die Fallschirmseide als willkommene Beute in seine Stellung einbringen.

„Halt!" brüllte der Oberwachtmeister in diesem Augenblick und wiederholte, um der Vorschrift zu genügen, noch: „Halt, halt, halt!" Dann legte er die M. P. an und ließ eine kurze Garbe herausrattern. Die Geschosse schlugen rechts vom Fallschirmklauer in den Acker, daß es spritzte. Der merkte, daß es Ernst war mit dem Befehl, verhielt und kam widerwillig zurück. „Sie marschieren jetzt vor mir her", befahl ich. „Beim geringsten Versuch, wieder abzuhauen, schieße ich." So trotteten wir los, der fallschirmtragende Landser vorneweg, ich mit geöffneter Pistolentasche hinterher.

In der zum Verbandsplatz umfunktionierten Mühle war Hochbetrieb. Die Ärzte hatten gerade einen Bauchschuß zu versorgen. Da war ein Pilot mit Verbrennungen zweiten, vielleicht dritten Grades von nachrangiger Bedeutung. Ein junger Stabsarzt besah mich kurz und kritisch und beschied mich dann: „Gehen Sie erst einmal irgendwo in den Schatten. Sie sind ja schweißüberströmt. Da können wir vorderhand überhaupt nichts machen."

In der Tat lief mir in der Hitze dieses Sommertages das Wasser von der Stirn und wusch kleine Rinnsale in mein aufgedunsenes verunstaltetes Gesicht, wie ich in einem Taschenspiegel feststellte, den mir jemand vor die Augen hielt. Die Nase war kaum noch feststellbar, so dick war das übrige Gesicht bereits angeschwollen. Aber die Schmerzen! Die waren ja kaum mehr auszuhalten! Der Stabsarzt zuckte mit den Achseln. Na schön. Ich wollte nicht als Weichling erscheinen. Aber ruhig im Schatten sitzen war auch nicht möglich. So stapfte ich, Schritt vor Schritt, um die Mühle und krallte mit den Fingern in meine unversehrten Oberschenkel, bis der Schmerz, erzeugt durch meine Fingernägel, die Siedebrut in Gesicht, auf Hals und Unterarmen fast überwog. Ich glaube, aus lauter Anstrengung, einen Gegenschmerz zu erzeugen, schwitzte ich nur noch um so mehr.

Nach einer Stunde hatten die Ärzte ein Einsehen. Einer von ihnen nahm eine Puderdose und bedeckte alle Brandstellen mit einem weißen Puder. Im Spiegel stellte ich nun eine gewisse Ähnlichkeit zwischen mir und dem berühmten Clown Grock fest. Zufällig fuhr gerade der Volkswagen einer Luftwaffen-Einheit aus der Nähe von Lublin vor. Ich verpflichtete den Fahrer, mich auf der Rückfahrt zu meinem Flugplatz mitzunehmen. Als wir den Fallschirm suchten, war er verschwunden. Ich vernahm, der Halbnackte mit den Khakihosen habe ihn weggeholt, als ich, die Hände in die Oberschenkel verkrallt, um die Mühle herumhumpelte.

So stieg ich ohne das teure Rettungsgerät in den Wagen. Der Fahrer klappte die Scheibe nach vorn. Das gab Kühlung für meine Brandstellen. Erleichtert verließ ich mit dem Soldaten in blauer Luftwaffen-Uniform neben mir diesen Ort, an dem unsere Boden-Truppe sichtlich in eine Phase der kriegerischen Auseinandersetzung eingetreten war, bei der alle Schranken ziviler Hemmungen gefallen sein mußten. „Wir Wilden sind doch bessere Menschen", meinte ich kopfschüttelnd zum Lenker des Fahrzeugs gewendet. Der verstand mich. Aber er sagte lediglich: „Jawohl, Herr Major."

Als ich auf dem Flugplatz eintraf, wurde ich erst wie ein Geist begrüßt, der aus dem Jenseits erscheint. Jupp Gröne hatte nach seiner Landung gemeldet: „Der Alte ist tot. Senkrecht in den Boden geprallt. Aufschlagbrand. Von dem ist nichts mehr übriggeblieben." Meinen Fallschirm-Absprung hatte er nicht gesehen.

Nach alter Fliegeransicht war ich damit richtig „wiedergeboren". Jetzt stand mir nochmals eine längere Überlebenszeit bevor, wenn ein einschlägiger Aberglaube recht behielt. Es geht wirklich nichts über das schöne Gefühl, totgesagt worden zu sein! Man hätte das irgendwie feiern müssen, versuchte ich vorzuschlagen. Aber Oberstabsarzt Dr. Ludewig holte mich sofort in sein Krankenrevier, salbte meine verschmorten Brandwunden reichlich mit Lebertran, umwickelte mich wie eine Mumie mit weißen Wickeln, gab mir endlich auch etwas gegen die Schmerzen und verordnete sodann strikte Bettruhe. In den Tagesberichten der vorgesetzten Dienststellen erschien ich bis zum nächsten Morgen unter „Verluste". Ich war auch dort schon als tot gemeldet.

Nach 14 Tagen wurde ich mit etlichen Pflastern auf Hals und Nase und reichlich Lebertran auf den fleischroten Backen aus des Doktors feldmäßiger Krankenstation entlassen. „Ihre Schönheit ist ja wohl ein für allemal dahin", war die erste Äußerung, die mein Anblick bei den Herren des XII. Flieger-Korps hervorrief, als ich die Zeit meiner fliegerischen Untätigkeit zu einem Besuch des uns vorgesetzten Stabes benutzte. „Aber", hieß es begütigend, „Sie haben ja immer noch eine schneidige Figur. Das macht auch noch Eindruck." Vorderhand benutzte ich mein schaudererregendes Aussehen dazu, beim Quartiermeister des Korps, Oberst Heyna, einen Lastwagen voll Marketenderwaren als Sonderzuteilung für meine Flugzeugführer herauszuhandeln.

„Jetzt lassen Sie aber das Einsatzfliegen mal sein", meinte der Quartiermeister mit väterlichem Wohlwollen. „Abschießen können ja wohl auch noch andere", fuhr er fort, „das brauchen Sie doch nicht selber zu machen. Sie haben Ihre Haut oft genug zu Markte getragen. Ihre Aufgabe ist es, die Einheit zu führen. Das geschieht vom Boden aus."

Ich blieb die Antwort schuldig. Das Prinzip des Quartiermeisters war sicherlich zutreffend, wenn es sich darum drehte, den Nachschub an Kriegsgerät und Verpflegung für die Front zu organisieren. Jedoch, eine Einheit der kämpfenden Fliegertruppe zu führen, war nach Erkenntnissen schon aus dem Ersten Weltkrieg und aus purer Jagdfliegertradition nur möglich, wenn der Kommandeur selbst vorneweg flog, und zwar möglichst nicht zu selten. Es mochte meinethalben bei Kampfflieger-Einheiten vorkommen, daß der Kommandeur nur an der Startfahne stand, wenn die mit Bomben beladenen Maschinen seiner Gruppe zum Feindflug starteten. Ob das bei seinen Männern die richtige Motivation erzeugte, auch das letzte Bedenken wegen des Wohlergehens der eigenen Person zurückzustellen, erschien uns Jagdfliegern sowieso fraglich. Wer hingegen 80 Offiziere und Unteroffiziere einer Jagdflieger-Gruppe zum Zweikampf auf Leben und Tod über die Front befiehlt, muß diesen Luftkampf auch selbst mitfechten. Tut er das nicht, wird aus dem Schneid des von ihm geführten „Haufens" bald nur noch reines Getue.

Hätte ich anders verfahren können als nach dieser alten Richtschnur im Falle des Oberleutnants Borghandel? Der war Staffel-Kapitän der 11. Staffel gewesen, als die

Reste der Gruppe aus Mamaia in Illesheim mit einem Wehrmachts-Bahntransport anrollten. Es war offenes Geheimnis, das sich selbst zu mir in kürzester Zeit herumsprach, daß Borghandel „abgeflogen" war, angeblich mit den Nerven herunter, als Führer einer Einheit in Staffelstärke nicht mehr zu verantworten. Er war offensichtlich weder in der Lage, einen Fronteinsatz zu fliegen, ohne vor „Fracksausen" die sichere Beherrschung eines von ihm gesteuerten Flugzeugs einzubüßen, noch war er überhaupt in der Verfassung, in Ruhe und mit Entscheidungskraft die Aufgaben zu lösen, vor die ihn die Führung von ca. 150 Soldaten stellte.

Dabei hatte Borghandel eine Zeit hinter sich, in der er ein vorzüglicher Jagdflieger gewesen sein mußte. In verhältnismäßig kurzer Zeit hatte er an die 20 Abschüsse gemacht und sich besonders bei Nachteinsätzen vor Leningrad ausgezeichnet. Dann aber passierte es. Er griff einen Verband von 2motorigen Flugzeugen an, glaubte, sowjetische P 2 vor sich zu haben, eröffnete das Feuer, obwohl sein Rottenflieger im Sprechfunk jammerte: „Nicht schießen, das sind ‚Radfahrer' (eigene deutsche Flugzeuge)!" Er brachte das Flugzeug eines deutschen Gruppen-Kommandeurs zum Absturz, der sich zwar mit Fallschirm rettete, jedoch am Boden in Gefangenschaft geriet. Ein Kriegsgericht verurteilte Borghandel zu schwerer Strafe mit Bewährung. Von da an drehte er durch. Er verbarg das auch nicht. Im Gegenteil, es schien, als wäre ihm fast daran gelegen, daß jedermann seine „schwachen Nerven" bloßliegen sähe.

Sollte ich ihn abschieben? Wer weiß, was dann vielleicht mit diesem im Grunde hoffentlich noch brauchbaren Jagdflieger geschah! Ich nahm mir vor, ihn wieder moralisch aufzubauen. Er kam auf eine Planstelle in meinem Gruppen-Stab. In Baranowitschi durfte er auf dem Gefechtsstand bleiben, während wir Einsätze flogen. Die Staffeln kämpften in der Luft tapfer und erfolgreich gegen einen mit Übermacht vorrückenden Gegner. Ich selbst flog mit gutem Beispiel, so oft es sich nur machen ließ, wie sich das meiner Meinung nach gehörte. Es sollte doch mit dem Teufel zugehen, wenn er nicht nach einer Zeit der Ruhestellung vom Beispiel der anderen wieder mitgerissen wurde! Doch wer nicht mitgerissen wurde, war unser Oberleutnant Borghandel. Also befahl ich, daß er einen Auftrag zur „freien Jagd" bei mir im Stabs-Schwarm mitzufliegen hatte.

Was er da bot, grenzte an fliegerischen Ungehorsam. Er spielte „verrückt" und war schließlich weitab nur noch mit Mühe wahrzunehmen. Der Oberwachtmeister, so fuhr es mir durch den Kopf, hatte dem „Halbnackten„ einfach eine Garbe vor die Füße geschossen. So eine mittelalterliche Maßnahme kam für mich hier nicht in Betracht. Dennoch konnte ich in diesem Augenblick fast verstehen, daß einmal ein Pilot aus einer anderen Gruppe des Geschwaders vom Gruppen-Kommandeur mit Bordwaffen vom Himmel geholt worden war, als er meilenweit allein hinter dem Verband herumturnte. Das war vor Leningrad gewesen, schon zwei Jahre früher. Offiziell war es ein reines Versehen gewesen.

Was sollte ich hier tun? Mit Gewalt kann man nur sehr bedingt einen Menschen veranlassen, sein Leben für eine Sache aufs Spiel zu setzen. Die einzige Methode, die mir erfolgversprechend erschien, war: Vormachen. Bei Walter Flex heißt es wohl, „der Offizier muß seinen Soldaten vorleben; das Vorsterben ist dann einmal ein Teil davon."

260

Ich versuchte es weiter mit dem Vormachen. Bis zum Kriegsende hat es nichts genützt. Bei Borghandel half kein Beten und kein Singen.

Auch ein zweiter Fall wurde mir jetzt ruchbar. Wenn ich mit meinem verpflasterten Kopf und den krebsroten lebertranverschmierten Unterarmen durch die Staffel-Liegeplätze schlenderte und den Dienstbetrieb meiner Einheiten einer intensiven Inspektion unterzog, dann sah und hörte ich doch mitunter etwas, was auf dem normalen Dienstweg nicht bis an das Ohr eines Kommandeurs zu gelangen pflegte. Da hatte ich als ranghöchsten Staffel-Kapitän einen wegen Tapferkeit vom Unteroffizier zum Offizier beförderten Mann, der ein paar Dutzend Abschüsse gemacht und sich höchste Auszeichnungen verdient hatte. Einmal war er brennend abgeschossen worden. Das blaurote Gesicht mit der nach Abheilung neugebildeten tomatenfarbenen Haut war äußeres Zeichen eines oftmals bewiesenen Mutes.

Aber nun, als Staffel-Chef, flog er selten einen Einsatz über die volle Zeit. Selten meldete er eine Feindberührung mit Luftkampf, noch seltener einen Abschuß. Und meistens war der auch noch zweifelhaft, ohne Zeugen. Aber des öfteren kam er kurz nach dem Start mit Motor-Störung wieder zurück. Wurde der Motor vom Wartungspersonal untersucht, war dessen Lauf einwandfrei. Man tat zur Behebung seiner Motorstörungen schon nichts mehr, als eine Kerze auszubauen, sie wieder einzusetzen und nach einem Probelauf des Motors die Maschine wieder als „klar" zu erklären.

Das war typisch für den pragmatischen Nützlichkeitssinn gerade von einfachen Naturen. Sie hatten mit vorbildlichem Verhalten Auszeichnungen und Laufbahn-Vergünstigungen erworben, von denen sie sich früher einmal nichts hatten träumen lassen. Nun wollten sie den erreichten Besitzstand aber wenigstens eine Zeitlang bewahren und auskosten. Von zu Hause kamen vielleicht Feldpostbriefe mit dem Hinweis: „Du hast wahrlich genug getan für das Vaterland. Nun laß erst mal andere ran."

Wir waren im fünften Kriegsjahr. Keiner der an diesem Orlog beteiligten Nationen wurde ein ähnlich pausenloser Verschleiß der besten Kräfte zugemutet wie der unseren. Doch dieser Krieg mußte durchgestanden werden. Und zwar von allen. Ausnahmen gab es nicht. Jeder hatte sein volles Maß beizutragen. Keinem war es da erlaubt, aus der Reihe zu tanzen. Aber wenn meine wohlgemeinten Hinweise und unmißverständlichen Mahnungen nichts halfen, was blieb mir dann zu tun?

Vormachen! beschloß ich noch einmal, vormachen und am Ehrstandpunkt packen. Es war nutzlos, das Vormachen, leider muß ich das heute feststellen. Er ließ bis zuletzt lieber andere für sich sterben.

Ich war nicht der erste und auch nicht der einzige von meinen Flugzeugführern, der mit dem Fallschirm unterm Arm (oder ganz ohne Fallschirm) vom Frontflug wieder zurückkam. Es folgten schwarze Tage. Totalverluste waren zu beklagen. Oberleutnant Deterra, Staffelkapitän der 11. Staffel, wurde nach einem Luftkampf mit Jak 9 im steilen Gleitflug Richtung Osten beobachtet. Tagelang warteten wir vergebens auf seine Rückkehr. Er blieb bis heute verschollen. Dann fiel Unteroffizier Schneider, später Unteroffizier Bauer. Leutnant Hartrampf hatte die Führung der 11. Staffel übernommen. Er rächte seinen Kameraden und Vorgänger, indem er eine Abschußmeldung nach der anderen nach Hause brachte. Eines Tages kam er selbst mit brennender Maschine zurück. Die Absprengvorrichtung seiner Kabinenhaube hatte versagt, so mußte er die Flammen im Inneren seines Führerraums ertragen, bis er mit einer Bauchlandung auf dem eigenen Platz wieder aufgesetzt hatte. Die Feuerwehr löschte den Brand und barg den Piloten. Seine Arme waren verkohlt, seine Augen versagten den Dienst, er starb nach ein paar Stunden an den erlittenen umfangreichen Verbrennungen.

Wer sollte fortan die Staffel übernehmen? Nun, noch hatten wir genug Offiziere, die eine Staffel in der Luft und am Boden vorbildlich zu führen in der Lage waren. Leutnant Budde wurde neuer Chef. Und die Staffel flog weiter unter Buddes Führung. Ihr Mut war nicht nur ungebrochen, die Männer gingen sogar noch härter ran, wie aus den Erfolgsmeldungen zu entnehmen war.

Die Gruppe wurde immer wieder auf andere Plätze verlegt. Einmal, weil die zurückweichende Front schon fast bis auf Sichtnähe an unser Rollfeld herangekommen war. Ein andermal, weil wir als „Feuerwehr" an einer besonders gefährdeten Stelle des Erdkampfes für ein paar Tage die pausenlosen Luftangriffe des Gegners unterbinden oder wenigstens wirkungsvoll stören sollten. Wir steckten jetzt etwa zwei Monate in diesem Verzweiflungskampf an der Ostfront, und unsere Flugzeugführer, aber auch die Männer vom Wartungspersonal in ihren schwarzen Schutzanzügen waren bis zur Erschöpfung vom Morgengrauen bis in die Nacht im Einsatz. Längst flog auch ich selber wieder mit, nachdem die empfindliche neugebildete Haut im Gesicht und am Hals dies wieder zuließ.

Was im einzelnen damals an Tapferkeit bewiesen wurde, ist leider viel zu wenig in Berichten oder dienstlichen Aufzeichnungen erhalten geblieben. Die Katastrophe des Kriegsendes bahnte sich ja schon an, keiner hatte Lust, sich über das herannahende Unheil auch noch Notizen zu machen. Was an Dokumenten etwa einmal dagewesen war, das ist im Durcheinander der letzten Kriegstage für immer verlorengegangen. So will ich zwei eigene Erlebnisse an Stelle der Geschichte der ganzen Gruppe stellen, nicht, um meine Person herauszustellen, sondern weil ich mich für die Richtigkeit der geschilderten Ereignisse verbürgen kann.

Ich hatte mit den Männern am Abend in einem Barackenraum zusammengesessen – etwa 70 Piloten aus allen Staffeln waren es – und Lieder gesungen. Eigentlich hatte ich einen weiterbildenden Vortrag vorgesehen. Doch ich ließ mich schnell überreden, lieber etwas zur Verringerung unserer Bestände an Marketenderware zu tun. Bei der nächsten Blitz-Verlegung konnten wir ein paar Faß Bier bestimmt nicht mitnehmen! Also erschien es geboten, sie baldigst ihrer Bestimmung zuzuführen. Einer zupfte die Klampfe, und bald sangen wir Soldatenlieder und genehmigten uns dazu von dem frischgezapften Gerstensaft, was das Faß nur hergeben wollte.

Was sangen wir? Je nun, erst mal marschierten wir am Rhein und probierten den Wein, wobei wir eines Mädchens namens Heidemarie gedachten. Der Jäger aus Kurpfalz ritt natürlich durch den grünen Wald, wir lobten den oh, so schönen Westerwald und waren angetan von einem Madel, schwarzbraun wie die Haselnuß. Wir hörten aber auch der Nordsee Wellen trecken an den Strand, und ließen mit Hermann Löns unser Herz laut die ganze Nacht nach Rosemarie schreien. Im Grunde besangen wir die Heimat, zu deren Schutz wir berufen waren.

Was uns besonders lag, das waren shanties, wie sie die Matrosen singen, wenn sie auf großer Fahrt sind. Da ließen wir die Sonne von Mexico leuchten (die keiner von uns je gesehen hatte) und fuhren nach Tampico, wo es angeblich wunderschön war bei Dolores von Mexico . . . Die harte Wirklichkeit des Tages zog sich weit zurück vor unserem Männergesang. Bewußt gaben wir uns mit den Melodien und den oft burlesken Texten einer Stimmung hin, die uns auf den Schwingen des Alkohols in eine Welt der Wunschgedanken entführte, in der alles noch heil war und einfach und zu einem guten Ende führte.

Mitten in die frohe Sangesrunde platzte der Gefechtsstandschreiber mit einem Fernschreiben von der Luftflotte, der wir jetzt zeitweilig direkt unterstanden. Bei Tagesanbruch Verlegung nach Lemberg! Sofortiges Eingreifen an einer Frontstelle bei Tarnopol, wo dem Gegner ein Durchbruch mit einer halben Panzer-Armee gelungen war. Da hieß es, mit unseren Stimmband-Übungen sofort abbrechen und alles für die Überführung unserer Flugzeuge nach dem 300 Kilometer weiter südlich gelegenen Frontabschnitt vorbereiten. Jeder Pilot hatte seinen Fliegersack zu packen mit allem, was er für ein paar Tage an Wäsche, Uniform usw. nötig hatte bis hin zu Zahnbürste und Nähzeug. Den Rest brachte das Bodenpersonal mit, dessen Landmarsch unter Umständen viele Tage in Anspruch nehmen konnte. Schon wollte ich Schluß gebieten, da erinnerte mich Leutnant Pickrun von der 13. Staffel fast vorwurfsvoll: „Herr Major! Kein Abend ohne Klingling!"

Die Klampfe intonierte bereits, und dann hallte die hölzerne Behausung wieder von unserem markigen Chor. Was wir jetzt als Schlußgesang mit ernsthaft gemimter Sangesfreude von uns gaben, war die Veralberung eines Heilsarmee-Liedes. Es hatte allerdings eine außerordentlich schmissige Melodie und wir liebten es über die Maßen. Spott auf kleinkarierte religiöse Überspitzung wollten wir damit wohl zum Ausdruck bringen, aber auch vielleicht den unbewußten Wunsch, uns ein bißchen vom Ruch eines gotteslästerlichen Landsknechts zu verleihen, der so tut, als wäre ihm nichts heilig, damit er unter diesem skurrilen Äußeren sein weiches Herz verbergen kann. Und allen Bedenken zum Trotz wurde diese Strophe gleich drei mal da capo gebracht. Folgendermaßen lautete sie im übrigen:

> ,Ich weiß, klingling klingling,
> Daß mein Erlöser lebt klingling.
> Und diese Zuversicht klingling
> Macht mich so froh, oho.
>
> Oh, wie schön und herrlich muß es sein,
> Wenn wir ziehn, von Sünden frei und rein,
> In das gelobte Kanaan!'

Ich hatte in Lemberg den Start von insgesamt 16 Maschinen angeordnet. Der Gegner – so wurde uns berichtet – solle derart stark auftreten, daß man sich nur mit einem zahlenmäßig größeren eigenen Verband durchsetzen könne. Stolz flog ich an der Spitze meiner Streitmacht. Kaum je waren wir in den vergangenen Wochen mit einer geschlossenen Einheit in dieser Stärke aufgetreten. Im Frontgebiet sah man wohl

Zeichen dafür, daß der Kampf auf der Erde mit Rauch und Brand seinen Lauf nahm. Doch in der Luft schien der Gegner gerade eine Pause in seine Angriffs-Wellen eingelegt zu haben. Nirgends in Bodennähe ein Schlachtflieger, und der Himmel, so weit man ihn mit dem Auge absuchte, frei vom Feind.

Doch dann überschlugen sich die Ereignisse. Vermutlich aus einer Wolke über uns fiel ein Haufen von 20 bis 30 feindlichen Jägern über uns her. Zu allem Überdruß hatten ihre Flugzeuge eine äußere Form, die der unserer FW 190 zum Verwechseln ähnlich war. Im Nu kurvte alles umeinander. Ein Blick zeigte mir, daß unser Verband sich in eine Vielzahl von Einzelkämpfen aufgeteilt hatte. Die am Ende geflogen waren, hatten nur noch ihr Heil in einem gewaltigen Abschwung bis in Bodennähe gefunden mit anschließender Verfolgungsjagd durch den Gegner. Mit meinem Stabs-Schwarm hatte ich es zunächst mit einer Gruppe von 6 und dazu einer weiteren von 4 oder 5 Flugzeugen zu tun. Natürlich flogen wir Vollgas. Doch wir waren unter 3000 Meter Höhe. Der Höhenlader unserer Motore setzte da noch nicht ein, die Gegner waren uns in Wendigkeit und Steigvermögen mindestens ebenbürtig.

Fast war ich in Schußposition hinter einen der Sowjets gelangt, als Kempken, mein Rottenflieger, mich warnte: „Da kommt einer entgegen!" In der Tat kam auf Gegenkurs eine gegnerische Rotte, eröffnete stur von vorn das Feuer, preschte irgendwie an mir vorüber und kurvte dann wieder ein, um in einem Gegenkreis uns offensichtlich wiederum von vorn zu kommen. Diesen Kampf „Schnauze auf Schnauze" hatte bisher noch nie ein sowjetischer Pilot mit mir gesucht. Wenn auch der mächtige Sternmotor vor mir einen gewissen ersten Schutz vor Beschuß garantierte – ein einziger unglücklicher Treffer konnte ihn außer Betrieb setzen. Hier über Feindgebiet war einem damit gar nicht geholfen.

Als die beiden Russen im Gegenkreis etwa zur Hälfte wieder herum waren, ließ ich meine Maschine brüsk senkrecht in die Tiefe stoßen. Nach 300 Metern Höheneinbuße fing ich ab und begann in einem halben Looping wieder nach oben zu steigen. Der Iwan im Gegenkreis mußte nicht aufgepaßt haben, vielleicht auch sah er sich noch durch Hein Kempken, meinen Katschmarek, irgendwie bedroht, kurzum er schien mich aus dem Auge verloren zu haben. Denn er kurvte immer weiter, wohl in der Erwartung, daß ich ihm derart bald wieder auf Gegenkurs vor die Röhre kommen müsse. An der Stelle seines Kreises, an dem das hätte erfolgen müssen, war dann allerdings seine Maschine von hinten unten ganz groß im Zielkreis meines Reflex-Visiers. Ich drückte nur sekundenlang auf beide Waffen-Abzugshebel. Die Garbe lag genau im Motor und vorderen Rumpfteil, obwohl ich aus der Rückenlage geschossen hatte. Bei meinem geringen Abstand zum Gegner brauchte ich an Vorhalt und Flugbahn-Erhöhung keine Gedanken zu verschwenden!

Während der Gegner mit Branderscheinungen in regellosen Absturz überging, richtete ich meine eigene „Kiste" mit einer halben Rolle auf, sah eine andere Feindmaschine auch wieder zum Gegenkurs ansetzen und wiederholte, wie in einem Trauma, meine Flugfigur: Sturz – Abfangen – Ansatz zum halben Looping. So was hat Immelmann schon im Ersten Weltkrieg gemacht, ging es mir durch den Kopf. Hein Kempken war nicht mehr zu sehen, kämpfte wahrscheinlich selbst irgendwo einen ähnlichen Einzelkampf. Wieder war mein Gegner nicht auf diese meine Taktik vorbereitet, wieder kurvte er, wie es schien, ahnungslos der Stelle zu, an der ich ihn im Kulminationspunkt meines Aufschwungs schußgerecht vor mir haben würde. Aber im Hochziehen gewahrte ich einen anderen „Iwan", der von weither seitlich auf mich zukam, dennoch aber aus unmöglicher Distanz bereits Dauerfeuer aus allen Rohren auf mich abgab. Die Leuchtspur seiner Geschosse war deutlich zu beobachten. Die Geschoßbahn lag wegen der Entfernung noch viel zu tief. Außerdem zog ich ja jetzt in den halben Looping nach oben. Immer wenn die Leuchtspur sich von unten näherte, zog ich nach oben. So konnte ich mit meinem Fahrtüberschuß stets über diese äußerst unsympathische Geschoßsalve hinwegziehen. Längst hatte ich aufgehört, auf meinen oben herumkurvenden Gegner zu achten, den ich auf meine ungewöhnliche Weise anzugreifen trachtete. Wichtiger war jetzt, daß ich diesem seitlichen Störangriff entging. Schon näherte ich mich dem Kulminationspunkt des Loopings. Wenn es erst wieder abwärts ging, so nahm ich mir vor, wollte ich aber erst einmal mit voller Pulle in die Tiefe verrauschen.

Der seitlich zur Störung angreifende Iwan war jetzt bedenklich nahe gekommen. Ich mußte erst einmal weg aus dieser viel zu gefährlichen Situation. „Patsch" machte es da. Der Kerl hatte mir tatsächlich einen Treffer verpaßt. Wieder hatte es die Benzinleitung links vorne getroffen. Und wieder brannte sie mit einem munteren Flackerflämmchen. Ein zweites Mal das Gesicht verbrennen?! (Wo doch die alten Narben noch ganz schön schmerzten!) Diesmal war ich im Handumdrehen und ganz nach Vorschrift heraus aus dem Sitz.

Wieder knatterte nach dem Wegsprengen des Kabinendaches die lötkolbenheiße Flamme um mich. Doch in Sekundenschnelle hatte ich sie verlassen. Sausender Sturz in irgendwie schwerelosem Fall. Harter und kalter Luftstrom riß an flatternden Bekleidungsstücken. Ich war noch hoch. Nur fallen lassen, damit man nicht zu lange am Fallschirm in der Luft hing! Aber wie lange mußte ich mich fallen lassen? War ich zwei Sekunden so in freiem Fall unterwegs zur Erde oder waren es schon zwei Minuten? Ich mußte zum Boden peilen! Als alter Segelflieger war ich doch in der Lage, meine Höhe auf 100 Meter genau abzuschätzen.

Verdammt noch mal: Wo war denn unsere Mutter Erde? Sie war mal oben, mal unten. Jede Sekunde etwa wechselte Himmel und Erde in meinem Blickfeld, viel zu schnell, als daß ich Zeit zum Höheschätzen gefunden hätte. Es wurde mir schnell klar, daß ich beim Absprung irgend einen Stups bekommen hatte, der mich wie einen Kreisel in der Luft munter drehen ließ. Ich hatte immer noch die Körperhaltung, die ich sitzend im Führersitz eingenommen hatte. Deshalb streckte ich mich jetzt aus zu voller Größe und hob auch die Arme so weit als möglich über den Kopf. Und siehe da: meine Drehung wurde ganz langsam und bedächtig.

Ein Blick nach unten – ich war noch mindestens 1500 Meter über Grund. Also weiter fallen lassen! Wer weiß, ob mich unten nicht wieder eine Hauptkampflinie der Erdtruppe mit Feuer aus allen Rohren in Empfang nahm! Die festgezurrten Armschlaufen meines Fallschirm-Gurtes drückten schmerzhaft bei meiner ausgestreckten Körperhaltung. Also zog ich Arme und Beine wieder ein und kugelte mich zusammen. Sofort ging das Kreiseln wieder los. Deshalb mußte ich zum Höheschätzen wieder zurück zur ausgestreckten Körperhaltung.

Ich war jetzt 1000 Meter hoch. Sollte es weniger sein? Bei 500 würde ich an der Fallschirm-Reißleine ziehen. Aber wenn die vielleicht nicht funktionierte? Dann mußte ich hinter mich greifen und versuchen, irgendwie mit Gewalt die Verpackungsdecken meines Schirmes aufzureißen. Das kostete unter Umständen viel Zeit, mehr Zeit vielleicht, als einem beim freien Fall aus 500 Meter Höhe noch zur Verfügung stand . . .

Bluff! machte der Schirm und wölbte sich weiß und groß über mir. Ich schwebte. Viel zu hoch war mir das noch, 800 Meter schätzungsweise. Das kostete eine Ewigkeit, bis ich unten war! Angestrengt kontrollierte ich von oben die Gegend, in der ich voraussichtlich landen würde. Ich konnte nichts entdecken als kleine Felder in einem von bewaldeten Höhen flankierten Tal. Keine Spur von Schützengräben, Feldstellungen. Kein Fahrzeug, kein Geschütz, kein Mensch weit und breit. Ein einziges kleines Häuschen zeigte an, daß hier überhaupt Menschen lebten.

Da! Ein MG ratterte ziemlich in der Nähe. Nein! Das war Vierlings-Flak! Dies Geräusch kannte ich. Und noch ein zweites Mal wummerte eine röhrende Flak-Salve. So angestrengt ich um mich blickte; nirgends war das Geschütz zu sehen. Wahrscheinlich war es so gut durch Gebüsch getarnt, daß ich es nicht ausmachen konnte. Es war aber auch müßig, jetzt nach dem Geschütz zu suchen. Die Erde näherte sich von unten wieder überraschend schnell. Ehe ich es mich versah, stauchte mich der Aufprall auf den Boden in eine tiefe Kniebeuge. Wieder der Schmerz an einem Oberschenkel, wieder war ich also beim Aussteigen an einen Leitwerksteil gestoßen. Doch es war nicht Zeit, Schmerzgefühlen nachzugehen. Das Bein ließ sich bewegen, war nicht gebrochen. Schon war ich vom Fallschirm befreit, drei lange Sätze, und ich verschwand in einem Hohlweg.

Sommerliche Stille empfing mich, während ich so dalag und darauf wartete, daß irgendwo etwas Militärisches, etwas Feindliches aus dieser friedlichen Stille hervorbrechen müsse. Nichts geschah. Oben unter den sehr hohen Cumuluswolken stoben noch ein paar von den Sowjetflugzeugen herum. La 15 nannten sie sich wohl. FW 190 waren nicht mehr zu sehen. Eine Flakstellung konnte ich weit und breit nicht erblicken. Die Anfahrt in dieses Tal war nur durch den Hohlweg zu bewerkstelligen, an dessen Böschung ich jetzt lag.

Außer den Radfurchen eines eisenbeschlagenen Bauernwagens waren keine Spuren im Ackerweg zu entdecken, die von einem Militär-Fahrzeug hätten herrühren können. Ich schien in diesem abgelegenen Waldtal in eine Idylle des Friedens geraten zu sein. Hinter dem nördlichen Bergrücken hörte man wohl den Donner einer Panzerschlacht mit dem lauten Wumm-Peng von Abschuß und Aufprall der Panzergranaten. Aber hier war herrliche Beschaulichkeit und Ruhe. Wenn man doch hier liegen bleiben könnte! Eine halbe Stunde nur!

Aber ich mußte schleunigst fort von hier. Wer weiß, wie ich ungeschoren an dieser Panzerschlacht vorbei zurück zu meinem Flugplatz bei Lemberg kommen würde! Eiligst machte ich mich nach Westen zu auf den Weg. Dann fiel mir der Fallschirm ein. Das waren viele, viele Quadratmeter reiner Chinaseide, im Augenblick gar nicht mit Gold aufzuwiegen. So kehrte ich noch einmal um, packte den Fallschirm in seine Verpackung und nahm ihn geduldig über die Schulter.

Nach einem Kilometer Fußmarsch kam ich an das einzelne Haus, das ich aus der Luft schon gesehen hatte. Es war verlassen. Ein moosbewachsenes Dach ragte tief über alte weißgekalkte Mauern. Die hölzerne Türe war verschlossen. Daneben ein kleiner Bauerngarten mit Beerensträuchern und winzigen Gemüsebeeten. Es war ein Bild wie aus einem Märchenbuch meiner Kindheit.

Ich wollte vorüberhasten, da erblickte ich einen Kirschbaum. Und die Zweige des Baumes hingen voller dunkelroter Kirschen! Ich kann bis heute noch nicht verstehen, was ich damals tat. Ich legte nämlich meinen Fallschirm behutsam unter den Baum, stieg hinauf und aß erst einmal mit unsäglichem Genuß ein paar Hände voll der überreifen Früchte. Der Baum mußte mich irgendwie gerufen haben, wie das Aschenputtel im Märchen („Bäumchen rüttel dich und schüttel dich, wirf goldene Früchte über mich!"). Vielleicht waren das die letzten Kirschen, die ich in meinem Leben gegessen haben würde. Aber sei es drum!

Eben spuckte ich ein halbes Dutzend Kerne aus meinem übervollen Mund, da näherte sich ein Geräusch. Aus der Gegend, woher ich gerade gekommen war, zockelte ein Panjewagen heran, davor ein Pferd, das dem Ende seines Erdendaseins nahe zu sein schien. Doch unter dem Antrieb eines peitschenschwingenden älteren Soldaten zog es schnaubend und mit fliegenden Flanken das Gefährt. Ich zog vorsichtshalber meine Pistole aus dem Koppel, und dann schrie ich von der Höhe meines Baumes, so laut ich konnte: „Stoj!" und „ruki werch!"

Der alte Soldat auf dem Panjewagen zog entsetzt die Zügel zurück, daß der Gaul sich fast auf die Hinterhand setzte und augenblicklich stehenblieb. Dann blickte er vorsichtig um sich, schließlich sah er mich oben auf dem Baume hocken, und beim Anblick meiner Pistole hob er willig beide Hände hoch. „Bist du Deutscher?" fragte ich und stieg vom Baum. „Klar, Mensch", antwortete der Alte aufatmend. „Den Quatsch hättest du dir aber sparen können! Los komm rauf auf den Wagen! Hinter dem Berge dort auf der Landstraße fahren schon russische Panzer. Wenn wir nicht ganz flott sind, schneiden sie uns den Rückzug ab."

Ich packte meinen Fallschirm, war mit einem Satz auf dem Wagen, der Kutscher schwang die Peitsche und das Rößlein trabte los, so schnell es sein Alter und die schlechte Wegbeschaffenheit zuließen. Wieder einmal hatte ich Glück gehabt, denn der fronterfahrene alte Pionier-Soldat fuhr uns so lange auf Feldwegen und Nebenstraßen, bis wir an eine Stelle der Hauptstraße nach Zloszow kamen, die noch eindeutig in deutscher Hand war. Als ein Lastwagen uns einholte, sprang ich ab und winkte, damit er anhielte. Beinahe wäre ich von den dicken Reifen des Gefährts überrollt worden, so unbeherrscht fuhr der Lenker seinen schweren dreiachsigen Lkw. Ein Wachtmeister öffnete den Wagenschlag, ich quetschte mich mit meinem Fallschirm in das bereits überfüllte Führerhaus, und schon brauste der Wagen mit uns weiter, als wenn der Leibhaftige hinter uns her wäre.

„Herr Major", erklärte mir der Wachtmeister, „daß der Fahrer Sie beinahe über den Haufen gefahren hat, müssen Sie ihm nicht ankreiden. Vor wenigen Minuten erst fuhr nämlich plötzlich ein russischer T-34-Panzer neben uns und versuchte, uns in den Graben zu kippen. Gott sei Dank hat er das nicht geschafft. Aber wir sind eine Zeitlang reif zum Umkippen nur auf den rechten zwei Rädern gefahren. Der Iwan hat sich dann nicht mit uns aufgehalten, sondern ist querfeldein im Gelände verschwunden. Das sitzt uns allen natürlich noch in den Knochen . . ."

Nach fünf Kilometern bog der Wagen von der Hauptstraße ab. Ich sprang ab und fand sofort einen Krad-Melder, der mich wieder ein Stück mitnahm. Ich glaube, ich habe ein Dutzend mal auf solche Weise Fahrzeuge gewechselt und hatte in wenigen Stunden so ziemlich alle Wehrmachts-Fahrzeugtypen unter mir gehabt, als ich schließlich in Lemberg eintraf. Dort stellte mir für die Fahrt durch die Stadt die Kommandantur ein requiriertes Taxi zur Verfügung. Als ich am Tor des Fliegerhorstes dem vorsintflutlichen Vehikel entstieg, brauchte ich nichts zu bezahlen. Im Gegenteil, ich hatte noch etwas dazu bekommen. In meinem Fliegerhemd kroch eine fette galizische Laus.

Natürlich war ich bei der Luftflotte bereits als „gefallen" gemeldet.

Weder Feldwebel Kempken noch ein anderer aus meiner großen „Armada" hatten beobachtet, daß ich einen Abschuß gemacht hatte. Keiner hatte auch gesehen, daß ich selbst mich durch Fallschirmabsprung aus meinem in Brand geschossenen Flugzeug retten mußte. Aber diesmal hatte ich ausnahmsweise einen Boden-Abschußzeugen. Der alte Pioniersoldat auf seinem Panjewagen hatte den Luftkampf nämlich aufmerksam verfolgt und dann zu seinem Bedauern auch beobachten müssen, daß ich nach meinem vorangegangenen Luftsieg selber daran glauben mußte. Auf einem kleinen Blatt aus seinem Notizkalender schrieb er mir seinen Zeugenbericht. Er endete wie folgt: „Auf den am Fallschirm hängenden deutschen Piloten machte das feindliche Flugzeug zwei Anflüge und schoß dabei jedesmal aus allen Waffen."

Nun war mir klar, woher ich das Geräusch der „Vierlingsflak" vernommen hatte. Es waren die vier Maschinenwaffen der La 15, mit deren Geschossen der Iwan offenbar rings um mich herum Löcher in die Luft geschossen hatte. Dieser Vernichtungstrieb auf seiten unserer Luftgegner war bisher nur aus dem Westen gemeldet worden. Jetzt fingen sie also auch hier im Osten damit an.

Dem Ende zu. . .

Mitte September hatten wir uns bis nach Ostpreußen „zurückgekämpft". Vor drei Jahren waren wir von hier aus zu diesem Feldzug in das russische Riesenreich aufgebrochen. Nun stand der russische Bär übermächtig an unserer Landesgrenze. Wir versuchten verzweifelt, ihn dort zum Halten zu bringen. Wir hatten bereits mehr als ein Dutzend Verluste beim fliegenden Personal zu verzeichnen. Die Zahl unserer einsatzbereiten FW 190 war gering. Doch sie reichte aus, daß wir wenigstens laufend mit einem Schwarm (4 Flugzeuge) im Frontgebiet waren, wo wir uns mit einer 10- bis 20fachen Übermacht des Gegners herumzuschlagen hatten. Wieder gab es Ausfälle, darunter Oblt. Haala, Staffelkapitän der 12. Staffel. Er war einer unserer Tapfersten gewesen, ein echter Tiroler, einer aus dem Holze, aus dem Andreas Hofer geschnitzt war. Sein Rottenkamerad hatte noch beobachtet, daß Haalas Fallschirm mitten im Kampfgebiet der Erdtruppen auf dem Boden aufsetzte, aber jenseits der eigenen Linien. Neuer Staffelchef wurde Leutnant Resch, ein vorzüglicher Jagdflieger mit vielen Abschüssen. Der Kampf mußte weitergehen, jetzt erst recht, wo es galt, deutsches Land vor der russischen „Dampfwalze" zu bewahren. Jetzt war jeder von uns besonders wichtig geworden.

Da kam, aus heiterem Himmel sozusagen, der Befehl: Zurückverlegen! Nach Ziechenau! Und von dort nach Löbnitz! „Wenn man uns aus dieser beschissenen Frontlage im Osten herausholt, dann bestimmt nicht, um uns in das Jagdflieger-Erholungsheim in Bad Wiessee zu schicken! Wahrscheinlich werden wir irgendwo benötigt, wo es noch viel dreckiger zugeht." Leutnant Pickrun war es, der mit diesen Worten zum Ausdruck brachte, daß er von unserer höheren militärischen Führung nur noch das Schlechteste erwartete. Er sollte leider recht behalten.

Nach wenigen Tagen, in denen uns ein paar junge Flugzeugführer und etliche FW 190 zugeführt wurden, wußten wir, was uns blühte: Teilnahme an der Luftabwehr gegen die Invasion in Holland. Am 18. September 1944 landeten wir in Plantlünne. Schon an einem der folgenden Tage starteten wir mit 30 flugbereiten Maschinen.

Auf halbem Wege nach Düsseldorf schlossen wir mit minutengenauer Pünktlichkeit an einen anderen noch größeren Verband an, der unter Führung von Major Specht vom JG 11 kam, und zogen dann als ein riesiger Verband von über 100 Jagdflugzeugen dem holländischen Einsatzraum zu. Dort flogen gerade zweimotorige Bomber vom Typ „Marauder" ein. Sie wurden arg von uns gerupft. Ich selber schickte zwei der Bomber in die Tiefe. Aber dann war auch schon das Firmament voller Jäger.

Unser ganzer großer „Verein" löste sich in Einzelkämpfen zu vielen Gruppen und Grüppchen auf. Warum ich ungeschoren mit meinem Stabsschwarm wieder nach Plantlünne zurückkam, weiß ich heute nicht mehr genau. Vielleicht half es uns, daß plötzlich irgendwo aus der Vielfalt holländischer Kanäle und Blumenfelder eine Riesenrakete mit langem Rauchschweif senkrecht zum Himmel stieg. Eine V2, deren Start ich in Peenemünde mehrmals erlebt hatte! Da hat wohl alles, Freund und Feind, erst einmal mit großen Augen zugesehen, wie die unheimliche Zigarre im Himmel zum kleinen Punkt zusammenschrumpfte und verschwand. Ich benutzte das Schauspiel, um mich mit meinem Schwarm rasch zu verdrücken.

Als wir am Abend das Resümee des Tages zogen, hatten wir vier Flugzeuge verloren, mit ihnen drei Flugzeugführer. Einer war verletzt, am Fallschirm von einer Spitfire beschossen. Gleich vier Ausfälle beim ersten Einsatz! Das war ein harter Brocken. Die meisten ließen sich nichts anmerken. Aber es sollte noch härter kommen! Kaum ein Frontflug verging ohne Verluste an Piloten und Flugzeugen. Manchmal kam einer erst nach Tagen mit dem Fallschirm unterm Arm wieder zurück. Von manchem erhielten wir nur Nachricht durch ein Lazarett, in das er eingeliefert worden war. Oft, viel zu oft, blieb einer weg, ohne daß wir je wieder etwas von ihm hörten. Irgendwo in einem Wald oder einem Wasser lag er dann wahrscheinlich zerschmettert mit den Resten seines Flugzeugs.

Nach 14 Tagen waren von 80 meiner Flugzeugführer 26 gefallen. Nach der Statistik lebte der letzte von uns allen höchstens noch sechs Wochen. Die anderen waren dann schon vor ihm tot. Zum Sterben befohlen? Das Singen war uns vergangen. Jedenfalls versuchte ich nicht mehr wie vordem, alle Flugzeugführer zu fröhlicher Gesangsrunde zusammenzurufen. Sie sangen wohl noch, aber in kleinerem Kreis und erst zu später Nachtstunde, meist wenn ich selbst mich bereits zum Schlafen begeben hatte. Sie saßen dann bei irgendeinem „auf Bude", hatten sich reichlich Getränke besorgt, und wenn der Alkohol einen gnädigen Nebel des Vergessens um die Hirne zu legen begann, probierten sie, mehr johlend als singend, mit den alten Liedern auch die alte Seelenruhe herbeizuzwingen. Doch die Drohung des nächsten Tages mit dem dann fälligen Frontflug blieb. Die Faust im Nacken war spürbar, man mochte tun oder lassen, was man nur wollte.

Es war ein Jammer, wie hier eine Auswahl unserer Jugend vor die Hunde ging, nur weil die in Berlin nicht Schluß machen wollten mit diesem völlig aussichtslos gewordenen Massaker! Unsere Städte waren nur noch Ruinen. Wir sahen es, wenn wir beim Sammeln der Groß-Verbände über das Ruhrgebiet flogen. Unlängst hatte ich Münster von oben gesehen, es war ein entsetzlicher Anblick, wie die angekohlten Haustrümmer ihre Klage zum Himmel schrien. Und nun wälzte sich unaufhaltsam die Front auf der Erde deutschem Reichsgebiet zu. Verbrannte Erde wollten die in Berlin nur hinterlassen! So ein Wahnsinn!

Aber hier galt wohl wieder einmal das Wort: mitgefangen, mitgehangen. Wenn ich wenigstens einigen wenigen meiner Männer hätte ersparen können, in diesem großen Strudel des Untergangs zu versinken! Sollten sie denn alle das Los gezogen haben, zum Ruhme dieses Dritten Reiches ausgelöscht zu werden mit all ihrer Lebensfreude und Zukunftshoffnung? Was meine Person anbetraf, so war ich bereit zur Pflichterfüllung. Es wurde von mir jetzt eben verlangt, meinen Platz in der Vaterlandsverteidigung einzunehmen. Ich wollte es tun. Doch irgendwie wollte ich dafür sorgen, daß nicht alles verging in diesem Inferno. Ein paar Augen am Ast mußten stehenbleiben.

Da war zum Beispiel dieser Leutnant Jung in der 16. Staffel. Der war einer von denen, die gerade von der Jagdfliegerschule zu uns versetzt worden waren. Brannte darauf, das Vaterland mit all seiner Kraft, seinem Mut, seiner ungebrochenen Kampfesfreude zu verteidigen. Unglaublich, aus welcher verborgenen Glut solcher Wille zur äußersten Hingabe in einer Zeit des Rückzuges, der Niederlagen, des Zusammenbruches jeden Widerstandes an den meisten Fronten noch aufflammen konnte! Jung war richtig gekränkt, wenn er nicht zum Feindflug eingeteilt wurde. Ein paarmal schon hatten ihn seine Kameraden aus brenzligen Situationen wieder herausgehauen. Einmal mußte er mit dem Fallschirm abspringen. Doch sein Kampfgeist blieb ungebrochen. Sein Vater besaß angeblich zu Hause eine große Fabrik. Er war einziger Sohn. Wurde reklamiert für den Betrieb und „u. k." gestellt (als unabkömmlich für den Heimatbetrieb erklärt). Doch Detlef Jung hatte sich geweigert, dem Ansinnen der Familie Folge zu leisten. Er wollte seiner vaterländischen Pflicht bei der Waffe genügen, zu deren Bedienung er ausgebildet worden war, bei den Jagdfliegern.

Mit diesem Jung wollte ich den Anfang machen, beschloß ich. Ich würde ihn in Zukunft von jedem gefährlichen Unternehmen fernhalten. Wozu war ich Kommandeur, um so etwas nicht zu bewerkstelligen! Also schickte ich ihn vor einem Großeinsatz als Kurier mit einer Geheimen Kommandosache zum vorgesetzten Stabe. Die umständliche Eisenbahnfahrt würde ihn mindestens drei Tage auf Achse halten. Leutnant Jung war nach einem halben Tag wieder zurück, denn er hatte ein Motorrad aufgetrieben, mit dem er erstaunlich viel Zeit gespart hatte. Er begehrte, am nächsten Tag wieder fliegen zu dürfen. Schleunigst erhielt er deswegen von mir seinen nächsten Dienstreise-Auftrag, der ihn zur Besorgung wichtiger Ersatzteile für unsere Funkgeräte und zur Einschaltung zweier Feldwerften weit weg an drei verschiedene Zielorte führen mußte. Das war eine Aufgabe, die ihn noch eine Woche lang beschäftigen würde. Doch Jung war nach drei Tagen zurück, hatte alle Aufgaben zu meiner allerbesten Zufriedenheit gelöst und war wieder begierig, nun aber beim nächsten Frontflug dabeizusein. Ich übergab dem Staffelkapitän seiner Staffel schleunigst den nächsten Dienstreiseauftrag für Jung, der ihn diesmal weit in das Hinterland führen und zwei reichliche Wochen von Plantlünne weghalten würde.

Am nächsten Tag hatte unsere Gruppe die Führung des Einsatzverbandes zu übernehmen, zu dem die im Westen kämpfenden Jagdgeschwader jetzt stets zusammengefaßt wurden. Da ich am Vortage die Führung in der Luft übernommen hatte, übertrug ich im gewohnten Turnus den Befehl über unseren Gefechtsverband jenem Staffel-Kapitän, der schon im Osten so viel „Motor-Störungen" gehabt hatte. Wenn er einen Verband von 100 Maschinen hinter sich hatte, würde er doch allein schon wegen der großen Verantwortung bis zum letzten Tropfen Sprit seiner Aufgabe gerecht werden. Ich sah mich getäuscht. Eine Viertelstunde nach dem Start kam er allein wieder zurück. Wie üblich: Motorstörung. Der ganze Haufen flog dann unter Führung eines jungen Offiziers weiter, für den das aber auch eine Selbstverständlichkeit war, auch wenn ihm die vorgegebene Panne des anderen als das übliche klägliche Versagen dieses Mannes klar war.

Einzeln und in Rotten kam der Verband zurück, in der Luft zerfleddert von einer Übermacht des besser gerüsteten Gegners. Bis zum Abend warteten wir auf die letzten. Dann wußten wir: Es hatte sechs Verluste gegeben. Davon war am Abend schon unwiderruflich der Totalverlust von Leutnant Jung. Man hatte ihm wohl den neuen Dienstreiseauftrag bereits ausgehändigt. Aber den Frontflug, den wollte er doch noch schnell mit den Kameraden mitfliegen. Seine Leiche war irgendwo auf freiem Feld gefunden worden, noch am Fallschirm hängend, erschossen in der Luft während des Absprungs, der die Rettung bringen sollte. Noch zwei weitere Tote wurden gemeldet, die auch ihren Verletzungen erlegen waren, die sie, am Fallschirm hängend, erlitten hatten.

Sie kannten keine Gnade, unsere Gegner, im Osten wie im Westen! Bitte sehr, dann wollten wir uns aber so teuer verkaufen, wie nur irgend möglich! Ich habe wenig geschlafen in der folgenden Nacht. Dieser Leutnant Jung war mir wie ein jüngerer Bruder ans Herz gewachsen gewesen. Immer wieder ging es mir durch den Kopf: Sie geben keinen Pardon – sie wollen uns vernichten! Nun, dann sollten sich diese Tommies aber nicht einbilden, daß sie uns damit das Zittern beibrächten! Im Gegenteil, nun würde es weitergehen nach dem alten Bibelwort: Auge um Auge, Zahn um Zahn!

Am nächsten Tag war die Reihe wieder an mir, den Gefechtsverband zu führen. Diesmal sollten wir Luftkämpfe meiden, dafür jedoch auf bestimmten Straßen vormarschierende Einheiten des Gegners mit Bordwaffen bekämpfen. Etwa 25 FW 190 brachte unsere Gruppe auf die Beine. Rasch hatten wir in einer großen Sammelkurve zur Gefechtsformation aufgeschlossen. Wieder kam uns auf halbem Weg nach Düsseldorf das JG 11 des Major Specht entgegen und schloß sich an. Schon am Rhein waren wir in einer breiten tiefgestaffelten Front in Bodennähe. Das Glück schien uns heute günstig gesinnt zu sein. Keiner der im Raum befindlichen gegnerischen Jagdverbände bekam uns spitz, ungestört erreichten wir unseren Einsatzraum. Und da rollten die Konvois! Dichtgedrängte Kolonnen auf Straßen, die wir jetzt nur schräg anzugehen brauchten, damit jeder von uns sein Ziel fand. Zwei Tankwagen nahm ich mir aufs Korn. Schon nach den ersten Treffern schlug schwarzer Qualm nach oben. Weiter zur nächsten Rollbahn! Wie ein fürchterlicher Gewittersturm muß das unten gewesen sein, wenn unsere 60 Maschinen aus allen Rohren feuernd drüberwegbrausten. Auch eine zweite Aufmarsch- und Nachschubstraße wurde in gleicher Weise auf einer Länge von 500 Metern von uns ziemlich lahmgelegt.

Weiter, weiter! In breiter Front und in etlichen Wellen kommen wir über die Bäume daher. Mehrere Schwärme sind rechts und links herausgeschert und nach vorn gekommen. Auf einer Breite von einem Kilometer vernichten wir alles, was an gegnerischen Fahrzeugen auftaucht. Da!! Halbrechts vor mir fliegt etwas in gleicher Höhe, ganz langsam kriecht ein Hochdecker an einer Baumreihe entlang. Der Engländer, den sie „Auster" nennen, ist ein Kurierflugzeug ähnlich unserem „Fieseler Storch". Um ihn in das Revi zu bekommen, muß ich etwas nach rechts den Kurs verbessern. Die hohe Annäherungsgeschwindigkeit verlangt, daß ich ein paar Sekunden lang mein Flugzeug in betonte Kurvenlage nach rechts lege. Da kommt aber schon einer von rechts mit Vollgas aus unserer Front vorgeprellt (es war „Bazi" Sterr, wie sich hinterher herausstellte). Eine Garbe sprüht aus seiner FW 190, die „Auster" neigt sich und liegt im nächsten Augenblick als Abschuß auf dem Boden.

Ich drehe zurück auf den alten Kurs, denn unser Auftrag lautet, daß wir erst an der Maas nach Norden abdrehen sollen. Schräg von vorn kommt etwa 1000 Meter über uns ein Haufen Spitfire. Zwei Staffeln müssen das sein. Wenn die unseren Großverband sehen, werden sie hoffentlich erst einmal überlegen, ob sie gleich angreifen sollen, denke ich. Dabei blicke ich mich um, damit ich sehen kann, wie sich die Meute hinter mir verteilt. Verdutzt stelle ich fest, daß nur mein Rottenflieger bei mir ist. Wir sind zu zweit. Der ganze übrige Verband scheint meine Kurvenlage so gedeutet zu haben, daß nun der Teil unseres Einsatzplanes daran war, bei dem wir auf Nordkurs gehen mußten. . . Es war Funkstille vereinbart für den Flug, solange keine Feindberührung in der Luft erfolgte.

Die Spitfires verschwinden hinter uns. Haben uns nicht gesehen oder nicht als Gegner erkannt. Meine Nr. 2, mein Rottenflieger, ist heute wieder Unteroffizier Beeken. Auf ihn ist Verlaß! Wir brechen noch immer nicht die Funkstille. Wieder kommen gegnerische Verbände in mittlerer Höhe, queren unseren Kurs, doch wir fliegen fast in Deckung von Bäumen, bleiben unbehelligt.

Jetzt kommen Rufe im Funkgerät. Es sind Warnrufe und Anweisungen, wie sie nur im Luftkampf zu hören sind. Der Verband scheint also Feindberührung zu haben. Mir bleibt keine Wahl als stur den Auftrag wie befohlen zu Ende zu fliegen. An der Maas wird Nordkurs aufgenommen, und nach Erreichen eines Wendepunktes geht es wieder zurück in Richtung Reichsgebiet.

Da zieht unvermittelt rechts vor uns fast auf unserem Kurs ein einmotoriges Flugzeug aus dem Tiefflug steil in die Höhe. Es kommt uns entgegen, deshalb sind seine Umrisse klar zu erkennen: eine Spitfire. Ich warte gar nicht erst ab, daß sich der Gegner einen

Angriffsplan zurechtlegen kann. Mit Vollgas ziehe ich hoch zu einem „Immelmann“, beende ihn mit Aufschwung etwa 80 Meter hinter unter dem Gegner und lasse Feuer fahren. Die Spitfire „zeichnet“ deutlich im Schuß. Ich stürze wieder zurück in Bodennähe. Hier fühle ich mich im Moment am sichersten. Beeken hängt eisern hinter meinem rechten Flügel. Also große Kehrtkurve und wieder Kurs Heimat. Da hängt ein Fallschirm in der Luft. Es ist kein deutscher, wie man an der äußeren Form erkennen kann. Jetzt könnte ich Rache für Detlef Jung nehmen! Soll ich?!

Als wir landen, brennt am Platzrand ein Tankwagen, aus einer Baracke steigt verdächtiger Rauch. Das Wartungspersonal kommt verstört aus Ein-Mann-Löchern gekrochen. Nur zwei Minuten vor unserer Landung haben „Mustangs“ den Platz mit Bordwaffen beschossen. Die Flak hat möglicherweise einen heruntergeholt.

Am Abend stand das Resultat unseres Tiefangriff-Fluges fest: Bei eigenen drei Totalverlusten zwei sichere und ein wahrscheinlicher Abschuß. Insgesamt hatten wir nun in drei Wochen 42 Flugzeugführer verloren. Das war die gute Hälfte unserer fliegenden Besatzungen. Wenn das so weiterging, würden wir eher am Ende sein, als wir gedacht hatten! Wir verkauften uns teuer, gewiß. Aber bald waren wir ausverkauft. Es ging dem Ende zu.

Am nächsten Morgen erhielt ich einen Anruf vom Inspekteur Tagjagd beim General der Jagdflieger. Oberst Trautloft wollte mich sprechen. „Die Gruppe verlegt zur Auffrischung nach Mörtitz“, erfuhr ich. „Sie selbst aber“, fuhr der Oberst fort, „werden dringend von den Raketenfliegern reklamiert. Hauptmann Opitz war bei General Galland vorstellig deswegen. Nach seiner Aussage ist diese ganze Raketenfliegerei in Frage gestellt, wenn sie nicht wieder zurückkommen. Sie übergeben die Gruppe an Hauptmann Klemm und übernehmen selbst das neugebildete Jagdgeschwader 400.“

Zu spät!

Es war Anfang Dezember 44, als ich nach längerem Lazarettaufenthalt nach Brandis, einem Fliegerhorst der Luftwaffe ostwärts von Leipzig, fuhr. Rudolf Opitz, zum Hauptmann befördert, war dort in meiner Vertretung als Kommandeur der I.J.G. 400 eingesetzt gewesen. Unterdes war noch eine 2. Gruppe aufgestellt worden. Opitz hatte die Führung der 1. Gruppe an Hauptmann Wilhelm Fulda abgegeben und selbst den Aufbau der 2. Gruppe übernommen. Nun sollte ich mit einem Geschwaderstab diese beiden Gruppen als Kommodore führen.

Ob das alles noch einen Zweck hatte? Der Krieg war doch verloren! Im Osten verlief die Front bereits auf Reichsgebiet. Im Westen konnte es nicht mehr lange dauern, bis der Gegner am Rhein stand. Im entscheidenden Augenblick hatte man mich vor einem halben Jahre „abgesägt" aus meiner selbstgeschaffenen Position eines „Mädchen für alles" bei der Me 163. Nun, da man einsah, daß das ein Fehler gewesen war, wollte man den abgesägten Ast einfach auf den alten Stamm wieder „aufpfropfen". Das war doch zu spät! Die Kriegsgeschehnisse hatten ja alles bereits überrollt.

Hauptmann Opitz hatte mich ein paarmal im Lazarett angerufen. Jedes dieser Ferngespräche klang aus in dem Motto: Komm schnellstens wieder zurück – ohne dich kommen wir nicht zurecht. Auch ein paar Feldpostbriefe waren zwischen uns hin und her gegangen. Jeder von uns hat einen davon bis heute aufbewahrt. Und da sie recht bezeichnend waren für unsere Stimmung, die wir uns trotz des sich anbahnenden Desasters nicht nehmen ließen, seien sie nachfolgend im Auszug abgedruckt. Der Brief von Rudi Opitz an mich lautete:

Berlin-Kladow, den 6. 9. 44

Lieber Wolfgang

. . .Oberst Gollob hat mir eine Kommandierung zu einer Einsatzeinheit grundsätzlich genehmigt. Er ist auch damit einverstanden, daß ich zu Dir gehe, aber – und nun kommt der Knalleffekt – wenn Du nicht inzwischen wieder zu uns kommst. . . Der General soll damit einverstanden sein, daß Du die Einsatzgruppe bekommst. Oberst Trautloft hat den Auftrag bekommen zu klären, ob Du dort abkömmlich bist.

Wolfgang, so schön es wäre, wenn Du bald wieder zu uns kommst – ich würde mich doch wahnsinnig freuen, wenn ich erst einmal ein paar Wochen zu Dir kommen könnte, um unter Deinen Fittichen die Geheimnisse der Jägerei kennen zu lernen. Ich sollte zwar jetzt auf Befehl des K.d.E. drei Wochen auf Urlaub fahren, aber das kommt gar nicht in Frage, wenn aus der Kommandierung zu Dir etwas wird. . .

Für heute herzliche Grüße und Horridoh   *Dein Pitz*

Diese Zeilen meines Freundes Opitz waren die Reaktion auf einen Feldpostbrief von mir, den ich ihm geschrieben hatte.

274

„Lieber Pitz!

. . .Ich bin inzwischen immer noch beim 92. Abschuß. Den habe ich allerdings nun bereits zum 3. Male gemacht. Das erste Mal wurde der Abschuß vom Luftzeugen unvollständig beobachtet, so daß ich die Abschußmeldung wieder zurückziehen mußte. Das zweite Mal klappte es. Ich war dann bereits beim 94., als das RLM, Abteilung für Abschuß-Anerkennung, herausfand, daß ein Abschuß aus dem Jahre 1941 und ein weiterer aus dem Jahre 1942 nicht anerkannt werden könnten. Warum, weiß ich nicht. Aber ich bin nun wieder beim 92. angelangt. Zum dritten Mal also.

In letzter Zeit haben wir so wenig Einsätze geflogen, daß ich selbst nie zu einer Feindberührung kam. Aber auch wenn wir wenig fliegen (Sprit! Sprit! Sprit!), so sind wir, d. h. meine Gruppe, doch immer noch die erfolgreichste im ganzen Frontabschnitt. Wir haben eine „gute Presse" bei Luftflotte und vorgesetzter Flieger-Division und ich könnte ganz geschwollen sein über das Lob, das mir allseits zuteil wird. Mir tut das aber nichts. Ich tue meine Pflicht. Nicht mehr, nicht weniger. Beim E-Kdo 16 habe ich mehr getan. Eine Gruppe zu führen ist ein Kaspertheater im Vergleich zu dem Zwischenahner Aufgaben-komplex. Aber ruhiger und männlicher ist es. Und bringt nur einen Bruchteil des Ärgers mit sich. . .

Anfangs habe ich wieder viel Neues lernen bzw. mich umstellen müssen. Es ist manches anders geworden in den zwei Jahren, die ich heraus war. Und doch ist im Grunde alles das Gleiche geblieben. Auf die FW 190 muß man sich allerdings erst einstellen. Was mir aber mit Schrecken klar geworden ist, das ist die Tatsache, daß der Me 163-Einsatz in Kürze – das heißt, wenn der Gegner die Maschine erst etwas kennengelernt haben wird – garstige Verluste haben wird, wenn die Flugzeugführer – zumindest einige in jeder Staffel – nicht Luftkampf-Frontpraxis haben. Pitz, bevor Du scharfe Einsätze mit der 163 gegen jagdgeschützte Verbände fliegst, komm erst ein paar Wochen zu mir heraus und hole Dir Fronterfahrung! Sie knipsen dich sonst ab wie eine Fliege.

Grüße Heini und alle guten Freunde in und aus Zwischenahn.
                                                          Horridoh
                                                     Dein Wolfgang

Diese gleiche Einstellung, die aus den Briefen anklingt, hatte ich fast überall angetroffen auf einer Rundreise, die ich vor Beginn meiner Dienstantrittsfahrt nach Brandis noch gemacht hatte. In Kronach, wo ich den Zug bestiegen hatte, war der Rest des „Fahrzeugbaus Laupheim" in den Kasematten der alten Festung Rosenberg untergekrochen. Schmedemann war mit Lippisch nach Wien gegangen. Sein Nachfol-ger, Ing. Hans Kaiser, hatte nach einem verheerenden Bombenangriff die Werkstätten nach Kronach und in einige kleinere Werkzeugmaschinenbetriebe ausgelagert, wo die Arbeit bereits wieder in Gang gekommen war. Die Reste des Konstruktionsbüros und des Vorrichtungsbaues waren nach Oberammergau verlegt worden. Tausend Schwierig-keiten wurden mit deutscher Findigkeit und Zähigkeit überwunden. Die Produktion ging weiter. Keiner verzagte.

In Augsburg war die Werkserprobung fast pausenlos weitergelaufen. Dittmar hatte eine Me 163 B mit ungeschränktem Flügel eingeflogen und umfangreiche Trudelversuche damit angestellt. Dann hatte er die Erprobung mit Pulverraketen als Starthilfen begonnen. Das war für ihn mit seinem zerstauchten Rückenwirbel ein regelrechtes Spiel mit dem Tode. „Einen Fehlstart mit Unfall", stellte er im Gespräch mit mir fest, „kann ich mir nicht erlauben. Was andere mit gesundem Rückgrat ohne Schaden zu nehmen überstehen, ist für mich mit Lebensgefahr verbunden."

Zum Glück war es Dittmar und Opitz gelungen, einen alten Segelflugkameraden ausfindig zu machen, der mit größter Begeisterung auf die Me 163 umschulte und ab Sommer 1944 sozusagen für die „grobe Arbeit" der Firmenerprobung zur Verfügung stand. Es war Heinz Peters, vormals Segelfluglehrer auf der Wasserkuppe in der Rhön. Heinz lechzte geradezu danach, endlich einmal mit einer riskanten Aufgabe gefordert zu werden. Erfüllt von einem unbändigen Erkenntnisdrang ging er unbekümmert die bedenklichsten Testvorhaben an. Da mußte eine Kufenerprobung und Landestoßmessung geflogen werden – Peters stand sie mit Glück und heilem Rückgrat durch.

Schließlich unterzog er sich einer Aufgabe, die ihm die Hochachtung aller Versuchsingenieure eintrug und darüber hinaus eine Prämie von 6000 Mark: Um den vom Amt geforderten Festigkeitsnachweis im Fluge zu erbringen, ließ er in einer Höhe von 6000 m bei einer Geschwindigkeit von 700 und 880 km/h positive Beschleunigungskräfte von mehr als 6 g auf das Flugzeug einwirken. Heute wissen wir, daß in der Nähe der kritischen Machzahl Strömungsabreißen schon bei 1 1/2 oder 2 g auftreten kann. Peters war vermutlich der erste Testpilot der Welt, der diese aerodynamische Erkenntnis sauber auf dem Meßstreifen eines Oszillographen registriert wieder mit zur Erde brachte. Vorher hat es ihn – besonders bei 880 km/h – freilich gewaltig samt Me 163 mit Walter-Triebwerk auf und abgeworfen.

Heinz Peters erwies sich aber nicht nur als ein besonders couragierter, sondern auch sehr anstelliger und zuverlässiger Erprobungsflieger, der sich die uneingeschränkte Anerkennung besonders der mit der Erprobung der Me 163 damals betrauten Ingenieure Beushausen und Guthier erfreute. Er hat deshalb später nicht nur die Me 163 B mit Marschtriebwerk geflogen, sondern wurde auch für das Einfliegen der bei Junkers erstellten doppelsitzigen Me 163 eingesetzt. Als Vorläufer für die Me 263/Ju 248 war ein Me 163-Flügel mit dem für die 263/248 vorgesehenen zwei Meter längeren Rumpf und Dreibein-Fahrwerk versehen worden. Peters erprobte damit in wiederholten Flügen mittels Flugzeugschlepp Fahrwerk und Bremsen und machte in gleicher Weise auch noch zwei Schleppstarts mit der Me 263/Ju 248. Zu scharfen Starts mit Triebwerk ist es damit nicht mehr gekommen.

Von Walter Beushausen und Willi Brecht erhielt ich in Lechfeld auch noch die sehr geheimnisvolle Nachricht, daß die Japaner eine vollständige Me 163 samt 2 Walter-Triebwerken und allen Bauunterlagen geliefert bekommen hätten. In Japan wäre eine Lizenz-Fertigung beabsichtigt. Dipl. Ing. Kruska von den Walter-Werken bestätigte mir dies später noch. Zwei Ingenieure der Firma Messerschmitt, Schomerus und v. Chlingensperg, hatten sich mit allem Material auf zwei U-Booten in einem italienischen Hafen eingeschifft, um es auf diese Weise in den Fernen Osten zu verbringen. Es verlautete, daß ein Boot unterwegs verlorengegangen sei, das andere kam angeblich bis Singapur und wurde dort entladen. Den Japanern fehlten deshalb einige wichtige Originalteile, wie zum Beispiel die Turbopumpe, die sie nicht ausreichend gut nachzubauen verstanden. Sie bewältigten deshalb die auftretenden Triebwerksschwierigkeiten nicht. Beim ersten Start stürzte die japanische Me 163 ab und wurde dabei restlos zerstört.

Die Produktion der Me 163 B war in Deutschland trotz aller Kriegseinwirkungen fast überplanmäßig weitergelaufen. In Böblingen selbst wurde zwar noch im Werk II in der Sindelfinger Straße gearbeitet. Werk I in der Calwerstraße war durch Bombenangriff zerstört. Doch bereits im Frühjahr hatte man die Produktion auf eine Vielzahl von Kleinbetrieben in den Schwarzwald verlegt, nach Herrenberg, in eine Ölmühle bei Nagold, nach Ebhausen, Lahr, Freiburg und etliche andere Orte. Die hier gefertigten Einzelteile wurden dann im Werk zusammengebaut. Als der Transport durch Bombeneinwirkung immer mehr gestört wurde, hatte man Rekonvaleszenten aus Genesungskompanien eingesetzt, die die Teile im Kurierdienst von den Betrieben im Schwarzwald zur Endmontage nach Böblingen, später nach Brieg bei Magdeburg transportierten. Es waren also nicht nur die bei Klemm in Auftrag gegebenen 100 Me 163 abgeliefert worden, sondern darüber hinaus hatten die Junkerswerke in Dessau eine ähnliche Anzahl zusätzlich in Serie gefertigt.

Geplant hatte man im übrigen noch weit größere Stückzahlen. Im April 44 bestand beim Reichsminister für Rüstung und Kriegsproduktion die Absicht, im Verlauf des Jahres 1944 noch 545 Me 163 B zu fertigen, im Herbst wurde diese Zahl sogar auf 1826 erhöht. Nun, im Dezember 44, hat man dann schlagartig mit dem Ausstoß von Me 163 aufgehört. Dafür lief noch einmal mit Hochtouren die Produktion der sogenannten Volksjäger an, einer Weiterentwicklung der He 162. Es war offensichtlich, daß in unserer Rüstungsindustrie durch rigorose Konzentration auf das Notwendige und Ausschaltung jedes unnötigen Aufwandes an Material und Arbeitszeit noch einmal ganz unglaubliche Ausbringungszahlen für die Militärluftfahrt möglich wurden. Das war sicherlich auch dem Umstand zuzuschreiben, daß im Juli das ganze große Amt des Generalluftzeugmeisters in das Rüstungsministerium übergegangen war. Mit weitreichenden kommissarischen Vollmachten „regierte" Hauptdienstleiter Saur über jenen Rüstungsstab, der verantwortlich war für die Ausbringung von Jagdflugzeugen. Was an Me 109, FW 190, Me 262, Me 163 über sogenannte Schleusen an die fliegenden Verbände der Luftwaffe ausgeliefert wurde, war geradezu märchenhaft, wenn man die Kriegslage und die Auswirkungen des Bombenkrieges auf das Reichsgebiet bedachte.

Oberingenieur Max Rubens, der bei Klemm und Junkers zur Sicherstellung der von Saur geforderten Lieferfristen eingesetzt war, gab mir schlaglichtartig ein paar kurze Hinweise darauf, wie diese Produktionswunder zu erklären waren.

„Wenn wir die geforderten Ausbringungszahlen nicht erreichen", erklärte er mir, „dann wird ‚Panzerschicht' gefahren."

„Und wie geht das?" wollte ich wissen. „Es wird dann in zwei Schichten gearbeitet", beschrieb er mir das Erfolgsgeheimnis. „Eine Schicht arbeitet vier Stunden. Sobald die andere Schicht die Arbeit aufnimmt, legt sich die erste am Arbeitsplatz vier Stunden zur Ruhe. Danach wird gewechselt: während die erste Schicht wieder arbeitet, schläft die zweite. Gegessen wird am Arbeitsplatz. Dazu gibt es gehaltvolle Zusatzverpflegung aus sogenannten ‚Speer-Paketen'." „Und wie lange geht so eine ‚Panzerschicht'?" wollte ich wissen. „Bis zu vier Wochen", erklärte Oberingenieur Rubens, „und die Männer machen willig und teilweise fast mit einem gewissen Ehrgeiz mit. Sogar die jungen Fremdarbeiter männlichen und weiblichen Geschlechts aus Holland oder der Ukraine schaffen unverdrossen und ohne zu murren auf diese Weise, wenn es verlangt wird."

(Rubens geriet nach Kriegsende in russische Gefangenschaft und wurde wegen seiner Verantwortlichkeit für diesen Einsatz zu 25 Jahren Strafarbeitslager in Sibirien-Baikal verurteilt. Und das ausgerechnet durch die Russen. . .!)

Eine bezeichnende Geschichte kursierte damals über diese Situation in unserer Rüstung. In Berlin-Schönebeck waren Bomben auf Flugzeughallen gefallen, in denen Me 109 für die Reichsverteidigung auf Fließband liefen. Zwei Stunden nach dem Angriff erschien Milch unter den Trümmern in seiner Eigenschaft als Vertreter des Reichsministers für Rüstung und als General-Inspekteur der Luftwaffe. Ein Drittel der Belegschaft war noch unter dem Schock der Bombenexplosionen, setzte aber bald ein tröstliches Lachen auf, ein anderes Drittel räumte in stoischer Ruhe Trümmer auf und das letzte Drittel der Männer war schon wieder an der Arbeit. Milch ließ antreten. „Was braucht ihr?" wollte er wissen. Er erhielt zur Antwort: Kleidung, Essen, Rauchen, Schnaps. Am nächsten Tag war das Gewünschte zur Stelle. Am Monatsende kam Milch wieder. Von 60 Flugzeugen, die planmäßig fertig sein sollten, waren 49 abgeliefert, der Rest wurde aufgeholt. Die Produktion lief wieder normal. Milch klopfte einem Vormann auf die Schulter: „Danke! Wort gehalten!" Der antwortete lakonisch: „Sie ooch!"

Husarenstückchen am laufenden Band leisteten im Sommer und Herbst 1944 jene Männer, die das Einfliegen der Me 163-Serien zu bewerkstelligen hatten. Böblingen schied wegen der kleinen Ausmaße seines Flugplatzes für Werksflüge mit der Me 163 von vornherein aus. Deshalb wurden Lechfeld und Zwischenahn dafür herangezogen, und als dort Bomben gefallen waren, wurde erst Oranienburg, später Jesau in Ostpreußen zur vorübergehenden Basis für die Werkspiloten der Firma Klemm gemacht. Als Jesau in bedrohliche Nähe der zurückweichenden Front geriet, wurde schließlich auch noch in Sprottau und Brieg und zuletzt wohl auch in Udetfeld und Dessau Werks-Einfliegerei betrieben. Da überall wegen unzureichender Ausrüstung der Bodenanlagen mit sehr viel Behelf und Improvisation gearbeitet werden mußte, gab es Unfälle und haarsträubende Gefahrensituationen fast am laufenden Band.

Unermüdlich war Karl Voy seinen beiden Mitarbeitern Perschall und Lamm ein Vorbild rücksichtsloser Pflichterfüllung. Trotz aller Mängel ihrer Bodenausrüstung gelang es ihnen meist, die vom Werk herausgebrachten Flugzeuge rechtzeitig mittels einiger Schleppflüge und jeweils mindestens einem scharfen Triebwerksstart zur Frontreife zu bringen. Dabei gab es wiederholt Totalverluste, wenn einer der Testpiloten wegen Triebwerksbrand oder Treibstoff-Explosionen zum Fallschirmabsprung gezwungen wurde. Einmal verstauchte sich bei einer solchen Landung am Fallschirm Karl Voy einen Fuß, zu gleicher Zeit verunglückte Perschall bei einem Fehlstart und wurde schwerverletzt in das Krankenhaus eingeliefert, während Lamm wegen Krankheit ausgefallen war. Hptm. Thaler kommandierte deshalb Leutnant Ziegler nach Jesau. Zwar hätte der viel lieber mit seinen Kameraden in Brandis oder Deelen Einsätze auf feindliche Bomber geflogen. Doch er rettete mit ein paar Dutzend von Werks- und Abnahmeflügen die termingerechte Belieferung der neuaufgestellten Staffeln mit frontreifen Flugzeugen und ist dadurch wahrscheinlich einer der Piloten des

Geschwaders geworden, der eine der höchsten Startzahlen mit dem gefährlichen Raketenvogel in seinem Flugbuch verzeichnen konnte.

Auch Lippisch, der in Wien seinen Forschungsbetrieb unterhielt, hatte ich einen kurzen Besuch abgestattet. Doch ich verabschiedete mich bald. Hier geschah nichts mehr, was der Me 163 hätte voranhelfen können. Lippisch war mit seinen Plänen und Projekten bereits in einer fernen Zukunft. Er war überzeugt, daß Überschallflug mit den vorhandenen Triebwerken und Baustoffen ohne weiteres möglich war. Wichtig war nach seiner Erkenntnis, daß die Tragflächen dafür eine Pfeilung von 38 Grad oder mehr besaßen. Der einzige Haken an der Sache war, daß man mindestens eine Entwicklungszeit von vier Jahren brauchte, bis so etwas flog. . .

„Warum ist die Produktion der Me 163 abgesetzt worden?" war meine erste Frage, als ich in einem Ferngespräch General Galland meinen Dienstantritt als Kommodore des J.G. 400 meldete. „Weil ihr in Brandis mehr als genug davon in Hallen und auf Abstellplätzen herumstehen habt!" war die barsche Antwort, „aber nicht genug Sprit da ist, um sie in die Luft zu bringen." „Und warum ist nicht genug Sprit da?" fragte ich weiter. „Weil aufgrund riesiger Planungsfehler vornehmlich eine einzige große Fabrik für die Herstellung von C-Stoff vorgesehen war, nämlich Gersthofen. Und nachdem Gersthofen ausgebombt wurde, gibt es so gut wie keine C-Stoff-Produktion mehr. Dabei hat unter der besonderen Begünstigung durch die SS eine Aktion eingesetzt, mit der die Herstellung von Flak-Raketen forciert werden soll. Und die werden bekanntlich auch mit C-Stoff betrieben. Das könnte einem geradezu als die Krone des Wahnsinns erscheinen, ist aber leider Tatsache. Versuchen Sie", so schloß er, „mit den zwei Gruppen in Brandis und Stargrad und dem vorhandenen Gerät und Betriebsstoff den Abwehrkampf um unsere Hydrierwerke von Leuna und Pölitz zu organisieren, so gut die Mittel es erlauben."

Von einer dieser Flak-Raketen hatte ich bereits bei Messerschmitt und Klemm erzählen hören. Das war das Projekt „Natter" von Dipl. Ing. Bachem, für das sich der Flieger-Stabsingenieur Walter Reyle mit besonderem Elan eingesetzt hatte. Reyle hatte es im Frühjahr 44 durchgesetzt, daß er vom Reichs-Luftfahrtministerium zur Umschulung auf die 163 zu uns nach Zwischenahn beordert wurde. Er brachte es tatsächlich mit Schneid und fliegerischem Talent dahin, daß er die Me 163 vollbetankt im scharfen Start flog, und er ist der einzige Ministerialbeamte geblieben, der sich zur Zahl der Raketenpiloten zählen konnte. Bei einem seiner Übungsflüge ist er übrigens in der Luft mit drei P 51 zusammengetroffen. Es kam jedoch zu keinem Luftkampf, und er landete ohne Treffer eingefangen zu haben. Er flog mit einer unbewaffneten Me 163, war also für den Gegner ungefährlich. Die „Natter" war ein kleines Fluggerät mit Walter-Antrieb, das von einem Piloten an ein Gegnerflugzeug herangesteuert werden sollte, um es zu rammen und mit einer mitgeführten Sprengladung zu zerstören. Vor dem Rammstoß sollte der Pilot mit Fallschirm abspringen. Es sind einige Prototypen gebaut worden, es sollen sogar ein paar Versuchsflüge gemacht worden sein. Ein Pilot hat einen dieser wenigen Probeflüge mit dem Leben bezahlt, weil das Gerät nach dem Start abstürzte.

Die beiden Gruppen-Kommandeure, Hptm. Opitz und Hptm. Fulda, empfingen mich in Brandis an der Wache. Der weitläufige Fliegerhorst Brandis lag etwa 20

Kilometer im Osten der Stadt Leipzig. Eine stattliche Anzahl großer Hangars, Werkstätten und Wohngebäude umschloß ein Rollfeld mit einer fast zwei Kilometer langen Startbahn. Daran schloß sich noch Land mit Äckern und Waldbestand an, auf das hinaus der größte Teil der Flugzeuge in das Freie ausgelagert worden war. Vor dem Gefechtsstandgebäude stand eine Gruppe von Flugzeugführern in Pelzstiefeln und Pelzwesten. Ihre Gesichter strahlten mir entgegen. Es gab ein herzliches Händeschütteln und Begrüßen. Unter die alten bekannten Gesichter hatten sich einige neue gemischt. Es hatte Beförderungen gegeben. Gefreite waren Unteroffiziere, Unteroffiziere Feldwebel geworden, Oberfähnriche Leutnant. Doch es fehlten auch etliche der mir von früher her bekannten Gestalten. Die würde ich in Stargard bei den Staffeln der II. Gruppe wiederfinden, erfuhr ich. Allerdings – es hatte auch Verluste gegeben. Die Jungens strahlten die alte Unternehmungslust und Angriffsfreude aus. Und von mir und meinem Erscheinen hier schienen sie sich einiges zu erhoffen. Als wenn ich T-Stoff und C-Stoff durch Zauberkraft herbeischaffen könnte!. . .

Bald saß ich Rudolf Opitz und Wilhelm Fulda in einem nüchtern eingerichteten Dienstzimmer gegenüber und vernahm, was seit meinem Weggang von Zwischenahn aus den von mir aufgestellten Einsatz-Staffeln und den sonstigen Teilen des Erprobungs-Kommandos 16 geworden war.

Die 1. Staffel war unter Olejniks Führung bereits im März 44 in Wittmundhafen zur Einsatzbereitschaft gebracht worden. Als Flugzeugführer waren ihr zugeteilt: Eberle, Rösle, Bott, Ryll, Nelte, Schubert (Siegfried), Straßnicky, Wiedemann, Zimmermann, Schiebeler, Steidl, Mühlstroh. Später traten hierzu noch: Müller, Mohr, Krutsch, Ernst, Schametz, Dönicke, Reukauf. Technischer Offizier: Kern; Nachr. Offizier: Friedrich; Hauptfeldwebel: Freiburg; Prüfmeister: Unterhuber.

Im Mai und Juni 1944 waren Feindeinsätze auf allerhöchsten Befehl untersagt. Olejnik – wie bereits erwähnt – lag verletzt im Lazarett, nachdem ihm Ende April kurz nach dem Start das Triebwerk seiner Me 163 B ausgesetzt und ihn zu einer Notlandung gezwungen hatte. Als das Einsatzverbot Ende Juni gelockert wurde, kam es wegen unzureichender Erfahrung in der Funkmeßführung und aus technischen Mängeln nur zu einer einzigen Feindberührung. Uffz. Schiebeler gelang es am 7. Juli 44 gegen 18 Uhr bis auf 250–300 Meter unter eine Aufklärung fliegende „Lightning" zu steigen. Dann war sein Treibstoff zu Ende. Als die Besatzung der Lightning den Gegner sichtete, verabschiedete sie sich mit einem rasanten Abschwung. Schiebeler, der das Manöver des Gegners als Beginn eines Angriffs zu erkennen vermeinte, tat ein Gleiches. Er war ja ohne Antrieb ziemlich hilflos und der Gegner zudem in der Überhöhung. Erst als er im Stürzen nach dem Gegner Ausschau hielt, sah er, daß auch der die Flucht ergriffen hatte. Doch zu einer Verfolgung fehlte nun der Treibstoff in den Tanks.

Zwischen dem 10. und 20. Juli wurde die Staffel nach Brandis verlegt. Der Gegner vollführte bei Tag und Nacht schwere Angriffe auf das Industriegebiet von Halle/Leipzig/Merseburg. Die Me 163 sollten den Schutz der Hydrierwerke von Leuna übernehmen. Opitz brachte Einwände gegen Brandis beim General der Jagdflieger vor: Dieser Platz lag zu weit im Osten. Die begrenzte Reichweite der Raketenjäger würde eine Verteidigung von Leuna fast unmöglich machen. Die Fliegerhorste von Merseburg,

Bitterfeld oder Schkeuditz wären viel besser geeignet gewesen. Doch sein Warnruf verhallte ungehört. Auch sein Hinweis, daß die von mir erstellte Planung den Einsatz möglichst vieler selbständiger Staffeln von den zahlreichen inzwischen vollausgerüsteten Flugplätzen vorsah, fand kein gnädiges Ohr. Es blieb bei Brandis, wo schließlich drei Staffeln mit jeweils 12–15 Me 163 B als Jagdgruppe vereint zur Luftverteidigung eingesetzt wurden. Dabei fehlten in Brandis alle Spezial-Boden-Anlagen für die Me 163. Getankt wurde aus Eisenbahn-Kesselwagen.

Daß Robert Olejnik von Oberst Gollob in der Zeit vom 25. 7. bis 2. 8. 44 zur Erkundung neuer Flugplätze mit einem „Fieseler Storch" nach Frankfurt, München und Linz entsandt wurde, erschien Olejnik selbst wahrscheinlich nicht ganz geheuer. Seine Piloten und Techniker in Brandis wurden ausgerechnet in diesen Tagen durch massierte Einflüge von Bomber-Verbänden zu ersten harten Luftkämpfen gefordert. Die Feuertaufe seiner Staffel ging ohne seine Anwesenheit vor sich. Oblt. Eberle war durch Krankheit ausgefallen. Drei junge Leutnante, Franz Rösle, Hans Bott und Hartmut Ryll trugen die Verantwortung für das, was in diesen Tagen geschah. Rösle fegte mit geradezu tartarischem Draufgängertum bei allen Kameraden etwa noch vorhandene Reste von Bedenklichkeit beiseite, Ryll konnte ohnedies nicht erwarten, endlich an den Feind zu kommen, Bott war ein raffiniert guter Pilot und an Schneid fehlte es ihm gewiß nicht. Die Feldwebel und Unteroffiziere waren bereit, es den Offizieren gleichzutun. Nun gut, den Mumm für dieses unvergleichliche Himmelfahrts-Kommando, nämlich die Rakete sachgerecht in die Luft zu bewegen, den brachten sie alle miteinander auf. Die Kunst, sie dann mit all dem Schub und der daraus resultierenden Geschwindigkeit einem schwerfällig dahinfliegenden Bomberpulk gegenüber als Waffe einzusetzen, die mußte allerdings erst noch gelernt sein.

Kein Meister fällt vom Himmel. Das erfuhren die Männer der 1. Staffel in diesen Tagen Ende Juli, Anfang August 44. Allein oder in Reihe – das heißt zu zweit oder zu dritt hintereinander – fliegend, wie sie eben am Boden aus ihrer Startbereitschaft abgerufen worden waren, stoben sie mit 700 „Sachen" zu den Bomberverbänden hinauf. Waren die Pulks von Boeing Fortress oder Liberator nicht weiter als 25 bis 30 Kilometer vom Startpunkt entfernt, hatte man Aussicht, sie sogar zu erreichen. Meist waren die „dicken Autos" (diesen Decknamen erhielten die feindlichen Bomber im Jäger-Funksprech) aber schon wieder im Abflug. Dann sah man sie höchstens am Horizont in Mückengröße entschwinden. Oder sie waren noch nicht nahe genug heran, dann sah man gar nichts und kam erfolglos und mißmutig wieder zum Platz zurück. Es gelangen auch Rottenstarts, d. h. zwei Me 163 rollten in kurzem Abstand nebeneinander und etwas nach hinten gestaffelt an und hoben dann auch gemeinsam vom Boden ab. Das war mit höherem Risiko verbunden, weil die vordere Maschine mit dem Fahrwerk-Abwurf so lange warten mußte, bis der „Katschmarek" im zweiten Flugzeug sicher vom Boden abgehoben hatte. Solchen Rotten gelang sogar ein paar Mal der Anflug auf einen Feindverband. Doch mehr als einen Achtungserfolg konnten sie nicht erzielen. Der Unterschied in den Fluggeschwindigkeiten hatte das zur Folge, was Pöhs und Korff mir schon vor Jahresfrist vorausgesagt hatten: Die Zeit für einen gezielten Schuß war zu kurz. Wenn unsere Piloten überhaupt geschossen hatten, dann aus zu weiter Entfernung oder daneben.

„Es fehlte eine taktische Bremse am Flugzeug", fuhren Opitz und Fulda in ihrer Berichterstattung fort, „oder eine andere Art der Bewaffnung. Die taktische Bremse noch nachträglich einzubauen, war allerdings eine völlige Utopie."

„Aber die Senkrechtbewaffnung!" warf ich ein, „was ist aus Korffs ‚schräger Musik' geworden?"

„Lief alles viel zu langsam", erwiderte Pitz ingrimmig. Und voller Resignation ergänzte Fulda: „Erst jetzt haben wir die ersten einsatzklaren 163 mit der ‚Jägerfaust'. So nennt man diese Bewaffnung jetzt. Dafür ist neuerdings der Sprit so rar geworden, daß man mit Recht sagen kann: Operation gelungen, Patient tot."

„Mitte August sind dennoch ein paar astreine Abschüsse gemacht worden. Wie kamen die zustande?" verlangte ich zu wissen. Ich erfuhr: Auch bei der 1. Staffel des J.G. 400 machte man die gleichen Erfahrungen, die sich schon im Ersten Weltkrieg einstellten, als man noch Fokker D VII flog, und die sich in den Geschwadern der neuen Luftwaffe wiederholten: In jeder Staffel gibt es nur ganz wenige „Abschießer". Die anderen haben 100 Feindflüge und immer noch keinen Strich am Leitwerk. Auch bei der 1. J.G. 400 schälten sich aus dem Dutzend ausgebildeter Raketenflieger einige wenige heraus, die offenbar binnen kurzem begriffen hatten, wie man die Vorteile des „Krafteis" mit der Typenbezeichnung Me 163 im Kampf mit einem überlegenen Gegner erfolgreich einsetzte. Die anderen flogen todesmutige Angriffe, verschossen reichlich von ihrer 3-cm-Munition, fingen teilweise selbst harte Garben der Abwehrschützen des Gegners ein oder wurden von Begleitjägern vertrieben und von deren hervorragender Bewaffnung kampfunfähig geschossen. Doch das Erfolgserlebnis blieb ihnen versagt. Mal war der Betriebsstoff zu früh zu Ende, mal versagten die Waffen, und meist fehlte eben die Flugdauer, die es ermöglicht hätte, einen Gegner zu suchen und aus geeigneter Position anzugreifen.

Erfolge waren, wie gesagt, seit Anfang August von der 1. Staffel gemeldet worden. Die 2. war noch ohne Siegesmeldung. Das kam zum Teil daher, daß sie bis zum 6. 9. 1944 in Venlo lag, wohin tagsüber recht selten ein amerikanischer oder britischer Bomberverband seinen Kurs nahm. Auch die 2. J.G. 400 hatte in der Anlaufzeit den Umstand zu beklagen, daß ihr Chef, Hptm. Otto Böhner, durch eine Notlandung verletzt, die entscheidenden Wochen der Anlaufphase mit einer Gehirnerschütterung im Lazarett zubrachte. Als Flugzeugführer waren zugeteilt: Bialucha, Schubert (Heinz), Andreas, Kelb, Bollenrath, Husser, Rolly, Schelper, Ernst, Glogner, Eisenmann. In Brandis kamen hinzu: Groß, Neher, Kurz, Zielsdorf, Hentschel, Thomas. Einsätze zum Abfangen eingeflogener Gegner blieben ohne Resultat. Die funkmeßtechnische Führung war noch nicht eingespielt. Außer Böhner, Glogner und Rolly hatte keiner der Flugzeugführer Fronterfahrung. Der Platz wurde wiederholt gebombt. Da aus Brandis erste Abschußerfolge bekannt wurden, waren die Piloten alle ganz versessen darauf, ein gleiches zu tun. Es war vergebens. Am 6. 9. 1944 mußte die Staffel Hals über Kopf Venlo räumen, weil vor dem heranrückenden Gegner Spreng-Kommandos ihr Werk begannen. Die Einheit verlegte per Bahntransport, auf dem Landwege und per Flugzeugschlepp nach Brandis. Das Vor-Kommando unter Oberfähnrich Andreas war nach zwei Tagen zur Stelle. Schneller noch war ein Stabsgefreiter, der bis dahin noch durch keine Heldentat von sich reden gemacht hatte, von Venlo nach Brandis gelangt. Er hatte zufällig zwei Waggons voll Schnaps und Wein, Zigarren und Schokolade zu beaufsichtigen, als der Verlegebefehl eintraf. Unter Bestechung von ungezählten Lokomotivführern und Stationsvorstehern gelangte er mit D-Zuggeschwindigkeit samt seiner „heißen Ware" zum neuen Einsatzort.

Leutnant Hartmut Ryll hatte als einer der ersten herausbekommen, daß die Me 163 im Sturz, selbst wenn die Brennkammer hinten kein Gramm Schub mehr abgab, fast 900 km/h im Sturzflug erreichte. Da kam keine „Mustang" und keine „Thunderbolt" hinterher, schon gar nicht eine „Lightning" oder was da sonst noch an Jagd-Abschirmung um die Bomberpulks herumsurrte wie Fliegen um einen warmen Kuhfladen. Er war am 28. und 29. Juli 1944 an einen Verband „Boeing B 17" herangekommen, aber seine ersten Angriffe brachten nicht das Resultat, die angegriffene „Viermot" zum Absturz zu bringen. Seiner Meinung nach hatte er jedesmal eine ganze Menge Treffer angebracht, doch der große „Kasten" von Bomber verschluckte, so schien es, seine Salven, ohne Wirkung zu zeigen. Es war, als ob man Kieselsteine auf einen Elefanten warf, der das gar nicht zur Kenntnis nahm. Vielleicht aber hatte er zu früh mit dem Schießen begonnen und hatte gar keinen Treffer angebracht? Sei dem, wie es wolle – jedesmal, wenn er zu einem zweiten Anflug ansetzen wollte, waren auch schon ein paar Begleitjäger zur Stelle gewesen und zwangen ihn dazu, „diesen" zu machen. „Diesen machen" bedeutete: Die 163 senkrecht auf den Kopf zu stellen und nach unten stürzen zu lassen.

„Wenn du senkrecht stürzt", so war Rylls Theorie, „dann schießt ein Verfolger seine Munition über dich hinweg! Die Waffen eines Jagdfliegers sind für den Horizontalflug so ausgerichtet, daß die Flugbahn wegen der Erdanziehungskraft eine sogenannte ballistische Kurve beschreibt. Im Sturz überschießen sie deswegen den Gegner, weil keine Ablenkung der Geschoßbahn durch die Schwerkraft der Erde mehr eintritt." Seine Erfahrungen schienen ihm recht zu geben. Zweimal war er auf diese Weise einem Verfolger entkommen, der ihn heftig schießend im Sturz verfolgte. Nach der Landung war nicht ein einziger Treffer an seinem Flugzeug zu finden gewesen.

„Natürlich muß man die Nerven haben, sehr tief hinab zu stürzen und dann mit weit herabgebeugtem Kopf hart abzufangen", beschrieb Ryll seine Methode. „Unser Vogel hält so was aus, ohne zu mucksen. Die Amis brechen die Verfolgung immer ziemlich früh ab. Und bis die 900 km/h am Fahrtmesser ‚verbraucht' sind, ist man wieder in der Nähe des eigenen Platzes und im Schutz seiner Flak."

An einem der ersten Augusttage war Ryll nach einem Einsatz in der Mittagszeit dieses Tages dann aber doch endlich der Abschuß einer Boeing B 17 anerkannt worden. Das war der erste Erfolg mit dem Raketenjäger und zwar mit unserer Me 163. Knapp zwei Wochen später, am 16. 8. 1944 gelang Fw. Siegfried Schubert der nächste Luftsieg der Staffel. Mit drei Schuß aus seinen 2 MK 108 hatte er glatt den ganzen Heckstand einer „Fliegenden Festung" abgetrennt. Und am 24. 8. fügte der am Boden stets ruhig und gelassen wirkende Schubert in zwei schneidig geführten Angriffen gegen 4motorige Bomber seinem ersten Erfolg gleich zwei weitere hinzu. Am gleichen Tage kamen auch Lt. Hans Bott und Fw. Straßnicky mit Siegesmeldung vom Fluge zurück. Der Bann schien gebrochen. Eine kurze Zeit herrschte Euphorie bei allen Beteiligten, wenn auch die allgemeine Freude einen harten Dämpfer dadurch erhielt, daß Ryll an diesem 16. 8., von einem Einsatz zurückkehrend, in etwa 1500 Meter Höhe vor den Augen seiner Kameraden, die das vom Boden aus verfolgten, abgeschossen wurde. Er hatte nicht wie üblich in niedriger Höhe den Flakschutz aufgesucht, sondern war in größerer Höhe immer langsamer geworden. Wollte er die Kabinen-Haube abwerfen, um abzuspringen? Niemand konnte die Frage mehr beantworten. Eine „Mustang" näherte sich schießend bis auf Rammentfernung. Da neigte sich die Me 163 zu senkrechtem Sturz, aus dem sie nicht wieder abgefangen wurde.

Vom Oberkommando der Luftwaffe erging unterm 8. 9. 44 an alle unterstellten Befehlsstellen die Mitteilung, die Me 163 könne jetzt als einsatzbereit erklärt werden. Eine ausführliche Beschreibung unterrichtete die Befehlsstellen über die Eigenart des neuen Abfangjägers und seine besondere Kampfesweise. Dann folgten auf dem Fuße Aufstellungsbefehle für eine 4., 5., 6. und 7. Staffel. Die dritte Staffel unter Führung des Oblt. Franz Rösle war bereits in Bildung begriffen. Zwei Gruppenstäbe wurden mit Kriegsstärke-Nachweisung auf dem Papier gutgeheißen und als Kommandeur der I.J.G.400 Major Späte befohlen. Da ich damals krank im Lazarett lag und nicht sogleich verfügbar war, wurde mit Wirkung vom 14. 10. 44 Hauptmann Rudolf Opitz auf diese Stelle versetzt, die er vier Wochen danach an Hauptmann Fulda abgab, während er selbst das Kommando über die in Stargard zu bildende II.J.G.400 übernahm. Die Ausbildungsstaffel unter Oblt. Franz Medicus wurde zu einer Ergänzungsgruppe unter Führung von Hptm. Nuller, später Hptm. Olejnik erweitert. Sie bestand aus zwei Staffeln, deren Staffelkapitäne Lt. Hermann Ziegler und Lt. Adolf Niemeyer wurden. Standorte: Sprottau, Brieg, später Udetfeld, zuletzt Esperstädt.

Eine kurze Zeit war es im August so erschienen, als ob nun der Glücksstern der Me 163 aufgegangen sei. General Ritter von Greim und andere wichtige Persönlichkeiten erschienen in Brandis und lobten „die Retter des Vaterlandes". Oberst Hajo Herrmann, der Organisator der „Wilden Sau"-Nachtjagd, kam und verteilte Sekt und Schokolade. Der Sohn des Ufa-Regisseurs Ritter rückte im Auftrag des Propaganda-Ministeriums mit Kamera-Leuten und Beleuchtern an, um einen packenden Film über den Raketenjäger zu drehen. Doch schon nach wenigen Wochen des Hochgefühls kam das Wellental der Rückschläge. Am 11. 9. 1944 glückt es dem Uffz. Kurt Schiebeler noch, vor den Augen der ganzen Flugplatz-Belegschaft über Brandis einen 4-mot-Bomber vom Himmel zu holen. Am folgenden Tag schießt er über Merseburg einen 4-mot in Brand, ohne den Absturz zu beobachten. Das ist der 7. und evtl. 8. Luftsieg der 1.J.G.400. Danach hagelt es nur noch Mißerfolge und Verluste.

Gejagt von Mustangs verfehlt Zimmermann den Platz und landet in einem Kartoffelacker. Er kann sich unverletzt vor den Verfolgern in Sicherheit bringen, die auf die notgelandete Maschine noch ein paar Tiefangriffe machen, ohne viel daran zu zerstören. Ernst landet in Mockau in Bombentrichtern, Andreas fliegt in die „Abwehr-Brause" eines Bomberpulks. Beim Versuch abzuspringen, wird seine Maschine durch einen Begleitjäger noch einmal getroffen, trudelt steuerlos. Auf einmal ist er ganz von allein im Freien am rettenden Fallschirm.

Die 2. Staffel schaltet sich ein, fliegt am 13. 9. 1944 9 Einsätze, doch ohne jeden Erfolg. Eine Zeitlang ist dann kaum eine Me 163 mehr klar, es fehlen Ersatzteile, Prüfgeräte. Es gibt viel Triebwerksausfälle und Hydraulik-Schäden. Ofw. Reukauf überschlägt sich nach Triebwerksdefekt beim Start, stirbt qualvoll im ausrinnenden T-Stoff. Oberleutnant Schulz verunglückt tödlich bei der Landung, Oblt. Rösle landet nach einem Feindflug, beim Aufsetzen gibt es eine gewaltige Explosion, hervorgerufen durch Hydraulik-Öl und T-Stoff. Seitdem läuft er wie ein Gespenst mit weiß bandagiertem Kopf über den Liegeplatz seiner 3. Staffel. Feldwebel Jupp Mühlstroh unterbricht seine lange Sitzbereitschaft wegen eines menschlichen Bedürfnisses. Wenige Minuten danach fliegt sein Flugzeug durch eine Explosion in Fetzen in die Luft.

Pitz und Fulda hielten inne in ihrem Vortrag. Die beiden hatten den Krieg bei der Fallschirmtruppe begonnen. Opitz hatte sein Deutsches Kreuz mit eiskaltem Draufgängertum als Lastensegler-Pilot verdient, Fulda bei der gleichen Waffengattung sogar das Ritterkreuz des Eisernen Kreuzes. Man sah ihnen an: Diese ausweglos scheinende Lage unseres Rückzug-Krieges war nichts für ihr Angreifer-Naturell. Einen Augenblick ging jeder seinen Gedanken nach. „Ist das wieder besser geworden?" fragte ich in die Gesprächs-Pause hinein. „Im Gegenteil", antwortete Fulda, „nur noch schlechter."

Da war zum Beispiel der 7. Oktober ein Pechtag zum Verzweifeln! Die Amerikaner flogen ab Mittag Großeinsatz. Ziel: Leunawerke und Merseburger Industrie. Das Wartungspersonal hatte insgesamt 20 einsatzbereite Me 163 zum Start bereitgestellt. Das war ein stattliches Aufgebot! Einzeln und in Rotten jagen deshalb bald die Piloten beider Staffeln mit dem kilometerweit hörbaren Dröhnen der Walter-Triebwerke in den westlichen Himmel. Die meisten kommen nicht in Reichweite des Gegners. Wer rankommt, dem will kein Abschuß gelingen. Sie landen, die Maschinen werden erneut aufgetankt, starten wieder. Dennoch bringt keiner eine Abschußmeldung mit zurück. Vielleicht ist schuld daran, daß alle mit ansehen mußten, wie einer der zuerst Startenden gezwungen ist, das knallende, Rauch und Flammen spuckende Triebwerk abzustellen. Im Ausrollen gerät das Flugzeug auf ein neuangelegtes Rasenstück des Rollfeldes, überschlägt sich und zerlegt sich Sekunden darauf durch die nun schon sattsam bekannte Detonation in Fetzen. Im Flugzeug saß Feldwebel Siegfried Schubert, das anerkannte Vorbild der Piloten. An den rauchenden Resten vorbei starteten die Kameraden. An diesem Tage kam „Nicky" – so nannten die Kameraden Feldwebel Straßnicky – nicht vom Feindflug zurück. Er fiel im Luftkampf in der Gegend von Bitterfeld.

Knapp vier Wochen danach ist wieder so ein Großangriff auf Leuna im Gange. Wieder sind mehr als ein Dutzend Me 163 klar, die sich mit mehrmaligen Starts in den Abwehrkampf werfen. Wieder kein Erfolg. Wieder hat gleich eine der ersten Maschinen Triebwerksschaden, kaum daß sie 80 bis 100 Meter hoch ist. Der Flugzeugführer steigt aus, sein Fallschirm öffnet sich nicht mehr voll. Der Arzt kann nur noch den Tod feststellen. Es ist Fw. Horst Rolly. Am Unfall vorbei jagen die Kameraden mit zusammengebissenen Zähnen in vollgetankten 163 über die Startbahn, werfen die Fahrwerke ab, steigen auf die Bomberverbände zu, um sie anzugreifen. Man kann nicht sagen, daß diese Burschen, die auf ihren so riskanten Raketen nach oben reiten, ängstlich sind. Aber Nerven haben sie eben auch. Die erste Rotte, die zurückkommt, ist von Thunderbolts gejagt worden. Ihr Anflugwinkel zum Landefeld ist sehr flach. Müssen mit Rückenwind landen. Landeklappen voll draußen. Versuchen vergeblich ein Zuviel von Höhe und Fahrt loszuwerden. Der erste setzt in Platzmitte auf. Springt noch ein paar hundert Meter. Rutscht bis zur Platzgrenze. Durchbricht die Umzäunung.

Endet in einer Kiesgrube mit Überschlag. Ein Ingenieur von Walter, gerade in der Nähe, zerschlägt die Haube und zieht den blutenden Flugzeugführer, Fw. Fritz Husser, heraus. Der Rottenkamerad kommt noch ein bißchen höher hereingeschwebt. Es ist Uffz. Eisenmann. Mit sehr viel Fahrt drückt er sein Flugzeug an den Boden, wird wieder abgestoßen in die Luft wie von einer Gummimatte, drückt es von neuem herunter, berührt den Boden mit einer Tragfläche. Dann nur noch ein Wirbeln und Splittern. Aus den herumliegenden Trümmern wird der tote Pilot geborgen. Wie aussichtslos der Kampf gegen die zahlenmäßige Übermacht des Gegners war, wurde auch dem Bodenpersonal klar, als Oberfeldwebel „Köbes" Bollenrath im Sturzflug aus dem Einsatzraum zurückkehrend vor ihren Augen von einer „Mustang" bis in die Zone des Flak-Schutzes von Brandis verfolgt wurde. Solange der Fahrtüberschuß reichte, konnte der Pilot in der Schwanzlosen droben sich in etlichen harten Kurven dem gezielten Beschuß entziehen. Doch zuletzt war nur noch ein langsamer Segler aus dem rasanten Interzeptor geworden. Ein Feuerstoß des Feindjägers trifft vernichtend aus nächster Entfernung. Steuerlos neigt sich die 163 nach unten und schlägt krachend im nahegelegenen Dorf Zeitlitz auf dem Dorfanger auf.

„Mittlerweile", so brachte Fulda den Bericht der beiden Kommandeure zum Abschluß, „ist unser Nachschub an T-Stoff und C-Stoff angeblich nur noch aus Restbeständen, die auf den verschiedenen Fliegerhorsten und in Depot-Anlagen eingelagert sind, möglich. Was an Treibstoff hier in Brandis zur Verfügung steht, reicht noch für etwa 50 Vollast-Starts . . ."

Wozu, so fuhr es mir durch den Kopf, setzt das OKL mich dann überhaupt noch hier als Kommodore ein?!

Aber die Militär-Bürokratie arbeitete selbst in dieser Kriegsphase noch mit uhrwerkartiger Akkuratesse: Ich fand in der Villa Brockhaus am nördlichen Platzrande einen personell vollbesetzten Geschwader-Stab vor mit Büroräumen, Schreibkräften und gut angelegten Ablagen für schon vorliegenden und noch anzufertigenden Schriftverkehr, für Vorschriften und Stärke-Meldungen, Personalpapiere und allen sonstigen „Papierkrieg". Natürlich waren auch Stahl- und Panzerschränke da für Geheimes und Geheime Kommandosachen. Dieser Stab, der mir nun unterstand, arbeitete unter Vorantritt des tüchtigen I A-Offiziers, Major Fichtner, auch ohne mein Zutun wie am Schnürchen. Allen Jagdgeschwadern hatte man, das wußte ich, solche gut funktionierende Stäbe eingerichtet. Die Kommodores und Kommandeure sollten unbehelligt von Schreibstubenarbeit ihre fliegenden Verbände in der Luft führen können.

So war ich alsbald draußen auf dem Platz, inspizierte Werkstätten und Liegeplätze, Hallen und Wohngebäude, und verbrauchte – als erste meiner Maßnahmen – gleich einmal eine der vorhandenen 50 Tankfüllungen für einen Vollaststart mit meiner immer noch heißgeliebten Me 163. Ich wollte wissen, ob ich den Raketenvogel noch genauso beherrschte wie ein halbes Jahr zuvor. Insgeheim war freilich auch der Wunsch Triebfeder für diesen Flug gewesen, jenes unbeschreibliche Gefühl des Überwindens aller Erdenschwere zu erleben, das nur unser „Kraftei" dem Piloten zu vermitteln vermochte und das mir alle die Freiwilligen zugeführt hatte, die sich zum Einsatz damit bereitgefunden hatten. Nach der Landung war dann meine nächste Handlung, daß ich mich mit meinen Flugzeugführer-Kameraden zusammensetzte, die alle noch von der gleichen Begeisterung für den Flug mit der „Rakete" erfüllt waren, die ich schon aus der Zeit vor mehr als Jahresfrist an ihnen erlebt hatte. Eine Menge neuer Gesichter war inzwischen zu den alten, mir bekannten hinzugekommen. Und Olejniks Ergänzungs-Gruppe brachte immer noch neue, fertig ausgebildete Me 163-Piloten auf den Weg zu uns.

Bott und Schiebeler berichteten anschaulich von ihren Flügen, bei denen jeder von ihnen einen sicheren und einen wahrscheinlichen Abschuß zu verzeichnen gehabt hatte. Es war am 11. September. Die meisten Piloten haben an diesem Tage schon zwei und mehr Feindflüge hinter sich. Franz Rösle hat Hunger und bittet Schiebeler, in der für ihn startfertig gemachten 163 Sitzbereitschaft zu übernehmen, bis er vom Essen zurückkommt. Hinterher hat Rösle es lange nicht verwinden können, daß Schiebeler in der halben Stunde seiner Abwesenheit eine B 17 ziemlich genau über dem Flugplatz Brandis quasi an seiner Stelle abschoß. „Ich mußte vier Anflüge machen", berichtete Kurt Schiebeler. „Beim ersten Mal hatte ich 700 bis 800 km/h drauf. Da gingen alle Schüsse darunter oder daneben. Darauf machte ich den zweiten Anflug ohne Schub im Gleitflug. Keine Trefferwirkung. Nicht nah genug rangegangen! Glücklicherweise war gerade kein feindlicher Jagdschutz da. Nach dem dritten Anflug qualmt der rechte Innenmotor des Gegners. Aber immer noch flog der Kasten stur nach Westen weiter. Erst beim vierten Versuch hatte ich den Bogen raus. Aus kurzer Entfernung ziehe ich eine volle Garbe vom rechten Außenmotor bis in den Rumpf. Ich sehe das Fahrwerk herausfallen. Drei Mann springen mit Fallschirm ab. Da ruft auch schon „Brüllaffe" (die Boden-Station) „Abdrehen – die Maschine stürzt schon ab!" Etwas später meldete sich die Stimme von Hauptmann Olejnik in der Bodenstelle: „Fliegen Sie Kurs 90 über ,Gartenzaun' und wackeln Sie!" Diesen Befehl habe ich nicht befolgt, denn inzwischen kamen Mustangs oder Thunderbolts in Platznähe. Ich war froh, als ich ungeschoren wieder gelandet war. Einen von der Bomberbesatzung habe ich mit meinem bißchen Englisch gefragt, ob er wüßte, wer ihn abgeschossen hätte. Ich vernahm: „shaddy" sei das gewesen, was wohl so viel heißen sollte wie: ein Schemen.

„Vier Anflüge auf ein und denselben Bomber können Sie sich aber nur auf ein einzeln fliegendes Flugzeug leisten. Bei Angriff auf einen Verband muß es möglichst schon beim ersten Anflug hinhaun. Das war ja wohl auch das Geheimnis des Erfolgs von Feldwebel Schubert", wandte ich jetzt ein.

„Bei Angriffen auf geschlossene Verbände haben wir meistens schon beim ersten Anflug ein paar Treffer eingefangen", bestätigte Schiebeler. „Bei einem Einsatz im Oktober griff ich zusammen mit Uffz. Steidl einen Pulk von 12 Flying Fortress an. Beim ersten Anflug schoß ich einer der Boeings einen Motor in Brand. Beim zweiten Anflug machte es nur Klick, als ich auf die Waffenknöpfe drückte. Die Kanonen taten es nicht mehr. Steidl sah noch, daß die von mir in Brand geschossene Maschine aus dem Verband ausscherte. Dann verrauschten wir nach unten. Nach der Landung wurde festgestellt, daß ich eine ganze Anzahl Treffer abbekommen hatte, von denen einer das Kabel für den Waffen-Anschluß durchschlagen hatte. Ein andermal, es war im November, greife ich über Merseburg wieder so einen Zwölfer-Pulk an. Nach dem ersten Feuerstoß fällt mir das Reflex-Visier aus. Da habe ich ohne Visier weitergeschossen und nur die Leuchtspur auszurichten versucht. So etwa wie ein Gärtner mit der Gießkanne. Natürlich ging das meiste daneben. Aber ich selbst flog in ein furchtbares Abwehrfeuer hinein. Die ‚Kiste‘ war hinterher reif zum Verschrotten. Eines der Querruder hing nur noch an einem streichholzdünnen Rest des Gestänges. Damit bin ich mit 800 bis 900 Sachen wieder nach unten gegangen . . .“

„Also braucht man Nervenkraft, um diese Art von Luftkampf zu bestehen“, konstatierte ich.

„Stimmt“, bemerkte Kurt Schiebeler, „die braucht man freilich! Leider haben manche unserer neu ankommenden Flugzeugführer nicht einmal genug davon, um wenigstens die Aufregung eines scharfen Triebwerkstarts ohne Fracksausen zu überstehen. Wir haben etliche Flugzeuge verloren, weil junge Piloten bei der geringsten Triebwerksstörung einfach rausspringen. So ein vom Piloten aufgegebenes Flugzeug ist dann noch ziemlich heil am Boden aufgekommen. Der Pilot hatte einfach durchgedreht. Natürlich hat es auch das gegenteilige Beispiel gegeben. Eines Tages flog zum Beispiel Uffz. Mentenich mit der roten 23, die sonst eigentlich nur von Uffz. Neher geflogen wurde. Neher gab ihm deshalb vor dem Start den Hinweis: ‚Das Triebwerk bringt 24 atü beim Start. Das beschleunigt gut. Aber vergiß nicht, nach dem Abheben auf 20-21 atü zurückzuregeln. Sonst schmilzt dir hinten die Brennkammerwand durch.‘ Mentenich startet und vergißt oder mißachtet den Hinweis. Als es hinter ihm anfängt zu knallen, springt er blitzschnell raus. Keine Sekunde zu früh. Denn kaum hängt er am Fallschirm, als die schöne rote 23 mit einem Blitz in tausend Stücke fliegt.“

Während ich meine Flugzeugführer ausfragte, war draußen eine „B“ gestartet – ein seltenes Vorkommnis wegen des Mangels an Treibstoff. Nach wenigen Augenblicken sah ich, daß ein hervorragender Könner den Steuerknüppel zu führen schien. Selbst Heini Dittmar hätte kein besseres Flugprogramm vorzuführen vermocht. Mit dem letzten Schub nahm der Vogel noch einmal Anlauf und flog einen sauberen Looping. Selbst die Landung erschien nach diesem Flug so leicht, beschwingt und selbstverständlich, wie ich das vordem noch bei keinem Flug mit der Me 163 beobachtet hatte. „Wer war das?“ fragte ich. „Hauptmann Albert Falderbaum“, erfuhr ich, „der Staffelkapitän der 1. Staffel.“ Falderbaum, in Friedenszeiten deutscher Kunstflugmeister, flog die 163 „göttergleich“, andere sagten: wie ein Engel. Ob seine Kunst auch im harten Luftkampf sich bewährt hätte, hat er niemals zu beweisen Gelegenheit gehabt.

Leutnant Hans Bott, der einen anerkannten und einen wahrscheinlichen Bomber-Abschuß verzeichnet, berichtet, wie die Piloten allesamt – jeder für sich – ihre praktischen Erfahrungen mit dem neuartigen Interzeptor machen mußten. Im August wurde er als Rottenflieger von Oblt. Rösle auf drei in etwa 6000 m Höhe einfliegende Lightnings angesetzt. „Die Bodenstelle war durch Oblt. Preußker besetzt“, erzählte Bott, „da wußten wir: die Funkführung wird wieder klappen. Wir flogen fast vorschriftsmäßig in Gefechtsformation seitwärts und rückwärts gestaffelt. Mit 700 auf dem Fahrtmesser stiegen wir auf den Kursen, die uns Preußker durchgab. In 6000 Meter sahen wir die drei Lightnings etwa 2000 Meter vor uns und gingen in den Horizontalflug über. Die Waffen waren eingeschaltet, das Revi brannte. ‚Du nimmst den Rechtsaußen, ich nehme den Linken‘, gab Franz als Angriffsplan im Funk an mich durch.“ Doch er hatte noch nicht ganz ausgeredet, als er lauthals fluchte. Sein Flugzeug machte eine leichte Rollbewegung nach links und bäumte sich dann auf. Im gleichen Moment fühlt auch Bott Schläge auf einer Tragfläche und ein starkes kopflastiges Moment, das er durch hartes Ziehen am Knüppel zu überwinden trachtet. Am Fahrtmesser liest er: 960 km/h. Bei beiden Flugzeugen war durch die negative Beschleunigung des Macheffektes das Triebwerk ausgegangen. Die Lightnings mußten sie ungeschoren am Horizont verschwinden sehen.

Nicht nur mit den kampfbewährten Kämpen unter meinen Piloten sprach ich, ich nahm mir auch einige der neu Hinzugekommenen unter die Lupe. Und ich machte die gleiche Erfahrung wie bei meiner IV. Gruppe im J.G.54: Alle waren auch jetzt – am Jahresende 1944 – erfüllt vom unbändigen Drang, dem Vaterland durch einen besonderen Einsatz, nämlich als Raketenflieger, zu dienen. Als ich ein paar Wochen darauf einen Befehl Görings verlesen mußte, daß sich Freiwillige melden sollten, die bereit seien, unter Einsatz ihres Lebens „dem Krieg eine entscheidende Wende zu geben", traten spontan 10 Mann vor: Fulda, Rösle, Bott, Löscher, Grolmann, v. Donner, Slaby, Hauß, Hamburger, Schorries. Einberufen wurden Bott, Löscher, Slaby, Hauß, Hamburger, Schorries. Mitte April kamen sie alle von Stendal zurück. Drei von ihnen hatten am 7. April an dem von Hajo Herrmann organisierten Ramm-Einsatz teilgenommen. Einer hatte die Luftschraube seiner Me 109 sich in das Leitwerk einer 4-Motorigen hineinsägen lassen, bis der Motor stand. Nach einiger Zeit merkte er, daß er noch lebte, sein Flugzeug mit stehender Latte in der Luft herumtorkelte. Er machte eine Notlandung irgendwo auf einem Acker bei Nienburg. Die beiden anderen machten ebenfalls Notlandungen, waren freilich vor Aufregung gar nicht zum Rammen gekommen.

Heute noch fühle ich mich unter allen, die sich damals zu mir drängten, um das „Kraftei" zu fliegen, als wäre ich Anführer einer ganz außergewöhnlichen Sorte von Mordskerlen, die sich alle in einem gleich waren: daß sie für die Erfüllung ihres Traumes vom Raketenflug bereit waren, selbst mit dem Preis des Lebens zu zahlen. Lange habe ich nach dem Krieg in vielen Akten und Schubladen gekramt, bis ich wenigstens einen größeren Teil der Namen jener Männer wieder ausfindig gemacht hatte, die damals zu mir drängten, um das gefährliche „Raketen-Dings" zu fliegen. Hier an dieser Stelle will ich noch einige Piloten erwähnen, die von mir bisher noch nicht namentlich erwähnt wurden, die sich aber auch zum Kreis jener rechnen dürfen, die von uns auf den Wundervogel Me 163 umgeschult wurden:
Graf Schweinitz, Wallaschofski, Krutsch, Steinmetz, Kalt, Schönhoff, Weichhold, Schipf, Woga, Magersuppe, Husemann, Schüller, Süß, Sponheuer, Hentschel, Ferner, Schweiger, Lang, Kip, Beger, Heinzel, Neubert, Schwenger, Lehn, Fersel, Hertl. Insgesamt dürften es weit über 100 gewesen sein.

In diesem Zusammenhang darf ich nicht zu erwähnen vergessen, daß auch Oberst Gollob die Me 163 B mit „scharfem" Triebwerk geflogen hat. Er verzichtete auf Vorschulung mit dem Muster Me 163 A („die könnt ihr wegschmeißen!" meinte er verächtlich), machte ein paar Schlepps auf einer leeren 163 B und verschwand mit Bravour nach einem Start mit einer zu ¾ betankten Einsatzmaschine ins Himmelsblau. Beim Gegenanflug zur Landung war er etwas zu hoch. Er half sich, indem er, statt zum Queranflug einzukurven, in einem Abschwung steil zu Boden stürzte. Für die am Start zurückgebliebenen Beobachter verschwand das Flugzeug hinterm Horizont. Alles wartete auf den Knall und das Aufsteigen der obligaten Rauchwolke. An deren Stelle erschien nach bangem Warten im Tiefflug die 163 B, Kufe und Landeklappe vorschriftsmäßig ausgefahren. Wenige Meter hinter dem Flugplatzzaun setzte sie auf. „Das habe ich mir so ausgerechnet", antwortete der Oberst, als Oberleutnant Medicus ihn nach dem Grund für diese einmalige Abweichung von der vorgeschriebenen Landeprozedur befragte. „So was glückt Ihnen aber bestimmt kein zweites Mal", wagte Medicus einzuwenden. „Das war auch mein letzter Start", meinte der Oberst trocken, kniff ein Auge zu, grüßte und fuhr nach Berlin zurück.

Bald darauf suchte ich die II. Gruppe meines Geschwaders auf, die beauftragt war, sich auf dem Fliegerhorst Stargard auf die Luftverteidigung des nahegelegenen Hydrierwerkes von Pölitz einzurichten. Für drei Staffeln, die 5., 6. und 7., hatte Rudolf Opitz je 12 Flugzeugführer, fertig ausgebildetes Wartungspersonal und alle erforderliche Bodenausrüstung – eine erstaunliche Leistung unserer Kriegsmaschinerie, weil sie trotz der schrecklichen Auswirkungen des Bombenkrieges zustande gekommen war. Drei Staffelkapitäne hatte Opitz sich herausgesucht, Lt. Franz Woidich (5.), Lt. Peter Gerth (6.), Lt. Reinhard Opitz (7.), die für ihre Aufgabe auf das Beste vorbereitet waren: Jeder von ihnen war nicht nur Jagdflieger mit Fronterfahrung – Woidich besaß das Ritterkreuz –, sie hatten auch durchweg ein paar Semester technisches Studium absolviert. Die Chemie der Treibstoffzersetzung und die Physik des Raketenfluges brauchte ihnen nicht mehr näher erläutert zu werden.

In Stargard und Stettin-Altdamm trafen von allen Seiten Flugzeuge, Treibstoffe, Waffen, Munition, Kraftfahrzeuge, Bekleidung, Verpflegung usf. für die drei Staffeln ein. Doch es kam zu keinem Einsatz mehr. Als die Front sich der Oder näherte, wurde die Gruppe über Stendal, Zwischenahn, Wittmundhafen, Nordholz nach Husum verlegt, wo noch am 4. oder 5. Mai 1945 zwei oder drei Einsätze auf Mosquitos geflogen wurden. Lt. Gerth meldete danach einen Abschuß. Natürlich fehlt dafür jeder Zeugenbericht oder die vorgeschriebene Anerkennung durch die dafür zuständige Abteilung des RLM . . . Rudolf Opitz stürzte noch an diesem vorletzten Tag des Zweiten Weltkrieges nach einem Testflug ab. Doch das Glück blieb ihm treu: Ein paar gebrochene Rippen und Schulterknochen heilten im Lazarett bald wieder zusammen. Seine Krankenschwester heiratete er und führt mit ihr die glücklichste Ehe.

In Brandis war auch in einer der Flugzeughallen das stark verkleinerte Erprobungs-Kommando 16 untergekommen, das nach meinem Weggang von Hptm. Thaler weitergeführt wurde. Selbstredend erschien ich dort bald zu einem Inspektions-Besuch. Bereitwillig wurde mir Einblick in die umfangreichen Berichte gegeben, die Beweis für die recht wertvolle Arbeit der dort verbliebenen Flugzeugführer Oeltjen, Hachtel, Tegtmeier und German waren. Fw. Lukas war in Zwischenahn bei einer Flugerprobung tödlich abgestürzt. Eine Vielzahl von Testflügen war in Zwischenahn und auch noch in Brandis ausgeführt worden. Der Technische Offizier, Fl. Stabsing. Beeg, hatte umfangreiche und vorbildliche Arbeit in der meßtechnischen Auswertung dieser Erprobungsarbeit geleistet.

290

Thaler war es offensichtlich gelungen zu verhindern, daß Galland das Erprobungs-Kommando 16 sofort auflöste. Er hatte in Wort und Schrift so lange und so ausführlich dargetan, daß ohne Erprobung auch die Einsatz-Einheiten nicht aktionsfähig waren, daß man ihn nach Reduzierung des Personals auf die Hälfte weiterbestehen ließ. Thaler hatte allerdings bereits in einem der ersten Arbeitsberichte, die er abzustatten hatte, sich nicht enthalten können zu schreiben: „Beim ersten Einsatzflug, Flgzf. Major Späte, erfolgte die Anführung durch den N.O. einwandfrei. Durch eine Unachtsamkeit des Flugzeugführers kam die Maschine beim Anflug auf . . . kritische Geschwindigkeit . . .“

„Haben Sie schon einmal die Me 163 beschleunigt, bis Macheffekte auftraten?“ fragte ich Thaler. „Nein“, bekannte er.

„Wie oft haben Sie die ‚Berta‘ überhaupt schon mit Triebwerk geflogen?“ forschte ich weiter. Thaler quälte sich sichtlich mit der Antwort herum, gestand dann aber unter Erröten wahrheitsgemäß: „Überhaupt noch nicht.“

„Sie melden mir innerhalb einer Woche, daß Sie einen Vollast-Start auf der B gemacht haben, sonst hat Ihr letztes Stündlein als Erprobungs-Kommando-Führer für Sie geschlagen!“ bedeutete ich ihm und ließ ihn als ein Häufchen Elend an seinem Schreibtisch zurück. Nach Ablauf der Frist meldete er mir die Ausführung eines Fluges. Er hatte sogar noch einen schönen Erprobungs-Bericht mit Tabellen und Meßdaten darüber verfaßt.

Die Monate Januar bis April 1945 standen immer deutlicher im Zeichen des sich anbahnenden Zusammenbruchs. Nach und nach dämmerte es bei vielen, daß Deutschland einem grausigen Untergang entgegenging. In Brandis konnte man nun ab und an offenkundigen Beweisen beginnender Auflösung und regelrechter Untergangsstimmung begegnen. Da wurde z. B. auf irgendeinem Dienstweg mitgeteilt, daß der Ogefr. Klemm aus einer unserer Staffeln von einem Standgericht zum Tode verurteilt und erschossen worden war, weil er sich zweimal drei Monate unerlaubt von der Truppe entfernt hatte.

Da kam aus Stargard die Meldung, daß man ein paar Betriebsleiter kurzerhand erschossen hatte, weil sie waggonweise Sparmetalle beiseite geschafft und vergraben hatten. Hauptmann Böhner berichtete, wie er sich bei einigen Einsätzen fast schwarz geärgert hatte, daß immer, wenn er in Schußposition hinter einem Bomber saß, eine der beiden Kanonen aussetzte und die Garbe der anderen wegen des einseitigen Rückstoßes sofort auswanderte. Dreimal habe er deswegen einen Bomber nicht bis zum Absturz vernichten können. Hinterher habe der Waffen-Inspektor Berberich festgestellt, daß Sabotage bei der Herstellung der Kartuschen die Ursache für die vielen Versager war.

Daß der Geschwader-Arzt, Dr. Schwarzbach, mir eines Tages offenbaren mußte, daß er 92 Syphilis-Fälle allein auf dem Fliegerhorst Brandis habe konstatieren müssen, war weniger ein Beweis für Sabotage als für die Tatsache, daß Wertmaßstäbe aller Art ins Schwimmen kamen.

Kurz nach meinem Eintreffen in Brandis traf ich unter dem fliegenden Personal des Geschwaders einen Mann, der gute Kammgarn-Uniform trug (die sonst Offizieren vorbehalten war) und zum Me 163-Piloten ausgebildet worden war. Er hatte vom Morgengrauen bis zum Abend in Sitzbereitschaft zu sein. Für ihn war eine Me 163 insofern umgebaut worden, als die Vorderkante der Flügelnase eine Stahlkante erhalten hatte. Heini Dittmar hatte die Theorie aufgestellt, daß man mit einer so gearteten Me 163 beim Rammstoß von vorn oder hinten die Tragfläche eines Gegnerflugzeuges durchschneiden könne – nach seiner Ansicht sogar, ohne großen Schaden am eigenen Flugzeug zu nehmen. Diese Ansicht wurde sonst von niemand geteilt. Aber Flieger Walter Dittmar (ein Bruder von Heini Dittmar) hatte auf höhere Weisung den Auftrag, in Dauerbereitschaft zu sitzen, um ein Gegnerflugzeug zu rammen und damit möglichst zum Absturz zu bringen.

Es war wohl im Februar 1945, als eine schon vorher gemeldete Fernaufklärer-Mosquito mit Kondensstreifen hinter sich über unseren Flugplatz geflogen kam. „Das wäre doch was für unseren Rammer Dittmar", dachte ich so bei mir, als ich die Mosquito in etwa 12 km Höhe eilig über unseren Platz ziehen sah. Und tatsächlich! Da startete auch schon eine Maschine, und mir wurde gemeldet: Dittmar zum Ramm-Einsatz. Nun sahen wir alle: oben den gemütlich dahinziehenden Kondens der Mosquito, darunter den unheimlich schnell sich nähernden Rauchschweif der Me 163. Diese zwei weißen am Himmel sich fortentwickelnden Streifen näherten sich scheinbar in zwangsläufiger Folgerichtigkeit. Was würde geschehen, wenn die zwei Streifen sich trafen?!

Als der Me 163-Kondens nur noch eine Handbreit (von unten gesehen) von der Spitze des Mosquito-Kondenses entfernt war – hörte er plötzlich auf. Wir standen unten und lauschten wie die Luchse. Nichts war zu hören. Der Mosquito-Kondens wuchs wie ein dünner Spinnenfaden weiter und weiter den Himmel entlang. Das Rammen hatte nicht stattgefunden.

Nach einer Viertelstunde landete Dittmar mit seiner Maschine. Das Triebwerk habe ausgesetzt, meldete er. Man machte mit der Restmenge Treibstoff einen Probelauf. Das Triebwerk lief einwandfrei. Warum es in der Luft zu laufen aufgehört hatte, weiß bis heute noch keiner.

Bis in den April hinein wurden noch Abfang-Angriffe auf Aufklärer geflogen, die freilich durchweg anders zu bewerten waren als der geschilderte Flug von Walter Dittmar. Bei einem Alarmstart von Uffz. Rudolf Glogner am 16. März 1945 war dann schließlich auch wieder einmal ein erfolgreicher Luftkampf zu registrieren. „Bubi" – so nannten die Kameraden Rudolf Glogner – gelang es in einer wilden Verfolgungsjagd, an einer davonstürzenden Mosquito einen Motor in Brand zu schießen. Wie sich nach Kriegsende herausstellte, kam das Flugzeug zwar noch bis auf einen alliierten Feldflugplatz, ging aber bei der Landung zu Bruch.

Der 10. April 1945 wird jedem, der in Brandis damals dabei war, in guter Erinnerung geblieben sein. 110 britische Lancaster griffen gegen Abend dieses Tages einen Vorort von Leipzig an. Lt. Kelb startete mit einer Me 163, aus deren Tragflächen rechts und links vom Rumpf je vier Rohrstummel der Korffschen Senkrecht-Bewaffnung heraus-ragten. Feldwebel Höver von der Funkleitstelle beobachtete Kelbs Flug durch ein großes weitreichendes Flak-Fernrohr. Er sah, wie Kelb von unten die Führermaschine des Pulks ansteuerte und mit ganz geringem Abstand unter ihr durchzog. In diesem Augenblick löste sich der Bomber in Rauch und Flammen auf. Auch daneben fliegende Lancaster schienen etwas abbekommen zu haben. Höver konnte das nicht weiter verfolgen, weil er jetzt erkannte, daß die Me 163 im Weitersteigen in einen Schwarm Begleitjäger vom Typ Mustang geraten war. Doch Kelb stellte seine Maschine auf den

Kopf und kam im Sturz wieder in den Flakschutz seiner Ausgangsbasis, wo er eine sichere Landung bewerkstelligte. Sein Flugzeug wies eine Menge Einschüsse auf, die es fast ausschließlich von oben eingefangen hatte. Kelb war nur 10 bis 20 Meter unter dem Gegner durchgeflogen und hatte alle acht Rohre mit 5-cm-Raketen gleichzeitig gezündet. Die Treffer stammten also vermutlich von der gewaltigen Explosion, mit der sich sein Gegner in kleinste Stücke zerlegt hatte. Dies blieb der erste und einzige Luftkampf mit dieser Waffe. Auch darüber stand – wie über vielem – das Motto: „Zu spät!"

Diesen zwei Erfolgen standen fünf Totalverluste gegenüber. Da war eines Februartages Fw. Klein, von Thunderbolts verfolgt, über dem Platz eingekurvt. Es hätte so scheinen können, als spiele unsere Me 163 da droben in einem harmlosen Luftreigen mit dem anderen, der mit Vollgas in wilden Schleifen um ihn herumjagte – wenn dieser andere nicht ab und an eine Salve aus seinen Kanonen hätte herausrattern lassen. Dieser Klein flog da eine herrliche „Kür" – aber jeder von uns sah: Er unterschätzte die Gefahr oder begegnete ihr eiskalt länger als vertretbar. Der Gegner, der mit Motor flog, war schließlich dem antriebslosen zur Landung gezwungenen Raketenjäger ohne Rakete einen kurzen Augenblick überlegen. Steuerlos flatterte die „Motte" nach einer letzten Garbe des Gegners zu Boden, fing sich durch Zufall fast unbeschädigt in den Bäumen eines Wäldchens – der Pilot hing tot im Führersitz. Im gleichen Monat verloren wir Fw. Mohr, dem nach einem Alarmstart durch tiefliegende Wolken keine glatte Landung mehr glückte. Im März fiel Fw. Fleischmann kurz nach dem Start wie ein Stein vom Himmel. Grund: Treibstoffmangel. Die Ergänzungs-Gruppe meldete Absturz und Totalverlust einer B mit Lt. Giesel. Am 14. April wurde schließlich Ofw. Nelte abgeschossen, als er eine 163 im Schlepp hinter seiner Me 110 von Nordholz nach Husum bringen wollte.

Verlorener Erfolg

Am 7. März 1945 hatte OKL Genst. Gen. Qu. 2. Abt. den Geschwaderstab J.G. 400 wieder aufgelöst. Ich war zu Theo Weißenberger in das Jagdgeschwader 7 übergewechselt. Es war Mitte April, als ich im Begriffe war, den gesamten Gefechtsverband des J.G.7 von Alt-Lönnewitz nach Süddeutschland zu verlegen. Zu gleicher Zeit hatte Fulda mit seiner I. Gruppe Befehl erhalten, mit dem vorhandenen fliegenden und nichtfliegenden Personal sich dem Abwehrkampf des Heeres anzuschließen. Er verlegte mit seiner ganzen Einheit im Landmarsch bis in die Gegend von Eger, wo sie im Walde an der böhmisch-bayrischen Grenze Stellung bezog. Mit einer auf ein Abwurf-Fahrwerk montierten 3 cm-Kanone MK 108 wurde sogar ein amerikanischer Panzer in Brand geschossen. Doch bereits am 26. April war der größte Teil der Gruppe in Gefangenschaft.

Durch reinen Zufall hatte Kelb von meiner Anwesenheit in Alt-Lönnewitz erfahren und stand mit einigen seiner Kameraden auf einmal vor mir. „Herr Major", bat Kelb, „bitte lassen Sie uns bei Ihnen bleiben!"

„Warum?" wollte ich wissen.

„Weil wir", antwortete Kelb, „Flugzeugführer bleiben wollen. Sozusagen, um uns selber treu zu bleiben", fügte er treuherzig hinzu.

„Einverstanden!" entschied ich. „Es gehen diejenigen mit mir, die Abschüsse mit unserem Vogel gemacht haben."

Das waren: Bott, Kelb, Schiebeler und Glogner.

In diesen letzten Tagen des April gab es praktisch nur noch zwei Stellen, von wo aus Luftverteidigungs-Einsätze geflogen wurden. Das war einmal München-Riem. Dort lag Galland mit einem Verband in Staffelstärke, dem Jagdverband 44, und einer Handvoll frontbewährter Piloten, die schneidige Angriffe auf gegnerische Luftverbände flogen. Der andere Platz war Prag, im Zentrum der Tschechoslowakei. Auf dem großen Verkehrsflughafen von Prag-Rusin trafen sich schließlich alle auf Me 262 umgerüsteten Kampfgeschwader und das Jagdgeschwader 7.

Außer den erwähnten vier Raketenpiloten war noch mindestens ein Dutzend anderer mit mir nach Prag gekommen. Alle drängten sie danach, auch in diesen offensichtlich letzten Tagen des Krieges auf dem turbinengetriebenen Wundervogel dem Feind noch einmal Paroli zu bieten. Hier in der tschechischen Hauptstadt war noch alles vorhanden, was den Flugbetrieb mit dem technisch anspruchsvollen Turbojäger ermöglichte: lange große Startbahnen, Bodengerät, Materiallager, Ersatzteile. Es gab sogar ausreichend Treibstoff. Denn auf der Moldau lagen ein paar Frachtkähne voller Benzin, das durch Zusatz von Öl für unsere Triebwerke verwendbar gemacht werden konnte. In Gefechtsverbänden von 12 und mehr Me 262 griffen wir von hier aus vornehmlich jene Bomberverbände an, die sich Leipzig, Chemnitz und Dresden zum Ziel genommen hatten.

Bei mehreren solcher Einsätze mit der Me 262 habe ich gegen Ende April 1945 von Rusin aus den verblüffenden Eindruck gewonnen, daß bei einem Angriff auf amerikanische Bomberverbände zentral von hinten mit 850 bis 900 km/h die Me 262 geradezu unverwundbar zu sein schien.

Während eines solchen Anflugs auf „Viermots" zwischen Dresden und Chemnitz hatte ich den Anschluß an meinen Verband verloren, weil ich meine 262 bis auf 960 km/h andrückte. Beim leisesten Versuch abzufangen, traten an meinem Flugzeug Überschall-Effekte, nämlich Strömungs-Abreißen am Flügel, schon bei den geringsten positiven g-Belastungen auf. Unter schrecklichem Schütteln in der Maschine mußte ich erst einmal hochziehen, um die Überschußfahrt loszuwerden (denn Sturzflugbremsen hatten wir ja leider keine). Der von mir geführte Verband von etwa 20 Me 262 war bereits vor mir durch die Bomberpulks gefahren, die Heckschützen mußten also gewarnt sein, als ich mutterseelenallein hinterherkam. Deshalb richtete ich meinen Angriff auf das am äußersten Flügel fliegende Flugzeug, das vermutlich wegen einiger Treffer bereits aus der Formation etwas ausgeschert war. Ich landete ein halbes Dutzend mächtig blitzender Kanonen-Einschläge. Im nächsten Augenblick war ich darüber hinweg. Seitlich von mir rutschten die anderen Feindmaschinen vorbei, als wenn sie rückwärts flögen. Und schon war ich weit voraus. Ein Blick nach hinten zeigte die von mir beschossene Boeing Fortress im Tiefergehen mit dicker Rauchfahne.

Doch schon war der nächste Pulk vor mir, wieder Boeing Fortress und wieder nahm ich mir den äußersten Flügelmann vor, wieder gute Trefferwirkung, wieder schob der ganze Haufen waffenstarrender Bomben-Monster nach rückwärts an mir vorüber. Diese wenigen Sekunden seitlicher Passage waren allerdings scheußlich, ich will es gestehen. Denn ich mußte doch davon ausgehen, daß alle Seiten-M.G.s nun auf mich gerichtet waren. Wahrscheinlich waren sie es auch auch. Doch ich sah keine Leuchtspur, hatte nach der Landung auch keinen Treffer in der Maschine. Wahrscheinlich war an den Zielkreis-Visieren der gegnerischen Maschinen-Gewehre ein Vorhalt für unsere Geschwindigkeiten noch gar nicht vorgesehen. Bis heute bin ich der Auffassung, alle die so gut geschulten Ami-Schützen in ihren Abwehr-Kanzeln schossen zu kurz.

Als ich dasselbe Erlebnis kurz darauf bei einem Pulk von Liberator-Bombern hatte, der in diesem langen Zug bombenschleppernder Flugungeheuer eingeordnet war, packte mich der schiere Leichtsinn. Man schien ja auf eine unerklärliche Art vor der Abwehr aus den Viermotorigen gefeit zu sein. Die von mir attackierte Liberator hatte wohl Trefferwirkung gezeigt, sank auch schon etwas nach unten aus dem Verband heraus, aber sie war noch kein „Abschuß". Um vollen Erfolg zu erzielen, hätte ich beim Anflug vielleicht noch zwei Sekunden länger „auf die Knöpfe drücken", also schießen müssen. Dann aber wären Trümmer, die sich vom Gegner bei der ersten Beschußwirkung ablösten, bereits bei mir angelangt gewesen, während ich noch in Schußposition hinterherflog. Fing eine der Turbinen auch nur ein kleines Blechstück ein, fiel sie aus. Und dann war ich ein sicheres Opfer der Meute der Begleitjäger. Deshalb hörte ich aus reinem Selbsterhaltungstrieb mit dem Feuern schleunigst auf, sobald vorn „die Fetzen flogen".

Der Teufel muß mich in diesem Augenblick geritten haben, weil ich in einer Riesenkurve kehrtmachte, um dem angeschossenen Vogel den Rest zu geben. Diesmal von vorn. Das war völlig idiotisch, wie ich bald feststellte, denn die Bomber rasten mir jetzt noch 700 km/h schneller entgegen als beim Angriff von hinten. Ich glaube nicht, daß auch nur ein einziger Schuß des von mir abgegebenen Feuerstoßes sein Ziel erreichte. Ich pfiff allerdings mit meiner Maschine wie ein Blitz über den Pulk hinweg. Daß mich bei dieser Differenzgeschwindigkeit keiner treffen konnte, war klar. Jetzt aber war durch Funk das Heer der Begleitjäger alarmiert, und ich sah auf einmal aus dem heiteren Himmel über mir ganze Perlenschnüre von Leuchtspur-Munition herunterrieseln. Diese Begleitjäger mußten einige Tausend Meter höher und mit ihren hellen Tragflächen für mich unsichtbar gewesen sein. Ich aber, dieser „damned Fritz", flog mit voller Pulle und 900 km/h von hinten und von vorn durch eine ihrer Bombergruppen hindurch, und zwar mit einer Geschwindigkeit, die sie selbst allenfalls nach Abwurf ihrer Zusatzbehälter im senkrechten Sturz erreichen konnten. Sicherlich, die Bomberbesatzungen hatten um ihre Hilfe gerufen – da schossen sie einfach aus ihren „astronomischen" Höhen erst einmal ein paar Salven senkrecht nach unten, den Kollegen in den dicken Pötten zum Zeichen, daß sie jetzt in wenigen Augenblicken kamen, und mir zur Warnung, nun aber schleunigst zu verschwinden. Diese Warnung, ich bekenne es, habe ich verstanden. In einem ganz sanften Bogen schwenkte ich mit allem Schub, den die Triebwerke nur hergeben wollten, dem Erzgebirge zu, indem ich beruhigt feststellte, daß mir keiner der Herren Begleitjäger trotz aller Überhöhung ein Leid hatte antun können.

Unsere Prager Bodenfunkstelle meldete in diesem Augenblick, daß 30 Mustangs um unseren Platz herumkurvten und es zweckmäßig sei, auf einem Ausweichplatz zu landen. Da hieß es, sparsam mit dem Sprit umgehen! Vielleicht mußte man noch irgendwo ein Viertelstündchen warten, bis die Luft wieder rein war. Indem ich den Bug langsam zum Gleitflug nach unten neigte, nahm ich den Schub des rechten Triebwerks bis zur Leerlaufstellung zurück. Das sparte angeblich Treibstoff. Während ich in das Egerland hinabglitt, ging nach und nach auch die Anzeige meines Fahrtmessers zurück. Nun war sie bei 500 km/h angelangt, da hieß es wieder, wachsam sein und auch nach hinten Ausschau halten. Und richtig: 800 bis 1000 Meter hinter mir hing einer, der mich in ganz böser Absicht einzuholen bestrebt war. Sein Motor stieß eine schwarze Rauchfahne in die Luft, weil der Herr Pilot von der anderen Feldpostnummer vermutlich vor lauter Jagdfieber vergessen hatte, den Gemischregler richtig einzustellen, den angeblich alle amerikanischen Motore im Gegensatz zu unseren deutschen besitzen sollten. Der hatte nur gesehen: Da flog so ein „Turbodings", bei dem nur noch ein Triebwerk in Betrieb war. Vielleicht hatte er so was schon mal erlebt. Es passierte – wie gesagt –, daß nach Beschuß eines Gegners Brocken durch die Luft flogen und für die Me 262 den Ausfall eines Triebwerkes zur Folge hatten. Man kam in einem solchen Zustand mit der Me 262 ohne weiteres noch nach Hause. Nur durfte einen unterwegs keine Mustang oder Thunderbolt erwischen. Die waren dann nämlich schneller und wendiger und ließen sich so einen „Abschußbraten" nicht entgehen. Auch Nowotny dürfte aus einem solchen Anlaß gefallen sein, weil ihm ein Triebwerk aussetzte, nachdem er einen Abschuß gemacht hatte, und er im Ein-Triebwerks-Flug dann nicht mehr wendig und schnell genug war, sich von gegnerischen Begleitjägern abzusetzen. Ich brauche nicht zu betonen, daß ich meine rechte Turbine im Handumdrehen von Leerlauf wieder auf volle Tourenzahl hochgeregelt hatte. Als mein Verfolger mich mit

800 bis 900 „Sachen" wegdrücken sah, drehte er auf Gegenkurs ab. Man sah es fast an der steilen Kehrtkurve, die er flog, wie ärgerlich er war.

Nun hieß es, einen Ausweichplatz finden, denn im Funk war immer noch zu hören, daß „Indianer" (feindliche Flugzeuge) um Prag-Rusin herumkreisten und auf unsere Rückkehr lauerten. Bei Saaz sollte so ein Behelfsplatz sein. Nichts war leichter für mich, als Saaz zu finden, flog ich doch gerade über dem Duppauer Gebirge, und von hier aus nach Norden begann das Land, in dem ich meine ersten 14 Lebensjahre verbracht hatte, wo mir jeder Berg und jeder Fluß, ja fast jede Straßenkrümmung auf das beste vertraut waren. Unweit der Stadt Saaz leuchtete zwischen den grünen Feldern im fruchtbaren Egertal eine lange weißgelbe Fläche. Das war der Behelfsplatz! Weiter nichts als eine Betonfläche von 50 × 1500 m, irgendwo zwischen die Felder gelegt. Keine Halle, keine Tankanlage, kein Fahrzeug – nur die Rollbahn. Und seitlich an der Rollbahn winzig kleine Betonausbuchtungen. Ein Überflug in wenigen Metern Höhe überzeugte mich, daß hier eine jungfräulich frische, herrlich glattbetonierte künstliche Ebene, völlig frei von Hindernissen, geradezu nach einer Landung schrie. In steilem, weitem Vollkreis wurde ich meiner Fahrt ledig, brachte Fahrwerk und Landeklappen heraus, und schon rollte ich, bremste hart und nachhaltig, um mit dem letzten Schwung in eine der von oben gesichteten Ausbuchtungen hineinzuquietschen, die sich als Abstellplatz, passend für zwei Flugzeuge erwies.

Die Turbinen drehten noch leise surrend, da war ich schon heraus aus dem Sitz und nach ein paar Sprüngen in sicherem Abstand vom Flugzeug. Dann beobachtete ich mit angehaltenem Atem den blauen Frühlingshimmel, der sich hier über dem lieblichen Saazerland ausbreitete. Wie sich jeder denken kann, interessierte mich nicht die Schönheit der Natur, sondern die Frage, ob irgendwo Feindflugzeuge zu hören oder zu sehen waren. Auf diesem hellen Betonuntergrund mußte meine 262 mit ihrem grüngestreiften Tarnanstrich aufreizend weit auszumachen sein und zum Beschießen geradezu einladen. Aber ringsum tiefe Stille eines herrlichen Lenztages, eine Lerche tirilierte irgendwo in der linden Mittagsluft, kein Mensch auf den Feldern weit und breit, und auch vom bösen Feind in der Luft keine Spur.

Erleichtert öffnete ich den Reißverschluß meiner schafpelzgefütterten Fliegerkombination und kroch heraus. War ja doch verdammt ins Schwitzen gekommen in der letzten Viertelstunde! Während ich die „Kombi" erleichtert über die Tragfläche hing und mein Flugzeug nach Treffern absuchte, kam ein drohendes Geräusch hinter dem Horizont herauf. Flugzeuge?! Hastig eilte ich mit ein paar Sätzen an ein Ein-Mann-Loch, das ich unweit entdeckt hatte. Ich hatte es noch nicht erreicht, da wetterte auch bereits fauchend eine Me 262 über mich hinweg. Man sah, daß die Maschine nur noch mit einem Triebwerk flog. Auch dessen Lauf hörte sich verdächtig unregelmäßig an. Kaum hatte der Pilot die Landebahn unter sich erblickt, als er sein Flugzeug in drei harten kurzen Steilkurven herumriß. In einer der Kurven warf er bei reichlich hoher Fahrt das Fahrwerk heraus, vernichtete in gewaltigem Slip die letzten fünfzig Meter, die er für eine Landung noch zu hoch war – heulend und blauen Rauch aufwirbelnd setzten die Räder auf.

Auch der war also gut hereingekommen, wenn er auch mit den schmalen Reifen der Räder noch ein ganzes Stück weit tiefe Furchen in ein Rübenfeld hineinwühlte, das sich an die Rollbahn anschloß. Den an der Grenze des Möglichen liegenden Kurven nach zu schließen, mußte das Kondens-Müller gewesen sein, einer unserer besten Piloten mit vielen Abschüssen. Er war bekannt dafür, daß er sich einen Spaß daraus machte, die 262 in Bodennähe innerhalb der Umgrenzung eines Fliegerhorstes in einem Steilkreis herumzuziehen. Dabei bildete sich Kondens an seinen Flächenenden. Seine Kameraden nannten ihn deshalb „Kondens"-Müller.

Nicht lange, da kam der Pilot aus seinem Rübenfeld zu mir herangestapft. Es war wahrhaftig Kondens-Müller. Unter dem Arm trug er eine 16-mm-Filmkamera. „Das Wichtigste habe ich gleich ausgebaut", bemerkte er verschmitzt. „Auf dem Film in der Kamera sind drei Abschüsse aufgezeichnet", fuhr er erklärend fort, „die dürfen nicht umkommen. Ich möchte nämlich Gift darauf nehmen, daß in den nächsten fünf Minuten ein paar Thunderbolts mich hier suchen werden. Die hatten mich erwischt, als ich mit einem Triebwerk ganz friedlich nach Hause fliegen wollte. Nur durch Hakenschlagen durch etliche Wolken und um mehrere Waldecken konnte ich sie abhängen. Hatte absolut keine Lust, mich bei der Landung abknipsen zu lassen, wie wir das erst gestern in Rusin gleich bei vier Kumpels erleben mußten."

In der Tat hatten wir am Vortage vier Totalverluste zu beklagen gehabt, weil feindliche Begleitjäger von oben herabstießen, wenn unsere Maschinen entweder im Anflug oder im Abflug nicht mehr (oder noch nicht) im Schutz der leichten Flakabwehr waren, aber zu langsam, um sich des Gegners selbst zu erwehren.

„Wollen sie etwa die Filme noch zur Anerkennung ihrer Abschüsse an das Reichsluftfahrt-Ministerium einreichen?" fragte ich ein bißchen spöttisch. „Berlin ist ein Trümmerhaufen und das RLM in alle Winde zerstreut."

Kondens-Müllers Blick schien in weite Ferne zu schweifen, als er antwortete: „Den Film nehme ich mit nach Hause, wenn der Krieg zu Ende ist. Vielleicht zeige ich ihn mal nach vielen Jahren meinen Kindern."

In diesem Augenblick landeten zwei weitere 262 unseres Verbandes. Einer der Piloten sprang heraus, bevor seine Maschine noch völlig ausgerollt war, und lief wie gehetzt beiseite. Nur zu Recht! Denn diesmal folgten sechs Mustang, auf dem Fuße sozusagen. Der enteilende Pilot verschwand in einem Erdloch, Müller und ich taten schleunigst das gleiche. Ob diese Ein-Mann-Löcher von den Bauarbeitern für ihre eigene Sicherheit angelegt worden waren oder für später einmal landende Flugzeugführer – ich weiß es bis heute noch nicht. Damals haben sie uns das Leben gerettet. Denn das halbe Dutzend Mustang nahm sich in aller Ruhe unsere Maschinen vor und schoß in vielen Anflügen ihre Munition hinein.

Rohöl, mit dem unsere Turbojäger betankt waren, brennt bekanntlich gar nicht so leicht. Allein auf meine Maschine wurden mehrere Schießübungen veranstaltet. Wenn oben scharf geschossen wird, kann so ein Deckungsloch für den, der unten drin sitzt, gar nicht tief genug sein. Ich verfluchte den Bauarbeiter, der bei meinem Loch ruhig noch etwas tiefer hätte schaufeln können. Als alles glimpflich vorübergegangen war, fühlte ich dann aber doch viel Dankbarkeit für ihn in meinem Herzen.

Nur ein paar Zentimeter oberhalb meines Kopfes war ein Geschoß in die Erde gefahren. Schweflig gelber Rauch kringelte aus dem Einschußloch. Ein Brandgeschoß also. Gerade schien eine Pause in den Tiefangriffen eingetreten zu sein. Vorsichtig lugte ich über den Grabenrad. Meine 262 war nicht mehr zu gebrauchen, stand etwas schief da und rauchte an mehreren Stellen verdächtig. Unten am Bauch des Rumpfes lief Treibstoff aus. Über der Tragfläche lag noch meine Pelzkombi. Und auf der Pelzkombi Müllers Kamera, die er dort abgelegt hatte. Ich sah zu seinem Deckungsloch und bemerkte, wie er Anstalten machte, herauszukriechen. „Drin bleiben!" schrie ich, „Sie kommen eben wieder zurück!"

„Aber meine Abschußfilme!" rief Müller.

„Scheiß auf Abschußfilme!" konnte ich gerade noch brüllen. Dann mußten wir beide eiligst wieder in unseren Löchern verschwinden. Wieder ratterten die Garben um uns herum und trommelten in das Aluminiumblech unseres schönen Vogels. Als wir die Köpfe wieder heraussteckten, schlug eine blakende Flamme aus dem Rumpf. Meine schöne weiße Pelzkombi war zerfetzt, die Kamera lag in der brennenden Öllache. Kondens-Müller drehte den Kopf nach mir: „Jetzt scheiß auch auf die Pelzkombi!" sagte er trocken.

Stunden später waren wir wieder in Prag-Rusin. Es waren noch genug Me 262 für uns dort. Der Krieg war noch nicht zu Ende. Der Kampf ging weiter. Der Gegner verschonte seltsamerweise unseren Platz mit seinen Bomben. Zwar hingen oft viertelstundenlang ganze Trauben von Feindjägern am Himmel und kreisten wartend außerhalb der Reichweite unserer leichten Flugabwehrgeschütze. Wer jetzt startete, war Todeskandidat. Aber ihr abnehmender Benzinvorrat zwang die „Indianer" früher oder später auch einmal wieder zum Abzug. Dann starteten wir heraus.

Kaum einer der Tage verging, ohne daß wir mehrfach mit blitzschnellen Gegenstößen in der Luft zurückschlugen auf den Gegner, der in überwältigender Überlegenheit brutal die letzte unserer wehrlos daliegenden Städte im Bombenhagel niederwalzte. Im Grunde war das, was sich hier noch abspielte, eine nutzlose, sinnlose Barbarei. Aber es war nicht unsere Aufgabe, Verhandlungen wegen einer Beendigung dieses verlorenen Krieges zu führen! Das hatten andere zu tun. Wir blieben da, wo wir glaubten, daß es unsere Pflicht und Schuldigkeit von uns verlangte.

Ein notwendiges Nachwort

Dies Buch schrieb ich für meine Söhne, die ich lange Jahre damit vertröstet hatte: „Das erzähle ich Euch alles später einmal!"

Ich schrieb es natürlich auch für alle jene, die gleich mir ihr Können und Wissen dem ehrgeizigen Ziele widmeten, der Luftfahrt ein Stück Neuland zu erschließen.

Besonders derer gedachte ich beim Schreiben, die ihr Leben wagten und sogar hingaben, um in Regionen des Flugwesens vorzustoßen, die vor ihnen noch keiner betreten hatte.

Nicht zuletzt hatte ich beim Niederschreiben dieses Buches alle die im Sinn, die gleich mir die Verpflichtung in sich fühlten, in schwerer Zeit dem Vaterland in selbstverständlicher Pflichterfüllung zu dienen.

Nun müßte ich noch der großen Zahl Hilfsbereiter danken, die mir überhaupt erst dazu verhalfen, alle die vielen Vorkommnisse der Vergessenheit zu entreißen und einen chronologisch, historisch und technisch unanfechtbaren Bericht daraus zu machen. Das Buch würde zu umfangreich, wollte ich die vielen freundlichen Helfer aufzählen, die mich in den Besitz von Unterlagen und in Kenntnis von Einzelheiten brachten, auf deren Grundlage das Buch entstehen konnte.

Stellvertretend für viele möchte ich Richard P. Bateson namentlich erwähnen und ihm im Geiste nochmals dankbar die Hände schütteln. „Dick" war es, der mir aus Archiven der Alliierten des 2. Weltkriegs in Form von Kopien und Mikrofilmen das notwendige Material für meine Berichterstattung verschaffte. Er schuf mir damit die Basis, auf der ich meinen Bericht aufbauen konnte.

Wolfgang Späte

Dokumentation Me 163

In dieser Dokumentation wird der Versuch unternommen,
Systemdaten der Me 163 B – soweit diese ermittelbar waren –
zusammenzustellen.

A. Allgemeine Auslegungsdaten Me 163 B

Gewichtsaufstellung (Ref. 3):

Tragwerk	. . . .
Rumpf	. . . .
Leitwerk	. . . .
Steuerung	. . . .
Flugwerk	. . . .
Triebwerk	. . . .
Ständige Ausrüstung	. . . .
Leergewicht:	17 400 (N)
zusätzliche Ausrüstung:	
2 Startraketen	1 560 (N)
Rollwerk	800 (N)
Rüstgewicht:	19 760 (N)
Zuladung:	
Pilot	1 000 (N)
Munition	600 (N)
Treibstoff	
T-Stoff/C-Stoff	20 040 (N)
Startgewicht	41 000 (N)

Maßstab

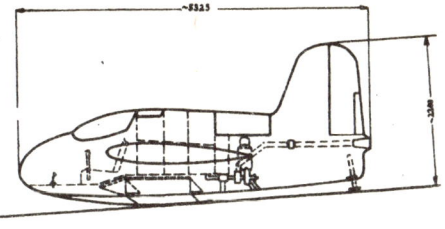

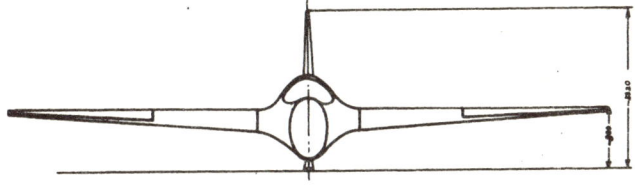

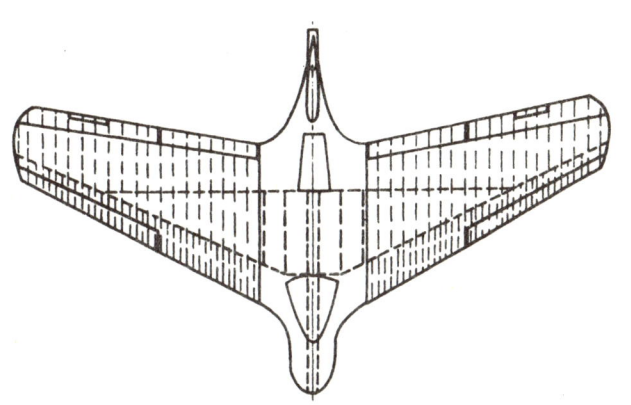

Bauweise			Besatzung: Fluggäste:		Verwendungszweck:			
Motoranlage:	Leergewicht (ohne)	kg	Fläche	m²	Höchstge-schwindigkeit		l o km/h / l6 km/h
Motorenzahl:	Leergewicht (mit)	kg	Flächenbe-lastung	kg/m	Reisege-schwindigkeit		l o km/h / km/h
Startleistung: Dauerleistung:	Rüstgewicht	kg	Leistungs-belastung	2.03 kg/PS	Landege-schwindigkeit		km/h
Drehzahl pro min.	Zuladung	kg	Flächen leistung	PS/m	Dienst-gipfelhöhe		m
Luftschraube Type	Fluggewicht	kg	Reichweite	o km	Steigzeit km		min.
	Ausgegeben			ZA-Zentralplanung	Pfeiffer	Reicherter	

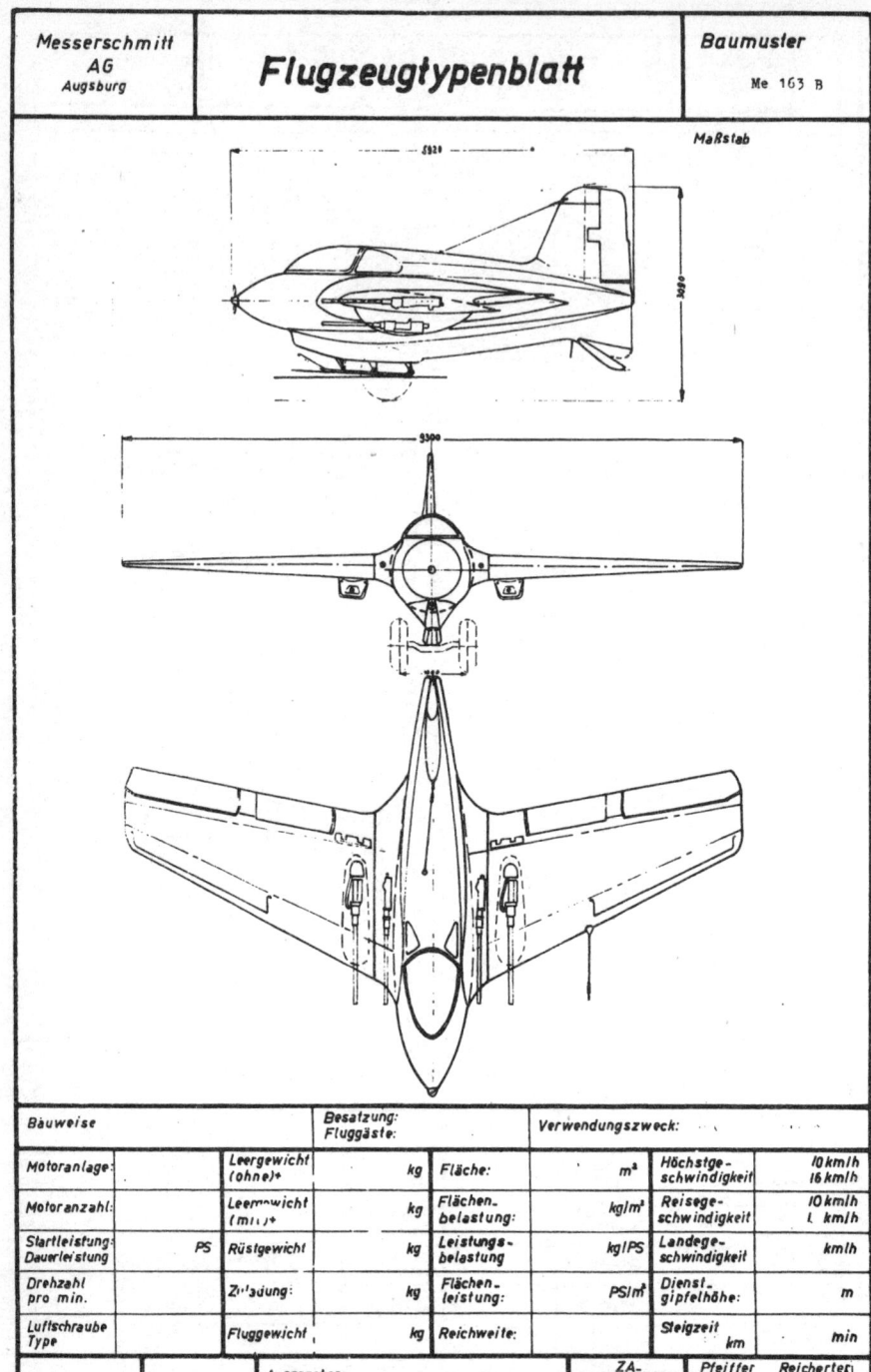

Maßstab

Bauweise				Besatzung: Fluggäste:		Verwendungszweck:			
Motoranlage:		Leergewicht (ohne)+	kg	Fläche:	m²	Höchstge-schwindigkeit	10 km/h 16 km/h
Motoranzahl:		Leergewicht (mit)+	kg	Flächen-belastung:	kg/m²	Reisege-schwindigkeit	10 km/h L km/h
Startleistung: Dauerleistung	PS	Rüstgewicht	kg	Leistungs-belastung	kg/PS	Landege-schwindigkeit	km/h
Drehzahl pro min.		Zuladung:	kg	Flächen-leistung:	PS/m²	Dienst-gipfelhöhe:	m
Luftschraube Type		Fluggewicht	kg	Reichweite:		Steigzeit km	min
		Ausgegeben:				ZA-Zentralplanung	Pfeiffer Reicherter

306

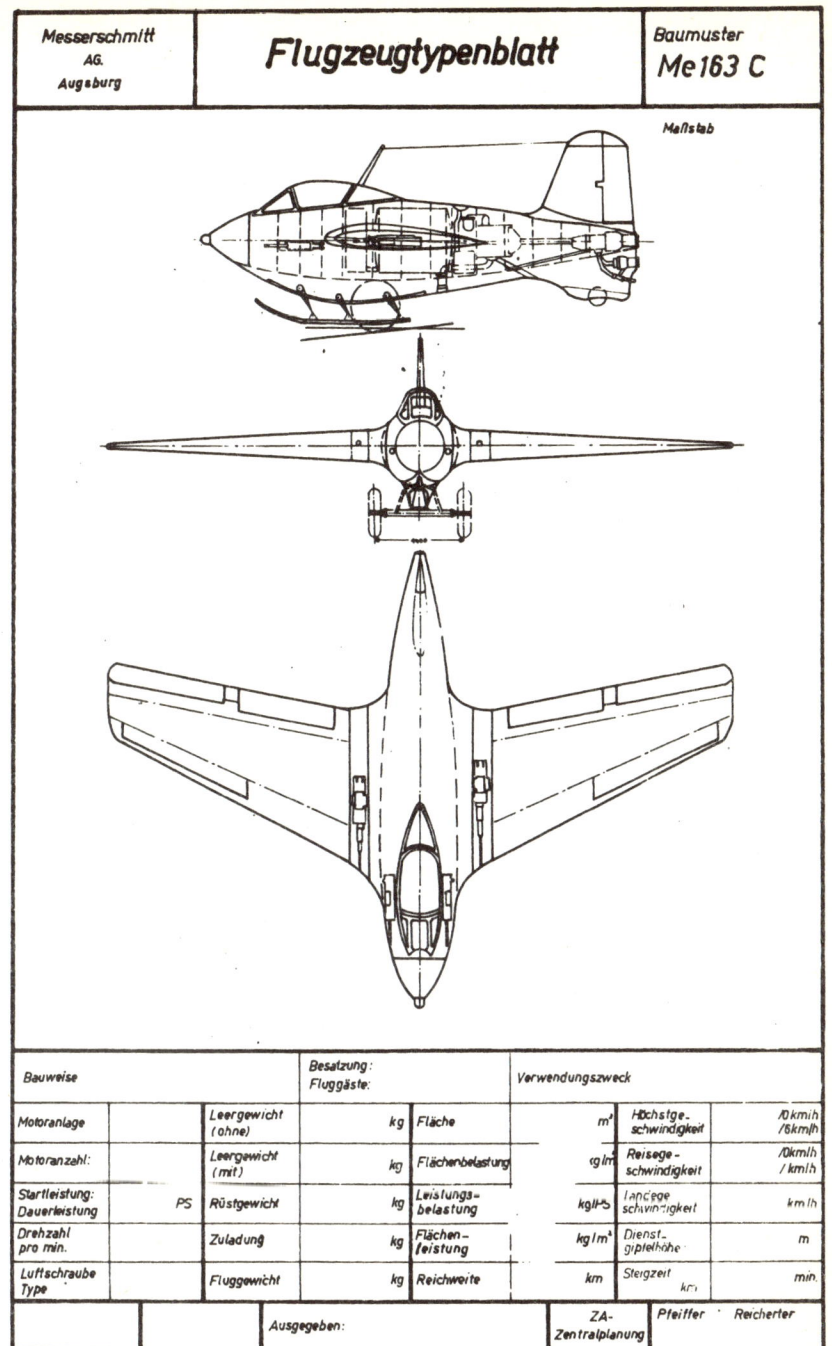

Messerschmitt AG. Augsburg			Flugzeugtypenblatt			Baumuster Me 163 C	

Maßstab

Bauweise			Besatzung: Fluggäste:			Verwendungszweck			
Motoranlage		Leergewicht (ohne)	kg	Fläche	m²	Höchstgeschwindigkeit			/0 km/h /6 km/h
Motoranzahl:		Leergewicht (mit)	kg	Flächenbelastung	kg/m	Reisegeschwindigkeit			/0 km/h / km/h
Startleistung: Dauerleistung	PS	Rüstgewicht	kg	Leistungsbelastung	kg/HS	Landegeschwindigkeit			km/h
Drehzahl pro min.		Zuladung	kg	Flächenleistung	kg/m²	Dienstgipfelhöhe			m
Luftschraube Type		Fluggewicht	kg	Reichweite	km	Steigzeit	km		min.
		Ausgegeben:			ZA-Zentralplanung	Pfeiffer	Reicherter		

307

B. Geometrische Daten
(Ref. 3)

Systemgeometrie:

Spannweite	9.30 (m)
Rumpflänge	5.92 (m)
Bauhöhe mit Rollwerk	3.09 (m)

Profilgeometrie:

Flügelwurzel

Profil 1.8 25 14 1.1 30 (druckpunktstabil)

Wölbung	1.8 (%)
Wölbungsrücklage	25.0 (%)
Dickenverhältnis	14.0 (%)
Dickenrücklage	30.0 (%)

Flügelende

Profil 0.0 00 08 1.1 25

Wölbung	0.0 (%)
Wölbungsrücklage	–.–
Dickenverhältnis	8.0 (%)
Dickenrücklage	25.0 (%)

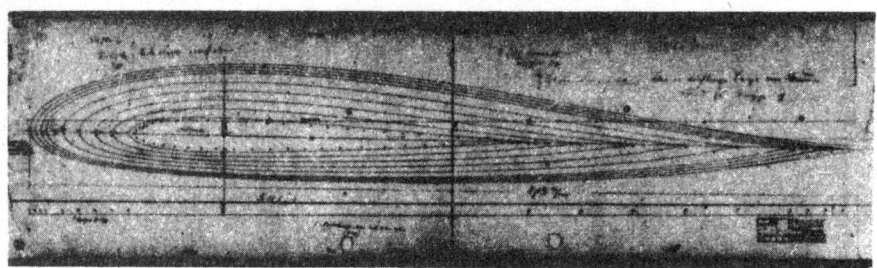

Flügelgeometrie: Der Flügel der Me 163 B ist aerodynamisch und geometrisch verwunden.

Einstellwinkel Innenflügel	3.70	(°)
Einstellwinkel Außenflügel	– 2.00	(°)
Pfeilwinkel (t/4-Linie)	23.28	(°)
Bezugsflügelfläche	19.60	(m²)

C. Aerodynamische Beiwerte
(Ref. 2, Ref. 3)

Die Polaren der Me 163 B
(siehe Diagramm 1)

Für den Flugmachzahl-Bereich $Ma_\infty < 0.5$ gilt der folgende analytische Ansatz:

$$c_W = c_{WS} + K\, c_A^2$$

In dieser Relation bedeuten:

$c_{WS} = 0.013$ . . . . . . Beiwert des schädlichen Widerstandes

c_A . . . . . . Beiwert des Gesamtauftriebes

$K \equiv \dfrac{1}{\pi\Lambda\bar{e}} = 0.092$ . . . . . . (Flügelstreckung $\Lambda = 4.41$,
Korrekturfaktor $\bar{e} = 0.786$)

Die Größe $\bar{e}$ erfaßt die Änderung des schädlichen Widerstandes mit dem Anstellwinkel (Auftriebsbeiwert) und die Abweichung von einer elliptischen Auftriebsverteilung.

Für den Flugmachzahl-Bereich $0.8 \geq Ma_\infty > 0.5$ wurden die Polaren nach *Perkins/Hage* »*Aircraft Performance, Stability and Control*« Wiley, New York, 1963 approximiert.

Der Widerstandsbeiwert der Me 163 B
(siehe Diagramm 2)

Der Momentenbeiwert der Me 163 B
(siehe Diagramm 3)

309

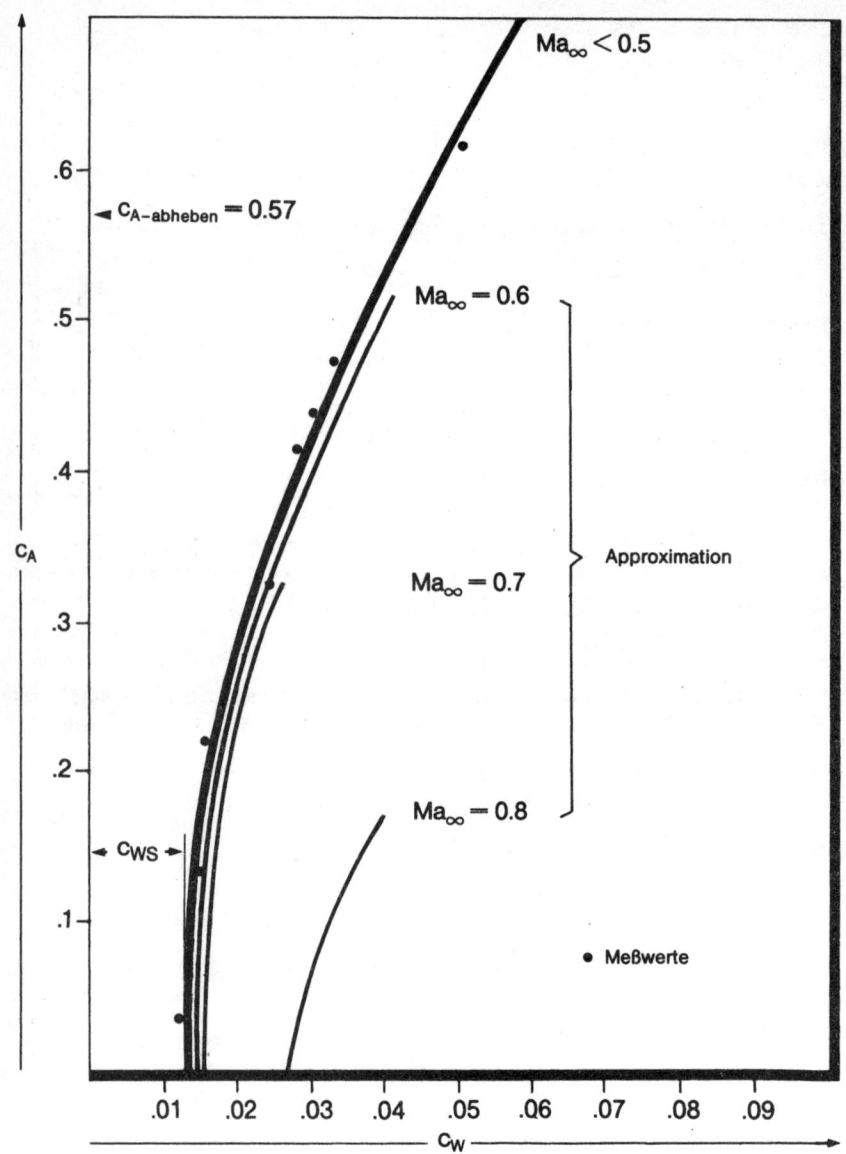

Diagramm 1
Die Polaren der Me 163 B *(Ref. 2)*

(c_A: Auftriebsbeiwert, c_W: Widerstandsbeiwert, Ma_∞: Flugmachzahl)

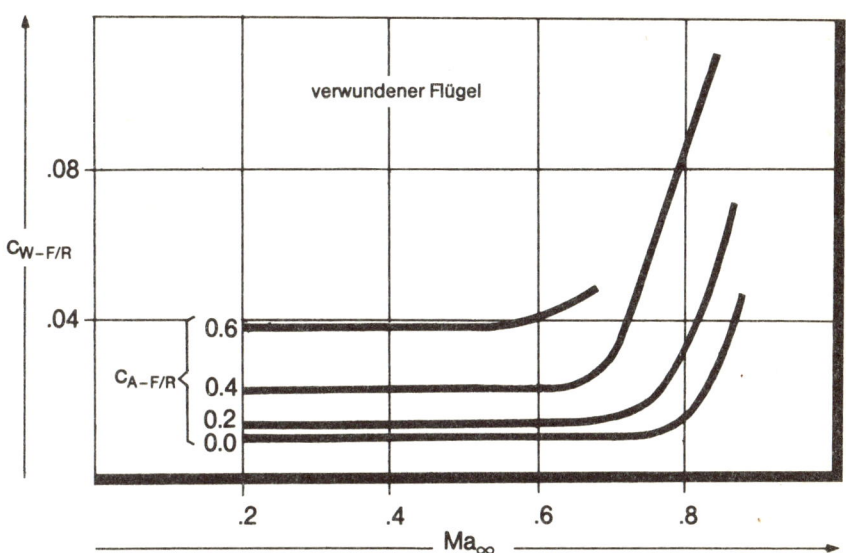

Diagramm 2
**Gesamtwiderstandsbeiwert der Flügel/Rumpf-Kombination
der Me 163 B als Funktion der Flugmachzahl und des Auftriebsbeiwertes** (Ref. 3)

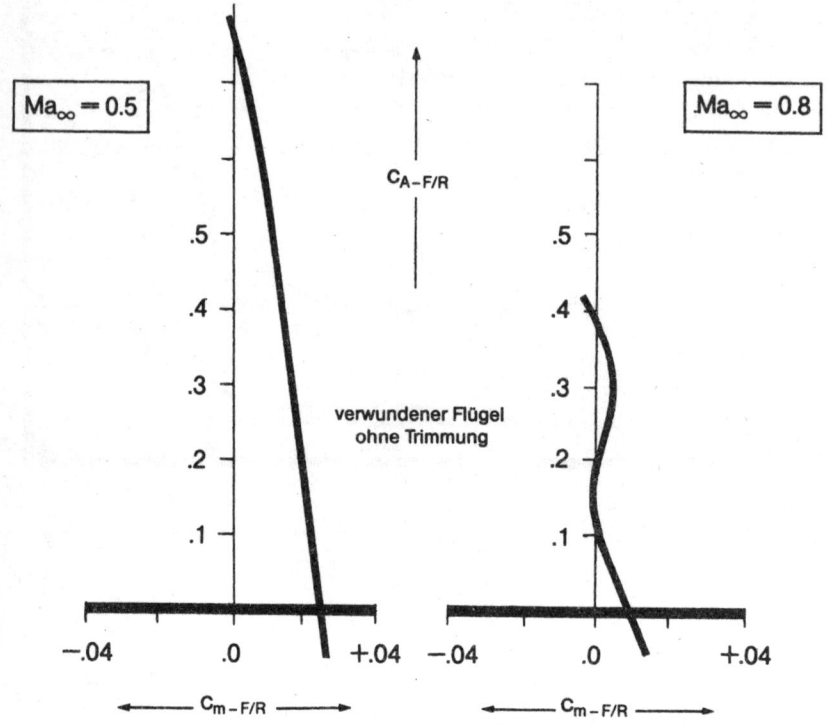

Diagramm 3
Momentenbeiwert der Flügel/Rumpf-Kombination der Me 163 B als Funktion des Auftriebsbeiwertes *(Ref. 3)*

($c_{m-F/R}$: Momentenbeiwert der Flügel/Rumpf-Kombination, $c_{A-F/R}$: Auftriebsbeiwert der Flügel/Rumpf-Kombination, Ma_∞: Flugmachzahl)

D. Der Antrieb
(Ref. 4 und Ref. 5)

Die Walter-Rakete als Flugzeugtriebwerk

Bei den als Hauptantrieb für Flugzeuge benutzten Walter-Triebwerken müssen u. a. folgende Bedingungen erfüllt sein:
1. der Schub muß in möglichst weiten Grenzen regelbar und beliebig oft zu unterbrechen sein sowie
2. die Förderung der Treibstoffe muß mittels Pumpen geschehen.

Die von *H. Walter* entwickelten Zersetzer und Brennkammern sowie die Anwendung von H_2O_2 als Energiequelle zum Antrieb einer Turbopumpe gibt die Möglichkeit, die vorgenannten Bedingungen weitgehend zu erfüllen. Entsprechend dem Entwicklungsablauf wurden Triebwerke zunächst nach dem kalten und dann auch nach dem heißen Verfahren gebaut.

Das erste Walter-Triebwerk dieser Art wurde in den Jahren 1937/38 für die He 176, das erste raketengetriebene Flugzeug, entwickelt, dem noch eine Vorerprobung mit dem Baumuster He 112 im Herbst des Jahres 1937 vorausging. Das Triebwerk hatte einen Schub von 500 bis 600 kg_p und konnte bereits in tragbaren Grenzen geregelt werden. Das H_2O_2 wurde hierbei erstmalig mit einer Pumpe, der Katalysator durch Druckluft gefördert. Die ersten Flüge mit der He 176 fanden im Sommer des Jahres 1939 statt; dabei erreichte man (angeblich, Anm. d. Autors) eine Höchstgeschwindigkeit von 850 km/h. Dieses Triebwerk ist dann weiter entwickelt worden und diente in verbesserter Form als Antrieb RII 203 für das von *A. Lippisch* aus dem Muster DFS 194 entwickelte Flugzeug Me 163 A.

Gerät RII 203

Der schematische Aufbau dieses Triebwerkes ist im Bild auf S. 314 dargestellt. Aus der Luftflasche **a** strömt Förderluft über den Druckminderer **b** auf den Startbehälter **c**, in dem sich H_2O_2 befindet, das über das Hauptsteuerventil **d** in den Hilfszersetzer **e** gefördert wird und nach dem Zersetzen die Turbine **f** antreibt. Diese ist unmittelbar mit der H_2O_2-Pumpe **g** und der Katalysator-Pumpe **h** gekuppelt, die die Treibstoffe in den Zersetzer **i** drücken. Da bei dem Mengenverhältnis H_2O_2: Katalysator = 15 : 1 und den unterschiedlichen Wichten eine genaue Mengenregulierung allein mit den Pumpen nicht möglich ist, befindet sich zwischen den Treibstoffleitungen eine Druckwaage **k**, die bewirkt, daß über das Katalysator-Ventil **l** der Katalysatordruck auf den H_2O_2-Druck abgestimmt wird. Die Turbinendrehzahl und damit die Förderleistung der Pumpen regelt man durch Beeinflussen des Hauptsteuerventils **d**, das sich mittels Druckluft aus der Luftflasche **a** durch Betätigen des Regelminderers **m** mehr oder weniger öffnet. Als zusätzliche Sicherungen dienen ein Notzug **n** und ein von der Drehzahl der Turbine beeinflußter Schnellschluß **o**. Ferner sorgen die Schaltventile **p** in der H_2O_2-Leitung und **q** in der Katalysator-Leitung dafür, daß beim Ausfall eines Treibstoffes auch die Leitung

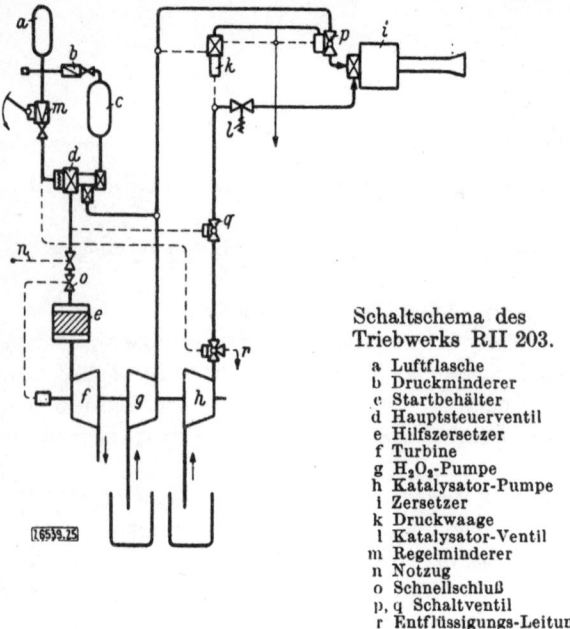

Schaltschema des
Triebwerks RII 203.

a Luftflasche
b Druckminderer
c Startbehälter
d Hauptsteuerventil
e Hilfszersetzer
f Turbine
g H_2O_2-Pumpe
h Katalysator-Pumpe
i Zersetzer
k Druckwaage
l Katalysator-Ventil
m Regelminderer
n Notzug
o Schnellschluß
p, q Schaltventil
r Entflüssigungs-Leitung

des andern geschlossen wird. Wegen der langen Form der Düse am Zersetzer hat man diese als Hexenbesen bezeichnet.

Das Triebwerk hat bei einem Gewicht von 75 kg einen größten Schub von 750 kg_p der bis auf etwa 100 bis 150 kg_p geregelt werden kann. Entsprechend seinem hohen spezifischen Verbrauch von rd. 0,01 kg_i/kg_p s ist die Flugdauer nur sehr kurz; sie genügte aber zur Erprobung der Zelle und einzelner Triebwerkselemente. Erstmalig in der Geschichte der Luftfahrt wurde im Herbst des Jahres 1942 in Peenemünde die 1000-km/h-Grenze überschritten.

Gerät 109 509

Der Gedanke liegt nahe, Flugzeug-Triebwerke auch nach dem heißen Verfahren arbeiten zu lassen. Das bedeutet aber, daß drei Stoffe aufeinander abgestimmt werden müssen, was hinsichtlich der Sicherheit, vor allem auch beim An- und Abstellen sehr schwierig ist. Mit dem Einführen der selbstzündenden Brennstoffe auf der Basis Hydrazin-Hydrat war jedoch die Möglichkeit für den Bau dieses Triebwerkes als Zweistoff-System gegeben, wie es auch beim Gerät RII 203 zutrifft, nur daß hinsichtlich der hohen Brennkammer-Temperatur und der Schubregelung nun noch zusätzliche Maßnahmen erforderlich sind. Das Ergebnis dieser Entwicklung ist das Triebwerk 109 509.

Das Gerät besteht aus einer leichten Rahmenkonstruktion als tragendem Element, in der sich die für die Förderung und die Regelung wichtigsten Teile (wie die Turbopumpe,

314

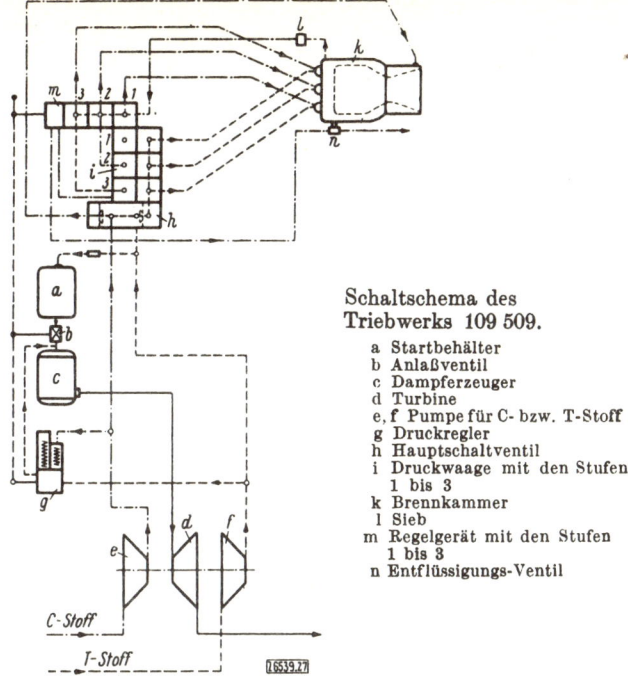

Schaltschema des
Triebwerks 109 509.

a Startbehälter
b Anlaßventil
c Dampferzeuger
d Turbine
e, f Pumpe für C- bzw. T-Stoff
g Druckregler
h Hauptschaltventil
i Druckwaage mit den Stufen
    1 bis 3
k Brennkammer
l Sieb
m Regelgerät mit den Stufen
    1 bis 3
n Entflüssigungs-Ventil

der Anfahr-Behälter, der Dampferzeuger und die Regelgeräte) befinden und die zugleich eine den Schub übertragende Rohrkonstruktion trägt, an deren Ende sich die Brennkammer befindet. Die Gesamtlänge beträgt 2500 mm, die Breite 860 mm und die Höhe 825 mm (Gesamtgewicht 175 kg). Der Schub kann schwingungsfrei zwischen 150 und 1700 kg_p (Höchstschub) geregelt werden. Nach dem derzeitigen Stand der Entwicklung ist dieses Gerät wohl allen andern Konstruktionen dieser Art weit voraus gewesen.

Die Arbeitsweise des Gerätes geht aus obiger Abb. hervor. Aus dem Startbehälter **a** strömt nach Öffnen des Anlaßventiles **b** T-Stoff in den Dampferzeuger **c** und treibt die Turbine **d**, auf deren Welle die Treibstoff-Pumpen **e** für den C-Stoff und **f** für den T-Stoff sitzen. Von der T-Stoff-Druckleitung wird ein Teilstrom zum Füllen des Startbehälters **a** geleitet, ein anderer Teilstrom geht über den Druckregler **g** und übernimmt für die Folge, also nachdem die Turbine bereits läuft, die Speisung des Dampferzeugers mit T-Stoff. Die Hauptmenge des T-Stoffs geht über das Hauptschaltventil **h** und über die Druckwaage **i** an die Brennkammer **k**. Auch der C-Stoff gelangt über das Hauptschaltventil **h** unmittelbar in die Brennkammer **k**, kühlt diese und strömt von dort vorgewärmt durch eine Rückleitung, in der sich ein Sieb **l** befindet, in das Regelgerät **m**. Dieses wird von Hand betätigt, öffnet zunächst durch Entlasten eines Servo-Kolbens das Hauptschaltventil **h** für den T- und den C-Stoff und bemißt dann durch weiteres Drehen des Kolbens die C-Stoff-Mengen in den sich etwas überlappenden Stufen 1 bis 3, von denen jede eine besondere Druckleitung zum Brennkammerkopf hat und dort der Reihe nach

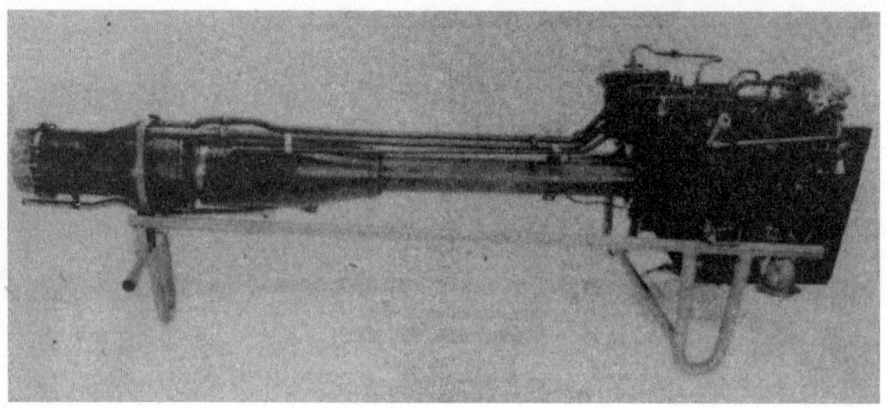

Regelbares Dauertriebwerk 109 509 der Me 163 B

die einzelnen Düsengruppen beaufschlagt. Von jeder Stufe des Regelgerätes **m** wird durch eine Druckleitung die dazu gehörige Stufe der Druckwaage **i** beeinflußt, so daß die Drücke der beiden Treibstoffe stets aufgewogen, d. h. gleich groß werden. Ferner sorgt das Regelgerät dafür, daß der T-Stoff mit einer kleinen Verzögerung nach dem C-Stoff in die Brennkammer gelangt. Vom Regelventil **m** wird durch eine C-Stoff-Druckleitung das Entflüssigungsventil **n** an der Brennkammer während des Arbeitens durch Druck geschlossen und nach jedem Abstellen durch Federkraft geöffnet.

Der Druckregler **g** und das Anlaßventil **b** sind durch ein Gestänge mit dem Regelventil **m** gekuppelt. Durch Betätigen des Drehkolbens im Druckregler **g** kann man die Leistung der Turbopumpe dem sich ändernden Verbrauchsstrom der Treibstoffe anpassen. Außerdem sind in dem Regler Sicherheitselemente für die Begrenzung des Förderdruckes und der Turbinen-Drehzahl eingebaut.

Als wichtigste Phasen während des Betriebes ergeben sich mithin

1. das Anlassen: Beim Betätigen des Gashebels öffnet sich das Anlaßventil und bringt die Turbopumpe zum Arbeiten. Diese füllt den Startbehälter und hält die Treibstoffleitung bis zum Hauptschaltventil unter einem Druck von 21 atü.
2. Das Regeln des Schubes: Durch weiteres Einlegen des Gashebels wird das Hauptschaltventil geöffnet und der C-Stoff durch den Brennkammer-Mantel und über das Regelventil in die Brennkammer gedrückt. Gleichzeitig öffnen sich die entsprechenden Schaltstufen für den T-Stoff, bis bei Vollgas-Stellung sämtliche Stufen eingeschaltet sind. Durch Betätigen des Gashebels schaltet man im weiteren Verlauf mehr oder weniger Stufen ein und regelt damit den Schub.
3. Das Abstellen: Nach Zurücknehmen des Gashebels bis zur Anfahrstellung wird die Brennkammer entflüssigt und der Brennstoffrest ausgeblasen. Bei Nullstellung des Gashebels ist auch das Anlaßventil geschlossen, das Triebwerk also mit gefülltem Startbehälter ausgeschaltet, aber jederzeit betriebsfertig.

E. Flugleistungen

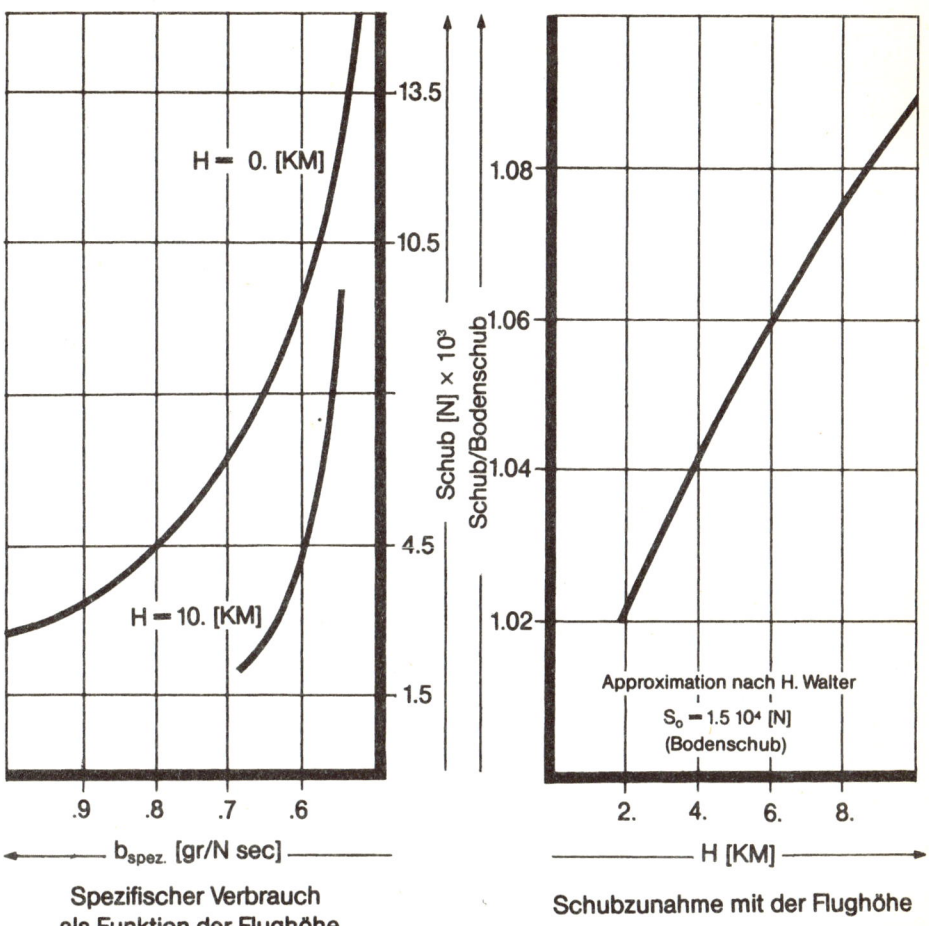

Spezifischer Verbrauch
als Funktion der Flughöhe

Schubzunahme mit der Flughöhe

Diagramm 4
Die Leistungsdaten des Triebwerkes HWK 109/509 der Me 163 B *(Ref. 4)*

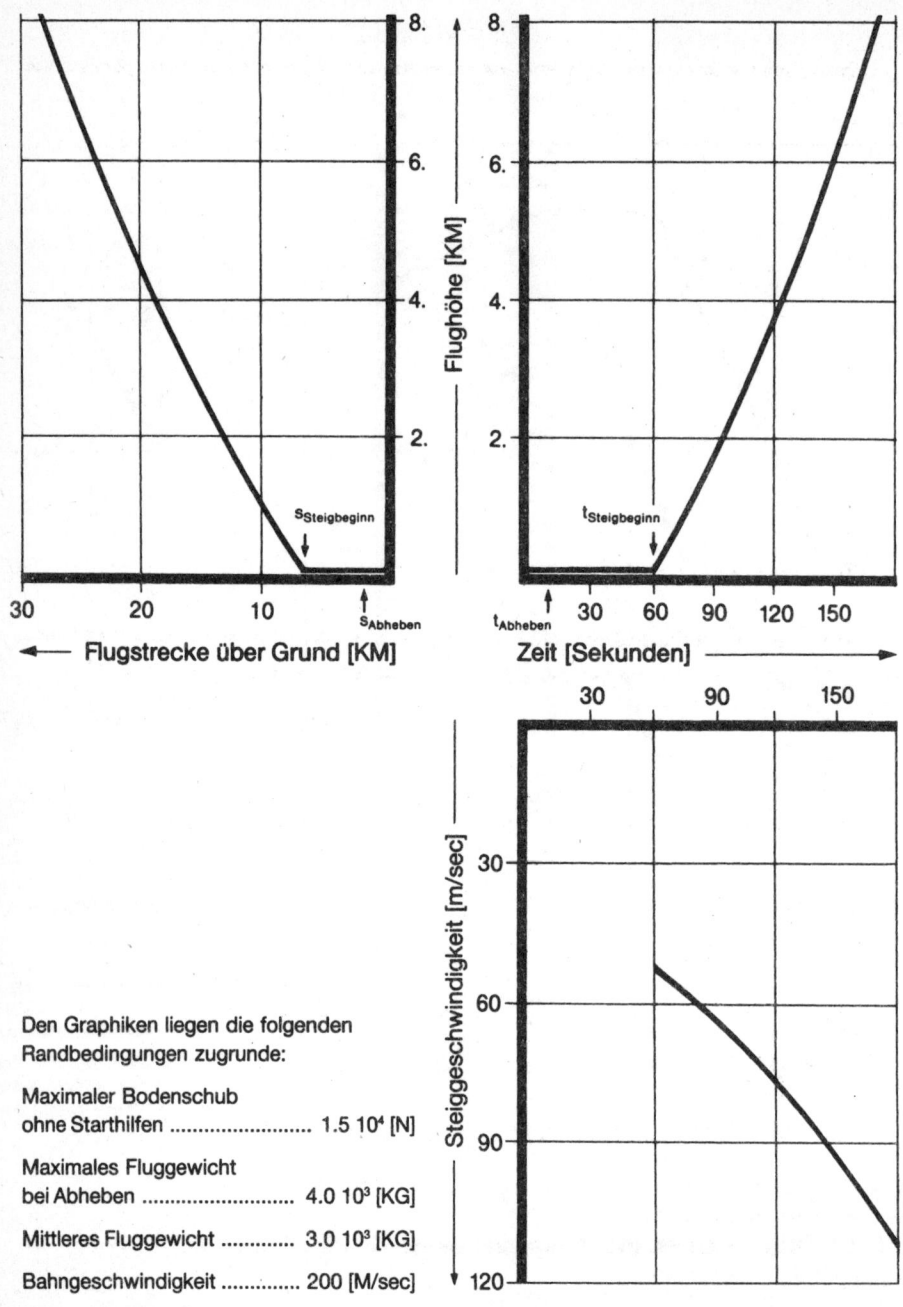

Den Graphiken liegen die folgenden
Randbedingungen zugrunde:

Maximaler Bodenschub
ohne Starthilfen .... 1.5 10⁴ [N]

Maximales Fluggewicht
bei Abheben .... 4.0 10³ [KG]

Mittleres Fluggewicht .... 3.0 10³ [KG]

Bahngeschwindigkeit .... 200 [M/sec]

Diagramm 5

Flugstrecke, Flughöhe und Steiggeschwindigkeit *(Ref. 3, Ref. 4)*

318

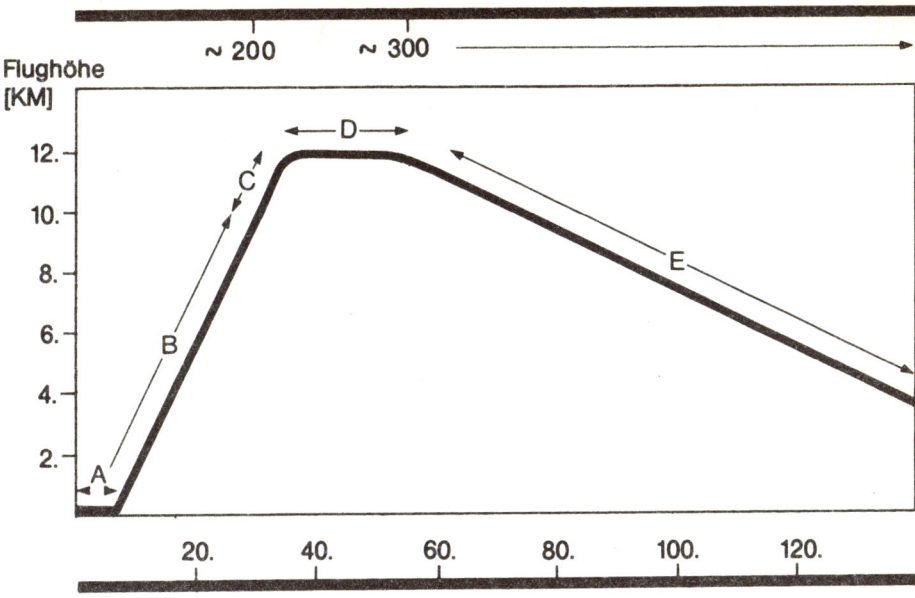

Zeit [Sekunden]

über Grund zurückgelegte Distanz [KM]

Diagramm 6
Repräsentatives Einsatzprofil der Me 163 B *(Ref. 6)*

A Start, Beschleunigung auf ca. 700 [KM/Stunde]
B Aufstieg mit Vollschub
  60° Steigwinkel, Bahngeschwindigkeit ca. 700 [KM/Stunde]
C Antriebsfreies Steigen
D Horizontalflug mit ca. 850 [KM/Stunde],
  Teilschub
E Gleitflug bei einer Gleitzahl entsprechend 1:10 und einer Bahn-
  geschwindigkeit von 300 [KM/Stunde]

Quellennachweis

Ref. 1: *Flugzeugtypenblätter Me 163 A, Me 163 B, Me 163 C*
Messerschmitt AG, Augsburg

Ref. 2: Just, Dr.
Leistungen der Me 163 B
Oberammergau, August 1944, Geheime Kommandosache

Ref. 3: Archiv Späte

Ref. 4: Hornung, Dipl. Ing.
Leistungen, spezifischer Verbrauch des Walter-Triebwerkes HWK 9 (109.509), taktischer Einsatz
Handschriftliches Manuskript, Augsburg, 1944

Ref. 5: Kruska, E.
Das WALTER-VERFAHREN, ein Verfahren zur Gewinnung von Antriebsenergie
Erweiterter Sonderdruck aus der VDI-Zeitschrift Bd. 97 (1955) Nr. 3 S. 65/70, Nr. 9 S. 271/77, Nr. 21 S. 709/13 und Nr. 24 S. 823/29

Ref. 6: Radinger, W.
Me 163 B – Taktische Leistungen
Augsburg 1962